KB070281

로도스 섬 해변의 흔적 2

고대에서 18세기 말까지
서구사상에 나타난 자연과 문화

나남
nanam

한국연구재단 학술명저번역총서
서양편 386

로도스 섬 해변의 흔적 2

고대에서 18세기 말까지
서구사상에 나타난 자연과 문화

2016년 5월 5일 발행
2016년 5월 5일 1쇄

지은이_ 클래런스 글래컨
옮긴이_ 심승희 · 진종헌 · 최병두 · 추선영 · 허남혁
발행자_ 趙相浩
발행처_ (주) 나남
주소_ 10881 경기도 파주시 회동길 193
전화_ (031) 955-4601 (代)
FAX_ (031) 955-4555
등록_ 제 1-71호(1979. 5. 12)
홈페이지_ http://www.nanam.net
전자우편_ post@nanam.net
인쇄인_ 유성근(삼화인쇄주식회사)

ISBN 978-89-300-8865-7
ISBN 978-89-300-8215-0 (세트)

책값은 뒤표지에 있습니다.

'한국연구재단 학술명저번역총서'는 우리 시대 기초학문의 부흥을 위해
한국연구재단과 (주)나남이 공동으로 펼치는 서양명저 번역 간행사업입니다.

로도스 섬 해변의 흔적 2

고대에서 18세기 말까지
서구사상에 나타난 자연과 문화

클래런스 글래컨 지음

심승희 · 진종헌 · 최병두 · 추선영 · 허남혁 옮김

Traces on the Rhodian Shore

Nature and Culture in Western Thought
from Ancient Times to the End of the Eighteenth Century

by Clarence J. Glacken

로도스 섬 해변의 흔적 2

고대에서 18세기 말까지

서구사상에 나타난 자연과 문화

차 례

제2부

중세 기독교 시대

도입부

　성서는 중세인들이 가장 많이 연구했던 책이다.[1] 지구의 본질을 적합한 환경으로 파악하는 사람들의 견해는 성서 그리고 성서에 종속적이면서도 필요한 묘사와 설명을 보충해 성서의 내용을 보완했던 고전 물리학, 생물학, (그 대부분이 주해서에 담긴) 신학의 적절한 구절을 바탕으로 형성되었다. 신이 거주지로서 지구를 설계했다는 사고가 다른 두 사고(환경의 영향, 환경의 개조자로서의 인간_옮긴이)를 압도했다. 이 두 사고는 설계론적 사고와 관련이 있긴 했지만 종속적인 위치였다. 이들은 철학적·신학적 일반화가 제대로 이루어지지 못한 상태였기 때문이다.

　이 책에서는 교부 시대****를 시작으로 1500년까지에 이르는 중세기에 등장했던 사상의 특징을 기술하는데, 넓은 의미 그리고 편의상 '중세 기

---

1) Smalley, *The Study of the Bible in the Middle Ages*, *passim*.

독교 시대'(christian middle ages)라는 용어를 사용한다. 이러한 시기 구분이 특히 강도나 연속성 면에서 차이가 있는 여러 사상이 관련된다는 점에서 인위적이라는 점이 인정되지만 이러한 용어 사용이 용인될 수 있을 것이다. 여기서 우린 이슬람교가 지중해를 장악하던 시절 각지에서 풍성히 피어났던 이슬람교, 유대교, 기독교 사상까지를 모두 다루지는 않지만 이 사상들이 기독교 사상가들 사이에 유통된 지식이나 방법론이 수정될 수밖에 없도록 영향을 미쳤던 경우 혹은 프리드리히 2세(Frederick II)*의 《매 사냥법》(Art of Falconry)이나 마이모니데스(Maimonides)*의 《방황하는 자들을 위한 안내서》(The Guide for the Perplexed) 같은 일부 예외적인 책의 경우는 논의하고자 한다.

중세의 사상은 흔히 고대와 근대 세계를 연결하는 가교 역할이나 수동적인 연속선상에서 이해되는 경우가 많다. 그러나 적어도 우리 주제와 관련된 중세의 사상은 그 이상의 위상을 가진다. 교부 시대와 이른바 암흑의 시대는 서구 문명이 형성되는 시기인데 이 서구 문명이 기독교의 외양을 입은 고전적 기초로 구성된 것은 물론 아니었다.[2] 교부 시대에는 새로운 교의 및 주해가 만들어졌고 고전적 비평에 대항해 종교를 방어했는데, 이러한 일은 사상과 열정을 요구하는 일이었기 때문에 이 시대는 특히 활력이 넘쳤다. 교부들은 기독교를 방어하기 위해 죄와 자연, 죄와 인간의 관계에 입각해 입장을 정립하고 인간 내면에 존재하는 악과 마찬가지로 자연 속의 악의 문제를 재평가해야만 했다. 기독교적 민족학과 인류의 통일성과 분산에 관한 이론 등과 함께 새로운 연대기와 연표가 필요해졌다.

이런 측면을 잘 드러내는 책은 저자 미상의 《디오그네투스에게 보내는 편지》(Letter to Diognetus), 락탄티우스(Lactantius)*의 《신성한 원리》(The Devine Institutes), 오리게네스의 《켈수스를 논박함》(Contra Celsum), 성

---

2) 보이티우스와 당대 교부들에 대한 피렌네(Pirenne)의 논의를 비판한 바크(Bark)의 언급을 참고하라. Origins of the Medieval World, pp. 29~30.

아우구스티누스의 《신국론》(神國論, *The City of God*) 이 있다.

8세기에 나온 성 보니파시오(St. Boniface)*의 생애와 서신, 풀다**의 대(大) 수도원장 아이길(Eigil, Abbot of Fulda)*이 쓴 《성 스투르미우스*의 생애》(*The Life of St. Sturm*) 를 통해 독일로 갔던 앵글로-색슨 선교사들의 생활에서 흥미로운 일화를 볼 수 있을 것이다. 확대된 기독교는 영향력을 키워가면서 살아 있는 자연, 지구, 인간 자체에 대한 새로운 견해를 강력히 펼쳤는데, 전부는 아니지만 대부분은 창세기, 시편, 욥기, 바오로 서신에서 영감을 받았다. 그 본질상 기독교 신앙은 창조자, 피조물, 그리고 이들을 결합시키는 것에 초점을 두었다.

환경의 변형자로서의 인간이라는 사고에 흥미로운 내용이 덧붙여졌다. 이것은 오랫동안 광대한 서구 유럽 전반에서 이루어진 변화에 대한 관찰이 느리게 축적된 결과로 대부분 전통, 권리, 관행에 체화되었다. 그러므로 근대적 의미의 연구는 아니었다 해도 자연을 신과 분리시키면서도 자연의 본성이 선하다고 해석해야 하는 문제는 여전히 남아 있었다. 그 적용이 흥미롭지 않은 것은 아니지만 환경에 대한 사고의 독창성은 떨어졌다. 근대의 학자들이 만든 중세에 대한 해석이 수정되었음을 감안할 때 이 결론은 어찌 보면 당연하다.

이후 '암흑의 시대'라는 개념은 공격의 대상이 되었다. 서구 수도원주의(*monasticism*)를 경제 성장과 결부시킨 보다 면밀한 연구가 이루어졌다. 광대한 중세의 기술 분야에 대한 연구는 이제 시작 단계다. 서구 유럽에서 성당 건축을 위해 3백 년 동안 수백만 톤의 석재를 채취한 일에서 시작해 마을 터, 경작지, 포도밭으로 쓰기 위한 삼림과 숲 개간에 이르기까지 환경 변화의 영역과 범위에 대한 인식도 확장되었다. 그러므로 새천년을 향해 가는 인간의 행진 사이에 낀 따분하고 불행한 시기로 중세를 인식하는 사람은 더 이상 없다. 르네상스의 본질과 근대 과학의 기원에 관한 최근의 논의 또한 그러한 시대 구분의 위험성을 지적했다. 심지어는 이 논의가 반대쪽으로 너무 갔다는 불만도 나왔는데, 즉 그 이후에 이

루어진 과거와의 진정한 단절을 희생하면서까지 중세의 창의성이 과장되었다는 불만이 나오는 형편이다. 3)

우리의 연구 주제와 관련해 중세라는 시대가 암흑의 시대가 아니었다고 이해하는 데 유일한 걸림돌은 '고대인과 중세인은 자연에 관심도 없고 자연을 평가할 능력도 없었다'는 광범위하게 퍼진 신념이었다. 하지만 이에 반하는 수많은 연구서가 이미 19세기에 발표되었다. 1943년 손다이크는 "자연에 대한 애정이 별로 없었다고 언급되는 중세지만 사실은 풀잎 하나에도 존경심을 가지고 바라보곤 했다"는 말(Emile Mâle)*의 견해를 인용하면서 자연의 아름다움에 대한 감상법을 근대 유럽에 도입한 것이 이탈리아의 르네상스 사상가들이라는 생각을 폐기해야 한다고 말했다. 4)

---

3) 암흑의 시대라는 개념의 수정과 관련하여 Bark, *op. cit.*; 수도원주의와 경제학에 대해서는 Raftis, "Western Monasticism and Economic Organization", *Comparative Studies in Society and History*, 3(1961), pp. 452~469 참고. 중세의 기술에 대한 연구는 White, "Technology and Invention in the Middle Ages", *Speculum*, 15(1940), pp. 141~459; *Idem, Medieval Technology and Social Change*(강일휴 역, 2005, 《중세의 기술과 사회 변화: 등자와 쟁기가 바꾼 유럽역사》, 지식의 풍경_옮긴이); Singer et al., eds., *A History of Technology*, Vol. II: Thomson, "The Medieval Artisan", pp. 383~396, and Gille, "Machines", pp. 629~658 참고. 성당에 대해서는 von Simson, *The Gothic Cathedral*, Gimpel, *The Cathedral Builders*; Bloch, *Les Caractéres Originaux de l'Histoire Rurale Française*, new edition with Supplement by Dauvergne, 2 vols 참고. 르네상스 시대와 중세에 대한 태도의 수정은 Walter Ferguson, *The Renaissance in Historical Thought*, 그리고 최근의 논문으로 *JHI* 4(1943), pp. 1~74의 르네상스 심포지엄 중 Durand, Baron, Cassirer, Johnson, Kriteller, Lockwood, Thorndike 참고. 관련 서지를 보고 싶다면 논문 제목을 제공하는 *sub nomine*를 참고하라. 과학의 기원에 대해서는 Alexander Koyré, "The Origins of Modern Science: A New Interpretation", *Diogenes*, No. 16(Winter, 1956), pp. 1~22 참고: Koyré의 논문은 Robert Grosseteste에 대한 크롬비(A. C. Crombie)의 연구에 의해 제기된 쟁점을 논의한다. 또한 같은 저자의 책 *Medieval and Early Modern Science*, 2 vols 참고. 이 모든 저술은 보다 이전의 문헌에 대한 광범위한 참고문헌을 제공하며 특히 바크(Bark)의 책은 이 책에서 제시하는 일반적 진술을 담았다.

19세기 후반과 20세기의 저술가들 대부분은 자연 자체 및 자연과 인류와의 관계에 대한 애정과 평가가 근대에 발견된 것이라는 잘못된 생각을 바로잡으려 노력했다. 지리학의 경우 문화와 환경의 관계를 고려하면서 중세를 피상적으로 이해하여 중세를 다루지 않고 고대에서 근대로 바로 넘어가는 경향 때문에, 중세의 기여와 연속성을 고려하지 못하는 공백을 만들었고 지리학 이론에 미친 신학의 강력한 영향을 축소시켰다.

창조문서는 중세 내내, 그리고 19세기까지 꾸준히 저술되었지만 그 중요성이 컸던 시기는 초창기였다. 창조문서는 창조물 즉, 자연에 존재하는 생물과 무생물을 서열화하는 고생스러운 연구였다. 성 바실리우스가 지은 창조문서가 가장 중요하며, 여기에 많은 부분을 의존해 쓴 성 암브로시우스의 창조문서는 라틴어로 쓰였다는 이유로 가장 영향력 있는 문서가 되었다.

창조문서는 당연히 설계론에 우호적이었다. 창조가 일련의 순서에 따라 진행되어 질서 잡힌 세계를 탄생시켰다는 것이다. 플라톤주의자들이나 스토아주의 철학자들이 사용하는 장인의 유비(artisan analogy)가 도입되어 기독교 사상에 융화될 수 있었다. 신의 창조 활동이 예술 작업과 유사하다는 생각은 '대부분이' 고전 사상에 대해 광범위한 지식을 가졌던 이교도 출신의 교부들에게 낯설지 않았다. 그리스인에게 우주는 예술 작품과 마찬가지로 형태와 소재를 가진 것으로 이해된 반면 이스라엘인은 그들의 신화에 "그리스어의 원리(arché)에 해당하는 개념을 결코 포함시키지 않았다. 그들의 세계 인식은 작품(ἔργον, ergon)의 유비나 장인의 기술(τέχνη, techne) 유비를 따르지 않았다". 또한 구약은 "창조의 목적(τέλος, telos)을 추측하거나 우주의 합리적 지성에 대해 탐구하지 않는다".[5] 그

---

4) Mâle, *Religious Art in France of the Thirteenth Century* (=*The Gothic Image*, Harper Torchbooks, Cathedral Library), p. 53; Thorndike, *A History of Magic and Experimental Science*, Vol. 2, pp. 536~537, and in "Renaissance or Prenaissance", *JHI*, 4(1943), p. 71에서 재인용.

러므로 지구가 예술작품으로 우주에 포함되어 있다는 우주의 유비는 기독교가 받아들인 여러 가지 사고 중 하나가 되었다. 헬레니즘에 동화된 알렉산드리아의 필론이 이 변형된 창조 개념을 유대-기독교 사상에 도입했을 수도 있다.

중세가 점성학이나 점성학적 민족학에 심취했던 것처럼 보인다고 해서 환경의 영향에 대한 사고가 결여되었던 것은 아니었다. 때로는 마그누스(Albertus Magnus)*의 글에서 나타나는 것처럼 둘 모두에 관심을 보이기도 했다. 중세의 환경에 대한 사고는 고대 사상으로부터 직접적으로 차용한 데 그치는 경우도 있고 아퀴나스가 키프로스 왕을 위해 쓴 통치에 관한 책에서 "도시의 기초를 세우는 통치자는 신이 천지창조를 계획한 것과 같이 장소의 가치를 고려해야 한다"고 언급했듯 환경을 기독교신학에 융화시킨 경우도 있다.

또한 지리학적 전통 역시 묘사적이고 비교적 비이론적인 책을 통해 중세 기간 동안 이어졌다. 《장소의 본질에 대하여》(de Natura Locorum, 장소에 대해 설명한 일종의 지명사전_옮긴이) 류의 문헌이 여기에 속하는데, 8세기 세비야의 이시도루스가 쓴 《지리일람표》(Compendium)나 13세기의 마그누스, 보베의 뱅상(Vincent of Beauvais),* 실베스트리(Bernard Silvestre),* 잉글랜드의 바르톨로메우스의 책이 있고 평신도들이 종교순례를 하면서 쓴 것들도 있다. 그 안에는 대조적인 환경 개념과 미지의 장소에 대한 터무니없는 설명이 진부하고 조악한 형태로 나열된 경우가 많기는 하지만 상당히 생생하다. 이런 종류의 문헌은 개요서의 형식을 취하는 경우가 대부분이며 당대에 경험한 지리 지식이나 저자들이 알던 고대의 지식을 자료로 활용한 지명사전이었다.

마지막으로, 중세에는 광범위한 환경 변화가 이루어졌다. 삼림 개간, 토지 배수, 시토 수도회(Cistercians)**** 등이 수도원 규율에 의거하여 그

---

5) Bultmann, *Primitive Christianity*, p. 128; 인용은 pp. 16, 17. Cf. p. 96.

때까지 태곳적 환경으로 여겨진 환경을 변형시켰으며 가끔씩은 반대로 경작지를 야생지로 되돌리기도 했다. 메로빙 시대(*Merovingian times*, 486~751년_옮긴이)와 카롤링 시대(*Carolingian times*, 751~1258년_옮긴이)에서 15세기에 이르기까지 많은 문헌이 중세 환경 변화에 대해 기술했지만 그것이 가지는 중요성을 당시의 시점에서 설명한 것은 내가 아는 한 거의 없다. 우리가 아는 환경 변화는 정착지의 형성이나 숲을 포도나무 같은 재배종을 키울 수 있는 장소로 전환하는 과정을 통해 촉진되었을 것이다. 그 변화에는 종교적 정서와 일의 복음이 반영되었을 것이고, 최소한 서구의 수도원적 질서의 외형적 특징인 신의 조력자, 자연의 조력자, 인간 자신의 조력자라는 인간관이 반영되었을 것이다. 이후 사람들은 숲에서 육중한 돼지나 소를 먹이는 일, 과도한 욕심을 부리는 숯쟁이, 닥치는 대로 먹어치우는 가축 등 바람직하지 못한 관행을 통제할 필요성을 넌지시 드러냈다.

고대와 중세의 인간 활동은 자연환경을 극적이고 충격적으로 변화시킨 산업혁명 이후의 활동과는 달랐다. 당시에 지배적이었던 것은 신의 은총으로 일할 능력을 부여받은 인간이 집으로서의 지구를 개선시키기 위해 신과 스스로를 돕는 존재라는 사고였다. 기독교신학에 의하면 이 지구는 일시적으로 머물다 가는 곳일 뿐일지라도 말이다. 그러나 당시 사람들이 자연을 관찰하고 연구했던 가장 주된 이유는 자연을 통해 신을 더 잘 이해할 수 있기 때문이었다. 자연은 비록 증거의 일부에 불과하지만 신이 존재한다는 증거였고 설계된 세계에 대한 신의 계획이 존재한다는 증거였으며 기독교의 종교적 진리에 대한 증거였다.

그러나 이렇게 길고 다양한 시기를 일반화할 때는 신중을 기해야만 한다. 성 아우구스티누스를 포함한 초기 교부들은 이교에 맞서 기독교의 우월성을 입증하고 신의 설계의 현존을 증명하기 위해 자연으로부터 발견되는 증거를 소홀하게 다루지 않았다. 이들은 이교도 신앙의 공격으로부터 기독교를 방어하기 위해 변증론을 발전시켰다. 마찬가지로 후대의 사상가 마그누스도 자연 연구 및 그 연구를 통한 기독교 방어를 위해 이슬람 문명의 원전, 주석서, 번역서를 소홀하게 취급하지 않았다. 성 아우구스티누스를 포함한 초기 교부들은 지구상의 자연 질서 속에서 발견되는 신의 계획에 대한 증거라면 무엇이든 이해하려고 노력했다. 교의가 이미 증명되었다고 해서 새로이 찾아낸 증거가 무용지물인 것은 아니다. 그러나 중세 후기에 접어들면 손다이크의 지적대로 자연 연구는 신의 설계에 대한 일반적인 연구의 일부로 여전히 수행됨에도 불구하고 일정 수준의 독립성을 가진 채 그 자체를 목적으로 수행되기에 이른다.

인간을 위해 계획된 거주지, 지구

1. 초기 교부 시대

중세의 모든 종교 저술가들은 인간 거주지로서의 지구에 관해 할 말이 있었던 것으로 보인다. 이는 매우 근본적 주제이기 때문에 주해서, 특히 창세기, 시편, 바오로 서신에 대한 주해서에 반드시 등장한다. 교부 시대 내내 교부들은 지구에 대해 고전 철학자들이 품었던 많은 사고를 수정을 거쳐 받아들였다. 교부들이 채택한 그리스-로마 사상가들의 우주론적·생리학적·물리신학적 논거는 설계론을 뒷받침하는 데 사용되었다. 기독교신학에 이러한 논거가 사실상 흡수된 것이다.

서기 2세기경에 활동했던 펠릭스(Minucius Felix)*가 저술한 《옥타비우스》(*Octavius*)***는 이러한 이행을 가장 잘 드러내는 문헌 중 하나다. 펠릭스는 이교도(그리스-로마 사상가들_옮긴이)를 '우리 조상'이라고 자주 언급했던 기독교인이다. 이 저작에는 고전 천문학과 지리학, 탈레스 (Thales) *로부터 시작된 그리스 우주론이 기독교적으로 활용된다. 에피쿠로스주의는 배격되지만 플라톤의 《티마이오스》에는 공감하며, 기독교의 신에게는 신성한 제작자(artificer)라는 배역이 주어진다. [1]

많은 교부들은 장인의 유비를 받아들여 역시 필요한 부분에 변화를 주었다. 창조 전에 미리 완성된 결과물의 모습을 구상하고 창조를 계획한 창조주, 즉 기독교의 신은 장인과 동일시되었다. 그러나 자신이 창조하지 않은 물질을 사용하는 평범한 장인과 물질을 창조하고 자신의 계획에 맞도록 조정한 신성한 장인 사이에는 엄청난 차이가 있었다.

물리신학이라는 용어가 쓰인 것은 근대지만 이 용어는 교부들이 만들었다. 교부들은 지구상에서 관찰되는 자연 세계로부터 신의 존재를 증명할 수 있는 증거를 체계적으로 모으고 사례를 수집했다. 성 아우구스티누스 이전 시절의 물리신학은 그 포괄성 측면에서 고대에 이루어진 연구를 능가했으며, 현미경 따위의 발명이 이루어져 자연의 비가시적 측면에 이르는 영역에서 신성한 계획의 증거를 보다 철저히 탐구한 근대 초기 이전까지는 교부 시대의 물리신학에 비길 것이 없었다. 그러나 이러한 견해에 반례가 없었던 것은 아니다. 성 아우구스티누스는 신의 창조력과 인간의 장인으로서의 능력을 문자적으로 비교하는 것을 반대했다. 신은 장인처럼 손을 이용해 창조하지 않는다. 〔그분은〕"보이지 않게 일하시지만 보이는 결과를 만들어내신다". [2]

성 바실리우스의 창조문서나 성 히에로니무스(St. Jerome) *의 편지는

---

1) "개종 이후 테르툴리아누스는 그가 한때 이교도로서 가졌던 논리를 완전히 잊어버린 듯하다. 하지만 테르툴리아누스와 달리 펠릭스는 절대로 잊어버리지 않았다. 펠릭스는 우리에게 문제의 양 측면을 모두 보여주는 2~3세기 변증가 중 유일한 인물이다". Gilson, *HCPMA*, p. 46. 기독교신학에 나타난 고전적 사고에 대해서는 Pease, "Caeli enarrant", *Harvard Theological Review*, 34(1941), pp. 103~200 참고.

2) *City of God*, XII, 23.

이러한 저술 중에서도 가장 인상적이다. 특히 성 바실리우스의 창조문서는 매력적이고 포괄적이며 지적인 저작으로 이를 능가할 창조문서는 없었다. 심지어는 경건한 문헌과는 별로 친숙하지 않았던 훔볼트조차 헌사를 바칠 정도였다.[3] 기독교 초창기에 매우 광범위하게 창작되었던 창조문서는 암호문 같은 창세기 1장의 짧은 문장을 생활 주변에서 쉽게 발견되는 복잡한 창조물과 연결시켰다. 창조주는 6일 동안 매일 일정한 순서에 따라 완결적이고 질서 잡힌 것들을 만들었다. 그리고 이 창조물들은 최후의 큰 불이 일어나 이들을 모두 파괴하는 날이 오기 전까지 영속한다. 유한한 세계 속에 존재하는 자연의 질서와 영속성은 창조물의 충족을 위해 이루어진 것이다. 살아 있는 창조물의 영속성은 '주'가 하신 약속의 일부로 이들은 지구가 존재하는 한 존속할 것이기 때문이다(창세기 8장 21절; 특히 9장 8~11절). 피안을 지향하며 자연을 경멸하는 태도(이 책 1부 4장 7절 참조_옮긴이)가 강력하게 존재했음에도 불구하고 우리는 불완전하나마 여러 예를 통해 지구에 대한 이러한 태도(자연의 질서와 영속성에 대한 믿음_옮긴이)가 존재했음을 알 수 있다. 아주 다양한 세부적인 문제까지 주의를 기울여 저술했던 성 아우구스티누스 이전에 이미 이에 관한 광범위한 논의가 이루어졌다.

누구나 예상할 수 있듯이 초기에는 고전적 사고와의 연계가 여전히 긴밀했다. 초기 기독교 저작들이 모두 통렬한 비판을 담은 것은 아니었다. 테르툴리아누스(Tertullian),* 락탄티우스, 펠릭스의 저술에서는 기독교와 고전적 사고, 특히 플라톤의 저술이나 스토아주의 철학자들의 사고를 우호적 태도로 비교하는 일이 잦았다.[4] 고대인의 사고로부터 자유롭게 차용한 설계론은 기독교적인 모습으로 새로 만들어졌다. 지구의 아름다

---

3) Von Humboldt, *Cosmos*, Otté 번역, Vol. 2, pp. 39~42. 훔볼트는 또한 펠릭스의 저술과 "어슴푸레한 오스티아(Ostia) 인근 해변가를 거닐었던 산책에 대한 묘사 …"(chap. 1)(p. 39)를 읽는 즐거움에 대해 언급한다.

4) 가령 Minucius Felix, *Octavius*, 19, 20.

움은 신적 조화와 신의 은총의 증거로 받아들여졌다.

우리는 서기 96년경 작성되어 로마교회에서 고린토교회로 보내진 편지(클레멘스 제1서신_옮긴이)에서 이러한 이행을 확인할 수 있다. 이레나이우스(Irenaeus)*의 주교열전에 따르면, 편지를 쓴 이는 로마의 제3대 주교였던 클레멘스(Clement, *third Bishop of Rome*)*였을 것으로 추정된다. 이 편지는 "고전 기독교에서 매우 높이 평가되어 한때 이집트와 시리아에서는 경전의 일부로 받아들여졌고" 알렉산드리아의 클레멘스(Clement of Alexandria)*도 이를 경전으로 인용했던 적이 있다.

"그분의 분부대로 계절에 따라 꽃을 피우는 지구는 그분의 뜻을 거스르지 않으며 그분이 예비하신 것에 어떤 변화도 가하지 않으면서도 인간과 동물 및 지구상의 모든 생명체를 위해 풍성한 먹거리를 만든다". 계절은 평화롭게 바뀌고 바람은 거침없이 그 기능을 다하며 가장 작은 생물도 주의 뜻대로 평화롭고 조화롭게 살아간다. 이 모든 것은 인간에게 유익하도록 배치되었으며 "우리 주 예수 그리스도를 통해 내리는 그분의 자비 속에서 피난처를 찾았던 우리들에게는 과분하다".[5] 지구가 모든 인간에게 봉사하지만 그리스도의 가르침을 받아들이고 그 가르침을 자신의 것으로 만든 사람들에게 특별히 더 관대하고 유익하다는 주제는 기독교의 역사에서 인간과 지구를 다룰 때마다 반복적으로 등장하는 태도다.

키케로의 《신들의 본성에 관하여》를 연상시키는 펠릭스의 대화편인 《옥타비우스》에서 우리는 기독교를 비난하는 이교도에 맞서 자신을 보

---

[5] "The Letter of St. Clement to the Corinthians", Glimm 번역, 20장, *The Fathers of the Church. The Apostolic Fathers*, pp. 26~27. 리처드슨(Cyril Richardson)의 《초대 기독교 교부들》(*Early Christian Fathers*)에 실린 고린토교회에 보낸 클레멘스의 서신에 대한 개론 재인용. p. 33. 욥기 38장 11절을 부연하면서 클레멘스는 만으로 바다를 모으고 그 경계를 넘어서지 못하도록 법으로 제약한다고 언급한다. 지나갈 수 없는 대양과 그 대양 너머의 세상 역시 동일한 신성한 법에 의해 규제된다. 33장도 함께 참고하라. 지극히 흥미롭고 중요한 이 편지에 대해서 글림(Glimm)과 리처드슨의 개론 및 Lietzmann, *The Founding of the Church Universal*, p. 61을 참고하라.

호하고 심지어는 이교의 신념을 공격하기도 했던 기독교 변증가들을 만날 수 있다. 에피쿠로스주의자인 이교도 캐실리우스(Caecilius)는 원자로 우주가 만들어질 때 신성한 도움은 없었다는 루크레티우스적 우주론을 되풀이한다. 이러한 캐실리우스의 질문에 기독교인인 옥타비우스는 우주 운행의 질서와 인간으로 하여금 하늘을 바라볼 수 있도록 만드는 인간의 직립에 관한 우리에게 익숙한 해답을 제시한다. 어둠과 빛이 휴식을 위한 시간과 노동을 위한 시간을 마련해 준다거나 하늘의 질서가 항해에 도움을 주며 경작할 시기가 언제인지를 알려준다는 등, 이처럼 신학은 종종 유용성과 결부되었다. 계절의 순서는 지고의 지성이 지도하지 않는다면 혼란에 빠질 수 있다. 포시도니오스에게서 유래했음직한 지리학 정보는 세계를 돌보는 신의 모습을 예시한다.

하느님은 전체로서의 우주만을 돌보시는 것이 아니라 우주의 부분 또한 돌보신다. 영국은 햇빛이 부족하지만 영국을 감싸고도는 따뜻한 바닷물이 새로운 기운을 공급한다. 나일 강은 이집트의 건조한 기후를 누그러뜨리고 유프라테스 강은 메소포타미아에서의 경작을 가능케 한다. 인더스 강은 부족한 강수량을 보충하여 동방에서 작물 재배와 관개를 가능하게 만든다고 한다(Oct. 18).

그러나 실용주의적 논거는 지표면의 일부에만 적용되었다. 날씨가 좋지 않은 겨울이 왜 필요한지에 대한 설명은 제시되지 않았다. 기껏해야 겨울은 봄의 장점을 돋보이게 하기 위해 존재하는 것이라는 식의 논리가 있을 뿐이다. 일상에서의 자연 관찰과 자신들이 좋아하는 환경에 대한 얄팍한 지식이 증거를 뒷받침했다. 이런 논리가 순환적이라는 사실은 문제시되지 않았다. 자연은 신의 계획의 결과로 여겨졌고 또한 신의 계획에 대한 중요한 증거였다.

반대되는 논거를 활용해 이교로부터 기독교를 변증하려는 같은 목적을 성취한 예는 아르노비우스(Arnobius)*의 저작 《이교도를 논박함(제국민에 대하여)》〔The Case Against the Pagans(Adversus nationes)〕에서 찾아볼 수 있다. 개종자임에 틀림없는 아르노비우스는 신·구약에 대한 지식이 거의 없었다. 그는 영혼이 불멸일 필요는 없다고 가르쳤다. 그리고 그가 꼼꼼히 읽었음이 분명한 루크레티우스의 논리전개법을 활용해 장인적 신 개념과 인간 중심적 세계관을 비웃었다.

가장 최근에 그의 책을 번역·편집한 이는 《이교도를 논박함》에 대해 "여러 면에서 현존하는 교부문헌 중에서 가장 주목할 만한 책"이라고 언 급했다. 아르노비우스는 디오클레티아누스 황제(Diocletian)* 치세에 살 았으며 그의 책은 서기 300년 전후에 저술된 것으로 보인다. 락탄티우스 가 그의 제자였을 가능성이 있지만 락탄티우스는 자신의 저술에서 단 한 번도 그를 언급하지 않았다. 같은 주제(이교도의 기독교 공격에 대한 논박) 에 깊은 관심을 가졌던 성 아우구스티누스도 그에 대해 언급하지 않았다. 오직 성 히에로니무스만이 그에 관한 이야기를 한다.

아르노비우스는 예언자의 권위에 기대지도 신약을 인용하지도 않는 다. 그 이유는 아마도 그가 그것들을 잘 몰랐거나 그의 목적이 이교도의 개종이 아니라 그들을 죄인으로 낙인찍는 데 있었기 때문일 것이다. 논 쟁적이지만 결정적 한 방이 결여된 그의 방대한 저술은 그가 루크레티우 스의 영향을 받았음을 보여주며, 아르노비우스 자신은 에피쿠로스주의 자가 아니었을지라도 많은 에피쿠로스주의적 논거의 사용을 확증한다.

아르노비우스는 〔성 아우구스티누스와 17세기에 그를 장황하게 인용했던 헤이크윌이 그러했듯〕 자연재해나 재난에 가까운 환경 변화에 기독교가 책 임이 있다는 주장을 자연법과 자연에 내재한 구성 법칙에 의존하여 논박 한다. 기독교가 지구, 태양, 별, 계절, 바람, 동식물, 인간(인간의 재생 산 과정도 포함)에게 변화를 가져왔다는 이교도의 그릇된 믿음에는 근거 가 전혀 없다. 기독교인들은 근본적인 자연법칙을 바꾸지도 않았고 바꿀 능력도 없다. 기독교인들은 질병, 전염병, 실패한 농사, 전쟁에 아무런 책임이 없다. 이 재앙들의 역사가 깊어서 이들의 발생과 재발의 역사는 기독교 이전 시대로 거슬러 올라가기 때문이다.

다음으로는 인간 중심적 자연 해석에 대한 공격이 이어졌다. 루크레티우스를 연상시키는 이 공격은 만일 해류의 흐름, 별, 자연재해가 인간에게 해를 미친다 해도 이러한 자연현상을 악으로 볼 수 없다는 주장이다. 이는 리스본 대참사(Lisbon disaster)**** 이후 볼테르(Voltaire)*가 쓴 시에 대해 헤르더가 가한 비판과 일맥상통한다(4권 46~47쪽을 참고하라). 그러한 사건들은 인간의 존재나 인간의 가치와 무관한 다른 차원의 것이다. 이 사건들은 자연의 계획의 일부이다. 하늘이 고요해 상인이 항해할 수 없었다 해서 고요한 하늘이 사악한 것은 아니다(I, 9). 기원과 목적인에 대한 지식은 인간에게는 비밀로 감추어져 있다(I, 11).

인간이 이성을 소유했다는 이유로 기예와 과학의 창조자인 인간이 동물보다 우월하다는 널리 알려진 주장에 대해서 아르노비우스는 기예란 신으로부터 주어진 것이 아닌 세속적 현상이라는 반론을 펼치면서 날카롭게 비판한다. "기예나 과학은 축복받은 지식이 아니라 빈곤한 자의 필요에 의해 등장한 것이다"(II, 17~18). 에피쿠로스주의자들과 마찬가지로 아르노비우스 역시 장인적 신이라는 개념을 적대시한다. 이교의 신들은 장인이나 수여자가 아니다. 아폴론(Apollo)****이 비를 가져다주는 것이 아니다. 이교의 신들은 창조주가 지구를 창조한 뒤에 나타났으며, 따라서 이교의 신들이 태어나기 오래전 자연 과정은 이미 작동 중이었다(I, 30).

플라톤은 큰 그릇 속에서 섞인 재료라는 비유로 사물의 기원과 다양성을 설명했는데 아르노비우스는 재료가 그 그릇 속에서 나온 것이 아니라며 티마이오스를 비웃는다. 재료를 섞는 티마이오스는 창조주가 아닐뿐더러(II, 52) 이 신들은 숙련된 기술자도 아니다. 그 신들이 그래야 하는 이유는 무엇인가?(III, 20~21). 아르노비우스는 반론자들에게 우박, 빗방울, 다른 자연현상의 원인을 설명해보라고 요구한다. 반론자들의 해명 시도는 무위로 끝났다.

아르노비우스는 스토아주의와 플라톤주의 철학자들이 고취했던 자연,

목적, 장인성 같은 전형적인 고대적 개념에 대항하기 위해 에피쿠로스의 논거를 활용할 수 있었다. 왜냐하면 아르노비우스 자신의 철학은 예수의 삶이 가지는 의미에 대한 절대적 신념에 근거하며, 그에게 근본적인 것은 지식이 아닌 그 신념이었으므로 루크레티우스를 활용해 자신의 취지를 전달하는 것이 문제되지 않았던 것이다. 6)

아르노비우스의 제자였건 아니었건 간에 디오클레티아누스 황제가 기독교를 박해하던 3세기 후반에서 4세기 초반에 활동했던 락탄티우스가 아르노비우스의 공격 방식을 채택하지 않았던 것은 분명하다. 락탄티우스와 펠릭스는 스토아철학에 친숙했다는 유사점이 있다. 그러나 불운하게도 락탄티우스는 지구 반대편에 사람이 살 가능성을 부인한 고집스러운 확신가로 알려졌다. 하지만 사실 그의 저작에는 인류, 문화, 고전 사상 전반에 걸친 너른 지식이 있다. 어쨌든 락탄티우스 역시 인간에게 지구의 풍성한 생산물들을 주려고 신이 창조물들을 계획했다고 주장해 전형적인 고대의 유용성 논거를 반복했다.

락탄티우스는 인간이 지구의 생산물을 향유한다는 이유에서 창조가 인간을 위한 것이라는 스토아철학의 주장에 동의한다. 하지만 스토아철학자들은 신이 인간을 창조한 이유나 인간을 만든 신의 섭리에 대해서는 설명하지 못했다. 락탄티우스는 인간이 신을 알아보고 신을 경외하도록 하기 위해 인간에게 이로운 세계를 창조한 것이라고 응수했다. 신이 지으

---

6) 아르노비우스에 대한 이 모든 논의는 맥크래켄(McCracken)이 번역한 아르노비우스의 저작과 맥크래켄 주해의 도움을 많이 받았다. 아르노비우스의 시대에 대해서는 pp. 7~12, 아르노비우스와 락탄티우스에 대해서는 pp. 12~15, 아르노비우스와 루크레티우스에 대해서는 pp. 29~30, 37~38, 아르노비우스의 경전에 대한 지식에 대해서는 pp. 25~26, 《티마이오스》에 대해서는 note 297, Vol. 1, p. 331을 참고하라. 아르노비우스에 대한 성 히에로니무스의 증언은 p. 3의 인용문을 참고하라. 그 외에도 Gilson, *HCPMA*, pp. 47~49의 다음 언명을 참고하라. 아르노비우스의 저작은 "새로 등장한 기독교를 비판하는 반대자들이 주목할 만한 진전을 이루었음을 증언하는 흥미로운 저작으로 남아 있다"(p. 47).

신 하늘, 태양, 별, 모든 창조물을 경외할 자 인간 외에 또 누가 있는가? 이 같은 이교의 논거를 따라가면 자연 속에서 인간의 작업과 인간에 의한 변형은 섭리가 정한 일부이며 인간은 발명을 통해 신이 제공해주신 원료를 쓸모 있게 만든다는 중요한 결론으로 이어진다.

유용성 논거에는 인간이 지구에 가한 변화는 창조물을 일부러 미완성으로 남긴 신이 인간에게 정해 준 과업의 완수를 나타낸다는 가정이 들어 있다. 불, 열, 나무, 우물, 강, 평원, 산에 대한 락탄티우스의 단순한 사상에는 농업을 이용해 인간이 변화시킨 영역과 목재와 연료를 공급하는 야생 지역을 구분하지 않는다. 지구는 창조 당시보다 더 아름답다. 신의 허락을 받은 인간이 신에 뜻에 따라 그들의 기술로 자연을 개선한 것이다.

고대, 중세, 근대 초기에 이러한 태도가 많이 나타나는 것은 19세기 후반이나 20세기 초반에 비해서 이 시대에 도시 생활과 농촌 생활의 구분이 덜했기 때문일 것이다. 근대 문헌에 나타나 있는 문명에 대한 반감은 시골의 농촌 거주지에 대한 반대가 아니라 농촌 거주지 대부분이 도시가 되어버린 데서 비롯하는 것처럼 보인다. 초창기, 아마도 산업혁명 초기라고 할 수 있는 시기에 살았던 사람들은 인간이 자신을 자연적인 것과 문화적인 것의 혼합물로 이해하듯 자연도 그러해야 하는 것으로 보았을 것이다.

락탄티우스는 물고기와 무역 기회를 주는 바다, 습기를 머금은 지중해의 겨울, 과실을 익히는 여름의 건조한 더위, 그리고 여름 여행, 군사 활동, 농사 활동 시기를 알려주는 자연 달력과도 같은 달에 대한 유서 깊은 칭송을 반복한다(Virgil, *Georgics I.* p. 289에서 인용). 그러므로 락탄티우스는 인간에게 유용한 지구라는 고전적 사고를 채택해 인간의 기예와 기술이 창조의 일부이며 인간이 지구에 가한 변화는 신의 통찰력의 확장이라고 생각했다. 신의 창조 활동과 인간의 기예는 연속적 활동이다. 인간이 자연에 개입해서는 안 된다는 정반대의 전통 또한 강력했지만(만일 신이 지구가 달라지기를 원했다면 한순간에 그렇게 했을 것이므로) 인간이 창조

주를 도와 자연을 개선한다는 전통 또한 기독교 변증의 초창기부터 내려온 것이다. [7]

그렇다면 초기 교부들에게서 나타나는 금욕주의, 피안 지향성, 자연 부정의 태도는 도대체 무엇인가? 내 생각에 교부들은 각기 다른 두 종류의 견해를 가졌던 것 같다. 하나는 지상의 거주지의 본질에 대한 견해이고 다른 하나는 신의 도성(都城: 천국)의 본질에 대한 견해이다. 신의 도성이 지상의 거주지보다 우월하다는 데는 의문의 여지가 없지만 각자는 모두 자기 고유의 위치를 가진다. 세상이 '생명과 고뇌에 찬 현세이자 사회적 환경'이라고 상징적으로 이해하든 아니면 문자적으로 세상은 '인간의 생존을 위해 동식물이 존재하며 질서 있게 배치된 행성'이라고 이해하든 상관없이 이러한 구분이 적용된다.

저자 미상의 《디오그네투스에게 보내는 편지》는 기독교인을 지구에 거주하지만 고국은 하늘에 두고 온 존재로 표현했다(필립비인에게 보낸 편지 3장 20절). 비록 이 구절이 기독교 사회의 피안 지향성에 대한 표현임에도 불구하고 한편으로는 물리적 지구에 대한 태도도 담는다. 즉, 지구는 인간이 살아 있는 동안 일시적으로 거주하는 곳이며, 인간은 비록 그의 영구적 거주지가 하늘에 있고 지구가 저급한 창조물이라고 할지라도 지구에 무관심해선 안 된다.

초기 문서에는 아래에 소개하는 이 편지의 구절만큼 날카로운 통찰력을 보여주는 구절이 드물다. 이 통찰은 이데올로기와 소수자들의 열망에 민감한 20세기 사람에게는 특히 충격적인 내용일 것이다. 독선적인 면이 드러나긴 하지만 인간을 어떤 면에서는 동일하게 만들고 어떤 면에서는 차별화시키는 사회 환경에 대한 인식 역시 존재한다. 의복, 언어, 행동의 통일성뿐만 아니라 보다 심원하면서도 잘 드러나지 않는 차이점에 대

---

7) "The Epitome of the Divine Institutes", chaps. 68~69. "A Treatise on the Anger of God", chap. 13. 지구 반대편에 대한 논의는 "The Devine Institutes", Bk. 3, chap. 24, *ANF*, Vol. 7.

한 인식도 있다.

> 나라나 언어나 풍습으로는 기독교인을 기독교인이 아닌 다른 이들과 구
> 분할 수 없다. 기독교인은 자신들만의 도시에 사는 것도 아니고 특별한
> 언어를 사용하는 것도 아니다. 그렇다고 기이한 풍속을 따라 살지도 않
> 는다 … 독창성이나 호기심 많은 사람의 깊은 생각이 기독교인의 교의
> 를 밝힐 수 있는 것은 아니며 일부 사람들이 하는 것처럼 단순한 인간적
> 가르침을 주장하는 것도 아니다. 기독교인들은 주어진 운명대로 그리
> 스에서도 거하고 이방에서도 거하며, 의복이나 음식 등 일상에서 나라
> 마다 다른 관습을 따른다. 하지만 그와 동시에 기독교인들은 확실히 특
> 별한 그들만의 공화국을 구성해 산다는 확신을 준다. 기독교인들은 외
> 국인으로서만 자신들의 나라에 산다. 그들은 시민으로서 모든 것을 공
> 유하며 외국인으로서 모든 것을 감내한다. 모든 외국 땅이 그들의 조국
> 이지만 모든 조국이 그들에게는 외국 땅인 셈이다. 다른 사람들처럼 기
> 독교인들도 결혼하고 아이를 낳지만 아이를 버리는 일은 없다. 기독교
> 인들은 서로 식탁을 공유하지만 침실을 공유하지는 않는다. 기독교인
> 들이 "육(肉)에 살지만 육에 따라" 살지 않는다는 말은 맞다. 그들은 지
> 상에서 바쁘게 살지만 그들의 시민권은 하늘에 있다. [8]

(서기 2세기경 활동한) 아테나고라스(Athenagoras)*는 기독교가 무신
론, 식인 풍습, 근친상간을 받아들인다는 비난에 맞서 기독교를 방어하
면서, 신은 예술가나 옹기장이처럼 물질에 아름다움과 형태를 부여한다
고 말한다. 우리는 창조주의 기예를 찬양하지만 그가 창조한 아름다움과
질서 자체를 찬양하는 것은 아니다. 우리는 황궁의 아름다움과 화려함에
탄복하지만 경의는 황제에게 표한다. 황제는 자신을 위해 황궁을 짓고 장
식하지만 신은 세계를 자신의 필요 때문에 만든 것이 아니라는 점이 다르

---

8) "Letter to Diognetus", *The Library of Christian Classics. Vol. 1, Early Christian Fathers*, 5~6. 이 구절에 대해서는 Gilson, *HCPMA*, pp. 10~11을 참고하라.

다. 세계는 마치 잘 조율된 악기 같다. 그러나 우리가 경배하는 것은 조화의 창조자다. "받지 못할 것을 구하지 않을 것이다. 명령을 따르는 데 불과한 세부 요인을 경배하느라 신을 지나치지 않을 것이다. 그것들이 창조주인 신의 작품으로서 아름다움을 간직할지라도 그것들은 결국 썩어질 존재일 뿐이다"[플라톤, 《정치학》, 269D에서 인용]. 9)

플라톤과 플로티노스를 떠올리게 하는 이러한 논거는 《티마이오스》에서처럼 창조가 사랑의 결과로 이루어진 것이지 신의 자기만족을 위해 수행된 일이 아님을 보이기 위해 의도된 것이다. 신의 이타심에 대한 믿음은 인간에게 유익하고 친절하며 자애로운 자연이라는 사고의 바탕을 이루며, 자연선택과 생존 투쟁의 냉혹함이 믿음을 압도하기 전까지 이어진다. (서기 120년에 태어난 것으로 추정되는) 타티아누스(Tatian)*는 널리 알려진 로마인에게 보낸 편지 1장 20절에 나타난 바오로의 언명을 본받아 유사한 정신으로 기록했다. "우리를 위해 그분이 만드신 제작품을 숭배하기를 거부합니다. 태양과 달은 우리를 위해 만들어진 것입니다. 어찌 나의 종을 숭배할 수 있겠습니까?"10)

성 아우구스티누스 이전에 쓰인 위의 저술들 및 인용 가능한 다른 저술들 속에는 인간 거주지로서의 지구(와 그 아름다움)에 대한 경배를 자제하며 종종 꺼리는 모습이 나타나 있다. 신성으로 인해 생겨난 지구는 어쨌든 창조물에 불과하며, 우리는 지구가 아니라 창조주에게 헌신해야 한다는 것이다.

한편 (서기 126년경 태어난 것으로 추정되는) 이레나이우스(Irenaeus)는 영지주의(靈知主義, Gnosticism)****를 강하게 공격하면서 지구에 대한 연구를 무시하는 것으로 이어질 수밖에 없는 입장을 강하게 주장한다. 즉, 인간은 신의 신비는커녕 자연의 신비조차 풀 수 없다는 것이다. 우리는

---

9) "A Plea Regarding Christians", *The Library of Christian Classics. Vol. 1, Early Christian Fathers*, chaps. 15~16. 인용문은 chap. 16.

10) "Address of Tatian to the Greeks", chap. 4, *ANF*, Vol. 2, p. 66.

나일 강의 근원, 조류의 흐름, 비, 번개, 천둥 같은 기상 현상의 원인, 달의 차고 이지러짐, 철새가 어디로 돌아가는지에 대해 알지 못한다. 자연에 대해서도 이렇게 모르는 게 많을진대, 신에 대해서는 도대체 어떻게 알 수 있겠는가? 성서적 설명이 없다면 자연현상과 신에 대한 지식은 늘 불완전하게 이해된 신비로 남을 수밖에 없다. 이레나이우스는 우리가 신을 진정으로 이해할 수는 없을지라도 창조가 자비로운 행동이었음을 성서를 통해서 알 수 있다고 말한다. 신은 만물에 조화를 부여한다. 만물을 창조하고 적절한 위치를 부여한 것이다.[11]

2. 오리게네스

초기 기독교 교부들 중에 인간, 인간의 환경, 신의 섭리에 대해 오리게네스만큼 흥미로운 저술을 한 사람은 드물다. 《켈수스를 논박함》에 나오는 켈수스는 플라톤주의자류의 사상가로서 기독교의 주장과 신념을 이교의 논거를 들어 비판한다(오리게네스는 켈수스를 줄곧 에피쿠로스주의자로 표현하다가 5권에서 그 표현을 버린다). 켈수스의 논박에 맞서 오리게네스는 때로는 강하게 때로는 서투르게 응수한다. 놀라운 것은 오늘날의 독자들도 동의할 만한 내용이 많다는 점이다. 《켈수스를 논박함》에서 설계된 지구와 환경의 변형자 인간이라는 두 가지 사고가 분명하고 심원하게 논의된다. 오리게네스는 섭리, 인간의 창조적 정신, 로고스의 동일성 교의를 설득력 있게 옹호한다. 그러나 이 교의는 오리게네스가 이단

---

11) "Against Heresies", Bk 2, chap. 2, 4, *ANF*, Vol. 1, p. 361. "이레나이우스가 당시 목적했던 바는 분명 그리스도의 신비를 총체적으로 설명하기 위해 생긴 영지(*gnosis*) 개념의 파괴였을 것이다. 인간에게 자연 지식이 부족하다는 주장을 그가 처음 도입한 것은 아니었지만 적어도 당시에는 상당히 새로웠으며, 몽테뉴가 저술한 《라몽 스봉을 위한 변명》(*Apology for Raymond Sebond*) 시대가 되기 전까지 기독교 변증학에서 선호하는 주제였다". Gilson, *HCPMA*, p. 22.

으로 정죄되면서 묻혀 버렸고 이 사건은 기독교 사상에서 무척 쓸쓸하고 추한 부분으로 남았다.

오리게네스가 이런 견해를 피력한 것은 사실이다. 성 아우구스티누스와 아퀴나스는 신이 창조한 태고의 통일성과 조화로부터 생명이 타락해 자연의 다양성이 생겨났다는 오리게네스의 주장을 비판했다. 오리게네스의 견해를 검토하고 통렬한 비판을 가한 성 아우구스티누스는 창조 전체가 어떤 면에서는 태곳적 타락의 산물이라는 오리게네스의 가르침을 기독교의 근본 교의에 대한 위협으로 받아들였으며, 13세기의 아퀴나스 역시 그렇게 간주했다.12) 그러나 오리게네스의 《원리에 대하여》〔*Peri Archon* (*De Principiis*)〕에서는 아퀴나스의 지적만큼 일관된 비관주의적 자연관이 제시되지는 않는다.13) 오리게네스는 다음과 같이 말한다.

> 신이 처음 창조한 존재는 태곳적의 통일성과 조화 가운데에 속했다. 그런데 여기서 떨어져 나간 존재, 그리고 선한 상태로부터 밀려나 상이한 동기와 욕구의 지긋지긋한 영향으로 다양한 방향으로 이끌려 다니는 존재의 이동과 타락 속에 자리하는 변화무쌍함은 단일하고 나눌 수 없는 선함을 각자가 가진 다양한 경향에 따라 다양한 종류의 정신으로 변화시켰다. 그게 아니라면 세계의 이 엄청난 다양성이 존재하는 이유를 무엇으로 설명할 수 있을까?14)

한편 《켈수스를 논박함》의 어조는 완전히 다르다. 오리게네스는 신이 사악한 자연을 창조하지 않았다고 말한다. 인간은 훈육, 왜곡, 환경(아

---

12) *City of God*, XI, 23; Aquinas, *ST*, Pt. I, Q. 65, Art. 2.
13) *De Principiis*, Bk. 2, chap. 9, 2 = *ANF*, Vol 4, p. 290. ; 세계와 우주의 의미에 대해서는 Bk. 2, chap. 3, 6, p. 273. 또한 질송의 *HCPMA*, p. 37; 41~42를 보라.
14) *De Principiis*, Bk. 2, chap. 1, 1, p. 268. 질송의 주석에 따르면 오리게네스의 말은 "심지어 야수의 분화의 원인조차도 태곳적 '배교' 내지는 신성한 한 분으로부터의 자발적 탈주 때문"임을 의미한다.

마도 사회적 환경을 말한 것이 분명한) 때문에 악하게 되었다. [15] 신은 잘못된 것을 행하지 않는다. 잘못된 일을 저지르는 힘은 "그분의 신성 및 그분의 모든 신성한 힘"과 모순된다. [16] 영혼은 신의 작품일지라도 육체는 신의 작품이 아니라는 켈수스의 견해를 반박하는 오리게네스는 '신은 전체의 이익을 위해 다양한 형태의 생명을 구성한 제작자'라고 언급한다. [17] 성 아우구스티누스가 영겁회귀(*eternal recurrence*)라는 사고를 부정하기 오래전에 이미 오리게네스는 이런 종류의 사고가 "인간 각자가 자유의지를 가진다는 조건에 부합하는 방식으로" 신이 우주를 돌본다는 믿음 및 "가능하면 항상 더 나은 방향으로 우주를 이끌어간다는 …" 믿음과 양립할 수 없다고 기술했다. 영겁회귀 같은 결정론은 자유의지와 개선 가능성 모두를 부인했다. [18]

켈수스가 기독교인은 신이 인간을 위해 모든 것을 만들었다고 믿는다고 말하자, 오리게네스는 다음과 같이 응수한다.

> 머저리 같은 켈수스는 자신 또한 스토아철학자들을 비판했음을 이해하지 못했다. 이들은 대체로 인간과 이성적 본성을 모든 비이성적 존재들보다 상위의 존재로 생각했고 섭리가 다른 모든 것들을 1차적으로 이성적 본성을 위해 만들었다고 말한 점에서 대체로 올바르다. 1차적 사물들인 이성적 존재들은 태어난 아이들과 같은 가치를 가지는 반면, 비이성적이고 움직이지 않는 사물들은 아이와 함께 창조된 태반과 같은 가치를 가진다. [19]

---

15) *Contra Celsum*, III, 69. 켈수스의 철학과 켈수스에 대한 오리게네스의 태도에 대해서는 채드윅(Chadwick)의 개론, pp. xxv~xxvi를 참고하라.
16) *Ibid.*, III, 70.
17) *Ibid.*, IV, 54.
18) *Ibid.*, V, 21; IV, 67도 참고하라.
19) *Ibid.*, IV, 74.

켈수스는 "마침내 그가 가진 에피쿠로스적 관점을 분명하게 드러내며" 천둥, 번개, 비는 신이 만든 것이 아니라고 말한다. 또한 비록 신이 만들었다고 해도 그것들이 식물, 나무, 풀, 가시덤불을 위해 만들어지지 않은 것처럼 인간에게 이롭기 위해 만들어진 것이 아니라고 말한다. 이에 오리게네스는 전통적인 답변으로 응수한다. 우리 눈에 보이는 자연은 단순한 우연으로 설명될 수 없다. 신은 자연을 인간의 거주지로 제공하실 의도를 가지고 만들었다.[20] 지구와 자연이 인간을 위해 존재한다 말할 때 이는 편협한 인간 중심적 사고에 근거를 두지 않는다. 신이 비이성적인 사물보다 이성적인 사물에 호의를 베푸시기 때문에 자연이 인간을 위해 존재한다는 말이다. 인간은 이성적이기 때문에 신의 호의를 얻어 지상에 거주지를 소유했다.

오리게네스는 인간과 야생동물에 대한 섭리적 돌보심이라는 켈수스의 개념을 반박하면서 이 중요한 주제를 보다 열정적으로 밀고 나간다. 루크레티우스를 염두에 두는 것이 분명해 보이는 켈수스는 "'씨를 뿌리거나 경작하지 않아도 자라나는 모든 것'이 동물들을 위해 주어진 반면, 인간은 그 모든 노력과 고투에도 불구하고 어려움과 수고를 무릅쓰지 않는 한 자신을 보전할 수 없다"고 말한다.

오리게네스는 '필요는 발명의 어머니'라는 고전적 해답을 기독교에 맞도록 적절하게 조정해 응답한다. 신은 인간이 정신을 활용하고 기예를 발견하도록 만들기 위해 일부러 이성적 피조물을 비이성적 동물보다 더 많은 필요를 가지도록 창조했다. 이 같은 답은 신의 조력자로서의 인간이 창조를 완전하게 하고 개선한다는 전통적 개념의 일부이다. 이러한 개념화에 대한 비판이 제기될 수 있음은 분명하지만 최소한 이는 인간의 존엄을 보전했다. 이 개념화는 인간의 정신, 인간의 노력, 인간의 기술, 인간의 창의력 안에 있는 종교적 가치를 인식했다. 이는 세계를 부정하

---

20) *Ibid.*, IV, 75.

지도 세계 안에서의 인간 활동의 중요성을 부정하지도 않았다.

켈수스는 인간이라는 존재를 비이성적 동물의 통치자로 여겨야 하는 이유를 묻는다. 야생동물의 사냥감과 먹잇감으로 인간이 창조되었다고 주장할 수 없는 까닭은 무엇인가? 자연은 인간을 파괴할 수 있는 무기를 야생동물에게 부여했다. 인간은 연약하기에 반드시 그물과 무기를 만들어야 하고 타인과 협력하거나 자신을 보호할 개들과 협력해야만 한다. 오리게네스는 인간의 지능을 높이 평가한다. 인간의 지능은 동물이 가진 힘과 신체적 자질을 능가한다. 우리는 지능을 이용해 동물들을 길들여 사육한다. 우리가 사육하지 못하는 동물로부터 스스로를 보호할 수 있으며 가축과 마찬가지로 식용으로 활용할 수 있다. 여기서 오리게네스는 스토아주의의 교의를 따르는 것처럼 보인다.

> 그리고 나서 창조주는 모든 것들이 이성적 존재와 이성적 존재가 날 때부터 가진 지능을 위해 봉사하도록 만드셨다. 특정 목적을 위해 우리에게는 개가 필요하다. 그 목적에는 양떼, 소떼, 염소떼를 지키게 하거나 집을 지키게 하는 것 등이 포함될 것이다. 다른 경우 우리는 네발짐승을 짐을 나르는 데 사용한다. 유사하게 사자나 곰, 표범이나 멧돼지 등의 맹수류는 인간이 용기라는 자질을 갖게 하기 위해 주어졌다고 말할 수 있다.[21]

이 구절이 자연에 대해 진부한 유용론적 사고를 반복함에도 가축의 존재는 인간 지능과 기술의 증거이며 그 이성적 존재는 신을 도와 창조에 의미를 부여한다. 그러나 켈수스는 "신이 우리에게 야생동물을 사로잡아 활용할 능력을 주었다는 당신의 말에 대해 나는 도시와 기예, 인간의 사회 체제가 발생하기 전, 그리고 무기와 그물이 만들어지기 전의 인간은

---

21) *Ibid.*, Ⅳ, 78. Lucr., Ⅴ, 218; 《켈수스를 논박함》, pp. x~xi, chap. Ⅰ, secs. 7~8, chap. Ⅲ, sec. 7에 제시된 스토아주의적 견해에 대한 채드윅의 의견을 참고하라.

야생동물에게 포획되어 잡아먹혔고 인간이 포획한 야생동물은 매우 드물었다"[22]고 말한다.

인간 외의 창조물에 대한 인간의 지배가 문화의 발전을 조건으로 하는 것이라는 해석, 즉 인간의 다른 창조물 지배는 그 성격상 역사적인 것이며 시작 당시부터 존재한 것은 아니라는 켈수스의 해석에 대해 오리게네스는 논거의 진실성을 인정하는 것 외에 더 나은 생각을 할 수 없었고, 그래서 최초에는 신이 인간을 보다 세심하게 보살폈다는 말을 덧붙였다. 과거에는 신성한 음성, 신탁, 천사가 존재했다는 것이다.

> 인간이 지능 및 다른 능력들을 향상시키고 기예를 발견하고 독립적인 생활을 할 수 있게 되어 항상 인간을 돌보고 보살피라는 신의 명을 기적적인 모습으로 행하는 존재가 더 이상 필요 없어지기 전에는, 즉 세계가 시작할 당시에는 아마도 인간이 보다 많은 도움을 받았으리라. 이로 인해 최초에 인간이 야생동물에 의해 목숨을 잃고, 잡아먹혔고, 인간이 포획한 야생동물이 매우 드물었다는 말은 잘못되었음을 알 수 있다. [23]

그러나 이 빈약한 대답은 인간이 성숙한 이후에야 다른 생명에 대한 지배권을 획득했다는 흥미로운 사고를 표현한다. 최초의 인간이란 요람 속의 유아처럼 힘이 생기기 전까지는 보호를 받아야만 하는 존재다. 힘이 생기면 다 자란 아이처럼 스스로를 통제할 수 있을 뿐 아니라 종주권을 다퉈 획득할 수 있다. 야생에 버려진 아이는 늑대의 자비로 키워지지만, 완전히 성장해 원기 왕성한 젊은이가 되면 덫, 활, 화살을 이용해 늑대를 쉽게 죽일 수 있다.

---

22) *Ibid.*, IV, 79.

23) *Ibid.*, IV, 80.

3. 필론과 창조문서

창조문서는 6일간의 창조에 대한 주석과 주해로 이루어진 문서로 이교도 세계의 생물학, 지리학, 물리학 저술이 동식물, 새, 물고기, 인간 등 창조 순서의 문제를 다루는 기독교신학의 중심 주제에 흡수될 수 있게 전달하는 훌륭한 수단이었다.[24] 창조가 단번에 이루어지지 않고 일련의 순서에 따라 이루어진 이유는 무엇인가? 일련의 순서에 따른 창조는 신성한 질서를 현시하는 것인가? 첫 번째 의문에 대한 해답은 다양했는데 그 중 중요한 것으로 일련의 순서가 있는 이유는 각 단계마다 신이 존재함을 인간에게 보이기 위함이라는 해답이다. 두 번째 의문에 대해서는 모두가 긍정적인 하나의 답을 내놓았는데, 바로 창세기에 기술된 내용이 질서 정연한 신의 활동을 묘사했다는 것이다.

필론의 《창조에 대하여》는 초창기, 아마도 최초의 창조문서의 사례로 생각되는데 이 책에서는 인간과 자연에 대한 고전적 사고와 히브리적 사고가 결합되는 과정을 생생하게 살펴볼 수 있다.[25] 필론은 아버지이자 조물주인 신의 권능(δυνάμευς ὡς ποιητοῦ καὶ πατρὸς)을 인식할 필요성과 함께 "세계〔그의 왕국(κόσμος, kosmos)〕에 합당한 위엄을 부여해야 한다"고 강조한다. 나아가 아버지이자 조물주는 자신이 생겨나게 한 것을 돌본다.[26]

필론은 신이 모든 것을 "그분에게 가장 소중하고 가까운 살아 있는 존

---

24) 개괄을 원한다면 Robbins, *The Hexaemeral Literature. A Study of the Greek and Latin Commentaries on Genesis*를 보라. 로빈스는 이 전통이 밀턴의 《실락원》에까지 이어진다는 사실을 보여준다. 실제로 창조문서는 19세기에도 생생히 살아남았다. 다윈과 라이엘(Lyell)이 발견한 것처럼 19세기의 사상가 대부분은 여전히 "날마다 창조주의 발자국을" 따랐다.

25) Robbins, *op. cit.*, pp. 24~35. 로빈스는 여기에서 다른 유대교 창조문서를 함께 논의했다.

26) *On the Creation*, 7~10.

재인" 인간을 위해 예비하고 만들었다고 말한다. 세계에 그 모습을 드러낸 인간이 생존해야 하고, 또 잘 살아가야 한다는 것이 신의 뜻이다. 인간은 "진수성찬과 가장 신성한 표현을 찾아내야만 한다"(συμπόσιον καὶ θέατρον ἱερώτατον). 진수성찬은 인간의 생존, 사용, 즐거움을 위해 필요한 지구상의 과일을 의미하며, 표현이란 질서 잡힌 하늘과 "수의 균형과 공전 주기의 조화에 항상 정확하게 발맞추도록 결정된 질서 속에서 가장 신비롭게 원을 그리며 움직이는" 모든 종류의 볼거리를 의미한다. 27)

지상에 존재하는 인간은 일상생활에서 파악될 수 있는 자연을 광범위하게 지배한다는 특징을 가진다(7장 3절을 보라). 창조주는 모든 원소에 친숙하도록 인간을 만들었다. 인간은 땅에서 살고 이동한다. 그리고 잠수하고 수영하고 항해하고 물고기를 잡을 수 있다. "상인, 선장, 붉은 물고기를 잡는 어부, 굴 채취자 및 보통의 어부는 내 말의 명백한 증거이다". 직립하는 인간은 공기를 가르며 이동한다. 또한 그는 태양, 달, 행성, 항성 근처까지 볼 수 있는 시력을 선물로 받아서 하늘을 볼 수 있다. 네 가지 원소로 이루어진 인간은 언뜻 보기에는 세계에 물리적으로 존재하는 것 같지만 그가 가진 신성한 이성으로 인해 인간은 최초의 아버지를 닮아간다("모든 인간은 정신을 가졌다는 면에서 신성한 이성과 동류이며, 축복받은 자연의 모사나 한 조각 혹은 빛으로서 존재를 드러낸다 …"). 28)

비록 세계가 6일 동안 창조되었다고 하나 창조주는 일거에 모든 일을 할 수 있기 때문에 6일이 모두 필요했던 것은 아니다. "6일이라는 시간이 언급된 건 존재한 사물의 질서를 수립해야 했기 때문이다".

질서는 수(數)와 관계되며 6이라는 숫자는 생산성을 표현하기 가장 편리한 수다. 6은 1 다음에 오는 최초의 완전수인데 인수인 1, 2, 3의 곱과 같고 그 합과도 같기 때문이다. 6의 절반은 3이고 1/3은 2이며 1/6은 1이

---

27) *Ibid.,* 77~78.
28) *Ibid.,* 147, 145~146.

다. 6의 본성은 남성이자 여성이며 "양자가 가진 특유한 힘의 결과다". 남성은 홀수, 여성은 짝수로 여겨진다. 3은 홀수의 시작수이며 2는 짝수의 시작수다. 3과 2의 곱은 6이다.

세계는 현존하는 가장 완전한 것이기 때문에 완전수인 6에 따라 조성되어야만 한다. 즉, 세계는 "함께 짝을 이뤘던 것으로부터 생겨난 존재를 그 안에 품어야 하기 때문에 혼합된 수, 즉 홀수와 짝수의 첫 번째 숫자가 결합되고 씨를 뿌리는 남성과 씨를 받아들이는 여성 양자 모두의 근본 원리를 담는 최초의 수(완전수 6_옮긴이)를 포함해야만 한다". 29)

성 아우구스티누스도 이와 같은 사고를 되풀이한다. 신에게는 창조를 위한 시간이 아주 많이 필요하지 않았다. 6은 완전수로 신의 작업의 완전성을 상징하기도 하는 것이다. "그러므로 수의 과학을 경멸해서는 안 된다. 성서의 여러 구절에서 수의 과학이 신중한 통역자로 봉사함이 분명히 드러났다". 30)

비록 우리가 필론의 설명을 하나하나 살펴보지는 않겠지만 그의 주해 중 몇 가지 사례를 보면 수의 속성에 빠진 사람이 어떤 종류의 문제에 몰두했는지를 알 수 있다. 이러한 신의 창조 활동 속에서 각 날들은 전체에서 일정한 몫을 부여받는다. 최초의 창조 활동은 '첫 번째' 날이 아니라 '하루'(one day)로 산정된다. 다른 날과의 관계성 속에서 산정하는 일을 피하기 위해서다. 창세기 1장 5절을 통해서 필론이 의미하는 바를 이해할 수 있다. "밤, 낮, 하루가 지났다". 수의 속성이 가리키는 바에 따르면 '하루'는 한 단위의 성질을 가진다. 창조주는 그 부분의 모형을 구상하고 나서 사고들, 지각 가능한 세계의 모형을 구상한다. 31)

세 번째 날에는 소금물을 통제해 땅이 불모지가 되지 않고 열매를 맺도록 할 필요가 생겼다. 마른 땅이 바다와 분리되었다. 대지에는 질서가 생

---

29) *Ibid.*, 13~14.

30) *City of God*, XI, 30.

31) *On the Creation*, 15, 19. (《티마이오스》(*Timaeus*) 29E를 따름).

겼고 옷을 입었다. 창조 당시의 모든 식물은 완전했고 과일은 잘 익은 상태여서 언제라도 먹을 수 있었다. 32)

넷째 날에는 하늘이 창조되었다. 4는 완벽한 숫자다. 이를 증명하기 위한 많은 증거가 인용되었는데 가장 단순한 설명은 4가 완결수 10의 토대이자 원천이라는 것이다. 10이 실제적 완결수라면 4는 잠재적인 완결수다. 1에서 4를 모두 더하면 그 합은 10이다. 4의 중요성을 입증하는 그외의 증거는 4원소, 4계절을 들 수 있는데 "4는 하늘과 세계 창조의 시발점이었다". 왜냐하면 "4라는 수는 자연 안에서 높은 특권을 누릴 가치가 있다고 간주되기" 때문에 빛이 4일째 되는 날 창조되었다는 사실은 놀라운 일이 아니다. 그러자 인간의 눈길은 하늘을 향했고 인간은 철학의 탄생을 향해 나아갔다. 33)

5일째 되는 날 동물이 창조된 것도 자연스러운 일이다. 오감을 가졌다는 사실로 미루어 알 수 있듯 동물만큼 5와 친밀한 존재가 없기 때문이다. 34) 자연에서 인간의 위치는 창조 질서 속에서 그의 위치로 설명된다. 가장 저급인 물고기가 가장 먼저 창조되고 가장 고급인 인간이 마지막에 창조된다. 이 양극 사이에 중간급의 피조물이 창조된다. 살아 있는 나머지 창조물과 인간을 구분하는 것은 무엇인가?

바로 인간은 신의 형상을 따라 창조되었다는 사실이다. 지상에서 태어난 어떤 것도 인간만큼 신을 닮은 것이 없다. 영혼이라는 최상의 요소는 육체가 아니라 정신에 깃든다. 정신은 대우주의 절대정신(*Mind of the Universe*)이라는 원형을 따라 만들어졌기 때문이다. 한 개인에게 정신은 신과 같다. "왜냐하면 위대한 절대 통치자가 전 세계에서 차지하는 위치에 상응하는 위치를 인간의 정신이 인간 속에서 차지하는 것이 분명하기 때문이다". 35) 이런 맥락에서 구약의 자연 속에서 인간의 위치를 발견하

---

32) *Ibid.*, 38~41.
33) *Ibid.*, 47~53.
34) *Ibid.*, 62.

42

는데 그 발견 속에서는 인간의 예외성도 발견된다. 이 같은 예외성의 원인은 정신이며 다른 형태의 생명에 대한 지배권을 가져다주는 것 또한 정신이다.

4. 성 바실리우스와 창조문서

이어지는 시대에 이러한 사고를 발전시키는 데 크게 기여한 이는 성 바실리우스, 성 암브로시우스, 성 아우구스티누스였다. 라틴어로 작성되었기에 서방에서 널리 읽혔던 성 암브로시우스 창조문서의 자료원이 바로 그리스어로 쓰인 성 바실리우스의 창조문서였다. 젊은 아우구스티누스는 당시 밀라노 주교였던 성 암브로시우스에게서 큰 영감을 받았고 그 역시 라틴어로 번역된 성 바실리우스의 창조문서를 사용했다.[36] 이들의 작품 속에는 살아 있는 자연을 해석하는 일에 대한 관심이 드러난다. 비록 이들의 눈이 하늘을 향하긴 하지만 최소한 이따금씩 지상에 눈을 돌렸던 것이다. 당시의 사람들이 자연에 집중적인 관심을 보여야 했던 사실은 별로 놀라운 일이 아니다. 6일간의 창조 이야기를 문자 그대로 받아들였던(하지만 아우구스티누스는 예외였다)[37] 모든 창조문과 창세기에 대한 주석이 동식물 및 땅과 바다의 전반적 배치로부터 도출된 사실과 관찰을 포함해야 할 필요성이 있었기 때문이다.[38]

---

35) *Ibid.*, 69.

36) Gilson, *HCPMA*, pp. 581~582, 589~591에 기록된 저술 및 서지 목록을 참고하라. 성 바실리우스 창조문서의 라틴어 역본에 대해서는 p. 582를 참고하라. 추상적 사색보다는 도덕적 교훈에 더 많은 관심을 보였던 성 암브로시우스에 대해서는 p. 589를 참고하라. 성 암브로시우스로부터 "성서의 문자 뒤에 숨겨진 '영적 의미'"에 대해 배운 성 아우구스티누스에 대해서는 p. 590을 참고하라.

37) 가령 창세기 1장에 대한 성 아우구스티누스의 우의적 해석을 들 수 있다. *Conf.*, Bk. xiii(선한용 역, 2003, 《성 어거스틴의 고백록》, 대한기독교서회_옮긴이).

우리는 또한 서기 4세기의 학식 있는 기독교 사상가들의 모습을 기억해야만 한다. 기독교 사상가들은 이교의 사상과 문헌에 대한 지식을 가졌다. 그들 중 많은 이들이 개종자였다. 이들은 기독교를 뒷받침할 수 있는 것이면 과학, 철학, 심지어는 이교의 종교에 이르기까지 온갖 분야에서 무엇이든 이용했다. 39) 이슬람 사상과 그 번역물의 도전에 맞서기 위해서 중세 후기의 기독교신학자들이 가능하면 어디에서든 새롭고 수용할 만한 것들을 끌어내어 연구하고 기독교 사상에 결합시켰듯, 초기 기독교 사상가들도 비슷한 상황이었다. 그들은 기독교 사상의 우수성을 보여야했고 알려진 사실과 가정된 사실을 이용해 최고 수준의 이교의 철학과 신학에 대해서도 기독교가 우월하다는 것을 입증해야 했던 것이다.

성 바실리우스의 창조문서는 초기에 작성된 창조문서 중 가장 포괄적이다. 그의 주해는 단순하고, 교육받지 않은 회중을 위해 준비된 유명한 설교를 통해 표현되었다. 이 설교에서 성 바실리우스는 세부적 내용이나 사소한 데 빠져서 논점을 흐리는 일 없이 창조주의 지혜를 드러내는 데 집중했다. 그 지혜는 자연의 균형과 조화 그리고 모든 생명이 각 지역 조건에 적응하는 모습에 분명히 드러난다. 여기에는 지구상에 존재하는 가장 고차원적 생명체인 인간의 특별한 적응도 포함된다. 근대 자연신학처럼 초기 창조문서들에 나타나는 뚜렷한 공통점은 끔찍할 정도로 독창성이 부족하다는 것이다. 하지만 그중 나은 것들은 순차적으로 이루어진 창조 과정을 믿을 만한 것으로 이해시키기 위해 아리스토텔레스의 생물학, 플라톤의 철학, 베르길리우스의 자연 이미지에 힘입어 이른바 '종합'

---

38) 그중에서도 *The Catholic University of America Patristic Studies*에 수록된 다음의 저술을 참고하라. Vol. 1, Jacks, *St. Basil and Greek Literature*; Vol. 29, Diederich, *Vergil in the Works of St. Ambrose*; Vol. 30, Springer, *Nature-Imagery in the Works of St. Ambrose*.

39) 가령 성 바실리우스가 받은 교육에 대한 잭스(Jacks)의 언급을 참고할 수 있다. *op. cit.*, pp. 18~26. 또한 기독교인과 이교도의 학습에 대한 내용은 pp. 7~17을 참고하라.

을 시도했다. 40)

성 바실리우스의 창조문서가 가진 매력은 그 형태의 명료함과 단순함이다. 그의 창조문서는 대중적인 것이지 전문적인 논문이 아니다. 그리고 그는 단순하고 소박하며 도덕에 관련된 실례를 들어 설명할 때 회중들이 그가 전달하려는 의미를 가장 잘 이해한다는 사실을 분명히 알았다. 성 바실리우스는 '가시적 사물을 지배하는 선한 질서'에 대해 기록하고 그리스 과학과 철학의 결론에 의문을 제기하는 것으로 창조문서를 시작한다. 특히 육체는 순환하는 힘에 의해 조종되기 때문에 '육체에는 시작이 없다'는 사고에 의문을 품었다. 이러한 의문은 원운동의 유비로부터 도출되어 광범위한 영역에 적용된 순환적 사고에 대한 명백한 반기였다. 세계에는 시작이 있으며, 그러므로 끝도 있을 것이다. 41)

세계는 그리스인의 생각처럼 영원하지 않다. 세계는 창조되었다. 세계 창조 이전에 사물의 질서가 존재했기 때문에 데미우르고스는 자신의 초자연적 능력을 행사하기에 유리한 환경에서 작업을 할 수 있었고 이로 인해 작업이 완벽할 수 있었다. 42) 이 세계에는 새로운 것, 즉 현 세계가 더해질 필요가 있었다. 현 세계는 "학교이자 훈련장이다. 이곳에서 인간의 영혼은 태어나고 죽어야 할 운명을 지닌 채 배워야 한다". 현 세계에서는 시간의 경과 역시 "영원히 서둘러 지나가 사라지고 중간에 결코 멈추는 법이 없도록" 창조되었다. 죽을 운명의 피조물은 이와 같은 시간의

---

40) 《티마이오스》가 창조문서에 미친 영향에 대해서는 Robbins, *The Hex. Lit.*, pp. 2~11을 참고하라. "창조문서 저자들은 보통 플라톤을 예우한다. 그러나 교회는 특정한 플라톤주의적 가정을 받아들일 수 없었다. 특히 오리게네스가 동의했던 물질의 영원성에 대한 이론, 영혼의 재생이라는 교의 및 이상적 창조 양식의 교의는 신과는 무관한 것이다. 오리게네스는 그러한 사고를 가졌다는 이유로 고발당하기도 했다"(p. 11).

41) *Hex.*, Hom. 1, 1~3(NPN, Vol. 8, pp. 52~53).

42) 성 바실리우스는 오리게네스의 《원리에 대하여》, II, 1, 3을 따름이 분명하다. 또한 성 바실리우스가 플라톤, 아리스토텔레스, 오리게네스, 필론을 활용한 문제에 대해서는 Robbins, *Hex. Lit.*,, pp. 42~44를 참고하라.

속성에 적응해 "쉴 틈도, 특별히 안정성을 찾을 여유도 없이" 성장하고 사멸한다.

존재는 동식물을 삶에서 죽음으로 이동시키는 물살 속에 있는 것으로 비유된다. 피조물은 "변화하는 존재와 조화를 이루는" 환경 속에서 살아간다. 시간과 생명은 덧없는 것이다. 왜냐하면 시간 안에서 "과거는 더이상 존재하지 않고, 미래는 아직 존재하지 않으며 현재는 인식도 하기전에 빠져나가기 때문"이다. 시간이 지배하는 세계가 인간을 위한 학교라는 의미심장한 개념은 훗날 세속화되고 확장되어 지구를 유치원이나 인간을 위한 학교로 파악하는 근대적 주제에 이른다. 이러한 사고는 18세기 헤르더의 저술에서 두드러지게 나타나며, 19세기 초 리터의 지리학에서 반복된다. 그리고 리터의 제자로 1849년 프린스턴에서 가르친 스위스 출신 지리학자인 기요(Arnold Guyot)*의 강의를 통해 미국에 소개된다. 43) 이 사고는 인정 많은 신이 인간을 위해 자연을 설계했다는 이전 저술가들의 묘사에 비해 자연을 훨씬 더 잔인한 것으로 묘사했던 다윈의 자연선택 이론보다 이전에 존재하던 사고들 중에 지구에 대한 기독교인의 태도를 형성한 핵심적 사고 중 하나다. 그러므로 우리 세계는 우연히 창조된 것도 아무런 이유 없이 창조된 것도 아니다. 세계는 유용한 목적을 가지기 때문이다. "왜냐하면 세계는 이성을 지닌 영혼이 자신을 수련하는 장소로서의 학교이자 하느님을 알기 위해 배우는 훈련장이기 때문이며, 정신은 가시적이고 지각할 수 있는 사물을 관찰함으로써 보이지 않는 사물을 구체적으로 사고하게 되기 때문이다"44) (로마인에게 보낸 편지 1장 20절).

장인의 유비 역시 기독교신학의 목적에 봉사한다. 왜냐하면 창조적 기예(창조물_옮긴이)는 창조하는 행위보다 오래 존속하기 때문이다. 성 바실리우스는 창조적 기예와 창조 행위를 공연이 끝나면 멈추는 춤과 음악

---

43) *Hex.*, Hom. 1, 5(NPN, Vol. 8, p. 54). Guyot, *Earth and Man*, pp. 30, 34~35.

44) *Ibid.*, Hom. 1, 6, p. 55.

에 대비시킨다. 하지만 우리는 장인이 이룬 창조물보다는 건축가, 목수, 직조공, 놋갓장이 같은 장인들에게 더 큰 경의를 표해야만 한다. 이와 유사하게 '세계' 역시 예술작품이다. 인간은 이 예술작품으로부터 신에 대한 앎을 얻는다. 세계는 건축가의 명성을 웅변하는 건물과 같은 것이다.

지구는 선하고 유용하고 아름답다. 성 바실리우스의 이러한 사상은 《티마이오스》에서 직접 가져다 쓰지는 않았다 해도 최소한 간접적인 큰 영향을 받았다. "선하신 그분은 지구를 유용하게 만드셨다. 현명하신 그분은 모든 것이 가장 유용하게 지구를 만드셨다. 권능이 넘치는 그분은 지구를 매우 위대하게 만드셨다".45) 인정 많은 기독교의 신은 갑작스럽게 혹은 개인적으로 필요해서 지구를 만든 것이 아니라 선하기 때문에 지구를 만들었다. 그래서 우리가 바라보는 자연 세계는 강하고 유용하며 아름답다.

창조 당시 지구에는 여전히 완수되어야 할 일이 남아 있었다. 모든 것은 수면 아래 있었다. 신은 식물의 아름다움으로 자신의 작품을 꾸며야만 했다. 성 바실리우스는 완성되지 않은 지구와 완성된 지구를 비교한다. "지구는 적절하고도 자연적인 장식으로 완전해졌기 때문이다. 지구는 곡물이 물결치는 계곡, 푸른 풀들과 색색의 꽃들로 가득한 초원, 비옥한 숲 속의 빈터와 숲으로 우거진 언덕으로 뒤덮였다".46)

세 번째 설교는 우주론과 원소에 관련된 내용인데 이 설교에서 성 바실리우스는 공기와 물의 중요성에 대해 설파한다. 지구상에는 막대한 양의 물이 존재하는데 최후의 큰 화재가 일어날 때까지 불로부터 지구를 보호할 필요가 있었기 때문이다. 한편 불은 직물 짜기, 신발 제작, 건축, 농업 같은 기예를 통해 생활을 지탱하는 데 필요하다. 불의 완화된 형태인

---

45) *Ibid.*, Hom. 1, 7, p. 56.
46) *Ibid.*, Hom. 2, 3, p. 60.

열은 동물과 물고기의 재생산과 과일의 성숙을 위해 계속해서 필요하다. 그러므로 물과 불은 서로 균형을 이루며 이 둘 모두 없어서는 안 되는 것이다. 이러한 사고들은 4원소에 대한 고전적 교의에 근거한 것이다.

성 바실리우스는 지구상의 거주 가능한 부분이 에워싼 바다로 연결된다는 사실을 살펴보고는 신성한 계획을 이해한다. "그리고 불과 상반되는 원소인 물을 통해 존재가 완전히 파괴되는 것을 방지하려고 질서를 세우신 그분의 말로 표현하기 어려운 지혜 덕분에 수없이 많고 끊이지 않는 강들이 관개를 돕는다". 그러나 결국에는 불이 승리를 거둘 것이다(이사야 44장 27절에서 인용).[47]

성 바실리우스에게는 환경의 적합성에 대한 증거가 있었다. 하늘에 있는 태양의 위치가 한 해 동안 변한다(그는 특별히 하지와 동지를 언급한다)는 사실은 어느 한 곳에 과도한 열이 몰리지 않도록 만들어 거주 가능한 세계에 적절한 기후를 만든다는 사실을 의미한다.[48] 콜럼버스가 아메리카 대륙을 발견하기 이전에 북서유럽이나 지중해에 거주했던 사상가들은 매우 극단적 기후에 직면한 발견의 시대 사상가들에 비해 기후가 신의 계획의 일부로 인간에게 우호적이라는 사실을 증명하는 데 어려움이 없었다.

성 바실리우스는 바다의 아름다움을 섬세하게 찬양했고 성 암브로시우스도 이를 계승했다. 바다 역시 유용했는데 지하의 도랑을 통해 혹은 증발해 지구에 습기를 제공하는 물의 원천이었기 때문이다. 널리 수용되었지만 16세기에 이르러 팔리시(Bernard Palissy)*에 의해 그릇된 논리임이 증명된 이론에 따르면 바다의 물은 지하의 운하와 동굴에 다다르며 토

---

47) *Ibid.*, Hom. 3, 4~6, pp. 67~69. 고대 과학과 성 바실리우스의 창조문서 및 여타 창조문서에 대해서는 Karl Gronau, *Poseidonios und die Jüdisch-Christliche Genesisexegese*를 참고하라. 물과 불에 대한 논의의 고전적 배경에 관해서는 pp. 77~78을 참고하라.

48) *Ibid.*, Hom. 3, 7, pp. 69~70.

양 속 수로를 통해 감아올려져 지상으로 내뿜어지는 과정에서 정화된다.[49] 지구의 물에 대한 또 다른 설명은 개략적인 형태로나마 물 순환론을 제시했다. 바다는 땅의 물을 받아들이지만 넘치지는 않는다. 태양이 물을 증발시켜 공기가 습기를 머금게 하며 습기를 머금은 공기는 땅으로 되돌아가 물을 풀어놓아 대지를 풍요롭게 하기 때문이다.

카에사레아(Caesarea)**에서 태어난 성 바실리우스는 콘스탄티노플, 아테네, 이집트를 여행했고 지중해와 지중해 섬에 대한 지식과 애정을 가졌을 것이다. 섬을 에워싼 바다는 아름답고도 유용하다. 창세기 1장 10절("하느님께서 보시니 참 좋았다")을 주석하면서 성 바실리우스는 신이 보았던 것은 즐거운 측면만은 아니었다고 말한다.

창조주는 자신의 눈이 아니라 말로 표현할 수 없는 지혜로 자신의 작품을 숙고했던 것이다. "고요가 자리 잡아 청명한 바다의 아름다운 광경과 가벼운 미풍이 불어 잔잔히 물결칠 때의 아름다움이여, 바다 표면은 보라색과 담청색을 섞어놓은 듯하구나. 인근 해안에 폭풍처럼 몰아치는 것이 아니라 어루만지듯 평화롭게 입맞춤을 하는구나". 성서에 따르면 신은 바다의 아름다움이 아니라 목적에서 바다의 선함과 매력을 발견한다. 바다는 습기의 원천이기 때문이다. 바다는 섬들을 에워싸고는 "섬에 방벽을 제공하고 아름다움을 선사한다. 왜냐하면 지구의 가장 먼 곳까지 이어주며 선원들 상호 간 교류를 원활하게 하기 때문이다".[50] 우리가 이미 살펴본 키케로나 카이사르의 묘사처럼 연안 입지가 내생적 문화 가치를 파괴한다는 불신의 모습은 성 바실리우스에게서 나타나지 않는다.

성 바실리우스는 유기적 생명체가 존재한다는 자체가 지구의 근원적

---

49) 르네상스 시대에도 이 이론은 다양한 모습으로 사람들에게 수용되었다. 이 이론을 논박하고 지상의 물은 비로부터 기인함을 증명한 내용에 대해서는 Bernard Palissy, *Admirable Discourses*(1580)을 보라. 다 빈치도 이 문제에 관한 한 인습을 벗어나지 못했다.

50) *Hex.*, Hom. 4, 6, p. 75.

본성과 신의 근원적 본성을 가장 잘 증명한다고 여겼다. 풀은 동물과 인간 모두에게 봉사하지만 식물을 낳게 한 원인을 태양으로 여기면서 태양을 숭배하는 자는 죄를 짓는 것이다. 왜냐하면 식물의 생명은 태양이 창조되기 전부터 존재했기 때문이다.[51] 식물 성장의 원천으로 태양을 숭배하는 이교의 신앙을 거부한 성 바실리우스는 이교의 과학뿐 아니라 감각의 증거도 부정했다. 생명이 있는 식물에게서 발견되는 것과 같은 자연의 아름다움과 조화는 신의 창조에 관계된 것이며, 따라서 성 바실리우스나 성 바실리우스 이후 성 암브로시우스가 생각했던 것처럼 창세기의 내용에 따라 식물이 태양 창조 이전부터 자라났다고 주장할 필요가 있었다. 태양은 생성(becoming)의 창조자가 아니다. 신의 자비심이 지구의 가슴을 열고 그의 은혜로 인해 지구가 결실을 맺을 수 있다. 태양은 식물들보다 나중에 창조된다[성 암브로시우스].[52]

식량, 지붕, 선박용 목재, 연료 등을 제공하는 나무에 대한 성 바실리우스의 찬양에는 인간과 자연이 동반자의 관계라는 인식이 강하다. 또한 그는 인간 활동의 결과에 대해서도 언급한다. "소나무가 베이거나 불타버린 후 참나무숲으로 변하는 것을 보았다". 나아가 인간은 (인위적 선택과) 스스로 만든 도구를 활용해 자연의 부족함을 메울 수도 있고 정원사들은 종려나무와 무화과나무의 암수 구별법을 배웠다.[53]

---

51) 이 흥미롭고 의아스러운 주제에 관해서는 Gronau, *op. cit.*, pp. 100~106을 보라. 그로나우(Gronau)는 성 바실리우스가 고전 사상가들의 저술 중에서도 특히 아리스토텔레스 내지는 테오프라스토스의 저술에 근거한 박물학 개요를 활용했다고 믿었다.

52) Jacks, *St. Basil and Greek Literature*; pp. 108~109. 플루타르코스는(*De Placitis Philosophorum Libri* V, 910C) 태양 및 밤낮의 창조 이전에 존재했던 최초의 생명체가 나무였다는 엠페도클레스(Empedocles)의 이론을 믿는다. 성 바실리우스는 이에 대해 다음과 같이 언급한다. "만일 지구가 태양이 기원하기 이전부터 꾸며졌다는 사실을 확신한다면 태양숭배를 저버려야 할 것이다. 왜냐하면 그들은 대부분의 식물과 풀들이 태양의 발생 전부터 성장했음을 믿기 때문이다"(잭스의 번역). *Hex.*, Hom. 5, 1을 보라.

성 바실리우스와 성 암브로시우스 모두는 동물의 생활에 관심을 가졌다. 두 사람은 동물이 가진 함께 살아가는 능력과 생존에 유용한 동물의 자기보호 수단에서 큰 의미를 발견했다. 각각의 종은 자기만의 서식지를 가진다. 바다에서는 작은 물고기가 더 큰 물고기의 먹이가 되는데, 이런 사실은 열등한 사람을 억압하는 인간 성향에 도덕적 정당성을 부여할 기회가 된다. 그럼에도 여러 종류의 물고기들은 평등하고 정의로운 방식으로 바다 속에서 각자의 보금자리를 지정받는다. "어떻게 물고기가 만에서 만으로 이동해서 북해를 향해 가는 것인가? 프로폰티스(Propontis)를 가로질러 에욱시네(Euxine)로 갈 수 있다는 것은 어떻게 아는 것인가? 누가 그들을 움직이게 하는가? 왕자의 명령이라도 있는 것인가?"[54]

널리 알려진 한 구절은 성 바실리우스가 자연에서 신성의 증거를 발견하는 일에 얼마나 몰두했는지를 잘 보여준다. "나는 창조물이 당신에게서 너무나 큰 경외감을 불러일으켜서 당신이 어디에서건 가장 작은 식물을 보아도 창조주를 분명히 기억할 수 있기를 바란다".[55]

성 바실리우스를 포함한 초기 교부들이 지구에 관해 특별히 더 추가한 지식이 없는 것은 사실이다. 그들의 생물학, 지리학, 박물학은 전적으로 이교의 자료원에 의존한 것이다. 성 바실리우스의 창조문서는 고전 과학과 고전 박물학을 기독교적 원리를 중심으로 조직한 개요서이다. 사실 성 바실리우스의 창조문서는 고대 과학을 풍부하게 집대성하여 기독교를 위해 봉사하게 만든 것이다.[56] 성 바실리우스의 물리신학은 17세기 후

---

53) *Hex.*, Hom. 5, 7. Ambrose, *Hex.*, 3, 13, 53~57, *PL*, Vol. 14, cols. 191~194를 참고하라. 무화과의 가루받이 촉진법에 대한 고전적 언급에 관해서는 Gronau, *op. cit.*(각주 47 참고), p. 102를 참고하라.

54) *Hex.*, Hom. 7, 4, p. 92. 또한 Hom. 7, 1~3을 보라.

55) *Ibid.*, Hom. 3, 2, p. 76.

56) 성 바실리우스가 읽은 문헌들과 그가 의존한 자료원에 대해서는 Jacks, *op. cit.*, p. 19 및 칼 그로나우의 성 바실리우스의 창조문서에 대한 철저한 주석 pp. 7~112를 참고하라.

반과 18세기 초반 레이와 더햄의 저술이 나오기 전까지 물리신학 분야의 최고봉이었다. 하지만 레이, 더햄은 자연 연구자나 신학자의 업적 위에 쌓아 올린 갈릴레이, 데카르트, 뉴턴 및 여러 사람의 흥분되는 발견으로부터 혜택을 누렸다.

성 바실리우스의 연구를 많이 차용했던 성 암브로시우스는 물리적 자연 세계를 해석하고 평가하려는 강렬한 열망을 성 바실리우스와 공유한다. 그러나 성 암브로시우스의 작업에는 보다 우의(寓意, *allegory*)****적이고 더 많은 도덕적 요소가 들어 있다. 또한 고전 저작 중 특히 베르길리우스의 저작을 많이 활용했다. 그가 받은 고전에 대한 교육과 소년 시절 모젤의 트레베[Trèves, 트리어(Trier)]에서 밀라노까지를 여행하면서 받은 인상이 젊은 시절 자연에 관심을 갖는 계기가 되었고, 이러한 관심이 창조문서뿐 아니라 그의 편지나 찬미가에서도 찾아볼 수 있는 자연에 대한 극진한 사랑의 원천인 것으로 보인다.[57] 비록 자연에 대한 묘사가 자연 자체를 위한 것이 아닌 도덕적·종교적 가르침을 위한 것이라고 해도 성 암브로시우스는 자연이 주는 즐거움을 숨기지 않았고, 경건한 구절은 자연의 색상, 향기, 아름다움으로 가득하다.

성 암브로시우스는 성 바실리우스의 창조문서에서 많은 것을 차용해 자신의 창조문서를 기록했다. 그래서 성 암브로시우스의 창조문서를 읽는 것은 성 바실리우스의 창조문서를 다시 읽는 것과 같다. 시편 104편의 24구절을 부연하면서 성 암브로시우스는 '세계(*mundus*)는 신성한 창

---

57) 성 암브로시우스는 4세기의 젊은이를 교육하는 데 중요했던 고전 저술가들(특히 베르길리우스)을 활용했고 성서를 주해하는 데 플라톤 및 오리게네스에 의존했는데, 이와 관련해서 Diederich, *Vergil in the Works of St. Ambrose*, pp. 1~6을 참고하라. 이 책의 대부분은 성 암브로시우스의 저술에 나타난 구절들을 일일이 비교하여 베르길리우스의 저술에 같은 구절이 있는 지를 찾는 일로 채워져 있다. 성 암브로시우스가 따온 대부분의 구절은 《농경가》와 《아이네이스》에서 왔으며 일부가 《전원시》에서 왔다. 또한 요한 니더후버(Johann Niederhuber)가 창조문서에 대한 독일어 번역본에 쓴 서문을 참고하라. *BDK*, Vol. 17.

조의 표지(*specimen*)'이며 그 광경은 우리를 창조주(*operator*)에 대한 경배로 이끈다고 말한다. 만일 우리가 '태초에'를 (일련의) 숫자와 결부시켜 해석하면 하늘과 지구가 창조된 후 언덕, 저지, 거주 가능한 지역으로 채워진 지구에 세부적인 것의 창조가 완료되었을 것으로 볼 수 있다.[58) 앞서간 기독교 사상가들이나 고전 사상가들처럼 성 암브로시우스도 왜 지구의 특정 지역만이 인간 거주에 적합해야 하는지에 대한 이유를 설명할 수 없었다. 현실은 이상이 된다. 즉, 보기에 바람직한 것은 설계의 반영물이다.

성 바실리우스처럼 성 암브로시우스도(둘 모두 필론의 영향을 받았다) 모든 것을 일시에 창조할 수 있는 신이 창조를 위해 시간을 소요한 이유를 정당화해야 할 필요성을 느꼈다. 그러나 신은 그와 관련된 과거의 이론을 단번에 그리고 영원히 묻어버리기를 바라신다. 창조가 6일에 걸쳐 이루어진 이유는 세계가 영원하고 창조는 없었다는 그릇된 믿음을 가지지 않게 하기 위해서였다. 그리고 이러한 예를 통해 인간이 그를 모방할 수 있도록 하기 위함이다.

장인의 일상에 대한 구태의연한 비유에서 성 암브로시우스는 신이 우리로 하여금 자신을 모방하도록 했으므로 우리는 우선 사물을 창조한 다음 이를 완성하고 꾸민다고 말한다. 왜냐하면 이 둘을 한꺼번에 하려 한다면 아무것도 마칠 수 없기 때문이다. 자수를 놓으려면 먼저 직물을 짜야 하는 것과 마찬가지로 신은 세계를 먼저 창조했다. 그리고 나서 세계를 창조한 그가 세계를 꾸미고 필요한 일을 갖추는 일 역시 책임진다는 것을 우리가 알도록 하기 위해 세계를 꾸몄다. 창조와 꾸미는 일이 서로 다른 손에 의해 이루어졌다고 생각할 수는 없다. 장식품을 보고 창조를 믿는다는 논거는 성 바실리우스의 기본 논거이기도 하다.[59)

---

58) Ambrose, "Hexameron", 1, 5, 17; 1, 4, 12, in: *PL*, Vol. 14, cols. 139, 141~142.
59) *Ibid.*, 1, 7, 27, *PL*, cols. 148~149.

일부 고전 사상가들이나 기독교 사상가들 및 신·구약성서의 저자들처럼 성 암브로시우스 역시 물에 매료되었다. 성 바실리우스와 마찬가지로 성 암브로시우스도 바다를 찬양한다. 바다를 찬양하는 내용은 자연에 대해 그가 적은 구절 중 가장 자주 인용되는 구절의 하나다. 물은 자비롭다 (III, 5, 22). 물은 땅에 비를 내리며 비의 원천인(fons imbrium) 강이 머무르는 곳이다(hospitium fluviorum). 물은 전쟁의 위험을 막아주는 벽이며 광포한 야만인으로부터 우리를 지키는 방벽이다. 해변에는 강에서 흘러내려와 쌓인 충적토양이 조성된다. 물은 세금의 원천이며 추수에 실패하더라도 무역이나 상업 및 여타의 생계 수단을 제공한다. 자연을 유용성의 차원에서 파악하는 것이 분명한 성 암브로시우스의 실용적 신학에서는 한 번의 파도도 유용한 것으로 파악된다.[60]

성 암브로시우스의 창조문서는 성 바실리우스의 창조문서에 비해 지적 면모가 떨어지는 반면 우의적이고 영적인 해석이 더 많으며, 이런 점이 성 아우구스티누스에게 큰 영향을 미쳤다. 하지만 성 암브로시우스의 사상 역시 살아남아 신의 동반자로서 지구를 개선하는 역할을 맡은 인간이란 개념이 후대에 계속 이어졌다(226~229쪽 참고).[61]

---

60) *Ibid.*, 3, 5, 22, *PL*, cols. 177~178. 성 암브로시우스 창조문서의 독일어 번역자인 니더후버는 번역서에서 바다는 "강에 머무르며"(hospitum fluviorum) "비의 원천"(fons imbrium)이라고 말해 대양이 무엇이냐는 하드리아누스(Hadrian) 황제의 질문에 답한 철학자 세쿤두스(Secundus)의 답변을 언급한다(Mullach, *Fragm. Phil. Graec.*, I, 518). *BDK*, Vol. 17, p. 89 note.

61) Gilson, *HCPMA*, p. 589, note 11. p. 55도 참고할 수 있다. 그 외 Augustine, *Conf.*, VI, 4.

5. 성 아우구스티누스

앞서간 이들 사상가들이 처했던 환경에 비해 성 아우구스티누스는 잘 다져진 길을 따라간다. 그에게 특별한 점이 있다면 풍부한 사고와 그 사고를 탐구할 때의 상상력이다. 지구상의 자연 질서를 다루는 그의 사고는 성 바실리우스나 성 암브로시우스가 창조문서에서 다룬 것만큼 창조의 순서와 밀접한 관련을 가지지는 않는다. 왜냐하면 성 아우구스티누스가 쓴 창조문서의 제목은 《창세기의 문자적 의미》(*De Genesi ad litteram libri duodecim*) 이지만, 그 내용은 문자적 해석이 아니어서 창조와 관련된 자연현상이 성 바실리우스의 책보다 덜 강조되기 때문이다.[62] 개괄적으로 말해 지상에서 관찰되는 자연 개념에 성 아우구스티누스가 기여한 것은 그리스 생물학과 그리스(특히 플라톤) 철학으로부터 도출된 것이며 성서와 성서 주해에서 비롯한 것이다. 창조주 신과 지구상에서 관찰할 수 있는 창조물 및 인간과의 관계에 대한 성 아우구스티누스의 개념은 다음과 같이 요약될 수 있다.

창조주는 신이다. 하늘과 지구를 창조한 신의 솜씨를 우리는 언제나 숭배해야 한다. 신의 도성이 가진 더 큰 영광과 지구 및 지구상의 사물을 비교하면 이들의 하찮음이 드러날 것이다. 그러나 이들이 존재의 위계에서 저급한 위치를 차지한다는 이유로 또는 신성한 질서보다 열등한 질서를 나타낸다는 이유로 지구상의 생명이나 자연의 아름다움을 경멸해서는 안 된다. 지구, 지구상의 생명, 자연의 아름다움 또한 신의 창조물이다.

인간은 죄로 가득하고 죄를 저지르는 경향을 가졌음에도 불구하고 신의 위대함을 드러내는 영광의 산물이다. 인간의 기예와 기술이 그 증거지만 이러한 위대함은 인간에게 내재된 가치에서 비롯한 것이 아니므로 자랑거리가 아니다. 인간의 위대함은 인간을 창조한 신의 선함에서 비롯

---

62) Robbins, *Hex. Lit.*, pp. 64~65. 또한 Augustine, *Conf.*, XIII을 보라.

된다. 이와 같은 개괄적 사고를 성 아우구스티누스의 저술을 통해 살펴보도록 하자.

유대-기독교 교의에서는 창조주의 존재 근거를 창조물에 대한 관찰에서 얻음에도 불구하고 창조주와 창조물의 구분이 자연스럽게 받아들여졌다. 자연 질서가 아무리 사랑스럽더라도 신에 비해 열등하다는 점에 대한 의문은 있을 수 없다. 창조주와 창조물을 구분하는 태도가 기독교 신념의 근저와 자연에 대한 기독교적 입장 안에 자리 잡았다. 자연의 아름다움에 도취된 나머지 인간과 마찬가지로 창조물에 불과한 자연을 창조물 이상의 무엇으로 착각해서는 안 된다는 것이다. 성 아우구스티누스는 그의 저술 곳곳에서 이 구분을 강조한다.[63] 그러나 이러한 구분이 자연신학의 부정을 뜻하는 것은 아니다.

사실 성 아우구스티누스는 로마인에게 보낸 편지 1장 20절을 훌륭하게 활용했다.[64] 비록 인간이 창조물에서 창조자의 증거를 발견할 수 있다 해도 그 증거는 반드시 올바르게 해석되어야 한다. 자연신학의 강점과 위험성은 시편 39편에 대한 성 아우구스티누스의 주석에서 잘 드러난다. "피조물 안에서 창조주를 사랑하는 법을 배우고 그의 작품 속에서 그것을 만든 분이 그분임을 배우라. 그가 만드신 것이 너를 사로잡도록 만들지 말라. 사로잡힌다면 너는 너에게 가치를 부여하신 분을 잃어버릴 것이다".[65] 한 설교에서 성 아우구스티누스는 인간 세계에 존재하는 악과 자

---

63) 나는 성 아우구스티누스에 대한 여러 참고문헌을 프르치바라(Przywara)가 인용한 *An Augustine Synthesis*에 의존한다. 성 아우구스티누스의 구분에 대해서는 다음을 참고하라. "Contra Julianum", IV, 3, 33, *OCSA*, Vol. 31, p. 286, Przy. p. 346; "De Trin"., IX, 7~8, 13, *NPN* 1st Ser. Vol. 3, pp. 130~131, Przy. p. 346; *ibid*, XV, 4, 6, *NPN*, 인용된 대로, p. 202, Przy. pp. 74~75; "Sermones ad Populum", 1st Ser., 158, 7, 7, *OCSA*, Vol. 17, pp. 487~488, Przy. pp. 367~368; "Enarrationes in Psalmos", 39, 7, 8, *OCSA*, Vol. 12, p. 273, Przy. p. 410.

64) *City of God*, VIII, 10과 *De Trin*. VI, 10, 12, Przy. pp. 141~142.

65) "Enarrationes in Psalmos", 39, 8, *OCSA*, Vol. 12, p. 273, Przy. p. 410.

연 질서 속에 내재한 선을 구별한다. 심지어 악은 인간에게 득이 되는 것이 무엇인지를 가르쳐주는 중요하고 긍정적인 역할을 맡기도 한다.

> 우리가 세상을 사랑하지 않도록 하기 위해서 이 세계는 악으로 가득하다. 겉으로 드러난 세상이 지닌 모든 매력에도 불구하고 위대한 이들과 신앙심 가득한 성자들은 세계를 경멸했다. 그러나 우리는 세상이 더럽다 해도 세상을 경멸하지 못한다. 세계는 악이다. 그렇다. 진정 악이다. 그러나 세상은 선한 것처럼 사랑받는다. 그러나 이 악한 세계는 무엇인가? 하늘과 땅, 물, 그리고 그 안에 있는 물고기, 새, 나무는 악하지 않다. 이 모든 것은 선하다. 이 악한 세계를 만든 것은 악한 인간이다. 66)

성 아우구스티누스 역시 이교도의 종교, 자연 및 지구의 인격화에 대해 고려했다. 창조자와 창조물의 구분은 '신은 한 분이고 따라서 자연현상이 아무리 다양하더라도 다수의 장인이 아닌, 하나뿐인 장인의 작품'이라는 신념에 의존한다. 67) 성 아우구스티누스는 소실된 바로의 저작인 《고대의 인간과 신성에 대한 41권의 책》〔*Antiquitatum Rerum Humanarum et Divinarum libri XLI*, 마지막 16권의 책이 《신성에 대하여》(*Res Divinae*) 다〕에 대한 긴 설명과 비판을 통해 지구를 신들의 어머니로 생각하고 지구의 잉태를 통해 신들이 시작되었다는 이교 사상에 저항한다.

지구는 어머니가 아니다. 지구 자체는 신의 작품이다. 68) 성 아우구스티누스는 위대한 어머니 지구에 대한 경배를 위해 봉헌된 여성화되고 나약한 남성을 경멸하고 혐오한다. 69) 지구상에서 볼 수 있는 모든 위대한

---

66) "Sermones ad Populum", 1st Ser., 80, 8, *OCSA*, Vol. 16, p. 573, Przy. p. 434.

67) *City of God*, VI, 8; VII, 23, 30.

68) *Ibid.*, VI, 8.

69) *Ibid.*, VII, 26. 《신국론》에서도 소실된 바로의 작품과 관련된 장들이 여럿 존재한다. IV, 31; VI, 2~6; VII, 6, 22~26.

작품(성 아우구스티누스가 제시하는 많은 사례 중 몇 가지만 열거하자면 합리적 정신이라는 재능, 재생산 능력, 달의 운행 주기)은 바로가 생각하는 것처럼 여러 신들이 나누어 창조한 것이 아니다. 그 모든 것들은 유일신의 창조물이다. 하늘과 지구는 유일신의 힘으로 채워진다.

성 아우구스티누스가 목동이나 농부와 비교한("*ille summus pastor, ille versus agricola*")70) 창조주는 그의 창조물보다 무한히 우월하다.71) 플라톤과 《티마이오스》의 선례를 따라 성 아우구스티누스의 창조주 또한 창조하면서 즐거움을 느끼는 무한한 기술을 가진 제작자다. 그가 창조하는 것은 질서 잡힌 세계이며,72) 이 세계는 그의 선함으로 창조되었다. 신은 창조하는 일을 즐거워하기 때문이다. 성 아우구스티누스는 오리게네스가 이러한 점을 이해하지 못하고 창세기 1장 31절("이렇게 만드신 모든 것을 하느님께서 보시니 참 좋았다")의 중요성을 간과한 점을 신랄하게 비판한다.73)

성 아우구스티누스는 실제 자연의 질서와 인간이 자연에 부여한 가치 기준을 구분한다. 이 구분은 매우 중요한데 살아 있는 존재는 생명 없는 존재보다 상위에 위치하며, 살아 있는 것 중에서도 동물같이 감각이 있는 존재가 나무보다 상위에 위치한다. 감각이 있는 존재 중에서도 인간같이 지적인 존재가 소보다 우월하다. 그리고 지적인 존재 가운데 불멸의 천사가 사멸하는 존재인 인간보다 높은 곳에 위치한다. 자연의 질서에 존재하는 등급은 감각이 있는 존재보다 감각이 없는 존재를 더 선호할 수도 있는 인간의 마음에는 들지 않을 수도 있다.

---

70) "Sermones ad Populum", 1st Ser., 46, 8, 18, *OCSA*, Vol. 16, pp. 264~265, Przy. p. 273.

71) *De Trin.*, XV, 4, 6; *City of God*, XI, 4.

72) *City of God*, XI, 4.

73) 35쪽에 있는 오리게네스에 대한 논의를 보라. *City of God*, XI, 23. 신의 선함의 결과로 존재하는 지구상의 선함에 대해서는 *De Trin.*, VIII, 3, 4~5, Przy. p. 134를 보라.

그리고 이 선호는 매우 강력해서 만일 우리에게 힘이 있다면 우리는 자연으로부터 그들이 자연 속에서 점유하는 위상을 무시하거나 우리의 편의를 위해 그들을 희생시키는 방식으로 후자(감각 있는 존재_옮긴이)의 존재를 거의 제거할지도 모른다. 이를테면 집 안의 빵보다 쥐를, 금보다 벼룩을 더 좋아할 사람이 있을까? (최고의 존엄을 가진 것이 분명한) 인간이 인간 스스로에게 가치를 매길 때조차 노예보다는 말에, 하녀보다는 보석에 더 많은 가치를 부여한다는 사실에는 의심의 여지가 없다. 그러므로 자연을 이성적으로 사고하는 일은 궁핍한 자의 필요나 혹은 쾌락을 바라는 자의 판단과는 사뭇 다른 결과를 부른다. 왜냐하면 자연을 합리적으로 고려할 때는 창조의 범위 내에서 사물 자체의 가치를 생각하는 반면 필요는 욕구에 얼마나 부합하는가를 기준으로 가치를 따지기 때문이다. 이성은 정신의 빛이 진실을 판결할 것을 기대하지만 즐거움은 육체적 감각을 기분 좋게 자극할 것을 기대한다. [74]

자연의 질서와 자연에 대한 인간의 평가를 구분해 성 아우구스티누스는 자연을 유용성에 따라 평가하는 익숙한 관점과 거리를 둔다. 또 다른 구절에서 그는 자연을 유용성에 따라 평가하는 관점의 편협성에 대해 보다 직설적으로 언급한다. 자연현상은 그 자체로 평가되어야지 인간의 기준으로 평가되어서는 안 된다. "그러므로 창조물이 자신을 제작한 분을 영광스럽게 하는 일은 그 자체의 본성에 관련된 것일 뿐 우리의 편의나 불편과는 상관이 없다". [75] 여기서 성 아우구스티누스는 성격상 목적론적 전통을 따르긴 하지만 개별 창조물이 인간에게 주는 유용성과 상관없이 개별 창조물 자체의 탁월함이나 목적성을 중심에 둔다. 이러한 그의 입장은 생물종의 목적이 그 안에 내재되어 있다는 아리스토텔레스의 개념을 연상시킨다. 한 생물종의 특성은 다른 종을 위해 고안된 것이 아니라는 말이다. [76]

---

74) *City of God*, XI, 16.
75) *Ibid.*, XII, 4; 더불어 이 책 5장을 참고하라.

성 아우구스티누스는 예루살렘(Jerusalem)**과 바빌론**을 구분하는데 이는 신에 대한 사랑, 세상에 대한 사랑을 각각 상징하는 것으로 자연을 대하는 그의 태도를 이해하는 데 도움이 된다. 이 두 도시는 분리되었지만 완전히 격리된 것은 아니다. 바빌론 또한 완전히 쓸모없지는 않다.[77]

지구는 아름다움의 면에서 확실히 부족한 게 없다. 오히려 우리가 지구의 경이로움에 익숙해져 아름다움을 인식하는 감각이 무뎌질 수 있다. "그러나 피조물의 모든 다양한 운동을 보면서 신이 이룬 작업의 경이로움에 어찌 놀라지 않을 수 있는가? 그럼에도 일상적인 경이로움에 익숙해져 그에 대한 경의가 점차 줄어들었다. 아니, 자세히 들여다보면 우리를 놀라게 할 수 있는 일상의 아름다움이 얼마나 많이 우리 발밑에 짓밟혔는지!"[78] 창조물 속에서 창조주의 작업을 보고자 하는 이 강력한 충동은 창조물의 아름다움이 그분의 존재를 웅변하긴 하지만 신을 이해하는 수단으로서 그것이 가지는 한계를 반드시 인식해야만 한다는 생각에 의해 완화된다. 그리고 비록 한 저술가가 각기 다른 시기에 각기 다른 목적으로 저술한 수많은 책 여기저기에 흩어진 구절을 모아 어떤 주장을 뒷받침하는 인용문으로 활용하는 것이 위험한 일이긴 하지만, 나는 자연에 대한 성 아우구스티누스의 관점을 알아보기 위해 다양한 자료로부터 여러 구절을 인용하더라도 별다른 실수가 없을 것이라 생각한다.

강조점은 다양할 수 있지만 그는 자연과 지구가 신의 창조물이며 자연과 지구가 가진 아름다움, 우아함, 유용성에 빠져들어 이를 경배하느라고 창조주와 신의 도성을 잊어버려서는 결코 안 된다는 사고에서 벗어난 적이 없다. "(지상의) 아름다움 속에서 그 아름다움이 부여받지 못한 것

---

76) 1권 124쪽과 Ross, *Aristotle*, p. 125를 보라.

77) *City of God*, XIV, 28과 "Enarrationes in Psalmos", 44, 2; 136, 2, *OCSA*, Vol. 13, pp. 92~94; Vol. 15, pp. 244~245, Przy. p. 267을 보라.

78) "Epistola", 137, 3, 10, *OCSA*, Vol. 5, p. 166, Przy. pp. 50~51.

을 찾으려 하지 말자. 아름다움은 우리가 찾는 것을 부여받은 적이 없다
는 점에서 가장 낮은 곳에 위치하기 때문이다. 그러나 그 아름다움이 부
여받은 것에 대해서는 신을 찬양하자. 가장 낮은 곳에 위치한다 해도 신
이 외적인 아름다움이라는 위대한 선을 부여했기 때문이다".[79]

성 아우구스티누스는 마치 범신론이나 창조물에 대한 경배가 항구적인
위험이라도 되는 듯 인간의 사랑은 신에게만 향해야 한다고 경고한다.
성 아우구스티누스 자신은 신에 대한 사랑을 너무 늦게 깨달았다. 그는
창조물의 아름다움을 바라보느라 길을 잃고 헤매었다. 신은 그와 함께했
지만 그는 신과 함께하지 않았다. 그리고 창조물은 신이 그와 동행함을
깨닫지 못하도록 방해했다. "그리고 나는 당신을 찾아다녔고, 추하게도
나의 시선을 당신이 아름다움을 부여한 창조물에 고정시켰습니다 … 당
신 안에 거하지 않으면 존재조차 불가능했을 당신의 창조물이 나를 당신
에게서 멀어지게 했습니다".[80]

인간이 가시적 창조물의 질서와 아름다움을 관찰해 신에 대한 앎에 어
떻게 이르는지를 보여주기 위해서 우주론적이고 물리신학적인 논의가 다
양한 방식으로 활용된다. 때로는 열정적인 서정시의 아름다운 형식을 취
하기도 한다.

> 지구의 사랑스러움에 물어 보라. 바다의 사랑스러움에 물어 보라. 광활
> 한 창공의 사랑스러움에 물어 보라. 하늘의 사랑스러움에 물어 보라.
> 별들의 질서에 물어 보라. 빛으로 낮을 비추는 태양에 물어 보라. 낮에
> 뒤따르는 밤의 어둠을 밝히는 달에 물어 보라. 물속을 돌아다니고 땅에
> 머무르며 공중을 날아다니는 생명체에 물어 보라. 숨겨진 영혼, 지각력
> 이 있는 신체에 물어 보라. 통치되어야만 하는 보이는 것, 통치하는 보
> 이지 않는 것에 물어 보라. 이 모든 것들에게 물어 보라. 그러면 그들

---

79) "Contra Epistolam Manichaei quam vocant Fundamenti liber unus", chap.
   41, par. 48, *OCSA*, Vol. 25, p. 476, Przy. p. 1.
80) *Conf.* X, 27, Przy. p. 75.

모두는 당신에게 다음과 같이 답할 것이다. 보라! 우리의 사랑스러움을 인식하라. 그들의 사랑스러움이 그들의 고백이다. 이렇게 사랑스러우면서도 변덕스러운 것들을 불변의 미(beauty)를 빠뜨린 채로 누가 만드셨는가?[81]

이러한 창조에서 인간이 차지하는 위치는 창조의 조화 및 질서에 부합하며 고등한 피조물과 저급한 피조물로 이루어져 자연을 가득 채운 존재의 위계와도 일치하는 것이다. 신은 번식하라는 말씀과 더불어 인구가 증가해도 혈통을 보전하라는 경고의 의미로 인간에게 부모를 하나만 주셨다. 아담의 옆구리에서 여성을 창조한 일은 남편과 아내의 유대가 어떠해야 하는지를 상징하는 것이다. "이와 같은 신의 작품은 확실히 특별해 보인다. 왜냐하면 이들이 바로 첫 번째 작품이기 때문이다".

인간의 죄와 타락은 인간으로부터 번식력을 앗아가지는 않았다. 하지만 인간의 생식력은 이제 육욕에 물든다. 타락 이전에 우리의 부모는 육욕과 무관하게 생육하고 번성하라는 명령에 복종할 수 있었다. 육욕은 죄를 범한 이후에 시작되었다. 아이를 갖는 일은 "결혼의 영광 중 하나일 뿐 죄에 부과되는 형벌이 아니다".[82] 성 아우구스티누스는 성서에 기반을 둔 초보적 인구론을 통해 세계 인구가 증가하는 이유와 인간이 견뎌야 하는 여러 불행에도 불구하고 특정한 축복이 인간에게 남은 이유를 설명하려 시도한다.

창조는 신의 지속적인 지배를 받는다. 만일 신이 창조물에게서 기운을 빼앗는다면 그 창조물은 소멸할 것이다. 창조가 실제로 6일 동안 이루어졌다는 말은 자연을 창조하는 데 소요된 시간만을 의미하는 것이지 그들에 대한 통치 기간을 의미하는 것이 아니다. 신은 계속 우주를 지배한

---

81) "Sermones ad Populum", 2d series, No. 241, chap. 2, par. 2, *OCSA*, Vol. 18, p. 238, Przy. p. 116.
82) *City of God*, XII, 27; XIV, 21.

다. 83) 인간과 창조주의 관계 그리고 인간과 인간을 제외한 나머지 창조물 사이의 관계와 관련해서 가장 중요한 사고는, 인간은 신이 될 수 있지만 스스로의 힘으로 되는 것이 아니라 "진정한 신이신 한 분 하느님에 참여해"(*Non enim existendo sunt homines dii, sed fiunt participando illius unius, qui verus est Deus*) 신이 된다는 사고다. 84) 기예와 (농업 같은) 과학도 신성한 힘이 지배하는 영역이며 인간은 그저 조력자일 뿐이다. "하느님 그분은 인간이 심고 물을 주면 그것을 자라게 하시는 분이다". 85) 인간은 또 하나의 굉장한 기적, 즉 보이는 세계에 존재하는 하나의 기적이다. 86)

인간의 본성은 천사와 야수의 본성 사이에 위치하도록 창조되었다. 그렇기 때문에 인간이 스스로를 창조주에게 종속시킬 경우 인간은 천사가 될 수 있고 죽음이 개입하지 않는 불멸성을 얻지만, 자유의지를 이용해 교만하게도 창조주에게 도전한다면 죽음을 겪을 것이며 동물처럼 살 것이다. 87) 창조주의 형상을 따라 지어진 것은 인간의 정신이지 육체가 아니다. 88) 성 아우구스티누스는 다음과 같이 언급한다. 인간의 내면에는 악이 가득하다. "만일 신이 다른 인간에게 그분의 말씀을 전하는 데 인간을 쓰시지 않기로 결정하셨다면 인간의 위치는 지금보다 낮춰졌을 것"이다. 89) 악한 것은 자연이 아니라 인간이다. 90)

---

83) "Epistola", 205, 3, 17, *OCSA*, Vol. 6, pp. 117~118, Przy. pp. 117~118; "De Genesi ad litteram", IV, 12, 22~23, *OCSA*, Vol. 7, pp. 121~122, Przy. pp. 117~118.

84) "Enarrationes in Psalmos", 16th Disc. on Psalms 118, par. 1, *OCSA*, Vol. 14, p. 585, Przy. p. 306.

85) *De Trin.*, III 5, 11, Przy. pp. 43~44. 고린토인에게 보낸 첫째 편지 3장 7절에서 인용.

86) *City of God*, X, 12를 보라.

87) *Ibid.*, XII, 21.

88) "In Joannis Evangelium", Tr. 23, par. 10, *OCSA*, Vol. 9, p. 521, Przy. p. 18.

89) *On Christ. Doct.*, Prol. 6.

신의 창조물인 인간은 신의 도움을 받으며 종종 신을 돕기도 한다. 성 아우구스티누스로 하여금 점성술을 그토록 적대시하게 만든 것이 바로 이 관계였다. 그는 점성술이 한눈에 봐도 터무니없을 뿐만 아니라 인간 과 신의 관계에도 들어맞지 않는다며 거부했다. 이교의 신들과 점성술을 기독교의 교의를 위협하는 것으로 간주했던 초기 교부들 다수가 중세 후 기의 사상가들보다 훨씬 더 점성술에는 비판적이었다. 91)

자연에 적극적인 힘을 행사할 수 있는 존재로서의 인간의 위치는 이후 에 논의될 것이다(7장 참고). 여기서는 성 아우구스티누스가 인간의 삶 속에 내재된 불행과 불운에 대해 이야기하고 나서 인간과 인간의 기술에 대한 열정적인 칭송, 즉 기예, 농업, 사냥, 탐험 전반에 걸쳐 재능을 부 여받은 발명자, 창조자, 발견자로서의 인간에 대해 칭송한다는 점을 언 급하는 것으로 충분할 것이다. 인간은 여전히 존엄하고 위대하며 자신의 죄에 완전히 파묻히지는 않았다. 92)

성 아우구스티누스는 설계론, 존재의 위계, 충만의 원리를 창조문서 와 주해문서에 기여하는 개념 이상의 것으로 끌어올렸다. 성 아우구스티 누스로 인해 이 개념은 인간과 자연에 대한 철학적 견해를 기독교적으로 종합하는 구성 요소로 활용된다. 종교로서의 기독교의 중요성이 날로 더 해 감에 따라 철학적 견해를 기독교에 종합하는 일의 중요성도 날로 커졌 다. 이 종합은 선택을 어렵게 하는 양극성을 가진 편협하고 취약하며 과 감한 종합이다. 하나는 물리신학과 자연 연구의 길로 인간과 그의 창조

---

90) "Sermones ad Populum", 1st series, No. 80, par. 8, *OCSA*, Vol. 16, p. 573, Przy. p. 434.

91) St. Augustine, *On Christ. Doct.*, II, 21~22; 교부들과 점성술의 숙명론에 대 해서는 Eliade, *Cosmos and History*, pp. 132~133 및 거기에 인용된 참고문헌 을 참고하라[정진홍 역, 2004, 《우주와 역사》, 대한기독교서회_옮긴이]. 또한 Grant, *Miracle and Natural Law in Greco-Roman and Early Christian Thought*, pp. 119, 265~266.

92) *City of God*, XXII.

능력을 인정한다. 다른 하나는 심미적 피안의 지향, 자연 경멸, 인간 비난의 길이다. 이 또한 중세와 근대에 인간과 자연에 대한 기독교의 견해에 심대한 영향을 미친 개념이다.

이러한 양극을 만든 건 성 아우구스티누스가 아니다. 이 극단은 성서에 암시되어 있다. 그러나 다른 중요한 초기 기독교 사상가들에게서처럼 성 아우구스티누스에게서도 이 극단적 지점을 분명히 볼 수 있다. 《고백록》(Confessions)***의 처음 몇 쪽만 보아도 한쪽 극단을 발견할 수 있다. 그가 다음과 같이 그의 아버지에 관한 글을 썼을 때 그의 아버지를 동정하지 않을 사람이 누가 있으랴?

> 육욕의 가시나무는 내 머리보다 높이 자라 그 뿌리를 뽑을 자 아무도 없고, 당연히 내 아버지조차 그리하지 못했도다. 어느 날 공중목욕탕에서 내 아버지는 내 삶에 활력 넘치는 성년기가 다가온다는 징표를 보았으며 손자를 볼 생각에 푹 빠져 버렸다. 내 아버지는 행복에 겨워 내 어머니에게 그 이야기를 전했다. 아버지가 느낀 행복은 이 세계가 창조주인 당신을 잊게 만들고 당신을 사랑하는 대신 당신이 만든 사물을 사랑하게 만든 중독 때문에 생긴 것이었다. 왜냐하면 세계 자체가 타락하고 세속적 의지라는 보이지 않는 포도주에 취하기 때문이다. 93)

인용문을 선택하는 일이 쉽지 않았음을 밝혀야겠다. 설계된 지구라는 사고의 역사를 추적하면 설계된 지구라는 사고와 관련해 기독교신학에서 자연의 중요성을 강조하고 자연에 대한 사랑과 자연에 대한 미적 감상을 보여주는 적절한 구절이 원전 속에서의 중요성에 비해 훨씬 더 자주 인용될 수도 있다. 인용문을 선택하는 과정에서 몇몇 교부들의 사상은 실제보다 더 금욕적이고 덜 관대하며, 삶, 자연, 배움을 덜 사랑하는 것처럼 제시될 수 있다. 그리하여 그들의 사상이 "자연에 높은 가치를 부여하는

---

93) *Conf.* II, 3, 피네-코핀(Pine-Coffin)의 번역.

것과 양립할 수 없는 것으로" 보일 수 있다. 94) 많은 교부들이 두 가지 관점을 모두 표명했기 때문에 일관성을 상정하거나 강조점에 따라 드러나는 모순이나 차이가 조화를 이룰 것이라 생각할 수는 없다.

자연을 활용하는 지성과 기술을 인간에게 부여한 창조주의 자비로움이 만든 질서 있고 조화로운, 그래서 아름답고 사랑스럽고 유용하며 신성한 설계된 지구라는 사고는 초창기에 존재했던 성(性)에 대한 강박관념과 죄, 기적, 불가사의한 일에 대한 음울한 강조와 고통스러운 우화의 존재에도 불구하고 번창했다. 왜냐하면 설계된 지구라는 사고는 성서, 근본적으로는 창세기 1장 31절의 강력한 지원을 받았으며 로마인에게 보낸 편지 1장 20절을 자주 인용하는 데서 알 수 있듯이 기독교가 신의 존재에 대한 물리신학적 증거라고 훗날 알려진 내용을 필요로 했기 때문이다.

중세 사상의 주요 원천은 종교사상가들이다. 그들이 신학에 정통하긴 했지만 지식수준이 낮은 일반인들이 실제로 느끼던 것을 제대로 반영했는지는 분명치 않다. 중세의 산업, 기술, 농업에 대한 새로운 연구를 통해 흔히 '암흑의 시대'라 불리는 이 시대에도 활발한 활동이 이루어졌으며 여러 산업기술이 살아남거나 개선되기도 했다는 사실이 자주 지적되기 때문이다. 95)

6. 초기 주해문서의 유산

지구 및 자연과 관련하여 세 가지 사고가 교부 시대의 주해문서로부터 나왔다. 이 사고들은 중세 후기에 이르러 광범위하게 유포되어 17세기

---

94) 이 주제와 관련해서는 Raven, *Science and Religion*, pp. 48~49를 참고하라.
95) Bark, *Origins of the Mediecal World*, pp. 148, 153을 또한 참고하라. Salin and France-Lanord, *Rhin et Orient*, Vol. 2, *Le Fer à l'Époque Mérovingienne*, 특히 pp. 3~5, 235~243을 참고하라.

전반에 걸쳐 중요한 역할을 한다. 이 사고들은 신이 조물주, 장인, 장인적 신(*deus artifex*)이며 자신의 작업을 통해 현시하는 분이라는 사고에 뿌리를 두었다. 많은 경우 이러한 착상에 영감을 불어넣은 구절은 로마인에게 보낸 편지 1장 20장이었다.

자연이라는 책은 신의 책과 함께 읽을 경우 인간이 신과 그의 창조를 알고 이해하도록 한다. 인간뿐 아니라 자연도 타락 이후 내려진 저주로 고통을 받았다. 인간은 지구상에 있는 자연의 아름다움을 경외하고 사랑할 수 있지만 이 사랑과 경외는 반드시 신에 대한 사랑과 연계되어야만 한다. 이러한 사고는 창조와 관련해 형성된 최초의 사고와 비슷하지만 계시종교와의 대조가 결여되었고 장인 유비에 크게 의존하지 않는다는 점에서 다르다. 이러한 견해는 성 프란체스코의 "태양찬가"(*The Canticle of Brother Sun*)로 이어진다.

1) 책으로서의 자연

신은 성서 안에서 계시된다. 또한 세계 안에서 그의 작품을 볼 수 있다. 자연의 책은 계시의 책인 성서와 대비되지만 계시의 책에 비해 지위가 낮다. 왜냐하면 신은 그의 말씀 속에서 계시되며 그의 작품을 통해서는 일부만 계시되기 때문이다. 그 이유는 그가 초월적 신이기 때문이다. 자연의 책은 주석이 되어 계시된 말씀의 진리를 증명한다. 가령 아타나시우스(Athanasius)*는 창조의 책을 칭송한다. 창조의 책에 존재하는 피조물은 문자와 같아서(*ὥσπερ γράμμασι*) 큰 목소리로 그들의 신성한 주인과 창조자가 내리신 조화와 사물의 질서를 찬양한다.

그러므로 책으로 간주되는 자연은 종종 계시를 보충해 신과 그의 창조물을 알게 만드는 수단으로 활용된다. 그러나 그 개념은 룰(Lull)*과 시비우드(Sibiude)*가 그러했듯 과도해져서 강력하고 독립적인 존재를 상정할 수도 있다. 이 개념이 기독교신학의 역사상 얼마나 이른 시기에 등장했는지 나는 알지 못하나 이미 크리소스토무스(John Chrysostom)* 시절에 상당한 발전을 이룬 상태였다. 그의 설교는 간결하고 단순하며 반복적이라는 점에서 성 바실리우스의 설교와 닮았다. 그의 독창적 주장이 그의 역사 인식, 문화적, 언어적 다양성 그리고 그가 아는 민족들의 경제적 풍요로움에서 나온 것일까?

그가 말하듯이 만일 신이 책을 통해 가르친다면 그러한 가르침은 글을 읽을 줄 아는 자와 부자에게 혜택을 주는 것이다. 글을 아는 자는 책을 읽을 수 있고 부자는 자신이 읽을 성서를 구입할 수 있기 때문이다. 자연의 책이 없다면 가난하거나 글을 모르는 자는 어떻게 신을 알 수 있겠는가? 책은 또한 성서를 기술한 문자에 대한 지식이 있는 자에게 혜택을 준다. "스키타이인, 바바리아인, 인도인, 이집트인 및 성서의 언어와 상관없는 말을 쓰는 사람들은 신의 가르침을 전혀 받지 못한 채 생을 마칠 수도 있는 것이다". 이런 불공평함은 하늘의 것이라 할 수 없다. 최소한 시력을 가진 자는 누구나 읽을 수 있어야 한다.

그러므로 자연의 책 같은 하늘의 책이 있음으로 해서 현명한 자, 배우지 못한 자, 가난한 자, 부자 모두가 같은 것을 배울 수 있다. 크리소스토무스는 시편 19장 3절을 인용하면서 창조의 보편적 호소력에 대해 말한다. "이러한 호소력은 야만인이나 그리스인이나 모든 인간에게 예외 없이 알려질 수 있도록 그 목소리를 낸다". 낮과 밤의 교대, "원의 모양으로 서로 이어지면서 가장 행복한 조화를 이루는 처녀들의 춤"과 같은 계절의 질서, 땅과 바다의 관계, 자연력의 균형에 대해 깊이 생각하면 같은 교훈을 얻을 수 있다. 모래사장은 거센 파도를 부서뜨려 다시 바다로 돌려보낸다. 뜨거움과 차가움, 건조함과 습함, 불과 물, 대지와 공기는 경쟁 관계에 있지만 한쪽이 다른 한쪽을 소진시키지는 않는다. 이와 유사하게 신체 안에서는 체액이 균형을 이룬다.

인간은 창조 당시에 존재하지 않았다. 인간이 그 당시에 존재했더라도 창조를 이해할 수 없었을 것이다. 그러므로 그러한 창조 방식은 인간에게 가장 좋은 스승이 되었다. 초기 기독교에서 이러한 주장은 배우지 못한 사람과 다양한 문화적 배경으로부터 개종한 신자에게 강력한 호소력을 가졌을 것이다. 왜냐하면 성 바실리우스의 설교가 그러했듯 설교가 매력적이고 일상적 경험에 대한 언급으로 가득했기 때문이다. 96) 성 아우구스티누스 또한 이러한 사고를 완전하고도 기운차게 표현한다. "어떤 사람은 신을 발견하기 위해 책을 읽는다. 그러나 위대한 책이 한 권 있으니 바로 창조된 사물의 모습 그 자체다. 눈을 들어 위를 보라. 아래를 굽어보라. 주의를 기울이고 읽으라! 당신이 발견하기를 원하는 신은 이 책을 잉크로 쓰지 않으셨다. 대신 그는 당신의 눈앞에 만드신 사물들을 늘어놓으셨다. 이보다 더 큰 목소리를 바랄 수 있겠는가? 하늘과 땅이 당신에게 외친다. '신이 나를 창조하셨다네!'"97)

그리고 시편 45편을 논하면서 성 아우구스티누스는 성스러운 문서가 사람이 공부하는 책이라면 우주(*orbis terrarum*)는 사람이 보는 책이라고 말한다. 책을 읽으려면 문자를 알아야 한다. 하지만 세계는 글을 전혀 모르는 사람들도 읽을 수 있다(*in toto mundo legat et idiota*). 98) 이 은유는 이후의 저술에서도 꾸준히 사용된다. 《자연의 불만》(*Complaint of Nature*)

---

96) Athanasius, "Oratio contra Gentres", 34, *PG*, Vol. 25, 68B~69A. John Chrysostom, "The Homilies on the Statues, or to the People of Antioch", IX, 5~9, *A Library of the Fathers of the Holy Catholic Church*, Vol. 9, pp. 162~170. 또한 "The Homilies on the Epistle of St. Paul the Apostle to the Romans", III, Ver. 20, *op. cit.*, Vol. 7, p. 36을 보라. 그의 자연신학에 대해서는 *op. cit.*, Vol. 9, Hom. X, 3~10, pp. 175~185; Hom. XI, 5~13, pp. 192~199를 보라. von Campenhausen, *The Fathers of the Greek Church*를 보라. 387년 조각상을 다룬 크리소스토무스의 유명한 설교의 배경에 대해서는 캄펜하우젠(Campenhausen)의 책 내용 중 크리소스토무스에 대한 평론을 참고하라.

97) 자료원을 제시할 수 없음에도 불구하고 흥미롭기 때문에 이 구절을 인용했다. Hugh Pope, *St. Augustine of Hippo*, p. 227에서 인용. 그러나 *De Civ. Dei*, Bk. XVI. viii, 1의 인용은 부정확하다.

98) "In Psalmum 45", *OCSA*, Vol. 12, p. 389.

을 저술한 릴의 알랭(Alan of Lille)*은 다음과 같이 썼다.

　　모든 세계의 창조물은
　　마치 책과 그림처럼
　　우리의 거울이다. 99)

　세계나 자연을 책으로 취급하는 사고는 "성직자의 화술에서 비롯한 것
으로 중세 신비주의 철학 사상에 흡수되었고, 최종적으로는 일반적 용법
으로 정착되었다". 이 은유는 로마인에게 보낸 편지 1장 20절에 나타난
바오로의 사상을 암시하는데, 로마인에게 보낸 편지 1장 20절은 특히 크
리소스토무스의 설교에서 두드러지게 나타난 구절이다. 또한 그 은유는
자연에서 사람이 보는 것이 어떤 다른 것의 반영이라는 사고를 암시한다.
　쿠르티우스(Ernst Robert Curtius)*가 언급한 대로 이 표현은 자주 세속
화되어 르네상스 및 그 이후 시대에는 보편적인 것이 되지만 그 분위기나
의미는 변경되었다고 생각한다. 르네상스 시기의 사람들은 다른 어떤 의
미를 발견하기 위해서가 아니라 자연 그 자체를 이해하기 위해 자연의 책
을 읽었다. 100) 자연을 책으로 취급하는 사고는 계시된 말씀과 그 주해에
서 결함을 발견했던 룰(Ramon Lull)과 시비우드〔(Ramon Sibiude), 레이
문두스 드 사분데(Raymundus de Sabunde), 레이몽 스봉(Raymond
Sebond)〕에 의해 더욱 대담하게 정식화될 수 있었고 중세 후기 자연신학
의 기초가 되었다(14절을 참고하라).

---

　99) *PL*, Vol. 210, 579A.
100) Curtius, *European Literature and Latin Middle Ages*, p. 321; 자연의 책에
　　　대한 논의는 pp. 319~326, Alan of Lille의 문장은 p. 319에서 재인용.

2) 인간의 죄와 타락이 자연에 미친 영향

인간의 죄와 타락은 또 다른 문제를 제기했다. 인간의 죄에 상응하여 자연의 악화가 일어났는가? 우리는 이미 고전 저술가들이 물리적 악(육식동물, 지진, 벌레 같은 일상의 골칫거리들, 물론 벌레 중에는 벌이나 개미같이 존중의 대상이 되는 종류도 있다)의 존재 이유를 설명하는 데 어려움을 겪었음을 보았다. 그러나 벌이나 개미의 활동, 그중에서도 특히 벌의 활동은 도덕 교육, 심지어 가장 보잘것없는 존재를 이용한 신의 설계에 대한 증명, 그리고 인류에 대한 엄정한 교훈을 읽는 데 풍부한 자료를 제공한다. 생물학적 질서에서 벌이나 개미는 점하는 자리를 찾기 어려울 정도로 지위가 낮았음에도 불구하고 적어도 존중받아 마땅한, 즉 인간보다 믿을 만하고 근면하며 의지가 되는 생물이었다. 그들의 사회는 인간 사회보다 열등하긴 하지만 그것에 비길 수 있는 사회 질서를 대표했다.

크리소스토무스는 가족 중에 사려 깊은 아이가 있으면 그 아이에게서도 배울 것이 있듯이 비이성적 동물에게서도 배우라고 언급한다. 크리소스토무스는 개미의 검약 정신과 부지런함을 높이 평가한다. 또한 벌의 노동은 타자를 위한 것인 만큼 벌이 인간에게 하는 봉사는 그 자체로 교훈을 준다. 그러나 그는 자기중심적인 거미에게는 많은 관심을 보이지 않았다. 살모사, 개, 여우의 생활 습관에 대한 관찰에서도 유사한 교훈을 도출했다.

중세의 사상가들 역시 물리적 성가심과 악에 대한 답을 준비했다. 가장 대중적인 답변 중 하나는 인간이 무지해서 곤충을 활용할 방법을 모른다는 것으로 겸손과 무책임이 결합된 답변이다. 곤충은 신의 지혜를 더 성실하게 연구하도록 사람을 자극하기 위해, 또 인간에게 도덕적 교훈과 미덕을 심어주기 위해 설계되었다. 성가신 존재로서의 곤충은 인간에게 자신의 죄와 나약함을 상기시켜 겸손을 가르친다. 자연의 질서는 인간에게 봉사하지만 인간에게 완전히 종속된 것은 아니다. 이러한 설명은 인간에게 겸손의 여지를 주며 덜 인간 중심적이다. 그리고 인간의 타락 이후 이어질 인간사의 새로운 상태, 즉 존재는 계속되지만 욕정, 죄, 수고로움, 유해하고 성가신 곤충으로 더럽혀질 상태에 상응해 자연에도 변화가 있었다.

창세기 주석에서 비드(Bede)*는 왜 신이 창조 후, 그러나 타락 이전에 물고기, 새, 동물을 인간의 지배 아래 두었는지에 의문을 가진다. 왜냐하면 처음에 신은 분명 인간이 식물에서 얻은 것만을 먹도록 의도했기 때문이다. 비드는 신이 인간의 타락을 예견하고 미래에 죄를 저지르면 그가 가질 필요에 부합할 것을 제공해 미리 경고를 했다고 답한다. 새와 심지어 포악한 맹독성의 동물조차도 광야에 거하는 신의 영광스러운 하인을 해치지 않았고 그에게 복종했다. [101]

가장 흥미로운 사례 중 하나로 13세기 초반에 네캄(Alexander Neckam)*이 본원적 인간 조건과 현재의 인간 상태를 비교한 일을 들 수 있다. 네캄은 인간의 자연 지배 범위와 동물의 가축화에서 거둔 부분적 성공을 역사적 시각으로 설명했다.

현재의 삶은 타락 이전의 인간의 상태를 상기시키는 것일지도 모른다. "소떼나 가축은 인간에게 타락 이전의 인간이 지녔던 최초의 존엄을 상기시킨다". 인간은 모든 동물을 지배할 권한을 상실했다. 염치없게도 신성한 특권을 주장했기 때문이다. 이런 교만과 찬탈 행위는 인간에게서 자연 대부분에 대한 통치권을 앗아갔다. 그러나 '주'께서는 인간을 불쌍히

---

101) John Chrysostom, "The Homilies on the Statues, or to the People of Antioch", XII, 5~6, *A Library of the Fathers of the Holy Catholic Church*, Vol. 9, pp. 204~206. 비드의 창조문서에 대해서는 Robbins, *Hex. Lit.*, pp. 77~83과 Werner, *Beda der Ehrwürdige*, pp. 152~161을 보라. 비드에 따르면 타락 이전의 지구에는 독성 식물도 없었고 신체에 유해한 어떤 것도 없었다고 한다. 열매를 맺지 못하는 채소도 없었고 양떼를 노리는 늑대도 없었다고 한다. 뱀도 땅을 기어다니지 않았다고 한다. 모든 동물들은 조화롭게 살았고 식물과 나무열매를 먹고 살았다. *Hexaemeron*, Bk. 1, *PL* 91, 32 A-C.

여기시어 특정한 동물을 활용해 위안을 삼도록 했다. 동시에 인간에게 그들의 교만과 허위를 상기시키기 위해서 곤충과 독초도 계속 살아가도록 했다. 그러므로 지구는 생물학적 원인이 아니라 도덕적 원인에 의해 통치되는 것이다.

대홍수 이전의 태곳적 조건으로부터 변화된 자연과 지구를 설명하려는 이러한 시도는 본질적으로 자연에 존재하는 명백한 불균형을 설명하고자 하는 시도였고 중세 전반에 걸쳐 근대에도 이루어졌다. 타락으로 더럽혀졌음에도 불구하고 여전히 아름다운 지구 위에 자연 질서가 인간의 불완전한 도덕 수준과 조화를 이루었다. 이 아름다운 지구 위에 불모의 황무지, 인간과 보다 온순한 동물을 먹잇감으로 삼는 야생 맹수, 독사와 독초, 성가신 곤충도 살아간다. 자연에서 명백히 나타나는 투쟁은 계시종교가 존재한다는 사실과 조화를 이룬다. 또한 죄를 짓고 타락했음에도 불구하고 인간이 살아남은 것은 다음과 같이 설명된다.

인간은 계속 생활하고 재생산하지만 타락 이전에 생활하던 조건보다는 열악한 조건에서 살아간다. 자연이 인간에게 부과하는 어려움에도 불구하고 인류는 증가했고 어느 정도 번성하기까지 했다. 그리고 신의 명령을 이해하고, 심지어는 망설이면서도 그의 명령에 복종할 정도로 충분한 도덕 수준을 가졌다. 그리고 마지막으로 동물의 가축화가 가지는 심오한 문화적 의미를 설명할 방법을 찾아냈다. 그 설명은 다음과 같다. 신은 인간에게서 모든 통제권을 빼앗아간 것이 아니었다. 보다 온순한 동물은 여전히 인간의 종이었다는 것이다. [102]

---

102) Alexander Neckam, *De naturis rerum*, Bk. 2, ch. 156. (Ed., Th. Wright, London, 1863). Boas, *Essays on Primitivism and Related Ideas in the Middle Ages*, pp. 83~85에 번역 수록됨. 이 주제는 또한 17세기에 철저하게 탐구된다. 이 책의 8장과 Victor Harris, *All Coherence Gone*을 참고하라.

3) 자연 그리고 신의 사랑

자연의 아름다움 자체에 대한 사랑은 아닐지라도 자연을 인식하는 일에 대한 지지를 성서, 특히 중세 시대에 쓰인 창조문서와 에덴문서(*Eden literature*)**** 같은 성서 주해에서도 발견할 수 있다. 그렇다면 자연의 인식이란 무슨 의미인가? 자연의 아름다움과 성서의 내용 간의 상응성을 파악하고, 상징을 통해 이상적 경관인 낙원을 묘사하기 위해 지속적인 노력이 이루어졌다. 삼위일체를 상징하는 델타(Δ) 모양으로 수도원 땅을 마련한 것이 그 예다.

이런 식의 자연 감상법이 필연적으로 과학 및 자연 연구, 특히 생물학과 인간 사회의 상호 관계에 대한 연구로 이어진다고 말하는 것은 잘못일 것이다. 그것들만큼이나 신비주의, 자연을 노래하는 서정시, 우의, 단테의 시적 상상력, 자연종교, 마술, 비밀스러운 전승으로도 이어질 수 있기 때문이다. 103) 하지만 자연 속에서 도덕적 교훈 및 생명의 영광을 발견하고 자연과 창조주의 관계를 파악하는 묘사나 우의적 내용을 담은 이들 문헌에는 지구를 인간의 거주지로 보는 관념이 생생히 살아 있다. 비록 지구가 다음 세계로 가는 중간대기실 같은 곳일지라도 말이다.

자연을 이렇게 느끼는 사람들의 정서는 구체적이고 열정적이었으며, 수도원 설립과 입지 선정 관련 문서에서도 자주 발견된다. 비록 많은 수도원이 늪이나 우거진 숲같이 마땅치 않아 보이는 장소에 위치하기는 하나 기본적으로 수도원의 자리는 아름다움을 기준으로 정해졌다. 아름다운 장소에 위치한 수도원의 정원은 창조의 영광을 축소한 것으로 여겨졌다. 104) 칼키디케 반도 가장 동쪽에 위치한 아토스 산(Mt. Athos: 신을 위

---

103) Olschki, *Die Literatur der Technik and der angewandten Wissenschaften vom Mittelalter bis zur Renaissance*(Vol. I of *Gesch. d. neusprachlichen wissen-schaftlichen Literatur*), 특히 pp. 13~15 footnote 1에 나오는 현명한 언급을 참고하라.

해 예비한 산(ἁγιον ὄρος, Hagion Oros)]**에 위치한 수도원은 입지 선택에 관한 문헌에 영감을 불어넣었다. 105) 사실 자연 연구는 거의 이루어지지 않았다. 그보다는 목적의식을 가진 자연 관찰이 성행했다. 자연 감상은 설교, 도덕, 우의를 위한 재료 그리고 신을 찬양하기 위한 자료로 사용되었다. 그러나 자주 인용되는 다음의 구절에서도 알 수 있듯이 개인적 취향을 반영하는 경우도 있다.

> 베르나르두스는 계곡을, 베네딕투스는 산을 사랑했다. 프란체스코는 소도시를, 이그나티우스는 대도시를 사랑했다. 106)

그리스도는 성서에 계시된 분이기 때문에 창조의 경이로움을 성찰해 그 신성을 입증할 필요는 없었다. 그러나 한편으로 하늘과 지구상의 자연 질서에서 발견되는 신의 증거는 인간이 개념을 통해 증명하는 것보다 훨씬 강력한 증거였다. 중세의 저명한 종교인들 즉, 캔터베리의 안셀름 (Anselm of Canterbury), * 다미아니 (Petrus Damiani), * 성 베르나르두스 (Bernard of Clairvaux), * 아시시**의 성 프란체스코, 성 보나벤투라 같은 이들은 자연을 신의 창조물이자 영원을 모사한 상(像, image)으로 받아들였다. 107)

---

104) 자연의 아름다움과 수도원의 창립에 관한 흥미로운 논의에 대해서는 Zöckler, *op. cit.*, Vol. I, pp. 313~315를 보라. 또한 Ganzenmüller, *Das Naturgefühl im Mittelalter*, pp. 98, 149도 보라. 삼위일체의 상징주의의 영향 때문에 수도원을 그리스 문자 델타(Δ) 모양으로 지을 수 있는 자리를 골랐다(p. 98). 간첸 뮐러(Ganzenmüller)와 다른 학자들은 수도사들이 가난하고 건강하지 못했을 것이라는 이유를 들어 수도원 자리가 의도적으로 선정된 것은 아닐 것이라고 주장한다.

105) Hussey, *The Byzantine World*, pp. 127~128을 보라.

106) Wimmer, *Historische Landschaftskunde*, p. 154, footnote 1에서 재인용, 원전 출처는 모름.

107) 이 점에 대해서는 Ganzenmüller, *op. cit.*, pp. 291~292를 보라.

7. 보이티우스로부터 에리우게나의 '신의 현현' 개념으로 이어지는 연속성

지금까지 주해서의 전통을 정리했으므로 이제 우리의 기본 주제로 돌아가 이러한 사고가 보이티우스(Boetius)*로부터 에리우게나(Johannes Scotus Erigena)*에게로 어떻게 이어지며 어떻게 다각화되는지 구체적 사례를 살펴볼 것이다.

보이티우스의 사고는 전통적인 것으로《철학의 위안》(Consolation of Philosophy)***에 나타나 있다. 이 책은 매우 영향력 있는 철학서로 대략 3세기 말에서 4세기 초에 활약했던 칼키디우스(Chalcidius)*가 주석을 단 《티마이오스》의 구절 28개를 발췌하여 수록했다. 108)

보이티우스는 지구상에 인간이 거주할 수 있는 공간은 작으며, 이렇게 "조그만 지구상의 하찮은 영역"에 갇힌 상태에서 명성을 추구하는 것은 허망하다고 말한다. 그는 겸손의 필요성과 우주 내에서의 인간의 위상이 대수롭지 않음을 가르치는데, 이러한 가르침은 우주 속에서 인간이 홀로이며 미아인 듯한 느낌을 갖도록 만들었다고 일컬어지는 코페르니쿠스(Nicolaus Copernicus)* 혁명이 일어나기 한참 전부터 기독교신학에서 일반적인 것이었다. 109) 이 책에는 장인의 유비가 담겨 있으므로 보이티우스가 우주론에 근거해 자신의 사고를 전개했음에도 불구하고 인간 직립의 중요성이나 물리신학적 증거에 대한 다른 전형적 논거가 담겨 있다. 110)

다마스쿠스의 요한네스(John the Damascene)*는 그리스 교부 시대에 속하는 인물이지만 라틴권의 스콜라철학자들에게 잘 알려진 인물이다. 7

---

108) *Cons. of Phil.*, Bk. 3, Poemm 9. 칼키디우스의 문헌을 정리한 목록을 원하면 Gilson, *HCPMA*, pp. 586~587을 참고하라.

109) *Ibid.*, Bk. 2, Prose and Poem 7.

110) *Ibid.*, Bk. 4, Prose 6; Bk. 5, Poem 5; Bk. 3, Prose 12.

세기에 그가 쓴 저술의 내용은 13세기 아퀴나스의 저술에서 인용된다. 우리는 신성한 존재를 이해할 수 없지만 신은 우리가 신을 전혀 모르도록 내버려두지 않았다. 왜냐하면 자연이 신에 대한 생각을 우리에게 심어 주기 때문이다. 신학과 4원소설이 가정하는 자연의 질서는 불, 물, 흙, 공기라는 서로 상반되는 힘을 통제하는 신의 존재를 우리에게 가르친다. 신은 이 원소가 함께하도록 만들고 계속 의좋게 작용하도록 하는 책임을 진다.[111]

그러나 서방 라틴권에 이러한 사고를 옮긴 사람으로 가장 중요한 인물은 세비야의 이시도루스다. 그의 주저인 《백과사전》(*Etymologiae*)과 그보다 작은 《만물의 본성에 대하여》(*De Rerum Natura*)는 사물의 특성(*de proprietatibus rerum*)을 다룬 중세 후기의 대백과사전에 영향을 준 원천이 되었다. 그에게 영향을 받은 저자들을 보면 네캄, 그로스테스트(Robert Grosseteste),* 성 알베르투스, 헤일스의 알렉산더(Alexander of Hales),* 캉탱프레의 토마스(Thomas de Cantimpré),* 보베의 뱅상, 잉글랜드의 바르톨로메우스 등이 있다.[112]

여러 학문 분야의 역사가들은 세비야의 이시도루스가 백과사전의 형태를 통해 서방 라틴권에 고전적 지식을 전달하는 역할을 수행했음을 강조한다. 질송(Gilson)*은 중세의 《백과사전》을 현재의 《브리태니커 백과사전》이나 《라루스 백과사전》에 비긴다.[113] 세비야의 이시도루스의 두 저작 모두에서 원소설, 체액설, 세세한 지리학적 묘사와 지리학 이론을 찾아볼 수 있다.

세비야의 이시도루스는 신의 창조물에 드러나는 신의 아름다움에 대한

---

111) *Expositio accurata fidei orthodoxae*, I, 1; in II, 11, 다마스쿠스의 요한네스는 낙원의 적절한 기후를 묘사한다. 사상 전반을 살펴보려면 Gilson, *HCPMA*, pp. 91~92, 600을 참고하라.

112) 이 문헌에 대해서는 Delisle, "Traités Divers sur les Propriétés des Choses", *Hist. Litt. de la France*, Vol. 30, pp. 354~365를 참고하라.

113) Gilson, *HCPMA*, p. 107.

기독교적 믿음을 수차례 언급한다. 114) 신학에 대한 그의 안내서 중 한 장에는 다음과 같은 제목이 붙어 있다. "창조물의 아름다움을 통해 창조자를 인식한다"(*Quod ex creaturae pulchritudine agnoscatur creator*). 그는 고전물리학, 우주론, 지리학 용어를 쉬운 라틴어로 독자들에게 가르친다. 또한 독자에게 그리스어 우주(*kosmos*)가 라틴어 우주(*mundus*)라고 말한다. 또 소우주(*microcosm*)와 클리마타(*klimata*)를 정의한다. 4원소에 대한 논의에서는 그리스어 원소(*στοιχεία*)가 라틴어 원소(*elementa*)에 상응한다고 언급한다. 115)

이외에도 《백과사전》에는 동물 우화, 4원소설에 대한 상세한 설명과 원소에 대한 논의, 지명사전식의 지리학 관련 내용 등 방대한 내용이 있다. 지중해를 다룬 장에서는 도시, 건축물, 경작에 알맞은 토지에 대한 언급이 흥미롭다. 바로의 토지 분류법과 농경법에 대한 요약도 있는데, 그 참고자료로는 헤시오도스, 데모크리토스, 카르타고의 마고, 카토, 바로의 저작이 언급된다. 또한 로마인, 그리스인, 아프리카인, 갈리아인의 민족성과 관련해서는 세르비우스의 논평 일부를 전재해 영향력 있는 저술인 《백과사전》에 환경적 영향에 대한 사고를 포함시켰고, 이 사고는 중세에 저술되는 후대의 백과사전에 반복적으로 등장한다. 116)

아일랜드에서 태어난 에리우게나는 대머리왕 샤를(Charles the Bald, 샤를 2세*_옮긴이)의 궁정에서 신하나 수도사로 있었으리라 짐작되는 지식인으로, 서방의 스콜라철학자들과는 달리 그리스 문헌에 익숙했고 읽을 수 있었다. 그러나 이러한 지식은 대륙에서 얻은 것이었고, 그가 아일랜드에서 갈리아에 도착했을 당시 그리스에 대해 가졌던 지식은 초보적

---

114) 가령 *Sententiarum libri tres.*, Bk. I, chap. 4.

115) *De natura rerum*, chap. 9.

116) Isidore, "Etym", *PL*, Vol. 82. 동물우화, Bk. XII; 원소, Bk. XIII, chap. 3, 2; 지리학, Bk. XIV; 바로, Bk. XV, chap. 13, 6; 세르비우스, Bk. IX, 2.

인 것에 불과했다고들 한다.

에리우게나가 저술한 《자연의 구분에 관하여》(De Devisione Naturae) 가 우리의 흥미를 끄는 이유는 그 안에 자연에 대한 사고와 창조자 및 피조물에 관련된 개념이 가득하기 때문이다. 그는 신의 현현(theophania) 이라는 그리스어에서 지각 가능한 세계의 의미를 이해할 실마리를 찾았다. 그는 우리가 언급하는 신성한 존재란 신만을 의미하는 것은 아니라고 말한다. 왜냐하면 성서 또한 종종 신으로서 그의 존재 방식이 진정 무엇인지를 지적하기 때문이며, 신의 존재 방식은 생각과 이성을 가진 피조물의 이해 능력에 맞추어 자신을 드러내기 때문이다.

이런 존재 방식을 그리스인은 신의 현현, 즉, 신의 나타남(dei apparitio) 이라고 불렀다. 에리우게나는 "나는 신이 앉아 계신 것을 보았다"(Vidi Dominum sedentum) 는 표현을 예로 들어 설명한다. 이 말은 신의 존재 자체를 보았다는 의미가 아니라 신이 창조한 창조물 중 무언가를 보았다는 의미다(cum non ipsius essentiam, sed aliquid ab eo factum viderit). 117) 심지어 신은 스스로를 드러낸다는 의미에서, 그리고 자신의 작업 자체가 자신의 현현이라는 점에서 자신마저도 창조한다고 할 수 있다.

《자연의 구분에 관하여》는 스승과 제자가 나누는 대화 형식이다. 그리고 제자는 항상 다음 대화 장면에 적절한 설정을 만든다. 성서와 마찬가지로 우주 역시 계시이다. 스승은 제자에게 지각 가능한 세계에서 관찰되는 시공간적 재현에 숨겨진 비밀 여부를 묻는다(vacant quodam mysterio, necne). 스승의 가르침을 거스르지 않는 제자는 재현되는 현상에 비밀이 없다고 경솔하게 주장하진 않겠다고 한다. 왜냐하면 물질세계에서 관찰되는 모든 가시적 현상은 비물질적이고 영적인 것을 의미하기 때문이다. 그리고 나서 제자는 스승에게 이러한 재현에 대해 간략하게

117) Cappuyns, Jean Scot Érigéne, pp. 7~8, 13~14, 28; 그의 직업에 대해서는 pp. 66~67; 신이 스스로를 창조한 내용에 대해서는 p. 346을 참고하라. De div. nat., I, 7, PL, Vol. 122, 446D.

이야기해 줄 것을 청한다. 이런 대화가 다 그렇듯 스승은 준비한 답을 즉시 제시한다.

에리우게나가 묘사하는 내용을 통해 주기적으로 반복되는 과정이 그 자신에게 깊은 인상을 남겼음을 알 수 있다. 영적인 통찰력과 감각의 판단력 (*animi conceptione et corporalis sensus judicio*) 을 가지고 사물의 본성을 탐구하는 사람들에게 하늘에서 재현이 일어난다는 사실은 빛의 존재 자체보다 명백하다. 끊임없이 움직이는 천체는 늘 자신의 시발점으로 되돌아가는 과정에 있는 것이다. 해와 달이 그 예다. 하늘의 주기적 현상을 이해하기 위해 다른 행성을 거론할 필요는 없다. 그런 지식은 천문학 (*astrologia*) 을 아는 사람이라면 누구나 가졌기 때문이다.

주기적으로 반복되는 사물의 본성, 즉 이전의 위치나 상태로 주기적으로 돌아오는 일은 지상의 현상에서도 드러난다. 공기는 어떤가? 일정한 시점에 차갑거나 뜨겁거나 혹은 적절한 온도 등의 상태로 돌아가지 않는가? (여기서 에리우게나는 낮밤 혹은 계절에 따라 온도가 변화함을 말하는 것으로 보인다). 바다는 어떤가? 달의 주기를 철저하게 따르지 않는가? 땅과 바다의 동물들은 어떤가? 식물이나 풀들은 어떤가? 새싹이 나고 꽃이 피고 잎이 우거지고 열매를 맺는 시기가 또한 정해져 있지 않은가? 이러한 성장 역시 주기적으로 반복되는 현상으로 이 움직임의 끝은 처음이며 처음의 끝은 마지막이다. 이와 같이 그리스 사상에서 매우 자주 활용되었던 하늘에서 관찰되는 주기적인 규칙성과 지상에서 관찰되는 유기체의 주기성에 대한 유비가 자연법칙, 자연의 조화, 자연의 질서, 자연 속에서 드러나는 신성한 계시의 증거로 제시되었다. [118]

에리우게나는 신을 선함의 원인으로 묘사하면서 다시금 주기적인, 혹은 그렇게 짐작되는 현상에 의존한다. 그는 자연에서 예를 들자고 말한다. 선함은 샘에서 솟아나 낮은 곳으로 줄기차게 흘러 바다에 이르는 강

---

118) *De div. nat.*, V, 3, 866A~D. Burch, *Early Med. Philos.*, p. 9를 참고하라.

에 비유된다. 같은 방식으로 신성한 선함, 존재, 생명, 지혜(모든 것을 낳은 '태초의 원인'에 속한 것)는 물의 흐름처럼 낮은 곳으로 흘러 태초의 원인으로 우선 흘러들어가 그것들을 낳는다. 이들은 말로 표현할 수 없는 고귀한 일을 하면서도 태초의 원인과 조화를 이루며 그들을 통과해 낮은 곳으로 계속 흐른다. 높은 곳에서 낮은 곳으로 흘러 마침내 모든 것 중 가장 낮은 위치에 도달한다. 되돌아오는 흐름은 원천에 이르는 가장 은밀한 경로를 따라 자연의 가장 비밀스런 구멍을 통해 이루어진다.

그러므로 지고의 선은 최상위 존재에게 실존성을 부여한다. 그리고 이 최상위 존재는 그 바로 아래에 있는 존재와 그 실존성을 공유한다. 이런 식으로 최하위 존재에 이르기까지 계속해서 존재의 분할이 이루어진다. 에리우게나는 공유(participatio)란 단지 위계 내의 바로 위의 단계로부터 다음 단계를 이끌어 내는 것일 뿐이라고 말한다. 존재의 위계에 있는 모든 단계는 그 안에 생명을 가지지는 않으며 단계 자체가 생명인 것도 아니다. 위로부터 그것을 이끌어 내는 것이다. [119)]

물이 산에서 바다로 흐르고 다시 되돌아가는 자연 순환의 사고는 고대부터 존재했는데 에리우게나가 사용한 '흐르는 강물의 은유'는 분명 이 사고에서 비롯된 것이다. 물은 산꼭대기의 샘에서 솟아나 점점 늘어나서 강을 이루고 바다로 흐른 뒤 해저수로를 통해 땅으로 되돌아간다. 산에 있는 샘물의 원천이 강우에 의존한다는 사실이 알려지지 않았기 때문에 물이 다시 꼭대기에 도달하는 방법은 일종의 자연 증류기에 의해 이루어진다고 보는 것이 일반적이었다. 창조물 속에서 신이 자신의 존재를 드러내는 '신의 현현'에 대한 강조는 신이 자신의 창조 활동을 통해 자신에 대해 알게 된다는 의미를 내포한다. "왜냐하면 그분이 무엇을 알건 간에 그분은 창조하시며 그가 창조하는 것은 그 자신으로부터 도출되기 때문이다. 따라서 창조 전체가 신성한 계시의 과정으로 창조된 각 존재는 한

---

119) *De div. nat.*, III, 3~4, 628C~632C.

정적·제한적으로나마 신 자신의 본성의 어떤 측면을 가진다".120)

에리우게나의 초기 연구가들은 그의 철학에 범신론적 요소가 있다고 비난하곤 했는데 바로 이와 같은 사고가 그런 비난을 면하게 하는 요인이다. 어떻게 보면 신과 피조물은 동일한 하나다. 에리우게나는 "신과 피조물을 별개로 생각해서는 안 되며 동일한 것으로 보아야 한다"(*Proinde non duo a seipsis distantia debemus intelligere Deum et creaturam, sed unum et id ipsum*)고 말한다. 피조물은 신 안에 존재하며 신 자신은 말로 표현할 수조차 없는 경이로운 방식으로 피조물 안에서 창조된다.121)

그가 찬양한 네 가지 종(種), 즉 구분된 자연 중에서 둘은 신과 관계되며 나머지는 창조와 관계된다. "우리는 이성으로 자연을 이해한다. 왜냐하면 자연 자체가 이성적이기 때문이다". 만일 우리가 신이나 그의 본성에 대해 모른다 해도 우리는 그가 존재한다는 것과 그가 모든 사물의 원인이란 것을 지각할 수 있고 이해할 수 있는 세계의 질서로부터 추론할 수 있다. 첫 번째 종은 '창조하지만 창조되지 않는'(*creat et non creatur*) 자연으로 모든 사물의 원리인 신이다. 두 번째는 '창조되고 창조하는'(*creatur et creat*) 자연으로 원형적 사고나 태초의 원인을 의미한다. 세 번째는 '창조되지만 창조하지 않는'(*creatur et non creat*) 자연으로 지각 가능한 세계, 외양의 세계, 우리가 보는 창조물이다. 네 번째는 '창조하지도 않고 창조되지도 않은'(*nec creat neque creatur*) 자연으로 자신의 목적을 달성한 뒤 창조 활동을 멈추고 쉬는 창조자 신을 의미한다.

이 네 종류의 자연은 두 대립쌍으로 구성된다. 첫 번째와 세 번째가 대립하고 두 번째와 네 번째가 대립한다. 이와 같은 자연의 구분은 창조의 근원, 가시적인 창조가 형상이나 사고의 반영이라는 사실, 가시적 창조와 거기에 분명히 드러나는 목적의식, 신이 세계를 계속 통치함에도 불구하고 6일째에 중단된 창조 활동을 설명한다. 자연의 구분은 또한 생명

---

120) Leff, *Med. Thought*, p. 68.
121) *De div. nat.*, III, 17, 678C~D.

의 다양성을 설명한다. "자연의 구분은 신이 스스로를 표현해 자신보다 열등한 존재의 위계질서 속에서 스스로를 알리는 행동을 나타낸다".[122]

개별 생명은 모든 곳에 널리 퍼진 보편적 생명에 참여한다. 어떤 방식으로든 생명력(*life force*)의 지배를 받지 않는 생명체는 없다(*vitae virtue non regitur*). 세상의 현자들은 그것을 세계혼(*world soul, universalissima anima*)이라고 부른다. 왜냐하면 우주 전체를 하나로 묶어주기 때문이다. 사실 신성한 지혜의 탐구자가 부르는 바에 따르면 그것의 이름은 공통의 생명(*common life, communem vitam appellant*)이다.[123]

에리우게나의 철학에 따르면 인간과 자연의 관계는 타락으로 인해 변화되었다. 인간 생활의 다양성과 민족 간 차이는 죄를 저지른 이후(*post peccatum*)에 생겨났다. 낙원은 본래의 인간 본성을 상징하며, 아담의 잠은 인간이 영적인 길을 떠나 지상의 것을 추구하고 성적 관계를 욕망하게 됨을 상징한다. 아담이 자발적으로 잠에 빠졌다는 사실은 정신이 영원한 것에서 일시적인 것으로, 신에게서 피조물에게로 전환됨을 의미한다. 그 결과는 우리가 알고 있는 이 세계, 즉 두 가지 성(性)과 동물과 같은 번식 방식에 의한 재생산이다.[124]

그러나 그의 이러한 철학은 인간의 사악함 속에 자연 과정에 변화를 가할 수 있는 충분한 힘이 있다고 파악하는 인간중심주의적 성향을 보임에도 불구하고 본질적으로 인간과 자연 간 관계에서 인간을 낙관적으로 보는 철학이다. 신의 현현은 창조에 대한 낙관을 보여준다. "왜냐하면 원리이신 신으로부터 도출되고 마지막이신 그분을 향해 나아가는 모든 피조물, 즉 자연 전체는 신의 사랑으로부터 움직일 힘을 얻기 때문이다".[125]

---

122) *Ibid.*, I, 1~2, 441B~443A; II, 2, 527B. 자연의 합리성에 대한 인용문은 Burch, *Early Med. Philos.*, p. 9에서, 위계에 대한 인용문은 Gilson, *HCPMA*, p. 117에서 가져왔다.

123) *De div. nat.*, III, 36, 728D~729A.

124) *Ibid.*, IV, 20, 835C~836B. Burch, *op. cit.*, pp. 20~44에 나오는 인간의 타락에 관한 논의 또한 참고하라.

8. 성 베르나르두스, 성 프란체스코, 릴의 알랭

창조를 하나의 책으로, 신이 세계를 돌본다는 가시적 증거로, 그리고 신의 현현으로 인식하는 데서 드러나는 자연과 신에 대한 사랑은 성 베르나르두스, 성 프란체스코, 릴의 알랭의 사상에서도 다양한 형태로 다시 등장한다.

성 베르나르두스의 저술에 담긴 자연에 대한 태도는 성 아우구스티누스나 그 이전 시대로 거슬러 올라간다. 이 태도는 종교를 영광스럽게 하는 것 이상의 역할을 한다. 신과 그의 작품에 연계될 때만 자연의 아름다움과 매력이 수용된다. 지구와 나무, 곡식, 꽃, 풀을 통해 신을 알 수 있다. 그가 무어다흐(Heinrich Murdach)에게 보낸 편지는 후대에 자주 인용되는데 여기서 성 베르나르두스는 다음과 같이 말한다. "나를 믿게나. 자네가 책에서 발견하는 것보다 숲에서 더 많은 것을 발견할 것임을 나는 안다네. 나무와 돌은 어떤 선생보다도 많은 것을 자네에게 가르쳐 줄 걸세".126)

클레르보(Clairvaux)에 위치한 수도원에 대한 성 베르나르두스의 묘사에서 경관은 야생 상태에서 변화되었고 인간이 질서를 부여했으므로 의미를 가진다. 인간은 자연을 변화시켜 보다 유용하게, 보다 더 매력적이고 아름답게 만들 수 있다. 계곡이 산을 둘로 가르는 길목에 위치한 대수도원의 한편에서는 곡식이 자라고 다른 편에는 포도원이 있다. 그리고 "각 경관은 아름다운 광경을 보여주며 거주하는 사람들에게 필요한 지원

---

125) Leff, *Med. Thought*, p. 69. (에리우게나는 네 원소를 자신의 창조문서, 자연지리학, 에라토스테네스가 측정한 지구의 둘레 등과 연결시키면서 상세히 논의한다), *De div. nat.*, III, 32~33.

126) Jean Leclercq, *The Love of Learning and the Desire for God*, pp. 135~136; P. Sinz, "Die Naturbetrachtung des hl. Bernhard", *Anima* I (1953), pp. 30~51; E. Gilson, "Sub umbris arborum", *Mediaeval Studies* (1952), pp. 149~151을 참고하라.

을 한다". 수도사들은 산의 정상에 "토지의 외관을 망치는 관목림을 제거하면서 생겨난" 마른 나뭇가지를 모아두고 땅을 파헤쳐 "뿌리를 질식시키고 가지가 자라나는 데 방해되는 것들〔솔로몬의 표현을 따라 '몹쓸 가지들'(불가타 번역본, 지혜서 V, 3)이라는 용어를 사용할 수도 있다〕을 제거해" 떡갈나무, 라임나무, 너도밤나무의 성장을 방해하는 것을 모두 치웠다.

수도원은 계곡을 에워싼 담장 안에 자리하고, 그곳에 사람들은 과일나무를 심었다. 그리고 이곳에서 병든 수도사들이 위안과 즐거움을 얻는다. 이곳은 치료에 적합한 곳이다. "보라, 병든 이를 치료하기 위하여 신의 선하심이 어떤 방식으로 치료 효과를 증대하는지. 신의 선하심은 청명함 속에 빛나는 깨끗한 공기, 풍성한 열매를 맺는 대지의 원천이시다. 병든 이는 눈, 귀, 코로 색과 노래와 향기의 즐거움을 들이마신다".

성 베르나르두스는 수도사들이 목적에 맞게 오브(Aube) 강의 물길을 바꾸어 물길이 여러 방식으로 인간의 노동을 대신 수행하도록 만든 것을 보고 기뻐한다. "자연의 노동이 아닌 형제의 노동이 만든" 완만한 강바닥은 계곡을 둘로 나눈다. 하천의 범람을 통제하기 위해 물을 관리한다. 물은 커다란 수차를 돌려 제분소를 운영할 수 있게 하고 나아가 양조장이의 솥을 채운다. 그리고 천을 다듬는 직물공은 물을 이용해 무거운 절구나 망치 혹은 나무로 만든 발 모양의 공이로 방아를 찧도록 하여 노동을 크게 줄인다. 그 후 물은 직조공의 작업장을 통과한다. 오브 강에서 끌어들인 작은 지류가 "어지러운 곡선을 그리며 목초지를 돌아다니면서 들판에 물을 대고 다시 본류에 합류한다". 127)

"수도원은 정말 매력적인 곳이다. 수도원은 피곤한 마음을 달래는 힘이 있다. 불안과 근심을 덜며 '주'께 크게 헌신하고자 하는 자의 영혼을 도와 그들이 동경하는 천상의 달콤한 정서를 떠올리게 한다. 웃음을 머금은 대지의 표정은 다양한 색채를 띠며, 봄날에 피어나는 신록은 우리의

---

127) *Works*, Vol. 2, pp. 461, 464.

눈을 즐겁게 하며 그 달콤한 내음은 우리의 코를 간지럽힌다". 그 아름다움이 성 베르나르두스에게 욥 족장의 옷과 솔로몬 왕의 자줏빛 예복에서 흘러나오는 향기를 떠올리게 하지만 그 향기는 그가 바라보는 아름다움에 비견될 수는 없다. "이런 식으로 나는 시골의 아름다움이 주는 달콤함에 매료되었지만 그 아름다움 아래 숨겨진 신비를 내면에서 되새기는 데서도 그 못지않은 즐거움을 느낀다".128)

이 구절은 중세 저술 중 자연의 아름다움에 대한 감상을 자연에 대한 강력한 종교적 관점에 결합시키고 수도사들이 재주, 기술, 수차를 이용해서 자연이 그들에게 제공한 것을 완성하는 방식을 솔직하게 칭송한 극히 드문 구절의 하나다. 이 내용에는 인간이 신의 협력자로서 창조물을 자신에게 가장 쓸모 있게 만들기 위해 창조물을 공유하고 변화시키고 개선한다는 사고가 내포되었다. 자연을 변화시키는 인간의 성취는 신의 더 큰 영광을 위한 것이며, 여기서 수도사들은 자신들의 노동이 혼돈스럽고 무질서한 야생을 변화시켜 낙원을 재창조했다고 여기는 듯하다.

우리는 이 주제를 7장에서 다시 만날 것이다. 클레르보 수도원을 묘사한 내용은 베네딕트 규율(Benedictine Rule)****에서 영감을 받은 기독교적 질서에 따른 이상적 자연 경관이다. 이 시대는 수도사가 직접 많은 노동을 하거나 노동을 감독하는 일을 했고 세속적인 마음이 종교적 사고와 경관 변화 사이에 개입하지 않았을 때였다. 또한 이때는 훗날의 삼림 개간, 경지 조성, 파종, 가축 사육, 작물 재배, 시골 생활을 더 편안하게 만들기 위한 건축 활동, 낙농의 발전이 이루어진 열정적인 활동의 시기였다.

성 프란체스코는 자연과의 교감, 비인간 생명체의 인간화, 시골에서 종교 생활을 하면서 누리는 청빈의 즐거움을 강조했다. 프란체스코는 생애 마지막 2년 동안 병마에 시달리면서 지은 "태양찬가"를 통해 주와 그가 창조한 모든 것 즉, 우리의 형제이자 주를 상징하는 태양 및 자매인 달과

---

128) *Ibid.*, Vol. 2, pp. 464~465.

별("하늘에서 당신은 태양과 달과 별을 밝고 사랑스럽고 아름답게 만드셨습니다"), 형제인 바람("그리고 공기를 위해, 흐리건 맑건 모든 날씨를 위해/당신은 당신의 창조물들에게 생계수단을 주시니!"), 자매인 물(유용하고 겸손하며, 사랑스럽고 순결한), 형제인 불(아름답고 쾌활하며, 위력 있고 강한), 우리의 자매인 어머니 대지("우리를 지탱해 주고 다스리며/ 형형색색의 꽃과 잎을 내며 열매를 맺게 하는 이로다!")를 찬양했다. 129)

성 프란체스코는 로마인에게 보낸 편지 1장 20절 권고를 열정적이면서도 문자적 의미 그대로 따랐다. 첼라노의 토마스 수사(Brother Thomas of Celano)는 프란체스코에 대해 다음과 같이 말한다. "창조주의 피조물 속에서 그분의 지혜, 권능, 선하심에 대해 명상하면서 프란체스코가 누렸던 달콤함에 대해 누가 말할 수 있겠는가?"

성 프란체스코는 모든 피조물을 형제라고 불렀다. 벌레를 보면서 그는 넘치는 애정으로 불타올랐다. 겨울에는 벌을 위해 꿀과 최상급 포도주를 준비했다. 꽃이 만발한 장소에서는 꽃들에게 설교했고 "꽃들이 이성을 갖기라도 하는 양 꽃들에게 주를 찬양하기를 청했다. 성 프란체스코는 곡물밭, 포도원, 돌멩이, 통나무, 들판의 아름다움, 물이 솟아나는 샘, 정원의 모든 초목, 땅과 불, 공기와 바람에게도 신을 사랑하고 그분에게 봉사할 것을 진심으로 촉구했다". 130)

---

129) "The Canticle of Brother Sun", in *The Little Flowers of St. Francis* (and other works), trans. by Raphael Brown, p. 317. 찬가에 대해서는 chap. 19, p. 336의 note1을 참고하라. 여기에서 예에 대해(*for*)로 번역된 *per*의 의미에 대해서는 p. 350의 note 20을 참고하라. 성 프란체스코가 새를 대상으로 설교한 일에 대한 내용은 *The Little Flowers of St. Francis*, pp. 76~77을 참고하라. 신의 강림과 위로 및 창조된 모든 것 안에서 창조주의 모습을 본 성 프란체스코에 대해서는 p. 164를 참고하라. 새에 둘러싸여 있는 성 프란체스코에 대해서는 pp. 177~178을 참고하라.

130) Brother Thomas of Celano, *The First Life of S. Francis of Assisi*, trans. by A. G. Ferrers Howell, chap. 29(80~81). 새, 어린 토끼, 물고기에 대해서는 chap. 21(58~61)을 참고하라.

몬테 산타마리아의 우골리노(Ugolino de Monte Santa Maria)가 쓴《성 프란체스코의 작은 꽃》(The Little Flowers of Saint Francis)이 전설이 아니라 프란체스코의 사후 한 세기 동안 지속되었던 구전의 산물이라면, 거기서 우리는 피조물이 마치 사람인 양 그들과 대화하며, 꾸짖을 필요가 있을 때는 꾸짖기도 하고 신에 대한 의무나 신의 명령에 순종해야 하는 이유를 설명한 성 프란체스코의 모습을 본다. 성 프란체스코는 구비오 (Gubbio: 이탈리아의 중세 도시_옮긴이)의 늑대와 그랬던 것처럼 (동물들과_옮긴이) 계약을 체결한다. 물론 인간이 아닌 생명체도 고유한 목적을 위해 존재하며 자신만의 권리를 가지기 때문에 존엄하다. 이러한 사고는 앞서 보았듯 성 아우구스티누스도 표현한 내용이다. 신이 정한 자연의 위계의 정점에는 인간이 존재한다. 그렇다 해서 다른 존재가 모두 인간을 위해 존재하며 인간이 그 생사여탈권을 쥐었다는 의미는 아니다.

칸나라(Cannara: 이탈리아 중부의 농업 도시_옮긴이)에서 프란체스코는 제비들에게 설교가 끝날 때까지 지저귀지 말라고 명하고 제비들은 이를 따른다.131) 프란체스코는 새가 마치 인간이라도 되는 듯 신에게 빚진 것, 신이 그들에게 주신 자유, 아름다운 자태, 일하지 않아도 필요한 양식을 얻을 수 있다는 사실을 상기시키는 내용의 설교를 한다.

신은 방주에 오르게 해 새의 종을 보전했고 그들을 위해 외딴 곳에 피난처를 마련해 둥지를 틀 장소를 많이 제공했다. "그러므로 나의 자그마한 새 자매들이여, 배은망덕하지 않도록 주의하고 항상 신을 찬양하도록 노력할지어다". 새는 프란체스코의 말을 받아들여 머리를 끄덕이고 성 프란체스코는 다양한 새의 종류와 주의력, 친밀한 관계, 애정에 탄복한다. 그렇게 프란체스코는 "새들 안에서 놀라우신 창조주의 모습을 보고는 열과 성의를 다해 그분을 칭송했고, 새들에게도 창조주를 찬양할 것을 조용히 권면했다".132) 시에나의 한 소년이 시장으로 팔러 가던 비둘기

---

131) *Little Flowers*, p. 75.

를 성 프란체스코에게 넘겼을 때 그는 소년의 행동을 칭찬하고는 비둘기에게 설명한다. "비둘기야, 나는 너를 죽음에서 구하고 너를 위한 둥지를 짓고 싶구나. 그래야 네가 알을 낳고 번성하라는 창조주의 명령을 실현할 수 있을 테니 말이다".[133]

인간과 동물을 가리지 않고 먹어치우는 탐욕스러운 구비오의 늑대는 성 프란체스코가 지닌 성스러움에 상대가 되지 못한다. 신은 성 프란체스코가 사람들의 안전에 주목하기 원했다. 겁에 질린 주민들이 위험하다고 경고했지만 성 프란체스코는 사나운 늑대를 만나러 갔다. 그가 성호를 긋자 신의 권능이 늑대를 꼼짝 못하도록 했다. "이리 오너라. 늑대 형제여. 그리스도의 이름으로 나는 네가 나나 다른 이들을 해하지 말기를 명하노라". 프란체스코는 늑대의 약탈 행위, 다른 동물을 해친 것, 뻔뻔스럽게도 신의 형상을 따라 만든 인간을 죽인 죄를 꾸짖으면서 늑대가 죽어 마땅하다고 말하지만 사실 그가 원한 것은 평화였다.

늑대가 이에 동의하자 성 프란체스코는 늑대에게 매일 먹이를 주기로 약속한다. 왜냐하면 늑대 안에 존재하는 악은 배고픔에서 나온 것이기 때문이다. 그 대가로 늑대는 인간이나 동물에게 해를 입히지 않겠다고 약속한다. "그리고 성 프란체스코가 맹세를 받고자 손을 내밀자 늑대는 앞발을 들어 그의 손 위에 부드럽게 올려놓아 맹세의 증거로 삼았다". 주 예수 그리스도의 이름으로 성 프란체스코는 늑대에게 도시로 들어가 자신과 늑대 사이에 맺어진 계약을 사람들에게 승인받으라 명했고 자신은 보증인으로 행세했다. 이후 양쪽은 계약을 어기지 않았다.[134]

위대한 시에나 유파에 속하며 15세기에 명성을 드높였던 화가인 사세타(Stefano di Giovanni Sassetta)*가 이 장면에 생명을 불어넣었다. 성문 근처에서 그를 존경하는 도시민에 둘러싸인 평온한 성 프란체스코는 장

---

132) *Ibid.*, pp. 76~77, 인용은 p. 77.
133) *Ibid.*, p. 92.
134) *Ibid.*, pp. 89~91, 인용은 pp. 89, 90.

난기 어린 개처럼 근사하게 생긴 늑대의 앞발을 정답게 붙잡는다. 유쾌하고 명랑한 한 무리의 사람들이 시선을 끌어 늑대 근처에 피 흘리며 엉망이 된 시체로부터 주의를 분산시킨다. 그리고 그들과 성 프란체스코의 교류가 조화를 이루어 새들이 질서 정연하게 머리 위를 난다.

많은 연구가들은 프란체스코 수도회에서 다른 어떤 수도회에서보다 깊은 자연 이해를 발견했다. 성 프란체스코에게 살아 있는 것은 상징이었을지도 모르지만 살아 있는 것들은 (인간을 위해서가 아니라) 신 자신의 목적을 위해 지구에 자리 잡은 것이다. 그리고 인간과 마찬가지로 살아 있는 것들은 신을 찬양한다. 새나 꽃에게 설교를 하거나 늑대와 계약을 맺는 일을 통해 성 프란체스코는 도덕철학을 동식물에게 귀속시키고(늑대에게는 계약상 책임을 지운다) 이들을 사실상 인간처럼 다뤄 이교에 가까워진다.

인간의 목적에 맞도록 신성을 조잡하게 규명하는 일은 있을 수 없다. 살아 있는 자연은 설계론을 신봉하는 자들의 머릿속에 있는 조악한 효용론적 개념과 상관없이 존엄과 성스러움을 얻는다. 가령 화이트(White)*는 성 프란체스코의 사상을 중세의 자연관에 혁명적 변화로 이해한다. 성 프란체스코는 겸손함을 통해 이전의 신학이 지닌 독선적인 인간중심주의에 반기를 들었던 것이다. 화이트는 성 프란체스코가 역사상 가장 위대한 혁명을 일으킨 것으로 본다. 그는 자연이 그것 자체로 흥미롭고 중요한 것이라는 사고를 유럽에 처음으로 설파했으며, 창조물에 대한 인간의 압제를 포기하게 만들어 피조물 모두를 포괄하는 민주주의를 구축하려 했기 때문이다. [135]

---

135) Lynn White, Jr., "Natural Science and Naturalistic Art in the Middle Ages", *AHR*, 52(1947), pp. 432~433. 화이트는 이러한 태도가 시편 148편에 내포되어 있었다고 덧붙인다. 프란체스코 수도회의 자연 세계 관찰과 관련된 내용은 조지 보아스(George Boas)가 번역한 St. Bonaventura, *The Mind's Road to God*의 서문 p. xix을 참고하라.

릴의 알랭은 자연이 활동적이고 효과적이라고 보았다. 신의 피조물로서 인격화된 자연은 자신이 가진 법칙의 합리성과 성스러움을 인식한다. 《자연의 불만》(De Planctu Naturae)은 플로티노스, 보이티우스, 에리우게나의 사상을 연상시키면서 기독교의 전통적 자연 개념을 탁월하게 묘사한 책이다. 훗날 이 책은 남쪽에서 온 대안적 종교 신념의 전면적 공세와 많은 것이 보완된 상태로 부활한 고전적 우주론의 도전에 맞서는 데꼭 필요한 책이 된다. 릴의 알랭은 유대교와 이슬람 사상이 기독교의 신념에 침투하기 시작하던 시기(특히 12세기 후반)에 살았던 인물이다. 이를테면 가톨릭의 신념을 다룬 저술에서 그는 알비파(Albigenses),**** 발도파(Waldenses),**** 유대교, 이교의 공격에 대한 두려움을 표현했다. 《자연의 불만》은,

> 엄격한 피안 지향성을 극단적으로 표현하는 것을 제외하고는 실질적으로 중세의 모든 신학자가 공유하던 기독교적 자연에 대한 사고를 표현한다. 보이티우스나 버나드 실베스트리의 생각과 같이 여기서 자연은 존재를 발생시키는 지칠 줄 모르는 창조력으로 나타난다. 자연은 보편적 생명의 원천이며 동시에 존재의 원인일 뿐 아니라 존재의 규율, 법칙, 질서, 아름다움, 목적이다. 자연을 통해 신의 작업이 드러나는 것이므로 자연이 한 일에 대해 자연 자신이 너무 큰 칭송을 받아서는 안된다.[136]

우리의 주제와 관련하여 이 시에서 가장 중요하게 봐야 할 사고는 자연의 힘이 신의 힘에 비해 보잘것없지만 인간의 힘에 비해서는 위대하다는

---

[136] Gilson, *HCPMA*, pp. 172, 176에서 재인용. 이 저술은 Boethius, *Consolation of Philosophy*, p. 175를 본받은 것이다. 더 세부적인 연구에 대해 알고 싶다면 de Lage, *Alain de Lille. Poéte du XIIe Siécle*를 참고하라. 《자연의 불만》은 중세 사상에서 완전성 원리가 차지하는 중요성을 보여준다. Lovejoy, *The Great Chain of Being*, pp. 67~98을 보라. 이 책은 중세기를 다루지만 릴의 알랭을 다루지는 않는다.

사고다. 신플라톤주의의 유일자(the One)도 신도 아니며, 어머니나 존재의 사슬 등으로 다양하게 묘사되는 자연은 신의 창조물로 의인화된다. 자연은 신의 작업을 반영한다. 자연은 신의 대리인으로, 신은 자연의 붓놀림을 지도한다. 휘멘(Hymen: 혼인의 신_옮긴이)과 큐피드(Cupid: 사랑의 신_옮긴이)를 대동하고 모든 생명, 그중에서도 특히 인간의 생명이 지속되도록 유지시키는 비너스(Venus: 아름다움과 사랑의 여신_옮긴이)는 자연의 대리인이다. 시간의 흐름 속에 인구가 유지된다는 사고와 지구상에 존재하는 자연 질서에 대한 사고, 존재의 사슬이라는 사고는 우의적으로 살짝 가려졌을 뿐이다.

자연은 신의 활동을 규칙적으로 만든다. 《자연의 불만》에 많은 빚을 진 《장미 이야기》처럼 인류에 대한 릴의 알랭이 한 혹평은 도덕적인 것이다. 릴의 알랭은 인간이 자신 속의 악 때문에 자연으로부터 의도적으로 분리된 것을 안타까워한다. 모든 존재 중에 인간만이 자신의 타락과 자연스럽지 못한 악으로 인해 자연법칙을 따르지 못한다. 릴의 알랭은 여러 악행 중에서도 특히 남성의 동성애를 혹독하게 비난한다. 자연의 사랑 법칙에 위배되기 때문이다. 창공에도, 별에도, 바람에도, 땅과 바다와의 우애에도, 물고기에도, 지구를 장엄하게 끌어안는 비와 지구와의 결합에도 복종이 존재한다. 이들은 모두 자기 위치를 지키지만 자연 어디에서나 발견되는 조화가 인간에게서는 발견되지 않는다. [137]

신은 4원소를 주관하여 조화를 이룬다. 대우주에 존재하는 네 가지 원소는 소우주인 인간 속의 네 가지 체액에 상응한다. 자연은 인간과 신을 매개하는 신의 대리자다. 신의 능력이 최상급이라면 자연의 능력은 비교급이고 인간의 능력은 원급이라 할 수 있다. 릴의 알랭은 질문자를 동원해 자연의 이름을 부르도록 하고 자연이 그들의 질문에 답하게 해 자연을 인격화한다. [138]

---

137) 릴의 알랭의 인용문에 대해서는 de Lage, *op. cit.*, pp. 67~75를 보라.

신은 스스로 자연 안에 2차적 원인의 연계망을 창조했고 그들이 영향력을 발휘할 수 있는 영역을 지정한다. 일단 체계가 구축되면 창조주는 그들의 자율성을 존중하며 보통은 그들의 작용을 방해하지 않는다.[139] 우주를 지배하는 일은 큰 도시를 지배하는 일에 비견된다. 신은 하늘의 요새에서 명령을 내리고, 천사들은(도시의 중간 계급이 그렇듯) 공기 중에서 집행하며 "우주의 교외에 거주하는 외국 태생자와 같은" 인간은 그에 봉사한다. 자연은 신의 진정한 보조자다.

왜냐하면 나는 일을 하면서 신이 작업하실 때 남기신 발자국을 따라잡을 수는 없지만 열망한 대로 먼 곳에서 그분의 활동하심을 보고 그분에 대해 명상할 수 있다. 그의 작업은 단순하지만 나의 작업은 다양하다. 그의 작업에는 결함이 없지만 나의 작업은 불완전하다. 그의 작업은 놀라움의 연속이지만 나의 작업은 일시적인 것이다. 그는 태어날 수 없는 존재지만 나는 태어난 존재다. 그는 만드시는 분이고 나는 만들어진 존재다. 그는 나의 작업을 창조하신 창조주이지만 나는 창조주의 작품이다. 그의 작업은 무(無)로부터 이루어지지만 나는 다른 것에 기대어 작업한다. 그의 작업은 그분 스스로의 신성한 의지에 따라 행해지지만 나는 그분의 이름을 걸고 작업한다.

---

138) "얼마나 많은 가능성을 발견할 수 있는가. 신은 우월하고 자연은 상대적으로 낮다고 인간이 증언하네"(*Tres potestatis gradus possumus invenire, ut Dei potentia superlativa, Naturae comparativa, hominis positiva dicatur*), PL, Vol. 210, 446B. de Lage, *op. cit.*, pp. 64~65도 보라.

139) *Ibid.*, p. 67. 자연 묘사에 관해서는 Metre 1~3, Prose 1~2, 자연을 신의 대리인으로 표현한 내용은 Prose 3, 우주를 지배하는 일에 관련된 내용은 Prose 3, 신과 자연을 비교한 내용은 Prose 3, 세 존재의 능력에 관한 내용은 Prose 3, 성적 탈선에 관련된 내용은 Prose 4, lines 100~150, 179~191 및 *passim*; 대자연, 비너스, 휘멘, 큐피드에 대한 내용은 Prose IV, lines 375~385를 참고하라. Prose IX는 일반론을 다룬다. Chenu, "Découverte de la Nature et Philosophie de l'Homme à l'École de Chartres au XIIᵉ Siècle", *JWH*, Vol. 2(1954), pp. 313~325 또한 참고하라.

9. 지중해로부터 불어온 동요(動搖)

클루니 대수도원장이었던 존엄자 베드로(Peter the Venerable, Abbot of Cluny)*는 1143년 에스파냐에 있는 클루니 소속 수도원들을 방문했고 《코란》(Koran)***의 이교성을 사람들이 보다 수월하게 깨닫도록 하기 위해 [로버트(Robert of Ketene, 혹은 Ketton)*가 번역하는] 《코란》의 라틴어 번역을 추진했다. 그리고 스스로 《불경한 사라센 종파를 반박하는 서》(Libri II Adversus Nefariam Sectam Saracenorum)를 저술해 사업을 지원했다.[140] "그때부터 기독교는 자신이 생동하는 두 종교와 마주쳤다는 사실을 알게 되었다. 즉, 이는 기독교인 개개인이 조금씩 다른 교리를 품는 것과는 다른 차원의 것이었다".[141]

이교와 종파 분리의 위협을 받던 기독교 세계는 이제 극도로 국제화된 문명의 도전에 직면했다. 또한 기독교 세계는 아랍 세계의 학자들이 생산한 원전과 그 번역서들을 접하게 되었다. 이들은 장래를 고려할 때 이러한 지식이 기독교의 신념을 지원하는 데 사용되어야 한다고 보았다. 이방인에 맞선 《전집》(Summae), 자연, 수학, 특히 아리스토텔레스를 중심으로 한 그리스 문헌에 대한 관심의 재각성은 모두 이러한 움직임의 일환이다. 아리스토텔레스의 사상을 접한 데는(처음에는 신플라톤주의와 아랍의 사상을 담은 아랍 문헌의 번역을 통해 아리스토텔레스가 소개되었고 나중에는 그리스어 원전이 소개되었다) 마그누스와 그의 제자인 캉탱프레의 토마스 및 아퀴나스가 밀접히 관여했다. 이들은 아리스토텔레스의 철학 속에서 적극적으로 펼쳐진 목적론적 자연관에 강한 관심을 가졌다.[142]

---

140) Gilson, *HCPMA*, pp. 635~636.

141) *Ibid.*, p. 172, 또한 pp. 238, 240, 275를 참고하라.

142) Leff, *Medieval Thought*, p. 171. *HCPMA*, pp. 387~388의 아비센나 (Avicenna), 아베로에스(Averroes), 아퀴나스가 논의한 아리스토텔레스에 대한 질송의 논의도 참고하라.

12세기에 이미 자연 과정과 2차적 원인(*secondary causes*)****에 대한 관심이 커졌다. 창조물 전반에 걸쳐 나타나는 가장 평범하면서도 가장 근본적 측면이 신의 지혜에서 기인한다는 말을 하는 것만으로는 이룰 수 있는 것이 거의 없었다는 깨달음이 생겨났다. 손다이크는 이와 관련해 두가지 탁월한 해석을 내놓았다.

지구에 약초들이 자라는 이유를 궁금해 하던 바스의 아델라르(Adelard of Bath : 12세기에 활동한 인물)*의 조카는 "놀라운 신의 의지가 가진 이 놀라운 영향력이 아니면 이 현상이 무엇 때문이라고 생각할 수 있겠어요?"라고 묻는다. 바스의 아델라르는 모든 것이 창조자의 의지로 말미암는다는 조카의 말에 동의하면서도 자연적 이유도 작용한다고 덧붙인다. 조카가 모든 원인을 무차별적으로 신의 의지 탓으로 돌리자 바스의 아델라르는 자연은 신의 위대하심을 손상하지 않으면서도 "혼란을 겪지 않고 자신의 체계를 보전할 수 있으며 인간의 과학은 자신이 연구하는 이러한 내용에 주의를 기울여야만 한다"고 답한다. 143) 바스의 아델라르와 동시대의 인물이었던 노르망디 꽁셰의 윌리엄(William of Conches in Normandy)*은 어떤 이가 "우리는 어떻게 이것이 존재하는지 알지 못한다. 하지만 신이 그렇게 할 수 있다는 것은 안다"고 말하자 격분하여 다음과 같이 응수한다. "불쌍한 머저리 같으니라고, 신은 나무에서 암소를 내실 수도 있지만 그렇게 하신 적이 있던가? 그러니 사물이 왜 그렇게 존재하는지 이유를 제시하든가, 못하겠으면 사물이 원래 그렇게 존재한다는 생각을 버리는 게 좋을 것이야". 144)

기독교 세계와 이슬람 세계 모두를 아우르는 지중해 문명의 국제적 성

---

143) Thorndike, Vol. 2, p. 28에서 재인용. *Quaesriones Naturales*, chap. 4. Chenu, *op. cit.*, *passim*.

144) Thorndike, Vol. 2, p. 58에서 재인용. *De philosophia mundi*=PL 90, pp. 1127~1178, 또는 172, pp. 39~102. *De philosophia mundi*의 구성과 관련해서는 Gilson, *HCPMA*, p. 623. Chenu, *op. cit.*, *passim*을 참고하라.

격은 새로운 동요를 낳았다. 노르만의 시칠리아 정복(1060~1091)****을 계기로 이슬람 문화가 우세한 가운데, 로제르 1세(Roger I) 치세에 기독교-이슬람 문화가 만개했다. 위대한 아랍 지리학자였던 알 이드리시(al-Idrisi)*는 로제르 2세(Roger II)의 궁정에서 일했고, 로제르 2세의 손자인 프리드리히 2세 치하에서는 아리스토텔레스의 저술 및 아베로에스(Averroes)*의 저술에 대한 번역서가 1224년 설립된 나폴리 대학 교육 과정의 일부가 되었다. 아퀴나스도 나폴리 대학을 다녔다. 시칠리아의 프리드리히 왕국에는 그리스어를 사용하는 그리스 분파와 아랍어를 사용하는 이슬람 분파, 라틴어를 아는 학자가 공존했다. [145] 심지어 아퀴나스조차 "알베르투스나 아벨라르(Peter Abelard)* 같은 북방 고트족(Gothic North) 출신이 아니었다. 그는 그리스와 사라센 세계가 봉건 유럽과 섞인 서유럽 문명의 기묘한 경계지[나폴리] 출신이다". [146]

이 이슬람 세계(나폴리_옮긴이)는 공통된 법률, 언어, 종교를 가졌지만 이 역시 부분적으로는 오래되고 뿌리 깊은 지중해 문화의 산물이다. 지중해 문화의 사해평등주의는 이슬람뿐 아니라 유대교와 기독교의 학문적 전통에서 나온 것이기도 하다. 아퀴나스는 마이모니데스와 아베로에스를 인용하고 "이슬람의 스콜라철학에서 온 듯한 논리 전개법을 사용한다". [147]

이와 같이 남쪽으로부터 불어온 미풍은 지리학, 환경적 영향, 지구의 본질, 사물의 속성에 대한 관심을 자극했다. 지구가 조화롭고 신성하게 설계되었다는 관념이 힘을 잃지는 않았지만 아리스토텔레스의 저술로부

---

145) Hitti, *The Arabs. A Shot History*, pp. 206~211.

146) Christopher Dawson, *Medieval Essays*, p. 133.

147) von Grunebaum, *Medieval Islam*, p. 342. 또한 크리스토퍼 도슨(Christopher Dawson)의 *Medieval Essays*에 실린 그의 두 에세이, "The Moslem West and the Oriental Background of Later Medieval Culture"와 "The Scientific Development of Medieval Culture"를 참고하라. 특히 p. 111은 이슬람의 문화적 통일성에 대한 것이다.

터 도입된 목적론은 성서와 《티마이오스》에 의거하여 우주론을 펼치던 시기에 비해 모든 것을 성서 주해서로부터 좀더 거리를 두고 해석할 수 있는 영역(가령 세계의 영원성에 대한 교리)을 열었다.

상황이 바뀌었다. 새로운 지식에 거의 눈길을 주지 않은 채 낡은 길을 걸어가는 이들도 있었지만 그 길은 위험한 길이었다. "기독교신학이 이교에게 뒤처지고 세속적 가르침의 주요 영역에서 뒤처졌다고 생각하는 깊은 두려움에 이끌린 다른 사람들은 '철학자들'을 따라잡고 기독교인들이 자신들의 적수와 동등한 위치로 나아가도록 만드는 것이 그들의 의무라고 생각했다". 그로스테스트, 로저 베이컨(Roger Bacon),* 성 알베르투스 같은 사람들 "또한 궁극적으로는 세속적인 가르침을 습득하는 일이 기독교의 진리를 전파하는 데 도움이 될 것이라 확신했고, 그들의 저술은 과학에 대한 적절한 관심의 증거라 할 만하다". 148) 이렇게 기독교신학은 아리스토텔레스의 목적론과 부분적으로 결합했고, 성서에 계시된 신성한 말은 우리를 에워싼 자연에 대한 면밀한 관찰과 부분적으로 결합했다. 이 과정을 통해 신의 존재에 대한 우주론적·물리신학적 증거가 강화되었다.

10. 아베로에스와 마이모니데스

이 남쪽 문명으로부터 온 사상의 두 가지 사례로 아베로에스와 마이모니데스를 간단히 검토해 보자. 아베로에스의 설계론 및 목적론에 대한 사고는 아리스토텔레스적이다. 기독교 사상에 대응되는 이슬람교 측 사상이다. 무함마드(Mohammed)*의 종교 또한 계시종교로 유대-기독교의 신과 같은 방식으로 창조하고 활동하는 초월적 신을 믿는 일신론이다.

---

148) Gilson, *HCPMA*, p. 275.

《코란》의 16수라(Sûrah, 장)인 "벌"(The Bee)에서 신은 그의 창조물에 관심을 드러내는데 특히 인간에게 주의를 기울인다. 낮은 단계의 창조물은 신을 위해 존재하며 구약성서에서처럼 그의 지배 아래 놓인다.

기예, 자연, 작업 같은 단어를 중심으로 한 고전적 유비를 선호했던 기독교 사상가들처럼 아베로에스는 장인의 유비를 근본적으로 창조를 이해하는 방식으로 생각했다. 존재에 대한 연구에서 우리는 먼저 존재들 속에서 기예를, 다음으로는 기예의 작업, 그 다음으로는 장인을 인식해야만 한다. 유사하게 우리는 우주에서 장인의 작업을 인식한다. 예술작품이 드러내는 것을 보다 더 완벽하게 인식할수록 예술가에 대한 인식이 보다 더 완벽해진다.[149] 성스러운 법은 우리를 심원하고, 합리적 우주 연구로 초대한다(59수라 2절 인용). 무함마드는 그의 계시를 부인하는 자들을 보고 다음과 같이 말했다. "저들은 하늘과 땅의 지배에 대해, 알라가 이 모든 것을 창조했다는 사실에 대해 생각해 본 적이 없다는 것이냐? …"(7수라 185절).

아베로에스는 우주에 대해 성찰할 때 합리적 추론을 적용하는 것은 성스러운 법이 정한 의무라고 덧붙인다. 그러한 추론은 논증이라 불리는 합리적 삼단논법의 형태를 취할 때 가장 완벽하다. 그러므로 우리는 다양한 종류의 삼단논법, 즉 논증법, 변증법, 수사법, 궤변논법 등의 차이를 알아야만 한다. 그러나 삼단논법은 사람마다 다른 본성, 습관, 취향, 교육의 상이성에 따라 다르게 구축된다. 따라서 종교법에 대한 해석도 달라진다. 그러므로 해석자를 세 가지 등급으로 분류하는 일이 아베로에스 철학의 근본이다. 《코란》은 성스러운 책이기 때문에 세 등급 모두 호소력을 가진다.

---

149) Ibn Rochd(Averroès), *Traité Décisif sur l'Accord de la Religion et la Philosophie*(이재경 역, 2005, 《결정적 논고》, 책세상_옮긴이). 레옹 고티에 (Léon Gauthier)가 아랍어로 된 문서를 프랑스어로 옮긴 책 3판의 주석과 개론, pp. 1~2, 45를 보라. 프랑스 번역본을 토대로 분석했다.

첫 번째 등급에 속하는 사람들은 어떤 종류의 해석도 알지 못한다. 그들은 오직 수사적 논거와 경고에만 접근할 수 있다. 모든 사람은 일정 정도 이 등급에 속한다. 영적으로 건전한 사람치고 이를 낯설게 느끼는 자는 없다. 하지만 이 등급은 기본적으로 신비나 기적을 검토하지 않고 믿는 보편적 인간의 등급이다.

두 번째 등급은 첫 번째 등급에 비해 그 자격이 더 제한적이다. 변증법적 논쟁을 좋아하는 자, 천성적으로 혹은 천성에 오랜 습관이 결합되어 논쟁을 잘하는 자다. 아베로에스는 이들을 악당이라고 부른다. 왜냐하면 이들은 모순과 어려움을 보아도 논증적인 해결책을 찾거나 이해할 능력이 없는 신학자이기 때문이다. 하지만 그들이 추론한 내용에는 진실과 유사한 부분이 있을 수 있다. 이들이 일반 대중에게 서로 상이한 해석을 떠넘기면, 대중은 조악하게 다양한 의미로 그것을 이해한다. 그 결과 이슬람 내에서 적대적 분파, 박해, 선동, 종교전쟁이 생겨난다. 종교적 평화는 분파가 사라질 때 그리고 정부가 상위 두 등급의 사람들이 낮은 등급의 사람들에게 적합한 해석만을 전파하도록 할 때 재정립될 것이다. 그래야만 낮은 등급의 사람들이 철학자들의 사상을 이해하는 부담을 지지 않고 신학자들로부터 나쁜 영향을 받지 않을 것이기 때문이다.

세 번째 등급에 속한 사람들은 가장 수가 적다. 필연적 논증에만 동의하는 사람들로 기적이나 신비를 인정하지 않는다. 이들은 천성적으로 혹은 철학이라는 기예에 의해 세 번째 등급에 속한다. 여기에 속하는 철학자들은 난점을 인지하고 그것을 단일하고 고유한 방식으로 해결한다.

보통 사람과 철학자는 각자 나름의 방식대로 건전하다. 그들은 변증론적 신학자들과는 다르게 해가 없는 종교 활동을 하며 분파를 형성하지 않는다. 그러나 창조에 대한 심오한 이해와 위대한 철학적 사고는 훈련과 교육을 받은 소수만이 할 수 있다. 그것을 받아들일 능력이 없는 사람들에게 이러한 해석을 무책임하게 전파하는 건 오직 해로운 일을 초래할 뿐이다. 진정한 주해는 고도의 전문성을 필요로 한다. 철학자와 보통 사람

이 가지는 자연에 대한 사고 사이에는 간극이 존재하고, 또 그래야만 한다.[150)]

이슬람 사상에서 주해는 기독교 사상에서보다 더 미묘하고 방대하게 이루어졌던 것으로 보인다. 이슬람 세력이 서방 라틴권에 도착했을 때 아베로에스의 사고는 기독교의 주해 자체가 이미 제기했던 문제에 보태졌다. 기독교의 주해나 아베로에스의 사상 모두는 주해가 불가피하게 제공하는 탐구에 자극을 받는다. 성 바실리우스의 주해처럼 주해는 문자적일 수 있고 고전적 식물학, 동물학, 지리학, 천문학, 여타 과학을 통해 알게 된 사실로 가득 차 있을 수도 있다. 혹은 성 암브로시우스나 성 아우구스티누스, 에리우게나의 창조문서처럼 상징적인 것일 수도 있다. 아베로에스의 가르침대로 주해는 보통 사람들이 느끼는 외연적이고 상징적인 면과 철학자들이 느끼는 내연적이고 감춰진 면같이 상이한 수준에서 이루어질 수도 있다.

아퀴나스가 이단과 싸우면서 알게 된 것처럼 서로 다른 역사적 환경이 상이한 대응책을 요구한다. 왜냐하면 구약을 아는 유대인을 상대하는 방법이 있는가 하면 신약에 정통한 이단을 상대하는 방법이 따로 있다. 또 어떤 방법은 그 자신이 이교도였기 때문에 이교 세계를 다룰 수 있었던 초기 교부들을 상대할 때, 어떤 방법은 기독교 문헌에 전혀 신경 쓰지 않는 이슬람 세계를 상대할 때 필요하다. 크리소스토무스, 성 아우구스티누스, 아퀴나스, 룰, 시비우드가 깨달은 대로 어떤 주해는 자연, 어떤 주해는 계시를 더 많이 강조한다. 이때 주해는 일상세계와 그에 대한 상징, 양자 모두에서 보이는 자연을 분석하는 데 특히 효과적 방법인 일종의 지식사회학이 된다. 주해는 해석이 문화적이고 심리학적일 수 있음을 암시한다. 주해가 경건함에 반(反)한다고는 할 수 없지만 경건함으로부터 독립적이라는 점은 분명하다.

---

150) *Ibid.*, pp. 8, 23~26, 29~31. xi~xiv에 나오는 고티에의 말도 참고하라.

유대인과 기독교인이 공통적으로 구약 주해에 관심을 가졌기 때문에 마이모니데스는 특별한 관심을 받았다. 마이모니데스의 주해에서 창세기는 문자적으로 이해되지 않는다. 창세기는 4원소설에 의거해 해석된다.[151] 고등비평(高等批評)****이 시작되기 오래전에 살았던 마이모니데스는 두 가지 창조 설화를 하나로 가정하고 그들이 서로 조화를 이룰 수 있다고 여겼다. 첫 번째 창조 설화에서 남성과 여성이 창조된다(창세기 1장 27절). 그리고 창조는 이제 끝났다(창세기 2장 1절). 그러나 두 번째 창조설화에는 하와의 추가적 창조, 생명과 지식의 나무, 뱀의 이야기가 담겨 있으며 마치 이러한 사건은 아담이 에덴동산에 거한 이후에 발생한 것처럼 묘사되었다.

마이모니데스는 6일 이후에는 새로이 창조된 것이 없기 때문에 현자들은 모두 이러한 창조가 6일째에 일어났다는 사실에 동의한다고 말한다. "그러므로 위에서 언급된 것들 중 불가능한 것은 없다. 왜냐하면 그때에는 대자연의 법칙이 영구적으로 고착되지 않았기 때문이다".[152] 안식일을 지키는 데는 두 가지 목적이 있는데 한 가지는 창조에 관한 참된 이론을 확인하는 것, 다른 하나는 이집트의 압제에서 우리를 자유롭게 한 신의 자비로우심을 일깨우는 것이다. 안식일은 "우리에게 올바른 관념을 제공하며 우리 육체의 안녕을 증진하기도 한다". 또한 인생의 1/7을 휴식과 안정 속에서 보내게 한다.[153] 민족의 계통학은 인류의 증가와 분산에 관한 정보를 주기 위해서 정립된 것이다. 이러한 정보가 부족하면 사람들이 진실을 의심할지도 모른다.[154]

마이모니데스는 대우주와 소우주를 논하면서 모든 생명체가 자연의 질서에 긴요한 것은 아니라고 말한다. 어떤 생물종은 자연계에 없어서는

151) *The Guide for the Perplexed*, Pt. II, chap. 20, pp. 213~214.
152) *Ibid.*, Pt. II, chap. 30, p. 216.
153) *Ibid.*, Pt. II, chap. 31, p. 219, Pt. III, chap. 43, p. 352.
154) *Ibid.*, Pt. II, chap. 50, p. 381.

안 될 구성 요소다. 번식력을 가졌기 때문이다. 그러나 똥 더미에서 발생하는 곤충, 썩은 과일이나 음료에서 발생하는 생물, 몸속 내장에서 발생하는 벌레 같은 생물종은 아무런 목적이 없어 그것들의 번식력은 부정된다. "그러므로 당신은 그것들이 고정된 법칙을 따르지 않는다는 사실을 발견할 것이다. 하지만 그것들이 완전히 사라지는 일은 인간에게 얼굴색이나 머릿결의 차이가 완전히 사라지는 일처럼 불가능하다".155) 자연 또한 인간을 위한 경제적 조건을 만든다. 필요한 것은 저렴하게 사치품들은 비싸게 만들었다. 가장 요긴한 공기는 물보다 훨씬 풍부하다. 물은 음식보다 더 필요하기 때문에 기본 식료품이건 고급스러운 음식이건 상관없이 음식보다 더 저렴하다.156) 그러나 이런 조악한 유용론적 자연신학이 마이모니데스의 전형적 관점은 아니다.

자연 안에 존재하는 설계는 목적을 지닌다. 그러나 누구의 목적인가? 마이모니데스는 아리스토텔레스가 반복적으로 자연은 무엇도 헛되이 하는 법이 없다는 점을 지적한다고 말한다. 식물은 동물을 위해 존재한다. 동물의 신체 부위에는 설계와 목적이 있다. 이런 점을 인정할 수 있을 것이다. "이 모든 것은 어떤 사물의 직접적 목적만을 언급한다. 그러나 사물의 본성을 탐구하는 모든 이가 절대적으로 필요하다고 간주하는 어떤 궁극적 목적이 모든 생물종에 있는지 여부는 알아내기 아주 어렵다. 그리고 더 어려운 것은 전 우주의 목적을 알아내는 일"이다.157)

우주가 인간을 위해서 창조되었다는 추론은 있을 수 없다. 인간은 자신의 위치를 알아야만 한다. 우주가 인간을 위해서 존재하는 것은 아니지만 창조주는 그것을 의도한다. 인간은 스스로를 위계질서 안에 위치한 존재로 파악해야 한다. 천체와 별보다 낮은 곳에 위치하며 천사보다 열등한 존재지만 4원소로 구성된 존재 중에서는 가장 높은 곳에 위치한다.

---

155) *Ibid.*, Pt. I, chap. 72, p. 116.
156) *Ibid.*, Pt. III, chap. 12, p. 271.
157) *Ibid.*, chap. 13, p. 273.

"그럼에도 불구하고 인간의 이러한 위치는 큰 혜택이며, 인간의 우수성과 완벽함은 성스러운 선물이다".158)

자연 설계와 자연에 대한 계획 속에서 섭리가 어떻게 작용하는가? 마이모니데스는 이전의 이론을 상세히 검토하고는 자신의 이론을 펼친다. 마이모니데스는 아리스토텔레스가 이성을 가졌건 가지지 않았건 각 생물종의 개별 개체에게 벌어지는 일은 우연에 의한 것이지 관리된 것이 아니라는 주장을 펼쳤다고 말한다. 폭풍우는 나뭇잎을 떨어뜨리며 바닷물을 뒤섞고 배와 선원들을 물에 빠뜨리는 원인이 된다. 황소의 배설물은 개미를 절멸시킨다. 예배당의 기초가 무너지면 예배를 보던 사람들은 죽는다. 이러한 사건은 우연에 의한 것인가? 아니면 설계에 의한 것인가?159)

마이모니데스는 신성한 섭리가 어떤 생물종의 개체까지에는 미치지 않는다는 아리스토텔레스의 언급에 동의하지만 인간의 경우에는 예외를 두었다.

> 왜냐하면 나는 나뭇잎 하나가 〔나무에서〕 떨어지는 일이 신성한 섭리의 간섭 때문임을 믿지 않기 때문이다. 또한 나는 거미 한 마리가 파리 한 마리를 잡았다고 해서 그때 특별한 신성한 명령이 있었다거나 신의 의지가 작용한 직접적 결과라는 것도 믿지 않기 때문이다. 어떤 사람이 침을 뱉어 특정한 곳에 있는 어떤 모기에게 떨어져 모기가 죽는 등의 일은 특별히 신성한 명령으로 이루어지는 것이 아니다. 물고기가 수면 위에 떠다니는 어떤 벌레를 잡아먹는 일도 신의 직접적 의지와는 무관한 것이다.

그러나 만일 인간이 배와 함께 가라앉거나 지붕이 머리 위에 떨어져서 죽는다면 이러한 죽음은 우연에 의한 것이 아니라 신의 의지에 의한 것이

---

158) *Ibid.*, chap. 12, p. 268.
159) *Ibid.*, chap. 17, p. 283.

다. 마이모니데스가 이 이론을 수용한 까닭은 그가 "어떤 예언서에서든 인간과 관련하지 않고 신의 섭리를 묘사한 예언서를 본 적이" 없기 때문이다. 160)

11. 프리드리히 2세의 매에 대한 견해

유럽 남부에 조금만 더 머물기로 하자. 많은 사람들이 성 프란체스코가 모든 생명에 부여했던 존엄 속에서 자연 연구에 우호적 분위기가 형성된 것을 목격했다면, 어떤 사람들[가장 유명한 인물로 해스킨스(Charles Haskins)*]은 호엔슈타우펜 왕조(Hohenstaufen)****의 프리드리히 2세가 지은 《매 사냥법》에서 중세 시대 관찰을 통해 박물학에서 어떤 성과가 달성될 수 있는지의 예를 본다. 161) 이 책이 박물학, 특히 조류학에 대한 과

---

160) *Ibid.*, pp. 286~287. 신이 하나의 생물종으로서의 인간과 개체로서의 인간에 대해 섭리를 예비하셨고 나머지 생명체에 대해서는 종으로서만 섭리를 예비하셨다는 이론은 로마의 질스(Giles)에 의해 오류목록에 올랐다. 《철학의 오류》 (*Errores Philosophorum*)에서 질스는 아리스토텔레스, 아베로에스, 아비센나, 알자즐(Algazel), 알킨디(Alkindi), 마이모니데스의 오류를 수집했고, "새로운 철학서를 비판적으로 독해하고 신앙의 가르침을 잃어버리지 말라는 단호한 경고와 훈계"라고 꼬집었다. 《철학의 오류》에 대한 코흐(Josef Koch)의 서문을 보라[리들(Riedl) 번역]. 질스의 원전에서는 XII Maimonides, 9, pp. 63~65를 참고하라.

161) *The Art of Falconry Being the De Arte Venandi cum Avibus of Frederick II of Hohenstauen.* 우드(Casey A. Wood)와 피페(F. Marjorie Fyfe) 편역. 옮긴이 서문은 대부분 해스킨스의 견해에 의존한다. 이 책은 아름다운 새와 새의 보금자리에 대한 삽화 및 프리드리히의 치세와 관련된 건물의 삽화가 다수 들어 있다. 아풀리아의 건물 삽화가 특히 많다. 그 책에 대한 내용은 Charles H. Haskins "The 'De Arte Venandi cum Avibus' of the Emperor Frederick II", *Eng. Hist. Rev.*, Vol. 36(1921), pp. 334~355를 보라. *idem., Studies in the History of Mediaeval Science*, pp. 299~326, *Eng. Hist. Rev.* 논문의 개정판; *idem.*, "The Latin Literature of Sport", *Speculum*, 2(1927), 235~252. 보다 광범한 참고문헌을 원한다면 Ernst Kantorowicz, *Kaiser Friedrich*

학적 연구에 기여한 바는 많은 책에서 기술되는데 이 책이 이렇게 큰 명성을 얻은 이유에 대한 설명은 몇 가지 일반적 진술로 충분할 것이다.

"로마의 황제, 예루살렘의 왕, 시칠리아의 왕"(프리드리히 2세_옮긴이)을 연구하는 대부분의 연구자들은 그를 자극한 지적 환경을 강조한다. 시칠리아 궁정은 이슬람과 기독교, 유대교를 모두 접했다. "매 연구를 위해 프리드리히 2세는 행정관료 체계 전체를 마음대로 쓸 수 있었기 때문에" 황제는 제국의 다양한 곳에 사는 사람들과 매에 대한 광범위한 서신 왕래를 하였다. 162) 여러 다른 지역으로부터 입수된 매에 대한 정보를 통해 프리드리히는 둥지 짓기, 이주, 먹이 습관 등이 기후와 어떤 관계를 맺는지 등 조류 연구의 폭넓은 측면을 인식했다.

가장 통쾌한 일은 프리드리히 2세가 아리스토텔레스를 가볍게 취급한다는 점이다. 그에게 아리스토텔레스는 하나의 권위이면서도 다른 이들과 마찬가지로 오류를 범할 수 있는 인물일 뿐이었다. 아리스토텔레스에게 의존하거나 버릴 수도 있었다. 그리고 매 사냥에 관해 프리드리히 2세 스스로가 관찰한 내용이나 친구들 및 다른 전문가들이 보고한 내용이 아리스토텔레스의 견해와 충돌할 경우에는 아리스토텔레스의 견해는 프리드리히 2세 자신의 의견을 확립하는 데 큰 영향을 미치지 못한다. 가령 프리드리히 2세는 한 대상에 시야를 고정시킬 때 매의 검은 동공이 어떻게 확대되며, 주의를 끄는 어떤 대상을 응시하지 않을 때 매의 검은 동공이 어떻게 작아지는지를 언급한다. 163)

der Zweite, Ergänzungsband, pp. 155~157을 보라.

162) Haskins, op. cit., Eng. Hist. Rev., Vol. 36(1921), p. 353; 사례를 보려면 pp. 354~355를 참고하라.

163) 아리스토텔레스에 대한 비판을 보려면 책의 서언을 보라. "전통과 권위로부터 프리드리히가 해방되었음은 아리스토텔레스에 대한 프리드리히의 태도에서 가장 분명하게 나타난다". Haskins, op. cit., Eng. Hist. Rev., Vol. 36(1921), p. 346. 이슬람과 프리드리히의 실험 모두에 나타나는 자제된 표현에 대해서는 von Grunebaum, Medieval Islam, pp. 334~336을 참고하라. 로제르 1세로

고대로부터 인간이 육식 조류의 세계에 간섭한 역사에 대한 프리드리히 2세의 논의에는 깊이 있는 지식과 애정이 묻어난다. 내 생각에는 박물학 문헌에 나온 구절 중에서 육식 조류 중 게으르거나 비겁한 개체를 어떻게 다룰지 논한 그의 다음 구절(IV, 27~28)을 능가하는 건 거의 없다.

> 게으른 매는 지금보다 과업을 더 잘 수행할 수 있지만 그러한 사실을 애써 외면하고 자신을 낮게 평가한다. 겁쟁이들은 두루미에게 상처를 입은 경험 때문에 겁에 질렸거나 사냥감을 공격하거나 포획하려 하지 않는 매다. 그러므로 게으른 매와 겁쟁이 매는 자신의 진가를 숨기는 측과 진정한 겁쟁이 두 부류로 구분된다. 게으른 매는 쇠약하거나 상처 입은 두루미를 만나면 잡을 것이다. 하지만 겁쟁이는 두려움을 가지는 한 상처를 입었건 입지 않았건 쇠약하건 강인하건 간에 어떤 먹잇감에도 손을 대지 않을 것이다. [164]

프리드리히 2세에게 매를 이용한 사냥은 일종의 기예로 그가 그것을 대한 방식은 사랑에서 우러난 것이었다. 그는 함정이나 올가미, 동물을 데리고 사냥하는 이를 혐오했다. 또한 머리말에서 새의 생활이 "자연의 매력적인 현현" 중 하나이고 그것에 대한 연구는 자연을 이해하는 한 방법이라고 말했다. 프리드리히 2세는 매 사냥법에 대한 동방의 서적들을 다수 알았지만 그 내용에 거의 의존하지 않았다는 것이 중론이다. 그래서 그의 책은 아리스토텔레스를 포함한 선행 연구에 거의 의존하지 않은

부터 시작되는 시칠리아-아랍 군주의 혈통에 대해서는 Philip K. Hitti, *The Arabs. A Short History*, pp. 208~211을 참고하라. 로제르 2세와 프리드리히 2세는 "시칠리아의 세례받은 술탄"으로 불렸다. 히티(Hitti)의 견해에 따르면 (pp. 210~211) 프리드리히가 한 일 중 가장 큰 기여라 할 만한 것은 1224년 나폴리 대학(University of Naples)을 설립한 일이라고 한다. 매의 동공에 대해서는 *Art of Falconry*, Bk. I, chap. 24, p. 60을 보라.

164) *Art of Falconry*, Bk. IV, chaps. 27~28. 인용문은 chap. 27, pp. 303~304에서 가져옴.

새로운 시도였다. 실제로 아리스토텔레스는 그의 견해에 대해 프리드리히가 동의하지 않을 때에만 주로 인용된다. 165)

지리학적 관점에서 시야를 더 넓혀 보면 프리드리히 2세의 책은 알 이드리시가 제시했던 '일곱 가지 클리마타'라는 고대 이론을 채택하여 다양한 새가 둥지를 트는 위치, 이동이 이루어지거나 매로 두루미를 사냥하는 데 적합한 지역에 대해 논의한다. 프리드리히 2세의 책에는 위도상 더 북부 지역이 존재한다는 인식이 있으며 그곳에 사는 새의 종류와 그곳에서 이루어지는 새의 이동에 대해서도 적었다. 166) 지리학적 전통은 여전히 그의 궁정에서 강한 위력을 발휘했던 것으로 보이는데, 아랍 지리학자이자 지도제작자인 알 이드리시가 팔레르모에 있는 프리드리히의 할아버지인 로제르 2세의 궁정에 25년간 소속되었기 때문이다.

상세하고 기술적인 이 논문에 담긴 일반적 사고는 무엇인가? 아리스토텔레스 식의 목적론은 생물의 각 기관의 본질을 설명하지만 종교적 의미는 없다. 아리스토텔레스는 새의 모든 기관이 그 기능에 적합한 재질로 만들어졌으며 각 기관이 기능적 목적을 가진다고 말한다. 그러므로 만일 자연이 적절한 기능을 다하도록 기관들을 만들었다고 하면 자연이 다른 새를 파괴하기 위한 목적으로 한 새를 만든다고 결론 내릴 수 있을 것이다. 즉, "자연은 하나의 생물종을 다른 종의 절멸을 위해 창조했다. 그리고 자명한 결과로 자연은 어떤 생물종에게는 자애로우면서 어떤 생물종에게는 차갑게 대하기도 한다. 그러나 더 중요한 것은 자연의 상반된 측면이 동시에 나타난다는 것이다. 왜냐하면 각 생물종은 자신에게 해로운 것을 다른 생물종에게서 발견하기 때문이다". 167)

새를 훈련시키는 일은 새에게 부자연스러운 일을 하도록 만드는 일이

---

165) Haskins, *op. cit.*, *Eng. Hist. Rev.*, Vol. 36(1921), p. 346을 보라.

166) *Art of Falconry*, Bk. II, chaps, 4~5. 새의 이동에 대해서는 Bk. I, chaps. 22~23을 보라.

167) *Ibid.*, Bk. I, chap. 23-I, p. 57.

다. 프리드리히 2세는 두루미의 크기가 매의 덩치를 능가하므로 매가 스스로의 자유의지에 따라 그렇게 덩치 큰 새를 포획하는 것은 부자연스러운 일이라고 언급한다. 그러므로 반드시 인간이 매를 교육하고 도움을 주어야만 한다.[168] 여기서 중요한 것은 그 당시에 매 사냥을 이렇게도 훌륭하게 이해했다거나, 30년간에 걸친 치밀한 새 관찰, 새를 훈련시키는 기술이 존재했다는 사실이 아니라 지식인과 황제 및 황제와 연관된 여러 분야의 전문가가 이러한 사안을 연구하고 기록했다는 점이다.

칸토로비츠(Kantorowicz)는 현명하게도 관찰이라는 행위가 사라지지 않다가 프리드리히 2세에 의해 재발견되었다고 이야기했다. 왜냐하면 중세의 농부나 사냥꾼은 그 이전 시대의 농부나 사냥꾼이 그랬던 것처럼 날카로운 시각으로 사물을 파악했기 때문이다. 하지만 자신의 관찰을 글로 표현할 만큼 충분한 지식을 가진 자들이 감각의 세계를 인식하는 눈을 가진 경우는 거의 없었다.[169] 그러나 이 황제는 농부, 사냥꾼의 날카로운 눈과 자연 세계에 대한 관심, 자신이 본 것을 기록으로 남길 수 있는 훈련된 지성을 가졌다. 이것이 프리드리히 2세의 가르침이다.

12. 성 알베르투스

프리드리히와 비교할 수는 없지만 북부의 성 알베르투스 역시 자연에 대한 합리적이고 독립적인 연구에 공감했다. 실제로 그는 우리의 고찰 대상인 세 가지 사상 모두에 기여했다. '신성하게 설계된 지구'라는 사고는 성 알베르투스의 저술에서 다시 반복되어 나타나는데 그것은 성 알베르투스의 신학에서 예견되었던 바로 중요한 부분을 차지한다. 그는 자신만의 참신한 관찰 내용을 점잖게 덧붙이면서 아리스토텔레스의 자연철학

168) *Ibid.*, Bk. IV, chap. 27, p. 303.
169) Kantorowicz, *Kaiser Friedrich der Zweite*, p. 336.

을 철저하게 논평했다.[170)]

성 알베르투스는 세비야의 이시도루스가 만든 지명 일람표나 장소 묘사를 전형으로 삼은 것이 분명한 지리서를 저술했다〔이런 측면에서 세비야의 이시도루스는 대(大)플리니우스와 비교될 만하다〕. 하지만 환경적 영향에 관한 이론에 논의를 계속해 덧붙인다(6장 4절 참고). 그가 인간의 행동으로 인해 발생한 환경 변화를 꾸준히 인식했던 것은 아니지만 가축화, 퇴비 사용의 이점, 나무를 베어 개간하는 일이 토지에 미치는 영향을 이해하고자 노력했다(7장 7절 참고).

지구에 대한 기독교의 초기 관점은 플라톤, 신플라톤주의, 최종적으로는 성 아우구스티누스의 사고로부터 영향을 받았다. 지구는 장인의 완성작이고 자연 질서는 모든 것이 제자리에 놓인 모자이크를 닮았으며, 그것이 창조주의 설계를 나타낸다는 것은 분명했다. 성 알베르투스의 저술에서는(우주의 영원성이라는 아리스토텔레스의 사고를 거부하는) 창조에 대한 성서 구절과 아리스토텔레스주의의 사고가 배합되었다. 이 과정에서 과거의 지구관이 사라지지는 않았지만 강조점이 조금 이동한다. 살아 있는 각 개체 안에 합목적성이 존재할 뿐만 아니라 (심지어 그 개체의 구성 부분 안에도) 전체의 합목적성 역시 존재한다. 자연에 대한 목적론적 사고 중 가장 미묘한 '어떤 것도 헛되이 행해지지 않는다'는 사고가 힘차게 부활하는 것이다. 성 알베르투스가 기여한 내용을 고려할 때는 두 가지 극단에 빠지지 않도록 주의해야 한다. 이 두 극단이란 그가 과거를 흉내만 내는 것을 강조하며 폄하하는 일, 그리고 그의 책 속에 담긴 전설이나 동물 우화집, 악마 연구나 점성학을 무시한 채 그를 혁신가로 치켜세우는 일이다.

---

170) 제대로 된 평가를 보려면 Raven, *Science and Religion*, pp. 66~73을 보라. 레이븐(Raven)은 또한 박물학자로서의 성 알베르투스를 연구하는 일이 합리주의의 함정에 빠지거나 성인열전 식의 내용으로 흐르는 위험에 빠질 수 있음을 분명히 한다(p. 71).

성 알베르투스는 당대의 자연환경을 적절하게 관찰한 업적으로 새롭게 평가받는다. 그는 도미니크 탁발 수도회의 수도사였다. 17세기 중반 성 알베르투스의 저술을 편찬했던 도미니크회 수도사 재미(Jammy)에 따르면 성 알베르투스는 음식을 탁발하면서 수도원에서 수도원을 직접 걸어서 돌아다녔다고 한다. 그의 광대한 도보여행이 관찰과 밀접한 관련을 가졌을 가능성이 매우 크다. 성 알베르투스는 독일, 이탈리아, 프랑스를 광범위하게 여행했다. 이러한 도보여행은 그가 1254년 독일 대교구장으로 임명됨에 따라 그 범위가 더욱 넓어졌다. 1254년에서 1259년까지 도미니크 수도회 소속 수도원을 방문하면서 독일 남부와 북부를 여행했고, 심지어 북해의 뤼벡(Lübeck)까지 갔던 것이다.[171]

성 알베르투스는 여러 수도원을 돌아다니면서 오스트리아, 바바리아(Bavaria: 바이에른_옮긴이), 스와비아(Swabia: 슈바벤_옮긴이), 알자스(Alsace: 프랑스 북동부 지역_옮긴이)를 거쳐 라인(Rhine) 강**과 모젤 계곡(Modelle valleys),** 브라반트(Brabant),** 홀란트(Holland),** 베스트팔리아(Westphalia)**·홀슈타인(Holstein: 독일 슐레스비히-홀슈타인 주_옮긴이), 삭소니(Saxony: 작센_옮긴이), 마이센(Meissen: 작센 주 마이센_옮긴이), 투링기아(Thuringia: 튀링엔_옮긴이)까지 도보로 다녔다.[172] 그러므로 성 알베르투스는 유럽에서 서로 극적으로 대비되는 지형, 즉 알프스, 라인 강의 계곡과 그 지류[성 알베르투스가 가장 살기 좋다고 생각했던 곳은 쾰른(Cologne)이었다], 독일의 중부 고지와 북유럽 평원의 경관 등에 대해 개인적으로 잘 알게 되었다.

성 알베르투스는 학습을 기반으로 한 자연신학을 희구한다. 인간의 지

---

171) Jammy, intro. to Vol. I of Albert's works, Jessen, *Botanik der Gegenwart und Vorzeit*, p. 145. 마이어(Meyer)가 시작하고 친구인 예센(Jessen)이 마무리 지어 1867년 베를린에서 출판된 성 알베르투스의 *De Vegetabilibus*의 독일어판이다. 성 알베르투스의 여행에 관해서는 Wimmer, *Deutsches Pflanzenleben nach Albertus Magnus* (1908), pp. 8~9를 참고하라.

172) Jessen, *op. cit.*, pp. 145~146.

식은 불완전한 만큼 신과 신의 작업에 대한 우리의 지식 역시 어설플 수
밖에 없다. 조사와 관찰은 기독교와 양립한다. 조사와 관찰은 창조물과
창조주에 대한 진정한 지식을 위해 필요하다. 성 알베르투스에게 지구의
아름다움은 상징 이상이며 분명히 드러나는 질서는 단순히 설계를 보여
주는 것을 능가한다.[173] 가령 성 알베르투스는 홍수의 본질을 논하면서
역사적 설명과 함께 일반적인 홍수, 일반성이 떨어지는 홍수, 순수하게
국지적인 홍수를 모두 다룬다. 그는 이 모든 일이 신의 계획에 의한 것이
며 홍수의 원인은 신의 의지이지 그 이외의 다른 원인을 찾으려고 노력할
필요가 없다고 주장하는 이들이 있다고 말한다.

성 알베르투스는 그러한 의견에 일부 동의한다. "신의 의지로 통치되
는 이 세계는 사악한 인간에게 벌을 주기 위해 만들어진 것이기도 하다.
그러나 우리는 자연적 원인을 통해 신이 이러한 일을 행한다고 말한다.
자연적 원인의 근본 작용자인 신 자신만이 모든 사물에 움직임을 부여할
수 있기 때문이다. 더욱이 우리는 그분의 의지의 원인에 대해서는 의문
을 가지지 않지만 그러한 문제에 그분이 원하는 효과를 내기 위한 도구에

---

173) *Ibid.*, p. 152. 성 알베르투스의 책이 제한적으로 남아 있는 관계로 그의 사상의
세부 내용에 대한 연구는 여전히 불완전하다. 성 알베르투스의 자연신학과 관
련된 문헌 중에서는 다음 책들의 도움을 받았다. Ernst Meyer, "Albertus
Magnus", *Linnaea*, 10〔1836〕, pp. 641~741, 11〔1837〕, pp. 545~595. 이
논문은 박물학자로서의 성 알베르투스에 대한 연구가 얼마나 뒤늦게 이루어졌
으며 오류로 가득한지를 보여준다. 마이어(Meyer) 이전에 성 알베르투스를 박
물학자로서 연구한 연구자들에 대한 마이어의 비판은 Vol. 10, pp. 642~652
를 참고하라. 이 논문들은 마이어의 유명한 책 *Geschichte der Botanik*, Vol.
4, pp. 9~84에 요약되어 있다. 마이어는 유명한 이탈리아 농업 관련 저술가
였던 피에트로 크레센치〔Pietro Crescenzi, 페트루스 크레센티스(Petrus
Crescentiis)〕의 저술(1230경~1310년)에서 농업과 식물에 대한 성 알베르투
스의 사고가 나타났음을 보여준다. 마이어는 성 알베르투스의 자연 연구에서
도보 여행이 가지는 중요성을 논의한다. 빔머(J. Wimmer)의 *Deutsches
Pflanzenleben nach Albertus Magnus*는 성 알베르투스의 박물학을 근본적으로
다룬 저술이다.

해당하는 자연적 원인에 대해서는 의문을 가진다". 174)

지구는 타락 이전의 완전한 인간에게 맞춤한 환경이었다. 비록 자연이 과거의 완벽함을 잃어버렸지만(예를 들어 지구를 메운 엉겅퀴와 독초는 타락 이후에 처음 나타났다), 그래도 지구는 타락 이후의 인간을 위해서도 적합한 환경으로 남았다. 175) 비록 자연이 불완전하다 할지라도 자연에 대한 연구는 그 자체로 가치가 있고 유용하기 때문에 알아야 하는 지식의 영역으로 우리를 이끈다.

자연 연구를 통해 배우는 것은 기분 좋은 경험일 뿐 아니라 시골에서의 생활과 복지에 유용하기도 하다. 모든 자연현상 저변에 놓인 유일한 원리가 자연임을 인정함에도 불구하고 변화될 여지가 있는 모든 것은 기예와 경작을 통해 더 좋아질 수도 나빠질 수도 있다. 인간은 식물에 큰 변화를 가할 수 있다. 거름주기, 땅 갈기, 씨 뿌리기, 접목하기 등을 통해 야생식물을 길들여 재배한다. 들판, 정원, 초지, 과수원의 경작에 대해 그리고 야생 상태의 식물을 길들여진 상태로 바꾸는 여타 활동에 대해 이야기하자고 성 알베르투스는 말을 잇는다. 176)

그의 제자인 아퀴나스가 추상적 정식화를 다룬 것과는 달리 성 알베르투스의 연구 영역은 아퀴나스가 연구 대상으로 삼았던 보다 강력한 문제로부터 농가 앞마당에서 나는 친근한 냄새에 이르는 영역에까지 걸쳐 있었다. 로마의 저술가들과 팔라디우스(Palladius)로부터 이야기를 끌어오는 경우가 많았던 성 알베르투스의 저술 중에서 농업 관련 내용은 거름주기, 땅 갈기, 접목하기에 대해 당대의 생생한 소리를 담았다.

그는 토지 분류법, 177) 제일 먼저 경작할 들판, 베어 낸 나무의 남은 뿌

---

174) *DPE*, Tr. 2, Caput 9, Jammy, Vol. 5, p. 311.

175) *Summa Theologiae*, Pt. 2, Tr. 11, Q. 44, p. 279; Q. 46, Mem. 3, p. 314. Bede, Augustine, Gen. 3, Jammy, Vol. 18에서 인용.

176) *De veget. et plantis*, Bk. 7, Tr. 1, chap. 1, Jammy, Vol. 5, p. 488.

177) *Ibid.*, Bk. 7, Tr. 1, chap. 5, Jammy, Vol. 5, pp. 492~493.

리가 새로운 작물의 영양분을 빼앗는 문제, 계곡 아래로 물을 흘러 토양을 유실시키는 언덕사면의 문제에 관심을 가졌다.[178] 성 알베르투스의 설계된 지구론은 신의 존재를 물리신학적으로 증명하기 위한 전통적 설명이나 추상화 이상의 것이다. 그는 자연이 비록 성스러운 창조물이긴 하지만 포도원 지기, 정원사, 농부, 원예사의 언어로도 이야기할 수 있는 대상이라 여긴 것이다.

13. 성 토마스 아퀴나스

아퀴나스는 《신학대전》(Summa Theologiae)에서 신의 존재를 입증하는 다섯 가지 논거의 목록을 작성하고 논의한다. 그중 다섯 번째는 세계에 대한 지배라는 증거로부터 도출된 것이다. 목적을 가지고 행동할 지성이 결여된 자연적 실체의 행태에서 질서와 규칙성이 관찰된다는 사실은 "궁수가 있기에 화살이 과녁을 향해 날아가듯" 지식과 지성을 가진 존재의 지도를 전제한다. 그러므로 모든 자연 사물을 지도하는 지적 존재가 있으며 "이를 우리는 신이라 부른다".[179]

또한 장인의 유비는 창조의 다양성과 풍성함을 설명하는 데도 유용하게 쓰인다.

모든 행위자는 결과가 수용할 수 있는 한도에서 최대한 자신의 닮은꼴(likeness)을 결과에 담으려 하기 때문에 행위자가 자신을 더 완벽하게 만들수록 이 일을 더욱 완벽하게 수행한다. 분명히 어떤 사물이 더 뜨거

---

178) 새로 경작된 토지와 나무베기에 대해서는 chap. 8; 언덕사면에 대해서는 chap. 7, Jammy, Vol. 5, pp. 492~496을 보라.

179) 다섯 가지 증명은 *ST*, pt. I, Q. 2, Art. 3, pp. 13~14에 나온다. 또한 *SCG*, Bk. 1, chap. 13, par. 5를 보라. 여기에서 아퀴나스는 다마스쿠스의 요한네스와 아베로에스에 대해 논의한다.

울수록 그 결과도 더 뜨겁다. 그리고 장인의 솜씨가 나을수록 질료에 자신의 기예의 형식을 담는 일을 더 완벽히 수행한다. 현재 가장 완벽한 주체는 신이다. 그러므로 창조된 존재의 본질에 조응하는 정도에 맞게 자신의 닮은꼴을 창조된 존재 안에 가장 완벽하게 담는 일은 그분의 특권이었다.

어떤 종도 신의 닮은꼴에 도달할 수 없다. 어떤 개별 피조물도 신의 닮은꼴을 온전히 표현할 수 없다. 즉, 신과 동등할 수 없다. "그러므로 창조된 사물 사이에 존재하는 다양함과 풍성함은 그들의 존재 방식에 따라 그들 안에서 신의 완벽한 닮은꼴을 찾기 위해 필요한 것이었다".180) 그러므로 자연의 위계와 자연 속의 연속성, 즉 자연에서 관찰되는 다양성, 풍요로움, 풍성함은 신의 완벽한 표현형을 얻기 위한 것이다.181) 사물의 다양성과 풍성함이 더 커질수록 완벽함에 더 가까워진다. 이 논거는 아퀴나스의 신의 존재에 대한 네 번째 증명인 "사물 속에서 발견되는 단계"에 근거한 증명과 부합한다.

나아가 한 종의 개체수가 많은 것보다는 종이 다양한 것이 낫다. 여기서 아퀴나스는 자연의 균형과 조화 개념에 가까워진다. 갈등을 초래하는 특성에도 불구하고(양에게 해를 미치는 특성 때문에 사자를 비난할 수는 없다) 각 종의 생활양식 안에 질서가 존재한다. 자연에서는 본질적으로 어떤 종도 그 한 종만으로는 지배적 위치에 이를 만큼 번성하지 못할 것이다. 창조의 다양성과 불평등은 질서를 위해 필요하다. 여기서 질서란 지성의 단계(*gradation*), 형태, 종이라는 측면에서 차이를 보이는 많은 피조물이 함께 질서 정연하게 기능하는 것을 의미하는 것으로 보인다.182)

---

180) *SCG*, Bk. 1, chap. 45, par. 2.
181) *Ibid.*, Bk. 2, chap. 45, par. 3~4. 또한 Lovejoy, *Great Chain of Being*, pp. 73~80을 참고하라.
182) *SCG*, Bk. 2, chap. 45, par. 6~8. 아퀴나스는 다음과 같이 요약한다. "창조된 사물에 존재하는 다양성과 불평등은 우연의 산물도 아니고 물질의 다양성의

신의 지성은 살아 있는 존재의 창조에 관한 원리다. 그러므로 우주의 가장 위대한 완전성은 그분의 지적 본성을 공유할 수 있는 피조물을 필요로 한다. 왜냐하면 신의 창조는 그의 선함과 그의 피조물에게 자신의 닮은꼴을 전달하고자 하는 소망에서 비롯되므로, 살아 있는 창조물은 존재뿐만 아니라 앎에서도 신의 닮은꼴을 가져야 할 것이다. 인간은 이런 방식으로 나머지 창조물과 구별된다.183)

아퀴나스는 (신의 작업과 "당신의 손으로 만든 작품"에 대한) 시편의 내용을 주석하면서 "우리는 수공예품을 만든 것이 장인이라는 사실을 이해하듯 하늘과 지구, 모든 것이 신에 의해 존재함을 이해한다".184) "이런 식으로 신성한 작업을 성찰하는 일은 물론 신에 대한 믿음을 가르치는 데 필요하다". 우리는 그분의 지혜를 존경하고 성찰할 수 있다(시편 103편 24절, 《개역판 표준성서》 104장 24절에서 인용]. 신의 작업에 대한 성찰을 통해 믿음을 뒷받침할 지식을 얻어야 함을 호소하면서 그는 자연의 아름다움과 창조의 아름다움에 대해 성서 및 외경, 즉 집회서, 시편, 바오로가 로마인에게 그리고 고린토인에게 보낸 편지에 있는 위대한 구절을 인용한다.185) 이 구절은 근대의 자연신학에 역시 큰 영감을 주었다.

결과도 아니며 특정한 원인이나 장점이 개입한 결과도 아니다. 오직 신 자신이 의도한 결과다. 그분은 그들이 가질 수 있는 최대한의 완전함을 피조물에게 부여하고자 하신다". *SCG*, Bk. 2, chap. 45, par. 9. 그는 par. 10에서 창세기 1장 31절을 주석하면서 같은 주제를 이어간다.

183) *SCG*, Bk. 2, chap. 23~24; 46, par. 2, 5~7.

184) *SCG*, Bk. 2, chap. 1, par. 6; chap. 2, par. 1; 또한 chap. 24, 4~6을 참고하라. 시편 104편(103) 24절이 다시금 인용되어 있다. 그리고 chap. 26, 6을 참고하라.

185) *Ecclesiasticus, or the Wisdom of Jesus the Son of Sirach*, 1:9, 42:15; Ps. 139:6, 11, 14; *Wisdom of Solomon*, 13:4; Pss. 104:24; 92:4; Rom. 1:20; II Cor. 3:18 등을 참고하라. 《개역판 표준성서》(*RSV*)와 외경에서 인용한 이들 내용은 미주로 사용된 불가타 역본(Vulgate)이나 도해서 판본의 *SCG*, Bk. 2, chap. 2의 본문에 언급된 내용과는 다르다.

신의 기예와 솜씨는 인간 장인들의 기예나 솜씨와 마찬가지로 질서, 지혜, 지성을 필요로 한다. 아리스토텔레스의 책, 시편, 잠언을 활용해 아퀴나스는 "어떤 이유도 없이 모든 사물이 그저 신의 의지에 달려 있을 뿐이라고 말했던 사람들의 오류"를 비판하면서 신의 활동 안에 존재하는 이성의 타당성을 주장한다. [186] 아퀴나스는 다시 지혜 논거 및 장인의 유비에 의존한다. "그러므로 모든 배치는 반드시 지성을 부여받은 존재가 지닌 지혜의 영향을 받는다. 심지어 역학적 기예의 세계에서조차 그 기술의 달인으로 불리는 것은 건물의 설계자다". [187]

아퀴나스와 다른 스콜라주의 철학자들은 자연신학과 계시신학을 분명하게 구분했고, 자연신학이 계시신학보다 열등함에도 최소한 자연을 해석하고 신을 이해하는 데 가치 있는 보조자 역할을 한다고 보았다. 자연신학에 대한 과도한 관심이 믿음에 끼칠 수 있는 위험이나 자연의 책을 독해하는 과정이 계시종교에 끼칠 수 있는 위험은 아직 분명히 드러나지 않았다. 이 위험은 훗날 룰과 시비우드(레이몽 스봉)의 저술에서, 그리고 근대에 들어 이신론자(理神論者, deist)들이 자연신학에 가졌던 애착에서 분명해진다. 물론 이러한 사고는 그들에게만 한정된 것이 아니라 경건하고 정통주의를 고수하는 많은 사람들이 공유했다.

아퀴나스의 사상에서 질서, 계획, 설계라는 사고는 성서에 묘사되어 엄밀한 자연신학을 만든 창조의 아름다움에 대한 사상과 결합되었다. [188] 《이단 논박 대전》(Summa Contra Gentiles)에서 아퀴나스는 중세에 나타났던 논의 중 가장 중요하고 가장 설득력 있는 자연신학 논의를 구성했다. 그는 이교의 비판에 맞서 기독교를 옹호하기 위해 자연의 아름다움과 박물학에 의존했던 초기 교부들에게 큰 감사를 표하며 그들 사고의 정

---

186) SCG, Bk. 2, chap. 24, par. 7; par. 4와 6. Aristotle, *Metaph.* I, 2, *Eth. Nic.* Ⅵ, 4; par. 6, 《개역판 표준성서》의 Ps. 104:24와 Prov. 3:19.

187) SCG, Bk. 2, chap. 24, par. 4.

188) Webb, *Studies in the History of Natural Theology*, pp. 235~236을 참고하라.

수를 추출했다. 아퀴나스는 그의 자연신학에서 자연에 대한 중세의 문헌 대부분을 관통하는 (이미 언급된) 두 가지 주제를 인식한다. 계시종교에서 신의 존재는 신의 말씀 이상의 증명이 필요 없지만 자연 질서로부터 오는 증거는 보충적으로 신의 방식을 배울 수 있는 새로운 길을 열어준다. 여기에서 신의 책과 자연의 책이 다시금 구분된다.

아리스토텔레스의 목적론 및 '자연은 헛되이 하는 일이 없다'는 개념은 이러한 자연신학을 지원했다. 그러나 아퀴나스는 아리스토텔레스에게 완전히 사로잡히지 않고 실제로 그의 사상을 변형시켜 기독교 신을 대변하게 만들었다. [189]

그러나 자연, 인간, 지구를 따로 떼어서 이야기하는 일은 무의미하다. 왜냐하면 이 셋은 종교로서의 기독교가 가지는 위상, 그리고 내·외부 어디에서 비롯했건 상정된 오류와 싸우고 지적 우수성과 존엄을 획득할 수 있는 기독교의 능력이라는 보다 더 큰 문제를 구성하기 때문이다. 아퀴나스의 시대에 나타난 이 문제는 신, 창조, 자연의 질서라는 자신들의 사고를 뒷받침하기 위해 자연 세계로부터 찾은 증거와 고전 과학에서 나온 증거를 활용했던 초기 교부들이 겪었던 문제와 유사하다. 아퀴나스는 이 문제를 매우 명석하게 파악했다.

> 그러나 개별적 오류를 고발하는 것은 두 가지 이유에서 어려운 일이다. 첫 번째는 오류를 저지른 개별 인간의 무엄한 말이 그들의 오류를 논박하는 근거로 사용될 수 있을 정도로 우리에게 잘 알려져 있지 않기 때문이다. 이것은 물론 고대의 교회 박사들이 이방인들의 오류를 논박하는 데 사용했던 방법인데, 교회 박사들은 그들 자신이 이방인이었거나 아니면 최소한 이방인들 사이에서 살면서 가르침을 받았기 때문에 이방인들의 입장을 알 수 있었다. 두 번째는 이슬람교도와 다른 이교도가 성서를 통해 그들의 오류를 깨달을 수도 있지만, 성서의 권위를 수용하는 문

---

189) Gilson, *HCPMA*, p. 365를 참고하라.

제에 대해 우리와 입장이 다르기 때문에 어려움이 있다. 유대인에 맞서
서는 구약성서에 의존하여 논박할 수 있고, 〔기독교 내〕 이단에 대해서
는 신약에 의지할 수 있다. 그러나 이슬람교도와 다신론자는 구약성서
도 신약성서도 인정하지 않는다. 그러므로 우리는 자연적 논거에 의지
해야만 한다. 그래서 누구나 동의를 할 수밖에 없도록 만들어야 한다.
그러나 신성한 사안을 다루는 데 자연적 논거는 한계를 가지게 마련이
다. [190]

  나아가 자연 속의 선악의 문제가 있었다. 인간의 타락 이후에 자연에
저주가 내려졌다는 사고와, 지각할 수 있는 세계가 신의 도시에 비해 물
리적·도덕적으로 열등하다는 사고 때문에 난해해진 이 주제는 기독교신
학에서 반복적으로 나타나 혼란을 일으켰다. 아퀴나스에게는 성 알베르
투스의 《피조물 대전》(Summa de Creaturis)에서 나타났던 것 같은 자연
관찰에 대한 관심이나 아시시의 성 프란체스코의 전형적 특징이었던 자
연 및 살아 있는 것들에 대한 신비주의에 가까운 감상적인 애정이 없었
다. 그러나 그는 자연 자체 그리고 자연의 철학적·신학적 중요성을 인
식하는 데 한 치의 실수도 없었다. 자연의 아름다움과 선함을 보여주려
꾸준히 노력했으며 인간의 집으로서의 지구와 삶의 문제를 멸시하는 태
도를 포함한 극단적인 피안 지향성과 싸운다.

  토마스(아퀴나스)는 자연의 선함을 논증하는 걸 지겨워하지 않는다. 그
리고 여기에서 중요한 것은 그가 어떤 조건에서 기록했느냐에 대한 인
식이다. 그는 자연이 악하다는 가정을 공격할 때 잘못된 이론을 단순 비
판하는 데 그치지 않는다. 그는 중세 교회를 공격했던 가장 큰 위협을
고려한다. 13세기는 성 아우구스티누스가 굽힐 줄 모르는 열정으로 맞
서 싸웠던 … 마니교(Manichaean)**** 신앙이 널리 되살아나는 것을 목
도한 시대였다. 이 완고한 종교적 엄격주의 신조의 가장 악명 높은 사례

190) SCG, Bk. 1, chap. 2, par. 3.

는 교회가 그다지도 끔찍한 형벌을 가했던 알비파의 이설(異說)이었다. 그러나 이설은 가톨릭 신앙 못지않게 일반적이었다. 이 운동이 주장하는 교의는 영혼과 물질의 이원론에 근거했으며 모든 물질 형태는 악하다고 믿었다. 동물이나 인간의 육체를 포함해 자연에 속하는 것은 무엇이든 비난받았다. 알비파는 정통 기독교의 근본 교의를 거부했고 인류의 지속을 위협하는 사회 관행을 옹호했다. 191)

아퀴나스의 비판은 오리게네스에 대한 논평에서 드러나는데, 아퀴나스는 오리게네스가 "육신을 지닌 피조물이 신의 본래 목적에 따라 만들어지지 않았고 영적 피조물의 죄를 처벌하는 과정에서 만들어졌다는 믿음을 가졌다"고 말하며, 그것은 그릇된 것이라 비판한다. 왜냐하면 우주 안의 부분이 각자의 특정한 목적을 위해 존재하더라도 우주 자체는 유기적 전체로 취급되어야만 하기 때문이다. 어떤 것은 다른 것보다 덜 귀할지 모르나 가장 낮은 고귀함을 지닌 존재로부터 신 자신에 이르는 모든 존재는 그들을 포괄하는 우주의 유기적 통일성 내에서 생명의 위계를 형성한다.

자연은 죄의 반영이 아니다. 우주, 즉 신의 창조는 그의 영광을 반영하며 그의 선함을 입증한다. 이 교의는 창세기 1장 31절 및 시편 8편과 104편의 내용과도 부합된다. 192) 오리게네스에 대한 이러한 비판은 흥미롭다. 앞서 살펴보았듯 《켈수스를 논박함》에서 오리게네스는 아퀴나스와 비슷한 사고를 표현하기 때문이다. 즉, 신은 비이성적인 것보다는 이성적인 것을 선호하기 때문에 인간은 자연에서 특별한 위상을 가지며 비이성적인 생명 대부분이 그에게 복종한다는 사고다. 193)

아퀴나스는 자연에 대한 목적론적 관점을 받아들였기 때문에 어떤 존재도 창조된 목적으로부터 분리될 수 없다. 역사적으로 목적론적 사고는

---

191) Carré, *Realists and Nominalists*, p. 97.
192) *ST*, Pt. 1, Q. 65, Art. 2. 또한 Carré, *op. cit.*, pp. 97~98을 참고하라.
193) *Contra Celsum*, IV, 75, 78을 참고하라.

이를 입증하는 확고한 사례를 찾기 위해 자연의 세계, 특히 명백한 사례를 손쉽게 찾을 수 있는 생물학적 세계에 의존했다. 거의 형식에 가까운 추상적 체계에 큰 관심을 보이는 아퀴나스 같은 사람조차 지각 가능한 세계 그리고 특히 생물학적 영역에 관심을 가져야만 했다. 194) 그는 목적인을 강조하는 아리스토텔레스의 자연관을 채택했고, 또한 아리스토텔레스처럼 바라는 결과를 가져오는 목적인에 종속적인 2차적 원인을 고려해야만 했다.

2차적 원인은 창조자의 영광을 드높인다. 창조주의 위대함이 줄어들지 않는 이유는 창조주가 직접 모든 일을 다 할 수 없으므로 보조적이고 매개적 원인을 통해서 행하기 때문이다. 나아가 세계에 존재하는 악과 자연의 불완전성에 대한 책임은 창조주가 아니라 2차적 원인에 있다. 더 저급한 행위자에게서 인과관계를 박탈하는 것은 신성한 의도가 아니다. 아이는 남성의 정액으로부터 태어난다. 뜨거운 물체 주변에 있는 물체는 뜨거워진다. 여기에서는 신의 직접적 개입이 현시되지 않는다. 더 저급한 행위자는 불 주위에서 몸을 덥히거나 유기적 세계 속에서 재생산하는 등 물리적이거나 재생산적 성격을 가진 모든 일의 수행을 신에게 요청하지 말고 자신들이 창조되었던 목적의 일부로 힘을 가져야만 한다. 신성한 지도(divine guidance)가 2차적 원인의 작용을 배제하지 않으므로 우리는 그 작동 과정에서 악과 불완전성이 어떻게 발생할 수 있었는지를 이해할 수 있다.

여기에서 아퀴나스는 일상생활에서 흔히 볼 수 있는 사례를 활용한다. 장인이 매우 숙련되었다 해도 도구가 불완전하다면 그가 만든 것은 불완전할 수 있다. 절름발이는 신체의 운동 능력이 결여되어서가 아니라 다리뼈가 뒤틀렸기 때문에 절룩거린다. "그러므로 신이 만드시고 통치하시는 사물들서 결함이나 악이 발견된다면 2차적 행위자의 결함 때문이다.

---

194) 또한 Carré, *op. cit.*, pp. 70, 73을 참고하라.

신에게는 어떤 결함도 없다". 195)

신이 세계를 꾸민 것은 그분의 창조 활동 일부이다. 보이지 않고 공허하며 형태가 없고 빈 태초의 지구에는 "식물이 마치 옷처럼 지구를 감싸서 형성된 단정함이 전혀 없다". 196) 그러므로 창조 작업은 세 단계, 즉 형태 없는 하늘과 대지의 창조 단계, 그리고 "형태 없는 물질에 실체적 형태를 부여하거나(성 아우구스티누스, 《창세기의 문자적 의미》II, 11 인용) 다른 신학자들이 가정하는 대로 하늘과 대지에 마땅한 질서와 아름다움을 부여해" 하늘과 대지를 구별해 완전하게 만드는 작업 단계, 그리고 각 단계마다 스스로 성취되는 꾸미기 작업으로 나뉜다.

꾸미는 작업의 첫째 날, 즉 창조의 넷째 날에는 "빛의 움직임으로 하늘을 꾸미기 위해" 빛이 창조된다. 꾸미는 작업의 둘째 날, 즉 창조의 다섯째 날에는 "여기서 하나로 취급되는 공기와 물속을 돌아다니면서 중간에 위치한 원소를 아름답게 만들기 위해" 새와 물고기가 창조된다. 꾸미는 작업의 셋째 날, 즉 창조의 여섯째 날에는 "돌아다니면서 대지를 꾸미라고" 동물이 창조된다. 197) 일곱째 날에는 더 많은 자연 질서를 만들었다. 신은 이날 추가적 창조를 하기보다 "피조물에게 각기 적합한 활동을 지시"하였으며 "이로 인해 그분은 2차적 완전성을 작동시켰다". 198)

사람이 자연의 질서에서 배울 수 있는 내용은 제한적이다. 사람들은 자연 질서를 관찰하고 그로 인해 장인이 존재한다는 결론을 내릴 수 있다. 하지만 그것을 만든 존재의 본성, 그것이 하나인지 여럿인지 여부를 식별할 수는 없다. 199) 목적론적 입장을 유지하면서 아퀴나스는 창조주

---

195) SCG, Bk. 3, chap. 69, par. 12; chap. 71, par. 2; 그리고 Bk. 3, chaps. 69~71의 중요한 논의를 참고하라.

196) ST, Pt. 1, Q. 69, Art. 2, pp. 344~345.

197) Pt. 1, Q. 70, Art. 1, =p. 346.

198) Pt. 1, Q. 73, Art. 1, Obj. 2, 그리고 Obj. 2에 대한 응답, =p. 353을 보라.

199) SCG, Bk. 3, Pt. 1, chap. 38, 1.

는 자연의 질서 정연한 과정을 고안하는 과정에서 선(善)만을 염두에 둔다고 말한다. 이를테면 나뭇잎은 식물의 열매를 보호하도록 배열된다. 동물의 경우 다양한 자연적 보호수단이 같은 목적으로 작용한다. 이들은 우연의 산물이 아니다. "그러므로 자연적 행위자(동식물을 지칭_옮긴이)는 더 나은 것을 향하는 경향이 있고 지성적 행위자(인간을 지칭_옮긴이)가 그렇게 한다는 것은 더욱 명백하다. 그러므로 모든 행위자는 행동할 때 선함을 의도한다".200) 그것이 한데 묶이면 자연의 선, 질서, 아름다움이 드러난다.

에덴동산에 대한 아퀴나스의 묘사는 가장 바람직한 자연환경에 대해 그가 어떤 개념을 가졌는지 흥미롭게 조명한다. 에덴동산은 목가적 장소지만 나태한 게으름뱅이를 위한 곳은 아니다. 그곳에서의 일이란 타락 이후에 변한 '고단한 일'의 개념이 아니기 때문이다. 낙원의 기후는 온화하다. 아퀴나스는 "낙원은 지구에서 가장 뛰어난 장소인 동방에 가장 적합하게 위치하며, 그 이유는 동방이 하늘의 오른쪽에 위치하기 때문"이라는 세비야의 이시도루스(《백과사전》 xiv, 3)의 말에 동의한다. 오른쪽이 왼쪽보다 더 고귀하기 때문에 "신은 지구의 낙원을 동방에 두었던 것이다"[아리스토텔레스, 《천체론》(De Caelo), II, 2에서 인용].201)

아퀴나스는 인간이 거주 가능한 지역을 완전히 탐색했음에도 낙원을 아직 찾지 못했다는 생각에 반대하면서 우리가 가로지를 수 없는 산이나 바다 혹은 뜨거운 태양이 비추는 지역에 의해 낙원이 격리되어 지형에 대한 저술가들도 그에 대해 언급할 수 없는 것이라고 응답한다. 그는 낙원이 적도 부근에 위치할 가능성에 대해 논의한다. 그러나 아퀴나스 역시 적도 부근 지역은 거주가 불가능하다는 아리스토텔레스(Meteor, II, 5)의 견해에 동의하는 쪽으로 기울었다. 이러한 사고는 또한 16세기 보댕

---

200) SCG, Bk. 3, chap. 3, par. 9.
201) 하늘의 오른쪽과 왼쪽이라는 사고는 르네상스 시대에서도 빈번히 재등장한다. 가령 보댕의 Methodus를 참고하라. ST, Pt. 1, Q. 102, Art. 1, p. 499.

에 의해 정교화되었다. 202)

아퀴나스는 '과연 인간이 낙원을 꾸미고 유지하도록 낙원에 배치된 것인가?'라는 질문을 던지고는 성 아우구스티누스를 따라 낙원에서의 경작활동은 "자연의 힘에 대한 실질적 지식을 얻는다는 면에서" 즐거웠을 것이라고 답한다. 아퀴나스에게 온화한 기후의 조용한 시골에서 대지를 경작하는 일은 타락 이전의 인간에게조차 가치 있는 목가적 실천이었던 것으로 보인다. 203)

아퀴나스는 또한 자연 질서에 인간의 죄가 미친 영향을 고려한다. 타락이 불러온 하나의 결과는 인간이 죄가 없던 상태에서 복종을 했던 피조물이 죄에 빠진 인간에게는 더 이상 복종을 하지 않았다는 점이었다. 동물의 삶에 대한 인간의 통제권은 타락 이후에는 오로지 부분적이었다. 아퀴나스는 가축화를 그 사례로 들었다. 죄가 없던 상태에서 인간이 가졌던 힘은 완전함의 서열 중 인간이 점하는 위치에서 비롯되었다. 아퀴나스는 동물을 먹이는 식물의 역할과 인간에게 봉사하는 동물의 역할에 대해 언급한 아리스토텔레스를 인용하면서(《정치학》, I, 5), "자연의 질서를 유지하는 가운데 인간은 동물의 주인이 되어야 한다"고 언급한다. 204)

---

202) *ST*, Pt. 1, Q. 102, Art. 2. Obj. 4, p. 501에 답변이 나옴. 적도 부근에 거주할 수 있다는 사고가 중세에 어떻게 받아들여졌는지에 대해서는 Wright, *The Geographical Lore of the Time of the Crusades*, pp. 162~165를 참고하라. (p. 162에서) 라이트(Wright)는 "이슬람의 천문학 연구는 적도 부근에 사람이 거주하는 것이 가능할 뿐 아니라 실제 사람이 산다는 견해를 유럽에 전했다"고 한다. 또한 그는 적도의 아린[Arin, 아렌(Aren)]의 적당한 기후에 대한 알폰시(Peter Alphonsi)[1106?]의 긴 의견을 참고했다. *Dialogi*, = *PL* 157, col. 547. 성 알베르투스는 태양이 수직으로 내려쬘 때 피난할 수 있는 동굴에 은신처를 마련할 수 있다면 열대지방에 사람이 살 수 있다고 믿었다. *De natura locorum*, Bk. I, 6, Jammy, Vol. 5, p. 27. Gallois, *Les Géographes Allemands de la Renaissance*, p. 137에서는 이러한 사고를 믿은 사람은 성 알베르투스뿐이었다고 한다.

203) *ST*, Pt. 1, Q. 102, Art. 3, p. 501.

인간은 "어떤 의미에서는 모든 사물을 담았다". 이성은 인간을 천사와 비슷하게 만들고, 감각능력은 인간을 동물과, 자연적 힘은 인간을 식물과 비슷하게 만들며, 인간의 육체는 인간을 움직이지 않는 사물과 비슷하게 만든다. 타락 이전 인간에게 있었던 동식물의 삶에 대한 지배권은 "그들에게 명령하거나 변화시키는 것이 아니라 구애받지 않고 그들을 활용함에 있다". 205) 뒤이어 아퀴나스는 인간이 존엄으로부터 타락했지만 동물의 가축화를 통해 부분적이지만 명백한 통제력을 여전히 가지며, 타락에도 불구하고 인간은 자연을 지속적으로 통제할 만한 가치를 부여받기에 충분한 신적 속성을 보유한다고 설명한다. 인간과 식물 간의 관계 그리고 특히 동물의 가축화와의 관계는 언제나 호기심을 유발하는 질문이었음에 틀림없다. 아퀴나스의 설명은 기독교신학과 궤를 같이했다(72쪽의 네캄을 참고하라).

자연에서 인간의 위치와 자연에 대한 인간의 부분적 통제는 존재의 위계질서 안에서 인간이 차지하는 지위의 결과다. 이러한 이유 때문에 인간은 또한 자연환경을 자신의 필요에 적합하도록 조정해 활용한다. 206) 자연에 대한 인간의 지배는 이성을 가진 피조물이 다른 피조물을 지배한다는 신성한 섭리에 의한 합리적 계획의 표현일 뿐이다. 인간은 최소한 지성의 빛을 일부라도 공유하므로 이해의 세계에 참여하지 못하는 동물은 신성한 섭리의 질서에 의거해 인간에게 종속된다. 207)

아마도 신, 인간, 자연 세계에서 인간의 위치에 대한 아퀴나스의 견해와 관련해 가장 중요한 관측은 그것이 사해평등주의적(*cosmopolitan*) 성격을 가진다는 점일 것이다. 물론 지배적 사고는 과거의 위대한 기독교 문헌과 다르지 않지만 논의와 강조점은 남부(시칠리아 같은 이슬람 영향권

---

204) *ST*, Pt. 1, Q. 96, Art. 1, p. 486.

205) *ST*, Pt. 1, Q. 96, Art. 2, p. 487.

206) *SCG*, Bk. 3, Pt. 1, chap. 22, par. 8.

207) *Ibid.*, chap. 78, par. 1; 81, par. 1. 창세기 1장 26절 일부 인용.

_옮긴이) 와 과거로부터 유입된 사상의 영향을 받았다. 이런 점에서 아퀴나스의 《이단 논박 대전》은 지금까지 쓰인 책 중에서 가장 흥미로운 저술 중 하나다. 인간과 자연에 대한 그의 철학의 기본 가정은 인간이 존재의 위계에서 자신보다 낮은 위치에 있는 존재를 통치하면서 그와 동시에 유순한 자연을 자신의 다양한 필요에 맞게 조정한다는 것으로 보인다. 이는 인간의 권리도 아니고 스스로 힘과 지성을 창출했기 때문도 아니며 신이 인간에게 불어넣어 인간이 가진 이성과 신성 때문이다. 그러므로 자연에서의 인간의 위치는 그의 힘과 통제력에도 불구하고 파생된 것에 불과하므로 인간은 겸손할 필요가 있다.

14. 성 보나벤투라와 시비우드

성 보나벤투라는 로마인에게 보낸 편지 1장 20절에서 영감을 받아 쓴 《신에게로 가는 정신의 길》(The Mind's Road to God) 의 첫 번째 장에서 지각 가능한 세계에서 발견되는 신의 흔적에 대해 언급한다. 이 같은 진술은 성 보나벤투라의 최대 맞수인 토마스주의자****들을 비롯한 중세의 모든 신학자들에게서 찾아볼 수 있다.

성 보나벤투라의 해석은 범형론(exemplarism)****이라 불렸는데 이 말은 우리가 이미 논의한 여러 사고를 포괄한다. 자연 속의 모든 것이 신의 표시(sign) 라는 것이다. 우리는 이런 유형의 범형론을 책으로서의 자연 개념에서 살펴본 바 있으니 에리우게나의 신의 현현 개념 속에, 릴의 알랭의 거울 개념 속에, 성 프란체스코의 자연 설교 속에, 후일 시비우드의 사상 속에 함축된 것이다. 범형론은 피조물이 하느님의 흔적을 제공하기 때문에 중요하다는 성 아우구스티누스의 전통을 따른다. 피조물 자체는 전혀 중요하지 않다. 자연 자체에 대한 연구는 강조되지 않으며 피조물은 신의 작업을 확증한다.

성 보나벤투라는 잠언 16장 4절과 시편 16장 2절을 인용하면서 신이 사물을 창조하신 이유는 사물이 신에게 유용하거나 필요하기 때문도, 신의 영광을 증진시키기 위한 것도 아니라고 말한다. 그 이유는 피조물이 획득하는 최고의 유용성 즉, 그분의 영광과 지극한 복을 보이고 전하기 위해서다("non, inquam, propter gloriam augendam, sed propter gloriam manifestandam, et propter gloriam suam communicandam"). 208)

범형론은 성 알베르투스 같은 사람들의 자연 해석과 대조를 이루며 그 정도는 덜하지만 "자연계의 상징성뿐만 아니라 현실 자체에도 관심을 기울이는 시대적 경향"을 대표하는 캉탱프레의 토마스와도 대조를 이룬다. 209) 자연 연구의 양극성을 말하기보다는 경향성, 즉 실재에 관심을 보이는 경향과 "종교적 의무의 충족"에 관심을 보이는 경향210) 에 대해 이야기해야 한다. 왜냐하면 아퀴나스를 포함한 대부분의 자연신학 저술가들에게서 범형론을 발견할 수 있기 때문이다. 최소한 초기 프란체스코주의자들은 성서에 대한 단순한 설교를 강조했고 낮은 계층의 구성원을 끌어들였으며 스스로를 본질적으로 농촌 생활에 적합한 사람들로 규정했다. 이러한 환경 때문에 "최대 맞수인 토마스주의자보다 자연 세계에 대한 관찰을 더 강조하는" 규율을 가졌을 것이다. 211)

1257년 프란체스코 수도회의 7대 회장이 된 성 보나벤투라는 의식적으로 성 프란체스코의 발자취를 따르려고 노력했다. 성 프란체스코가 죽은 뒤 33년이 되던 해 성 보나벤투라는 알베르나 산(Mount Alverna)에 올라 "정신이 신에게 오르는" 방법을 명상했다. 성 프란체스코가 그랬듯이 그도 "십자가에 달린 예수의 형상을 한 날개 달린 치품천사"(熾品天使,

---

208) "In quatuor libros sententiarum", Lib. 2, Dist. 1, pars 2, art. 2, quaest. 1, concl. (*Opera omnia*, Vol. 2, p. 265)

209) Taylor, *The Mediecal Mind*, Vol. 2, p. 429.

210) George Boas' introd. , *Mind's Road to God*, p. xix.

211) *Ibid.*, Leff, *op. cit.*, p. 181.

Seraph)****의 환상을 보았다. 212)

《신에게로 가는 정신의 길》에서 성 보나벤투라는 신에게로 이르는 여섯 단계를 묘사한다. 그중 첫 번째 단계이자 가장 낮은 단계는 감각할 수 있는 세계 안에 남아 있는 그의 흔적(*vestigia*)에서 신을 반추하는 것이다. 보아스(Boas)에 따르면 그러한 흔적은 예술가를 드러내는 기예이며 장인의 흔적을 드러내는 수공예품이다. 성인은 "우주가 신의 모습을 보여주는 일종의 거울(*speculum*)이라는 기본적 은유에 사로잡힌 것처럼 보인다". 우리는 반드시 야곱의 사다리****를 올라야 한다. "깊은 곳에서 벗어나 신에게로 오르는 사다리의 첫 번째 단계는 우리 앞에 놓인 지각 가능한 세계 전체를 거울로 보는 일이다. 우리가 신에게 오르려면 이 사다리를 통해야만 한다 …". 213)

이 세계의 모든 피조물은 정신이 신을 묵상하도록 이끈다. 왜냐하면 피조물은 "그림자·메아리이며, 그림·흔적·모상이며, 가장 강력하고 가장 현명하며 최고인 제1원리이자 빛과 충만함의 반영이며 신을 성찰하도록 우리에게 주어진, 생산적이고 예증이 되며 질서를 부여하는 기예의 반영이기 때문이다". 이들은 우리의 정신을 우리가 이해하지 못하는 지성으로 이끌어주기 위해 "우리의 훈련되지 않은 정신 앞에 배치된" 예증이다. 모든 피조물은 일종의 그림, 영원한 지혜의 닮은꼴이다. "예증에 주의를 기울이고 그 모든 피조물에 담긴 신의 존재를 알고 찬미하고 사랑하기를 꺼리는 사람들은 변명의 여지가 없다. 그들은 그림자로부터 벗어나 놀라운 신의 빛으로 들어갈 의사가 없는 것이다". 214)

이 분야에서 이루어진 더 흥미로운 작업은 시비우드(레이몽 스봉)의 《자연신학》(*Theologia Naturalis*)이다. 1436년에 저술되었지만 1484년경 출판되었다. 이 책의 영향은 확실히 미미했다. 시비우드는 그의 이름과

---

212) *The Mind's Road to God*, Prologue, 2.
213) Boas, *op. cit.*, p. 7, note 1; *Mind's Road to God*, chap. 1, 9.
214) *Mind's Road to God*, chap. 2, 11~13.

사상에 대한 내용이 아주 조금 담긴, 유명하면서도 가장 긴 몽테뉴의 에세이가 아니었다면 잊힐 뻔했다. 그럼에도 시비우드의 저술은 자연신학의 역사와 신앙을 전파하는 일과 관련된 기독교 변증학의 역사에서 획기적인 사건이다.

시비우드의 저술은 대체로 이미 룰이 표현했던 사고의 연장선상에 있다고 볼 수 있다. 룰의 자연신학에서 신은 두 개의 책, 즉 자연의 책과 성서를 통해 자신을 드러낸다. 이 점에서 시비우드는 룰의 사상을 따른다.

> 에리우게나가 말한 '신이 현현한' 우주, 오베르뉴의 윌리엄(William of Auvergne)*과 성 보나벤투라의 《피조물의 책》(Liber Creaturarum), 더 나아가 중세의 성당 현관을 장식했던 상징이나 창문에서 빛나는 상징물들을 잊지 않았던 보석 세공인(Lapidaries)과 동물 우화집(Bestiaries)의 전체 상징체계가 사실상 우주의 명백함을 일반적으로 확신하도록 만드는 수많은 증거다. 이 우주에서는 가장 비천한 존재라 하더라도 신의 존재를 증명하는 살아 있는 증거다. 만일 일반적인 믿음대로 룰이 프란체스코 수도회와 관련이 있었다면 그가 이 우주를 그토록 깊이 숙지하려고 할 필요가 없었을 것이다. 아시시의 성 프란체스코와 성 보나벤투라는 같은 주를 모시고 살았다(Gilson).

시비우드는 인간이 활용할 수 있는 지식의 위대한 저장소는 바로 피조물의 책과 성서, 두 가지라고 말한다. 하지만 만일에 그가 제시하는 '자연의 책의 완전 충족성 교의'(doctrine of the all-sufficiency of the book of nature)를 따른다면, 성서의 증거는 가시적 창조에서 드러나는 증거에 종속될 것이다. 이러한 입장은 활발한 자연 연구를 요청하는데 연구 자체를 위한 실험이나 관찰은 아니며, 웹(Webb)의 충격적인 문구에 나오는 대로 고대와 근대 자연신학의 특징인 "세심한 감각"을 동반하는 자연 연구다.

시비우드는 그에게 주어졌던 두 가지 책에 대해 말한다. 인간은 처음부터 자연의 책을 소유했다. 책은 글자로 이루어지며 인간은 이성적 존재다. 하지만 인간은 창조 당시에 아무런 지식이 없었으므로 그것을 획득해야만 했다. 인간은 책을 통해서만 지식을 획득할 수 있는데 지식은 그 지식이 기록된 책 없이는 성립할 수 없기 때문이다. 피조물은 책을 이루는 많은 글자와 마찬가지로 신의 손가락으로 쓰인 글자이며, 여러 피조물이 모여 여러 글자처럼 한 권의 책을 이룬다. 그러나 자연의 책은 성서보다 우월하다. 자연의 책은 위조 및 파괴될 수 없으며 오해의 여지도 없기 때문이다. 자연의 책은 이설을 만들지 않을 것이며 이교도들도 자연의 책은 오해할 수 없다.215)

이 교의는 겉보기만큼 그렇게 이단적이지는 않다. 이 교의는 자연히 성서 주해로부터 등장한다. 성서는 진리를 담고, 인간의 견해는 언제나 오류의 여지가 있다. 기독교신학에서 이보다 더 확고한 근거를 가진 교의는 없다. 성서에 대한 모든 주석이 동일한 가치를 가지는 것은 아니다. 성 아우구스티누스는 "마니교도 파우스투스에 반박하며"(Contra Faustum Mani-chaeum)에서 이 내용을 설명했다. 그는 만일 우리가 구약이나 신약의 정전에서 터무니없는 내용을 만나더라도 그것이 저자의 오류라 말할 수 없다고 말한다. 오류가 있다면 그것은 해당 원고가 잘못되었거나, 번역자가 속았거나 아니면 저자가 전달하려는 의미를 우리가 이해하지 못한 탓이다. 정경(正經)의 반열에 미치지 못하는 후대 저자들의 권위는 더 낮다. 이들은 진리를 담았을 수는 있으나 정경이 담은 진리의 수준과는 거리가

---

215) 《자연신학》(Theologia Naturalis)의 출판에 대해서는 Gilson, HCPMA, pp. 701~702, note 61. 룰은 팔마 드 말로르카에서 1235년 태어났다. 기독교 변증에서 룰이 차지하는 위치, 특히 아베로에스와 이슬람의 오류를 노출하는 그의 위치에 대해서는 pp. 350~351을 참고하라. p. 353에서 재인용. 웹(Webb)은 시비우드의 "자연의 책의 완전 충족성 교의" 때문에 시비우드의 책이 목록에 자리 잡았다고 논의했다. 인용은 pp. 296, 297. 몽테뉴는 시비우드의 《자연신학》을 프랑스어로 번역했다. 이 책과 레이몽 스봉(시비우드)을 위한 몽테뉴의 변명을 혼동해서는 안 된다. TN의 서문, chap. 3을 참고하라.

멀다. 216) 주해는 분명 그 안에 반론과 논쟁의 씨앗을 품었다. 그리고 그렇기 때문에 시비우드 같은 이가 문자로 기록된 책을 자연의 책보다 열등한 것으로 취급하기까지 할 수 있었던 것이다.

그러므로 신의 존재에 대한 물리신학적 증거가 시비우드의 저술에서는 특별한 무게를 가진다. 창조는 장인의 작품이다. 신이 사물의 올바른 비율을 결정한 후 그것들을 선별하여 배치한 것이다. 자연의 위계에는 피조물의 종류별로 수의 균형을 유지하도록 하는 장치가 존재하며(한 종류가 다른 모든 종을 밀어낼 만큼 많아져서는 안 된다), 따라서 자연의 배치는 조화롭다.

인간은 유기적 세계와 비유기적 세계 위에 자리하지만 그의 우월적 지위는 더 낮은 지위를 차지한 다른 동식물과 마찬가지로 그가 창조한 것이 아니다. 생존 수단을 얻는 방법은 생명의 위계에 조응한다. 나무는 뿌리를 통해 지구로부터 직접 영양분을 얻는다. 동물은 입을 이용하고, 인간은 그 둘보다 더 고상한 방법으로 생존한다. 이와 같은 자연의 배치는 물론 종이 고정적이며 창조 당시에 구축된 지구상의 질서가 고정적이라는 가정에 의존한다. 시비우드의 질문에는 답이 있다. 각 피조물이 적절한 계층, 지위, 질서에 남아 있도록 돌보는 이는 누구인가? 이러한 서열을 영구적인 것으로 만든 이는 누구인가? 땅과 바다의 경계를 유지시키는 이는 누구인가?217)

룰도 시비우드도 문헌이나 권위에 의존하지 않았다. 룰은 교의에 대해 논했고 성서나 교회의 박사들에게 호소하지 않고 가톨릭의 진리가 가진 논리적 가치를 보이고자 노력했으며, 이 점에서 시비우드는 룰을 따랐다. 218) 시비우드는 인간을 천사 다음으로 중요한 피조물로 보았다. 위계

---

216) "Contra Faustum Manichaeum", XI, chap. 5, *OCSA*, Vol. 25, pp. 538~539; *NPN*, Vol. 4, p. 180.

217) *Theologia Naturalis*. 시비우드는 서문에서 자신의 논의에 대한 주요 개요를 제공한다.

질서상에서 인간의 아래에 위치하는 모든 사물은 인간이 신 안에서 자신의 목적을 발견하듯이 인간 안에서 자신의 목적을 발견한다. 이러한 이유로 인간은 자연이라는 지각 가능한 세계와 신성한 것을 잇는 연결고리로 나타난다. [219]

성 바실리우스 시대 이래로 자연 세계를 신학에 봉사하도록 하기 위해 이토록 철저히 활용한 적은 없었다. 시비우드의 사상은 과감한 출발이라기보다는 전통적 믿음의 한 부분을 거의 과장에 가까울 정도로 확장한 것이다. 창조물은 신의 존재 및 그분의 작업에 대한 믿을 만한 증거다. 창조물은 형식상 오류, 분파주의, 상호 모순적 교의 같은 문제의 소지를 갖지 않는 책이다. 이는 17세기와 18세기의 자연종교의 태도와 거의 같다.

15. 자연에 대한 세속적 견해

인간, 자연, 지구에 대한 모든 사상이 종교적 목적에 봉사했던 것은 아니었다. 만일 마그누스 같은 종교인이 종교적 문제뿐 아니라 현실적 문제로 박물학, 식물, 농업에 관심을 갖고 몰두했다면 세속적인 저술과 예술 분야에서도 그만큼 성과를 냈을 것이다. 《장미 이야기》는 시 분야의 훌륭한 사례이다. 《장미 이야기》는 중세에 가장 널리 읽히고 많이 향유된 작품 중 하나로 초서(Chaucer)*는 일부를 영어로 번역하기도 했다. 드 로리스(de Lorris)가 지은 부분에는 자연을 묘사한 아름다운 구절이 있다. 드 묑(de Meun) 역시 그 못지않게 아름다운 구절을 지었는데, 스콜라철학의 가르침에 광범위하게 의존해 논란의 대상이기도 했다. 《장미 이야기》에 담긴 드 로리스의 시는 "바로 추종자들이 생겼지만" 드 묑의

---

218) Probst, *Le Lullisme de Raymond de Sebonde*(*Ramon de Sibiude*), p. 18.

219) *Ibid.*, p. 16. 시비우드의 자연신학에 대해서는 Webb, *Studies in the Hist. of Nat. Theology*, pp. 292~312도 참고하라.

시는 "분노를 일으켰다".

드 묑은 외설적 내용을 담았다는 비난에 맞서 자신을 변호하기 위해 쓴 글(chap. 70)에서, 자신의 언어는 이야기에 필요하기 때문에 사용된 것뿐이라고 말한다. 또한 자신에게 여성혐오증이 있다는 주장에 대해 교훈을 주기 위해 인간의 삶을 있는 그대로 묘사했을 뿐이라고 말한다. 즉, 여성의 행동에 대해 그렇게 이야기할 충분한 근거가 있다는 것이다. 그는 신성한 교회를 따르는 사람들이나 종교에 헌신하는 삶을 이끄는 사람들에게 인신공격을 할 의도는 없지만, 그는 위선을 찾아낼 것이며 그러한 고발에 대한 증거를 갖고 있다고 말한다.

> 만일 신성한 교회가
> 어리석게 보일 수도 있는 한 단어를 찾아낸다면,
> 황송하게도 때를 잘 맞추어 만족시킬 수 있다면,
> 나는 기꺼이 수정할 것이다. 220)

드 묑은 배운 인물이었고 역사적 감각을 지닌 인물이었다. 그는 베게티우스(Vegetius)*의 《군대》(De re Militari), 보이티우스의 《철학의 위안》, 《아벨라르와 엘로이즈의 삶과 편지》(Life and Letters of Peter Abélard and Heloïse), 캄브렌시스(Giraldus Cambrensis)*의 《아일랜드의 지형》(Topography of Ireland)을 번역했다. 《장미 이야기》가 누렸던 대중적 인기와 탁월함 및 개념의 광범위함 때문에(특히 드 묑이 지은 부분), 이 시는 당대에 유행하던 많은 사고들을 민감하게 표현한다. 221) 자연에 대한 사고의 역사를 연구하는 사람이라면 누구에게나 흥미로운 내용이 가득하며 릴의 알랭이 지은 《자연의 불만》의 영향을 바로 느끼게 한다.

---

220) *The Romance of the Rose*, chap. 70, 124~127.
221) 《장미 이야기》에 대한 찰스 던(Charles Dunn)의 서문을 참고하라. 번역 로빈스(Robbins). 특히 xvi~xviii를 참고하라. 그 유명세에 대해서는 xxv~xxvii를 참고하라.

작자 미상의 시가 있는 마지막 78행을 포함해 드 로리스가 지은 부분
(1~4,058행)에는 생동감 넘치고 번뜩이는 구절과 자연의 아름다움을 상
찬하는 매력적 구절이 많지만 내용은 단순하고 개인적이며 철학적 깊이
나 중요성이 거의 없다. 드 묑이 지은 부분(4,059~21,780행)에서는 자
연, 창조주, 지구, 인간에 대한 개념이 릴의 알랭이 표현한 방식처럼 인
격화된 "대자연"과 "능력자"(Genius)로 나타난다. 대담한 은유적 언어로
표현된 성애(sexuality)에 대한 논의(망치와 모루의 비유 역시 릴의 알랭의
것이다)는 자연의 생명력, 번식력, 풍요로움에 대한 무척 강력한 확증이
다. 인간의 행동이 자연 특유의 규범에서 벗어날 경우 비난을 받는다.

플라톤적 개념의 장인적 신은 지구를 아름답고 사랑스럽게 만들었다.
이 관대한 창조자에게는 계획과 목적이 있다. 그리고 유대인의 신처럼
무(無)에서(ex nihilo) 창조한다. 태초에 신은 혼란과 무질서의 덩어리인
혼돈을 정리했다. 그러고 나서 그는 "따로 떨어진 적이 없던" 원소를 분리
해서 그 수를 헤아려 각각을 적절한 장소에 배치했다.

> 더 가벼운 것은 공중에 떠오르고 무거운 것은
> 중심부로 가라앉았다. 중간 것들은 사이에 위치했다.
> 시간과 공간 속에서 그분은 각각을 올바르게 정리했다. [222]

설계에 따라 신이 "자신의 다른 피조물을 모두 배치했을 때" 그분은 "대
자연"이 그에게 봉사하도록 정했다. 대자연을 그의 집사로, 치안관리로,
청지기로, 주교 총대리로 삼는다.

> 신은 나를 영예롭게 하사 나의 뜻에
> 사랑스러운 금빛 사슬을 남기셨습니다.
> 그 사슬은 나의 면전에서 절하는 각 요소를 결합합니다. [223]

---

222) *Ibid.*, chap, 81, lines 46~48; 창조에 대해서는 lnes 18~31.

모든 것이 대자연에 복종하는 것, 즉 대자연의 규칙을 준수하고 대자연의 법 중 하나라도 잊어버리지 않는 것이 신의 의지다. 모든 창조 중 오직 인간만이 이러한 규제를 주의 깊게 준수하지 못한다. 그러나 인간은 의지의 자유를 가진다. 인간은 자신과 우주와의 관계에 이성을 관여시킬 수 있다. 별들의 영향도 크겠지만 이성은 이를 견뎌낼 수 있다.

현명한 자들은 알지,
이성이 별들에게 지배되지 않는다는 사실을.
이성은 별들의 힘 아래에서 태어나지 않았기 때문이라네. [224]

인간은 이해력으로 인해 벙어리 상태를 극복할 수 있는 힘을 얻는다. 말할 수 없거나 서로의 말을 이해할 수 없는 야수들에게는 없는 능력이다.

그러나 만일 그들이 언어와 감각을 부여받았다면
서로와 스스로를 이해할 수 있기에
인간을 괴롭혔을 것이다. [225]

갈기 있는 말들은 재갈이 물리도록 놔두지도, 기사가 등에 올라타는 것을 허락하지도 않을 것이다. 황소는 멍에를 지지 않으려할 것이다. 당나귀나 노새는 경멸하는 주인을 위해 짐을 나르려 하지 않을 것이다. 코끼리는 등에 인간이 탈 가마를 얹으려 하지 않을 것이다. 고양이나 개는 스스로를 잘 돌볼 수 있기 때문에 인간에게 봉사하려 들지 않을 것이다. 만일 동물들이 인간이 가진 것을 부여받았다면 전쟁이 일어날 것이다. 인간이 동물을 정복하기 위해 짠 계획은 유사한 기술과 대치해야 할 것이

---

223) *Ibid.*, chap, 81, lines 64~66, lnes 49~63.
224) *Ibid.*, chap, 82, lines 43~45 ; 자연법에 대해서는 chap. 81, lnes 53~74.
225) *Ibid.*, chap, 82, lines 543~545.

다. 영장류, 원숭이부터 지금도 용감한 곤충, 유충, 벌레에 이르는 동물
은 인류를 절멸시키기 위한 극적인 전쟁을 수행할 것이다. 226)

어찌나 용감한지 인간은 일을 버려두고
그들을 때려눕히고 귀찮은 것들을 물리쳐야 하리. 227)

인간에겐 자신을 중독시키고 감각을 무디게 하는 사악함과 악덕을 반드
시 피해야만 한다는 것이 도덕이다. 인간은 자유의지를 활용하고 이성에
따를 수 있다. 만일 그렇지 않으면 벌을 완화해 달라고 간청할 수 없다. 인
간은 천둥과 번개가 일으키는 격렬한 폭풍우가("하늘의 오케스트라를 구성
하는 트럼펫, 케틀드럼, 탬버린") 자연적 원인을 가진다는 사실을 이해해야
한다.

왜냐하면 폭풍우와 바람만이
폭풍의 피해가 생기는 이유를 설명하는 데
필요할 따름이기 때문이다. 228)

인간에게는 이제 자연에 대해 연구할 책이 있다. 아리스토텔레스는 두
발가인(Tubal-cain)****의 시대 이래로 자연에 대해 누구보다 더 많이 관
찰했다. 그리고 알하젠(Alhazen)*은 "어리석은 자만이 소홀히 하는" 광학
에 대한 책을 썼다. 229) 릴의 알랭을 다시금 상기시키며 일부는 도덕적인
훈화, 일부는 교훈적 내용을 담은 87장은 주목할 만하다. 여기서 드 묑은
창조 전체, 하늘, 원소, 식물, 새, 동물, 곤충, 즉 인간을 제외한 모든
존재를 칭찬한다. 자신들의 경로를 따라다니는 하늘의 천체는 자신의 의

226) *Ibid.*, lines 545~580.
227) *Ibid.*, lines 581~582.
228) *Ibid.*, chap, 83, lines 11~12, 28~29.
229) *Ibid.*, lines 119~123. 두발가인에 대해서는 창세기 4장 22절을 참고하라.

무를 다한다. 원소는 질서 있게 움직인다. 식물들은 자연법에 주의를 기울인다. 물고기와 새는 훌륭한 학자다.

> 그들은 자신들 각각의 습관에 따라 새끼를 기르고
> 이렇게 자신들의 혈통에 경의를 표한다.
> 큰 위안은 그들 각각이 어떻게
> 자신들의 종이 멸종하지 않도록 애쓰는지 이해하는 일이다. [230]

동물들에게는 또한 건강의 증표도 주어진다. 그들은 짝짓기를 우아하게 잘한다.

> 그들이 조화를 이룰 때 그들의 결합을 늦출
> 어떤 흥정도 없다. [231]

파리, 개미, 나비 같은 곤충, "썩은 것 속에서 새끼를 키우는" 벌레, 훌륭한 학자 같은 살모사와 뱀은 "자신의 일을 하려고 몹시도 애쓴다". [232] 인간은 도처에 있는 피조물의 동료다. 그들이 가진 축복을 공유하지만 인간만이 실패한다. 인간은 돌처럼 존재를 가지고 식물처럼 생명을 가지며 야수처럼 느낌을 가지고 천사처럼 생각한다(124쪽의 아퀴나스 부분을 참고하라). 그런 인간에 대해 대자연은 불만을 토로한다.

> 인간은 인간이 이해할 수 있는 것이면 무엇이든 가진다네.
> 인간은 자신 안에 소우주를 담고 있다네.
> 그러나 늑대 새끼보다 나쁘게도 나를 이용한다네.

---

230) *Ibid.*, chap, 87, lines 37~40. 해당 장 전체를 참고하라.
231) *Ibid.*, lines 48~49.
232) *Ibid.*, lines 54~57.

그러나 인간은 대자연의 사법권 밖에 존재한다. 대자연은 인간에게 이해력을 부여하지 않았다.

나는 충분히 현명하지도 충분히 강하지도 않다
피조물을 그렇게 지성적으로 만들 만큼. [233]

예수는 죄 많은 인간을 구원하려고 왔다. 그러나 대자연은 그의 전능한 신이 인간을 창조할 수 있었다는 사실을 제외하고는 인간이 어떻게 대자연의 도움이 없으면 죽어야만 하는 존재가 되었는지 모른다고 말한다. 대자연은 예수가 동정녀 마리아에게서 태어난 것에 놀라움을 표시한다. "왜냐하면 처녀가 아이를 낳는 것은 자연적으로는 불가능한 일이기 때문이다". 다산을 장려하면서 능력자는 대자연을 대신해 '인간의 성적 활동이 신성한 계획에 부합한다'고 해명한다. [234]

자연적 성생활에 대한 해명과 성직자가 성생활을 하지 않는다는 사실에 대한 공격은(속인들에게 공감한 드 묑은 도미니크 수도회 사람들에게 특별히 모질게 굴었다) 농부와 대장간의 비유를 자주 활용하며 충격적 은유를 구사한다. 그는 전지전능한 신이 일부 인간에게서 욕구를 제거했다는 논거에 아무런 매력을 느끼지 못한다. 왜냐하면 그분은 모든 인간이 신의 은총을 동등하게 공유하기를 원할 것이기 때문이다. 만일 모든 인간이 이 같은 성욕의 부족을 공유한다면 인류는 멸종할 것이다.

나는 믿는다.
일부가 아닌 모두가
그분에게로 이를 최상의 길을 추구하는 것이 그분의 의지임을.
만일 일부가 처녀의 생활을 하도록 하는 것이 그분의 의지라면

---

233) *Ibid.*, chap, 88, lines 27~29, 33~34.
234) *Ibid.*, lines 110~112. 플라톤의 사상에 대해서는 lines 37~73을 보라.

그것이 그분을 따르는 더 나은 길이라면
왜 모두에게 적용되지 않는 것인가?[235]

드 묑은 자신의 의견을 반박하라고 성직자들에게 도전하지만 성공할 가망은 매우 적다. 그들은 논의할 테지만 "결코 결론에 이를 수는 없기 때문이다". 릴의 알랭처럼 드 묑도 비정상적인 성적 행동에 반대하고 바로 그러한 이유로 성적 활동과 재생산은 자연의 신성한 계획의 일부라고 주장한다. 왜곡과 영구적 금욕은 인간을 법을 준수하는 나머지 창조물로부터 분리시켜 부조화를 낳는다.

그러나 뾰족한 송곳칼을 가지고
깨지지 쉬운 값비싼 서판에 기록하기를 경멸하는 자들이여.
그로 인해 모든 죽을 운명의 것들은 생명에 이르며
대자연은 쓸모없는 것은 결코 빌려주지 않는다 … .[236]

그리고 드 묑은 다시 한 번 경작된 대지와 여성을 동일시하는 고대의 사고를 활용하여 말한다.

그리고 죄로 인해 눈이 먼 자,
혹은 그들을 혼란스럽게 한 자긍심 때문에 눈이 먼 자를
그들은 번성하고 풍요로운 들판 한 가운데의
평탄하고 똑바른 밭고랑을 경멸하고
제대로 된 길을 따르지 않으며,
비참한 사람처럼 사막의 불모지로 가서는
그곳에서 이들은 자신의 쟁기를 오용하고

---

235) Ibid., chap, 91, lines 90∼94. 탁발수도사들에 대한 드 묑의 태도에 대해서는 서론, pp. xxii∼xxiv을 참고하라.
236) Ibid., chap, 91, lines 100, 101∼104.

자신들의 씨앗을 잃어버린다 ⋯ . 237)

여기서 강조되는 것은 생명의 힘과 능력, 자연의 풍요로움과 다산성, 신의 도구로서의 자연이다. 신성한 의도의 일부로서의 성적 활동은 그 고결한 목적에 부합하도록 수행되어야 한다. 드 묑의 철학은 방종이나 무절제의 철학이 아니다.

> 당신의 자연적 기능대로 행동하라.
> 다람쥐보다 더 생기 있게, 더 재치 있게
> 그리고 새나 바람보다 활기차게 행동하라.
> 네가 인간답게 활동할 때, 바로 그때에
> 나는 너의 모든 죄를 사하리라. 그 은혜를 놓치지 말라!
> 스스로 명랑하게 뛰고 춤추라.
> 그리고 구성원들의 열기가 식지 않도록 쉼 없이 움직이라.
> 과업을 위해 너의 모든 도구들을 사용하라.
> 일을 원활히 수행하는 자는 스스로 열을 낸다.
> 경작하라 남작이여, 경작하여 혈통을 회복하라.
> 그렇지 않으면 아무것도 남지 않아
> 그 어디서도 시작할 수 없다. 238)

실제로 12∼13세기에는 지구와 지구상에 살아 있는 자연 및 살아 있지 않은 자연에 대한 개념이 경탄, 단순한 경외심, 신학에 대한 주석 너머로 진전된다. 이 시기에는 기적에 대한 관심이 줄어들고 규칙성과 자연법칙에 대한 관심이 늘어나며, 신성한 작업과 자연의 작업 사이의 구분도 더 뚜렷해진다. 12∼13세기에는 자연 관찰에 대한 관심이 훨씬 많아지

---

237) *Ibid.*, lines 111∼117. 여성과 주름살에 대해서는 Eliade, *Patterns in Comparative Religion*, pp. 259∼260을 참고하라. 〔이은봉 역, 1997, 《종교형태론》, 한길사_옮긴이〕

238) *Ibid.*, chap, 91, lines 151∼162.

며, 239) 우리가 말(Emile Mâle)에게서 배웠듯 종교예술에서 사실에 충실한 표현이 훨씬 많은 관심을 얻게 된다.

말에 따르면 중세 세계 전체는 하나의 상징으로 여겨진다. 그리고 교회의 감독하에 교회를 위해 창작하던 예술가들은 당대의 종교적 사고를 표현한다. 그러나 모든 것을 포괄하는 이 상징적 해석을 일단 구상에 적용하면 부차적 장식은 자신의 뜻대로 진행할 수 있다.

상징주의는 차양과 같아서 소박하고 단순하며 자기 재능을 감추지 않는 장인과 기술자들의 흥미, 즐거움, 열정을 종종 반영하는 현실주의(*realism*)를 그 안에 품는다. "샤르트르 대성당(Chartres)**과 부르쥬 대성당(Bourges)**을 짓던 시대에 … 동업자조합(*guilds*)이 제공한 창문은 아랫부분에 그들 조합의 표식이 새겨져 기부자를 보여준다. 모종삽, 망치, 모직을 손질하는 빗, 제빵사의 삽, 푸주한의 칼 등의 표식이다. 당시에는 성자의 전설에서 따온 장면 옆에 이 같은 일상적 그림을 함께 배치하면서 어떤 부조화도 느끼지 않았다". 240) 짐펠(Jean Gimpel)* 또한 이와 같은 성스러운 것과 지상의 것의 혼합에 대해 기록했다. 그는 샤르트르 대성당에 대해 다음과 같이 기록한다.

교회를 면밀히 살펴보면 동업자조합이 제공한 창문이 가능한 한 가장 좋은 위치를 차지했음을 분명히 알 수 있다. 그 창문은 복도를 따라 설치되거나 대중이 이용하는 가장 가까운 통로에 설치되었다. 반면 주교나 영주들이 기증한 창은 교회당 중앙의 회중석 부분이나 성가대석의 채광층같이 중요하지 않은 자리에 배치되었다. 직물 상인, 석공, 수레바퀴 제조인, 목수 같은 이들은 각자 자신의 동업자조합이 기증한 창의 아랫부분에 문양을 양각해 넣어 스스로를 표현했는데, 말하자면 미래의 고객들과 최대한 가까운 곳을 택한 것이다. 241)

---

239) *Medieval and Early Modern Science*, Vol. I, pp. 139~161에 있는 13세기 생물학에 대한 크롬비(Crombie)의 논의를 참고하라.

240) Mâle, *The Gothic Image*, pp. 1~5, 29; pp. 64~65에서 재인용.

말은 이 시대에 조각된 모든 조각상에서 상징성을 찾아내려 하는 것은 일종의 오류라고 이야기를 잇는다.

> 13세기 장식에 새겨진 동물이나 식물을 연구하는 편견 없는 학자는 그것이 순수한 예술작품, 자연에 대한 깊고 부드러운 애정의 표현임을 발견한다. 중세 조각가들은 상징에 골머리를 앓았던 사람들이 아니라 단순히 아이의 호기심 어린 눈을 가지고 세계를 바라봤던 사람들 중 일부였을 뿐이다. 조각가의 손끝에서 생명을 얻게 되었던 장엄한 식물의 창조 과정을 지켜보라. 조각가는 4월에 피어난 꽃봉오리에서 타락이나 속죄의 신비를 읽어내려 하지 않는다. 봄이 시작되는 날, 조각가는 일 드 프랑스(île-de-France)** 지역의 어느 숲으로 간다. 그곳에는 대지를 뚫고 나오기 시작하는 작은 식물들이 있다. 마치 고요한 용수철처럼 빡빡하게 감긴 양치류 식물은 솜털 같은 껍질을 가지지만 시냇물의 옆으로는 창포 꽃이 막 피어오르려 한다. 242)

훨씬 많은 내용은 말 자신의 독자들과 그가 인용하는 비올레-르-둑(Violett-le-Duc)* 같은 권위자의 판단에 맡겨져야만 한다. 매월 활동을 현실적으로 묘사하는 양각 부조에는 개화한 꽃의 조각이 계속해 바뀌는데 각 장소별로 계절 변화의 시기가 다르기 때문에 장소에 따라 달라지는 경우도 많다. 도시와 시골은 확연하게 대조되지 않는다. 그리고 농촌의 영감은 교회의 얕은 양각 부조에서 분명히 드러난다. 13세기 얕은 양각 부조의 모든 세부사항은,

> 예술가가 직접 체험한 생활과 자연에 대한 경험의 산물이었다. 작은 벽으로 둘러싸인 중세 도시의 모든 문 밖에는 경작된 토지와 초지로 이루어진 시골이 있었고 목동이 주기적으로 처리해야 할 일의 순서가 있었

---

241) Gimpel, *The Cathedral Builders*, p. 47.
242) Mâle, *op. cit.*, p. 51.

다. 샤르트르 대성당의 탑은 보스(La Beauce)** 평원 위로 치솟았고 랭스 대성당(Cathedral of Reims)**은 샹파뉴(Champagne)**의 포도원과 숲과 초지로 둘러싸인 파리의 노트르담 대성당(Notre Dame)**의 교회당 동쪽 끝 부분을 내려다보았다. 따라서 조각가들은 농촌 생활의 현장에서 직접 체험한 현실에서 영감을 이끌어 냈다.243)

그리고 다시,

리용(Lyons)**의 성당 현관의 지하층을 덮은 소형 초상화에서 들과 숲에 사는 많은 수의 피조물을 볼 수 있다. 두 마리의 병아리는 날개에 숨긴 발톱으로 서로를 할퀴고 다람쥐는 열매가 주렁주렁 달린 나무의 가지에서 가지로 뛰어다닌다. 까마귀는 죽은 토끼의 사체에 자리 잡고 새들은 부리에 뱀장어를 물고 날아간다. 달팽이는 나뭇잎 사이를 기어 다니고 참나무 가지 사이로 돼지머리가 보인다. 이 동물들에 대한 세심한 관찰이 이루어졌고, 이를 통해 우리는 그들 움직임의 특성을 알 수 있다.

이 조각가들에게 거대한 교회는 세계의 축도(縮圖) 및 "신의 모든 피조물이 거처할 곳을 찾을 수 있는 장소"로 보였다. (13세기 말엽의) 《시간의 책》(Book of Hours)***에서는 "수도사로 변장한 원숭이가 건물 기둥 사이를 돌아다니거나 음악가가 나귀의 턱뼈를 문질러 음악을 연주한다".244)

예술사에서 매우 자주 논의되었던 오네쿠르의 그림책 또한 자연 묘사의 역사에서 한 자리를 차지한다. 펠리컨이 자기 가슴을 할퀴거나 널빤지 위에 앉은 까치가 부리에 십자가를 물었다. 오른손에 매를 거느린 영

---

243) *Ibid.*, p. 67. 흥미로우나 우리 주제에서 중요하지 않은 내용은 2장으로 중세 도상학에 활용된 방법론에 관한 것이다. 말은 13세기 백과사전의 편집자 보베(Beauvais)의 《큰 거울》(*Speculum Majus*)을 중심으로 자신의 책을 구성한다 (이 주목할 만한 책에 대한 분석은 J. B. Bourgeat, *Études sur Vincent de Beauvais*를 참고하라).

244) *Ibid.*, pp. 54, 63, 61.

주는 자신의 부인과 앉아 있다. 말을 타려는 기수는 등자에 한 발을 올리고 자세를 잡는다. 다섯 개의 더듬이를 가진 달팽이는 껍질에서 나온다. 살아 있는 듯 보이는 두 마리의 앵무새는 발톱으로 횃대를 움켜쥔다. 이는 자주 복제된 그림이다.

몸을 흔들어대는 개를 데리고 다니는 음유시인은 비올(*viol*: 중세의 현악기_옮긴이)을 연주한다. 앵무새는 옆에 뛰노는 개를 둔 우아한 여성의 팔에 앉아 있다. 야생 산토끼와 야생 멧돼지는 주사위를 던질 것도 같은 두 명의 쭈그려 앉은 인물 상단에 그려졌다. 오네쿠르의 이야기에 따르면 으르렁거리는 사자를 복종시키고 싶은 사자 조련사는 사냥개 두 마리를 때린다. 개가 맞는 것을 지켜보면서 당황한 사자는 기가 꺾여 복종한다. 오네쿠르는 현실 생활로부터 사자를 끌어낸 일을 자랑스럽게 여긴다. 그는 호저, 곰, 재규어, 메뚜기, 고양이, 파리, 잠자리, 갑각류, 곱슬곱슬한 털을 가진 개, 풀을 뜯는 양, 긴 목을 서로 꼬아 V자 비슷한 모양을 만드는 타조 두 마리, 큰 낫을 든 남자, 삼각형 안에 있는 두건을 쓴 매 조련사, 부서진 십자가 주위를 도는 네 명의 석공, 수력으로 작동되는 톱을 그린다. 이것이 수력 톱을 묘사한 최초의 작품으로 알려져 있다.[245]

중세의 예술, 교회 건축, 장식예술, 시(詩)들은 나의 소박한 연구 범위와 상당히 동떨어져 있고 자연과 예술의 관계, 낭만적 사랑과 자연의 관계, 상징주의와 자연의 관계 및 상당히 많은 다른 여러 주제와 관련된 더 넓은 분야로 나가버릴 수 있다. 그렇지만 여기서 자연에 대한 세속적 견해의 증거나 인간과 자연현상에 대한 보다 현실적 묘사의 증거를 제공하는 연구에 대해 아주 간단하게나마 기록해 보자.

승천, 성모와 성자, 십자고상을 표현한 13세기의 도상학은 인간의 감

---

245) *The Sketchbook of Villard de Honnecourt*, edited by Theodore Bowie. 판에 대한 묘사는 pp. 7~14를 참고하라. 오네쿠르(Honnecourt)에 대한 말의 언급은 pp. 54~55를 참고하라.

정을 사실적으로 표현한다. 그리스도는 상처에서 흐르는 피로 얼룩진 채 고통으로 일그러진 표정을 짓는다. 246) 6일간 창조에 대한 초창기(대략 5, 6세기) 도상은 창조 초반부터 이루어진 우주적 사건을 표현하기를 선호했다. 반면 창조에 대한 도상이 꽃피던 시기(12세기 중반~13세기 중반)에는 창조 활동의 뒷부분, 즉 지구에서 이루어진 일을 강조했다. 247) 자연 시(詩) ― 그중 일부는 (말이 언급한 교회의 얕은 양각 부조같이) 계절의 순서를 다룬다 ― 는 삶에 대한 사랑, 젊은 시절 포기한 공부, 낭만적 사랑과 밀접하게 연관된다. 《베네딕트보이엔 필사본》(Manuscript of Benedictbeuern)***으로 알려진 유명한 중세의 서정시 선집에서는 다음과 같은 구절이 발견된다.

겨울의 호통 속에 납작 엎드려 얼어붙었던
대지는 봄의 상냥함에
가슴을 연다.
북풍은 고요하고
서풍은 흩날리니
이 모든 달콤한 부활 속에서
어찌 우리가 노래하지 않으리오. 248)

와델(Helen Waddell)*은 1150~1250년 동안의 이 서정시들이 켈트, 아랍 문명의 영향을 받았으며 특히 이교적 근원을 가진다고 말한다. 유

---

246) White, "Natural Science and Naturalistic Art in the Middle Ages", *AHR*, Vol. 52(1947), pp. 425~426, and footnote 9. 화이트는 1140년 무렵 자연에 대한 연구와 깊은 관련을 가진 시대가 시작된다고 본다. 십자고상에 대한 묘사는 또한 pp. 432~433 및 Mâle, p. ix를 참고하라.

247) Schmidt, *Die Darstellungen des Sechstagewerkes von Ihren Anfängen bis zum Ende des 15 Jahrhunderts*, pp. 90~92와 White, *op. cit.*, p. 430의 인용을 참고하라.

248) *Medieval Latin Lyrics*, trans. by Helen Waddell, p. 219.

명한 《베네딕트보이엔 필사본》은 인상적 사례가 된다. 권주가(勸酒歌)에서는 욕망을 억누른다거나 소심한 술꾼에게 베풀 인내심 따위라곤 찾아볼 수 없다. 서정시는 젊은이의 달콤한 어리석음을 칭송하면서 시간이 지나면 그런 어리석은 짓을 할 기회도 사라진다는 것을 반드시 깨달아야 한다고 말한다. 젊음과 봄은 같이 나타나지만 자연의 아름다움, 꽃을 꺾으며 나무 사이를 지나다니는 즐거운 산책도 소녀에 대한 사랑에 필적하지는 못한다. 여름 역시 사랑을 위한 계절이며 겨울은 보답 없는 사랑이다. 사랑이라는 주제는 고전 신화로부터 많은 것을 차용하는 경우가 많다. 자연에서는 여름이 겨울에게 반드시 자리를 양보해야만 하지만 현실에서는 그렇게 사랑의 불꽃을 식힐 만한 것이 존재하지 않는다. 249)

16. 1277년의 단죄

1277년 파리의 주교였던 탕피에가 219개의 명제가 오류라며 이를 비난하면서 또 다른 동요가 일어난다. 이 오류는 1270년 탕피에가 이미 비난했던 내용을 상기시키는 것으로 아베로에스, 아비센나(Avicenna), * 카펠라누스(Andrew Capellanus) * 〔논문 "사랑에 대하여"(Liber de Amore)〕, 아퀴나스, 그 외에 알려지지 않은 저자들의 저술에서 찾은 것이다. 그중 일부는 말로 했을 수 있지만 결코 글로 쓰인 적이 없는 것이었다. 이것들은 우리의 논의 대상이 되는 사고에는 간접적 영향을 줄 뿐이며 물리학, 우주론, 신학, 철학의 역사와 보다 밀접한 관련을 가진다. 그러나 탕피에의 단죄는 아리스토텔레스 세계의 영원성 교의에 자연스러운 적대감을 그리고 반창조론적 사고에 확고한 반대 입장을 드러냈다. 그리고 이 입장과 일관되게 이른바 '이중진리 교의'(doctrine of the double truth) ****에 대한

---

249) Ibid., pp. 7, 340~342.

거부가 이루어졌다.

이중진리 교의에 따르면 이성의 관점에서 그릇된 명제가 신앙의 관점에서는 진리로 간주될 수 있다. 그러므로 철학과 신학은 거리를 둘 수 있고 또 그래야만 한다.[250] 탕피에는 마치 상반되는 두 가지 진리가 공존(하나는 철학에 근거하고 하나는 가톨릭 신앙에 근거)하는 것처럼 행동하는 사람에 대해 불만을 토로했다. "왜냐하면 마치 두 가지 상반되는 진리가 있다는 듯 그리고 성서의 진리가 저주받은 이교도의 언행에 담긴 진리에 모순된다는 듯, 그들은 이러한 것들이 철학에 따르면 진리이지만 가톨릭 신앙에 따르면 진리가 아니라고 말하기 때문이다. 나는 지혜롭다는 자들의 지혜를 없애버리리라"(고린토인에게 보낸 첫째 편지 1장 19절_옮긴이)라고 기록된바, 진리의 지혜는 그릇된 지혜를 파괴한다".[251]

그러나 넓은 시각에서 보면 주교의 단죄는 아베로에스와 기독교 내 아베로에스의 동조자들에 국한된 공격이라기보다는 비기독교 철학이 별도로 존재할 수 있다는 가능성에 대한 공격이었다.[252] 또한 자연법으로부터 도출된 진리보다 계시 진리가 고차원적인 형태라는 이유로 두 개의 진리 사이에 아무런 갈등이 없다는 해석은 위선이며 계시에 대한 입바른 칭찬일 뿐이라는 비난을 면할 수 없었다.[253]

탕피에의 단죄는 모든 생물종이 영원할 정도로 세계가 영원하다는 명제(87번째 명제)를 거부했고, 최초의 인간도 없었고 최후의 인간도 없을 것이라는 명제, 즉 인간으로부터 인간이 발생하는 일은 과거에도 항상

---

250) 비난에 대한 총체적인 내용에 대해서는 Gilson, *HCPMA*, Pt. 9를 참고하라. 비난받은 작품들에 대해서는 p. 406을, 1270년의 비난에 대해서는 p. 404를, 이중진리에 대해서는 pp. 387~388, 406을 참고하라. Leff, *Med. Thought*, pp. 224~232.

251) *Chartularium Universitatis Parisiensis*, Vol. I, p. 543

252) Leff, *Med. Thought*, pp. 226~229.

253) Hooykaas, "Science and Theology in the Middle Ages", *Free University Quarterly*, Vol. 3(1954), pp. 90~91.

이루어졌고 미래에도 항상 이루어질 것이라는 명제(9번째 명제)를 거부했다. 이 두 명제는 창조를 역사적 사건으로 믿는 기독교 신념과 충돌했다. 《장미 이야기》에 나오는 드 묑의 인물들은 이미 단죄된 몇몇 오류를 지지했는데 그중에는 금욕이 그 자체로 미덕이 아니라는 명제(168번째 명제)와 미덕과 생물종을 타락시키는 육적 활동을 완전히 절제하는 일, 미혼 남녀 사이에 자연스럽게 이루어지는 것과 같은 단순한 성행위는 죄가 아니라는 명제(183번째 명제)가 있다. 단죄된 명제 중 다른 것들 또한 순결과 절제의 미덕에 대해 비판한 것이었다(172, 181, 166번째 명제를 참조하라).

다시 한 번 넓은 시각에서 보면 이렇게 단죄된 명제는 평범한 인간의 성적 관계의 자연스러움을 옹호하는 것들이었다. 단죄된 다른 명제는 기독교를 비판한 것으로, 다른 종교와 마찬가지로 기독교에도 잘못과 오류가 있다고 주장하는 명제(174번째 명제), 기독교의 법이 교육에 방해가 된다는 명제(175번째 명제), 사람은 이승에서의 행복을 누릴 뿐 다른 세계에서 누리지 않는다는 명제(176번째 명제), 신학자의 담론이 미신에 기초한 것이라는 명제(152번째 명제) 등이다. 이 모든 명제는 교회 교리의 직접적인 감독 외부에서도 무언가를 배울 수 있는 가능성을 제시했다.[254] 점성학과 흑마술(206번째 명제) 또한 단죄되었다.

219개 오류에 대한 탕피에의 단죄는 모든 것을 포괄하는 가르침으로서의 신학과 지중해의 이슬람 세계로부터 새로운 지식이 도래하기 전부터 존재했던 기독교를 보전하려는 목적이었다. 주된 공격 대상은 시제루스(Siger of Brabant),* 로저 베이컨, 그리고 다키아의 보이티우스(Boetius

---

254) 이는 *Chartularium Universitatis Parisiensis*, Vol. I, pp. 543~555에 열거되어 있다. 많은 근대의 저술가들은 명제를 무질서하게 나열한 *Chartularium Universitatis Parisiensis* 대신 망도네(Mandonnet)가 다시 정리한 명제(《브라방의 시제루스》(*Siger de Brabant*), Vol. 2, 2d ed., pp. 175~181)를 활용한다. 《장미 이야기》에 대한 던(Dunn)의 서문, pp. xxv~xxvi를 참고하라.

of Dacia), * 아퀴나스였다. 그러나 그레고리우스 9세(Gregory IX) *와 우르바누스 4세(Urban IV) *는 모두 "기독교에 가장 많은 이득을 보장하면서 해를 가장 적게 미치는 방식으로" 아리스토텔레스의 저술을 수용하는 편을 선호했다. 새로운 지식의 중요성을 인정했던 교황청은 단죄를 추인하지 않았으며 "아리스토텔레스의 과학과 기독교 신앙을 화해시키려는 아퀴나스의 이상"을 승인했다. 255) 이 사건 자체는 사상사에서 흥미로운 주제다. 손다이크에게 단죄 사건은 자연과학 영역에 대한 신학의 침범이다. 이는 코페르니쿠스의 이론을 진리로 가르치지 못하도록 금지한 로마 교황청의 처사, 혹은 갈릴레이를 침묵시킨 일에 비견되는 일이다. 호이카스(Hooykaas) *는 이 비유를 기각했다.

뒤엠(Pierre Duhem) *은 널리 알려진 구절에서 근대 과학이 이 시기에 시작되었다고 볼 수 있다고 언급한다. 단죄는 아리스토텔레스와 아베로에스의 결정론에 대한 공격이었다. 뒤엠은 탕피에가 세계가 복수로 존재할 가능성에 대해, 그리고 천체의 전체적 조화가 직선적 움직임에 의해 모순 없이 작동될 수 있다는 내용을 준엄하게 비난했다고 말한다. 여기서 분명하게 드러나는 사고는 어떤 그리스적 결정론도 신을 통제하지는 못한다는 것이다. 즉, 신은 자신이 원하는 대로 창조할 수 있고 통치할 수 있다. 자연법은 신의 활동을 제한하지 못한다.

질송은 그보다 덜 강력히 주장하지만 이 시기가 기독교적 환경에서 근대 우주론이 싹틀 수 있었던 시기였다고 언급한다. 레프(Leff)는 이 사건에서 "종합에서 분리로" 사상이 변화하기 시작했다고 본다. "이성으로 파

---

255) Pegis' intro. to *SCG*, Bk. I, p. 15; Dawson, *Medieval Essays*, pp. 132~133. Gilson, *HCPMA*, pp. 402~410과 딸린 주석을 참고하라. 단죄된 명제들을 그들이 파생시킨 것과 함께 기록한 내용은 pp. 727~729를 참고하라. 다른 관찰로는 Leff, *Med. Thought*, pp. 229~231. 또한 Pierre Duhem, *Le Systéme du Monde*, Vol. 6, chap. 1과 Alexander Koyré, "Le Vide et l'Espace Infini au XIVᵉ Siècle", *Archives d'Historie Doctrinale et Littéraire du Moyen Âge*, 24(1949), 45~91, 특히 pp. 45~51을 참고하라.

악할 수 있는 것으로부터 신앙에 속하는 것을 분리하려는 진보적 시도가 이루어졌다 … 1277년 이후에는 신앙의 영역에 속하는 것을 파악할 수 있는 이성의 능력에 대한 이전과 동일한 수준의 확신을 전혀 볼 수 없게 되었다".

도슨(Christopher Dawson)*은 이 사건을 그 시대에 일어날 수밖에 없었던, 아리스토텔레스의 과학과 기독교 사상을 화해시키려는 불가피한 시도를 잠시 늦추려는 일시적 시도였다고 본다. 호이카스는 종의 영원성을 부정해 의도하지 않았지만 발전론으로 가는 길이 열렸다고 생각한다. 마지막으로 크롬비(Crombie)*는 "아리스토텔레스가 형이상학과 자연과학에 대한 논쟁에 종지부를 찍었다는 아베로에스주의적 견해를 단죄함으로써 1277년에 주교는 비판의 길을 열어 주었으며, 이것이 반대로 그의 체계를 훼손시킬 가능성도 열어 주었다"고 말한다.

어쨌든 이로 인해 자연철학자들은 또 다른 대안을 갖게 되었다. 이미 아리스토텔레스의 자연철학을 가진 상태에서 이제 스스로 가설을 만들고 "이성적 틀 내에서 작용하는 정신의 실증적 습관(경험적 태도_옮긴이)을 발전시키며 과학적 발견을 확장할" 수 있게 된 것이다. 256)

---

256) Thorndike, *A Hist. of Magic and Exper. Sci.*, Vol. 3, p. 470; Hooykaas, "Science and Theology in the Middle Ages", *Free Univ. Quarterly*, Vol. 3(1954), pp. 101~102, 103~105; Duhem, *Études sur Léonard de Vinci*, Vol. 2, p. 411; Gilson, *La Philosophie au Moyen Âge*, 2d ed., p. 460와 *HCPMA*, p. 408; Dawson, *Medieval Essays*, pp. 132~133; Leff, *Medieval Thought*, pp. 230~231; Crombie, *Medieval and Early Modern Science*, Vol. 1, p. 64.

제 5장 인간을 위해 계획된 거주지, 지구   149

17. 결 론

결론 부분에서 나는 우리의 주제와 관련되는, 상세히 다룬다면 철학, 신학, 논리학, 과학의 역사에 너무 깊숙이 빠져들 수 있는 몇 가지 일반적 사항을 지적하고자 한다. 우리는 기독교신학이라는 독특하고 지배적인 위상을 지닌 사상이 중세를 풍미했다는 사실 때문에 다른 시대보다는 중세의 사상이 보다 단일할 것이라고 기대할 수 있다. 그러나 어떤 시대에도 하나의 사고가 다른 모든 사고를 지배하지는 않는다. 합의된 단일성으로부터 대안적 사고가 떠오르는 것이다. 과거의 사고를 간직하거나, 새로운 것을 받아들일 능력을 상실할 만큼 획일적이거나, 지적(知的)으로 훈련된 시대는 없다. 한 시대의 지적 자산은 장수하는 다작 저술가의 작품처럼 박물관 같은 특질을 지닌다. 지식과 의견은 개척민과 그들의 자손이 사용하던 가구, 장신구, 은판사진들(daguerrotypes)을 높이 쌓아 올린 작은 지방 박물관만큼이나 특별한 질서 없이 축적되는 경우가 많다. 서로 다르고 모순적인 사고가 계속해 살아남는 경우가 많으며 하나가 반드시 다른 것을 대체하는 것도 아니다.

레프는 자신의 책 《중세사상》(Medieval Thought)에서 중세가 14세기에 과거와 뚜렷한 단절을 겪었다고 이해한다. 13세기가 '종합의 시대'였다면 14세기는 '분리의 시대'로 특징지을 수 있다. 레프의 견해에 따르면 13세기와 14세기의 연속성을 보여주려는 시도는 잘못된 것이다. 이성을 신학의 도구로 활용하기를 포기하기 시작했다는 것이 우리 연구의 관점에서는 가장 중요한 발전이었던 것으로 보인다. 이성은 더 이상 신학을 지원하지 않는다. 계시가 신앙의 문제가 된 것이다. 이제 신학자와 철학자는 같은 사람이 아니다. 이러한 흐름을 대표하는 스코투스(Duns Scotus)*에 대해 레프는 다음과 같이 언급한다. "창조하려는 신의 의지를 표현하는 것 이외에 이 세계는 그분의 방식에 대해 어떠한 설명도 할 수 없다. 신이 일하는 방식을 구체적으로 말할 수 없는 것이다. 결과적으로는 아퀴나스

의 보다 정밀한 논리 구조에서는 볼 수 없는 신성한 것과 창조된 것 사이의 불연속이 생긴다".257)

그러므로 이러한 새로운 사상 속에서 이성의 역할은 자연현상에 대한 연구와 해석을 하는 일에만 국한이 된다. 로셀리누스(Roscelinus)*의 가르침에서 시작되고 그의 중요한 제자인 아벨라르로 이어진 유명론(nominalism)****은 보편논쟁****을 열었다. 이 논쟁으로 인해 사람들이 성 아우구스티누스가 정립한 대로 영원한 사고의 그림자로만 취급되던 개별적인 물적 대상에 더 많은 관심을 가지게 되었다"는 주장 또한 제기되었다.258)

오컴의 윌리엄(William of Ockham)*의 극단적 유명론에 대해서는 오컴의 윌리엄 이전에 있던 "사색하지 않는 경건"과 결별한 것이며, 이성의 과업은 "가능한 한 논리적 용어로 계시 내용을" 명확하게 하는 것이라는 성 아우구스티누스, 캔터베리의 안셀름, 아퀴나스의 '이성을 추구하는 신앙'(fides quaerrens intellectum)이라는 전형적 태도와도 결별한 것이라 평가된다. "사물 속에 보편적 원리란 존재하지 않기 때문에 원리란 개별자로부터 귀납된 일반화다. 형이상학적 실체보다 감각할 수 있는 실재를 더 선호하는 오컴의 윌리엄이 가진 태도가 물리학에 크게 기여했다".259)

오컴의 윌리엄이 실재를 개별자와 경험적 지식에 국한했다면 많은 개념을 순수한 정신적 구성물로 간주하여 기각할 수 있었다. 개별자와 경험된 지식을 제외한 모든 것은 지성 속에 존재하므로 보편에 대한 설명은 심리학적인 것이다.260) 또한 오컴의 윌리엄이 등장함으로 인해 이성은

257) Leff, *Med. Thought*, p. 267.
258) Crombie, *Medieval and Early Modern Science*, Vol. 1, p. 25. Hooykaas, *op. cit.*, pp. 120~135, 성 아우구스티누스의 실재론, 로셀리누스와 아벨라르의 유명론, 아퀴나스의 중간적 입장에 대한 카레(Carré)의 논의, *Realists and Nominalists*, 특히 pp. 30~31, 40~42, 58~61, 99~100을 참고하라.
259) Carré, *op. cit.*, pp. 121, 120에서 재인용.
260) Leff, p. 281.

계시된 신앙을 증명할 수 없게 되었다. 결과적으로 신학과 자연과학에 같은 방법론을 동원하는 것은 적합하지 않은 것이다.

이어지는 두 장에서는 종교와 신학의 비중이 줄어든다. 대신 그 두 장에서 우리는 실제 경험에 대한 가치 부여 및 기술(技術)에 대한 관심의 증거를 살펴볼 것이다. 이는 철저하게 종교적인 자연 해석을 헐어내고 자연 지식과 초자연적 지식 사이의 명확한 구분을 진전시킨 흐름이다. 나아가 만일 경험으로부터 증명과 확인을 얻는다면 물질인과 작용인은 보다 독립적인 실존을 누릴 수 있을 것이며 목적인과 형상인이 가졌던 비중은 줄어들 것이다.[261] 이러한 생각은 우리를 과학의 기원에 대한 논의로 이끈다. 그렇다 해도 '설계된 지구'라는 사고의 역사는 과학적 방법의 역사에 포섭되지 않는다. 이 설계된 지구라는 사고는 철학과 신학의 한 부분으로 존속하며 물리학보다는 생물학과 밀접한 관계를 맺는다. 생물학이 목적론, 설계, 목적인에 보다 어울렸기 때문이다.[262]

중세 말엽에는 몇 가지 대안이 나타난다. 성 아우구스티누스에 근거한

---

261) *Ibid.*, p. 296.

262) Lynn White, "Natural Science and Naturalistic Art in the Middle Ages", *AHR*(52) 1947, pp. 421~435를 참고하라. 화이트는 13세기 후반과 14세기의 과학은 한때 그들이 이해했던 아리스토텔레스와 달랐음을 강조한다. 또한 아리스토텔레스 전통에 대한 설득력 있는 언급으로는 Kristeller, *Renaissance Thought*, pp. 29~34를 참고하라. 크리스텔러(Kristeller)는 르네상스 시대에 플라톤주의가 아리스토텔레스주의를 대체하는 사건과 관련해 전통의 힘과 일반적으로 수용된 일반화의 함정을 강조한다. 과학의 기원에 대한 근대의 연구에 대해서는 Wiener and Noland, eds., *Roots of Scientific Thought*에 실린 여러 글들과 〔예외적으로 *Journal of the History of Ideas*에 처음 실렸던 크롬비(Crombie)의 글도 함께〕 참고하라. 특히 Crombie, "From Rationalism to Experimentalism", pp. 125~138; Randall, Jr., "Scientific Method in the School of Padua", pp. 139~146; Koyré, "Galileo and Plato", pp. 147~175; Moody, "Galileo and Avempace: Dynamics of the Leaning Tower Experiment", pp. 176~206; Randall, Jr., "The Place of Leonardo Da Vinci in the Emergence of Modern Science", pp. 207~218; Zilsel, "The Genesis of the Concept of Scientific Progress", pp. 251~275를 참고하라.

설계 해석, '자연의 책' 문헌, 신의 현현이라는 개념은 이미 15세기까지 존속한 시비우드의 저작에서 나타났다. 사람들이 아리스토텔레스적 사고법, 특히 그의 그리스어 저작을 첨가 없이 번역한 1240년 이후의 것을 학습하면서 그리스 철학자들의 목적론적 자연관이 굳건하게 자리를 잡았으며, 이러한 사실은 아퀴나스의 신 존재 증명 중 다섯 번째에서 특히 명백히 나타난다. 성 알베르투스의 저작에서 나타난 것처럼 자연에 대한 독립적인 관찰과 연구는 이러한 목적론의 틀 내에서 수행될 수 있었다. 성 알베르투스나 아퀴나스의 자연철학은 자연 연구를 장려했다. 성 알베르투스는 '투박한 지성'에 순응하는 것에 대한 변명을 늘어놓으면서도 자연 속의 구체적인 것을 연구하는 것을 특히 좋아했다.263)

이 역사에서 그 다음의 발전은 무엇인가? 내 생각에 그 다음의 발전은 키케로와 《신들의 본성에 관하여》의 자연신학을 재발견한 르네상스 사상에서 나타난다. 《신들의 본성에 관하여》에는 우리가 이미 살펴본 바대로 설계된 지구라는 사고가 분명하게 나타난다. 17세기 중반 이후와 18세기 초반 레이와 더햄(8장 9절 참고_옮긴이)이 위대한 자연신학을 구성하는 데 도움을 주었던 케임브리지 플라톤주의자(8장 6절 참조_옮긴이)의 사상이 그 뒤를 이어 기여한다.

이렇게 해서 지구가 오직 일시적 거주지일지라도 지구를 통해 기독교에 유용하고 교훈적인 내용을 많이 배울 수 있다는 사상이 자라나는 듯하다. 지구에는 창조나 기적 같은 신성한 작업과 자연의 작업이 존재한다. 모두 궁극적으로는 신의 작업이지만 자연의 작업은 연구 가능한 법칙을 통해 이루어진다.264) 내가 중세 관련 서적을 처음 읽기 시작했을 때, 지구에 대한 태도에 눈에 띄는 변화가 일어난 시기가 중세였다고 주장할 수

---

263) Thorndike, *op. cit.*, Vol. 2, p. 536에서 재인용.

264) 이 일반적인 주제에 대해서는 Chenu, "Découverie de la Nature et Philo-sophie de l'Homme a l'École de Chartres au XIIᵉ Siècle", *Journ. of World Hist.*, Vol. 2(1954), pp. 313~325. p. 318 참고.

는 있지만 이는 과감한 주장이 될 것이라 느꼈다. 하지만 이제는 그 느낌이 오류였음을 깨닫는다. 이 복잡한 시기는 창조적이었다. 왜냐하면 당시에 자연과 인간 간의 관계에 관련된 근본적 발전이 발생했기 때문이다. 그러면 전체적으로 중세가 가지는 중요성에 대해서 무슨 말을 할 수 있을까? 성서와 관련된 방대한 양의 사료로부터 여러 방향으로 난 길은 신학, 신비주의, 서정시, 2차적 원인을 용인하는 자연에 대한 세속적 연구, 주해, 논의, 논쟁으로 이어진다.

내가 볼 때 중세의 두드러진 특징은 창조에 몰두했다는 점이다. 태양, 달, 하늘의 천체는 그 영광에 비길 것이 없지만 자연적·상징적·우의적 저술에서 계속 보이는 것처럼 지상에서 계속 볼 수 있는 창조가 인간이 가장 잘 아는 증거다. 서구 문화의 형성기에 이루어진 창조 및 그 의미에 대한 긴 논의는 자연 안의 통일성과 조화, 물리적 악과 도덕적 악, 신과 일상의 세계를 연결하는 매개자가 2차적 원인인지 아니면 릴의 알랭과 드 묑 식의 자연의 인격화인지 등에 대한 관심을 강화했다.

이 시기를 특징짓는 두 번째 단어를 꼽는다면 창조자와 피조물을 검토하는 방법인 주해를 들 수 있다. 여기에는 창조문서, 《전집》, 설교가 포함된다. 주해로부터 자연에 대한 대안적 관점, 즉 신비롭고 신성하며 상징적이고 세속적인 관점이 등장했다. 이루어진 논의는 중세의 종교예술에 대해 말(Emile Mâle)이 묘사한 내용과 비슷했다. 상징으로서의 세계는 그럭저럭 존속했다. 그러나 그 안에서 평범한 장인들은 교회를 장식하는 나뭇가지와 꽃을 현실적으로 묘사했고 자신에 대한 홍보도 게을리하지 않았다. 상징적 세계가 바쁜 활동, 실용성, 직접적인 것에 대한 관심을 담은 거대한 반구형 천막과 같다고 한다면 나는 7장을 쓰기 위한 자료를 수집하면서 그것이 진실임을 확신했다.

이상의 해석이 올바르다면 인간과 자연에 대한 서구의 사상은 중세에 재편되었다고 할 수 있다. 이러한 것은 근대인들이 반드시 고려했어야만 하는 사고가 되었으며 그 반향은 여전히 우리와 함께한다.

신성하게 창조된
세계 속 환경의 영향

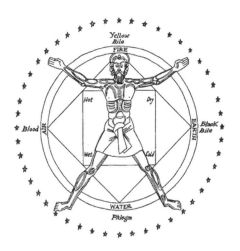

제6장

1. 서 론

6세기 카시오도루스(Cassiodorus)*는 수도사라면 성스러운 책들에 언급된 장소의 위치를 알기 위해 모름지기 세계지(*cosmography*)****에 대해 알아야 한다고 언급했다.[1] 그의 글은 중세의 지리적 사고에 관한 논의를 시작하기에 훌륭한 원전이다.

신, 지구, 인간이 밀접하게 관련된다는 사고는 중세 전반에 걸쳐 지배적이었지만, 그렇다고 환경적 영향이라는 사고가 모든 것을 포괄하는 신학과의 불일치로 인해 점진적으로 사라져 갔던 것은 아니다. 물론 고전

---

1) Cassiod., *Intro. to Divine and Human Readings*, Bk. 1, chap. 25.

고대(고대 그리스·로마 시대_옮긴이)는 인간과 자연, 인간과 신성의 관계를 고려하는 데 선택권을 제공했지만 중세에는 오직 한 가지 선택지만이 있었다. 그렇다고 기독교신학이 환경적 영향이라는 사고에 적대적인 것은 아니었을 뿐더러, 초대 교부들이 점성술을 혹평했음에도 불구하고 실제로 중세의 전성기나 후기에는 점성술에 관한 사고 전반에 적대적인 분위기도 아니었다. 아리스토텔레스의 《형이상학》(Metaphysics)과 《천체론》그리고 이 두 책에 대한 아랍인의 주석은 12세기 이후의 기독교 사상가들 사이에 영감을 불어넣으면서 이러한 저술이 복원되기 이전 시기보다 훨씬 더 천체를 숭상하게 만들었다.[2]

결국 환경론은 단순한 적응론인 경우가 많다. 질서와 조화 상태로 존재하며 신의 통제와 제한을 받는 창조의 각 요소는 서로에게 적응하며, 이는 인간의 타락 이후 무질서로 고통받는 지구상에서도 마찬가지였다. 그 역사를 통틀어 설계론은 환경적 적응의 철학에 우호적이었고, 이는 다양한 수준의 환경적 적응을 가정하는 획득형질이나 자연선택의 대물림론이 19세기에 수행했던 역할과 비견될 만한 역할을 당대에 수행했다.

내가 아는 한 지리적 영향에 관한 중세 시기의 이론에 관해 철저한 연구는 이뤄지지 않았다. 그러한 연구는 소수의 기본 사고에 대한 사례를 지루하고 반복적으로 축적할 뿐이어서 보람이 없을 것이기 때문이다.[3] 4

---

2) Webb, *Studies in the History of Natural Theology*, pp. 153~155.

3) Kretschmer, *Die Physische Erdkunde in Christlichen Mittelalter*; Wright, *The Geographical Lore of the Time of the Crusades*; 그리고 Kimble, *Geography in the Middle Ages*, pp. 176~180을 참고하라. 여행과 항해에 대해서는 Beazley, The Dawn of Modern Geography, 3 vols. (그러나 이 저작은 이론적인 문제를 거의 다루지 않는다); 그리고 라이트(Wright)의 《지리적 전승》(*Geographical Lore*)은 사고들에 대한 논의를 위해 매우 가치 있는 책이다; 고전적 지리학과 이슬람의 지리학에 대한 장들을 포함하는 킴블(Kimble)의 저술도 그러하다. 또한 Delisle, "Traités Divers sur les Propriétés des Choses", *Hist. Litt. de la France*, Vol. 30(1888), pp. 334~388도 참고하라. Mollat, "Le Moyen Âge", in Nougier, Beaujeu, and Mollat, *Histoire Universelle*

원소설, 혼합설, 체액설은 중세에도 받아들여졌다. 결과적으로 이 시기의 환경론은 그리스 · 로마 사고의 복제 혹은 변주다. 백과사전 저술가들

des Explorations, Vol. 1, pp. 254~408; 그리고 Olschki, *Marco Polo's Precursors*도 참고하라.

    나는 주저하면서 이븐 할둔(Ibn Khaldūn)의 논의를 생략했다. 그의 사고는 아랍 사상에 속하고 무엇보다도 이 시기의 서구사상에 속하지 않는다. 그의 사고는 드 슬란(de Slane)이 그의 서문을 번역한 내용이 출판되기 전까지는 서구에 잘 알려져 있지 않았다. 그러나 1863~1868년 이븐 할둔의 사상은 많은 관심의 대상이 되는데 고전 저술에 담긴 환경적 사고를 담았기 때문이다. 그것은 일곱 가지 클리마타 개념을 아랍 역사에 대한 자신의 해석을 통해 나온 사고와 함께 활용한다. (여기서 비트루비우스를 다시금 떠오르게 하는) 이것은 두 전통이 만나지만 아무런 화해를 이루지 못하는 흥미로운 사례이다. 로젠탈(Rosenthal) 번역, *The Muqaddimah*, 특히 Bk. 1, chap. 1, third Prefatory Discussion을 참고하라. 폰 그루네바움(Von Grunebaum)은 이슬람교도였던 알-나잠(al-Nazzám)이 9세기에 기후에 근거하여 신체를 구조화하고 지성을 세우는 일을 어렵게 한 장본인이라고 지적하고 그의 제자인 알-자히즈(al-Jâhiz, 869년 사망)에 대해 다음과 같이 지적한다.

    알-자히즈는 조로아스터가 영원한 불보다는 영원한 추위를 가지고 추종자들을 위협했는가를 설명하기 위해서 기후적 고려를 예로 든다. 그는 논의를 계속한다. 왜냐하면 이 위협은 조로아스터가 사실상 자신의 종교를 설파하기 시작했던 산악 지역의 주민들에게만 효과를 가질 수 있는 것이기 때문이다. 이 교리는 그의 사명과 그의 가르침에 지역적 제한이 있음을 증명할 수 있다. 반면 조로아스터교가 지역에 국한된 타당성만을 가지는 데 비해 《코란》에서 말하는 지옥불이 주는 위협은 아랍인이 열과 추위에 노출되어 있음을 고려해볼 때 특정 지역의 이해에 근거한 것이 아니며 지옥불은 무함마드의 사명과 가르침이 보편적인 성격을 띤다는 것을 보여주는 증거다(자히즈는 우연히 이 해석이 계시 자체로부터 확증하기에 유용함을 발견한다).

Von Grunebaum, "The Problem: Unity in Diversity", in von Grunebaum, ed., *Unity and Variety in Muslim Civilization*, pp. 17~37. 19~20 참고. 또한 pp. 22, 24~25를 참고하라. 기후는 문화상대주의에서 그리고 앞으로 우리가 보댕에서 몽테스키외와 볼테르에게서 보게 될 것처럼 근대 서구가 종교의 보편성과 타당성에 대해 의문을 던지게 하는 데 일정한 역할을 한다. Levy, *The Social Structure of Islam*, pp. 482~484를 참고하라.

대부분이 고전적인 자료원이나 고전적 자료에서 도출된 개요를 활용했다. 7세기 세비야의 이시도루스는 세르비우스를 활용했다. 아마도 세비야의 이시도루스는 그렇게 함으로써 히포크라테스, 아리스토텔레스, 포시도니오스를 간접적으로 활용했을 것이다. 한편 13세기 잉글랜드의 바르톨로메우스는 지리학 이론을 설명하는 데 후대의 백과사전파 중 가장 종합적인 사람 중 하나였는데 전통적 자료를 사용한 세비야의 이시도루스에게 자주 의존했지만 당대의 생활을 기록하는 일에도 새로운 열정을 보였다.[4]

환경론과 점성론은 인종적·문화적 차이에 대한 설명을 계속한다. 이들은 또한 고대에도 그랬듯 정치론과의 관계도 유지한다. 아퀴나스는 히포크라테스, 플라톤, 아리스토텔레스, 비트루비우스 같은 고대 사상가와 가깝고 또한 단테와도 가까우며, 보댕, 보테로, 마키아벨리, 버턴(Robert Burton),* 심지어는 몽테스키외 같은 근대 사상가와도 가깝다. 환경론은 플라톤이 바람직한 정부에 필수 불가결한 것으로 여겼던 까닭에 정치이론가들에게 중요한 것으로 자리 잡아 왔다. 정의롭고 효과적인 법이 되려면 민족의 본성에 합치해야 하며 민족의 본성은 환경에 의해 결정되는 경우가 많기 때문이다. 기후, 토양, 지형, 그와 유사한 것을 포괄하는 환경 자체를 목적으로 한 연구는 거의 없었다. 인간은 환경을 주어진 것으로 받아들였고, 전통적 일반화를 당대 사안에 스스럼없이 적용했다.

환경적 영향에 대한 중세 이론은 고전적 성찰에서 도출되었기 때문에 고전 시대와 동일하게 히포크라테스의 전통 및 체액에 따른 심리학과 생리학에 근거를 둔 생리학적 이론과 장소 및 입지론으로 구분된다. 또한 고전적 자료에서 차용한 다른 사고도 있었는데, 그 예로 문화적 고립은

---

4) Philipp, "Die historisch-geographischen Quellen in den etymologiae des Isidorus v. Sevilla", *Quellen und Forschungen zur alten Geschichte and Geographie*, Heft 25, Pt. 1, 1912; Pt. 2, 1913.

물리적 고립의 결과이자 무역, 항해, 민족 간 혼합이 존재하는 변화무쌍한 세계로부터 동떨어진 결과라는 사고다.

보다 정교한 환경론은 주로 12~13세기에 백과사전 편찬자들에게서 등장한다. 가장 인상적이었던 논의는 캄브렌시스, 성 알베르투스, 아퀴나스, 잉글랜드의 바르톨로메우스의 이론이다. 이러한 저술가들의 사고, 특히 시공간적으로 멀리 있거나 자신이 보지 못한 장소에 관해 논하는 사고가 고전 저술가들로부터 도출된 것임에도 불구하고, 이를 응용하고 기독교에 적합하게 적응시키고 당대의 조건을 직접 관찰하는 과정에서 이따금 참신함이 발견되기도 한다. 가장 중요한 저술들은 고전 문명의 태동기인 초기나 이슬람 세계로부터 고전 사상을 부분적으로 재발견한 뒤에 나타났고, 여행과 여행으로 고취된 관찰로 인해 생동감을 가졌다. 두 시기의 연결고리는 세비야의 이시도루스의 저술이며, 그의 지명 색인식 일람표는 장소 및 조잡한 경제학에 대한 단순한 설명이자 지리 묘사다.

2. 고전 시대의 반향

세비야의 이시도루스 이전에도 오로시우스(Orosius)* 및 테오도리쿠스 왕(King Theodoric)*의 궁정을 떠나 540년경 비바리움의 수도원에 들어갔던 카시오도루스가 남긴 문장에서 그리스 사상의 영향을 느낄 수 있다. 오로시우스는 테우토니족(Teutones)과 킴브리족(Cimbri)****이 알프스 산지의 눈을 이기고 병력 손실 없이 이탈리아 평원을 침공했다고 말한다. 그곳에서 테우토니족과 킴브리족은 온화한 기후와 풍부한 마실 거리, 음식 및 목욕의 영향을 받아 나약해졌다. 이들이 이주하는 기간 동안 이들이 문명사회에 던졌던 빛에 대한 관심으로 가득한 카시오도루스의 편지에는 여러 지역과 시대에 걸친 기후의 영향을 다루는 그리스 식 사고가 히포크라테스와 카시오도루스의 시대를 잇는 천 년의 시간 동안에도 소실되지 않았음을 보여주는 몇몇 뜻 깊은 문장이 담겨 있다.

　카시오도루스는 477년경 스퀼라스 만(Gulf of Squillace)에 위치한 도시 스킬라시움(Scyllacium)에서 태어났다. 스퀼라스 만의 위치는 오늘날의 로첼라(Roccella)** 또는 라 로첼레타 델 베스코보 디 스킬라체(La Roccelleta del Vescovo di Squillace) 혹은 그 인근으로 생각된다.[5] 카시오도루스는 자연이 인간에게 미친 영향을 설명하기 위해 때로는 매력적이고, 때로는 지나치게 화려하고 허풍스러운 문체로 스킬라시움을 칭찬하면서 그곳의 자연적 특질을 언급한다.

　그곳의 공기는 일 년 내내 적당해 사람들이 극심한 계절 변화에 슬퍼하거나 두려워하지 않고 살아간다. "그러므로 또한 이곳 사람들은 다른 곳의 사람들보다 자유로운 영혼을 지닌다. 왜냐하면 이 기후의 온화함이[6] 만물에 만연하기 때문이다". 익숙한 상관관계의 변주가 여기에서 등장한다. 뜨거운 나라는 사람들을 날카롭고 변덕스럽게 만든다. 추운 나라는 사람들을 느리고 교활하게 만든다. 그리고 적절한 기온의 나라는 "그 온화함이 곧 인간의 성격을 이룬다". 여기에 흥미로운 언급이 뒤따른다. 내가 아는 범위에서 이 언급은 이 주제를 다룬 최초 언급으로 이 책 1부에서 이미 표현한 바 있는 견해, 즉 그리스인 스스로 자신의 위대함이 자연환경적 원인에서 비롯한다고 여기는 견해를 확증하는 것 같다.

---

5) Orosius, *Seven Books Against the Pagans*, Bk. V. 16; Hodgkin, *The Letters of Casiodorus*, pp. 68~72, with map; Philipp, "Scylletium", *PW*, 2A: 1, cols. 920~923.

6) Hodgkin, *The Letters of Casiodorus*, Bk. XII, letter 15. "hinc et homo sensu liberior est quia temperies cuncta moderatur"를 번역함. "Variarum Libri Duodecim", Variae XII, 15, 3, In *Mon. Ger. Hist.*, *Auctores Antiquissimi*, Vol. 12, 1894, ed., Mommsen, p. 372.

그러므로 고대인들은 아테네를 현자의 고향이라고 선언했다. 왜냐하면 아주 순수한 공기가 풍부하기 때문에 아테네는 매우 관대한 마음으로 명상하는 생활을 할 수 있도록 자손들의 명석한 지성을 준비했기 때문이다. 육체가 진흙투성이의 물을 마시는 일은 달콤한 샘의 투명한 물을 마시는 것과는 틀림없이 다른 일이다. 무거운 공기가 활동을 방해하면 정신의 활력마저 억제된다. 자연은 우리를 이러한 영향에 종속시켰다. 구름은 우리를 우울하게 한다. 그리고 다시 맑아진 하늘은 우리를 기쁨으로 채운다. 왜냐하면 영혼이라는 천상의 존재는 흠 없고 순수한 모든 것 안에서 즐거움을 얻기 때문이다.[7]

육체가 마시는 진흙투성이의 물과 정신이 마시는 무거운 공기의 비교는 체액의 심리학을 시사한다. 무거운 대기에 대한 언급은 키케로의 《운명에 관하여》(De Fato)와 아둔함을 습기와 연계시킨 헤라클레이토스를 연상시키는 반면, 플라톤적 의미를 함축하는 마지막 문장들은 기독교신학과 이러한 이론들의 양립 가능성을 시사한다.

이러한 사고는 카시오도루스의 저술 등에서 지속되었는데, 이는 지칠 줄 모르는 모방이라는 상상력 없는 인내심과 관성의 힘 때문이었다기보다는 그럴듯한 이유 때문이다. 그의 책은 하나의 사례일 뿐이다. 즉, 이 사고들은 문화적 차이, 특히 인종적 차이를 설명하는 데 유용했기 때문에 지속되었다. 중세기 동안 박물학 분야의 고전 저술가 중 가장 큰 영향

---

7) Hodgkin, *The Letters of Casiodorus*, Bk. XII, letter 15, pp. 503~504. 이 편지들에는 운하와 수로를 돌보고 유지하는 일에 대한 흥미로운 구절이 있다. 라벤나(Ravenna)의 수로로부터 관목을 제거하는 일에 대해서는 Book V, Letter 38, p. 286을 참고하라. "초목은 얌전한 건물 전복자이자 포위공격을 알리는 나팔소리를 절대 울리지 않음에도 건물을 땅에 쓰러뜨리는 성벽파괴용 대형 망치다". 수로, 수로의 이점, 수로의 유지라는 주제는 Book VII, Formula 6에서 매우 흥미롭게 연구된다(수로의 수를 셈하는 법), pp. 324~326. 카시오도루스에 대해서는 레슬리 존스(Leslie Jones)의 *An Introduction to Divine and Human Readings* 서문, pp. 3~64를 참고하라. 이 책에는 카시오도루스에 대한 근대의 학술연구에 대한 방대한 참고문헌이 담겨 있다.

력을 행사했던 플리니우스는 우리가 살펴보았듯이 인종과 기후의 상관관계를 밝혔다(2장 8절 참고).

가장 뜨거운 기후에서 생활했던 흑인들이 가장 강하고 직접적으로 내리쬐는 태양열을 받고, 지중해 주변의 민족은 중간적 위치에 있으며 북부에 사는 민족들은 반대편 극단에 위치한다는 사실은 충분히 분명해 보였다. 기후적 설명은 또한 다른 차이점에도 적용되었다. 한편 위도 차이라는 사고도 그와 동등한 중요성을 가진 것으로 인식되었는데, 이러한 상관관계의 조악함은 일반화의 오류를 드러낼 뿐 아니라 위도는 같지만 경도가 다른 곳에 사는 민족들 또한 서로 다를 수 있다는 문제를 남긴다. 킴블(Kimble)의 지적처럼 환경적 영향에 대한 대부분의 논의가 여행을 할 기회가 훨씬 많아진 중세 후반기에 나타났다는 것은 틀림없지만, 환경적 영향에 대한 고전적 사고는 매우 초창기에 기독교 사상에 전이되었고 이 전이를 주도한 것은 세비야의 이시도루스였다. [8]

세비야의 이시도루스는 자신이 사물 이름의 어원에서 그 본질적 본성의 열쇠를 발견했다고 생각했다. 그는 '에티오피아는 그곳에 사는 민족의 피부색 때문에 그런 이름을 가지게 되었다'고 말한다. 즉, 태우다와 얼굴을 의미하는 그리스 단어로부터 이름이 파생되었다는 것이다. 그들의 피부색은 태양의 근접성과 천체의 영향에 기인한 것이다. 즉, 이들은 모든 것이 남쪽에 있기 때문에 여름만 계속되는 지역에 산다. [9] 세비야의 이시

---

8) Kimble, *Geography in the Middle Ages*, p. 176. "초기 교부들의 시대에 수도원 생활은 문화경관을 숙고할 기회를 거의 제공하지 못했다. 사람들이 십자군 전쟁 시대에 했던 여행을 시작하기 전까지는 그럴 기회가 없었다. 십자군 전쟁 시기에 인간은 경관과 생활 사이에 존재하는 다양한 관계를 이해하기 시작했다". 그러나 특정 수도회에 속한 수도사들은 수도원의 환경으로부터 떠날 수 없었음에도 불구하고 자신들의 환경에 대해, 그리고 환경을 바꾸는 자신들의 능력에 대해 상당히 많이 인식했다. 또한 십자군 시대 이전에는 문화경관의 비교 및 차이를 관찰할 기회가 없었지만, 숲과 개간지, 포도로 뒤덮이고 숲으로 뒤덮인 언덕, 농업에 활용되는 들판, 배수시설을 한 늪 등에 차이가 있었다는 것도 사실이다.
9) 웹스터 신국제사전(Webster's New International Dictionary), 개정판에 따르면

도루스의 사상은 또한 플리니우스로부터 간접적으로 비롯된 것이다. 세비야의 이시도루스는 다양한 것이 하늘에 존재하듯 인간의 얼굴, 피부색, 신체 발달, 민족의 본성에도 차이가 있다고 말한다. 세르비우스를 따라 세비야의 이시도루스는 환경적 원인으로부터 비롯한 민족성, 즉 로마인의 진지함, 그리스인의 명랑함, 아프리카인의 교활함, 갈리아인의 사납고 용감한 본성을 언급한다. 10)

두 번째 환경적 사고는 야만족의 이동 경험에서 나왔다. 이 사고는 집사 바울(Paul the Deacon)*의 저서 《롬바르드족의 역사》(History of the Langobards)에 의해 발전되었고 근대에 이르러서도 영향을 미쳤다. 베네딕트 수도회 수도사였던 그는 782년 이전에 몬테카시노 수도원(Monastry of Monte Cassino)****에 들어가 종교인으로서 조용하고 학구적인 생활을 했던 것으로 여겨진다. 11) 또한 그는 배움을 장려하고 촉진하려는 샤를마뉴 대제(Emperor Charlemagne)*의 노력에 힘을 보탰다. 바울은 4세기에

그리스 단어로는 Aithiops인 '에티오피아인'(Ethiope)의 정의는 태우다를 뜻하는 아이타인(aithein)과 얼굴을 뜻하는 오프스(ōps)의 결합형으로부터 기원한 것이 분명하거나 혹은 아프리카 원주민의 이름으로부터 기원했을 수 있다고 한다. Isidore, Etymologiae, Bk. XIV, chap. 5, 14, PL, Vol. 82, 511C. 자료를 위해서는 Philipp, op. cit., Pt. 2, p. 128을 참고하라. 중간 단계를 거친 궁극적인 출처는 Pliny, NH, II, 80가 아니겠는가? 또한 Sarton, Appreciation of Ancient and Medieval Science During the Renaissance, pp. 78~80을 참고하라.

10) Servius' Comm. in Verg. Aen., VI, 724와 이 책 1권 230~231쪽을 참고하라. Isidore, Etym., Bk. IX, chap. 2, 105, PL, Vol. 82, 338C. 또한 Philipp, op. cit., Pt. 2, pp. 32~33 또한 참고하라. Bartholomew of England, De proprietatibus rerum(13세기), Book XV, chap. 66, 2에 의해 본질적인 반복이 이루어진다. 세르비우스는 그리스어 'klima'의 번역어가 틀림없는 'climatum'이라는 단어를 사용했다. 이것은 기후를 의미하지는 않지만 'klima'처럼 위도상의 지역을 의미하거나 영어 단어 '지방'(clime)이 나타내는 의미처럼 중세나 근대 초기에는 지역을 의미했을 것이다. 또한 H. C. Darby, "The Geographical Ideas of the Venerable Bede", Scott. Geog. Mag. Vol. 51 (1935), pp. 84~89를 참고하라.

11) McCann, Saint Benedict, revised ed. (Image Books), pp. 205~208.

서 8세기 사이에 야만족의 역사와 이동 및 (비록 우연일지라도) 서방 라틴권에 대한 침공의 원인에 관심을 보였던 많은 사람들 중 하나였다.

과잉 인구와 그 결과로 나타난 기아가 이주의 원인이라는 이론은 고전시대에서 일반적이었다. [12] 4세기 말과 5세기 초 교회사가인 소크라테스 스콜라스티쿠스는 소조메노스(Sozomen)*와 마찬가지로 고트족(Goths)과 훈족(Huns)의 이주를 설명하는 비슷한 이론을 발전시켰다. 카시오도루스는 지금은 소실된 《고트족의 역사》(Gothic History)를 작성했는데 요르다네스(Jordanes)*가 이 책을 자신의 저작에서 활용했다. [13]

바울의 이론에서 독특한 면모는 과잉 인구를 기후와 관련지어 설명했다는 점이다. 그는 (스칸디나비아 남부와 독일 북부를 의미하는 것으로 여겨지는) 북부가 민족의 발상지(officina gentium)였다고 믿었다. 북부 지역은 많은 야만족 이주의 발원지였는데 그곳의 기후가 다산의 원인이었다. 인구는 이주할 수밖에 없을 정도로 불어났다. 바울은 자신의 저서 첫머리의 문장을 다음과 같이 장식한다. "이 북방 지역은 태양열에서 멀리 떨어져 있고 눈과 서리로 뒤덮여 추운 만큼 인간의 신체가 보다 건강하며 민족의 성장에 적합하다. 한편 그와 반대인 남부 지역은 모두 태양열에서 가까울수록 질병이 그만큼 더 많고 인류가 번영하기에 적합하지 못하다". [14]

---

12) 이러한 이론들에 대한 요약과 논의를 살펴보려면 Teggart, *Rome and China*, pp. 225~235를 참고하라.

13) 이 이론이 카시오도루스로부터 기원한 것인지는 그가 쓴 《고트족의 역사》가 소실되었기 때문에 의문의 대상이다. 존스(Jones)는 그 목적이 근대 국가의 고결함을 보여 "퇴폐적인 라틴 민족과 보다 강력한 고트족을 조화"시키려는 것이었다고 말한다, p. 12. 이러한 주제는 바울의 논거와 잘 연관될 수 있을 것으로 보이지만 이것은 단순한 추측이다. 존스가 번역한 *An Introduction to Divine and Human Readings*, pp. 12~14, 요르다네스의 초록, p. 14를 참고하라.

14) Paul the Deacon, *Hist. of the Langobards*, Bk. I, chap. 1.

끈기 있는 세비야의 이시도루스는 《백과사전》에서 게르마니 (Germany) 라는 이름의 유래를 '성장하다 혹은 싹트다'라는 의미의 단어인 게르미나레 (germinare) 로부터 찾는다. 타나이스 강(Tanais, 돈(Don) 강**)에서 서부에 이르는 전 지역 (그 이상의 정의는 없다) 이 "게르마니라는 이름으로 불리는 것이 부적절하지 않다"고 생각했던 바울은 이 파생어를 채택했다. 이들이 유럽과 아시아를 침공한 이유는 사람들을 모두 먹일 수 없었기 때문이다. "일리리아 (Illyria)**와 갈리아 전역 어디에나 존재하는 무너진 도시가 이를 입증한다. 하지만 무엇보다도 제일 불행했던 곳은 거의 모든 민족으로부터 심한 분노를 샀던 이탈리아다". 그러나 바울은 과잉 인구가 아닌 다른 이유(그는 그것을 밝히지 않는다) 가, 스스로를 세 개의 집단으로 나눈 뒤에 "땅을 버리고 새로운 땅을 찾아 나서야 하는 집단을 제비뽑기로 결정한" 스칸디나비아 민족이 이주한 근거로 오해받아 왔다고 언급한다. 그는 무당이 북방인들에게 하늘의 구원을 얻으려면 나아가라고 말했을지 모른다고 주장하기도 했다.[15] 기후론과 민족의 자궁인 북부라는 사고가 결합된 이 간단하고 직설적인 설명은 환경론 역사에 중대한 결과를 낳았다. 이렇게 시작된, 스칸디나비아를 과잉 인구에 시달리는 야만족의 고향으로 간주하는 견해가 19세기까지 지속되었던 것이다.

카시오도루스의 집사가 소실된 《고트족의 역사》를 불과 3일 동안만 요르다네스에게 빌려주었다는 것을 믿기 어렵지만 이 저술에 거의 의존했을 것으로 여겨지는 요르다네스의 551년 작 《고트족의 역사》는 '스칸차'(Scandza: 요르다네스가 스칸디나비아 지역에 붙인 이름_옮긴이) 가 민족의 자궁이나 벌집이었다는 관념에서 시작했다. 스칸차에서 이주하는 민족은 벌의 무리에 비견되었지만 그 이유는 어디에도 제시되지 않았다.[16]

---

15) Isidore, *Etym.*, Bk. XIV, 4, 4, PL, Vol. 82, 504B-C. Paul the Deacon, *Hist. of the Lang.*, Bk. I, chap. 1~2, Foulke's note 4, p. 3.

16) *An Introduction to Divine and Human Readings*, pp. 12~14, 카시오도루스에

환경적 원인에 대한 바울의 지적은 유약한 남부 사람들과 대조를 이루는 북부 고트족의 자유사랑 정신이 기후와 궁극적 상관관계를 가진다는 사상의 도화선이 되었다. [17]

이 베네딕트 수도회 소속의 수도사가 자기 선조가 속한 민족의 역사를 기록하면서 첫머리에 사용한 문장들은 무지한 자들이 서로서로 모방해 발생한 반복을 염두에 두는 일이 사상사에서 얼마나 중요한지를 보여준다. (집사 바울의 역사서에서 분명히 드러나듯이) 기후의 영향이라는 오래된 고전적 전통과 야만족 이동기에 발생한 혼란, 고통, 파괴의 원인을 찾으려는 바람의 결합은 이후 최소한 천 년 이상 동안 지속될 사상을 낳는 결과를 가져왔다. [18] 바울의 이론은 일련의 역사적 사건을 설명하려는 시

대한 존스의 개론을 참고하라. 카시오도루스와 요르다네스에 대한 논의를 살펴보려면 미에로우(Mierow)가 편집, 번역한 《요르다네스의 고트족의 역사》, 특히 pp. 13~16, 19, 23~19와 회의주의를 수용했던 요르다네스의 서문을 참고하라. 요르다네스는 집사에게서 그 책을 빌려 사흘 동안 두 번 읽었다고 말한다. 유명한 문장으로는 "민족의 발상지 또는 자궁인 스칸디나비아의 이 섬으로부터 고트족이 바이리카라는 왕이 통치했던 오래전에 생겨났다고들 말한다 …"(Ex hac igitur Scandza insula quasi officina gentium aut certe velut vagina nationum cum rege suo nomine Berig Gothi quondam memorantur egressi …), 《고트족의 기원과 활동》(De origine actibusque Getarum), IV, 25, ed., Mommsen, p. 60이 있다.

17) Kliger, The Goths in England, p. 1. "[타키투스, 성 아우구스티누스, 살비안 (Salvian), 요르다네스, 집사 바울의] 초기 문헌에서 발견되는 고트족의 성격 분석은 고트족을 정치적 자유를 소중하게 여겼던 테우토니 민족으로 묘사했다"(p. 2). 집사 바울은 기후와 자유에 대한 사랑이 상호 연관되었다고 하지 않았음에도 지지자들은 집사 바울의 이론을 붙들었다. 또한 pp. 10~15와 특히 르네상스기로부터 18세기 사이에 이루어진 자유에 대한 사랑에 환경이 영향을 미쳤다는 사고를 추적하는 '기후와 자유'(Climate and Liberty)의 논의는 pp. 241~252를 참고하라.

18) 스웨덴이 진정한 민족의 자궁(vagina gentium)이었음을 보여주는 웁살라 학자들 (Uppsala scholars)[(레드벡(Redback), 요아네스(Joannes), 올라우스 마그누스(Olaus Magnus)] 외 여러 스웨덴 저술가들)의 이어지는 시도들에 대해서는 Kliger, p. 12와 그가 언급하는 저술들을 참고하라.

도였기 때문에 신학과 직접적으로 연계되지 않았다. 하지만 조만간 환경론이 인간의 창조, 뒤이은 인간의 문화적 분화에 직접적으로 연결될 것이라 예상할 수 있다. 그리고 그러한 연계는 우리가 이미 살펴본 바와 같이 그리스 사상에 매우 익숙했던 에리우게나의 저술에서 이루어졌다.

헌신적인 신앙인들에게 기독교는 인류의 기원과 현 상태에 관한 지극히 어려운 문제를 제기했다. 동물의 창조와는 전적으로 달랐던 인간의 창조는 하와를 창조할 때 아담의 특정 부위를 취했던 이유와 관련된 문제들을 야기했다. 또한 현재 인간 사회에 명백한 민족적·문화적 차이는 인간 종의 근원적 통일성 및 죄나 타락 이후의 다른 영향이 문화적·민족적 차이를 만드는 데 어떤 역할을 했는가 하는 문제를 제기했다.

16~17세기의 세계지 학자들은 이 문제를 장황하게 연구했다. 항해를 통한 발견과 그 발견으로부터 도출된 지식은 인간 종이 통일에서 다양성으로 변화한 이유에 대한 설명과 그 분산기제에 대한 설명을 매우 복잡하게 만들었다. 에리우게나는 만일 최초의 인간이 죄를 짓지 않았다면 인간의 본성이 두 개의 성(性)으로 나뉘는 경험을 하지 않았을 것이라고 말했다. 최초의 인간은 신의 형상대로 창조되었던 태곳적 조건 그대로의 상태로 남았을 것이다. 죄를 저지르고 느꼈던 죄의식에 압도당한 인간은 자신의 본성이 남성과 여성으로 나뉘는 고통을 겪었다. 그가 자신의 재생산에 관련된 신성한 법에 복종하려 하지 않았기 때문에 그 벌로써 동물 같은 존재로 환원되었고 남성과 여성으로 이루어진 일시적인 집단으로 전락했다. 그리스도 안에서는 태곳적 상태와 같고 장차 이루어질 부활의 모습과 닮은꼴인 새로운 통일이 시작되었다.[19]

타락 이후로 성의 구분보다 더 많은 구분이 나타났다. 특성, 크기, 기타 여러 다른 방식에서 본래의 단일 형태가 다양해졌다. (키와 같은) 개별적 특성 변화는 (인간의 태곳적 형태 같은) 본성에서 기인한 것이 아니라

---

19) *De div. nat.*, II, 6, *PL* 122, 532A~533A.

죄와 타락으로부터 그리고 토지, 물, 공기, 음식, 유사한 환경이 야기한 시공간적 차이로부터 발생한다. 에리우게나는 관습 및 사고방식의 차이가 죄와 타락 이후 등장했음을 모두가 안다고 말한다.[20]

내가 아는 범위에서 에리우게나는 초기 인간에 대한 기독교적 개념에서 혼란스러운 상태로 불확실하게 남은 내용을 명백히 밝히기 위해 환경적 설명을 활용한 첫 번째 인물이었다. 그러나 이런 그의 사고는 중세나 근대의 사상가들에게 영향을 미치지 못한 채 고립되었던 것 같다. 이것이 그의 주요 가르침에 속하는 것이 아니었기에 매우 긴 책의 본문 속에 묻혔던 것일지도 모른다.

3. 보다 체계적 사상을 도입한 발언들

11~13세기 사이에는 지리적 묘사에 본질적 변화가 일어났다. 혁명적인 것도 과거와 결별한 것도 아니었다. 당시의 지리적 묘사는 고전 지리학자들의 저술과 성서지리학이 주는 영감에 굳건히 의지했다. 세르비우스나 성 암브로시우스 같은 핵심적 전달자들을 통해 전해진 세비야의 이시도루스의 지리학이 그런 종류였다. 세비야의 이시도루스의 지리학은 일람표였는데, 성 알베르투스, 잉글랜드의 바르톨로메우스, 보베의 뱅상 및 여러 저술가들로 대표되는 12~13세기의 백과사전 편집자들의 저술 또한 이런 일람표였다. 지리적 지식과 관련하여 이전의 일람표와 후대의 일람표 사이에는 차이점이 있었을까? 있었다.

---

20) "인간 서로 간의 차이에 따라 겉모습, 키, 대조적인 피부색으로 서로를 식별할 수 있는데 이것은 본성에서 나온 것이 아니라 죄, 장소의 차이, 땅, 물, 공기, 식량, 영양소 같은 것들의 차이에서 나온 것이다. 서로 다른 관습에 대한 연구는 죄 이후의 자연 분할로부터 모든 인간이 구분되기 시작했다고 한다", *ibid.*, II, 7, 533B.

그 단초는 과거의 저술에 크게 의지했음이 확실한 잉글랜드의 바르톨로메우스에게서 발견된다. 장소에 대한 그의 묘사 중 다수가 "헤로도토스가 이렇게 말했다" 혹은 "세비야의 이시도루스가 15권에서 이렇게 말했다" 같은 구절로 끝나기 때문이다. 잉글랜드의 바르톨로메우스는 자신이 단지 성서에 나오는 장소를 묘사하기 위해 작업을 시작했다고 말한다. 그래서 많은 부분이 성서적·성직자적인 내용으로 끝난다. 그러면서도 자신이나 당대인들이 개인적으로 여행하고 관찰한 것에 토대한 새로운 내용이 포함되어 있다. 잉글랜드의 바르톨로메우스가 쓴 《사물의 속성에 대하여》(De Proprietatibus Rerum)는 아마도 13세기 중반에 쓰였겠지만, 12세기 티레의 윌리엄(William of Tyre)*의 연대기 《바다 너머에서 이루어진 일들의 역사》(A History of Deeds Done Beyond the Sea)에서 이미 주목할 만한 신선함을 보였다. 이 연대기에는 환경적 영향에 대한 이론은 없지만 장소를 생생하고 세부적이며 흥미롭게 묘사한다.

성난 구름처럼 장소와 그 장소의 역사 위를 떠다니는 일은 모든 인류가 겪어야 하는 일이다. 프라이징의 오토(Otto of Freising)*가 쓴 《붉은 수염 프리드리히 황제의 행적》(The Deeds of Frederick Barbarossa)과 브레멘의 아담(Adam of Bremen)*이 쓴 《함부르크-브레멘 대주교의 역사》(History of the Archbishops of Hamburg-Bremen) 등에서도 최소한 이따금 신선한 부분을 발견할 수 있다(붉은 수염 프리드리히 황제는 프리드리히 1세*이다_옮긴이). 이러한 책들은 최소한 일부라도 고전 지리학에 근거한 책에서 배운 지식으로부터 독립했다. 또한 음식, 장소의 위치, 무역의 본질에 대한 당대의 단순한 관찰이 있을 뿐 저자가 이를 이론적으로 활용하지는 않는다.

히포크라테스, 아리스토텔레스, 갈레노스에 근거한 오래된 이론에 미묘한 변화가 이루어졌다. 고전 저술가들이 사용했던 진부한 사례가 단순 반복되지 않았다. 이제 사례들은 그 저술가들이 인식했던 상황을 설명하는 데 활용되었다. 그러나 과거의 전통을 새로운 상황에 맞춰 변용하는 일은 발견의 시대 이후보다, 그리고 특히 보댕, 보테로, 몽테스키외의 저술에서 인식할 수 있는 것보다 훨씬 더 약했다. 중세의 황금기에는 고전 시대로부터 받은 영감 이외에도 다른 관심들이 환경론의 등장을 부추겼다. 장소들이 가지는 종교적 중요성 혹은 그 역사적·경제적 중요성 때문에 장소에 대한 지속적이고 장기적인 관심이 있었다. 또한 그에 대한 인과관계적인 설명이 있든 없든 간에 중세인들은 민족의 성격에도 관심을 가졌다.

이웃 민족의 특성을 일반화하는 일은 인간의 오래된 소일거리였던 것 같다. 하나만 예로 들자면 잉글랜드의 바르톨로메우스는 홀란트인의 훌륭한 신체, 힘, 용기, 잘생긴 얼굴, 정직함, 신에 대한 헌신, 신뢰할 만하고 평화로운 본성, 다른 게르만 부족들 사이에 존재하는 약탈이나 강탈 경향이 적다는 사실에 대해 논한다. 21) 이런 존경할 만한 특징에 대한 이유는 제시되지 않았다. 하지만 민족적 특성이나 문화적 차이를 설명하려고 할 때 많은 저술가들이 환경적 설명에 크게 의존했다.

중세의 백과사전은 장소의 본질(de natura locorum)과 사물의 속성(de proprietatibus rerum)을 다루는 지식의 중요한 본체를 포함했다. 이 문헌은 일반적으로 지리일람표 및 4원소, 체액, 혼합, 자질에 대한 내용을 담았는데, 이 모든 것은 중세에 파악된 대로 세계지에 적절했다. 성 알베르투스는《원소의 성질의 원인에 대하여》(De Causis Proprietatum Elementorum)에서 사물의 속성을 장소와 연관시켜 설명하면서 독자들에게 해안, 산, 바다 같은 서로 다른 장소의 영향에 대한 보다 상세한 설명을 보려면 장소의 본질에 관한 자신의 글을 살펴보라고 말한다. 22) 그러므로 장소의 본질과 사물의 속성에 대한 저술은 서로 밀접히 연관된다. 4원소

21) Bartholomew of England, *De Proprietatibus Rerum*, Bk. XV, chap. 110, 5. *De Ollandia*.

22) Albert the Great, *De Causis Proprietatum Elementorum Liber Primus*(이하 *DPE*로 표기), Tr. I, chap. 5(Jammy, Vol. 5, p. 297).

의 혼합을 통해 복잡한 화합물이 만들어진다는 4원소설은 고전 시대에서도 그랬던 것처럼 혼합과 조화라는 사고를 도입하면서 원소를 다양하게 조합하고 그를 통해 차이를 만드는 특정 장소의 영향에 주목할 것을 요청했다.

틸버리의 제르바스(Gervase of Tilbury), * 네캄, 캉탱프레의 토마스, 그의 스승인 성 알베르투스, 성 알베르투스의 제자로 스승보다 더 유명한 아퀴나스, 잉글랜드의 바르톨로메우스, 그로스테스트 같은 저술가 사이에서 이러한 논의가 많이 이루어졌다. 나는 이 문헌들 중에서 환경론이 그 시대의 일반적 사상과 관련되는 방식을 세부적으로 잘 보여준다고 판단되는 네 가지 저술을 선정했다. 성 알베르투스의 《장소의 본질에 대하여》, 아퀴나스의 《왕권에 대하여》(*On Kingship*), 잉글랜드의 바르톨로메우스의 《사물의 속성에 대하여》 중 지리학을 다룬 부분, 캄브렌시스의 《아일랜드의 지형》, 《아일랜드 정복사》(*The History of the Conquest of Ireland*), 프라이징의 오토가 가진 논의를 소개하는 《볼드윈 대주교의 웨일즈 여행기》(*Itinerary of Archbishop Baldwin Through Wales*)가 그것이다. 추가적으로 나는 신성한 지리와 점성술적 민족학이라는 로저 베이컨의 사고에 대한 논평을 덧붙였다.

각각의 저술은 새로운 상황에 직면하여 과거의 사고를 개혁하는 과정을 각기 다른 방식으로 묘사한다. 그리고 이 중 최소한 하나의 저작에서는(즉, 아퀴나스의 저작) 환경론이 가장 고귀한 신학적 교의와 화해하는 모습을 볼 수 있다. 이러한 사고 중 일부는 세비야의 이시도루스를 통해 전해진 고전으로부터 직접 유래했고 일부는 비트루비우스, 베게티우스, 아리스토텔레스의 《정치학》의 재발견을 통해서 알려졌다. 일부는 아마도 고전 의학론에 대한 지식이 담긴 저술을 남긴 아비센나의 저술 등 아랍권에서 도래했을 것이다. 아비센나는 수련의를 위한 의학 연구 입문서로 저술한 그의 교훈적인 시〔《의학에 관한 시》(*Canticum de Medicina*)〕에서, 혼합, 체액, 공기, 음식, 음료와 관련된 고전 세계의 의학 경구들 대부분을 다시 언급한다. 23) (따뜻함·추위, 건조함·습함 같은) 혼합과 그에 상응하는 체액은 계절별로 지배적인 것이 있다. 겨울에는 점액, 봄에는 피, 여름에는 노란 담즙, 가을에는 검은 담즙이 지배적이다. 인간의 연령별로도 비슷한 상관관계가 존재한다. 아이와 젊은이는 따뜻한 반면 나이 든 사람들, 특히 매우 늙은 사람은 차갑다. 피부, 머리카락, 눈동자의 색이 다른 근본적 이유는 기후에 의해 결정된 혼합 때문이다. 일곱 가지 클리마타의 혼재는 피부색의 차이를 가져오는 것으로 인식될 수 있다. 공기, 태양열의 효과, 산과 계곡의 기후, 풍향, 늪에 대한 경구는 기본적으로 육체의 건강에 미치는 영향과 관련된다. 왜냐하면 그는 문화적 문제가 아닌 의학적 문제에 관심이 있기 때문이다.

4. 성 알베르투스

성 알베르투스의 장소의 본질에 대한 유명한 문헌인《장소의 본질에 대한 책》(*Liber de Natura Locorum*)에는 여러 사고가 흥미롭게 결합되어 있다. 24) 만일 우리가 환경의 영향에 관련된 성 알베르투스의 사고를 단순히 열거한다면 그가 실제로 이러한 사안에 대해 할 말이 많았다는 사실

23) Avicenna, "Das Lehrgedicht über die Heilkunde"(Canticum de Medicina). 아랍어를 독일어로 옮긴 칼 오피츠(Karl Qpitz)의 *Quellen und Studien zur Geschichte der Naturwissenschaften und der Medizin*, Vol. 7, Heft 2/3, 1939, pp. 150~220. 12~80, 116~146, pp. 160~163, 165~166의 구절들도 참고하라.

24) 클라욱(Klauck)의 "Albertus Magnus und die Erdkunde", *Studia Albertina*, pp. 234~248은 이 분석에 큰 도움을 주었다. 클라욱은 성 알베르투스의 우주론 저술과 지리학 저술에 기여한 이전의 저술들에 대해 논의한다. 그러나 성 알베르투스의 저술은 그가 관찰한 지리학 원리를 설명함에 있어 그 어느 것보다도 월등하다. 물론 여기서 우리는 성 알베르투스의 지리학 이론 중 작은 일부에만 관심을 가질 뿐이다.

을 알 수는 있겠지만 그의 이론의 원천임이 분명한 히포크라테스, 갈레노스, 스트라본의 저술에 등장하는 포시도니오스의 저술의 파편, 플리니우스, 비트루비우스와 프톨레마이오스의 저술을 읽는 것이 훨씬 유익할 것이다. 그러나 만일 그러한 저술들이 성 알베르투스의 사상뿐 아니라 이 시대 전체에서 수행했을 역할을 밝히고자 한다면 성 알베르투스의 저작에서 보다 흥미진진하고 생생한 내용을 찾을 수 있다.

비록 많지는 않지만 환경론은 분명히 성 알베르투스의 인과론을 구성하는 한 부분이다. 환경론에 대한 연구는 이러한 지리적 사안을 신성하게 창조된 통일성(unity)과 관련된 더 거대한 지식 및 이론 집단의 일부로 간주할 수 있는 방법을 (그리고 중세의 백과사전 저술가들이 성서적·고전적 지명의 중요성 때문에 하나의 연구 분야로서의 지리학에 얼마나 관심을 기울였는지) 인식할 수 있도록 한다.

이러한 통일성에 대한 인식은 우리를 신, 창조에 대한 이해 및 민족과 환경의 관계로 이끈다. 이러한 사상 영역 간의 일반적 관계는 무엇이었는가? 우선 신이 지구를 창조했다는 기독교적 신념은 4원소나 네 가지 체액 또는 그것의 조합이라는 물질의 성분 이론과 충돌하지 않았다. 왜냐하면 전능한 신은 원소가 몇 개이든 어떻게 조합되든 간에 창조를 할 수 있었을 것이기 때문이다. 둘째로, 고대의 이론에 따르면 4원소는 장소나 위치론과 연계되었는데, 지구상에서 점유하는 위치에 따라 하나가 다른 것에 비해 우세해지는 등 장소나 위치가 조합에 영향을 미칠 수 있다고 믿었기 때문이다.[25] 인간, 동식물 등의 실체가 점유하는 지구 표면의 모든 장소는 별의 영향과 지구상의 물리적 조건의 영향이라는 두 가지 주요한 이유 때문에 다른 모든 장소와 어떤 식으로든 차별화된다.

비록 이 책이 점성술의 역사를 논의하기에 적절한 책은 아니지만 점성

---

25) 이를테면 *DPE*, Bk. I, Tr. I, chap. 5 (Jammy, p. 297 오른쪽)의 첫 구절을 참고하라.

론과 환경이 미친 영향에 관한 이론이 서로 불가피하게 경쟁하는 사고는 아니라는 사실, 즉 하나를 수용하는 것이 다른 하나를 거부함을 뜻하지 않는다는 사실을 덧붙여야겠다. 이들은 상호 보완적이었을 수도 있다. 자연 곳곳에 존재하는 생명과 물질의 엄청난 다양성을 일관된 인과관계로 설명하기 위해 이 두 가지 사고 체계 모두를 활용하는 일은 이전 사상가들과는 달리 아리스토텔레스의 물리학 저술에 익숙해진 성 알베르투스 같은 13세기 저술가들 사이에서 두드러진다. 앞서 살펴보았듯이 프톨레마이오스는 이 두 가지를 서로 무관한 지식의 측면으로 간주했기에 둘을 종합하지 못했다. 성 알베르투스는 이 둘을 결합한다. 성 알베르투스나 로저 베이컨 같은 13세기의 사상가와 그 이전 교부들 간의 중요한 차이점 중 하나는 점성술을 대하는 태도에 있다.

앞서 살펴보았듯이 초기 교부들은 흔히 점성술을 비난한다. 성 아우구스티누스에게 점성술은 잘못된 신들을 경배하는 일과 같았고 자유의지의 부정을 의미했다.[26] 점성술은 신이나 그리스도에 대한 믿음의 방해물이었고 그 그릇된 가르침은 진리인 기독교의 가르침으로부터 많은 사람을 멀어지게 했다. 그러나 성 알베르투스에게 별의 영향력이란 설계론의 복원처럼 신의 창조력을 보이는 또 다른 사례일 뿐이다. 신은 모든 것의 창조주다. 성 알베르투스는 헤르메스 트리스메기스투스를 인용하면서 지구에 영향을 미치는 형성적 에너지는 별에 있다고 말한다. 점성술의 영향은 더 일반적 형태로 자주 나타난다. 산이나 바다의 근접을 포함하는 지역적 영향은 우주적 영향으로 야기된 일반적 유사성의 영역 내에서 서로를 보충하거나 더욱 차별화된다. 지식과 기예를 통해 별의 가르침을 숙지한 인간은 별의 영향을 더욱 강화하거나 물리칠 수 있다.[27]

---

26) 성 아우구스티누스의 설득력 있는 비판을 참고하라. *City of God*, V, I. *On Christian Doctrine*, II, chaps. 21~22, 그리고 이 책 5장 각주 91을 참고하라.

27) *DNL*, Tr. 1, chap. 5 (Jammy, Vol. 5, p. 268. p. 277로 잘못 인쇄됨). 헤르메스(Hermes)는 *De Virtibus Universalibus*를 참고한다. 또한 Tooley, "Bodin

위치의 본성을 상세히 알 필요가 있다는 성 알베르투스의 주장 또한 주목할 만하다. 그것은 자연, 박물학, 지리학에 대한 관심의 일부로 아랍인을 통해 복원된 그리스, 라틴 저술이 이를 자극했다. 성 알베르투스가 환경의 영향에 대한 이론에 보이는 관심은 신학, 점성술, 지리학, 자연연구를 포함하는 보다 광대한 개념화의 일부이다.

가장 포괄적 의미에서 성 알베르투스가 인문지리학에 기여한 것은 고전 저술가들과 세비야의 이시도루스 같은 초기 기독교 백과사전 편찬자들의 《장소의 본질에 대하여》류의 문헌을 부활시킨 것이다. 이러한 부활은 세계지에 대한 지루한 세 번째 논문에 설득력 있게 나타난 재생[28]과 환경의 영향이라는 사고에 대한 당대의 덧붙임과 예증을 동반하는 그의 체계적인 강연에서 확실하게 드러난다. 그의 저술(아비센나와 프톨레마이오스를 인용한)은 아랍권의 원 자료를 활용했을 것으로 추정되는데, 그는 적도나 남반구 지역을 포함한 지구의 여러 지역들의 거주 가능성에 대한 중요한 문제에 관심을 불러일으켰다. [29]

장소와 그 본성에 대한 성 알베르투스가 가진 관심의 기초는 굳건하다. 장소의 다양성과 이 다양성의 원인에 대한 세부적 지식 없이는 자연과학의 성립이 불가능하고 그러한 지식을 탐구하는 데 실패한 사람은 오류를 일으킨다. 플라톤이나 아리스토텔레스가 그랬던 것처럼 특수하고 특별한 것에 관심을 기울여야만 하기 때문에 일반적 관찰로는 불충분하다. [30]

---

and the Medieval Theory of Climate", *Speculum*, Vol. 28(1953), p. 67과 footnote 23, 24를 참고하라.

28) *DNL*, Tr. 1, chap. 1(Jammy, Vol. 5, p. 263). *DNL*의 세계지는 크고 작은 강, 도시, 호수 등을 언급하는 지명사전 같은 지리학을 채택한다. 어떤 장소나 그 역사적 중요성을 고려한 개인적 언급이 이따금 등장한다.

29) *DNL*, Tr. 1, chap. 6(프톨레마이오스와 아비센나를 언급함), chap. 7(Jammy, Vol. 5, pp. 268~272). 또한 Kretschmer, *Die Phy. Erdkunde im Christ. Mittelalter*, p. 140과 Klauck, *op. cit.*, pp. 239~240을 참고하라.

지리학적 사료들을 다루는 성 알베르투스의 태도는 혼란스럽다. 왜냐하면 그가 거주 가능한 세계를 여러 지역으로 분할하는 두 가지 서로 다른 방식을 고전적 저술로부터 물려받았지만 이를 조화시키려는 노력을 하지 않기 때문이다. 언뜻 보기에 그는 대부분을 일곱 가지 클리마타에 의존하는 것처럼 보이며, 장소의 특성과 본성을 분류하는 데 이 클리마타가 가지는 가치에 대해 이야기한다("… 장소의 본성과 특질을 이해하기 위해서는 기후의 이해를 가능케 하는 주목할 만한 넓은 지대의 경계에 대해 생각하고 언급해야 한다"). 31) 그리고 나서 그는 이러한 태도를 버린 채 거주 가능한 세계를 동서남북 네 부분으로 나누는 설명을 옹호한다. 나아가 또 다른 곳에서는 클리마타와 아무런 관련이 없는 세 지대 구분을 이용하여 말하기도 한다. 32) 즉, 몹시 추운 지대, 타는 듯이 뜨거운 지대, 온화한 지대로 나누고 인종, 피부색, 개인의 자질, 신체적 특성을 그 지대와 상호 연계시킨다.

성 알베르투스는 일곱 가지 클리마타라는 전통적인 분류법을 받아들인

---

30) "장소의 본질을 알 필요가 있다는 측면에서 볼 때 모든 인간은 불안정한 상태이며 물리적 조건을 통해서 이 문제를 다루는 것만으로는 충분치 않다. 나는 보편적이지 않은 것으로부터 출발한다. 특수한 장소의 차이와 그 자체의 차이 및 반대되는 장소의 차이의 원인을 알 필요가 있으며 장소에 따라 생겨나는 것과 쇠락하는 것을 알아야만 완벽하다고 할 수 있다", *DNL*, Tr. I, chap. 1 (Jammy, p. 263). 플라톤과 아리스토텔레스에 대한 언급은 이러한 주제를 정교하게 한 뒤 이루어진다.

31) *Ibid.*, Tr. III, chap. 1 (Jammy, Vol. 5, p. 283 오른쪽 아래). 우리는 일곱 개의 클라마타에 대한 고전적 자료원(그리고 근대의 논의 일부)과 중세의 자료원을 읽으면서 가망 없는 혼동에 빠진다. 내가 아는 한 이 늪에서 빠져나오는 유일한 길은 호니히만(Honigmann)이 쓴 《일곱 가지 클리마타 …》(*Die Sieben Klimata …*)다.

32) Honigmann, *op. cit.*, pp. 17~19, 26~27. 포시도니오스에서 활용된 클리마타와 지대가 아마도 후대의 혼동의 원인일 것이다. (성 알베르투스가 이러한 연관성을 거론한) 비트루비우스가 포시도니오스에 근거해 논의를 진행시킨 것이 사실이라면 특히 그러하다.

다. 첫 번째와 일곱 번째는 열대와 북부 지역으로 극단을 이룬다. 두 번째와 여섯 번째는 그보다 덜 극단적인데 두 번째는 첫 번째와 닮았고 여섯 번째는 일곱 번째와 닮았다. 네 번째와 다섯 번째는 보다 온화하고 적합하다. 고전적 관습에 따라 클리마타는 지구의 거주 가능한 부분(*oikoumenē*)에만 제한적으로 적용되며 하나의 클리마(*klima*)와 다음 클리마 사이는 가장 긴 낮의 길이 차이가 30분씩으로 가장 긴 낮의 길이가 첫 번째이자 최남단 클리마인 메로에(Meroë)에서는 16시간, 일곱 번째 클리마이자 최북단 보리스테네스(Borysthenes: 드네프르 강**)에서는 13시간이었다. 33)

성 알베르투스는 일곱 가지 클리마타 각각을 다시 세 지역(*regions*)으로 구분한다. 그러나 그는 이 21가지 구분을 인간의 문화적 · 신체적 특성과 상호 관련시키려는 시도를 하지 않는 대신에 열 그리고 종자가 함유한 습기의 계절적 변화가 갖는 중요성을 강조한다. 이러한 요소가 모든 생명에 필수적이기 때문이다. 34) 장소에 의해 결정되는 다양한 조합이 살아 있는 것들의 특성을 설명한다.

대조와 비교라는 관점에서 볼 때 중요한 클리마타는 양 끝에 있는 첫 번째와 일곱 번째, 중간에 있는 네 번째와 다섯 번째다. 첫 번째 클리마는 과도한 열과 건조함이 있는 지역으로 추위와 습기가 별로 없다. 뜨거운 음식에서 만들어져서 체내의 커다란 열 속에서 정액이 무르익은 후 자궁으로 흘러들어가 그곳에서 끓어 증발한다(수정이 이루어진다니 놀라운 일이다!). 검은 피부와 곱슬곱슬한 머리카락 또한 태양열 때문이다. 35) 《장소의 본질에 대하여》에 등장하는 보다 세부적인 논의에서 가장 뜨거

---

33) Honigmann, *Die sieben Klimata*, p. 9. 또한 일곱 가지 클리마타와 아랍인에 대한 논의도 참고하라.
34) "물과 늪을 다양하게 만드는 장소로부터 알게 된 지식 때문에(이 지식을 습득한 사람이라면) 장소를 통해 신체의 본성이 더 나아진다는 보편성을 이해한다", *DNL*, Tr. II, chap. 2(Jammy, Vol. 5, p. 280).
35) *DPE*, Bk. I, Tr. I, chap. 5(Jammy, Vol. 5, pp. 297~298).

운 장소에서 태어나는 민족은 그들 자신도 매우 뜨겁다. 아주 건조한 곳에서 얻어진 후추 씨처럼 주름이 잡힌다.

(에티오피아인을 사례로 하는) 검은 피부색은 다음과 같이 설명된다. 뜨겁고 건조한 자궁은 뜨거운 정자를 받는다. 열기 속에서 정액 중 상대적으로 점도가 낮은 부분이 증발한 뒤 남은 무겁고 흙 같은 정액이 피부의 검은색을 만든다(성 알베르투스는 하얀색을 띠는 뼈와 치아 같은 신체의 단단한 부분에 대해서는 무척 애매한 태도를 취한다). 매우 뜨거운 공기에 둘러싸인 그들의 건조한 신체는 지속적으로 수분을 상실한다. 이 민족은 가볍고 기민하다. 그들은 열기를 두려워하지 않는다. 열이 이들로부터 모든 수분을 가져가기 때문에 이들의 성기는 약하고 불임이다.

생명의 정신은 습기와 함께 사라지며 이들의 수명은 30년에 불과하다. 건조함과 쇠약함 같은 (분명한 이유로) 여성의 임신은 어렵지만 자궁이 느슨하고 부드러워 출산은 수월하다. 첫 번째를 떠나 네 번째나 다섯 번째 클리마를 찾아간 원주민들은 검은색에서 흰색으로의 피부색 변화를 겪을 것이다. 인도인처럼 열기가 움직이는 지역이면서 첫 번째 클리마에서 살아가는 민족은 발명에 재주가 있고 철학과 마술에서 두드러지지만 이곳에서는 별의 영향력이 지배적인 것으로 보인다.

일곱 번째 클리마에서 사는 민족과 그들의 생리적 과정은 첫 번째 클리마에서 사는 민족의 그것과 사뭇 대조적이다. 일곱 번째 클리마의 변방이나 그 너머의 서쪽에는 다키아족(Dacians)과 고트족이 살고 동쪽에는 슬라브족(Slavs)이 산다. 이들은 피를 수축시키고 심지어는 피를 압박해 밀어낼 수도 있는 추위 때문에 흰 피부색을 가진다. 그는 아리스토텔레스를 인용해 북부의 여성은 생리를 드물게 하지만 코를 통해 피를 흘릴 수 있다고 언급한다. 왜냐하면 이들의 신체는 구멍이 많지 않아 많은 열이 체내에 남기 때문에 이들은 살이 찌고 점액으로 가득하다. 36) 여성은

36) "그리고 이것〔이를테면 신체 안에 열이 유지되는 일〕은 그들의 건강한 신체와 살

178

매우 드물게 임신하며 임신하더라도 출산하는 데 어려움을 겪는다. 성 알베르투스는 이 여성들을 게르만 여성들과 비교하는데 게르만 여성들은 (다른 어떤 여성들보다) 쉽게 임신하지만 그들 역시 출산에는 매우 어려움을 겪는다. 북부인들의 신체를 수축시키는 추위는 그들의 생명의 정신과 신체의 체액이 마르지 않도록 해 이들은 생명력이 넘친다.

그들의 피와 기질에는 항상 따뜻함이 넘친다. 37) 그러므로 이들은 (자신들이 너무나 많은 열과 습기를 품었기 때문에) 열기를 매우 두려워하지만 많은 피를 가지기 때문에 두려움으로 인한 상처는 비교적 덜하다. 일곱 번째 클리마에 거주하는 사람들은 육중한 신체 때문에 육체노동에 탁월하지 못하다. 이들은 두뇌 회전이 둔하고 못 배웠지만 공부를 통해 더 나은 존재가 되도록 자극받을 수 있다. 다키아족과 슬라브족은 밀라노인과는 달리 법, 인문학적 연구, 예술을 공부하느라고 스스로를 괴롭히지 않는다. 38)

네 번째 및 그 옆에 있는 다섯 번째 클리마의 특질은 극단적 기후가 지닌 바람직한 특질의 딱 중간으로 고전적 견해와 부합하는 결론이다. 그곳의 민족은 오래 살고 타고난 기상으로 인해 가장 훌륭하게 일하며 좋은 관습을 지닌다. 북부 민족의 관습은 (문자 그대로 늑대처럼) 잔인한데, 이는 심장에 있는 열기 때문이다. 남부 민족은 극단적으로 쾌활하다. 적당한 기후에 사는 민족은 수월하게 서로 어울려 살며 정의를 실천하고 약속을 지키며 평화와 인간의 사회를 존중한다. 성 알베르투스는 극단적인

집과 점액을 만든다 …", *DNL*, Tr. II, chap. 3(Jammy, Vol. 5, p. 282).
37) " … 추운 장소와 신체의 수축 때문에 그들에게서는 숨과 체액이 증발하지 않는다. 신체를 수축시키는 추운 장소의 영향권 가까이 있는 사람은 항상 강한 채로 남고 많은 일을 할 수 있으며 생리가 불순하기도 하다. 그리고 그것은 또한 그들의 신체를 뜨겁게 하여 이들이 열정적인 원인이 된다. 따라서 그들은 용감하다. 왜냐하면 열이 언제나 피와 숨에 가득하기 때문이다", *Ibid.*, p. 282, Tr. II, chap. 3(Jammy, Vol. 5, p. 282 오른쪽 아래).
38) *DNL*, Tr. II, chap. 3(Jammy, Vol. 5, p. 282).

두 기후 사이에 있는 적당한 환경이 로마제국의 성공 원인이었다는 비트루비우스의 언급에 찬성하며 여기에 부연설명을 한다.[39) 여기에서 그는 분명히 클리마타보다는 매우 추운 기후, 매우 더운 기후, 온화한 기후 같은 보다 단순한 분류에 관심을 기울인다. 그러나 성 알베르투스에게 다른 환경론도 있다. 예컨대 그는 산과 바다 또는 숲과 습지를 대비시키는데, 그것들은 지역의 순수한 물리적 조건에 기인해 차이를 발생시키는 원인적 사건(*accidentia*)이다. 이러한 논의는 히포크라테스를 떠오르게 한다.

　냉혹하고 비우호적이며 차갑고 건조한 지역에서 태어난 인간은 극단적으로 강하고 튼튼한 뼈를 가진다. 관절은 확연히 눈에 띄며 체격은 거대하다. 이들은 전쟁에 능숙하고 수월하게 전쟁을 지속할 수 있으며 단단한 팔다리를 가진다. 이들의 관습은 거칠어서 마치 돌로 만들어진 사람 같다. 그러나 습기가 많고 추운 지역의 민족은 아름답고 부드러운 얼굴을 지니며 관절은 피부에 잘 덮여 있다. 뚱뚱하지만 키는 별로 크지 않으며 배가 나왔다. 그들은 불같은 심장을 지녔기 때문에 대담하지만 일하는 데는 쉽게 게을러지며 전쟁에 열의를 보이지 않는다. 얼굴은 희거나 노랗다. 산악 지역에 사는 민족은 몸속에서 진액이 많이 생성되도록 만드는 물 때문에 울퉁불퉁하고 혹이 나온 목과 목구멍을 가진다.[40)

　성 알베르투스의 사상은 거칠거나 비우호적인 환경 앞에서 인간이 무력하지만은 않다는 믿음이 얼마나 오래전부터 지속되었는지를 보여준다. 많은 경우 인간은 환경을 변화시킬 수 있다. 숲 근처나 숲 가운데 장소는 숨 막힐 듯 공기의 밀도가 높다. 대부분은 구름이 끼고 회오리바람

---

39) 언급된 내용은 Vitr., *On Arch.*, Bk. VI, chap. 1, 10~11. *DNL*, Tr. II, chap. 3, 마지막 부분(Jammy, Vol. 5, p. 282 오른쪽).

40) *DNL*, Tr. II, chap. 4(Jammy, Vol. 5, pp. 282~283). 이 장은 집으로 적당한 위치, 의복, 약품과 다양한 장소와의 관련성을 논의하는 데 있어 비트루비우스의 태도를 계승한다. 인간에게 적용되는 것은 동식물, 돌에도 적용된다.

이 분다. 숲의 바닥에는 습기가 차 있다. 나무에 부딪힌 수증기는 갇힌 채 밀도가 높아진다.

이러한 이유로 옛날 현자들은 나무와 숲을 베어 내 자신들이 거주하는 지역을 개선했다. 호두나무와 참나무, 여타 다른 나무는 유해한데 자신들의 쓴맛으로 공기를 오염시키고 높이 자라나서 공기를 가둬 공기가 빠져나가 정화되는 것을 방해하기 때문이다. 그러므로 환경의 영향이 반드시 영속적인 것만은 아니다. 인간이라는 작인이 이들을 변화시킬 수 있기 때문이다. 이 구절은 나무를 베어내 장소의 기후를 변화시킬 수 있다는 테오프라스토스의 언급을 떠오르게 한다. 플리니우스는 이러한 입장을 되풀이했다. [41]

성 알베르투스의 《장소의 본질에 대하여》는 히포크라테스의 《공기, 물, 장소》 이후로 지리학적 이론을 인간의 문화와 연계시킨 논의 중 가장 중요하고 가장 정교한 것이다. 독창성이 부족하다는 점 때문에 사상의 연속선상에서 하나의 획을 그은 이 책의 중요성을 과소평가해서는 안 된다. 장소의 다양성은 그 장소에 근거해 발생하는 현상의 다양성을 의미했다. 장소는 점성술적 이유에서도 중요했던 것이다. 그리고 환경과 점성술이라는 두 요소의 영향은 신성한 의지에 의해 원소에게 부과된 통일과 조화의 측면이었다.

한편 성 알베르투스는 또한 개인 간의 정신적·신체적 차이를 유발하는 것으로 간주되는 환경의 영향을 전체 민족에게로 확대 적용하는 과거의 오류를 반복했다. 고대인들이 범했던 오류는 성 알베르투스에게도 이어졌다. 환경론은 특히 피부색이나 머리카락 색 같은 인종적 차이와 생리적·문화적 차이를 쉽게 설명하기 위한 도구가 되었다.

성 알베르투스는 인간과 자연에 대한 사상 체계를 잘 정리하는 데 성공했다. 이러한 체계는 창조된 세계이지 영원한 세계가 아니며 우주는 신

---

41) *DNL*, Tr. I, chap. 13, 마지막 부분(Jammy, Vol. 5, p. 278).

이 의도한 질서와 아름다움의 증거이다. 천체는 자신들의 영향권 내에서 지구에 영향을 미치며 지구상의 여러 지역의 물리적 조건은 그들의 영향을 보충한다. 나아가 그는 전체로서의 자연 연구도 잊지 않았다. 기후, 동식물의 서식지, 지역적 조건은 민족을 이해하는 데뿐만 아니라 박물학을 이해하는 데도 필수적이었기 때문이다. [42]

5. 백과사전파, 잉글랜드의 바르톨로메우스

세비야의 이시도루스에게서 많은 것을 모방했던 12~13세기의 백과사전 편찬자들은 6~7세기에 활동했던 세비야의 이시도루스처럼 일반적으로 지리학이나 세계지에 대한 학술 논문들을 포함시켰다. 보통 그것은 지명, 관구(*provinces*), 고대인들로부터 인용구를 모은 일람표의 형식을 취했다. 이런 종류의 저술이 마그누스, 헤일스의 알렉산더, 캉탱프레의 토마스, 보베의 뱅상, 잉글랜드의 바르톨로메우스에 의해 쓰였다. 이러한 논의 중 가장 인상적인 것은 《사물의 속성에 대하여》에 나타난 잉글랜드의 바르톨로메우스의 지리학 관련 논의다. 지리학적 지식을 집대성하려 한 이러한 시도는 대개 플리니우스, 세비야의 이시도루스, 오로시우스, 성 아우구스티누스, 성 바실리우스, 성 암브로시우스에게 크게 의존했다.

잉글랜드의 바르톨로메우스의 생애에 대해서는 알려진 바가 거의 없지만, 잉글랜드에서 태어난 것으로 추정된다. 그는 프랑스에서 살았으며 로우랜즈(Lowlands: 네덜란드를 중심으로 하는 저지대 지역_옮긴이), 프랑스와 독일에 이르는 넓은 지역을 여행했거나 직접적인 보고를 들었음이

---

42) 이를테면 "De animalibus", Bk. XII, Tr. I, chap. 4, 59, in *Beiträge zur Geschichte der Philosophie des Mittelalters*, Vol. 15(1916), p. 820을 참고.

틀림없다. 13세기 중반에 출판된 것으로 여겨지는 《사물의 속성에 대하여》는 13세기가 지나기 전에 영국 전역에 유통되었다. 그의 책은 이탈리아어, 프랑스어, 영어로 번역되었는데, 코르베송(Jean Corbechon)의 프랑스어 번역이 특히 인기 있었다. 이 책은 16세기가 시작될 무렵까지 널리 읽히며 영향력을 행사했다.[43] 그는 장소의 본질에 대한 짧은 소논문을 작성했던 그로스테스트에 대해 연구했지만 이 사안은 우리가 지금 다루는 주제와는 큰 관련이 없다.[44]

잉글랜드의 바르톨로메우스의 사고 또한 고대의 생리학 이론에서 유래한 것이다.[45] 차고 건조한 북부의 바람은 털구멍을 닫고 신체의 열을 보전한다. 그러므로 북쪽에 거주하는 사람들은 키가 크고 건장하다. 뜨겁

---

43) Delisle, "Traités Divers sur les Propriétés des Choses", *Hist. Litt. de la France*, Vol. 30, pp. 363~365. 들릴(Delisle)은 잉글랜드의 바르톨로메우스가 프랑스에서 출생했음을 기정사실화하려고 노력한다. 나는 잉글랜드의 바르톨로메우스의 생애에 대한 주요 자료원을 요약한 William J. Humphry의 미출간 박사 논문(Berkeley, 1955)에 많은 도움을 받았다. 이 논문은 라틴어 본문과 장 코르베송의 1372년 프랑스어 번역본 중 지리학에 관한 XV권으로 구성되어 있다. 《사물의 속성에 대하여》는 다음의 주제들을 순서대로 취급한다. ① 신, 천사, 혼, 원소, 체액 ② 신체의 각 부분, 삶, 가족, 사회 ③ 선율 ④ 천상의 세계, 움직임과 시간, 물질과 원소, 대기 중에서 발생하는 현상, 새, 물과 물고기, 지구와 산, 지역, 광물, 동식물, 사물의 특별한 속성.

44) 잉글랜드의 바르톨로메우스와 그로스테스트의 관계는 경험과학의 역사에서 그로스테스트가 중요한 위상을 차지하기 때문에 여기에서 언급한다. 그로스테스트 (1253년 사망)에 대해서는 A. C. Crombie, *Robert Grosseteste and the Origins of Experimental Science, 1100~1700*과 그의 책 *Medieval and Early Modern Science*, Vol. 2, pp. 11~23에 요약된 논의를 참고하라. 또한 Anton E. Schönbach, "Des Bartholomaeus Anglicus Beschreibung Deutschlands genen 1240", *Mitt. des Insts. für österreichische Geschichtsforschung*, Vol. 27(1906), pp. 54~90과 H. C. Darby, "Geography in a Medieval Text Book", *Scott. Geog. Mag.*, Vol. 49(1933), pp. 323~331을 참고하라.

45) *De prop.rerum*, Bk. IV, chap. 2를 참고하라. 인종, 피부색, 기후에 대한 내용이 담겨 있다. Aristotle, *De Caelo et Mundo*, chap. 6과 갈레노스에 대한 언급이 있다. Book IV 전체는 원소와 체액에 관련된 것이다.

고 습윤한 남쪽의 바람에 영향을 받은 사람들은 북쪽 사람들이 가진 대담함, 분노, 노여움이 적다. 46) 환경에 대한 이와 같은 설명과 또 다른 설명은 잉글랜드의 바르톨로메우스가 다른 사람들의 이야기를 차용할 때 사용된다. 그러나 당대의 생활에서 자신이 아는 장소를 언급할 때에는 지역 조건에 대한 설명이 없거나, 설명을 하더라도 환경적 설명이 아닐 가능성이 크다.

지리 사상의 역사에서 유익하게 탐구할 만한 주제 중 하나는 환경적 영향에 대한 사고가 관찰자에게 잘 알려진 시대나 장소보다는 멀리 떨어진 시대나 장소에 적용될 때 보다 설득력 있고 수용할 만한 것이었다는 사실이다. 일상생활에서는 관찰되는 명백한 사실들이 너무나 많아서 한 가지로 설명하기가 어렵다. 나아가 성스러운 장소만을 서술하겠다고 언급했지만 그 목적을 벗어난 잉글랜드의 바르톨로메우스의 연구는 (논문의 많은 부분이 보여주듯) 장소의 상업적 중요성과 사람들의 민족적 특성에 대한 그의 광범위한 관심을 보여주는 징후다.

잉글랜드의 바르톨로메우스는 유럽에 대한 논의에서 피부색이 하얀 민족과 검은 민족을 대조한 플리니우스를 따른다고 말한다. 그는 세비야의 이시도루스가 주장한 에티오피아 어원론을 채택하면서 인종의 피부색을 기후적으로 설명한다. 47) 표제어 갈리아에 대한 설명은 '세비야의 이시도루스의 일반화'에 대한 잉글랜드의 바르톨로메우스의 지식을 보여준다. 세비야의 이시도루스의 일반화는 《아이네이스》에 대한 세르비우스의 주

---

46) *De Prop. Rerum*, Bk. XI, chap. 3. Kimble, *Geog. in the Middle Ages*, p. 178을 참고하라. 킴블의 책에는(위에 잉글랜드의 바르톨로메우스로부터 인용한 내용으로 대표되는) 환경론과(15세기) 베니스의 의사였던 요아네스 칼데리아 (John Calderia)의 《천문학전서》(*Liber Canonum Astrologia*)에서 도출된 점성론 사이의 갈등에 대한 흥미로운 사례가 담겨 있다.

47) Pliny, *NH*, II, 80. *De prop.rerum*, Bk. XV, "De Europa", 7. 이미 매우 진부한 주제다. 성 알베르투스는 그것을 진부하게 만들었다. Bk. XV, 52, "De Ethiopia", 1.

석에서 도출된 것으로 로마인의 진지함, 그리스인의 쾌활함, 아프리카인의 악의 어린 품성, 갈리아인의 용기의 원인을 기후에서 찾는다. 이 사상은 표제어 푸아투(Poitou)**에 대한 설명에서도 반복된다. 48) 그러나 단독으로 인용될 경우 이러한 차용은 그릇된 인상을 준다. 보다 일반적인 백과사전의 표제어 형식은 땅과 그곳 민족의 특성을 간략하게 제공하는 것이다. 땅이 비옥하여 곡식이나 포도 또는 다른 작물을 재배할 수 있는지, 습지나 숲, 야생동물이 있는지, 민족이 용감하고 선하며 꾀가 많고 잔인한지 등이다.

플랑드르(Flanders)**나 홀란트에 대한 논의에서 플리니우스와 세비야의 이시도루스의 진부한 설명은 곧 잊혔다. 플랑드르에 거주하는 사람들은 수렁에서 흙을 파고 숲에서 자신들에게 부족한 것을 보충한다. 강한 불은 불쾌한 냄새를 내며 재는 쓸모없다. 49) 홀란트에 대해 경의를 표하는 묘사는 이미 언급한 바 있다(170쪽을 참조하라_옮긴이). 비슷한 기후 조건에서 살아가는 같은 국가 내 민족들 사이에 나타나는 차이점은 인식되지만 인과적 설명은 배제된다. 프랑스는 훌륭한 채석장과 뛰어난 건축 자재를 가진다. 그리고 파리의 토양은 파리 주민들이 '회반죽'이라 부르는 석고를 함유한다는 점에서 두드러진다.

잉글랜드의 바르톨로메우스는 도시로서 파리에 아낌없는 찬사를 보낸다. 50) 그는 문화적 특징은 민족 혼합의 결과일 수 있다는 사실을 인식한다. 푸아투의 민족은 프랑스인과 혼합되어 이들의 언어와 관습을 배웠다. 그들의 아름다운 신체와 신체적 강인함은 그들의 조상이었던 픽트족(Picts)에게서 물려받은 것이다.

---

48) *Ibid.*, Bk. XV, 66, 2, "De Gallia", and "De Pictavia", 122, 5, 여기서 세비야의 이시도루스가 재차 언급된다. Isidore, *Etym.*, Book IX, chap. 2를 참고하라.

49) *Ibid.*, 58, 5, "De Flandria"

50) *Ibid.*, 57, "De Francia"; on Paris, 6~9.

그러고 나서 잉글랜드의 바르톨로메우스는 체격, 피부색, 정신에 미친 환경적 영향에 관한 세비야의 이시도루스의 언급을 인용한다. 잉글랜드인과의 혼합은 스코틀랜드인의 풍속을 변화시켰다. 스코틀랜드인은 아일랜드인처럼 숲에서 생활했다. 이들은 고대의 관습을 지키려 했고 자랑스럽게 여겼던 원시적 선조와 더 이상 같지 않다. 슬라비아(Slavia)의 민족들은 유사하지만 종교상 차이를 보인다. 이교도 및 그리스 및 라틴 종교의 숭배자들이 있기 때문이다.[51]

중세의 저술가들이 품었던 에덴동산의 자연환경 개념에 대해서는 흥미로운 논문을 쓸 수 있을 것이다. 왜냐하면 그들의 묘사에는 종종 그들이 무엇을 이상적인 생활 조건으로 생각했는지가 드러나기 때문이다. '낙원'(paradise)이라는 단어의 유래에 대해 세비야의 이시도루스의 언급을 인용하는 잉글랜드의 바르톨로메우스는 낙원이 홍수가 미치지 못할 만큼 높은 곳에 위치한다는 이유로 세비야의 이시도루스에게 동의한다. 낙원은 춥지도 덥지도 않다. 대기는 영원히 온화할 것이고 식물은 꽃을 피우며 기분 좋은 광경을 연출한다. 낙원은 신의 형상에 따라 만들어졌다고 할 만큼 가치 있는 장소다.

잉글랜드의 바르톨로메우스는 스트라부스(Strabus)*와 비드를 따라 낙원이 순결한 상태의 인간에게 알맞은 곳이었다고 말한다. 낙원은 높은 곳에 있다. 비드와 세비야의 이시도루스가 언급한 대로 낙원은 달의 궤도에 닿으며 고요하고 순수한 공기로 인해 영생하는 영역이다. 에덴동산의 모습은 건강, 다산, 식생의 번성, 적절한 기후가 두드러지는 이상화된 지구의 환경이다. 정체되어 있고 질병을 품은 늪은 결코 타락 이전의 인간 본성에 부합했던 아름다움과 거주 가능성을 지닌 낙원 환경의 일부라 할 수 없는 것이다.[52]

---

51) *Ibid.*, 122, "De Pictavia"; 152, 4~5, "De Scotia"; 140, 1, "De Slavia"
52) *Ibid.*, 112, "De Paradiso". 이 저작에서 가장 긴 논문 중 하나다.

6. 아퀴나스가 키프로스의 왕에게

아퀴나스의 《왕권에 대하여, 키프로스의 왕에게》(*On Kingship, To the King of Cyprus*)는 자연환경과 국가의 통치 간의 관계와 부분적으로 관련된다. 이 주제는 정치론과 지리 사상의 역사 모두에 중요한 주제다.

이 문제와 관련하여 아리스토텔레스의 유명한 구절을 면밀하게 따르는 아퀴나스는 인간은 홀로 살 수 없는 정치적 동물로서 반드시 정부를 가져야만 하며 군주가 폭군이 되어서는 안 된다는 전제하에 (우주의 통치자로서의 신이라는 유비에 의존하여) 군주제가 최상의 정부 형태라고 말한다. 도시의 기반을 닦거나 그에 뒤이어 도시를 통치하는 과정에서 왕은 반드시 많은 것을 고려해야만 한다. 고려 대상에는 장소 선정, 대기의 성질, 식량 공급이 포함된다.

아퀴나스의 이 저작은 "도미니크 수도회의 활동과 친화력을 보였던 뤼지냥(Lusignan)의 왕이자 키프로스의 왕인 휴 2세(Hugh II of Cyprus)*에게 바친 헌납물이었거나 교회를 지어준 데에 대한 감사로 어떤 가문의 일원에게 바친 헌납물 혹은 1244년 예루살렘 함락 및 프랑스의 성왕 루이(St. Louis of France)*의 실패한 십자군 이후 기독교 군주들에게 그들의 봉사가 필요함을 기억하게 하려는 용도로" 쓰인 것으로 보인다. 왜냐하면 "성지에 대한 불확실한 근거를 토대로 군주들과 사람들을 재집결시키는 일과 관련해 도미니크 수도회의 활동이 두드러지게 증가했기" 때문이다. 추측이긴 하지만 십자군 시대가 서로 다른 환경을 비교할 좋은 기회가 되었을 것이다.

키프로스에 대한 중세의 설명은 적절하고 건강한 환경 조건에서 뜨겁고 축축한 환경 조건에 이르는 매우 다양한 조건을 묘사한다. 이러한 다양성은 정착지를 건설할 때에는 기후를 고려할 필요가 있음을 보여주었다. "유사한 보고들 때문에 아퀴나스는 왕에게 도시 생활과 기후의 관계 및 정치를 위한 의학의 중요성을 언급한 고대의 가르침을 상기하라고 권했을 것이다 …". 53) 이러한 노력을 기울이는 아퀴나스를 안내한 이들은 아리스토텔레스(특히 《정치학》, 《물리학》), 비트루비우스, 베게티우스다. 54)

아퀴나스는 행정 당국을 신의 작업과 비교하면서, 도시나 왕국의 설립자는 그에게 허락된 인간의 능력을 최대한 활용해 사물의 생산 및 "질서 정연하게 구분된 세계의 각 부분"에서 드러나는 신의 세계 창조의 사례를 모범으로 삼으려 노력해야 한다고 말한다. 우리는 하늘의 별, 공중의 새, 물의 물고기, 육지의 동물처럼 사물의 특정한 분포를 관찰한다. "나아가 우리는 신성한 권능이 각 종에게 필요한 사물을 풍족하게 제공한다는 사실을 깨닫는다"55) (창세기 1장을 요약해 이를 설명한다). 도시나 왕국의 설립자는 이런 의미에서 절대로 창조자가 될 수 없다. 왜냐하면 그는 인간, 인간이 거주할 장소, 다른 필요한 것을 창조할 수 없기 때문이다.

인간은 자신의 기예와 기술을 통해 자연에 존재하는 기존의 사물을 활용해야만 한다. 대장장이가 철을, 건축가가 나무나 돌을 활용하는 것과 같다. "그러므로 도시와 왕국의 설립자는 반드시 먼저 적합한 장소를 선정해야만 한다. 그러한 장소는 장소 자체의 건강함이 주민들을 보호하고, 그 풍족함이 생활의 필요를 충족시켜 주며, 그 아름다움이 주민들을 즐겁게 하고, 자연적 방어물이 적으로부터 주민들을 안전하게 지켜야 한다". 56)

여기서 도출되는 신성한 계획과 도시 계획 사이의 유사성은 분명하다. 도시의 기초를 다지는 작업은 왕과 왕의 신하가 참여할 수 있는 일종의

---

53) *On Kingship*. 번역자의 서론, pp. xxxi, xxiii~xxiv.

54) Aristotle, *Pol.*, VII, 7; *Physics*, VII, 3, 246b; 삶의 길고 짧음에 관해서는 I, 465a, 7~10; Vegetius, *De re militari*, I, 2; Vitr., *On Arch.*, Bk. I, chap. 4. 또한 번역자의 notes pp. 68~80을 참고하라.

55) *On Kingship*, 99.

56) *Ibid.*, 100.

창조 활동이다. 물론 신의 창조 활동보다는 훨씬 낮은 지위를 차지한다. 그러므로 이 소논문에 등장하는 지리학적 내용 대부분은 고대의 실용적인 전통과 신성한 계획의 사례의 도움을 받은 현실적 계획의 문제와 결부된다. 왕국의 어떤 부분은 도시 건설에, 다른 부분은 마을이나 촌락을 구성하기에 적합할 수 있다. 군부대를 주둔시킬 장소나 교육, 시장, 교회, 법원, 무역을 위한 장소를 선정할 수도 있다. 그 장소는 각자의 지위나 생활 여건에 따라 필요한 것을 모든 이들에게 제공할 수 있어야 한다.

(체액의 조화로운 균형이라는 생리학적 측면을 나타내는) 아리스토텔레스의 '중용'이 건설 계획의 근본 원리다. "주민들이 적당한 기후에서 얻을 수 있는 장점이 많기 때문에 기후가 적당한 지역을 골라야 한다. 우선 그런 곳에서는 신체적 건강과 긴 수명이 보장된다. 왜냐하면 좋은 건강은 생명 유지에 필수적인 액체(체액)의 올바른 온도로 이루어지므로[57] 온화한 기후에서 잘 보전될 것이기 때문이다. 비슷한 것과 함께 있을 때 더 잘 보전되기 때문이다". 그러므로 극단적인 것은 나쁘다.

성 알베르투스처럼 아퀴나스는 에티오피아의 매우 뜨거운 지역에서 살아가는 인간의 수명이 30년이라는 주장을 인용한다. 왜냐하면 열로 인해 생명을 지탱하는 데 필요한 습기가 말라 없어지기 때문이다.[58] "게다가 또한 적절한 기후는 인간 사회의 안전 유지에 필요한 전쟁 능력에도 크게 이바지한다"(군인 모집에 미치는 기후의 영향에 대한 베게티우스, 《군대》, I, 2에서 인용). 적절한 기후는 또한 "정치적 생활에도 적지 않은 가치를 지닌다"(아리스토텔레스, 《정치학》, VII, 7, 1327b, 23~32 인용). 장소의 건강함도 고려되어야 한다. 습지는 피해야 하며 적절한 햇빛이 드는 장소를 선택해야만 한다(Vitr., I, 4 인용). 생산되는 식량의 조건도 장소의 건강함을 판단하는 기준이 될 수 있다. "고대인들은 그곳에서 기르는 동

---

57) *Ibid.*, 124. 고전 자료원에 대해서는 124~127의 주석을 참고하라.
58) *Ibid.*, 125.

물을 조사해 이러한 조건을 밝히곤 했다". 다음으로 중요한 것은 좋은 공기와 물이다. 민족의 생김새 역시 그 기후의 건강함을 드러낸다. 반드시 건강하고 비옥한 지역이어야 하며 작물 재배와 교역이라는 두 가지 식량 확보의 수단을 갖추어야 하는데 작물 재배가 자급을 더 많이 보장하므로 이를 우선시해야 한다.

아퀴나스는 교역이 윤리에 해를 끼친다는 고전적 신념을 반복하면서(아리스토텔레스, 《정치학》, V, 3, 1303a 27; VII, 6, 1327a 13~15를 따라) 외국인과의 교제는 "시민적 관습에 특히 해롭다고 말한다. 상이한 관습을 가진 외국인들이 현지 시민처럼 행동하기를 기대할 수는 없지만 시민들이 낯선 이들의 본을 보고 자신들의 고유한 방식에서 벗어날 수도 있다".[59] 12~13세기 도시 건설에 막대한 노력이 투여되었음을 고려한다면 이것은 놀라운 진술이다. 아퀴나스는 고전적 모형과 이윤에 관련된 종교적 사고에 너무도 충실한 나머지 그의 시대에 벌어진 최고의 사례들, 즉 새로운 도시와 그 도시로 인해 생겨난 복잡성을 명백히 무시한다.

도시를 위한 장소는 "그 아름다움으로 거주민들을 사로잡아야만 한다". 그곳은 넓은 초지이다. 풍성한 숲, 산, 과수원, 풍부한 물을 갖춰야 한다. 그러나 그는 중용의 신봉자답게 지나치게 아름다우면 안 된다고 밝힌다. 지나친 아름다움은 사람에게 과도한 즐거움을 누리도록 유혹할 것이며 결국 감각의 판단력을 손상시킬 것이기 때문이다(Aristotle, *Eth. Nic.*, VI, 5; *Eth.*, VI, 4를 따름).

왕권에 대한 아퀴나스의 소논문은 아리스토텔레스, 베게티우스, 비트루비우스의 저술로부터 유래된 사고를 13세기에 다시 반복했다는 것 이

---

59) *Ibid.*, 126, 128~129. Vitr., *On Arch.*, Bk. I, chap. 4, 9에 따르면 고대인들은 소의 간을 검사했다. 아퀴나스는 또한 종교적인 배경에서 교역에 적대적이었는데 그것이 탐욕을 유발했으며 군사적 활동에 비우호적이었고 그 활동을 약화시켰고, 또한 사람들을 도시의 성벽 안으로 집중시켰고 그로 인해 불화와 악의 유혹이 생겨났기 때문이다. 교역은 완전히 피할 수 있는 것은 아니었지만 적절한 수준에서 수행되어야 했다.

상의 의미를 가진다. 그는 고대인들의 사고가 당대의 상황을 해결하는데 적절하다고 여겼던 것 같다. 고전적 사고는 활용할 만한 최고의 것이었다. 성 알베르투스는 기후, 의학, 시민사회라는 주제가 고대 이래로 왕들의 관심을 사로잡아왔다고 말했다. 아퀴나스의 시대에 이러한 관심을 갖게 된 이유는 고전 세계가 여기에 관심을 두었던 이유와 실질적으로 동일했다. 자연환경과 건강은 분명히 관계가 있었다. 그리고 중세의 사상가들은 기꺼이 그들의 고전 시대 스승들을 따라서 그러한 관계가 정신적·인종적·문화적 차이로 확장된다는 믿음을 가졌다.

그러나 이 소논문에서 중요한 사상은 지상을 다스리는 왕의 통치와 우주를 다스리는 신성한 통치의 비교다. 왕은 더 높은 영역에서 창조 활동을 하는 신처럼 도시와 왕국을 합리적으로 계획하고 건설한다. 이성과 지성을 가진 인간이라면 왕국을 창조하는 부담과 책임이 따르는 과업에 착수하기 전에 인간의 기예와 고안물을 적용하고 공기, 물, 장소를 철저하게 연구해야만 한다.

7. 동방과 서방: 프라이징의 오토와 캄브렌시스

라이트(John K. Wright)는 《십자군 시대의 지리적 전승》(*The Geographical Lore of the Time of the Crusades*)에서 십자군 전쟁 기간에 무엇이 새로 등장했는지를 기록했다. 십자군 전쟁 시기는 서방 라틴권이 지중해 동부 지역 민족들과 그들이 가진 역사철학, 즉 '문명화 과정이 지리적으로 전진한다'는 역사철학을 접한 기간이다. 이 개념은 당시 사람들이 알던 세계사로부터, 그리고 성서적 자료원과 고전적 자료원에서 접했을 동방의 땅이 훨씬 더 오래되었다는(*ex oriente lux*) 지식으로부터 자라 나왔다. 그러므로 역사상 문명의 중심은 동쪽에서 서쪽으로 이동했다고 믿었다. 그러나 이 교의는 불편했다. "왜냐하면 서방(*occident*) 끝에 도달하면 인류

가 최후의 운명을 만날 것이라는 느낌을 주었기 때문이다".[60]

4세기 가발라의 세베리아누스(Severian of Gabala)*는 미래를 보는 눈을 가진 신은 "하늘의 빛이 서쪽을 향해 움직이는 것과 마찬가지로 인류도 죽음을 향해 서둘러 간다는 사실을 이해하도록 만들기 위해"[61] 인간을 동쪽 정원에 두셨다고 언급했다. 또한 우리가 살펴보았듯이 민족의 발상지라는 북부의 차별적 특징 때문에 문명이 남쪽으로 이동하는 전통역시 존재한다.

'역사의 지리적 전진'이라는 주제는 서구 사상사에서 되풀이된 것이다. 이 주제는 19세기에 약간 인기를 얻었는데 헤겔의 역사철학이나 리터의 지리학 사상에서, 그리고 기요 같은 그의 학생과 제자들의 사상에서 그 존재를 확인할 수 있다. 19세기 지리학에서 가장 헌신적으로 목적론적이고 경건한 입장을 견지했던 이론가인 리터는 가발라의 세베리아누스가 예상했던 우울한 결론보다는 훨씬 더 행복한 결론을 가져다주는 유비를 사용했다.

아시아는 문자 그대로 아침의 땅이며 문명의 원천이다. 그리고 유럽은 저녁의 땅이며 진보된 문명이 입지할 자리다. 아프리카는 특징 없고 평범한 낮의 땅이며 북부의 극지방은 밤의 땅이다. 그러나 신대륙의 발견으로 저녁의 땅인 유럽을 위한 새로운 동방이 창조되었다.[62] 문명이 북쪽으로 진행된다는 사고는 문명의 역사에서 서유럽 역사의 중요성을 명백하게 과대평가하는 편협한 견해에 의존해 12세기에 잠시 유행했다.

가발라의 세베리아누스의 견해같이 이 주제와 관련된 선행 견해는 십자군 전쟁 이전에 등장했다. 유스티누스(Marcus Justinus)*는 트로구스(Pompeius Trogus)*의 《필리피의 역사》(Historiae Philippicae)를 요약하는 글을 썼다. 이 글에서 유스티누스는 세계 제국의 위치가 동방(아시리

---

60) Von Grunebaum, *Medieval Islam*, p. 62.
61) Wright, *Geo. Lore*, p. 234에서 폰 그루네바움(von Grunebaum) 재인용.
62) *Geographical Studies*, trans. by Gage, p. 73.

아, 메디아, 페르시아)에서 서방(마케도니아와 로마)으로 전진했다고 기술했다. "유스티누스는 세계를 다스리는 권력(*imperium*)과 권위가 무너지는 세계 제국에서 그 계승자에게로 넘겨지는 것을 묘사한다. 이러한 사고는 [권력의 이전(*translatio imperii*)이라는 미명하에] 중세의 역사적 견해에 중요한 역할을 수행한다 …". 기독교 저술가들은 이 사고를 채택해 성 히에로니무스는 아시리아-바빌로니아제국, 메디아-페르시아제국, 마케도니아제국, 로마제국으로 이어지는 순서를 언급한다. 오로시우스는 페르시아를 카르타고로 대체했지만 네 제국의 기본적인 이동 방향은 같았다.[63]

이 개념은 프라이징의 오토가 정교화했다. 그는 《두 도시 이야기》(*The Two Cities*)의 지혜로운 한 구절에서 우리는 "시간의 경과와 생활에서의 결과적 경험에" 의해 훈련된다고 말한다. "그렇다. 더 빨리 훈련될수록 우리가 살아가는 세계의 시대는 더 진보하며" 우리는 이전에 달성된 것을 완벽하게 익힌 뒤 새로운 것을 고안한다. "시간의 경과와 사건의 진행은" 인간에게 여러 가지를 드러낸다. 그것들은 미래가 감췄기 때문에 조상들이 알 수 없었던 것들이다. "이제는 우리 모두 로마제국이 어떻게 되었는지를 알고 있다. 과거에는 그 탁월함 때문에 이교도들은 로마제국이 영원할 것이라 생각했고 우리 민족조차 거의 신성한 제국이라고 생각했다".

동방에서 유래했던 인간의 힘 혹은 지혜는 바빌로니아로부터 메디아, 페르시아, 마케도니아, 로마, 그리고 로마의 이름하에서 존속했던 그리스로 이전되었으며 다시 프랑크족에게, 그리고 인간사의 무상함을 일깨워주면서 이제는 게르만족에게 넘어와 "서방에서 그 한계를 보이기 시작했다".[64] 서방으로 향하는 이러한 현상은 종교의 역사에서도 역시 사실

---

63) 자신이 번역한 Otto, Bishop of Freising, *The Two Cities*, p. 29의 번역본 서론에 나타난 미로우(Mierow)의 논의를 참고하라. 나는 Orosius, 2, 1, 5에서 이 자료에 대한 많은 도움을 받았다.

64) *The Two Cities*, Bk. V, prologue, p. 322. p. 30의 미로우의 언급을 참고하

로 나타났다. 서구에 수도원 생활이 성행한 것이 그 증거다. 과거에는 이집트에서 가장 많았던 수도사들이 이제는 "갈리아와 게르만 지역에 가장 많이 존재하기 때문에 동방으로부터 서방으로의 권력이나 지혜의 이전에 대해 의문을 가질 필요가 없다. 왜냐하면 동일한 이전이 종교 문제에서도 영향을 미쳤음이 명백하기 때문이다". 65) 그러나 《두 도시 이야기》에 담긴 인류에 만연한 불행에 대한 슬픔의 정서로 인해 문명화의 지리적 전진에 대한 그의 사고가 환경결정론에 뿌리를 두는가에 대해서는 의문을 제기할 수 있다.

오히려 환경결정론보다 주요한 주제는 교회의 영향에 관한 것이다. 로마제국의 몰락과 가톨릭교회의 성장은 인간 역사에서 핵심 사건이다. 국가와 콘스탄티누스 대제(Constantine)* 같은 통치자의 호의에 힘입어 격상되고 부유해진 교회는 성직자들이 국가를 약화시키고 국가의 물적 검(劍)과 교회의 영적 검이 국가를 파괴하기 전까지는 국가를 철저하게 모욕하지 못했다. 로마 시대에 이르러 문명은 매우 발달해 인간이 기독교를 받아들일 수 있게 되었고, 이로 인해 새로운 법을 대동한 그리스도가 로마 권력에 복종하고 철학자들의 지혜로 형성된 세계에 올 수 있었다. 속세의 것은 실패했다. 세상에 대한 불가피한 경멸과 더불어 영적인 것이 세를 확장했다. 세상 사람들은 더 더러워지는 반면 수도원이나 세속의 성직자들은 신의 시민으로서 신의 명령을 통해 그의 미덕을 완성하고, 교회에는 알맹이와 쭉정이 모두가 있음을 인식한다.

프라이징의 오토는 시토 수도회의 신비주의와 금욕주의에 깊이 공감해 시토 수도회원이 되었다. 국가는 더 이상 지상의 도시를 대표하지 못했다. 심지어 교회마저도 더 이상 신의 도시를 대표하지 못했다. 그는 세속

라. The Two Cities, Bk. VI, chap. 24, pp. 384~386. 프랑크족과 영구적인 장소의 힘이 관련되어 있다는 가정의 덧없음에 대한 내용은 Bk. V, chap. 36, pp. 357~359 참고.

65) The Two Cities, Bk. VII, chap. 35, 미로우의 번역본, p. 448.

적으로 높은 지위를 가진 교회의 현실에 솔직하게 문제를 제기한다. 그가 속한 시토 수도회의 금욕주의는 그로 하여금 삶의 무상함과 덧없음, 지상의 재물의 변화무쌍함과 불확실성, 그리고 세상의 도성(civitas mundi)의 덧없음과 불확실성을 떠나 영원한 신의 도성(civitas dei)으로 돌아서게 만든다. 66)

그러나 캄브렌시스의 저술에서 동방과 서방의 대비는 역사적인 것이 아닌 지리적인 특성을 띤다. 질병으로 가득한 동방을 (아일랜드로 대표되는) 서방의 건강한 모습과 날카롭게 대비시킨 그의 묘사는 지중해 동부 지역의 상황에 대한 지식을 드러낸다. 웨일즈 출신인 그는 불가사의한 일, 우화, 무상함으로 가득한 1187년 작 《아일랜드의 지형》에서 잉글랜드의 바르톨로메우스의 책이 그랬듯 보통 고전에서 차용하는 내용과는 차별화되는 사고를 표현했다. 어떤 내용은 아일랜드의 조건에 대한 개인적 관찰에서 온 것으로 보이며 어떤 내용은 십자군의 보고에서 온 것으로 보인다.

캄브렌시스는 상승하는 위계질서 속에 지상의 모든 현상을 배열한다. 비유기적 자연, 동식물, 인간, 천사 순이다. 옹기장이가 자신이 빚은 흙보다 우월한 위치에 놓인 것처럼 신은 모든 창조된 존재를 초월한다. 이러한 사상은 중세에 신성한 위계가 흔히 그러했듯이 캄브렌시스의 겸손함을 자극한다. "…아, 인간이여, 뻔뻔스럽고 무모하게 천사들도 스스로 조사할 능력이 전혀 없다는 이러한 신비를 조사하고 추적하겠다고 하는구나". 67) 이러한 겸손을 너무 심각하게 받아들일 필요는 없다. 왜냐하

---

66) *Ibid.*, Bk. III, prologue, p. 220; Bk. VII, prologue, pp. 404~405; chaps. 9, p. 415; 24, pp. 433~434; 34, p. 445. 프라이징의 오토 시대와 그의 세계에 대한 음울한 견해와 《붉은 수염 프리드리히 황제의 행적》(*The Deeds of Frederick Barbarossa*)의 더 유쾌한 분위기에 대해서는 미로우의 서론, pp. 57~61을 참고하라. 그의 역사철학에 대해서는 pp. 61~72를 참고하라.

67) *Topography of Ireland*, Dist. I, chap. 9, Wright ed., p. 31. 비록 1188년에 볼드윈 대주교(Primate Baldwin)와 함께 제3차 십자군 조직을 독려하도록 웨

면 캄브렌시스는 모든 것에 대해서 호기심을 품기 때문이다. 눈을 내리깔게 만드는 수줍음이 그로 하여금 자신이 가진 많은 능력에 대한 완전한 신뢰를 부여하는 것을 막는 일은 결코 없다.

캄브렌시스에게 "아일랜드는 모든 나라 중 가장 석절한 기후를 가진 곳이다". 그곳에는 여름과 겨울에 소를 먹이기 위한 푸른 초지가 있다. 그리고 건초를 벨 필요도 마구간도 필요 없다. 공기는 건강에 좋으며 "질병을 일으키는 구름은 없고 해로운 증기도 더러운 바람도 없다". 그러나 이곳을 방문하는 외부 사람들은 오직 한 가지 병, 즉 설사에 시달린다. 아일랜드가 목가적이고 적당한 기후를 가진 곳이라는 이러한 해석을 망치는 것은 자연이 노쇠해진다는 그의 믿음이다. 그러나 캄브렌시스는 다음과 같이 말해 아일랜드 사람들의 책임을 가볍게 면해 준다. "… 세계가 늙어 노년의 쇠락을 겪으며 붕괴하기에 거의 모든 것들의 본성이 타락하고 퇴보했다".

홍수, 짙은 구름, 안개는 분명히 노년을 알리는 신호다. 그러나 캄브렌시스는 이러한 주제를 견디지 못한 것 같다. 그래서 보다 행복하지만 일관성이 떨어지는 언급으로 끝을 맺는다. "그럼에도 불구하고 건강하고 영이 맑은 사람을 괴롭히거나 섬세한 사람의 신경에 영향을 미칠 만한 방해물은 대기 중에 존재하지 않으며 날씨의 계절적 변화도 없다".

이렇게 자연의 노쇠라는 사고는 잊힌다. 아일랜드에 임박한 위험은 전혀 없는 것이다. 동방에는 비단, 값비싼 금속, 보석, 향기로운 관목이 있지만 적절하고 건강에 좋은 기후를 가진 서방과 달리 공기가 나쁘다. 동

일즈로 보내졌지만 캄브렌시스는 성스러운 땅에는 들어가 보지도 못했다. 살라딘(Saladin)의 예루살렘 재점령 소식이 1187년 말에 도착했기 때문에 그는 헨리 2세(Henry II)를 수행해서 프랑스로 갔다. 헨리가 사망하자 그가 웨일즈행을 고집했기 때문에 새로운 왕 리처드 1세(Richard I)가 그의 맹세를 풀어주고 웨일즈로 돌려보냈다. 라이트의 《기랄두스 캄브렌시스의 역사서》(*The Historical Works of Giraldus Cambrensis*) 서문과 《브리태니커 백과사전》(*Encyclopedia Britannica*) 11판에 실린 캄브렌시스에 대한 소논문을 참고하라.

방의 땅에서 겪었다는 어려움, 질병, 죽음에 대한 여러 보고에서 추출했을 것으로 보이는 구절에서 캄브렌시스는 "이러한 나라들에서는 모든 원소가 인간의 사용을 위해 창조되었음에도 불구하고 불쌍한 인간을 죽음으로 위협하고 건강을 해치며 생명을 끝장낸다". 동방에서는 땅과 바위에 접촉하거나, 물과 공기를 들이마시거나 천둥, 번개, 뙤약볕에 노출되어 죽는다. 과식이나 물로 희석하지 않은 포도주를 마시고 죽기도 한다. 사람들은 서로를 중독시킨다. 야생동물이나 뱀의 위협도 있다.

그러므로 독을 지닌 동방은 동방이 가진 화려함과 여건상의 우위를 중용으로 상쇄시키는 아일랜드의 기후에 필적하지 못한다. 신은 특히 아일랜드에 관대했다. 아일랜드에서는 야외 공간이나 바위를 두려워할 필요가 없다. 척박한 토양과 낮은 수확량에도 불구하고 생활은 더 낫다. "물론 동방으로 더 가까이 갈수록 그리고 더 따뜻한 기후일수록 토양의 비옥도가 더 높고 대지는 더 풍성한 과실을 낸다 … 또한 더 밝은 대기 덕분에 비록 사람들의 성품은 연약할지라도 보다 치밀한 지성을 가진다". 그들은 폭력보다는 독으로, 무기보다는 기예로 필요를 충족시키는 경우가 많다. 세계의 서쪽은 더 산출이 적은 토양을 가졌으나 공기는 건강에 더 유익하며 서방의 민족은 둔감함에도 불구하고 더 강건하다. "왜냐하면 대기가 무거운 들판은 대기가 맑은 들판보다 덜 비옥하기 때문이다". 캄브렌시스는 환경적 차이에 대한 논점을 강조하기 위해 점성학적 민족지를 슬쩍 덧붙인다.

> 그러므로 바쿠스(Bacchus)****와 케레스는 자신들의 수행자인 비너스가 그들로부터 떨어져 추위에 떨도록 내버려둔 채 동방을 다스린다. 늘 더 순수한 하늘로부터 보살핌을 받고 그것에 매혹되었던 미네르바(Minerva)**** 역시 그러했다. 이곳〔서방에서는〕마르스(Mars),**** 머큐리(Mercury)**** 및 아르카디아인의 신이 다스린다. 동방에는 막대한 부가 축적되어 있지만 이곳 사람들은 적절하고 칭송할 만한 능력을 가진다. 동방의 대기는 고요하지만 이곳의 기후는 건강에 유익하다. 동

방의 원주민들은 기지가 넘치지만 이곳 원주민들은 이해력이 확고하다. 동방 사람들은 독으로 무장하지만 이곳은 남성적인 활기가 넘친다. 동방 사람들은 교활하지만 이곳 사람들은 전쟁에서 용감히 싸운다. 동방 사람들은 지혜를 연마하지만 여기에서는 웅변을 연마한다. 동방은 아폴론이 다스리지만 이곳은 머큐리가 다스린다. 동방은 미네르바가 다스리지만 이곳은 팔라스(Pallas)****와 다이아나(Diana)****가 다스린다.

이 내용은 프톨레마이오스의 《테트라비블로스》의 내용처럼 들린다. 지리적 대비와 체액론적 심리학, 생리학 및 인간의 나이로부터 끌어낸 유비를 결합한 정교한 요약문에서 캄브렌시스는 서방이 우위에 있다고 결론짓는다.

정신의 편안함이 불안보다 바람직한 것처럼, 보전이 치료보다 나은 것처럼, 꾸준한 건강을 유지하는 것이 많은 고통을 겪은 뒤에 치료법을 찾는 것보다 나은 것처럼, 서방의 이점이 동방의 이점보다 낫다. 그리고 자연은 동방의 바람이 휩쓸고 간 지역보다 서방의 바람이 부드럽게 부는 지역에 더 호의적 시선을 보냈다. 습기가 아침과 저녁을 진정시키고 부드럽게 만드는 반면 낮은 그을리게 하는 것처럼 보인다. 그리고 인간은 초년기와 노년기에 습기를 머금은 기질에 의해 원숙해지지만 중년기에는 열정적일 가능성이 높은 것 같다. 그러므로 자오선과 그 영역 안의 지역에서 태양은 혈기 왕성한 젊은이처럼 이러한 지역에 대한 분노에 휩싸여 공기를 질병으로 오염시키는 반면, 보다 습기 많은 기후는 태양이 떠오르고 질 때의 온도차가 적절하게 유지되도록 한다. [68]

동방과 서방의 차이를 설명하려는 이례적 시도를 하는 동안 캄브렌시스는 동방의 강대한 도시의 위대함과 풍요로움에 매료되었던 것 같다(빈

---

68) *Topog. of Ireland*, Dist. I, chap. 25, pp. 51~52; chap. 26, p. 52; chap. 27, pp. 54~55; chap. 28, p. 56.

민에 대해서는 언급하지 않는다). 그리고 그는 슬픈 듯 거의 마지못한 태도로 서방에서의 보다 조용하고 덜 화려한 생활에 대한 선호를 드러낸다. 기후와 질병이 이러한 문화적 차이의 진정한 기초인 것으로 보인다. 신화적 암시, 별의 영향, 환경의 영향, 인간 나이와의 상관관계 등으로 가득 찬 이러한 사고(중세 백과사전 저술가들이 자주 논의하던 주제)는 그가 주장한 경제 발전 단계론에 비하면 덜 주목할 만한 것이다. 그것은 디카이아르코스의 이론을 캄브렌시스가 아일랜드의 역사에 적용시킨 이론일 가능성이 크다.

아일랜드인은 무례한 민족이다. 소의 생산물에만 의존해 생존하며 짐승처럼 생활한다. 이 민족은 아직 방목을 하는 원시적 습관에서 벗어나지 못했다. 사물의 공통적 진행 과정에서 인류는 숲에서 들판으로, 들판에서 도시와 시민적 사회 조건으로 진보한다. 그러나 농업적 노동을 천하게 여기고 도시의 부를 거의 탐내지 않을뿐더러 문명적 제도에 심하게 반감을 가진 이 나라는 자신들의 조상이 숲과 열린 목초지에서 영위했던 것과 같은 생활을 한다. 자신들의 오래된 습관을 포기할 의사도, 새로운 것을 배울 의사도 없다. 그러므로 이들은 띄엄띄엄 경작지를 만들 뿐이며 목초지에는 풀이 부족하다. 경작을 거의 하지 않으며 씨를 뿌린 밭도 거의 없다. 경작지의 부족은 경작자들의 게으름에서 비롯한 것이다. 왜냐하면 그곳에는 자연적으로 비옥하고 생산성이 높은 땅이 존재하기 때문이다. 이 민족의 전반적 습관은 농업이 추구하는 것과는 반대된다. 그래서 풍부한 토지는 관리하는 사람이 없어 황무지 상태이며 들판은 결코 오지 않을 노동력을 필요로 한다.[69]

과실수는 거의 없는데, 과실수를 들여올 수 없었기 때문이 아니라 들여와서 경작이 가능하다 하더라도 "게으른 농부들이 이곳에서 매우 잘 자라는 외국의 과실수 종류를 심는 수고를 하지 않기 때문이다". 금속이 존

69) *Ibid.*, Dist. III, chap. 10, p. 124.

재하지만 채굴되지 않는다. 이들은 아마포나 양모의 제조에 관심이 없고 교역이나 기계적 기예에도 관심이 없다. 게으른 민족은 수고를 면제받는 일과 자유로움만을 좋아한다. 머리카락과 수염을 길게 기르는 것을 허용하는 관습과 더불어 이들의 복장 또한 야만성의 증거가 된다.

> 그러나 습관은 상호 교류를 통해 형성된다. 그리고 이 민족은 세계의 나머지와 너무 멀리 떨어진 가장 극단적인 곳에 위치해서, 말하자면 다른 세계를 만들어 살아서 문명화된 나라로부터 격리되어 있기 때문에 이들은 태어나 길러지고 2차적 본성인 양 그들에게 들러붙은 야만적 삶 이외에는 아무것도 배우지 못하고 아무것도 실천하지 못한다. 그들이 소유한 자연의 선물은 모두 탁월하지만 노동을 필요로 한다면 그 선물이 어떤 것이든 무가치하다. [70]

이 구절은 문화사에 대한 저술들 및 19세기 경제진화론과 비교가 될 수 있다. 캄브렌시스의 이론에서 숲은 고대인들이 지중해에서 방목한 것 같은 유목의 단계를 차지하는데, 숲이 동물에게 풀을 뜯기는 일에 있어서 그 정도로 중요한 역할을 수행했기 때문일 것이다. 원시적 생활은 감상적으로 평가되기보다 이성적이고 객관적으로 묘사된다. 가장 인상 깊은 내용은 자연이 인간에게 활용하도록 내어준 자원을 인간이 반드시 활용할 필요는 없으며 한 민족의 습관과 그들이 좋아하는 것을 알지 못한다면 한 민족을 이해할 때 이로운 자연환경이 별다른 의미가 없을 것이라는 사고다.

캄브렌시스가 고립의 역할, 그리고 고립과 문화적 관성과의 관계를 활용한다는 점 역시 인상적이다. 그의 말을 통해 알 수 있는 내용은 민족에게 일어나는 변화는 환경에 의해서보다는 그들이 우연히 만나는 다른 민족들에 의한 부분이 크다는 점이다. 관찰과 경험의 흔적이 있는 이러한

---

70) *Ibid.*, pp. 125~126.

구절은 그의 기발한 다른 성찰과는 사뭇 차이를 보인다.

문화와 환경에 대한 그의 논의는 다른 출처에서 빌린 지식과 자신의 개인적 경험을 통해 알게 된 사실 사이에서 모순을 보인다. 그가 볼 때 동방은 기후, 사치스러움, 만연한 질병으로 이해하는 것이 가장 좋다. 기후는 서방을 이해하는 데도 중요하다. 그러나 문화적 고립이 아일랜드인을 이해하는 열쇠다. 그만큼 오랫동안 고립이라는 축복 속에서 살아온 사람들과 농업 및 문명화된 마을 생활을 경험한 사람들 간의 차이는 크다.

8. 로저 베이컨: 지리학과 점성학적 민족지

로저 베이컨은 수학에 대한 담론에서 신학, 천문학, 지리학의 상관관계를 광범위하게 탐구했다. 그러나 하늘의 위대한 우주적 힘이 지상세계에 영향을 미친다고 보았기 때문에 그의 근본적 관심사는 점성술이었다. 비록 그가 말하고자 하는 것 대부분이 점성학적 민족지에 대한 논문에 보다 적합하지만 이 책에서 그를 무시하는 것은 실수다. 왜냐하면 그는 점성술과 지리학을 혼합해 그의 사상에서 **장소**가 중요한 위치를 차지하기 때문이다.

그는 피조물을 통해 창조자를 아는 것이 철학의 목적이라고 말한다. 그러나 신의 현현은 광대한 천체의 규모 때문에 반드시 우주 전체를 포함해야만 한다. 천상과 지구의 현상은 우리로 하여금 창조자를 찬양하고 경외하게 하지만 이 둘은 그 목적의 측면에서 비교할 만한 대상이 아니다. 즉, 후자가 전자에 비해 중요성이 떨어진다. 신의 창조물인 천상의 사물은 지구상의 어떤 사물보다 더 웅대하므로 이들의 영향이 더 크다는 것이 기본 개념이다.[71]

---

71) *Opus Majus*, Pt. II, chap. 7, Vol. I, p. 49; Pt. IV, pp. 200~201.

로저 베이컨은 장소에 대한 정확한 지식의 중요성과 그들의 정확한 위치를 결정하는 것이 천문학의 과제임을 거듭 주장한다. 정확한 결정은 신학과 성스러운 문서의 적절한 해석에 필수적이다. 이러한 생각은 성서에 언급된 장소의 정확한 위치를 알 수 있도록 성스러운 지리학이 정확하게 이를 확정해야 한다는 주장을 넘어서는 것이다. 그러한 지식은 장소의 영적 의미를 이해하는 데 필수적이며, 또한 지구상에서 신의 현현을 이해하고 경관이나 개별적인 산, 강, 도시가 지닌 영적 의미를 이해하는 방법이 된다.

로저 베이컨의 논지를 약술하고 그의 설명을 요약해 보자. 사물이 있는 장소가 알려지기 전까지는 사물에 대해 어떤 중요한 것도 알 수 없다. 점성술과 천문학은 거주 가능 혹은 불가능한 세계의 범위를 정해야만 하고 나아가 거주 가능한 세계를 적절한 지역으로 구분해야만 한다. 지리학이 빠진 역사는 현실적 지식과 영적 지식을 배제한다. 장소에 무지한 사람은 "무한한 수의 장소 그리고 특히 새로운 성서들의 거듭된 잘못으로 뒤덮인 역사의 외피에 감흥을 받지 못하는 경우가 많다. 그 결과 영적 의미를 깨닫는 데 장애를 겪을 것이며 오직 불완전하게만 그 의미를 설명할 수 있을 것이다". 그러나 장소에 대해 아는 사람, 즉 "장소의 위치, 거리, 높이, 길이, 너비, 깊이를 익혔던 사람과 열과 건조함, 추위와 습기, 색, 풍미, 향기 및 아름다움, 추함, 즐거움, 비옥함, 불모 및 다른 조건을 시험해 본 사람은 현실적 역사를 알아 크게 감동받고, 쉽고 훌륭하게 영적 의미를 이해할 수 있을 것이다". 물질적인 길은 영적인 길을 상징하며 물적 장소는 영적인 길의 목적을 상징한다.

위와 같은 로저 베이컨의 생각은 우의적 주해에 대한 그의 공감을 보여준다. 로저 베이컨은 동의하는 의미에서 성 히에로니무스를 인용한다. "그는 성스러운 경전에 대한 보다 명확한 통찰력을 가졌을 것이다. 자신의 눈으로 유대 지역을 보았고 고대 도시의 유적과 함께 예전과 같거나 변경된 장소의 이름을 익혔기 때문이다". 그러나 그의 논지는 그러한 지식을 통해서 성서상의 장면이나 경관에 대한 인상이 보다 정확하고 활기 차며 다채롭게 된다는 것이 아니라 정확한 현실 지리학이 정확한 상징적 해석으로 이어진다는 것이다. 그는 성 히에로니무스, 오로시우스, 세비 야의 이시도루스, 카시오도루스, 카에사레아의 유세비우스(Eusebius of Caesarea) 같이 성스러운 지리학의 필요성을 이해했던 성직자들을 칭송 한다. 이들은 본질적으로 그 과업을 성 히에로니무스가 이해한 바와 같 이 달성했다. "우리는 가장 학식 있는 유대인과 함께 그 일〔연대기 2권의 주석〕을 수행하는 데 온 신경을 쏟았다. 어쩌면 그리스도의 교회가 이야 기하는 모든 지역을 돌아다닐지도 모르는 일이다". 72)

정확한 현실 지리학이 어떻게 확신에 찬 상징적 해석을 이끄는가? 로 저 베이컨의 설명을 보자. 남쪽으로 흐르는 요르단(Jordan) 강**은 예루 살렘 동쪽에 있다. 강과 예루살렘 사이엔 여리고(Jericho)**와 그 평원이 있고, 그 서쪽이자 예루살렘 동쪽엔 감람산(Mount of Olives)**이 있고, 감람산과 예루살렘 사이에 여호사밧 골짜기〔Valley of Jehoshaphat: 신약 성서의 케드론(Kedron)〕가 있으며, 여기를 지나면 마침내 성스러운 도시 예루살렘이 있다. 이 현실 지리학의 영적인 의미는 무엇인가?

요르단 강은 여러 가지 이유에서 세계를 의미한다. 요르단 강은 저승 (Hades)을 의미하는 사해로 흐른다. 여리고는 육(肉)을 의미하며 감람 산은 탁월함 때문에 '영적 생활의 탁월성'을 의미한다. 여호사밧 골짜기 는 겸손, 예루살렘은 "평화의 전망을 의미하며 도덕적으로는 마음에 평 화를 소유한 성스러운 혼을, 우의적으로는 교회의 군대를, 유비적으로는 교회의 승리를 의미한다".

마음의 평화를 통해 삶의 목적에 도달하고자 하는 사람, 교회의 완벽 하고 신실한 일원이 되려는 사람, 현재의 생에서 천상의 예루살렘에 도 달하려는 사람은 요르단 강(세계)을 자신에게 복종시켜 자신의 뒤에 버

---

72) *Ibid.*, Vol. I, pp. 203~205.

려두거나 수도원의 수도사처럼 요르단 강에서 물러나야 한다. 그러고 나서 요르단 강을 버리는 것보다 더 어려운 과업인 육(肉)에 대한 공격을 반드시 수행해야 한다. 육을 정복하는 일은 점진적으로 이루어져야만 한다. 그러므로 육은 평원을 지닌 여리고다.

여기서 로저 베이컨은 갑작스럽고 극적인 금욕주의가 신체에 가하는 심한 육체적 긴장에 반대함을 보여준다. 이 과업은 여리고로 향하는 평원을 통과해 성취되어야만 한다. 요르단 강과 여리고가 그의 뒤에 놓이면 그 사람은 "영적인 생활의 탁월함과 헌신의 달콤함으로 올라갈" 준비가 된 것이다. 그러므로 그는 "완전의 최고봉에 도달하고 기도와 묵상의 달콤함에 빠지기 위해" 감람산에 오른다. 그러고 나서 그는 반드시 여호사밧 골짜기를 건너야만 한다. 즉, 완전한 겸손을 그의 생의 목표로 삼아야만 한다. 그렇게 하면 그는 마음의 평화, 신의 평화, 현세의 악과 싸우는 교회의 평화라는 세 가지 의미에서 예루살렘에 있게 된다.[73]

로저 베이컨은 지리에서 많은 다른 영적 의미를 찾을 것이라고 말한다. 종교적 우의에 미친 지리적 경관의 영향은 흥미로운 주제다. 기독교신학에서 이러한 주제는 현실적 해석을 제공하지 않는 초기 창조문서에 등장한다. 성 암브로시우스의 자연에 대한 비유적 묘사는 지리, 자연, 농업, 포도 재배로부터 차용한 우의를 특히 풍부하게 갖추었다. 그러므로 장소, 경도와 위도에 대한 정확한 지식은 "몇 개 되지 않는 것에서 여러 가지를, 작은 것에서 위대한 것들을, 보다 명백한 것에서 보다 이해하기 어려운 것들을 끌어내" 신성한 의미를 도출하기 위한 수단이다. 훈련된 눈으로 보면 경관에는 신의 현현이 서려 있다.

이러한 이해의 열쇠는 천문학이다. 왜냐하면 천문학을 통해 어떤 행성이 서로 다른 어떤 지역에 대한 지배권을 가지는지, 그리고 그렇게 해서 지역 간에 차이를 만드는 것을 배우기 때문이다.[74] 별의 영향에 저항할

73) *Ibid.*, pp. 205~207.

수는 있지만 이성적 영혼도 "강한 영향의 자극을 받아 천체의 힘이 유도하는 것을 갑자기 바랄 수 있다. 이는 "사람들이 협력, 조언, 공포, 사랑 같은 것들 때문에 자신의 의도를 크게 바꾸고, 안전을 위해 자신이 가진 가장 귀한 물건을 바다에 던지는 사람처럼 아무런 강압이 없어도 전에는 원하지 않았던 것을 갑자기 바라는 것과 마찬가지다".[75]

로저 베이컨은 다양한 클리마타에 속한 스키타이인, 에티오피아인, 피카드족(Picards), 프랑크족, 노르만족, 플레밍족, 잉글랜드인 사이에 문화적 다양성이 있다는 사실을 알지만 이들이 서로 다른 원인은 지상이나 인간에게 있는 것이 아니라 하늘에 있다고 생각한다. 그러나 현실에서 관찰된 사실은 그로 하여금 이 일반화를 수정하게 만든다. 왜냐하면 그는 또한 위대한 도시가 그 주위에 미치는 문화적 영향을 인식했기 때문이다. 유명한 도시를 둘러싼 지역은 그 도시의 풍속과 관습을 받아들인다. 이는 "그 도시가 피난처, 그리고 생활에 관련된 사안을 거래하는 중심지로 기능하기" 때문이며, 도시가 이웃 지역을 지배하기 때문이며 의사소통과 폭력 때문이기도 하다. 강력한 왕국이 약소국 사이에 위치할 때도 이와 비슷한 관계가 나타난다.

로저 베이컨이 보다 실용적 문제를 다루기 시작하자 지리학과 장소에 대한 지식을 갖추라는 그의 호소는 기본적으로 그가 외국어를 배우라고 간청했던 것과 비슷하게 세계에 대한 계몽된 지식에의 호소가 된다. 세계의 사물들은 그것이 자연현상이건 도덕이건 과학이건 인간의 관습이건 기예와 과학을 실천하는 데 상이해진 기술이건 간에 그 사물이 자리한 장소에 대한 지식을 통하지 않고서는 알 수 없다.

민족과 장소에 대한 지식은 교역, 개종, 비(非)신자를 이해하기 위해 필요하며 비신자나 반기독교인과 맞설 경우에도 필요하다. 여행자는 반

---

74) *Ibid.*, p. 208.
75) *Ibid.*, p. 271.

드시 기후와 자신이 방문하는 외국 땅의 특성을 알아야만 한다. 여행자
들은 여행할 적절한 경로를 선택할 수 있다. 더운 계절에 너무 더운 곳
을, 추운 계절에 너무 추운 곳을 지나다녀서 사람들은 자신의, 그리고 기
독교인의 상업적 이익을 파괴했다. 선교활동을 하고자 하는 사람은 기
후, 장소, 관례, 관습, 민족의 조건에 대한 지식이 필요하다. [76]

9. 파이리스의 군터

  거의 모든 시대의 시(詩)가 환경적 사고의 인기를 증명한다. 그 증거
는 자연시에 자주 나타난다. 중세에 쓰인 자연에 대한 가장 즐거운 묘사
중 일부는 (알자스의) 파이리스의 군터(Gunther of Pairis)*가 1186년 또
는 1187년경 프리드리히 1세(붉은 수염 프리드리히)의 초기 치세를 칭송
한 서사시에 나타난다. [77] 이 시는 라인 강과 모젤 강 유역, 아르덴
(Ardennes)**을 통과해 아헨(Aachen)**에 이르는 지역, [78] 여름의 열기
와 남풍의 뜨거운 입김을 완화시키는 아펜니노 산맥 지대, 북쪽의 차가
움을 병풍처럼 막아주는 알프스 산맥, 알프스 산맥과 아펜니노 산맥으로
부터 물을 모아 아드리아 해로 흐르는 포 강 유역에 이르기까지 들판, 나
무, 훌륭한 포도나무 등 사람들이 많이 모여 사는 프랑크 땅의 풍경을 유
려하게 묘사한다. [79]
  이 묘사에는 인간과 자연 사이에 어떠한 인과적 상관관계도 없다. 그
러나 발트 해 주변 민족은 환경과 밀접한 관계를 맺는 것으로 묘사된다.
자연 조건이 이들을 보호한 탓에 이들의 관습에 대해서는 알려진 바가 거

---

76) *Ibid.*, p. 273; p. 321.
77) *Der Ligurinus Gunthers von Pairis im Elsass*, intro., p. viii.
78) *Ibid.*, Bk. I, vss. 385~434.
79) *Ibid.*, Bk. II, vss. 56~118.

의 없긴 하지만 이들은 무례하고 문명화되지 않았으며 끔찍한 모습을 하며 무섭다. 또한 법의 통제를 받지 않으며 사혈을 한다. 그들의 정신은 안정되어 있지 못하고 변화하는데 헌신적인 기독교인의 정서에는 낯설다. 80)

이처럼 비난할 만한 품성이 발생하는 원인의 일부는 자연에 있고 일부는 훨씬 더 질 나쁜 이웃들의 해로운 영향에 있다. 발트 해 지역은 항상 추워 땅이 단단하지 않은 섬이 없는 관계로 인해 곡괭이로만 이 불행한 땅을 갈 수 있다(이로 미루어 보아 파이리스의 군터는 발트 해 주변 땅을 섬으로 생각했음이 분명하다). 발트 해의 민족은 사냥과 약탈에 의지하며 굶주림이 찾아올 때에는 인육을 먹기도 한다. 이러한 조건의 영향을 받는 민족은 고도로 문명화될 수 없다. 이러한 구절은 풍문을 통해 알게 된 멀리 떨어진 지역에 대한 내용으로 특정 민족을 판단하고 그들이 동떨어져 있다는 사실과 그들의 환경으로 특정 민족을 설명하는 전통적 접근을 보여준다.

10. 결론

지리가 인간에게 미친 영향을 연구한 중세 시대의 저술가들이 독창적인 내용을 제공하지는 않았다. 왜냐하면 우리가 중세의 신학, 철학, 과학, 의사과학(pseudo-science) 관련 문헌을 읽어 보면 중세 전성기나 후기에 마술, 점성술, 연금술은 연구할 가치가 있는 지식의 실체로서 많은 관심을 받은 반면 지리학 이론은 중요하게 다뤄지지 않은 것처럼 보이기 때문이다. 새 모슬린 소재의 책표지 안에 담긴 이러한 선물은 많은 것, 즉 자연과 인간에 대한 통제, 놀라운 규모로 이루어지는 무제한의 새로운

---

80) *Ibid.*, Bk. VI, vss. 25~49.

창조력을 약속했다. 그러나 성 알베르투스가 이 주제에 대한 사고 영역을 확장시킨 사례에서 환경론이 실제로 중세의 중요한 사상 체계였음을 재확인할 수 있다.

이 시대에 눈에 띄게 나타났고 많은 주목을 받았던 내용, 즉 동떨어진 곳의 괴상함, 개의 머리를 한 사람, 머리가 가슴에 달린 사람, 외눈박이 인간 등의 터무니없는 내용을 다룬 문헌들을 피해 나는 당시 지리학이 실제로 그랬던 것보다 훨씬 더 조리 있는 학문인 것처럼 보이게 해 독자들에게 잘못된 인상을 심어주었을지도 모른다. 그러나 터무니없고 환상적인 것 이면에 또 다른 측면이 존재한다. 십자군이 방문해 싸우고 죽었던 레반트(Levantine)**의 도시에 대한 티레의 대주교 윌리엄의 묘사는 엄정하다. 프라이징의 오토의 책도 그렇고 북부 지역, 즉 유틀란트, 퓐, 질란트(Zealand),** 스카니아, 노르웨이, 빈란트, 아이슬란드 등에 대한 브레멘의 아담의 묘사 역시 과거의 지명사전식 구성에 비해 상상적 묘사의 측면에서 훨씬 뛰어나다. 이러한 저술들에 지리적 인과관계에 대한 이론은 없지만 그 저자들은 환경과 그 활용의 본질을 생생하게 이해한다.[81]

중세의 지리적 영향에 관한 이론은 자연환경과 정신적·영적 평안 사

81) 터키 민족의 기원과 조상에 대해서는 William Archbishop of Tyre, *A History of Deeds Done Beyond the Sea*, Bk. I, chap. 7을 참고하라. 콘스탄티노플에 대한 묘사와 그 역사에 대해서는 Bk. II, chap. 7을 참고하라. 예루살렘에 대한 묘사와 그곳의 물 공급에 대해서는 Bk. VIII, chaps. 1~4를 참고하라. 카에사레아에 대한 묘사는 Bk. X, chap. 15를 참고하라. 그리고 또한 포 강 계곡, 프라이징의 오토가 피레네라고 부른 알프스, 아펜니노 산맥에 대한 묘사는 Otto of Freising, *The Deeds of Frederick Barbarossa*, Bk. II, chap. 13을 참고하라. 프라이징의 오토는 롬바르드인이 야만적인 미개함을 상실했다고 말했다. 로마인과의 통혼을 통해 그들의 자손들은 "로마인의 관대함과, 어머니의 피와 그 나라와 기후의 특성으로부터 나온 날카로움을 물려받았으며, 라틴어의 세련됨과 우아한 예절을 갖췄다. 프라이징이 성 코르비니안(St. Corbinian)의 생애를 요약하면서 기록한 산의 묘사에 대해서는 *The Two Cities*, Bk. V, chap. 24, pp. 348~349를 참고하라. 북부의 섬들에 대한 묘사는 Adam of Bremen, *History of the Archbishops of Hamburg-Bremen*, Book IV를 참고하라.

이의 밀접한 관계를 상정하는 고전적 전통을 이어 갔다. 집과 도시의 입지, 건강에 좋은 장소를 찾고 좋지 않은 장소를 피하는 데 유용한 실질적인 기예가 이 이론으로부터 도출되었으며, 이 이론을 활용하여 문화적차이에 대한 손쉬운 설명이 가능했고, 마지막으로 이 이론을 이해해 훌륭한 법을 고안하는 정치적 책무에 도움을 주었다. 그러므로 이러한 지리적 영향에 관한 이론은 중세의 기독교신학과 철학에도 잘 들어맞는다. 그 이론을 신의 계획과 설계를 설명하는 지역적 또는 국지적 의미의 일반화로 간주한다면 지리학과 신학이 꼭 충돌할 필요는 없다. 지리적 영향에 관한 이 이론 뒤에는 고전 과학이 무게를 실었다. 이 이론은 최초의 인간이 살았던 낙원에 존재했던 도덕적 활기와는 사뭇 다른 지구상의 문제, 고난, 사악한 병폐와 관련이 있었다.

아퀴나스는 신학과 지리적 영향에 관한 이론의 관계를 지적하는 데 그누구보다 앞장섰다. 신은 우주를 만들고 계획했다. 왕은 왕국을 만들고계획했다. 왕은 미약하지만 여전히 신성에 참여하는 도정에서 모든 것(장소의 이점, 장소의 건강함, 장소가 주민에게 미치는 영향)을 고려해야만한다. 이는 창의적이고 이성과 질서에 대한 감각을 가진 인간으로서의의무다.

신실함과 활동의 해석, 자연에 대한 그 영향

제7장

1. 서론

근대에 이루어진 중세 연구는 활동적이고 활력 넘치는 세계를 보여준다. 따라서 지금까지 살아남은 기록 중에 인간에 의한 자연환경 변화의 중요성을 해석한 것이 없다면 그것이야말로 놀라운 일이다. 1)

---

1) 이 장을 준비하는 데 있어 많은 2차 저작의 도움을 받았다. 원본을 참고하려고 했으나 그것이 불가능할 경우, 즉 희귀하거나 접근이 불가능해서 내가 활용할 수 없었던 원본의 경우 해당 원본의 내용을 인용한 문서에서 많은 사고들을 수집했다. 다음의 저술들이 특히 많은 도움이 되었다. Grand and Delatouche, *L'Agriculture au Moyen Âge de la Fin de l'Empire Romain au XVIe Siécle*, *AMA*로 인용됨; Huffel, *Economie Forestiére*, Huffel로 인용됨; De Maulde, *Etude sur la Conditon Forestiére de l'Orléanais au Moyen Âge et à la Renaissance*, De Maulde로 인용됨; Schwappach, *Handbuch der Forst-und*

많은 역사지리학자들과 중세사가들은 그 긴 중세의 역사 동안 인간의

Jagdgeschichte Deutschlands, Schwappach로 인용됨.
　이 논의가 환경 변화의 실제 역사에 관련된 것이 아니라 태도나 사고에 관련된 것이기 때문에 위에 인용된 것들과 더불어 다음의 저술들도 참고하였다. 이 저술에서 다루는 논의와 다른 문헌에 대한 언급이 도움이 되었다. Darby, "The Clearing of Woodland in Europe", in *MR*, pp. 183~216. *idem*, "The Face of Europe on the Eve of the Discoveries", in *The New Cambridge Modern History*, Vol. 1, pp. 20~49. 영국의 역사지리학, 잉글랜드 동부의 소택지대, 둠즈데이북(1066년 잉글랜드를 정복한 노르만인 왕 윌리엄이 조세를 징수할 목적으로 작성한 토지조사부_옮긴이)에 대한 다비(Darby)의 저술 또한 환경 변화와 관련된다. Bloch, *Les Caractéres Originaux de l'Histoire Rurale Française*, rev. ed., in two volumes, Dauvergne가 편집한 부록, Vol. 1, pp. 1~20, Vol. 2, pp. 1~30. 《케임브리지 유럽경제사》(*Cambridge Economic History of Europe*, *CEHE*로 인용됨) 1, 2권 또한 흥미롭다. 다음의 논문은 이 장에서 다루는 주제에 가장 부합하는 것이다.
　1권: Koebner, "The Settlement and Colonisation of Europe", pp. 1~88; Parain, "The Evolution of Agricultural Technique", pp. 118~168; Ostrogorsky, "Agrarian Conditions in the Byzantine Empire in the Middle Ages", pp. 194~223, and chap. 8, "Medieval Agrarian Society in its Prime", pp. 278~492(프랑스, 북해 연안의 저지대 나라들(Low Countries), 독일 서부에 대해서는 간스호프(Ganshof); 이탈리아에 대해서는 미크위치(Mickwich), 에스파냐에 대해서는 스미스(Smith); 엘베 강 동쪽 땅들과 독일 동부의 식민지화에 대해서는 오뱅(Aubin); 폴란드, 리투아니아, 헝가리에 대해서는 루트코스키(Rutkowski); 러시아에 대해서는 스투르베(Struve), 영국에 대해서는 닐슨(Neilson), 스칸디나비아에 대해서는 볼린(Bolin)). 2권: Postan, "The Trade of Medieval Europe: the North", pp. 119~256; Nef, "Mining and Metallurgy in Medieval Civilisation", pp. 429~492; Jones, "Building in Stone in Medieval Western Europe", pp. 493~518.
　콜턴(G. G. Coulton)의 두꺼운 책은 종종 이러한 주제들을 다룬다. 베네딕트 규율, 수도원, 농민, 개간에 대한 그의 견해를 요약한 내용을 보려면 *Medieval Village, Manor, and Monastery*, pp. 212~230을 참고하라. 또한 그의 책 *Five Centuries of Religion*, Vol. 2도 참고하라. 잘 알려져 있듯이 콜턴은 수도회를 변론하는 근대 학자들에 대해 매우 비판적이다. 그는 성 베네딕트와 베네딕트 규율 아래에서 일했던 초기의 수도사들만을 인정한다. Boissonnade, *Le Travail dans l'Europe Chrétienne au Moyen-Âge*(영어번역본 제목은 *Life and Work in Medieval Europe*이다). Thompson, *An Economic and Social History*

행위로 인해 벌어진 광범위한 환경 변화 속에서 환경 변화와 중세 사회사 및 중세 경제사 간의 밀접한 관계를 파악했다. 이 주제 중 몇 가지만 나열해 보자. ① 11세기와 12세기 서유럽에서 벌어진 토지 개간이 "평민의 해방"에 기여한 바,[2] ② 번갈아 일어나는 그러한 변화에 대한 저항과 진보라는 주제와 그 사이에 계급이 맡았던 역할 및 조직화 능력의 성장. 그 예로는 숲을 개간하려는 열망을 지닌 보다 가난한 사람들을 희생시키면서 숲을 왕실과 귀족을 위한 사냥터로 유지하는 일, 식민화에 대한 경제적ㆍ종교적 동기의 증가, 숲 개간에 도입된 도급제와 하도급제를 들 수 있다.[3] ③ 중세 때 변방이 수행한 역할과 변방의 역사에 대한 비교 연구. 이 주제는 봉건제 사회였던 서쪽에서 비봉건제 사회였던 동쪽으로 확장했던 게르만족의 역사와 19세기 미국의 서부 개척 역사를 평행선상에서 파악했던 미국의 역사가 톰슨(James Westfall Thompson)*에게 특히 매력적이었던 주제다. 톰슨은 또한 터너(Frederick Jackson Turner)*의 프런티어 가설(*frontier hypothesis*)이 더 이른 시기에도 적용할 수 있는 시사적인 해석임을 간파했다.

내가 보기에는 게르만족의 역사와 미국 서부 개척 역사 간의 차이가 너무 커서 비교가 가지는 가치의 대부분이 훼손된다. 하나는 적합한 기술을 가지고 수 세기에 걸쳐 이루어진 산물이지만, 다른 하나는 기계의 도움하에 십수 년 만에 이루어졌기 때문이다. 차라리 벌목, 야생동물의 축출과 대형 포식동물의 멸종, 도시 건설, 관개, 운하 건설, 제방 등의 사례를 지중해나 중국의 문화경관과 비교하는 것이 더 유익할 것이다. 또

   of the Middle Ages. White, *Medieval Technology and Social Change.*
 2) 이 사고의 역사 및 플랑드르(Flanders)의 해안지대에 대한 사례 연구를 살펴보려면 Lyon, "Medieval Real Estate Developments and Freedom", *AHR*, Vol. 63(1957), pp. 47~61을 참고하라. 또한 Koebner, *CEHE*, Vol. 1, pp. 3, 5, 11도 참고하라.
 3) Darby, "The Clearing of the Woodland in Europe", *MR*, p. 193~194; Ganshof, *CEHE*, Vol. 1, p. 28; Koebner, *ibid.*, pp. 45~47, 69, 71~72.

한 동부로 이동한 게르만에 대한 연구는 프러시아 풍속에 대한 13세기의 묘사가 드러내는 것처럼 인류학적 관심사이기도 하다.

환경 변화라는 주제는 여기서 문화 접촉과 연계될 수 있다. 그러므로 게르만족의 동쪽으로의 확장은 극적인 경관의 변화, 새로운 정착지의 창조, 숲 속 마을(Waldhufendörfer), 강의 통제, 습지의 배수와 관련된다. 인간의 선택으로 인해 오래된 환경이 새로운 종류의 인구 조밀지로 대체되었다. 이러한 이유로 유럽의 학자들은 환경 변화와 정착의 역사 사이에 밀접한 연관 관계를 설정했다. 4)

마지막으로 ④ 농민의 역량 및 농민 고유의 삶의 방식이 계속 이어진 것이 있다. 왜냐하면 농민은 손을 가졌고 도구를 사용했으며 동식물에 대한 경험적 지식을 소유했기 때문이다. 5)

전체적으로 보아 중세는 숲, 관목, 습지, 수렁이 후퇴하고 새로운 도시와 경작지가 생겨난 것이 특징이다. 그러나 황폐화된 마을에 대한 근대의 연구가 상기시키듯 이런 활동이 계속 확장되는 것으로 간주되어서는 안 된다. 경관 변화의 또 다른 원인인 채석은 봉건제도와 교회의 건축 수요와 관련되며, 채굴은 숲의 이용 및 광석이 나올 것으로 추정되는 원거리 지역의 탐사와 관련된다. 이 전통적 활동의 반향은 훗날 아그리콜라(Georgius Agricola)*의 책 앞부분에서 생생하게 묘사된다.

나아가 이러한 환경 변화의 불확실한 성격이 강조되어야 한다. 환경

---

4) 각주 1을 참고하라. Lyon, *op. cit.*, p. 47. Thompson, *An Economic and Social History of the Middle Ages*, pp. 517~519. Koebner, *ibid.*, pp. 80~81. 또한 "The German Push to the East", in Ross and McLaughlin, eds., *The Portable Medieval Reader*, pp. 421~429를 참고하라. 뷜러(Bühler)가 편집한 가치 있는 책인 *Ordensritter und Kirchenfürsten*의 일부를 번역한 내용인데 미국에서는 쉽게 활용되지 않는다.

5) 이 주제에 대해서는 Koebner, *CEHE*, Vol. 1, p. 75; Coulton, *Med. Village, Manor, and Monastry*, pp. 214, 219~221을 참고하라. Pfeiffer, "The Quality of Peasant Living in Central Europe", *MR*, p. 241.

변화가 반드시 영구적인 것은 아니었다. 작은 규모로 숲 여기저기에 흩어진 개간지에 불과했을 수도 있다. 이러한 불확실성과 영구성의 결여는 황폐화된 도시(*wüstungen*), 황무지(*les vagues*), 황폐화된 장소에 대한 근대의 연구에서 드러나는데, 그 증거는 로마 시대에는 경작지였던 곳이 잡목림이나 숲으로 되돌아간 것과 한때 개간되었지만 더 이상 사람이 살지 않는 곳들이다. 야생동물과 수도사의 마주침 및 우연히 황폐화된 들판을 맡아 에덴동산 같은 낙원을 재창조하는 수도사들의 기쁨을 드러낸 묘사는 중세 성인열전에 나오는 가장 일상적 표현에 해당한다. 그런 지역은 불모지(*the vastinae*), 황무지(*the solitudines*), 황폐한 곳(*the mansi*), 접근할 수 없는 황폐한 곳(*eremi loca invia*), 추운 곳(*alsi*), 꾸미지 않은 곳(*non vestiti*) 등의 이름으로 그려졌다.[6]

수도원이나 큰 장원 조직이 수행했든 개인이 수행했든 간에 당시 개간에는 오늘날 우리가 인간 문화에 의한 환경 변화와 연계시켜 생각하는 영속성이나 필연성이 거의 없었다. 나는 지난 1백 년 동안 경관에 대한 문화적 변형이 매우 빠르게 진행된 지역에서 전 세계적인 파괴를 중지하면 자연이 인간의 경관을 도로 빼앗아갈 것이라는 불안은 거의 없다고 생각한다. 지역 전체가 원시적 상태로 돌아가지 않도록 하기 위해 일단 개간이 이루어진 지역과 배수가 이루어진 늪을 반드시 애써 보호해야만 한다는 정서는 별로 없는 것이다. 자연의 변형 상태나 개간을 상대적으로 쉽게 유지할 수 있기 때문에 다른 근심거리들이 이를 압도한다. 이러한 오늘날의 현상은 19세기 초반까지 이어졌던 것으로 생각되는 과거와 흥미로운

---

6) Boissonnade, *op. cit.*, pp. 31~32; *AMA*, pp. 55, 244. 중세의 황폐화된 도시(Wüstungen)에 대한 방대한 서지를 살펴보려면, Guyan, "Die mittelalterlichen Wüstlegungen als archäologisches und geographisches Problem dargelegt an einigen Beispielen aus dem Kanton Schaffhausen", *Zeit. für Schweizerische Gesch*, Vol. 26(1946), pp. 433~478을 참고하라. 서지목록은 특히 pp. 476~478을 참고하라. 황폐화된 장소의 존재를 예로 드는 이유에 대해서는 pp. 462~65를 참고하라.

대조를 이룬다. 오늘날의 당면 과제는 자연의 강력한 복원력에 저항해 문화경관을 유지하는 것이 아니라 경제, 관광, 기계론적 미학 개념의 확대에 맞서 자연환경을 보전하는 것이다.

　다양한 역사가들이 중세의 환경 변화의 역사를 몇 개의 큰 시기로 나누어 제시했고, 자연히 이러한 시기 구분은 얼마간의 차이를 보인다. 그랑(Grand)과 들라투슈(Delatouche)는 개간과 배수를 세 개의 시기로 구분한다. ① 최초의 야만족 왕국(메로빙 왕조)의 삼림 파괴 시기. 이는 로마의 선례에 자극받은 것이다(다른 야만족은 숲의 가장 깊은 곳에 신들이 거주한다는 숲의 신성을 믿었기 때문에 대부분 숲의 벌채에 우호적이지 않았다). 7) ② 카롤링 왕조기, ③ 대(大) 벌채의 시대(âge des grands défrichements)로 불리는 11세기 중반에서 13세기에 이르는 기간이다. 8) 이 시기는 거대한 규모로 이루어진 경관 변화의 사례로서의 고유한 중요성, 그 지속적 영향, 기독교신학과 변화의 철학 간 관계 그리고 몇몇 생태적 관계를 이론적·실험적 차원보다 경험적 차원에서 이해하기 시작했다는 측면에서 인류 역사상 가장 매력적인 시기였다. 그러한 생태적 관계의 예로는 숲과 농업 간의 상관관계, 그리고 초식동물의 영향, 가축 방목, 목동들의 방화가 숲의 파괴, 건강, 환경 변화에 미치는 영향 등이 있다. 자세한 내용은 앞으로 이 책에서 다룰 것이다.

　전염병, 재난, 침략, 무정부 상태라 일컬을 수 있는 다른 시기는 훨씬 덜 활동적이었다. 이를테면 바이킹(Viking)****과 사라센(Saracen)****의 유럽 침공이 이어지는 9세기 중반부터 10세기 중반, 14세기의 흑사병, (일반적으로 1337년에서 15세기 중반 사이에 벌어진 것으로 파악되는) 100년 전쟁**** 시기를 들 수 있다. 경관의 외양에 이처럼 거대한 변화가 일어났던 기간들은 자연히 지역별·시기별로 다양했고 강조점 역시 바뀌었다.

---

7) Koebner, *CEHE*, Vol. 1, pp. 20, 43~44.
8) *AMA*, pp. 237~246.

성 베네딕트(St. Benedict)*와 성 아우구스티누스의 이상에 밀접하게 연결되었던 초기 수도사의 열정은 훗날 보다 안락하고 세속적으로 변했고 결국에는 부패했다. 중세 후기의 경관 변화의 역사는 개인뿐만 아니라 평신도나 교회의 거대 영지와도 연계된다. 이러한 변화 자체의 역사를 기술하는 것은 우리의 일이 아니고 가능하지도 않지만 변화의 의미에 실체를 부여하기 위해 일반적 특징을 분명히 할 필요는 있다. 가장 가치 있는 단서는 조림, 방목, 계절에 따른 이동 목축, 채굴에 특화된 지역의 역사다.

사고를 번성하게 하고 의미를 부여했던 상황과 사건을 사고 자체와 떼어놓을 수는 없지만, 중세 시대 인간을 환경의 변형자로 여기는 서로 다른 세 가지 일반적 사고를 식별할 수 있다. 이론의 여지가 분명함에도 불구하고 나는 각기 다른 나라와 다른 시대로부터 설명거리를 가져왔다. 내가 말하고 싶은 점은 중세의 각기 다른 시대, 넓은 지역에 흩어져 살았던 많은 사람들이 자신을 비롯한 인간에 의해 인위적 자연 변형이 이루어지는 현실을 자각했다는 점과 이러한 변화는 그 성격상·본질상으로 국지적인 것이어서 근대의 보전론적 문헌에서 제시되는 것과 같은 하나의 사상 체계로 종합되는 것이 불가능했다는 점이다.

오늘날은 당시에 비해 변화를 알기가 훨씬 쉽다. 물론 우리가 넓은 지역과 장기간에 관련되는 진술을 이따금씩만 마주친다는 것이 사실이다. 프륌의 카에사리우스(Caesarius of Prüm)*는 "이 긴 기간(893~1222년) 동안 많은 숲이 파괴되었고(multas silvas exstirpatas), 많은 장원이 만들어졌고(villas aedificatas), 십일조가 증가했다고 한다. 즉, 언급된 시기 동안 많은 방앗간이 건설되었고 포도나무가 심어졌으며 측정할 수 없을 정도로 많은 토지가 경작되었다".[9]

---

9) Lamprecht, *Deutsches Wirtschaftsleben in Mittelalter*, Vol. 1:1, p. 402 전문 재인용. 또한 Wimmer, *Geschichte des deutschen Bodens*, p. 56도 참고하라.

이 세 가지 일반적 사고의 형태는 다음과 같다. ① 기독교신학과 결코 분리할 수 없는 사고들, ② 종교적 의미를 필요로 하지 않거나 신학적인 질문들과 최소한 직접적으로는 연계되지 않는 사고들인데 그 사례로는 배수가 건강에 미치는 영향, 최초의 벌채가 기후에 미치는 영향, 모래 언덕에 소나무를 식재할 때의 영향이 있다. ③ 이 둘을 결합하는 사고로 베네딕트 규율과 시토 수도회, 프레몽트레 수도회(Premonstrants), **** 카르투지안 수도회(Chartrists)의 초창기 엄격함 속에서는 일을 신에 대한 의무인 동시에 미덕과 개간, 배수, 방목을 위한 숲 보호, 알프스나 산지의 방목지 조성이 가져오는 이점에 연계된 실천적 행동으로 생각했다. 신실함은 자연의 이런 바람직한 변화와 양립할 수 있는 활동적인 동반자였다. 경작지로의 전환과 식민화를 통해 기독교인들의 정착지에 걸맞은 경관을 창조하는 일은 신실함에 대한 보상이었다.

2. 기독교 그리고 자연의 변형

기독교 사상가들은 고전 사상가들처럼 두 가지 근본적 질문을 던졌다. 인간은 다른 생명 형태들, 특히 존재의 위계에서 인간과 가장 가까운 곳에 위치한 움직이는 거대한 육지동물과 어떻게 다른가? 인간은 어떻게 가옥 건축, 베 짜기, 경작 같은 기예를 발명했는가?

인간은 지적이고 독창적이며 마음의 결심을 실천으로 옮길 눈과 손을 기술적으로 사용할 수 있다. 반면 이러한 자질이 부족한 동물은 이른 유아기부터 자립적이며 털, 모피, 두꺼운 피부같이 자신을 보호할 만한 수단을 인간에 비해 훨씬 많이 부여받는다. 자연적 보호 수단을 갖추지 못한 대신 정신과 영혼을 가진 인간은 자신만의 환경을 창조할 특별한 능력을 가지며, 창의력을 통해 자신의 자연적 연약함을 보충할 유용한 보호 수단을 창조할 특정한 능력을 얻는다. 이것이 고전적 해답, 즉 '필요는 발명의 어머니'라는 해답이었다. 기독교의 해답은 신의 형상대로 창조된 인간은 신의 은총을 받아 모든 자연을 지배한다는 창세기에 제시된 해답이었다. 즉, 많은 교부들이 이 둘을 결합했다.

우리가 살펴보았듯이 환경적 영향에 대한 이론은 중세 기독교 사상의 한 자리를 차지했으므로 지배적인 신학과 그 이론을 조화시키는 일은 간단했다. 극단적인 금욕주의와 피안 지향을 제외하고는 신의 동반자로서 행하는 인간의 활동, 즉 농업 활동, 숲의 이용, 동식물을 길들이는 활동을 통해 필연적으로 일어날 수밖에 없는 변화를 이 지상에서의 삶에 일부로 받아들이는 것 역시 똑같이 간단했다.

인간이 유한하고 창조되고 파괴될·수 있는 세계에서 창조를 마무리하는 일을 돕는 신의 보조자로서 산다는 사고는 성서를 설교할 때 농촌에 관련된 비유를 채택해 쉽게 표현될 수 있었다. 이런 설교는 환경적 영향에 관한 정교한 그리스적 사고보다 훨씬 이해하기 수월했다. 경작, 나무베기, 관개, 접목, 돌담 건설, 채석같이 도시와 농촌의 생활에서 생기는 일은 인간이 신의 동반자로서 창조된 환경을 더 낫게 만드는 존재임을 사람들에게 쉽게 인식시킬 수 있었다. 도슨은 다음과 같이 언급했다. "그러나 새 종교의 근본적 정신은 농부의 생활에 전혀 낯선 것이 아니었다. 그 첫 시작이 갈릴리(Galilee)**의 어부와 농부들 사이에서였으므로, 복음의 가르침은 들판과 양떼, 포도원의 이미지로 가득하다".10)

초대 교부들은 고대의 농업철학을 특히 바로와 베르길리우스가 표현했던 방식으로 인식했다(그들이 어느 정도까지 지구에 유기적 유비를 적용했는지는 분명하게 답하기 어려운 문제다. 이들 중 다수는 자연의 노쇠라는 사고를 거부했는데, 이는 필론의 전통을 따른 것일 수도 있다. 신의 창조물로서의 자연은 비옥하고 풍족한 선물이었고 인간의 관점에서 사멸하는 존재가 아니었

---

10) Dawson, *The Making of Europe*, p. 174(김석희 역, 2011, 《유럽의 형성》, 한길사_옮긴이).

다). 창조주는 선함과 계획을 가지고 지구를 비옥하게 만든다. 인간은 지구를 경작하고 지구에 식물을 심고 나무의 가지를 치거나 접목하고, 혹은 새로운 장소에 나무를 이식하는 한 지구에서 살아갈 수 있다.

그러므로 신학과 농업, 방목, 숲 사이에 다리가 놓이지 않았다면, 즉 지구를 이용하고 자신의 요구대로 지구를 변화시켜 자신을 지탱하는 인간의 능력에서 신성한 목적이 드러나지 않았다면 그것이야말로 놀랄 만한 일일 것이다. 서방세계의 수도사들은 전인미답의 땅에 들어가거나 로마제국 아래에서 한때 번영했던 비옥한 땅을 다시 개간할 수 있었다. 왕실과 귀족의 사냥터 이상의 기능을 했던 숲에서 인간은 말, 소, 돼지, 양, 염소를 방목하고 당분을 얻기 위해 꿀을 모으고 교회에서 쓰일 양초의 원료인 밀랍을 모으고 연료로 사용하기 위해 죽은 나뭇가지를 수집할 수 있었다.

수도사들에 대해 언급되었던 것들은 교회 전체에 적용될 수 있다. 사람들은 천상의 도시가 도래할 때까지 대기하는 허름한 대기실인 죄 많은 세상에서조차 신앙을 가지고 이를 전파해야만 했다. 수도원 정착지들은 "농부의 과업을 수행하고 숲을 제거하고 땅을 경작할 필요성에 따라야만 했다. 메로빙 시대 수도원 성인들의 생활은 갈리아인이건 켈트인이건 간에 숲 개간이나 침략기 동안 버려졌던 땅을 문명으로 되돌리는 일 같은 농업 노동으로 가득하다".11)

신앙심 깊은 이들에게 인간의 거주지인 지구는 인간과 신의 동반자 관계의 핵심적인 연계 고리였다. 숲을 밀고 개간하며 경작하는 일을 통해 수도사들은 타락 이전의 낙원과 같은 조건을 복제한다는 깊은 느낌을 자주 받았다. 그리고 우리는 열정적인 성인열전에 무수히 등장했을 숲에 나타나는 야생동물이 수도사의 보조자가 되었다는 전설을 쉽게 무시해서는 안 된다. 구전되고 반복되는 가운데 왜곡되었을 이러한 전설은 수도

---

11) *Ibid.*, p. 178.

사들이 버려진 땅을 개간하는 데 야생동물을 활용했고 그들을 다시 가축화했을 수도 있다는 실제 조건을 반영한 것으로 여겨진다.

종교적 이상이 훨씬 더 강하고 번영이나 세속성에 의해 아직 희석되지 않았던 수도회 초기 역사에서는 묵상적인 생활의 이상과 베네딕트 규율에 나타난 일의 철학 그리고 수도사나 그들을 보조하는 평신도의 생활 속에 나타나는 일상적 일들 사이에는 밀접한 관계가 있었다. 환경의 변화가 그들에게 어떤 영향을 줄 수 있는지를 이해했던 것이다. 그러한 이해는 양떼를 돌보면서 몸을 덥히기 위해 지핀 불로 산불을 야기한 목동처럼 종종 매우 단순한 사례에서 나타나는 관습적 권리 및 관행을 둘러싼 갈등, 숲과 관련된 법령, 숲과 경작지의 밀접한 관계에서 분명히 나타난다.

3. 인간의 자연 지배에 대한 해석

종교 사상가들이 지구상에서의 인간 활동에 대해 긍정적 태도, 즉 지구를 변화시킬 필요성을 인정하고 종종 기술적 발명을 가치 있게 여기는 태도를 취하는 일은 드물지 않았다. 필론, 테르툴리아누스, 오리게네스, 성 바실리우스, 니사의 성 그레고리우스(St. Gregory of Nyssa),* 성 암브로시우스, 성 아우구스티누스, 테오도레투스(Theodoret),* 인디코플레우스테스(Cosmas Indicopleustes)*의 특정 저술들은 종교, 기술, 환경 변화를 연결시킨 사고의 넓이와 시야를 보여준다.

설계를 통해 지구를 창조했던 장인적 신에 대한 신념이 필론에게 있었고 이에 따라 그는 자연에 대한 인간의 지배권 문제를 고려했다. 구약성서는 그 지배권이 인간에게 있음을 반복적으로 확증했다. 신이 인간에게 부여했던 이 지배권에 대한 매우 생생한 주석은 내가 아는 한 다른 초기 저술가들에게는 나타나지 않는다. 나아가 인간이 소아시아와 지중해 동부에서 가축화된 동물과 오랫동안 관계를 맺었다는 사실을 통해 이 지배권이 실재함을 확신했다고 믿을 만한 이유가 있다.

필론은 마지막에 그리고 갑자기 나타난 인간이 동물들을 깜짝 놀라게 했다고 말한다. 인간이 그냥 바라보는 것만으로도 동물을 길들이는 것은 충분했다. 가장 사나운 동물들이 가장 먼저 그리고 가장 쉽게 길들여졌다. 그들의 온순함은 오직 인간을 위해서 마련된 것이었고 동물 간의 호전성은 줄어들지 않았다. 땅, 물, 공기 중에 모든 살아 있는 것들이 인간에게 복종했다.

> 인간의 통치에 대한 가장 명백한 증거는 우리 눈앞에서 진행되는 일들이다. 갑옷도 안 입고, 손에 철제 무기를 들지도 않고, 자신을 보호할 어떠한 장구도 갖추지 않은 채 양털가죽으로 몸을 덮었을 뿐인 인간이 소떼가 어느 방향으로 가야 할지 지시하고, 여행에서 지쳤을 때 기댈 지팡이 외에는 아무것도 없는 지극히 평범한 사람이 때로 엄청난 수의 소를 이끌고 다닌다. 보라, 양떼, 염소떼, 소떼의 무리를 몰고 다니는 양치기, 염소치기, 소치기를. 그들은 강하지도 않고 신체가 건장한 것도 아니다. 그들을 바라보는 사람들이 그들의 건강과 활기에 놀라는 일이 있을 것 같지도 않다. 그럼에도 자연이 제공한 장비로 무장하고 자기방어를 위해 그 장비를 활용하는 모든 동물의 용기와 힘은 주인 앞의 노예처럼 인간 앞에서 위축되며 명령을 수행한다. 12)

쟁기를 멘 황소를 매일 몰고 다니고 숫양의 털을 깎으며 동물 중 가장 기운이 넘치는 말에 올라타는 것을 보면 인간의 통치력이 얼마나 쉽게 행사되는지를 알 수 있다. 자연을 통제하는 인간은 몰이꾼이나 안내인(ἡνίοχον δή τινα καὶ κυβερνήτην)에 비유된다. 인간이 마지막에 창조되었고 다른 것들의 뒤에 따라왔기 때문에 인간에게 힘이 부족하다고 가정한다면 실수일 것이다. 몰이꾼은 무리의 뒤를 따르지만 고삐를 쥔다. 안내인의 엄

---

12) Philo, *On the Creation*, 84~85.

격한 행동에 모든 이들의 안전이 달려 있다.

"그러므로 창조주는 인간을 모든 것의 몰이꾼과 안내자로 만들어 지구 상의 사물을 움직이고 조종하도록 했다. 그리고 족장이나 위대한 왕에게 복종하는 총독처럼 인간에게 동식물을 돌보는 책임을 맡겼다". [13] 이 얼 마나 자비롭고 알기 쉬운 구절인가! 이 구절은 용기와 기술로 동물을 통 제하고 식물을 재배하는 인간의 지배를 단숨에 설명한다.

테르툴리아누스는 영혼의 재생에 대한 교의를 반박하는 주목할 만한 글에서 그와 관련된 이주, 인구 증가, 인간에 의한 환경 변화에 대한 사 고를 이용해 영혼 재생의 논거를 능숙하게 끌어온다. [14] 만일 죽은 자가 산 자로부터, 산 자가 죽은 자로부터 생겨난다면 지구의 인구는 언제나 같아야 한다. 태초에 살았던 것과 동일한 수의 사람이 존재해야만 한다. 그러나 이것은 사실이 아니라고 그는 말한다. 왜냐하면 과거에 과잉 인 구 때문에 민족이 이주했기 때문이다(테르툴리아누스의 자료원은 분명 신 성과 인간사에 대해 기록한 바로의 소실된 저작임에 틀림없다). 이어서 그는 모(母) 도시에서 '이주하는 원주민(aborigines)'들로 인해 다양한 성장 중 심지에서 세계의 인구가 사실상 점진적으로 증가했다고 언급한다. 테르 툴리아누스는 이 용어를 아마도 유목민, 유배자, 정복자, 과잉 인구 지 역에서 이주하는 일반적인 이민자를 의미하는 말[15]로 사용하는 것 같다. 세계는 이제 더 많은 사람을 품을 뿐 아니라 경작지도 나날이 늘어 간다. 신앙과 이성은 공존할 수 있다. "모순되기 때문에 믿는다"(*Credo quia*

---

13) *Ibid.*, 88.

14) 다음에 나오는 내용에 대해서는 J. H. Waszink's의 *De Anima*(*Quinti Septimi Florentis Tertulliani De Anima*) 편집본 중 라틴어 본문, 서문, 주석을 많이 참 고했다. *De Anima*, chap. 30의 pp. 370~377 주석을 참고하라.

15) 그리스어를 잘 알았던 테르툴리아누스는 아포이키아(ἀποικία, *apoikia*), 즉 식민 지 혹은 정착이라는 그리스어 단어를 이주의 종류를 묘사하는 데 사용한다. 이 단어는 또한 딸 식민지(*daughter colony*)라는 의미도 가진다. 원주민에 대해서는 Waszink, *op. cit.*, pp. 372~373을 참고하라.

ineptum）고 말했던 사람 또한 테르툴리아누스였기 때문이다.

"이제 모든 장소에 접근할 수 있다. 모두 잘 알려졌고 상업에 열려 있다. 한때 음울하고 위험한 불모지였던 지역의 모든 흔적은 제거되어 흥겨운 농장이 되었다. 경작된 들판은 숲을 압도했다. 가금류와 동물의 무리는 야생동물을 쫓아냈다. 모래사막에 파종하고 바위에 식물을 심고 습지의 물을 뺀다. 그리고 매우 고적한 시골집이 있었던 자리에는 대도시가 들어섰다".16) 불만인 것은 증가하는 세계의 인구가 지구의 물질이 지탱할 수 없는 짐이 된다는 사실이다. "우리의 결핍은 점점 심해지고 입에서 나오는 불평은 점점 지독해진다. 하지만 대자연의 일상적인 자양분으로는 우리를 감당하지 못한다". 역병, 기근, 지진이 넘치는 인구를 솎아냈지만 이들은 "천 년의 유배 이후에도"〔이 용어는 "뒤이은 두 개의 결합들 (*two subsequent incorporations*) 사이의 휴지기 동안 정화하는 데 걸리는 일반적인 시간"을 지칭하는 플라톤의 용어를 인용한 것이다〕 결코 지구로 되돌아오지 못했다.17)

테르툴리아누스는 이와 비슷한 사고를《철인의 가운에 관하여》〔*On the Pallium*(*De Pallio*)〕에서 표현했는데, 이는《영혼에 관하여》(*De Anima*)의 구절에서 비롯된 것이다. "이 시대에 지구의 얼마나 많은 지역이 변형되었는가! 우리의 (현존하는) 제국보다 세 곱절의 활기를 생산·증가·회복시킨 지상 도시의 숫자가 얼마나 많았던가!"18) 테르툴리아누

---

16) "A Treatise on the Soul"(*De Anima*), trans. by Peter Holmes, chap. 30, 3, *ANF*, Vol. 3, p. 210. 실제로 테르툴리아누스가 모순되기 때문에 믿는다 (*credo quia absurdum*) 고 말했던 것은 아니다. Gilson, *HCPMA*, p. 45를 참고하라.

17) Waszink, *op. cit.*, p. 376, under 30, 4: *Mille Annos*, and the references there cited: Plato, *Republic*, 10, 615A; *Phaedrus*, 249A; Virgil, *Aeneid*, 6, 748.

18) "Quantum reformavit orbis saeculum istud! quantum urbium aut produxit aut auxit aut reddidit praesentis imperii triplex virtus!"(*De pallio*, II, 7). 이 구절 바로 앞의 구절이 대단히 흥미롭지만 재인용하기에는 왜곡될 소지가 너

스는 세계 곳곳에 흩어진 중심지의 인구 증가와 경관의 변형 사이의 관계를 이해하지만 그는 인구 증가를 환경 변화에 관련시켜서 검토하지 않을 뿐더러 인구 증가의 결과로 환경이 악화된다고 말하지도 않는다. 테르툴리아누스는 환경 변화가 아니라 죽은 영혼이 지상으로 돌아오지 못하도록 막는 일에 관심이 있었다. 그는 로마제국의 통치자에게 정의를 요청하는 탄원문에서 기독교의 진리는 "자신이 지구의 체재자일 뿐"이라는 사실을 안다고 말하기도 하지만 기독교인들이 삶의 문제에 문외한이라는 혐의는 잘못이라는 말을 덧붙이기도 했다. "우리는 인도의 브라만이나 수행자[가령 인도의 벌거벗은 철학자]가 아니다. 그들은 숲에 거주하고 일상적인 인간의 생활에서 스스로를 격리한다 … 그러므로 우리는 당신과 함께 이 세계에서 잠시 머물지만 공공 광장이나 도살장, 목욕탕, 노점, 작업장, 여관, 매주 열리는 시장, 그리고 어떤 상업적 장소도 피하지 않는다".19)

오리게네스에 따르면 인간에게는 생존에 필요한 것과 동물이 가진 보호막이 결여되었기 때문에 기예를 필요로 하며 그 때문에 자연을 변화시킨다. '필요가 발명의 어머니'라는 고전적 논거는 오리게네스의 기독교신학과 양립할 수 있다. 왜냐하면 신이 인간을 동반자로 지정하여 주인으로서 자연을 통치하도록 했기 때문이다. 인간의 이해력은 사용되도록 만들어졌지 방치되도록 만들어지지 않았다. 신은 인간을 부족한 존재로 만들어 인간이 자신을 먹이고 보호하기 위해 기예를 발견할 수밖에 없도록 만들었다.

오리게네스가 가치 있게 여기는 것은 인간의 지성이다. 종교나 철학에 아무런 관심이 없는 사람들은 기예를 발견해야겠다는 자극을 받을 수 있

무 많다.

19) *Apology*, trans. by Thelwall, chap. 1, *ANF*, Vol. 3, p. 17; chap. 42, p. 49. 이 글 전체는 기독교인들의 비판자들이 고발한 내용과 기독교인들의 반응에 관련된 정보를 제공한다는 측면에서 흥미롭다.

도록 반드시 부족한 상태에 있어야 한다. 이들이 풍요를 누린다면 자신의 지성을 발휘하는 데 소홀할 것이다. 생존에 필요한 것들의 결핍은 농업, 포도 재배, 원예, 목공, 철강, 베 짜기, 방모, 방적, 건설과 건축, 항해와 항해술을 낳았다. 왜냐하면 생존에 필요한 것들은 어디에서나 구할 수 있는 것이 아니기 때문이다. 섭리는 합리적 피조물을 비합리적 존재보다 더 결핍된 존재로 만든다. 신으로부터 인간의 지성으로, 인간의 기예로, 그리고 이들에 의해 발생하는 경관의 변화 순으로 이어진다. 그러나 경관에 생겨난 변화는 강조되지 않는다. 대신 결핍이라는 자극을 통한 정신의 계발이 강조된다.[20]

성 바실리우스는 "지구는 보이지 않았고 완성되지 않았다"[21]에 대한 두 번째 설교에서 신이 지구의 정수와 형태를 모두 창조했다고 말한다. 그분은 존재에게 그가 주고자 했던 형상에 따라 존재를 창조했다. 그분은 물, 공기, 불이 존재한 방식에서와 같이 창조의 세부적 사항 대부분을 의도적인 침묵 속에 생략했다. 왜냐하면 진리를 발견하도록 인간의 지성을 훈련시키고자 했기 때문이다.

성 바실리우스는 과도한 습기가 지구의 생산성을 훼손한다는 당대의 관찰을 지구의 물이 적절한 테두리 안으로 제한되지 않았다는 점에서 지구의 본성이 여전히 불완전하다는 의미로 받아들였다. 과도한 습기는 (안개를 유발해) 지구가 노출되지 못하도록 방해하며 지구가 완전하게 되지 못하도록 한다. "왜냐하면 지구의 적절하고 자연적인 장식품, 즉 계곡에서 물결치는 곡식, 풀과 다양한 색의 꽃으로 뒤덮인 푸른 초원, 비옥한

---

20) Origen, *Contra Celsum*, IV, 76. Chadwick, *Contra Celsum*, p. 245는 오리게네스가 발명하는 인간과 훌륭한 재능을 부여받은 합리적인 인간을 구분한다는 점에서 Plato, *Protagoras*, 321A~B; Cicero, *De natura deorum*, II, 47, 121; Plutarch, *Moralia*, 98D의 중요성에 대한 관심을 요구한다. 또한 스토아주의와 오리게네스에 대한 채드윅(Chadwick)의 언술을 참고하라. pp. x~xi.
21) 창세기 1장 2절, "땅은 아직 모양을 갖추지 않고 아무것도 생기지 않았는데" 등.

숲 속의 빈 터와 숲이 그늘을 드리우는 언덕 꼭대기는 완전하기 때문이다". 지구의 비품(備品)에 대한 묘사는 — 성 바실리우스가 든 예에는 인간에 의한 변화가 포함된다 — 그 대상에 대한 직접적인 신성한 정보 대신 신이 무엇을 행했는지를 설명한다. 이는 당시의 경관이 신의 비품과 같은 장식품이며 완성품임을 넌지시 암시하는 것이다. 22)

니사의 성 그레고리우스는 지구상의 자연과 사물이 신의 왕국에 종속됨이 분명함에도 불구하고 그들이 가치를 가졌음을 확증하려 한다. 그는 실제적인 것과 영적인 것이 통합되어 있다고 말한다. 즉, 신이 이 둘을 창조했고 이를 통치한다. 창조물 안의 어떤 것도 거부되어서는 안 되며 어떤 것도 신의 공동체에서 배제되지 않는다(디모테오에게 보낸 첫째 편지 4장 4절을 따름). 이러한 영적인 것과 물질적인 것의 결합은 신에 의해 인간 안에 체화된다. 23)

인간은 자연의 주인이며, 자연은 인간이 신에게 이르는 도상에서 그를 돕는다. 그 과정에서 자연 자체는 성장하고 고양된다. 신은 금, 은, 보석 등 인간이 가치 있게 여기는 재물로 지구를 채웠다. 그는 이러한 경이로운 작업의 증인으로서 인간을 지구에 등장하도록 허락했고 그 경이의 주인 역할을 맡겼다. 24) 더 낮은 존재에 대한 주인됨(mastery)은 인간의 결핍을 채우기 위한 것이다. 말에 대한 주인됨은 인간의 신체적 움직임의 느림과 곤란함 때문이요, 양에 대한 주인됨은 인간이 헐벗었기 때문이요, 황소에 대한 주인됨은 인간이 초식동물이 아니기 때문이요, 개에 대한 주인됨은 개의 턱뼈가 인간을 위한 살아 있는 칼이기 때문이며, 철에 대한 주인됨은 동물이 뿔과 발톱으로 스스로를 보호하듯 인간을 보호해야 하기 때문에 필요했다. 25)

---

22) Basil, *Homilies in Hexameron*, II, 3.
23) *The Great Catechism*, chap. 6.
24) *On the Making of Man*, chap. 2.
25) *Ibid.*, chap. 7.

종교적 활동과 농업, 원예, 포도 재배 같은 일상적 의무에 대한 아주 상징적이고 아주 많은 비교(교회는 곡물창고를 가득 채우는 들판이다. 주교는 농부처럼 자신의 감독 아래 있는 들판을 돌본다)를 담은 글을 남긴 성 암브로시우스는 인간이 신과의 동반자 관계 속에서 지구를 향상시키는 농부와 같다고 생각한다. 26) 그는 384년 가을에 발렌티니아 아우구스투스(Valentinian Augustus)*에게 보낸 편지에서, 창조의 시작 당시의 세계보다 필요한 설비를 갖춘 세계가 훨씬 더 아름답다고 적었다. "이전에 지구는 어떻게 열매를 내야 할지 몰랐다. 훗날 신중한 농부가 들판을 통치하고 무형태의 토양을 포도로 덮기 시작했을 때 자연은 야생의 기질을 버리고 경작을 통해 부드러워졌다". 27)

초대 교부들의 이러한 언술은 성 아우구스티누스의 《신국론》의 유명하면서도 약간은 놀라운 구절의 등장을 예비한다. 놀라움의 이유는 그의 이름이 세계에 대한 금욕주의적 부정(否定)과 연계되어 등장하는 일이 많기 때문이며, 죄 많은 인간과 완벽한 신 사이에는 오직 교회만이 다리를 놓을 수 있는 거의 극복 불가능한 간극이 놓였다고 생각한 그의 경향 때문이다. 그러나 성 아우구스티누스는 인간의 지성, 기술, 창조력이 창조주로부터 부여받은 것임을 당연히 인정하면서도 그것을 관대하게 칭송한다. 이러한 능력은 인간으로 하여금 인간 사회를 탄생시킨 기예를 창조할 수 있도록 했다.

신은 영혼에 이성과 이해력을 갖춘 정신을 수여했다. 정신은 유아기에는 잠들어 있다가 성숙하면서 깨어나 지식을 획득한다. 그러므로 정신은 가르치고 진리를 이해하며 선한 것을 사랑할 능력을 가진다. 영혼은 "지고의 것이라 불변인 절대선만을 소망해서" 오류나 기타 천성적 악과 전쟁

---

26) Springer, *Nature-Imagery in the Works of St. Ambrose*, pp. 77, 82 and *passim*.

27) St. Ambrose, *Letters*. Letter 8(53 in the Benedictine enumeration), p. 47; Letter 49(43), pp. 254~264 또한 참고하라.

을 치르고 그것들을 정복할 수 있다.

그리고 한결같은 결과가 아니더라도 전능자의 작업의 위대함을, 그리고 우리에게 재능을 발휘할 능력을 부여해 우리의 이성적인 본성에 그분이 수여했던 말로 표현할 수 없는 은혜를 누가 능히 말하거나 심지어는 이해할 수 있는가? 미덕이라 불리는 기예, 우리가 우리의 삶을 어떻게 선용하고 어떻게 끝없는 행복을 얻을 수 있는지 가르쳐주는 기예 — 그리스도 안에 있는 신의 단독적 은혜로 인해 약속의 자녀와 왕국의 자녀에게 주어진 — 위에서 인간의 특별한 재능은 부분적으로는 필요의 결과이며 부분적으로는 열정적인 발명의 결과인 수없이 많은 놀라운 기예를 발명하고 적용하지 않았는가? 그리하여 불필요한 것뿐만 아니라 심지어 위험스럽거나 파괴적인 것을 발견하는 데에도 무척이나 적극적인 이와 같은 마음의 활력이 그러한 기예를 고안·학습·적용할 수 있는 자연 속의 무궁무진한 부를 드러내지 않았는가? 인간의 산업이 베 짜기와 건축, 농업과 항해의 기예에 이르다니 이 얼마나 경이로운 진전인가! 깜짝 놀랄 만한 일이라고 이야기할 사람도 있을 것이다. 도기, 그림, 조각이 얼마나 다양한 디자인으로 생산되는지, 얼마나 다양한 기술이 사용되는지! 극장에서 공연되는 장관은 얼마나 놀라운지 못 본 사람은 믿을 수 없다! 야생짐승을 포획하고 죽이거나 길들이기 위한 고안품들은 얼마나 솜씨 좋게 만들어졌는가! 그리고 또한 인간에게 상처를 입히기 위해 얼마나 많은 종류의 독, 무기, 파괴 수단이 발명되었으며 건강의 보전이나 회복을 위한 도구와 치료법은 또 얼마나 무한한가! … 그럼에도 불구하고 자연을 세부적으로 자세히 이야기하는 일은 포기한 채 자연에 대한 일반적 견해를 제공하는 일만이 시도되었으니 자연에 대한 그동안의 사상을 그 누가 말할 수 있으랴? 요컨대 이교도와 철학자의 재능을 드러냈던 오류와 오해에 대한 방어조차 충분히 분명하게 이야기될 수 없다. [28]

---

28) *City of God*, Bk. XXII, chap. 24.

키루스의 주교였던 테오도레투스는 《섭리》(*Providence*) 에서 고전적인 목적론적 논거를 기독교신학에 맞춰 솜씨 좋게 편입시켰다. 그로 인해 그는 교회의 정치적 승리에도 불구하고 여전히 교회를 거부했던 지식인들을 상대로 승리를 거둘 수 있기를 희망했다. [29] 인간은 일부의 고전 저술가들이 묘사한 대로 승리한 행동가이자 자신의 손과 팔을 이용해 땅을 갈고 파종하고 도랑을 파고 덩굴을 베고 추수하고 곡식을 다발로 묶고 키질로 낟알을 고르는 변형자로 묘사된다. 손과 팔의 중요성과 소중함은 지성을 위해 봉사하는 도구라는 데 있다. 팔이 있었기에 인간의 정신은 지구를 꽃이 만발한 초지, 풍성한 수확, 광대한 숲, 수천 갈래의 바닷길로 꾸밀 수 있었다.

신에게서 비롯한 지혜는 인간으로 하여금 광업과 농업에 필요한 도구, 각각에 유용한 도구를 서로에게서 빌리는 기예를 발명하게 했다. 건축은 대장장이에게서 필요한 도구를 빌리고 대장장이는 건축가에게서 자신의 거주지를 얻는다. 그리고 둘은 농업에서 영양분을 얻지만 농민 역시 말과 도구를 필요로 한다. 시작점으로 돌아간다면 우리는 어떻게 신이 인간에게 그가 필요로 하는 사물을 활용하도록 허락했는지를 이해할 것이다. 그렇게 해서 인간은 광부가 되고, 도시 건설자가 되고, 육지와 바다를 잇는 선원이 되었다. 인간으로 하여금 단순히 사는 것만이 아니라 잘 살 수 있도록 하는 것이 세계에 대한 신의 돌봄의 일부이다. [30]

신의 우주적 신성을 지구상에서는 인간이 대표하기 때문에 인간이 자연에 대한 청지기 소명을 지닌다는 류의 초기 언술 중 가장 놀라운 것이

---

29) 이 책을 쓰게 된 이유에 대해서는 아제마(Azéma) 가 프랑스어로 번역한 테오도레투스의 책, 《섭리에 대한 강연》(*Discours sur la Providence*) 의 서론, pp. 30 ~32를 참고하라.

30) 네 번째 강연 전체를 참고하라. 손과 팔에 대해서는 613~616D를, 자연을 변화시키는 기예에 대해서는 616A~D를, 기예에서 상호 차용한 것에 대해서는 617A를, 건축가로서의 인간에 대해서는 620A~B를, 또한 이 구절에 대한 아제마의 논의는 p. 164, note 76을 참고하라.

인디코플레우스테스의 《기독교인의 지리》(*The Christian Topography*)에 나타난다. 535~547년 사이에 쓰였을 이 책에서 코스마스(Cosmas)는 인간이 나타나기 이전에 행해진 창조를 집에 들어가 살기 전에 가구를 놓고 집을 꾸미는 준비 작업으로 비유했다. 신은 이 집 안에 그분이 이룬 가지 각색의 다양한 작품을 모두 모았다. 준비가 끝났을 때 신은 "도시를 세워서 완성한 후 자신의 형상을 그곳에 두고 다양한 색으로 색을 입히고 꾸미는" 왕처럼 행동했다. 자기 집 안에 신이 둔 형상은 인간이다. 신은 그분의 집을 완성하고 꾸미도록 인간을 선택했다. 인간은 신의 형상이기 때문에 천사는 인간을 보호하고 도우면서 인간의 주위를 맴돈다. 같은 이유로 창조물 전체가 인간에 봉사한다. 태양, 공기, 불, 물의 익숙한 활용이 열거되고 유용성의 견지에서 자연을 파악하는 견해는 인간에 대한 신과 천사의 돌봄에 딱 들어맞는다.

인간은 "모든 창조물을 우정으로 한데 묶는 접착제"이며 "신의 섭리에 따라 인간이 살아가는 체계는 인간 자신의 교육을 위한, 그리고 모든 이성적 존재의 교육을 위한 학교"다. 인류를 위한 학교로서의 창조라는 관념은 성 바실리우스에게서 이미 살펴본 바 있다. 18세기 후반 헤르더는 인류의 교육에서 지구가 수행하는 역할을 묘사하는 데 이를 활용한다.

위상이 높아진 인간은 "지구상 만물의 왕이며 하늘에 있는 주 그리스도와 함께 통치하며 천상에 있는 존재의 동료 시민이 된다. 신에게 종속되지만 신의 형상을 품은 존재로 모든 창조물을 보살피며 창조주에 대한 애정과 감사하는 마음을 보전한다".[31] 우리가 초기 기독교의 '자연의 변형

---

31) Cosmas, *The Christian Topography* (trans. J. W. McCrindle), Bk. 3, 169, pp. 104~105, Bk. 5, 210, p. 167. 집필시기에 대해서는 pp. x~xi를 참고하라. 인간, 물질, 지구에 대한 고전적 사고와 기독교적 사고를 떠올리게 하는 많은 구절들이 작품 전체에 흩어져 있다. 4원소설에 대해서는 pp. 10~11, 20~21, 85~86을, 대척점에 대해서는 pp. 14~15, 136~137을, 지구와 낙원의 본성에 대해서는 p. 33을, 환경적 영향에 대한 전통적 사고에 대해서는 p. 41을, 존재의 위계라는 사고에 대해서는 p. 108을, 동물과 성교의 상스러움에 비해 인

자이자 창조를 꾸미고 완성하는 하느님의 대리인'이라는 인간 개념을 더 다룰 필요는 없다. 이러한 주해 대부분은 변증문헌이나 설교문헌에 등장한다. 변증문헌의 경우 이교도들의 여전히 설득력 있는 비판에 맞서야만 했기 때문이며, 설교문헌의 경우 새로운 신앙을 설명하는 데 사용되었기 때문이다. 설교문헌에는 성 바실리우스처럼 단순한 용어를 이용하기도 했고 테오도레투스처럼 고전 과학 및 철학 지식에 대한 더 깊은 지식을 필요로 하는 수준에서 설교가 이루어지기도 했다.

자신들의 새로운 종교를 방어하는 가운데 많은 기독교 사상사들은 자신들의 종교가 세계를 완전히 포기함을 의미한다는 비난을 무시할 수 없을뿐더러 인간의 산업, 활동, 성취를 인정하지 않을 수도 없다고 느꼈다. 기독교의 입장이 테르툴리아누스가 가졌던 어떤 위기감에 의해 형성됨이 감지된다. 그는 이렇게 이야기한다. 우리가 삶의 문제에서 쓸모없다는 비난을 받긴 하지만 "우리는 당신과 함께 항해하고 당신과 함께 싸우며 당신과 함께 땅을 경작한다. 그리고 같은 방식으로 우리는 당신이 불법 매매를 할 때도 당신과 함께한다. 심지어 다양한 기예 분야에서 우리는 당신의 이익을 위해 우리 작품을 공유하기도 한다". 32)

이러한 사고는 고전 사상으로부터의 유산이었고 성서적 가르침을 보충하는 데 적합했다. 고전적 유산은 정신, 눈, 손이 발명 과정에서 수행하는 역할, 그리고 다시 이것들이 환경적 영향(인간뿐 아니라 이따금 가축에 의해서도 발생한다)을 일으킨다는 점에 기초해 구축되었다. 비록 이러한 사상가들이 일상생활에서의 육체노동을 노예의 직무라며 멸시하긴 했지만 말이다. 기독교의 가르침에서 인간의 활동은 "온 땅에 퍼져서 땅을 정

간의 세련됨에 대해서는 p. 109를, 젊음과 기예의 중요성, 세계의 유년성에 대해서는 pp. 124~125를, 클라마타에 대해서는 pp. 244~252를, 로마인에게 보낸 편지 1장 20절에 대한 주석은 pp. 293~294를, 영겁회귀에 반대하는 내용은 p. 301을 참고하라.

32) Tertullian, *Apology*, 42, *ANF*, Vol. 3, p. 48.

복하라"는 성서의 명령에 부합했다. 신의 목적과 인간의 일 사이에 불일
치는 없었다. 인간은 신의 도움과 격려를 받으며 지구를 완성하고 꾸미
기 때문이다.

이 해석은 아퀴나스의 저술에 재등장하면서 위력을 발휘한다. 인간은
신의 동반자로서 자신의 지성을 자신의 용도에 맞게 활용한다. 신은 죄
없는 인간을 낙원에 두고, 이 최초의 인간이 사랑의 노동으로 그곳을 꾸
미고 유지하기를 바랐다. 이것은 죄의 노동이 아니었지만 나중에는 그렇
게 되었다.[33] 낙원을 꾸미고 유지하는 일은 "자연의 힘에 대한 인간의 현
실적인 지식 때문에 즐거웠을 것"[34]이다. 그러므로 꾸미고 경작하는 일
은 죄와 타락과는 별개의 것이다. 아퀴나스는 타락 이후에도 신은 인간
에게 지구를 이용하며 작업하도록 승인했음을 암시한다.

4. 일의 철학

그러나 서방 수도원의 수도사들은 변증가나 설교가와는 다른 견해를
보였고 이들의 경험은 인간이 환경에 가한 변화에 대한 새로운 해석의 초
석이 되었다. 그들의 태도는 초대 교부들, 아퀴나스의 태도보다는 덜 고
전적이고 덜 학문적이었다. 이들은 신학과 일상적 과제의 존엄성에서 자
신들의 정당성을 찾았다. 성 베네딕트의 규율과 성 바실리우스, 성 아우
구스티누스 (그리고 훗날 아퀴나스) 같은 더 이른 시기의 수도원 저술가들
또한 육체적 노동에 존엄성을 부여해 고전적 태도와 확연한 대조를 보였
다. 일을 통해서 즐거움을 누릴 수 있으므로 일이 죄 때문에 생긴 벌인 것
만은 아니라는 점에서 노동은 타락과 분리되었다.

---

33) 창세기 2장 15절에서 인용. "야훼 하느님께서 아담을 데려다가 에덴에 있는 이
   동산을 돌보게 하시며"
34) *Summa Theologica*, Pt. I, Quest. 102, Art. 3, Vol, p. 501.

서방 수도회를 연구하는 거의 모든 연구자들은 야만족 침공 이후의 라틴권 서방에는 종교적·사회적·경제적·기후적 조건이 구성원에게 부과했던 강력한 현실적 요구가 있었음을 강조한다. 그 현실적 요구가 그들 이상(理想)의 특징을 이룬다. 그들이 직면했던 조건의 일부는 명상과 기도로 치료될 수도 있었을 것이다. 그러나 또한 수도사 자신이나 그들을 위해 일했던 사람들은 도끼, 횃불, 괭이, 쟁기, 개, 소를 활용할 필요가 있었다. 비록 변증가나 설교가의 철학과 수도회 설립자나 대수도원장들의 철학 사이에 고정불변의 차이가 있다고 주장할 수는 없지만(한 사람이 양쪽 모두에 해당될 수도 있다), 전자보다는 후자가 인간을 환경의 변형자로 해석하는 일이 훨씬 많았다. 후자의 기원이 수도원 생활에서 일상적으로 부딪히는 실용적인 문제였기 때문이다.

　　사실 서방 수도원주의의 이상은 육체노동을 강조했던 동방의 수도원주의에서 왔다. 세속적 생활뿐만 아니라 교회의 세속성에서도 분리된 채 홀로 신을 찾을 것을 강조했다. 35) 그들의 영적 작업으로는 《천상의 소망에 대하여》(On Celestial Desire), 《세상을 경멸하는 자만이 접근할 수 있는 천상의 고향에 대한 명상과 애정에 대하여》(For the Contemplation and Love of the Celestial Homeland, Which is Accessible Only to Those Who Despise the World), 《천상의 예루살렘 찬양》(Praise of the Celestial Jerusalem), 《천상의 고향에 있는 행복에 대하여》(On the Happiness of the Celestial Homeland) 등이 있다. 워크맨(Workman)이 즐겨 지적했듯이 아이러니하게도 노동의 이상이 나중에는 경제적 사업에서 두드러졌고, 결국에는 이들을 세상으로 돌아가게 만들었다. 36)

---

35) Workman, *The Evolution of the Monastic Ideal*, pp. 10~13, 154~157, 219 ~220. 워크맨(Workman)은 수도사가 세상으로부터 도피한 것과 마찬가지로 교회의 세속화에 반기를 들었다는 점도 강조한다. 일의 체계화와 수고의 위상에 대한 혁명적 개념은 성 베네딕트에 의해 이루어졌다. 서구의 수도사들은 일이라는 사고에 더 많이 헌신했고 더욱 진지하게 임했다.

성 베르나르두스에게 수도사는 세상으로부터 그리고 죄로부터 멀리 떨어진 장소 어디에나 있을 수 있는 예루살렘의 주민으로, 그곳에서는 누구나 신, 천사, 성인에 가까워진다. "그러므로 수도원은 예루살렘을 미리 준비하는 장소다. 기다리고 소망하는 장소, 우리가 즐겁게 고대하는 신성한 도시를 준비하는 장소다". 37)

> 수도원은 '진정한 낙원'이며 수도원을 에워싼 시골은 그 존엄성을 공유한다. 일이나 기예에 의해 꾸며지지 않은 '날것의' 자연은 지식이 있는 사람에게 일종의 공포를 불러일으킨다. 우리가 응시하기를 좋아하는 심해와 산꼭대기는 그에게 공포의 원인이다. 기도자와 수행자에 의해 개간되지 않고 어떤 영적인 생활의 무대도 되지 못한 야생의 장소는 늘 그랬듯 원죄의 상태에 놓여 있다. 그러나 일단 비옥해지고 목적에 부합한 장소가 되면 그 중요성은 극대화된다. 38)

지상의 도시에 상응하는 신성한 원형으로 우주의 도시를 상정하는 엘리아데(Eliade)*의 말을 떠올린다면, 르끌레르끄(Dom Leclercq)의 다음 문장은 새로운 의미를 획득한다. 누군가가 토지를 소유하고 개발이 시작되면 "창조 활동을 상징적으로 되풀이하는 제의가 수행된다. 경작되지 않은 지역이 먼저 '우주화'(cosmicized)****된 후에 인간이 거주를 하는 것이다". 39)

서방 라틴권에서 수도원주의가 발전하는 과정에서 수도사들은 고독을

---

36) Workman, *op. cit.*, pp. 157, 220~224. 영적인 일에 대해서는 Jean Leclercq, *The Love of Learning and the Desire for God*, pp. 27, 94~97, 105를 참고하라.

37) Jean Leclercq, *op. cit.*, pp. 59~60; 인용은 p. 60.

38) *Ibid.*, p. 136.

39) Eliade, *Cosmos and History*, p. 10. 위의 책, pp. 207, 213~214를 참고하라. 인간에 의해 지상의 예루살렘이 건설되기 이전에 천상의 예루살렘을 창조한 신에 대해서는 pp. 8~9를 참고하라.

과장되게 강조하는 것에서 벗어나 자신들이 직면한 상황에서 요구되는 새로운 가치에 이끌리는 경우가 많았다. 영적인 보살핌을 확장할 필요성, 〔경작지로의〕 전환, 이를 달성하는 데 필요한 개간과 건축, 물 공급과 접근이 용이하고 아름다움과 경관을 누릴 수 있는 적절한 수도원 자리 선정 등이 당면 과제였다. 40) 심지어 신실함조차 끊임없이 현실적 요구를 가진다. "세네카나 키케로의 책 사본을 만들 양피지를 얻기 위해 양떼가 필요했다". 허가를 받거나 혹은 수도원이 소유한 숲에서 야생동물을 사냥해 책 장정에 필요한 가죽을 공급할 수 있었다. 41) 숲의 후퇴로 시작해서 결국 활동, 〔경작지로의〕 전환, 개간, 조림, 가축 사육으로 끝났다.

도시에서 동떨어진 곳에 수도원을 건축할 때는 인간의 필요를 위해 경관을 변형해야 한다는 인식이 존재하는 경우가 많았다. 〔560년경 심플리쿠스(Simplicus)가 제 3대 수도원장으로 재직할 당시 몬테카시노의 수도사였거나 혹은 8세기에 몬테카시노를 방문한 순례자였을 것으로 추정되는〕 시인 마르크(Mark)는 베네딕트 수도회 건물을 설립하면서 몬테카시노에 생겨난 변형은 아름다움을 창조하고 편안함을 제공하며 경건함을 고무하고 도덕적 가르침을 주었다고 기술했다.

> 당신이 거하시는 높은 곳을 추구하는 자가 지치지 않도록
> 바람은 그 옆을 돌아 완만한 경사를 만든다.
> 한편 당연히도 산은 자연스레 당신을 존경하는데
> 당신이 산을 풍요롭게 하고 보기 좋게 만들기 때문이다.
> 불모의 사면에 당신은 정원을 만들고
> 그 벌거벗은 바위 곁에는 수확이 풍성한 포도원을 조성하고
> 험한 바위산은 그들의 것이 아닌 곡물과 열매를 숭배하며
> 야생의 나무는 이제 풍성한 수확을 품는다.

---

40) McCann, *Saint Benedict*, pp. 57~64, pp. 47~48.
41) Leclercq, *op. cit.*, p. 129.

우리의 불모한 일도 당신의 훈육 아래 열매를 맺으니
바라노니 우리의 건조한 마음에 순수한 물로 비를 내리고
마르크의 어리석은 가슴을 항상 초조하게 하는
악의 가시를 열매로 바꾸소서. 42)

베네딕트 규율이 미친 영향은 서구 문명사에서 익숙한 주제다. 수많은 노예처럼 한때는 경멸의 대상이었던 육체노동은 지도적 원칙이 된다. 대부분의 규율은 실용적 사안에 관련된다. 신의 일은 웅변, 수도원, 정원, 또는 길 위에서도 수행될 수 있었다(7장). "게으름은 영혼의 적이다. 그러므로 형제들은 규정된 시간 동안은 육체노동, 나머지 시간에는 성스러운 독서에 종사해야 한다"로 시작하는 48장은 가장 빈번히 인용된다. 43) 그러나 우리가 살펴보았듯이 육체노동을 명령한 것은 베네딕트 수도회가 처음은 아니었다. 그러한 규정은 농업 · 산업 식민지 공동체였던 이집트의 성 파코미우스(St. Pachomius)* 수도회와 바실리우스 수도회칙(Basilian Rule)****에서도 나타난다. 성 베네딕트가 이 문제와 관련해 인용했던 성 아우구스티누스는 수도사 노동의 바람직함에 대해 솔직하게

---

42) McCann, *Saint Benedict*, pp. 203~204에서 재인용. 라틴어 본문은 Migne, *PL*, Vol. 80, 183~186. 이 시에 대한 다른 참고문헌을 보려면 McCann, p. 204 footnote를 참고하라.

43) "Otiostias inimica est animae; et ideo certis temporibus occupari debent fratres in labore manum, certis iterum horis in lectione divina"(48장). 육체노동은 자유롭게 정의되었다. 육체노동에는 들판에서 이루어지는 일반적 육체노동이나 사본의 필사 같은 일을 제외한 수도원 내에서의 일반적인 유지를 위한 일반적 육체노동을 포함했다. 수도원 규율에서 육체노동이라는 주제에 대해서는 《매일의 육체노동에 대하여》(*De opera manuum cotidiana*) McCann, *Saint Benedict*, pp. 75~76, 140~141을 참고하라. D. Oswald Hunter Blair, *The Rule of St. Benedict*(Latin and English with notes). (니사의 성 그레고리우스에 기초했던) 몬테카시노에서 신성한 과수원과 다른 이교도적 생존에 대해서는 McCann, p. 70을, 신의 작업에 대해서는 pp. 77~78을 참고하라. 또한 수도회에 대한 19장과 20장을 참고하라.

말했다. 그의 논리를 살펴보자.

성 아우구스티누스는 수도사는 상징적인 의미에서가 아니라 문자 그대로의 의미에서 손을 활용해 노동을 해야 한다고 거듭 지적한다. 자신의 저술의 논리를 설명하는 《재고록》(Retractationes)에서 그는 카르타고에 설립 중인 수도원의 일부 수도사는 스스로 노동해서 생활을 유지하지만 어떤 수도사는 "신앙에 헌신해"(ex oblationibus religiosorum vivere volebant) 생활하길 바란다고 언급한다. 그들은 스스로 생계유지를 위한 일을 전혀 하지 않아 복음의 계율을 이행한다 생각했고 또한 이를 자랑했다. 이들은 마태오의 복음서 6장 25~34절(그리고 고린토인에게 보낸 첫째 편지 3장 5~10절)에 크게 의존했다. 하늘에 계신 우리 아버지(heavenly father)는 씨를 뿌리거나 곡식을 거두거나 먹을 것을 곳간에 모아들이지도 않는 새를 먹이시고, 수고도 하지 않고 길쌈도 하지 않는 들꽃을 입히신다. 성 아우구스티누스는 기본적으로 이러한 견해를 반박하는 글을 쓴다.[44]

그는 이 모든 것이 오독이며 적절한 구절은 다른 곳, 주로 바오로 서신 중 가장 많이 인용되는 데살로니카인에게 보낸 둘째 편지 3장 10절인 "일하기 싫어하는 사람은 먹지도 마라"에 있음을 놓치지 말아야 한다고 매우 자주 지적한다. 성 아우구스티누스에 따르면 바오로는 영적 보상을 목표로 하는 신의 종이 육체노동을 하길 소망했다. 그들은 다른 사람의 손이 아닌 자신의 손으로 먹을 것과 입을 것을 마련해야 한다[45] (데살로니카인에게 보낸 둘째 편지 3장 6~12절에 나타난 강한 어조의 바오로의 언급을 참고하라). 이것은 주목할 만한 문서로 장황하고 반복적이나, 때때로 함축적이고 형식적인 말을 경멸하는 태도를 보이기도 한다. 또한 거의 전적으로 바오로 서신에 의존한다. 그 안에는 '게으름은 영혼의 적'이라는 베네딕트 수도회 가르침의 원형이 담겨 있고 신입자에게 훌륭한 본보기가 되

44) Retractationes, Bk. II, chap. 21; De op. monach. 2, NPN, Vol. 3, p. 504.
45) Ibid., 3~4, p. 504.

지 못한 게으르고 오만한 수도사를 경계하는 강한 어조의 말이 있다. 만일 그들이 새처럼 되고 싶다면 내일을 위해 먹을 것을 쌓아두지 말게 하라. 46)

성 아우구스티누스는 노동할 시간을 확보할 수 없다고 하면서도 여전히 복음을 설교하는 자들에 대해 참지도 않는다. 그는 바오로의 생애와 저술을 다시 한 번 지적한다. 노 젓는 이들이 뱃노래를 부르듯이 일하는 동안 신성한 찬송가를 부를 수는 없는가? 노동자들조차 외설적인 노래를 부르면서도 일을 계속할 수 있다. 47) "주의 종이 손을 활용해 일하는 동안 주의 법을 명상하지 못할 것이 무엇이며 가장 높은 곳에 계신 주의 이름을 높이 찬양하지 못할 것은 무엇인가? 물론 암송을 통해 배우는 일이라면 별도로 시간을 내면 된다". 48)

성 아우구스티누스는 육체노동이 주는 기쁨을 이해한다. 규율로 잘 무장한 수도원의 수도사는 독서, 기도, 신성한 편지에 관계된 일에 보조를 맞춰 노동을 할 수 있다. 그렇지 않으면 게을러질 위험이 크기 때문이다. 참견이나 하고 수다나 떨면서 게으름 피우는 방법을 알되 훈련되지 않은 젊은 과부를 보라(디모테오에게 보낸 첫째 편지 5장 13절 인용). 49)

만일 세상에서 생계유지를 위해 일했던 가난한 사람이 수도원에 와서 게을러진다면 겸허한 과업을 수행하기 위해 모든 것을 포기한 부유한 사람은 어떻게 되겠는가? "가난한 사람이 자부심을 가지게 하려고 부유한 사람을 겸양으로 끌어내려서는 안 된다". 성 아우구스티누스는 이러한 역할의 뒤바뀜, 즉 호사스러움의 교환이란 있을 수 없다고 생각한다("그리고 그들이 어디에서 어떻게 즐거움을 포기하겠는가? 그들은 농장을 소유했고 그곳에는 즐거움이 가득할 것이다"(et quo veniunt relictis deliciis suis qui

---

46) Ibid., 30, p. 518.
47) Ibid., 20, p. 514; 37, p. 521.
48) Ibid., 20, p. 514.
49) Ibid., 26, p. 516.

fuerant praediorum domini, ibi sint rustici delicati)〕. 50) 일하지 않고 변명이나 늘어놓는 수도사는 염치없을뿐더러 불성실하다. 그리고 긴 머리를 자르려 하지 않는 사람들처럼 겸손함도 결여되었다. 51) 성 아우구스티누스는 수도사의 생활에도 기도, 연구, 실용적 활동을 다양화할 필요가 있으며 그 때문에 경건함이 줄어들 것을 걱정할 필요가 없음을 암시하는 것 같다. 이러한 내용과 노동의 규율을 정당화하는 기본 논리 역시 바오로로부터 온 것임이 분명해 보인다.

베네딕트는 성 아우구스티누스의 가르침이나 바오로의 가르침을 실천에 옮겼다. 일은 정기적으로 매일 활동하는 것을 의미했고 되는 대로 수행하는 잡다한 것이 아니었다. 일 (*opus secundarium*) 보다 상위에 있는 것은 오직 신의 일 (*opus dei*), 즉 매일의 찬송과 기도 같은 신성한 공무 (*divine office*) 의 수행뿐이다. "기도하고 일하라"는 베네딕트 규율에 대한 최근 연구자인 헤어베겐 (Herwegen) 에 따르면 오티오시타스 (*otiositas*: 게으름) 는 공적이고 공식적인 활동의 중단을 의미했다. 즉, 공공에 유익하지 않은 '무행동'을 의미했다. 52)

이제는 수도원의 설립 이야기와 그 중요성에 대한 해석을 몇 가지 살펴보자. 존엄자 비드에 따르면 데이라 (Deira) 지역의 통치자인 에델발트 (Ethelwald) 는 수도원 설립을 위한 땅을 '신의 시종'인 시드 (Cedd)*에게 제공했다. 시드는 토지를 받았다. "왕의 뜻에 따라 시드는 높고 멀리 떨

---

50) *Ibid.*, 33, p. 519; 본문은 *OCSA*, Vol. 22, p. 118.

51) *Ibid.*, 39, pp. 522~523.

52) Herwegen, *Sinn und Geist der Benediktinerregel*, p. 283. 48장 (《매일의 육체노동에 대하여》) 의 논의를 참고. 헤어베겐 (Herwegen) 은 게으름 (*otiositas*) 이 독일어의 여가 (Musse) 라는 단어와 의미가 거의 비슷하며 추가로 무행동과 공적 무책임이라는 부대적 의미를 가진다고 말한다. 베네딕트 규율과 업무의 규칙성과 다양성의 필요성에 대해서는 Eileen Power, *Medieval English Nunneries c. 1275 to 1535*, chap. 7을 참고하라. "성 베네딕트의 신중한 업무의 조정을 무너뜨린 수도원이 전복되었다는 점은 극단적으로 의미심장하다"(p. 288).

어진 언덕에 수도원의 자리를 잡았다. 인간의 거주지보다는 강도의 소굴이나 야생동물이 출몰하는 지역으로 적합해 보이는 자리를 수도원의 입지로 선정한 목적은 '한때 용이 거했던 곳은 갈대와 골풀이 나는 목초지가 될 것이며'[53]라는 이사야의 예언을 성취하는 데 있었다. 그는 전에 야생동물만 살았거나 인간도 야생동물처럼 살았던 곳에서 선한 일의 열매가 나오기를 희망했다".[54]

외딴 곳을 선정해 작은 낙원과 경작지로의 전환의 중심지로 변화시키고자 하는 소망은 풀다 최초의 대수도원장이자 성 보니파시오의 제자였던 성 스투르미우스에 대한 아이길의 책인 《성 스투르미우스의 생애》에도 잘 드러난다.[55] 보니파시오는 은자가 되기를 소망하는 성 스투르미우스를 격려했고 도움을 주며 축복했다. "보코니아라 불리는 황야로 가서 주의 종이 거하기에 적합한 장소인지 살펴보라. 주는 사막에서도 그분을 따르는 이들을 위한 장소를 마련하실 수 있기 때문이다".[56]

적절한 토양과 물 공급이 원활한 장소를 찾은 뒤 성 스투르미우스는 보니파시오에게 돌아왔다. 보니파시오는 숙고한 뒤 성 스투르미우스에게 색슨족에게 공격받을 위험이 있으므로 다른 장소를 찾아보라고 권고했

53) 《킹 제임스 성서》(King James Version)에는 이사야 35장 7절이 "용이 거주하던 곳은 갈대와 골풀이 나는 초지가 될 것이다"로, 《개역판 표준성서》에는 "승냥이가 살던 곳은 늪이 되며 초지에는 갈대와 왕골이 무성하리라"로 나온다. 이사야 35장 1절은 수도원의 열망에 잘 들어맞을 수 있었다. "메마른 땅과 사막아, 기뻐하여라. 황무지야, 내 기쁨을 꽃피워라 … "

54) Bede, *A History of the English Church and People*, trans. Sherley-Price, Bk. III, chap. 23(Penguin Classics), p. 177.

55) 《모음집》(*The Anglo-Saxon Missionaries in Germany*, trans. and ed., C. H. Talbot(*The Makers of Christendom series*)], 특히 Willibald, *The Life of St. Boniface*와 *The Correspondence of St. Boniface*를 참고하라. Eigil, *The Life of St. Sturm*에 나타난 서구에서 이루어진 초기 기독교회의 선교활동에 대한 생생한 묘사는 수도원의 실천적 활동을 조명한다는 점에서 가치 있다.

56) Eigil, "The Life of St. Sturm", *loc. cit.*, p. 183.

다. 성 스투르미우스는 다시 탐색을 했고 "황무지에 수도원적 생활을 수립할 열망으로 가득한" 보니파시오에게 다시 보고했다. 성 스투르미우스는 적절한 장소를 찾지 못했다고 말하니 보니파시오는 "주가 미리 정했던 장소가 아직 드러나지 않았다"고 응답했다.[57] 지치지도 않고 찬송가를 부르는 은자는 밤에만 탐색을 멈추며 나귀 보호를 위한 둥근 울타리를 치기 위해 나무를 베면서 탐색을 계속한 끝에 성스럽게 활용하도록 신이 미리 정하신, 축복이 느껴지는 장소를 보았다.[58]

"온 땅을 돌아다니며 그 장소가 품은 모든 장점을 파악했을 때 그는 신에게 감사드렸다. 어떤 면에서든 보면 볼수록 더 많은 만족이 돌아왔다. 장소의 아름다움에 너무 매료된 나머지 거의 하루 종일 그곳을 헤매고 다니며 그 가능성을 탐색했다. 마침내 그는 그곳을 축복하고 집으로 떠났다".[59] 그 후 보니파시오는 프랑크 왕 샤를로망(Carloman)*에게 나아가 "만일 주의 뜻과 당신의 도움으로 수도원적 생활이 확립되고, 우리 시대 이전에는 아무도 시도하지 않았지만 수도원이 당신의 왕국 동쪽에 건립될 수 있다면 당신에게 영원한 보상이 돌아갈 것이라고 믿는다"고 말했다.[60] 왕은 744년 1월 12일 선택된 장소를 제공했고 설립자들과 수사들이 그곳에 나타났다. 두 달 후 보니파시오는 그 장소를 방문했다. 그곳에 교회를 짓는 데 모두의 의견이 일치했다. 그래서 주교는,

> 그 장소에 그와 동행했던 모든 사람들에게 나무를 베고 그 아래 자란 것들을 제거하라 명하고 그 자신은 지금 몽세피스코피(Mons Episcopi)라 불리는 언덕 꼭대기에 올라 신에게 기도하고 성스러운 문서를 명상하며 시간을 보냈다 … 나무를 베고 관목숲을 제거한 일주일이 지난 후 라임

---

57) *Ibid.*, p. 185.
58) *Ibid.*, pp. 186~188.
59) *Ibid.*, p. 188.
60) *Ibid.*, p. 189.

밭 조성을 위한 잔디가 쌓였다. 그러고 나서 주교는 형제들을 축복하고 신에게 그 장소를 위탁한 후 그가 데리고 왔던 일꾼들과 함께 집으로 돌아갔다.[61]

새로운 수도원의 수도사들은 성 베네딕트의 규율을 따랐다. 성 스투르미우스의 생애에 등장하는 이러한 일화는 여러 번 반복되었을 것으로 추정되는 일련의 사건을 보여준다. 즉, 세속 권력으로부터의 장소 획득, 토양 비옥도와 흐르는 물에 특별한 주의를 기울인 신중한 장소 선정, 나무 베기, [경작지로의] 전환과 기도 및 명상 생활을 위한 공간을 제공할 수 있는, 즐거움을 주면서도 멀리 떨어진 장소의 탄생이 바로 그것이다. 장소 선정에 심미적 고려도 영향을 미쳤을 것이란 점은 주목할 만하다.[62]

---

61) *Ibid.*, p. 190.

62) Dimier and Dumontier, "Encore les Emplacements Malsains", *Rev. du Moyen Âge Latin*, Vol. 4 (1948), pp. 60~65는 대부분 12세기 이후의 내용인 잘 고른 자리와 잘 못 고른 자리에 대해서 P. Leopoldus Janauschek, *Originum Cisterciensium tomus I, in quo, praemissis congregationum domiciliis adjectisque tabulis chronologico-genealogicis veterum abbatiarum a monachis habitatarum fundationes ··· descripsit*로부터 가져온 많은 사례를 제공했다(이 책은 내가 활용할 수 없었다). 그러나 어디에서도 질 나쁜 곳을 의도적으로 고른 적은 없었다. 장소가 좋지 못하거나 공기가 건강에 해롭다는 것이 분명해졌을 때 이사하는 경우가 많았다. 1135년 건립된 보프레(Beaupré)는 "아름다운 장소에"(*in pulcherrimo situ*) (Janauschek, p. 38); Marienthal, 1143, "아름다운 계곡 옆 우물과 연못에"(*in valle amoenissima fontibus et piscinis irrigua*) [세워졌다_옮긴이] (p. 76). 좋지 못한 장소에 대해서 1132년 요크의 감독 폰테인스(Fountains)는 "가시나무가 자라고 예로부터 지금까지 사람이 살지 않는 곳에 ··· [그런 장소를] 인간의 필요에 적응시킬 만큼 현명한 사람이 은거할 장소"(*in loco spinis consito ··· ab antiquis temporibus non habitato ··· ferarum latebris quam humanis usibus magis accomodatio*) [라고 언급한다_옮긴이] (p. 37). 수도원 활동에 대해 이어지는 묘사는 1147년 시토 수도회에 애정을 갖게 된 요크의 감독 바이란드(Byland)에게서 찾아볼 수 있다. "열정적인 숲의 형제들이 기다란 도랑과 거대한 연못을 만들고 늪지로부터 물을 끌어내 단단한 땅이 모습을

수도원의 이상, 최소한 초기의 보다 이상주의적이었던 시기의 수도원적 이상은 경관의 변형과 어떤 관련을 가지는가? 사람이 거주하지 않거나 버려진 지역을 개선하는 활동이 일하는 수도사들에게 영적인 완전함의 핵심이 되었다. 사실 농업에서의 기술적 재능과 영적인 보살핌을 제공할 능력의 조합은 베네딕트 규율을 따르는 수도원을 유럽의 각지에서 매우 강력한 존재로 만들었다.[63]

카롤링 시대에 수도원 개혁을 이끌었으며 817년에는 아헨의 공의회 의장으로 재직했고 베네딕트 규율을 보다 엄격하게 따르는 것을 목표로 삼았던 아퀴타이네(Aquitaine) 지방 아니아네의 성 베네딕트(St. Benedict of Aniane)*의 삶에서 경관의 변화와 영적인 삶의 이와 같은 조합에 내재된 열기를 어느 정도 느낄 수 있다. 그에 대해서는 농부와 함께 쟁기질하고, 나무꾼과 함께 황소를 몰고, 나무꾼과 같이 도끼질하고, 추수꾼과 함께 추수했다는 말이 전해진다.[64] 수도회 중에서는 베네딕트 수도회, 시토 수도회, 프레몽트레 수도회, 카르투지오 수도회(Carthusians)****가 경관을 바꾸는 일에 가장 적극적이었다. 대수도원장인 하딩(abbot Stephen Harding)*이 시토와 그 하위 네 조직인 클레르보, 라 페르테(la Ferté), 모리몬드(Morimond), 폰티그니(Pontigny)를 위해 1119년 작성한 《자선헌장》(*Charte de Charite*)에서 그는 창세기에서 신이 인간에게 명

드러내면 살기에 적합한 너른 장소를 얻는다"(*fratres nemus viriliter exstirparunt, per fossas longas et latas magnas aquas de paludibus extraxerunt, et postquam apparuit terra solida, paraverunt sibi locum latum, idoneum et honestum*) (J, p. 104).

63) 또한 영적 돌봄, 그리고 교회와 결합된 영주의 확장이라는 일반적인 주제에 대해서는 Lamprecht, *Deutsches Wirtschaftsleben im Mittelalter*, Vol. 1:1, p. 117의 긴 인용을 참고하라.

64) *Act. SS. O. B.*, *saec.* IV, pars 1, p. 204 (NA)에 나오는 아르도(Ardo)가 쓴 아니아네의 성 베네딕트(St. Benedict of Aniane)의 생애. Montal., Vol. 5, p. 198, note 2에서 인용. *PL*, Vol. 103, cols. 351~390에서 재인용. cf. 368B.

한 것과 같이 땅에서 일할 것을 명했다.

추수는 가장 가치 있는 일 중 하나였다. 클레르보 최초의 대수도원장이었던 성 베르나르두스는 직접 건초 추수를 지휘했다.[65] 현실적이고 종교적인 이상은 일 속에 있었다. 결국엔 남용되었지만, 경건과 일의 철학의 강력한 조합으로 인해 서구 문명 역사상 중대한 국면에서 항구적인 경관 변화가 이루어졌다〔작물 재배에 좋은 초지와 옥토가 있다는 이유로 성 베르나르두스가 계곡에 수도원 설립을 권장했지만 시토 수도회가 의도적으로 건강에 나쁜 저지(低地)에 수도원을 세웠다는 사실은 오랫동안 전설로 남았다〕.[66]

12세기 독일 북부 시토 수도회의 활동에 대한 묘사를 통해 그 힘을 이해할 수 있다. 경작 가능한 땅으로 바꾸기 위해 나무를 베는 작업을 시작할 때 대수도원장은 일꾼을 대동했다. 한 손에는 나무 십자가, 다른 손에는 성수병을 들었다. 숲의 한가운데에 도착한 대수도원장은 십자가를 땅에 묻었고 이로 인해 그는 예수 그리스도의 이름으로 사람의 손이 닿지 않은 지구의 일부분에 대한 소유권을 획득했다. 그 주위에 성수를 뿌렸고 마지막으로 관목을 제거하기 위해 도끼를 거머쥐었다. 대수도원장이 조성한 소규모 개간지는 수도사들의 일의 출발점이었다. 하나의 작업조(베기)가 나무를 베었고 다른 한 작업조(제거하기)는 줄기를 제거했다. 세 번째 작업조(태우기)는 뿌리, 가지, 그 아래 자란 잡풀을 불태웠다.[67]

---

65) *AMA*, pp. 149, 250~251. 또한 1034년 벡(Bec)의 대수도원을 창설한 헤어루인(Herluin)의 이야기를 참고하라. Goyau, "La Normandie Bénédictine et Guillaume le Conquérant", *Revue des Deux-Mondes*, 15 Nov., 1938, pp. 337~355; ref. on p. 339.

66) Dimier and Dumontier, *op. cit.*, pp. 60~65와 원본자료로부터 흥미로운 수많은 인용문이 있다.

67) Winter, *Die Cistercienser des nordöstlichen Deutschlands*, Pt. 2, p. 171. 빈터(Winter)의 자료원은 Dubois, *Geschichte von Morimund*, pp. 204, 206으로 내가 활용할 수 없었던 자료이다.

12세기 중반에도 시토 수도회의 평수도사(개종자)와 수도사가 아닌 사람들은 고된 일을 수행했다. 13세기 말엽이 가까워져서야(가끔 그 이전 시기에 이루어진 경우도 있다) 대수도원은 평수도사들이 수행한 농장의 직접 경작(이는 수도원의 경제적 발전에 매우 중요한 역할을 수행했다)을 포기하고 농민에게 토지의 경작을 의뢰하기 시작했다. [68]

5. 동물: 야생동물과 가축

성인열전에는 이교도들의 땅에서 수도사들이 행한 기적을 묘사하고 수도사들과 야생동물 및 가축과의 관계를 묘사하는 전설이 가득했다. 그 전설들은 직·간접적으로 환경 변화에 관련된 종교적 동기와 신념을 해명하는 데 추가적인 도움을 주었다. 수도회 활동을 열정적으로 옹호했던

---

68) *AMA*, p. 673. 또한 Hans Muggenthaler, *Kolonisatorische und wirts-chaftliche Tätigkeit eines deutschen Zisterzienserklosters im XII. und XIII. Jahrhundert*도 참고하라. 이 극히 흥미로운 저술은 슬라브 문화권의 경계가 되는 지역의 본드렙(Wondreb) 강 왼쪽 기슭에 위치한 에거란트(Egerland)의 발트작센(Waldsassen) 수도원의 식민화와 경제활동을 묘사한다. 오늘날 이곳은 체코슬로바키아(Czech)의 국경에 인접한다. 973년 프라하(Prague)에 주교좌 성당(Bishropric)이 설립되었을 때 에거란트는 동방에 대한 확고한 국경이 되었다. 수도원은 1133년에 세워졌다. 기대했던 대로 시토 수도회는 수도회 자리로 계곡을 선호했고 베네딕트 규율을 신봉했다. 비록 그 규율이 고기의 섭취를 금했지만 이는 또한 유제품, 짐승의 가죽, 모직물을 얻기 위한 가축 사육을 전문화시켰다. 수도사들은 숲에서 일하며 벌을 키우고 물고기를 잡았다. 웅장한 교회예술을 혐오했어도 교역품에는 석재 가공품과 금 가공품이 포함되었다. 빵 제조와 같은 식품 산업, 방앗간과 양조장, 직물 제조 및 수도원 재단사(*camera sartoria*)를 위한 비싼 설비가 있었다. 무겐트할러(Muggenthaler)는 수도사가 약삭빠른 사업가였다고 말한다. 그들이 보다 편안하고 호화로운 생활을 바람에 따라 규율이 타락하고 경쟁이 발생하면서 평신도들이 탁발수도회로 돌아섰다. 탁발수도회가 설립된 후 결과적으로 시토 수도회의 노동력은 줄어들었고, 13세기 중반 쇠퇴하기 시작했다.

몽탈랑베르(Comte de Montalembert)*는 수도사들이 "개종한 사람이 극소수에 불과한 신자 집단이나, 놀라고 화난 이교도들의 눈앞에서 성스러운 나무를 베어 넘기고 이를 통해 미신을 근절하기 위해 도끼를 손에 들고" 숲에 들어갔다고 말한다. 69)

성 베네딕트 자신도 기독교 땅에서 살아남았던 이교도의 경배물인 몬테카시노의 성스러운 숲을 베어 넘겼다. 성 스트루미우스의 전기를 저술한 수도사 아이길은 성 스트루미우스가 "이교도들이 기독교 신앙을 받아들여 우상과 형상을 버리고, 신전들을 파괴하고, 성스러운 숲을 베어 넘기고, 그 자리에 성스러운 교회를 세워야 한다는 설교로 〔이교도를〕 설득하기 위해 가능한 모든 기회를 활용했다"고 말한다. 70) 이들 초기 성인들의 삶과 그들과 이교도 간의 접촉을 인류학적 관점에서 연구한다면 정말로 훌륭한 연구가 이루어질 수 있을 것이다!

몽탈랑베르는 독단적인 행동으로 곤란을 겪었던 성 콜룸바누스(St. Columban)*에 대해 뜨거운 연민을 갖고 기록한다. 고독과 명상, 일과 농업적 실험의 장소인 숲 속의 고립된 수도원 영지가 분명 귀족들의 사냥감이었던 야생동물의 피난처와 은신처가 되었을 건 분명하다. 수도사들과 사슴, 늑대 같은 야생동물과의 친교에 관한 많은 전설이 내려온다. 71) 성 세쿠아누스(St. Sequanus)*의 생애에서 늑대는 개간과 건설을 돕는 일꾼이다. 72) 물론 동물과의 친교는 오랫동안 기독교 전승의 일부였다.

---

69) Montal., Vol. 2, p. 190; 성 콜룸바누스에 대해서는 pp. 273~274.

70) Eigil, "The Life of St. Sturm", in *Anglo-Saxon Missionaries in Germany*, p. 200. 나무 보전과 종교적 신념의 관계에 대해서는 Maury, *Les Forêts de la Gaule et de l'Ancienne France*, pp. 7~39를 참고하라. 원자료와 2차 자료에 대한 많은 언급이 있다. 모리(Maury)의 책(1867)이 출판된 뒤 이 주제를 다룬 많은 글이 쓰였으나 광범위하게 흩어져 있다.

71) Montal., Vol. 2, pp. 200~213. 첫 번째 메로빙에 대한 내용이다.

72) *Ibid.*, p. 200; 다른 전설은 pp. 216~217, 222. 또한 Workman, *Evol.of Monastic Ideal*, pp. 34~37을 참고하라.

우리가 살펴보았듯이 동물과 곤충은 종종 행동의 전범으로 제시되었다. 대수도원장 성 안토니우스(St. Anthony)*에게는 켄타우르스가 있었고 성 마르크(St. Mark)*와 성 히에로니무스에게는 사자, 성 유페미아(St. Euphemia)*에게는 사자와 곰, 성 로쿠스(St. Roch)*에게는 개, 로마의 클레멘스에게는 양이 있었다. 이 외에도 많은 사례가 있다. 수도사가 숲의 동물과 매우 가까웠고 그들과 조화롭게 생활했다는 믿음 때문에 들소, 산토끼, 수사슴을 중심으로 전설들이 모였다. (야생동물을 길들이고 야생동물의 헌신을 받은 사례를 기록한) 고대 저술가들은 "한 목소리로 창조물인 동물 위에 군림하는 고대 수도사들의 이 초자연적 제국을 원초적 순수라 설명했다". 그들에 따르면 "참회한 순결한 영웅들이 이 원초적 순수를 되찾아 세상을 아담과 하와가 경험했던 지상의 낙원 수준으로 다시 한 번 되돌린다".[73]

이 같은 동물의 행동은 타락 이전의 지구로 재창조되었음을 드러내는 것이었다. 이들 수도사들은 타락 이후의 인간이 박탈당했던 자연 지배권을 자신들이 재획득했다고 느꼈던 것으로 보인다. 그러한 사고에 대한 수도사들의 수용, 헌신, 부지런함, 열정으로 인해 의도치 않았을지언정 가능한 한 이교 신앙은 멸절되었으며 이는 변화를 이끄는 강력한 원인이 되었다.

수도사들은 [경작지로의] 전환에 열정을 가졌고 지구상에서 천상의 과업을 수행하는 데 필요한 일이라면 자연환경 속에서 기꺼이 준비되어 있었다. 그들의 활동은 욥기 5장 23절의 증거로 보일 수도 있다. "자네는 들귀신과 휴전하고 야수와 평화를 누리겠지". 이런 동물과 친교를 나누고 그 동물을 길들이는 일은 모든 동물이 인간에게 복종하던, 즉 에덴동산에서 쫓겨나기 이전의 인간이 얼마나 위대한지, 그리고 타락 이후 그가 되찾은 통제력이 얼마나 부분적인지를 인간에게 보여주는 신의 방식이었

---

73) Montal., Vol. 2, p. 212.

다.[74)]

대부분이 10세기 이후에 쓰였음에도 샤를마뉴 대제 시대 이후 상황도 보여주는 "브레튼 성인열전"(*Breton Hagiographical Epic*)에는 덤불과 야생 숲 개간에 대한 묘사가 풍부하다. 성 아르마길루스(St. Armel)*는 암사슴과 수사슴에게 멍에를 매어 쟁기를 끌게 한다. 성 폴 아우렐리안(St. Pol Aurelian)*과 성 코렌티누스(St. Corentin)*는 레옹(Léon)**과 콘월(Cornwall)**을 식민화한다.[75)]

바닷새는 물에서 떠나 사막으로 가라는 성 마르티누스(St. Martin)*의 명령에 복종했고 까마귀는 은자 바울(hermit Paul)*에게 빵을 날랐다.[76)] 동물의 존재가 수도원을 설립할 장소를 알려주기도 했을 것이다. "이 야생동물들이 수도사의 목소리에 복종했으며 신의 사람에게 봉사하고 그들을 따르도록, 일종의 길들여진 상태로 환원되었음을 보여주는 수없이 많은 전설이 있다".[77)] 늑대와 수사슴은 특히 유용했다.[78)]

라 보드리(La Borderie)*는 길들여진 동물로서 인간에게 봉사하는 야생동물의 전설이, 갈리아-로마인(*Gallo-Roman*)***이 점차 사라짐에 따라 다시 야생 상태로 되돌아갔던 황소, 말, 개의 가축화 상태를 복원하는 과정에서 기인했다고 주장했다. 수도사들은 이 동물들을 찾아내 활용했다.[79)] "기적은 인간이 제국을 되찾아서 신으로부터 부여받은 도구인 피조물을 활용하는 데 있었다. 야만의 상태로 돌아갔던 동물의 재가축화라는 과업은 공동생활을 하는 고대 수도사들이 내세웠던 문명화라는 사명

---

74) *Ibid.*, p. 217.

75) *AMA*, p. 243. 프랑스어로 된 2차 저작에 대한 더 많은 자료를 보려면 note 4 를 참고하라.

76) Montal., Vol. 2, p. 218.

77) *Ibid.*, pp. 221~222. p. 222에서 인용.

78) *Ibid.*, pp. 224~226.

79) *Ibid.*, pp. 226~227.

가운데 가장 흥미로운 일화의 하나다". [80] 만일 이것이 열정적인 수도사들에게 광범위하게 퍼진 신념이었다면 타락 이후 상실했던 자연 지배권을 부분적으로 재획득하는 일은 그들에게 매우 중독적인 경험이었을 것임에 틀림없다!

6. 합목적적 변화

수도사와 그 조력자들은 대부분 숲 개간을 통해 경관을 변화시켰다. 훈련과 상호 협동에서 비롯된 그들의 힘은 어마어마했고 그들의 열정은 보다 온건했던 평신도들의 노력과는 상당히 다른 것이었다. 사람들은 베네딕트 수도회의 농장이 모범적인 농장이었으며 개인의 힘은 상호 협동과 훈련을 통해 100배로 증가했다고 이야기하곤 했다. [81]

인간의 자연 지배와 일의 철학이라는 기독교의 주제는 숲과 물을 기반으로 서유럽에서 성장하던 새로운 문명의 실용적인 필요와 잘 맞물렸다. 노레이(Norrei)에 있는 수도원을 성 에브룰(Saint Evrul)로 이전해야 한다는 주장을 편 비탈리스(Orderic Vital)*는 노레이 인근에는 숲도 물도 없다는 점을 가장 중요한 이유로 들었다. " … 그곳은 … 수도사들이 머물 곳으로 적합하지 않다. 그곳에는 수도사들에게 필요한 물이 없고 그들에게 필요한 나무가 아주 부족하기 때문이다. 확실한 것은 이런 생활의 요소 없이는 수도사들이 살아갈 수 없다는 것이다". [82]

숲이나 물이 없는 곳이 수도사를 위한 장소가 아니라는 사실은 서유럽

---

80) *Ibid.*, p. 227. Arthur la Borderie, *Discours sur le rôle historique des saints de Bretagne*에 근거함.

81) 가령 Brutails, *Roussillon*, p. 10을 참고하라.

82) Sauvage, *Troarn*, p, 270에서 재인용. 원자료는 *Orderic Vital*, Vol. 2, pp. 16~17이다. Guizot's ed. , *Histoire de Normandie*, Vol. 2, pp. 14~15, in *Collection des Mémoires Relatifs à l'Histoire de France*, Vol. 26을 참고하라.

의 거의 모든 수도원에 적용되는 진실이자 환경, 자원 이용, 기술, 수도원의 지도력의 본질에 대해서 많은 것을 드러내는 진실이었다. 시골의 수도원은 신앙의 새로운 영토를 창조해 경작지로의 전환이라는 실용적 요구에 부응했으며, 필요할 때나 필요한 곳에서는 수도원이 농업, 텃밭 가꾸기, 숲 보전을 위한 훈련장이 되는 경우도 많았다. [83] 그리고 이러한 세속적 성공은 자랑스러운 것으로 여겨졌다. 11~14세기의 개간에 대해 부아소나드(Boissonnade)는 다음과 같이 말한다. "교회는 특히 식민화를 경건한 일로 여겼다. 식민화는 교회의 영향력과 부를 증가시켰다".

토지를 소유한 계급은 소득을 염두에 두었고 농민은 노동을 통해 자신들의 운명이 나아지리라 생각했다. "사회의 모든 지배계층이 이 운동에 앞장섰다".[84] 자연 변화에 대한 칭송은 광범위한 지역, 여러 시대에 걸쳐 나타난다. 인간의 성취에 대한 찬가는 카롤링 시대부터 전해진다. "이전에 코르베이아(Corbeia)는 무엇이었나? 삭소니아(Saxonia: 독일 작센지방)의 로마 도시 브레마(Brema: 독일 브레멘_옮긴이)는? 프리즈라리아(Fritzlaria)는? 투링기아(Thuringia: 독일 튀링겐_옮긴이)의 도시 혹은 하시아(Hassia)의 더 나은 도시인 헤르쉬펠둠(Herschfeldum: 독일 헤르스펠트_옮긴이)은? 보이오아리아(Boioaria: 독일 바이에른_옮긴이)에 있는 주교의 도시 살리스부르굼(Salisburgum: 오스트리아 잘츠부르크_옮긴이), 프리징아(Frisinga: 독일 프라이징_옮긴이), 아이히타디움(Eichtadium)은 무엇이었나? 헬베티오스(Helvetios: 스위스 베른_옮긴이)의 S. 갈리(S. Galli: 스위스 장크트갈렌_옮긴이)와 캄피도나(Campidona: 독일 켐튼_옮긴이)의 도시는 무엇이었나? 게르마니아(Germania)의 수많은 도시들은 무엇이었나? 과거에는 소름끼치고 외떨어진 야생지였지만 이제는 인간의 아름다운 거주지가 되었네".[85]

---

83) Boissonnade, *Life and Work in Medieval Europe*, p. 65를 참고하라.

84) *Ibid.*, p. 226.

85) *Act. SS. O. B. Sect.* 3(NA), Schwappach, p. 37, footnote 3 인용.

마지막 문장의 주제, 즉 이전에는 야수에게만 어울리는 소름끼치는 황무지였던 곳이 이제는 가장 즐거운 인간의 거주지가 되었다는 주제는 중세에 걸쳐 반복된다. 가장 멀리 외떨어진 곳의 야생에서는 신의 창조에 대응하는 인간의 새로운 창조가 이루어질 수 있다. 이러한 과업을 수행하도록 신은 인간에게 열성과 의지를 주었다. 물론 과거에는 '소름끼치고 외떨어진 야생지'였던 곳의 정복은 자주 창조의 일 자체에 비견되었다. 잉글랜드 동부의 소택 지대인 소니 섬(isle of Thorney)에 설립된 수도원에 대한 맘스베리의 윌리엄(William of Malmesbury)*의 유명한 묘사는 훨씬 더 서정적이다. 맘스베리의 윌리엄이 한 묘사에는 지구상의 낙원이라는 종교적 주제와 자연과 기예의 대항이라는 세속적 주제가 결합된다.

이 소택 지대는 사랑스러운 모습 속에 천국 자체를 반영하는 낙원의 유사품(*paradisi simulacrum*)이다. 이 소택 지대 안에는 또한 얇고 부드러운 껍질을 가진 많은 나무가 별들을 향해 자라난다. 식물로 뒤덮인 해수면의 푸름은 즐거이 눈길을 끌고, 초원을 가로질러 서둘러 걸음을 옮겨도 발부리에 차이는 장애물이 없다. 자투리 땅 하나도 관리되지 않은 곳이 없다.

이쪽에서는 토양의 자양분이 과실수를 키우며 저쪽에서는 바닥으로 뻗어 가거나 높은 시렁 위로 자라는 포도나무가 들판의 경계를 이룬다. 물론 여기에도 자연과 기예의 경쟁이 존재한다. 하나는 다른 하나가 잊어버렸던 것을 창조한다. 우아한 건물 앞에서 과연 무슨 말을 할 수 있겠는가? 이 소택 지대 한가운데에 이렇게 단단한 땅이 있어 건물의 굳건한 기초를 지지한다니 얼마나 놀라운가! 수도사들이 천국에 좀더 집중하고 자신의 필멸성을 보다 분명히 바라볼 수 있도록 광대한 고적함이 수도사들의 영면을 위해 주어졌다. 86)

---

86) William of Malmesbury, *De gestis pontificum anglorum libri quinque*, Lib. IV, §186, pp. 326~327, 이 구절은 내가 번역한 것이다. Dawson, *The Making of Europe*, pp. 200~201을 참조하라.

7. 변화하는 지구

이제껏 우리는 종교적 사고를 강조했는데, 사실 종교적 사고는 환경 변화의 문제보다는 신학적 문제와 더 관련이 있는 경우가 많다. 인간의 자연 지배라는 개념, 타락 이후 세상에 대한 부분적 지배의 유지, 수도사들의 새로운 개간으로 생겨난 낙원에 대홍수 이전의 질서가 재창조된다는 것 같은 개념은 기본적으로는 신과 인간의 관계에 대한 해석으로 자연환경과 인간의 관계에 대한 해석은 부차적인 것이다.

그러므로 종교적 사고의 힘을 중세 전체에 일어난 변화를 해석하는 지침으로 과도하게 강조하는 일은 현명치 못하다. 마찬가지로 이 모든 것을, 성 바오로, 성 바실리우스, 성 아우구스티누스의 저작과 베네딕트 규율에 기반을 두고 수도사의 노동을 금과옥조로 여기는 수도원적 이상 때문이라고 하는 것도 현명하지 못한 일이다. 이러한 사고는 오히려 더 이른 시기의 특성이었지만 훗날 특히 대(大) 벌채의 시대에는 자신만의 사고, 권리, 탐욕, 열망을 가진 모든 계층이 환경 변화에 참여했다. 종교적인 이상(理想)은 분명 존재했으나 그 아래에는 현실적 문제 또한 자리했다. 그러므로 비록 교회 조직의 중요성이 지속되긴 하지만 순수하게 종교적인 역사의 성격은 줄어들고 보다 경제적이고 사회적 역사가 되었다. 그에 따라 종교적 사고에 세속적 성격이 강해지는데 기술, 파종, 접목, 식물 교배 같은 실용적 지식, 경제적 경쟁, 사회적 열망 등에 의해 창조된 조건 때문이다.

우리는 농민의 능력과 평신도 활동의 중요성을 잊지 말아야 한다. 시토 수도회의 평수도사들은 수도사라기보다는 농민에 가까웠다. 농민 개척자들과 그 군주들은 이탈리아를 개간하고 포 강을 운하화하는 데 주목할 만한 역할을 담당했고, 노르망디의 세속 군주들과 게르만의 평신도 군주들은 숲을 개간하기 시작했다. 이렇게 해서 우리는 '자연의 변형자 인간'이라는 신학적 사고가 지배적이던 시대에서 성직자건 평신도이건 상관없이 자연 자원을 개발하는 경험의 결과로 이러한 사고가 도출되는 시대로 넘어왔다고 볼 수 있다.

이를테면 환경 변화와 관련된 문제에 대한 수도원의 입장과 평신도가 운영하는 시설의 입장은 너무나 비슷해 분간하기 어렵다. 수도원이 더 커지고 번영하여 그들의 경제적 이해관계망이 수도원이 설립된 장소인 시골 영역을 벗어남에 따라 변화에 대한 수도원의 태도도 자신들의 경제적 이해관계에 따라 달라졌다. 숲을 보전하기 원했던 수도원도 있었지만 개간을 원한 수도원도 있었을 것이다. 자신들이 숲 개간에 저항했던 귀족들과 불화함을 깨닫게 된 수도원도 있었고, 수도원 소유의 연못과 늪에 사는 물고기의 가치를 고려해 토지의 배수를 원하지 않은 수도원도 있었다. 토지를 배수해 경작 가능한 땅으로 바꾸기를 원했던 수도원도 있었을 것이다. 나날의 노동을 의무로 규정한 베네딕트 규율에 근거한 과거의 열정과 헌신은 그 힘을 상실했고 이후에 많은 수도원 역사는 탐욕, 세속성, 부패라는 우울한 특성을 가진다. 이러한 태도는 단일한 사상 체계로부터 등장한 것이 아니다. 신학적 함의가 늘 배경으로 작용했던 것은 사실이지만, 농업, 방목, 숲의 활용을 둘러싼 매우 복잡한 관습에서부터 새로운 관점이 탄생했다. 성 알베르투스의 박물학 연구가 그 예다. 그는 신학자였지만 뒤이은 논의에 따르면 실천과 이론의 접목을 통한 자연환경의 합리적인 활용 및 자연환경의 개선에 더 관심이 많았음을 보여준다.

이 주제를 다룬 글에서 성 알베르투스는 자신이 직접 경험한 게르만의 농업이나 과거의 저술, 특히 4세기 팔라디우스(Palladius)*의 저술에 설명된 경험에 근거한 현실적 관찰로 이전 시대의 일반적이고 흔히 수사적이었던 논평을 대체한다. 심지어 성 알베르투스가 다루는 내용이 이전의 저술에서 차용된 경우에도 알베르투스는 그 내용을 신학적 함의에 직결시키기보다는 오히려 현실적 문제에 관심을 보인다.[87] 그는 모든 자연물의 단일 원리인 자연은 기예와 문화에 의해 향상되거나 악화될 수 있다고 말한다. 퇴비 주기, 땅 갈기, 파종, 접목은 자연을 상당히 변화시킨다. 야생식물과 재배식물의 성격을 비교하면서 알베르투스는 야생의 나무는 가시가 더 많고 껍질이 더 단단하며 잎과 열매가 더 많지만 크기가 작다고 말한다. 야생의 곡식과 야채는 경작되어 돌봄을 받을 때 더 크고 더 부드러운 맛을 지닌다.[88]

쟁기와 괭이는 야생의 불모지를 경작된 토지로 변형시킨다. 쟁기와 괭이는 지구가 씨앗을 받아들이도록 대지를 연다. 대지를 비옥하게 하는 힘은 토양 표면에 균열이 생길 때 활성화된다. 이러한 도구를 사용해 토양의 에너지가 똑같이 분배되며 또한 더위와 추위, 건조함과 습기가 혼합된다. 쟁기와 괭이는 토양을 쪼개 더 잘게 부순다. 그러나 습기가 너무 많은 날씨에 이런 일을 수행한다면 토양은 잘 퍼지지 않고, 너무 건조하다면 단단한 덩어리가 흩어지지 못할 것이다.[89]

성 알베르투스는 경사면의 토양이 갖는 위험성을 경고한다. 습기와 부식토는 계곡 바닥으로 흘러내리는 성향이 있기 때문에 경사면의 토양은 건조해지고 불모지로 변할 수 있다. 경사면의 경우 경사면을 따라 쟁기질을 하기보다는 경사면을 가로지르며 쟁기질을 하고, 토양을 너무 미세하게 세분하지 않거나 경작지의 가장자리에 돌담을 건설해 경사면의 토

---

87) 개간에의 참여와 세기에 걸쳐 변화해간 육체노동에 대한 수도사들의 태도에 대해서는 G. G. Coulton, *Medieval Village, Manor, and Monastery*, pp. 208∼222를 참고하라. 콜턴은 개척의 시대에조차 수도사들에 의해 수행된 들에서의 노동량을 과장하지 말라고 경고한다. pp. 208∼213을 참고하라. 현실적인 사안에 대한 성 알베르투스의 관심에 대해서는 Wimmer, *Deutches Pflanzenleben nach Albertus Magnus*, p. 39를 참고하라.

88) Albert the Great, *De Vegetabilibus*, Bk. VII, Tr. I, chap. 1 (Jammy ed., Vol. 5, pp. 488∼489).

89) *Ibid.*, chap. 4, p. 491. 성 알베르투스는 토양의 영양분 분배를 언급할 때 조정하다(*adaequatio*)라는 단어(이는 또한 상속인들 사이에 상속물을 똑같이 분배함을 의미한다, *Lex. Man*, p. 72)를 사용하며 토양을 미세한 입자로 쪼개는 일을 언급할 때 쪼개다(*comminutio*)라는 단어를 사용한다.

양이 유지될 수 있다. 90) 또한 그는 바닷물을 막는 둑을 쌓고 잉여의 빗물을 빼낼 도랑을 파서 게르만 북부의 습지농업을 보호할 필요성을 언급한다. 91) 성 알베르투스 시대에 이미 오래전부터 사용된 방법으로 정착된 간단한 해안 간척과 배수도랑의 건설은 인간의 효율성과 인간 노동의 생산성을 살피던 중세의 관찰자들에게는 충격적인 사례였다.

새로 개간된 지역과 묵은 땅을 의미하는 묵정밭(novale)과 묵정밭의 토양(ager novalis)에 대한 성 알베르투스의 논의는 특히 흥미롭다. 경작을 위해 숲의 일부를 개간할 때 베어 낸 나무의 뿌리를 세심하게 모두 제거해 뿌리가 토양의 영양분을 모두 빨아들이지 못하도록 할 필요가 있다는 그의 이론은 분명 중세에 널리 퍼진 믿음이었을 것이다. 92) 개간을 위해 숲을 불태우는 일도 언급된다. 들판을 묵정밭으로 묵히는 이 오랫동안 존중되었던 관습은 이전의 에너지를 회복시키기 때문에 사실상 오래된 것에서 새로운 것을 만드는 것과 같다고 그는 말한다. 93)

성 알베르투스는 또한 자연 들판(ager compascuus)이 점차 줄어들고 초원(prata)이 증가하는 현상을 지적한다. 이 현상은 상당 부분이 배수와 관개, 여분의 물을 배수하는 수로, 근처 개천에서 봄이 시작되기 전 최소한 한 번은 초지가 필요로 하는 물을 끌어오는 것 등과 같은 인간의 돌봄에서 기인한 것이다. 94)

이미 살펴본 것처럼 성 알베르투스는 벌목이 기후에 영향을 미친다는

---

90) *Ibid.*, chap. 7, pp. 494~495. 성 알베르투스의 조언의 정서는 플리니우스의 정서와 같거나 매우 유사한 것으로 보인다. 농부는 언덕면을 위아래로 쟁기질하는 일을 피해야 한다. 대신 "산 곳곳에 가랫날이 이르도록" 언덕사면을 가로지르며 쟁기질해야 한다.

91) *Ibid.*, chap. 6, pp. 493~494. 또한 Wimmer, *Geschichte des deutschen Bodens*, pp. 103~106을 참고하라.

92) *Ibid.*, chap. 8, p. 495.

93) *Ibid.*, chap. 2, p. 490.

94) *Ibid.*, chap. 12, pp. 499~500.

사고에 익숙하다. 이러한 언술은 그가 환경적 영향 및 목적의식을 가지고 건전하지 못한 장소를 건전한 장소로 바꾸는 인간의 능력에 대해 논의할 때 등장한다.[95] 이러한 현실적 논의는 성 알베르투스의 제자인 아퀴나스의 저술과 강한 대조를 이룬다. 인간과 자연에 대한 아퀴나스의 사고는 신학과 철학에서 비롯한다. 성 알베르투스의 사고는 집무상 의무 때문에 꼭 해야 하는 도보여행을 하던 중 탁발수도사로서 관찰한 내용, 즉 자신 주위에서 변화를 보고 자신이나 그 이전 시대에 축적된 농업적 전승을 적용해 그 변화를 이해하려는 시도를 통해 원숙해진다.

중세 전성기와 중세 후기에 해당하는 세기에 인간이 자연에 바람직하거나 바람직하지 않은 변화를·자아낼 수 있다는 사고가 나타나는 것을 확인할 수 있다. 그리고 중세에 중얼거림으로 시작한 이 사고는 근대 세계에 이르러 큰 소리로 나타난다. 중세에 이루어진 이러한 변화는 아마도 개별적이기보다는 집단적·공동체적 성격을 띠었을 것이다. 공동체의 일원으로서 개인은 법과 전통에 근거해 서로 맞물린 권리에 맞게 행동한다. 법령, 관습법, 지역의 관습은 환경 변화의 현실과 분리될 수 없다. 이와 같은 법령은 자원 분배와 관련되었던 까닭에 필요한 존재였고 현실적이며 세속적인 것이었다.

봉건 시대 프랑스의 넓은 영역은 동일한 성문법 및 관습법에 의해 통치되었다. 미디(Midi)와 알자스를 통치했던 법은 지방의 관습과 관습법에 따라 수정된 로마법이 이후 교회법에 의해 수정되고 그것이 다시 프랑스

---

95) *Ibid.*, chap. 8, p. 495; chap. 12, pp. 499~500. 나는 이 논의와 이러한 언급에 대해 Wimmer, *Deutsches Pflanzenleben nach Albertus Magnus*, pp. 38~43, 47~48에서 많은 도움을 받았다. 시비와 비료에 대한 성 알베르투스의 관심에 대해서 빔머(Wimmer)는 "지금 그는 뒷엔에서 '야생 상태의' 식물을 '길들이기 위한' 방법에 사용되는 주요 수단을 이해하고 같은 문장에서 그 필요성과 효과에 대해 소개한다. 그 필요성과 효과는 리비히(Liebig)가 기록했을 법한 내용이고 17세기와 18세기 모든 농업저술가들의 이론에 나타날 것으로 보이는 내용이다"라고 말한다(pp. 41~42).

의 관습에 적응된 것으로, 로마 법령과 게르만 법령의 혼합 형태라 보면 될 것이다. 상당히 넓은 영역에 적용되었던 이와 같은 일반법은 관구의 관습(consuetudo pagi, mos provinciae, coustume du pays)으로 알려졌다. 그러나 이것은 특정한 영역, 특정한 만수스(Mansus: 농가의 들판 면적을 재는 중세 시대 단위_옮긴이), 특정한 숲같이 작은 지역의 관습에 의해 보충되고 수정되었다. 이들은 지역의 관습(consuetudo loci), 즉 땅의 법(lex terrae)이다. 일반법과 특별법의 조합은 우리로 하여금 다양하고 상이하게 엮인 법, 관습, 전통으로 덮인 자연환경을 그려 볼 수 있게 한다.[96]

인간에 의한 자연환경의 변형은 기술적 진전에 비견될 수 있다. 기술적 진전은 철학이 있건 없건 상관없이 자체의 추진력에 의거해 움직이는 경우가 많고, 심지어는 나름의 철학을 만들기도 한다. 환경 변화의 본질에 바로 이 추진력이 존재한다. 왜냐하면 하나의 사건은 또 다른 사건을 이끌어 내며 현실생활과 분리될 수 없는 잡다한 일과 작은 변화가 증식 및 축적되기 때문이다. '농부는 일해야 한다'는 종교적 의무 때문에, 혹은 게으름이 죄이기 때문에 나무를 베는 것이 아니라, 개간된 들판에 작물을 심고 싶기 때문에 멀쩡한 나무를 베어 낸다. 산재한 공고문들은 중세기 동안의 변화에 대한 해석이 알프스 산맥의 숲 및 급류와 범람, 보호된 숲, 농업과 임업, 가축의 이목(移牧), 선택적 토지 이용, 사냥과 가축화와 수렵 등의 광범위한 영역에 걸쳐 있었음을 보여준다.

앞으로 나올 내용에 등장하는 묘사는 각기 다른 여러 장소, 각기 다른 시대로부터 차용된 것이다. 이런 식으로 묘사할 경우 그토록 광대한 영역에서 그토록 오랜 기간에 걸쳐 일어난 변화의 본질을 해석하는 데 각각

---

96) 숲의 일반적인 중요성과 특별한 의미에 대해서는 Huffel, Vol. 1:2, p. 100을 참고하라. 그가 인용한 오래된 바스크 속담(Basque proverb)은 Lagrèze, *La Navarre Française*(Paris, 1882)에서 인용한 것이다. "각 지역에는 그 지역의 법이 있고 각 가정에는 저마다의 가풍이 있다"(*Chaque pays a sa loi et chaque maison sa coutume*)(p. 100).

의 독립된 묘사 내용이 별다른 가치를 갖지 못한다는 명백한 비난에 직면할 것이다. 그렇지만 최소한 어떤 특정한 태도가 존재했다는 것은 보여줄 수 있을 것이다. 그러나 역시 보전에 대한 주제를 다루는 근대의 서적에서처럼 일관된 지식의 집합체가 등장했던 것은 아니다.

서방 라틴권에서 (그리고 특히 노르만 정복 이후의 영국의 섬 권역에서) 나타난 기본 태도는 농업, 숲 이용, 방목에 주로 관련된 방대한 관습 및 관행의 복합체와 따로 떼어 놓고 생각할 수 없다. 이러한 과정을 특히 블로크(Marc Bloch)*의 연구, 도베르뉴(Robert Dauvergne)와 디옹(Roger Dion) 같은 이들의 저술, 그리고 개별 수도원들과 숲들의 역사에서 살펴볼 수 있다. 시간과 장소에 따라 상황이 분명히 달랐겠지만 많은 공고문이 본질적으로 동일한 상황을 이야기하는 경우가 많았다. 양치기들이 지르는 불, 저장통 제작을 위한 나무 사용, 벌통 제작을 위한 참나무 베기, 자유로운 돼지 방목권 인정에 관련된 불만은 모든 곳에서 나타나는 건 아니지만 여러 세기에 걸친 환경 이용의 형태를 특징지은 항목이다. 비록 저술가들이 해석을 삼갔다 해도 그들이 기록한 묘사 자체가 자각의 근거가 되곤 한다. 이 저술가들은 또한 인간이 역사적 과정의 본질을 통해 환경을 변화시키는 자신의 능력을 자각했다는 점을 넌지시 드러낸다.

내가 보기에 고대 세계에서 살아남은 자료로는 만족할 만한 수준에서 이러한 통찰을 하기 어렵지만, 중세 시대에 살아남은 자료로는 일정 정도 가능한 것 같다. 그 과정은 특정 지역에 한정된 인식, 이를테면 면허장, 규칙, 편지, 성인의 생애에서 발견되는 인식에서 시작한다. 중세에는(성 알베르투스의 백과사전적 저술이나 여행을 통해) 지식의 부분적인 확산이 이어져 궁극적으로는 근대 세계의 성격을 특징짓는 인식에 이른다. 이는 인쇄술의 발명으로 인해 지식이 보다 손쉽게 보급되면서 사례를 수집하고 이를 비교할 기회가 무한히 많아졌기에 가능했다.

우리는 두 가지 예비적 관찰에서 시작할 수 있다. 하나는 북유럽의 자연환경과 지중해의 자연환경 사이에 두드러진 차이점이 존재한다는 것이고, 다른 하나는 숲 개간이야말로 인간에 의한 경관 변형의 핵심 주제로, 다른 모든 변형들도 숲 개간을 중심으로 진행되었다는 점이다.

8. 유럽 북서부의 삼림 개간

수도원과 정착지를 창조하기 위해서는 (불이나 도끼 혹은 둘 모두를 이용해) 숲을 제거하고 습지 배수를 시작해야만 했을 것이다. 물론 유럽 북서부의 숲은 지중해 지역의 숲에 비해 규모 면에서 무한정 거대했고 서식하는 생물종도 달랐으며 질적으로도 우수했다. 지중해 지역의 숲은 독특한 지중해성 기후의 산물인 나무나 관목이 기억할 수도 없는 먼 옛날부터 파괴적 활동에 노출되었기 때문이다.

중세 유럽의 북서부 문명은 나무의 문명이었고 그 정도는 지중해 지역보다 훨씬 더했다. 경제적 생활의 상당 부분이 정교한 숲 활용권과 관련되었다. 한편에서는 개간을 통해 경작 가능한 땅을 얻기를 요구했고, 다른 한편에서는 오래된 숲 활용권을 보호하거나 급류와 토양 소실을 막기위해 숲의 보전을 요구했다. 유럽 북서부에서 숲이 가졌던 중추적 중요성 및 숲과 마을이나 시골 생활 간의 밀접한 관련성을 인식하지 않으면이 시대의 역사를 이해할 수 없다. 유럽 서부의 환경은 독특해서 그곳에서 문명을 유지하기 위해서는 환경에 거대한 변화가 요구되었다. 그래서그 목적을 달성하기 위해 필요한 도구, 방법, 기술에 대한 의식적 관심이있었다. "고대에는 일반적인 메커니즘 개념이 없었다. 이처럼 새로운 기술 개념은 실로 중세에 들어 등장했다고 볼 수 있다".[97]

1931년 출판된 르페브르 데 노엣트(Lefebvre des Nöettes)의 《시대를

---

97) Gulle, "Les Développements Technologiques en Europe de 1100 à 1400", *JWH*, Vol. 3(1956), pp. 63~108. Refs. on pp. 65~66, p. 77에서 재인용.

통해 보는 멍에와 안장을 얹은 말》(*L'Attelage et Le Cheval de Selle à Travers les Âges*)은 중세 때 이루어진 발명에 대한 관심과 그 발명과 사회 변화 및 환경 변화의 관계에 대한 관심을 크게 자극했다.

기술적 논의와 그 논의를 증명하기 위한 설명은 제외하고 넓은 철학적 견지에서 그의 이론에 대해 말해 보자. 그는 인간의 자연 정복활동의 선두에 동물의 힘을 사용하는 능력이 있다고 말한다. 말, 황소 같은 동물이 짐을 끌도록 만들기 위해 동물의 에너지를 통제하고 조종하는 일은 인간이 생존을 위한 투쟁에서 해결해야만 했던 가장 어려운 문제 중 하나였다. 고대 세계에서도 짐을 끄는 데 동물의 힘을 이용했지만, 르페브르 데 노엣트에 따르면 고대 세계에서의 이용 양상과 10세기가 시작될 무렵의 이용 양상에는 근본적 차이가 있다. 고대 세계에서는 동물의 힘을 매우 비효율적으로 이용했는데 동물에게 굴레를 씌우는 방법 때문이었다. 가장 중요한 것이 말의 역할 변화였다. 고대에는 말의 목에 부드러운 가죽의 고삐를 씌웠기 때문에 그 고삐를 조이면 말의 숨통을 눌러 숨쉬기가 곤란해졌고, 무거운 짐을 끄는 말의 효율성과 능력이 심각하게 제한되었다. (날짜는 정확하지 않지만 대략) 10세기 무렵에는 말이 짐을 끄는 동물로서 황소를 대체하기 시작했는데 왜냐하면 어깨에 거는 뻣뻣한 고삐가 새로 발명되었기 때문이다.

이와 같은 이행이 제 1 카페 왕조(Capetians)****기에 일어났을 것이라고 르페브르 데 노엣트는 생각했다. 그는 이 발명을 인간에게 주어진 막대한 혜택으로 간주했다. 왜냐하면 짐을 끄는 동물을 활용하면서 일의 효율성이 크게 향상된 것이 노예제의 소멸과 직접적 연관을 가진다고 생각했기 때문이다. 이러한 사고는 그가 발견한 내용 중 가장 논쟁적인 것이었다.

이 발명은 경관을 변화시키는 인간의 능력을 막대하게 증가시켜, 건설, 개간, 경작, 무거운 물건의 장거리 수송을 보다 용이하게 만들었다.[98] 발명들이 다른 장소로부터 도입되곤 했던 것이 사실이지만, 발명이 이루어진 곳과 그 발명의 효과를 크게 누린 곳은 반드시 구분해야 한다. 물레방아는 지중해에서 기원했을 것으로 보인다. 그러나 지중해 지역은 대부분의 강이 여름에 수위가 매우 낮거나 완전히 말라 버리기 때문에 물레방아를 연중무휴로 사용하기 어려운 조건이었다. 유럽 북서부의 환경이 발명품을 사용하기에는 훨씬 더 나았다(로마 후기의 물레방아는 모젤 강을 대상으로 한 아우소니우스(Ausonius: 395년경 사망)의 매력적인 시구에 언급된다). 99) 나무가 필수 불가결한 원료이자 에너지원(난방, 조리, 숯 제조, 광업 등)이었고, 숲이 방목, 사냥, 양봉 같은 다양한 활동의 무대였던 문명에서 물레방아는 중요한 부가물이었다.

나아가 중세 기술에 대한 최근의 연구는 이른바 '암흑의 시대'라고 표현되는 중세가 이전에 생각했던 것보다 높은 기술적 역량을 지녔고 더 많은 기술적 활동이 이루어졌던 시대임을 지적한다. 100) 특별히 흥미를 유발하는 것은 수력톱의 발명과 유럽 북서부 및 스칸디나비아로의 확산이다. 내가 아는 한 환경 변화, 특히 하천 제방을 따라 아주 강력한 힘을 발휘했

---

98) *L'Attelage et Le Cheval de Selle*, pp. 2~5, 122~124. 환경 변화와 이 발명 간의 관계는 *AMP*, p. 446을 참고하라. 이 발명의 기원과 확산, 그리고 (블로크의 이론을 포함해) 노예이론에 대한 근대의 비판적 논의는 이 책의 논의 범위를 벗어나지만 그래도 *AMA*, pp. 444~449와 Bark, *Origins of the Medieval World*, pp. 125~135와 거기에 언급된 참고문헌을 참고하라.

99) Bloch, "Avènement et Conquêtes du Moulin à Eau", *Annales d'Histoire Économique et Sociale*, Vol. 7(1935), p. 541. Ausonius, *Mosella*, V, 362, and now White, *Medieval Technology and Social Change*, pp. 80~84.

100) Forbes, "Metallurgy", in Singer et al., *History of Technology*, Vol. 2, pp. 62~64; Salin and France-Lanord, *Rhin et Orient*, Vol. 2, Le Fer à l'Époque Mèrovingienne(Paris, 1943)를 참고하라. 스칸디나비아로부터 새로운 야금 기술이 도입되는 계기가 된 노르만인의 침공 효과에 대해서는 Gille, "Notes d'Histoire de la Technique Métallurgique. I. Les Progrès du Moyen-Âge. Le Moulin à Fer et le Haut-Fourneau", *Métaux et Civilisations*, Vol. 1(1946), p. 89를 참고하라. 또한 White, *op. cit.*, pp. 82~83을 참고하라.

던 위대한 발명품인 수력톱의 기원에 대한 세부사항은 현재 거의 알려져 있지 않다. 101) 핀란드, 스웨덴, 노르웨이 역사가들은 수력톱의 도입이 자국의 경제사에 가져온 결정적인 변화를 강조했다. 블로크는 수력톱이 최소한 서기 3세기까지 거슬러 올라간다고 보았다. 102) 그러나 이 귀중한 발명품에 대한 최초의 그림이 오네쿠르의 작품집(약 13세기 중반에 편찬 됨)에 나온다는 것을 인정한다. 나아가 수력톱에 대한 언급이 최초로 나온 뒤 캉쥬(Du Cange)의 사전은 작품집 발간 이후에 나왔다. 103)

불, 경관을 급속하게 변화시킬 수 있는 능력을 가진 톱이나 도끼 같은 작은 도구, 그리고 수력톱, 물레방아, 옛날 사람들이 생각지도 못했던 규모로 이루어진 항해 가능한 수로의 활용 같은 더 큰 설비의 발달이 특히 12세기에 두드러졌고 이는 그 이후에 가속화된 환경 변화의 기술적 자원이었다. 장인이나 그들의 기술은 더 말할 것도 없다. 104)

우리가 숲과 숲에 대한 태도를 우리 주제에 핵심적 요소로 취급해야 하는 이유는 이것이 변화의 필요성과 안정의 필요성 모두와 연관되었기 때문이다. 숲의 소멸이 농업 종사자나 알프스 산지의 목동을 마음 아프게 했을 가능성은 낮지만 저지대의 목동이나 또 다른 농부들, 귀족이나 왕족 사냥꾼은 숲을 보전하기를 희망했을 수도 있다. 그러나 숲에 대한 태도를 직업과 결부시킬 수는 없다. 지역의 이해관계에 대한 의존성이 매우 크기 때문이다. 어떤 곳의 수도사는 개간을 선호할 수 있지만 다른 곳의 수도사는 개간이나 배수에 반대하며, 값비싼 물고기가 풍부하게 서식하는 습지 위에 배를 띄워 사람들을 실어 나르려 할 수도 있는 것이다.

---

101) Gille, "Le Moulin à Eau", *Techniques et Civilisations*, Vol. 3(1954), pp. 1~15; ref. on p. 12.

102) Bloch, *op. cit.*, p. 543.

103) Gille, *op. cit.*, p. 12.

104) Gille, "Des Dév. Technolog. en Europe", *JWH*, 3(1956), pp. 65~66, 91.

9. 숲 이용

숲에 대한 태도는 숲의 종교적·경제적·미적 이용에서 비롯된다. '숲은 가난한 사람들의 망토'라는 오래된 스웨덴 속담은 평범한 사람들의 생활에 숲이 얼마나 밀접한 연관을 가졌는지를 알려준다. 메로빙 왕조부터 중세가 끝나는 시점까지 숲은 아주 많은 용도로 활용되었기 때문에 광범위한 범주로 나누어 생각하는 것이 더 나을 것이다. 숲은 식량과 가사용품의 원천이었고, 방목장, 사냥터, 양봉장으로 활용되었으며 소규모 산업과 숯 제조의 무대이자 그 자체로 소중하고 가치 있는 원시의 영역이었다. 숲의 활용에 관련된 다양한 관습, 많은 나라에서 들리는 숲의 오용에 대한 경고, 그리고 일터로서의 숲을 통해 그러한 친밀한 관계가 분명하게 드러난다.

(대략 메로빙 시대부터 카롤링 시대에 이르는) 기간에 고대 독일 경제에서 숲을 활용한 목록은 그 자체로 인상적이며 세부적인 내용은 기록할 만한 가치가 있다. 사람들은 도토리와 너도밤나무 열매를 모았다. 사람들은 집을 짓는 데 (참나무나 미루나무 같은) 활엽수와 (유럽소나무, 전나무, 낙엽송, 주목 같은) 침엽수를 활용했다. 참나무, 너도밤나무, 소나무, 전나무는 지붕널을 만드는 데 사용되었고 침엽수는 내부 마감재나 내부 칸막이용으로 사용되었다. 모든 나무는 땔감으로 쓰였다. 참나무, 서양물푸레나무, 마가목, 단풍나무, 박달나무, 돌능금으로 벤치, 탁자, 의자, 장롱, 상자, 선반을 만들었다. 가난한 사람들은 전나무를 이용했다.

도공이 쓸 점토가 부족했기 때문에 접시와 주방도구, 빵 그릇, 양조용 통, 술통, 국자, 시렁은 참나무, 너도밤나무, 전나무, 보리수로 만들어졌고 숟가락 같은 더 정교한 물건에는 보통 단풍나무를 썼다. 키와 곡식을 푸는 삽, 바퀴테(바퀴의 테두리), 굴대, 손수레, 아마 벗기는 연장, 포도즙을 짜는 기구, 훗날의 기름 짜는 도구는 너도밤나무로 만들었다. 그리고 마차, 굴대, 바퀴통과 바퀴테, 사다리, 써레, 제분기의 외륜은 느릅나무로 만들었다. 박달나무는 짐수레의 손잡이와 사다리를 만드는 데 사용되었고 바퀴살에는 쥐똥나무가 쓰였다. 붉은 너도밤나무의 뿌리와 줄기 끝으로는 썰매 위에 싣는 통을 만들었다. 술통과 썰매 위에 실을 통을 잡아매는 테와 끈은 박달나무와 버드나무로 만들었고 밧줄과 노끈은 보리수의 껍질로 만들었다.

가벼운 오리나무는 도리깨를 만드는 데 사용되었다. 오리나무와 침엽수로는 우물 굴착기와 나무도관을 만들었다. 오리나무는 이런 용도 외에도 늪에 박을 말뚝을 만드는 데도 쓰였다. 숲에서 나는 나무는 포도즙 짜는 기구, 쟁기, 마차, 통널 쟁기 손잡이, 마차 바퀴의 테, 울타리를 만드는 데 사용되었다. 박달나무 잔가지를 빗자루로 쓰는 것은 오래된 관습이었다.

소나무 횃불과 은은하게 빛을 내며 타는 조각은 조명으로 사용되었다. 통나무배는 참나무로, 돛대는 전나무로, 방향타는 너도밤나무로 만들었다. 창과 도끼 자루는 서양물푸레나무로 만들었다. 방패와 급탕용 통은 보리수로 만들었다. 활은 주목으로, 활, 창, 화살, 나사는 오리나무로 만들었다. 잔은 단풍나무나 다른 나무의 뿌리 부분을 이용하여 만들었다. 나무껍질에서는 탄닌과 다양한 염색 재료를 추출했다.

다양한 나무의 잎은 마구간의 깔개나 거름으로 사용되었고 물푸레나무 잎은 가축의 먹이로 활용되었다. 박달나무에서는 신선한 음료수를, 돌능금이나 야생 복숭아나무에서는 식량을 얻을 수 있었다. 보리수, 물푸레나무, 박달나무, 오리나무, 미루나무, 낙엽송은 숯을 제공했다. 송진은 가정용 나무배의 틈을 메우는 데 사용되었다. 그리고 집주인은 속을 도려낸 나무로 만든 관에서 영면했다.

숲은 사냥터 및 소나 작은 가축을 방목하는 장소로 활용되었다. 숲에서는 도토리, 너도밤나무 열매, 각종 열매를 얻을 수 있었다. 마인츠의 익살맞은 주교 헤리거(Heriger, Bishop of Mainz, 913~927)는 "그럴듯한 여러 가지 이유로 지옥이 빽빽한 숲으로 완전히 둘러싸였을 것이라는 생각을 제시한" 거짓 선지자의 말을 듣고는 웃으며 응답했다. "돼지 관리인을 그곳에 보내서 내 야윈 돼지들을 먹이게 했으면 좋겠구먼". 105)

방목적 가치에 따라 나무를 분류하는 일은 서방 라틴 문화권에 포함되는 야만족 사이에서도 매우 일찍 시행되었음이 분명하다. 나무는 생산적인 나무(*fructiferi*)와 비생산적인 나무(*infructosi, steriles*)로 분류되었는데 열매가 기준일 가능성이 컸다. 하지만 부르군트족(Burgundians)****의 법에서는 유럽소나무와 소나무가 생산적인 쪽에 포함되었다. 왜냐하면 그 유용성이 열매를 내는 나무에 필적했기 때문이다. 106)

서고트족(Visigoths)****과 롬바르드족(Langobards)****의 법에는 숲에서의 돼지 방목에 관한 세부적인 규정이 있다. 게르만 부족은 큰 관심을 보이지 않았던 내용이다. 이에 관한 더 완전한 언급이 샤를마뉴 대제의 《제국의 농장과 장원 칙령집》(*Capitulare de Villis et Curtis Imperialibus*)과 프림 수도원의 규율에 나온다. 열매가 나는 계절 동안 그 수도원과 결연을 맺은 자유민은 돌아가면서 돼지를 방목할 수 있었는데 기간은 기껏해야 일주일 정도까지만 허용되었다. 107) 19세기에 나온 한 공고문에서는 숲에서 나는 열매를 먹는 돼지를 제한하는 기준이 수에서 크기로 변했다. 108)

양봉 또한 오래된 전통이었다. 관습법에는 발견된 벌떼의 소유권 및 분봉해 새롭게 나무 구멍에 집을 지은 벌떼의 소유권에 대한 조항이 있었다. 중세가 끝날 때까지 양봉 작업의 중요도는 컸다. 꿀은 음식을 달게 만드는 조미료이자 벌꿀술의 재료였다. 밀랍은 조명, 특히 교회 조명에

---

105) 사례들은 Heyne, *Das Deutsche Nahrungswesen*, pp. 148~151에서 가져왔다. 헤리거 주교(Bishop Heriger)와 관련된 구절은 p. 151, footnote 153에서 재인용했다. 시는 라틴어에서 영어로 번역되었다. Helen Waddell, *Medieval Latin Lyrics*, p. 161.

106) Schwappach, p. 46.

107) *Ibid.*, p. 48.

108) *Ibid.*, p. 48. footnote 14.

필수 불가결한 재료였다. 야만족들의 법은 숲의 산물을 이야기할 때 목재보다 꿀과 밀랍을 먼저 언급했다. 프랑스에서 벌과 참나무는 지속적이고 흥미로운 관계를 유지했다. 그들은 숲에서 벌떼를 사냥했는데 왕, 성직자, 귀족 평신도들은 숲을 탐색해 벌떼를 찾는 일꾼을 따로 두었다. 그들의 벌에 대한 갈망은 너무 강렬해서 나무, 특히 벌떼가 모이는 참나무를 베어 내는 일이 금지되기에 이르렀다. "중세 때는 벌떼를 채집하기 위해 가장 아름다운 나무를 주저 없이 베곤 했다".109)

개간을 위해 불을 지르거나 숯을 만드는 산업에서 불을 사용한 일은 중세 시대 전체의 특징이자 그 시대에 존재했던 모든 나라의 특징이다. 불을 지르는 일은 땅을 개간하는 전통적 수단으로 종종 금지되곤 했다. 숯제조는 제련 및 유리 제조와 밀접히 관련되었다. 하르츠 산지(Harz)**에서 볼 수 있는 것처럼 숲에는 타르를 태우는 용광로가 있었을지도 모른다.110) 목재나 숯은 소금을 굽고 철을 제련하며 타르를 끓이는 데 활용되었다. 노르웨이에는 수력톱 도입 이전에도 이런 활동이 있었다.111)

10. 관습과 이용

유럽의 개별적 숲의 역사에도 여기에서 언급한 것과 유사한 서술이 가득하다. 이러한 숲의 사용은 또한 숲 개발을 성문화하고 규제했던 권리,

---

109) Huffel, Vol. 1:1, p. 5, footnote 1. 그리고 일반적인 논의는 pp. 4~7을 참고하라. 또한 De Maulde, pp. 227~229를 참고하라. 양봉에 대해서는 *AMA*, pp. 528~534를 참고하라.

110) Schwappach, p. 166.

111) A. Bugge, *Den norske Traelasthandels Historie*, Vol. 1, pp. 12~14와 곳곳에 훌륭한 조사 내용이 나온다. 노르웨이에서 사용하던 수력톱에 대해서는 pp. 5~6을 참고하라. 또한 Sandmo, *Skogbrukshistorie*(of Norway), pp. 48~73도 참고하라.

관행, 관습법 체계가 (역사를 거치며 이어진) 숲의 사용과 나란히 발전했음을 시사한다.

이러한 권리 및 관행의 연계망은 산업화 이전 시대의 생태를 이해하는 데 핵심이 된다. 그 안에는 이해하기 어려운 '인간과 자연'의 공식을 요약적으로 보여주는 생생한 세부사항이 있다. 숲의 사용에 대한 이러한 묘사는 고도로 조직된 사회가 있었음을 전제로 한다. 중세 라틴 세계에 너무나 풍부했던 단어나 구절 속에서 불멸성을 얻은 권리와 관습적 관행의 기나긴 목록을 읽으면 그 외에는 사람이 달리 생존할 방법이 없었기 때문에 이러한 관행과 사용이 발달했다는 사실을 깨닫게 된다.

귀족들은 존 왕(King John)에게서 마그나 카르타(Magna Carta)****뿐만 아니라 삼림 헌장(Forest Charter) 역시 얻었으며, 이후 그 권리는 헨리 3세(Henry III)*가 공표한 장문의 숲 헌장에 있는 양여권으로 나아간다. "삼림 헌장은 영국 사회 풍경의 밑바탕을 이룬 기초의 일부로 마그나 카르타와 나란한 위치에 있었다". 112) 권리와 관행의 궁극적 기초는 종교적 기초였을 것이라는 점은 사실이지만 권리와 관행이 존재할 수 있었던 직접적 이유는 일상생활에서 느끼는 필요와 수요였다. 숲의 사용은 개인, 제도, 다른 관행을 엮는 끈과 같아서 결국 시대 전체와 경관을 덮는다. 중세의 이러한 관습과 전통의 총체는 근대의 문화 개념에 상응한다.

환경 변화의 중요성에 대해 중세인들이 어떻게 반응했는가를 알기 위해서는 반드시 고전 시대부터 내려온 농업 지식의 유산과 더불어 관습과 전통의 총체 속에서 이를 고찰해야 한다. 설사 가능하다 하더라도 삼림 파괴에 반대하거나 숲 보호를 옹호했던 최초의 법이 무엇인지 알아내는 것은 그다지 중요하지 않다.

더 중요한 것은 뒤얽힌 관습과 관행의 그물망 속에서 자연환경에 미치

---

112) Stenton, *English Society in the Early Middle Ages*, p. 106. pp. 97~119의 논의를 참고하라.

는 바람직한 변화와 그렇지 못한 변화에 대한 인식, 혹은 과거에 만족스러웠던 환경을 그대로 유지해야 한다는 주장이 생겨났다는 사실을 이해하는 것이다. 이런 것들은 근본적으로는 평신도들의 문제였고 경험적 관찰의 문제였다. 인간이 신의 동반자로서 지구를 재창조한다는 종교적 사고가 언제나 그 이면에 존재했지만 이들은 지나치게 학구적·추상적·일반적이어서 일상적 상황에 적용될 수 없었다. 예를 들면 수천 개도 더 들수 있기 때문에 지면을 가장 적게 들이면서도 이런 관행의 본질이 드러날수 있도록 하기 위해 한 영역당 사례를 하나씩만 들어도 무방할 것 같다. 드 몰드(De Maulde)는 중세와 르네상스 시대의 오를레앙(Orléans)의 숲에 대해 연구하면서 사용권과 방목권이 있었던 장소 350곳을 목록으로 만들었는데 그 길이만 무려 40쪽에 달했다.

알뤼항(Aluran) 시장(市長)은 성 베네딕트 숲에 있는 죽은 나무에 대한 권리를 가진다(1391, 1396). 암베르트 소(小)수도원(Ambert priory)은 60마리의 돼지, 16마리의 쟁기질 하는 소, 14마리의 노새 및 새끼를 방목할 권리를 가지며 일상적 보수를 위한 목재, 포도나무 말뚝을 만들 목재, 땔감용 나무를 구하기 위한 숲 사용 권리가 있다(1301, 1322, 1403).[113] 레 브로스(Auxérre Les Brosses)와 다른 이들은 마른 참나무, 즉 반쯤 마른 채로 선 나무와 누운 생나무를 건축이나 땔감으로 이용할 권리를 가진다(1353, 1440, 1497~1610). 르 브레오(Le Bréau), 라 리비에르(la

---

113) 목재는 다양하게 분류되었지만 그것을 구분하는 일은 어려웠다. 드 몰드는 관행이 당대의 문헌에서조차 혼동된다고 말한다. 유용하거나 해로운 것으로 간주되었던 목재의 두 가지 공통된 형식은 열매를 맺지 않는 나무를 포괄적으로 지칭했던 쓸모없는 나무(Mortuus boscis, 프랑스어로 mort-bois)와 마르거나 죽어버린 목재를 의미하는 죽은 나무(Boscus mortuus, 프랑스어로 bois mort)였다. Du Cange, Art. Boscus. 푸른 숲에서 목재는 (아직 서 있다는 의미의) sec estant와 (주위에 누워 있다는 의미의) sec gisant로 분류되었다. De Maulde, pp. 142~146을 참고하라. 또한 Lex. Man., Boscus를 참고하라. 그리고 Huffel, 1:2, p. 145, sub nomine, Bois, Boscus도 보라.

Rivière), 샤렝시(Charency)와 다른 이들은 가구당 소유할 수 있는 귀리 보유권(mine of oars per hearth)을 포기한 대가로 동물 방목의 권리가 있으며 돼지를 방목할 수도 있다(1396, 1559, 1361). 뷔송-에글랑(Buisson-Aiglant), 퓌테빌(Puteville), 크레(Marchais Creux)는 염소를 제외한 가축을 아무 때나 방목한다(1317, 1320). 드 샬레트(Hôtes de Chalette)와 랑시(Lancy)는 건축과 땔감의 권리를 가졌다(1337).

공작을 위해 매주 세 번의 미사를 올렸던 샤프(Chappes)의 소(小) 수도원은 백 마리의 돼지와 수퇘지 한 마리를 숲에서 키울 권리를 가졌다(1361). 쿠르-디유(Cour-Dieu) 대수도원은 방목권, 돼지 방목권, 매년 두세 그루의 참나무를 쓰고 쟁기를 수리할 나무를 쉐리포(Chérupeau)의 숲에서 구할 권리를 지녔다(13세기). 라뢰(Laleu)의 장원은 땔감용 나무와 집, 방앗간, 다리를 지을 목재를 구하기 위해 성 베네딕트의 숲(암프레 피에(emprés pied))을 이용할 권리를 지녔다(이르게는 1317년으로 거슬러 올라간다). 나병 수용소는 땔감용 죽은 나무(bois mort)에 접근하고 두 명의 소작인이 각각 백 마리의 돼지를 먹이고 방목할 권리를 지녔다(1311). 오를레앙 오텔-디유(Hôtel-Dieu: 지방 병원_옮긴이)의 관리자들은 가난한 이들이 사용할 땔나무에 모자람이 없을 경우 오텔-디유의 필요를 충족하고 남은 땔나무를 활용할 권리를 지녔다(1327). 114)

오를레앙의 숲에 대한 드 몰드의 언급은 중세 유럽의 다른 지역에서 숲이 어떤 역할을 했는지 고찰할 때 유용한 길잡이가 된다. 오를레앙의 숲은 수많은 소규모 산업이 사용할 원료를 제공했고 농촌 마을의 부(富)의 기반이 되었다. 숲은 상업을 방해하지 않았고 산업에도 쓸모가 있었다. 숲을 뚫고 지나갈 수 없기 때문에 이것이 문명의 장애물로 작용했다는 비난은 그릇된 지식에 근거한다. 오히려 숲길은 상업을 도왔다. 만일 숲길이 불량하고 지나가기 곤란했다고 해도 다른 환경의 다른 길과 특별히 다

114) De Maulde, pp. 182, 183, 187, 188, 189, 190, 195, 201, 202, 208.

르다고 할 수 없다. [115]

숲과 산지가 문명의 적이었고 강제가 아니면 아무도 지나가려고 하지 않는 두려움의 장소였다는 인상을 심어준 것은 중세의 일부 저술가들과 그 저술가들의 말을 베낀 근대의 연구자들이었다. 이들은 산지의 아름다움을 제대로 인정하지 않은 채 숲을 그저 가로질러 가는 데 방해가 되는 성난 장벽으로 간주했다. 이들은 도시 주민이 숲에 불만이 많았다는 인상을 만들고 중세 전체를 통해 지역마다 생생하게 살아 있었던 숲 활용과 이동 목축의 역사를 무시한다.

이와 같은 중세 숲의 이용에 관한 개별 권리는 너무도 다양해서 개별 권리를 몇 개의 집단으로 분류하려는 시도가 이루어졌다. 대체로 개별 권리는 빈번히 그리고 급박하게 충족되어야 하는 욕구, 즉 소떼의 먹이, 땔감, 건축용 목재 제공이라는 세 가지 욕구를 근거로 구분되었다. [116] 이 중 첫 번째이자 가장 중요한 법칙은 먹이 제공의 법칙(*jus ad pascendum*) [117] 이었다. 이 법칙은 숲에서 동물을 먹일 권리, 즉 돼지 방목권 및 일반 방목권에 관련된다. 두 번째 법칙은[118] 열기 제공의 법칙(*jus ad calefaciendum*, *ad comburendum*, 혹은 *ad focagium*) [119] 으로, 일반적으로 땔

---

115) De Maulde, pp. 236~237.

116) *AMA*, pp. 424~425.

117) 가령 돼지먹이기에 관련된 Du Cange and the *Lex. Man.* under *Pastio*, *Glandagium*, 1. *Pascagium*, *Pascharium*, *Pascio*를 참고하라.

118) *Lex. Man.* under *Lignaricia* 참고. 그 정의는 이르미노 대수도원(*Irmino Abbey*) 관행에 근거한다. "나무의 법칙은 사용자가 소유주에게 일정한 보상을 지불하도록 매년 갱신되어야 한다 …"(*Jus lignorum exscindendorum in silvis ad annum usum pro quo tenentes certam pensitationem domino exsolvebant* …), 또한 *Lagnagium*과 *Lignarium*을 참고하라.

119) *Lex. Man.* under *Foagium* 참고. 세 번째 의미: "숲의 나무를 취하는 데 필요한 법"(*Jus capiendi lignum in silvis*); 또한 이 라틴어 단어에서 기원한 프랑스 단어 가구별 분담금(*fouage*), 공유 숲에서 나무를 취할 권리(*affouage*)에 의해 알려졌다. 이 권리는(개인이 아닌) 각 가정이나 가족 공동체에 죽은 나무(*bois mort*)를 제한 없이 모을 권리와 또한 이따금 쓸모없는 나무(*mort-bois*: 열매를

감을 활용할 권리와 관련된다. 세 번째 법칙은 건설의 법칙(*jus ad edi-ficandum, ad construendum* 혹은 *marrenagium*) 120) 으로 수리나 건축을 위한 목재를 획득할 권리인데 방책, 울타리를 짓거나 포도농장에서 쓸 포도말 뚝을 만드는 데 필요한 목재를 활용할 권리인 울타리의 법칙(*jus ad sepiendum*) 이 여기에 포함된다. 121)

숲의 소유권과 그 안에서 대물림된 권리의 유형은 당연히 서로 달랐다. 만일 관행, 권리, 일반적 실천이 법의 강제력을 수반하는 관습으로 여겨 진다면 이러한 관행은 숲에 대한 합리적 이용이나 무계획적 이용 혹은 숲 관리에 에너지원을 의존하는 기타 자원의 합리적·무계획적 이용(광업 등) 에 결정적인 영향을 미치는 것으로 자신들의 진정한 실체를 드러낸 다. 122)

_____

맺지 않는 나무 목재) 를 지역 관행에 따라 결정된 양만큼 모을 권리를 주었다. *AMA*, p. 424.

120) *Lex. Man.* under *Materia, Materiamen,* 건축적인 목적에 적합한 목재를 지칭 하는 단어다.

121) 주로 밤나무가 우거진 곳에 있었던(포도나무 버팀목과 말뚝을 의미하는) 말뚝 (*pali*) 을 얻었던 말뚝의 숲(*silve palarie*) 의 존재에 대해서는 *AMA*, p. 425를 참고하라.

122) 숲(*forest*) 이라는 단어는 본래는 반드시 나무가 있어야 할 필요는 없는 토지 영 역을 가리켰던 말이지만 수 세기에 걸쳐 아주 다양한 형태의 관행 및 소유권이 존재하는 아주 다양한 형태의 나무가 서식하는 지역에 적용되면서 일반적인 의 미를 획득했다. 로마 서부 지역의 권력을 장악했던 야만족의 왕국에서 5세기, 6세기, 7세기의 첫 절반에 이르는 시기에 근대적 의미의 숲이라는 단어는 아마 도 개척된 지역 그리고 숲 지역에서 이루어진 개간을 의미하는 라틴어 단어인 숲(*silva*) 에 의해 만들어졌을 것으로 보인다. 숲(*nemus*) 이라는 단어 역시 사용 되었지만 그것은 종종 사용되지 않은 숲도 의미했다. 6세기 중반의 문서에서 분명 처음으로 숲(*forestis*) 라는 단어가 등장한다. 556년에 쓰여진 쉴데베르트 1세(Childebert I) 의 공문서에서(그러나 그 진위 여부를 의심받는다) 왕은 강 에서 고기를 잡을 수 있는 구역을 지정했다. 그리고 그 지역을 자신의 숲 (*forestis*) 이라고 불렀다. 그 일반적인 의미는 무언가를 따로 떼어 놓다 혹은 보 전하다라는 의미였다. (*Mon. Germ, Dip.* I, pp. 7, 41 ff. 또한 Heyne, *Das deutsche Nahrungswesen*, pp. 153~154, note 160; Huffel, 1:1, p. 302,

사냥터로 선택된 숲 지역을 보전하는 일은 근대 임학의 역사에서 빈번하게 언급되었던 숲 활용 유형이다. 근대 임학에서는 이때 이루어진 숲 보전은 보전의 필요성을 의식했기 때문이 아니라 왕실이나 귀족의 사냥에 대한 열망이 숲을 파괴하는 침입자를 배척하도록 했기 때문이었다고 설명하면서 의도하지 않은 보전 활동이라는 논지를 폈다.

프랑스에서는 숲 보전 정책이 숲에 대한 또는 그 숲을 소유한 왕실이나

---

note 3을 참고하라. 연대는 쉴데베르트 2세(Childebert II) 치하의 558년경으로 거슬러 올라간다) 숲[forestis (forestas 혹은 forastis)]은 본래 왕이나 고위 성직자에게 속한 장원의 경계 외부에 있는 물이나 숲이나 나무가 있는 땅을 의미했다고 제안되었다. 이 이름은 문의 바깥이나 해외를 의미하는 라틴어 단어 입구(foris)로부터 파생되었음을 제시한다. 최소한 프랑스에서 나무가 있는 지역을 지칭하는 말로 숲(forestis)이라는 단어를 사용한 사례는 648년으로 거슬러 올라간다. 지게베르트 2세(Sigebert II)의 공문서에는 아르데네스 숲 (Ardennes forest, in foreste nostra nuncupata Arduinna)을 하나의 지역 단위로 인정해 훗날 말메디 스타블로(Malmédy-Stavelot)로 불리게 되는 대수도원을 짓도록 한다(Huffel, 1:1, pp. 302~303).

숲이라는 단어는 본래 개발되지 않은 장원의 경계 외부에 있는 지역을 의미했다. 즉, 거주민들이 활용하기를 거부한 땅이었다(ibid.). 거주민들은 장원 안의 물과 나무에 대한 권리를 지녔다. 왕이나 영주는 장원 밖의 물과 나무에 대한 독점권을 가졌다. "그것은 그의 숲, 즉 그가 소유한 숲(forestis dominica)이었다. 7세기 시작 무렵의 문헌에는 종종 소유한(dominica)이라는 형용어구가 숲이라는 단어에 부가된다". 9세기 무렵의 숲은 왕이나 지위가 높은 사람이 소유한 곳으로, 휘하의 경작자(농부)가 들어가서 나무를 베어 내거나 동물을 잡을 수 없도록 사냥을 위해 보전된 숲이다(Huffel, 1:1, p. 304).

독일에서 이 말은 비슷한 역사를 거쳤다. 18세기가 끝나기 전 숲[foresta (forestis, foreste)]은 왕실 소유의 숲을 의미하거나 나무가 있는 다른 지역과 차별화되는, 왕에 의해서 귀족에게 수여된 고귀한 숲을 의미했다. 나중에 이 말은 '금지된 숲'(Bannforst)을 의미하는 말로 바뀌었다. 이 지역에서는 왕이나 왕으로부터 그곳에서 사냥해도 좋다고 허락받는 자를 제외한 모두에게 사냥할 권리가 부정되었다. 사냥권이 보전되지 않았던 왕실 소유의 숲은 보통 silva나 nemus로 불렸다(Schwappach, pp. 56~59, 그리고 p. 56, footnote 8에 언급된 다른 문헌을 참고하라. 또한 그의 "숲이라는 단어의 의미와 어원에 관하여", Zur Bedeutung und Etymologie des Wortes, 'Forst'", Forstwissenschaftliches Centralblatt, 1884, p. 515를 참고하라).

귀족에 대한 혐오감을 자아냈고 이 혐오감은 프랑스혁명에서 정점에 이르렀다. 파괴되었을지 모르는 숲의 경관이 사냥터로 보전된 덕분에 유지되었다는 것은 의심의 여지가 없는 사실이지만 이러한 강조는 숲 활용의 역사와 관습적 실천 및 관행의 복잡성, 특히 중세 후기의 복잡성을 제대로 인정하지 않은 것이다. 그러한 세 가지 사례, 즉 왕이나 영주가 가진 특권(gruerie), 조림(afforestatio), 윤벌(輪伐)을 할 때 어린 나무를 남겨두는 일(baliveau)은 경관 보호나 경관 변화에 법이나 관습이 미치는 영향력을 보여준다. 오를레앙의 숲에 대한 연구에서 드 몰드는 다음과 같이 말했다. "왕이나 영주가 가진 특권은 숲과 관련한 모든 사안의 근본이다"(La gruerie est le fondement de tout ce que concerne les bois).

소유자가 자신의 즐거움을 위해 숲의 이용을 허락하지 않았다는 것이 이 특권의 핵심이었다. 숲은 중앙 권력의 감독 아래 놓였다. 왕의 관리가 숲에서 난 산물의 판매와 관련 활동을 감독했다. 왕이나 영주가 가진 특권은 종종 삼림에 대한 권리(grairie), 즉 심토를 파헤칠 권리, 방목권, 배타적인 수렵권을 동반했다. 왕이나 영주가 가진 특권은 중세에 두 이름 즉, 그라우기움(gruagium)과 당제(danger) (및 여러 다양한 변형태)로 알려졌다. 드 몰드는 그 기원을 12세기에서 찾는데, 12세기 말에는 완전히 활성화된 것으로 보인다. 왕이나 영주가 가진 특권의 적용을 받으면 숲 소유자는 왕자의 공식 허가를 받아야만 목재를 판매할 수 있었다.

1202년 11월에 필립-오귀스트(Philippe-Auguste)*는 생-리파르 드 묑(Saint-Liphard de Meung)의 수도사들이 뷔시(Bucy)에서 3년간 목재를 판매하는 것을 허락했다. 1235년에 생-베렝 드 자르고(Saint-Verain de Jargeau)의 총회 헌장은 왕이 200아르팡(arpents)****의 목재 판매를 허락했음을 공표했다. 총회는 완전히 자발적으로 왕이 판매 대금의 2/3를 양여의 대가로 받을 수 있다고 결의했다.[123] 이 헌장에는 왕이나 영주가

---

123) De Maulde, p. 36에 인쇄된 두 가지 중요한 공지사항은 다음과 같다.

가진 특권이 숲 보호에 대한 대가이며 농산물에 부과되는 세금에 상응하는 것이 목재에 부과된다는 내용이 나온다. 1202년 플로틴(Flotin)의 수도원은 판매를 허가할 왕의 권리를 인정했으며 생-베렝 드 자르고에서는 그 권리가 세금이 되었다. 124)

드 몰드는 이런 특권에 대해 적대적인 입장이었음에도 불구하고, 이 특권이 오를레앙의 숲에 거의 기적 같은 일을 성취했다고 믿었다. "그렇게 유사한 종들이 밀집되었음에도 중세기 내내 전체적으로 아주 완벽하게 보전될 수 있었다…". 125)

나, 플로탄의 후예 그리고 이곳 인근의 형제들은, 우리가 무엇을 해야 하는지 잘 안다. 즉, 이곳의 주인인 프랑크의 왕이 우리에게 나무를 판매할 권리를 주었고 교회에 필요한 나무를 사용할 권리를 주었음을 잘 안다. 계약에 따라 이곳의 주인인 왕의 허락이 없는 나무에 대해서는 우리가 함부로 하면 안 된다는 것도 잘 안다. 서기 1202년 11월.

이곳 수장 시몬은 주의 뜻에 따라 자르고 헌장을 살펴보노라. 이곳 사람들은 몬 노르디노의 숲에서 200아르팡의 나무를 베어낼 수 있다. 현명한 프랑크의 왕은 우리가 원한다면 그 나무를 판매하도록 허락했고 왕은 우리가 판매한 목재 대금의 2/3를 받을 것이다. 서기 1234년 11월.

124) 논의를 조금 더 살펴보려면 *De Maulde*, pp. 36~55를 참고. 권리는 혁명기까지 존속했다. 국민의회(National Assembly)는 초기부터 그 권리를 없앨 것을 요구했다(pp. 54~55). 항해할 수 없는 강물에 적용된 왕이나 영주가 가진 특권에 대해서는 p. 55를 참고하라. 드 몰드는(p. 33) 관습에 우호적인 입장을 취하지 않았다. 그는 그 특권을 "다소 사회주의적이고 거친 방식으로"(*d'un manière quelque peu socialiste et barbare*) 소유자의 권리를 공작 행정부에 의해 대표되는 국가의 공동 소유권(*communal state ownership*)으로 이전하는 행위라고 여겼다. 또한 *Lex. Man.*, article *Dangerium*을 참고하라. 거기서 숲에 관련된 정의는 뒤 캉쥬로부터 가져온 것이다. "숲에 관해 말하자면, 노르만의 삼림과 숲에 대해 왕이나 영주가 특권을 가졌다고 하니 왕에게 나무를 베어낼 권리를 청하지 않으면 베어낼 수 없다. 이를 어기면 숲을 관장하는 관리들이 합당한 벌을 내린다". 뒤 캉쥬의 말대로 드 몰드 역시 실천이 노르망디에 한정되지 않았다고 지적한다(pp. 32~33). 또한 숲에서(*in forestis et silvis*) 지켜야 할 관행에 대한 기록도 주목하라.

조림(*afforestatio*)의 적용을 받을 경우 특정 숲 지역에 대한 접근이 금지되고 휴식 기간이 선포되어 숲의 건강 회복에 필요한 기간 동안에는 공동의 권리 및 관행을 계속 행사해 발생하는 훼손과 남용으로부터 숲을 보호했다.[126] 조림을 시행한 이유는 분명히 근대와 거의 차이가 없었다. 즉, 숲 보전 및 경제적 이익과 관련이 있었던 것이다. 카롤링 시대가 시작될 때 인구는 성장 중이었고 개간으로 숲 지역이 감소했다. 영주들은 특정 권리의 실행을 규제하거나 심지어 금지하기 시작했다. 사용권은 특정 권한을 지닌 사람들의 필요만을 보호했을 뿐이므로 이런 필요를 만족시키기에 충분한 영역은 따로 떼어 놓은 채 나머지 지역은 권리의 실행이 금지되었다(*defensa*). 이렇게 금지된 지역은 데팡드(*défends*), 베탈(*bétal*), 앙바니(*embannie*), 해(*haie*), 플레시(*plessis*)(벌목금지, 특정인이 소유한 숲 접근 금지, 봉쇄 등의 의미를 지닌 단어들이다_옮긴이) 등 여러 가지 이름으로 불렸다. 그런 영역 또한 숲(*foresta*)이라고 불렀고[127] 삼림으로 조성하도록 봉쇄되었다.

영주들이 새로운 숲을 만드는 것을 금지했던 루이 드 보네르의 칙령(*Capitulary of Louis the Debonair*, 818)에 나타난 것처럼[128] 서유럽 역사 초반부에는 전통적 사용권을 가지고 이를 실행하길 바랐던 사람들과 그 권리를 제한하거나 변경하길 바랐던 사람들 사이에 투쟁이 있었다. 이런 투쟁이 숲 보전 자체와는 거의 상관이 없었다 하더라도 이 주제는 우리를 자극하기에 충분하다. 승패가 경관에 반영되는 것이다. 변화를 주장한 쪽이 승리했다. 숲 속에 개간지가 있던 중세 초기의 경관과 경작 가능한 땅 사이로 숲이 드문드문 보이는 중세 말기의 경관은 대조적이다.

자연적인 재생을 통한 재조림(혹은 근대적 의미에서 조림)은 나무를 모

---

125) De Maulde, p. 32.
126) *AMA*, p. 432.
127) Huffel, 1:2, pp. 81~82; p. 81, footnote 2를 참고하라.
128) *Ibid.*, p. 82.

두 베어 낸 지역에 작거나 어린 나무를 남겨 놓는 방식으로 이루어지는 경우가 많았다. 뒤 캉쥬는 이런 관행을 바이바리우스〔baivarius: 혹은 바이벨루스(bayvellus)〕라고 이름 붙였는데, 이는 "생존한 것의 전파를 위한 나무"(arbor ad propagationem sylvae relicta) 라는 뜻이다. 129) 프랑스어로는 윤벌 때 남겨둔 어린 나무라는 의미의 'baliveaux'와 'baliveau'(각각 복수형과 단수형_옮긴이) 가 되었는데, 영어로는 'staddle'로 번역된다. 위펠(Huffel)에 따르면 윤벌 때 남겨둔 '어린 나무들'(baivarius) 이라는 말은 프랑스에서 매우 오래되었다.

고대 문서에서 나무는 종마(種馬, estallons = étallons, stallions) 로 불렸다. 1376년 프랑스의 숲 조례에 따르면 윤벌 때 어린 나무를 남기는 목적은 분명히 숲에 '나무를 다시 살게 하는' 데 있다. 이 조례를 따르지 않았을 때에는 경고와 형벌이 따랐다. 1아르팡(16~20헥타르) 당 8~10그루의 종마를 벌로 내야 했다. 중세기 왕실 소유의 숲 조례에는 윤벌 때 어린 나무를 남기는 행위(balivage)에 대한 규정이 반복적으로 도입되었다. 또한 옛날 문서에는 남겨야 할 최소한의 나무 숫자를 맞추지 못하는 일이 자주 있었다는 언급이 등장한다.

그리고 1516년 프랑스의 숲 조례는 윤벌 때 남겨둔 어린 나무는 숲에 나무를 다시 살게 하는 데 필요한 씨앗을 운반하는 번식장과 같다고 기록한다. 이 조례는 이와 같은 목적을 위해 아름다운 나무를 충분히 확보하고자 하는 소망을 표현한다. 130) 윤벌 때 남겨둔 어린 나무는 아마도 벌목

---

129) Du Dange, *Lex. Man.*, under *Baivarius*. 위펠(Huffel)에 따르면 단어의 기원은 알려지지 않았다. 그의 논의를 참고하라. "Les Méthodes de l'Aménagement Forestier en France", *Annales de l'École Nationale des Eaux et Forêts*, Vol. 1, Fascicule 2(1927), p. 15, note 2.

130) *Ibid.*, pp. 15~16.

과거에 소유주들이 삼림을 팔 때 숲이 재조림될 수 있도록 일부 어린 나무를 남겨두라는 명령을 소홀히 하거나 잊어버리곤 했다 … 이제부터는 모든 판매 행위 시 1아르팡 내에 8개에서 10개 정도의 어린 나무를 남겨두어야 할 것이다. 소유

이 이루어진 숲에서 유일하게 효과적인 재생산 수단이었을 것이다. 이 관행이 중요했던 또 다른 이유는 돼지 방목권이 자연적 재생산 가능성을 망쳤기 때문이다. 돼지가 없다면 목재 판매가 이루어진 뒤 남은 나무가 다시금 씨를 퍼뜨릴 수 있을 것이다. 131)

16세기의 공고문에는 다시 씨를 퍼뜨릴 이 나무를 보호하거나 남길 나무를 양심적으로 선택하는 데 구매자도 판매자도 신용할 수 없었다는 점을 드러내는 내용이 있다(아마도 그 이전에 이루어진 위반 사례를 대표한다고 할 수 있다). 윤벌 때 남길 어린 나무는 숲을 관장하는 관리가 나무에 표시를 해 지정했다. 몇몇 백합 낙인(fleur-de-lis)****이 19세기에 있었던 윤벌 때 남겨둔 어린 나무에게서 발견되었다. 132) 숲 관리 총책임자나 부책임자는 종종 감시대장이 남긴 표식에 또 표식을 덧붙이곤 했는데, 그렇게 표식이 붙은 나무를 베어 내는 구매자는 심한 형벌을 받을 수도 있었다. 드 몰드는 '거대한 크기'에 다다른 나무 이름을 목록으로 만들었다. 그중 다수가 특히 16세기에 유명했다.

어떤 지명은 나무의 이름을 따서 지어지기도 했는데 종종 이런 거대한 크기의 나무는 숲으로부터 멀리 떨어진 들판에 서 있었다. 그 나무는 존중받았고 사람들이 벨 가능성이 거의 없었기 때문에 유산의 경계를 정하는 경계표로 활용되었다. 이 관습은 오를레앙과 이웃한 지역에서 영속되었다. 15세기에는 경계표식을 제거하는 데 대한 형벌과 경계표식으로 활용되는 나무를 베어 버리는 데 대한 형벌이 같았다. 133)

주는 이를 판매 약관에 문서화해야 하며, 문서화하지 않더라도 이에 대해 암묵적으로 동의한다고 간주한다(만약 그 내용이 누락되어도 암묵적 동의로 간주한다). 만일 언급한 소유주가 어린 묘목을 남겨 두길 잊거나 행하지 않으면 처벌을 받을 것이고(여기서는 판매자와 구매자를 모두 의미하는) 상인들과 함께 숲을 원상 복구해야 할 것이다….

131) De Maulde, p. 452.
132) *Ibid.*, p. 424.

자연적 재생산을 위해 남겨진 나무는 영원하다는 점에서 아름다움의 대상이었고 살아 있는 법문서가 되었다. 오늘날과 마찬가지로 중세에도 무수히 많은 권리가 자연 자원의 활용을 제한했다. 한 저술가는 이런 권리를 제한하려는 시도는 거의 그 권리들 자체만큼이나 오래된 것 같다고 말했다. 중세 전반에 걸쳐 이 두 경향 사이에 존재하는 불편한 휴전 상태가 인식된다. 사용권은 내용 없는 형식적인 것이 아니었다. 사용권은 먹고살아야 할 필요와 토지에서 나는 식량에 접근할 필요를 표현한 것이었다. 중세 전체를 살피면 시대를 거치면서 이런 권리를 보다 정확하게 정의하고 한계 짓는 경향이 나타나는 듯하다.[134]

경관의 변형이나 보전에 관련된 이해관계의 갈등은[135] 그 성격상 지역적인 것일 수밖에 없었다. 숲과 경작 가능한 땅 사이의 균형이 필요하다는 점과 숲을 보전할 필요성이 인식되기는 했지만 대부분의 경우 근대적 의미에서의 보전의 문제는 아니었다. 이는 나중에 보다 상세하게 다룰 것이다.

경작지를 확장하는 사람들은 숲 감독관이나 유사한 업무를 보는 관리, 즉 숲을 보전하면서 대물림된 자신들의 자리도 함께 지켰던 관리들의 반대에 부딪혔다. 감독할 숲이 있다는 사실이 이들 자리의 유일한 존재 이유였기 때문이다. 수도사는 그중 어느 쪽에도 설 수 있었다. 숲을 개간할

---

133) *Ibid.*, pp. 455~456.

134) 이러한 언급은 *AMA*에서 부분적으로 영감을 받은 것이다.

> 무수한 권리들이 난무하고, 그 기원은 매우 오래되고 확고한 데다 경험적이고 권리의 적용에는 무한 변용이 가능한 특징 때문에 많은 남용과 끝없는 침해, 또 이에 대한 계속되는 반발을 낳게 되었다. 이런 식의 행태는 숲의 합리적 보전과 이용을 위해서는 참으로 어려운 것이었고, 소유주들의 사용을 제한 및 규제하려는 시도들은 그 권리들 자체만큼 오래된 것이었다(p. 432).

135) 또한 Darby, "The Clearing of the Woodland in Europe", *MR*, pp. 193~194를 참고하라.

때면 수도사들이 숲 감독관(*forestarii*)과 충돌하는 경우가 많았다. 볼란드파(Bollandist)****가 작성한 성인의 생애에는 이러한 숲 감독관과의 갈등이 나타나 있다. 베네딕트 규율을 따르는 수도사와 그들의 조력자들은 아마도 하루 7시간 동안 개간을 했을 것이며 그들의 활동은 자연히 해당 지역에서 숲의 중요성을 감소시켰을 것이다.

다고베르트 1세(Dagobert I) 궁정의 백작 보드레지질(Vaudrégisile)은 수도사가 되었는데 퐁타네(Fontanelle) 최초의 대수도원장이었다. 그는 센 강 어귀 인근의 숲을 베어 내기 시작했다. 그 숲은 팔라스(Palace)의 시장(市長)인 에르쉬노알(Erchinoald), 바틸드(Bathilde) 여왕, 클로비스 2세(Clovis II)가 그에게 하사한 것이었다. 하루는 보드레지질이 개간 작업을 감독할 때 왕실 소유 숲의 감독관이 창으로 그를 죽일 의도를 가지고 접근했다. 감독관이 그를 찌르려는 찰나 갑자기 팔이 마비되어 창을 움직일 수 없었다. 대수도원장이 하늘에 기도하고 나서야 감독관은 사지를 움직일 수 있었다. 이 매혹적인 일화는 아마도 구제의 기적에 동요되지 않는 무미건조한 수많은 폭력에 영감을 받았을 것이다.

같은 시대(7세기)로부터 내려오는 또 다른 일화는 포리스(*foris*)라는 단어를 활용한 재치 있는 말장난을 통해 숲을 개간하는 수도사와 숲 감독관 사이에 존재하는 반목을 드러낸다. '~의 외부에'라는 의미를 가진 단어인 포리스와 포리스로부터 파생된 단어인 숲(*forestis*)〔그리고 그 파생형인 숲 감독관(*forestarius*)〕의 의미를 이용해 날카로운 비난을 퍼붓는다. 주교는 다음과 같이 말했다. "물론 그들이 숲 감독관으로 불리는 것은 정당하다. 왜냐하면 그들은 신의 왕국 바깥에 서 있을 것이기 때문이다"(*Recte quidem forestarii dicti sunt isti quia foris stabunt extra regnum Dei*).[136] 신이 이 시대에 벌채의 편을 들었다면, 또 다른 시대에는 도끼와 횃불로부터 그들의 땅을 보호했다.

---

136) Huffel, 1:1, p. 332, footnote 2에 근거함.

자신의 땅을 수도사에게 자발적으로 제공한 사람들조차 수도사들의 삼림 파괴에 대한 과도한 열정을 염려해 미래의 개간권에 제한을 가하기도 했다. 1123년 오를레앙의 주교 장(Jean)은 꾸르-디유(CourDieu) 대수도원에 숲을 제공했지만 오직 초지만 주었다. 1171년 그의 계승자인 마나세(Manassès)는 프레-코탕(Pre-Cottant)에 있는 대수도원에 동물을 먹이고 정원을 꾸미도록 거처와 함께 숲을 제공했지만 경작은 허락하지 않았다.[137]

11. 삼림 개간의 위대한 시대

한편 (대략 11~13세기에 이르는) 대벌채 시기에 교회는 신봉자들의 활동적인 기독교인으로서의 삶을 장려했다. 이들은 자신들과 신의 이름을 걸고 이교도 동방으로부터 새로운 토지를 획득했다. 비기독교인들의 관습을 기독교적 관습으로 대체하는 일은 종종 간접적으로 경관의 변화를 야기했다. 활동적인 기독교인의 정신, 개간을 향한 열정, 그에 대한 저항을 기술한 13세기의 문헌을 보면 프러시아인은 문맹인 데다가 신을 모르고 모든 종류의 피조물을 숭배하는 것으로 묘사된다. "그들은 또한 들판, 숲, 물을 숭배의 대상으로 삼았다. 그래서 그들은 쟁기질도 하지 않고 물고기도 잡지 않고 숲의 나무도 베지 않았다 …".

---

137) 드 몰드가 pp. 109~110에서 인용했던 두 개의 문구는 다음과 같다. "인접한 숲의 초지에서는 필요한 일을 수행하기 위해 풀을 제거해도 된다…" (*Quantumcumque nemoris circumadjacentis extirpando in usum pratorum vertere voluerint* …). ; 그리고 1171: "프라토 콘스탄키의 집 … 동물을 먹이고, 필요하다면 개선을 위해 정원을 꾸미라. 그에 필요하다면 초지를 사용할 수 있지만 농사를 지으면 안 된다"(*Domum de Prato Constancii...ad suorum nutrimentum animalium, ad hortos ibi excolendos, ad prata facienda excepto quod ibi agricultram non exercebunt*).

프리드리히 2세는 1226년 "제국의 승인 문서"에서 마조비아(Masovia)와 쿠야비아(Kujavia) 공작인 콘라드(Conrad)가 형제 헤르만(Hermann)과 프러시아인의 땅에 있는 쿨름(Culm)의 튜튼 기사단(Teutonic order)의 형제들에게 재산을 양도해도 좋다고 승인한다. 황제는 튜튼 기사단 우두머리의 활동적인 경건성(*In Eerwägung der tatbereiten Frömmigkeit dieses Meisters*)을 인지했다. 양도 승인과 더불어 그들은 신의 영광을 위해 프러시아를 정복할 권리 및 고대 제국의 권리로 산, 들, 강, 숲, 호수에 대한 권리도 함께 누릴 수 있었다. 138)

기독교 군주들은 이방인이나 봉건 귀족들과는 다른 견해를 가졌다. 위펠에 따르면 "그들은 무례한 봉건 귀족에 비해 더 문명화되었고 세련된 예절을 갖추었다. 그들은 숲 속 깊은 곳까지 야생동물을 쫓아가는 일에 다소 덜 몰두했다. 그들은 수녀원 건설을 원했고 오늘날까지도 감탄의 대상이 되는 장대한 교회와 성당을 세우고자 했다". 139) 건축(*aedificare*)이란 건물을 세우는 일뿐 아니라 숲을 제거하고 땅을 개간하는 일을 의미했다. 140) 그들은 책, 예술품, 보석류, 전례에 사용되는 장식품을 수집했고 자신의 영지에 새로운 주민들을 끌어모아서 그들에게 중세에 널리 퍼졌던 '십자가 아래에서의 좋은 삶'이라는 금언이 옳다는 것을 보이려 노력했다. 141)

---

138) Ross and McLaughlin, eds., *The Portable Medieval Reader*, pp. 421~429 (p. 427 참고)에 있는 H. F. Schwarz가 Bühler, ed., *Ordensritter und Kirchenfürsten*, pp. 74~74를 번역한 "The German Push to the East"를 참고하라. 쿨름(Culm)에 대해서는 "Kaiserliche Bestätigung der Schenkung des Kulmerlandes an den deutschen orden(1226)", Bühler, pp. 72~73; *Port. Med. Reader*, trans. p. 425를 참고하라.

139) Huffel, 1:2, p. 137.

140) *Ibid.*, p. 138, footnote 1. *Lex Man.*은 건축(*aedificare*)의 의미를 다음과 같이 정리한다. 즉, '계발하다', '사용할 수 있게 하다', 그리고 재귀대명사인 그 자신의(*se*)를 수반하여 '주소를 고르다', '들판을 경작하다', '씨를 뿌리다'.

141) *Ibid.*, pp. 137, cf. 137~138.

한편, 자연적 상태 혹은 상대적으로 개발되지 않은 상태를 유지할 때 생기는 경제적 이득 때문에 경관을 변화시키지 않은 훌륭한 사례도 있을 수 있다. 가령 1068년 드 몽고메리(Roger de Montgomeri)는 노르망디 오쥬(Auge) 계곡에 위치한 트로아른(Troarn)의 베네딕트 수도회에 수도원 전용으로 활용할 수 있는 습지(*sclusa*)를 주었다.[142] 11~12세기에 그 습지는 분명 물고기 잡이나 사냥을 제외하고는 특별한 수입을 내지 않는 불모지였다. 1295년에는 여기에 제방과 배수로를 만들어 습지를 건조시키려는 시도가 이루어졌다. 또한 수도사들은 추가 토지를 확보하고 바다로부터 그 토지를 보호하기 위해 해안 가까이에 제방을 쌓기도 했다.[143]

오쥬 계곡의 늪 같은 초지와 풀을 베고 고기를 잡을 권리는 수도사들 사이에서 높은 가치를 인정받았다.[144] 13~14세기에 수도사들은 더 많은 토지, 특히 바다로부터 습지 같은 초지를 획득했다.[145] 수도사들이 그 풀의 도난 문제를 진지하게 다룬 것을 보면 이 풀에 어떤 가치가 있었는가를 알 수 있다. 수도사들은 자신들이 높은 가치를 부여했던 존재인 백조에 대한 배타적 권리를 지녔다. 백조는 습지의 주인이 수도사임을 상징하는 존재였다. 백조를 지키는 자는 백조가 어디든 달아나려고 하면 따라다니면서 잡을 권리와 의무가 있었다. 1314년 르지에(Simon Legier)

---

142) Sauvage, *Troarn*, p. 255. 로제 드 몽고메리는 1068년 이후 트로아른 수도원에 기증했다(Roger de Montgomeri donna à son abbaye de Troarn, dès 1068), "습지 전체 … 그 지역이 트로아르니의 땅이 되었다"(*totam sclusam … Troarni a terra usque ad terram*), footnote 3, Preuves, Ⅱ. "'습지(sculsa)' 라는 단어는 '숲', '특별보전지역의 늪'이라는 단어와 비슷한 단어로 생각된다"(*Le mot 'sclusa' nous paraît l'analogue, en ce qui touch les marais, des mots 'foresta', 'garenna'*).

143) *Ibid.*, pp. 255~258.

144) *Ibid.*, p. 258.

145) *Ibid.*, p. 258.

라는 인물은 "배타적인 트로아르노(Troarno)"의 풀을 베었으며 그곳의 백조를 쫓아다녔다는 이유로 40리브르의 벌금을 물었다. 146)

수도사는 습지의 여러 식물을 가축의 먹이, 가축우리의 깔짚, 통이나 가구 및 가옥 지붕 제작을 위한 재료로 활용했다. 그들은 또한 땔감으로 쓰기 위해 토탄을 캤다. 147) 1297년 수도사들은 테리에(Terriers)의 습지에서 토탄을 채취하지 못하도록 규제했다. 1297년 이후로는 수도원 활동에서 토탄 채취가 더 이상 언급되지 않는데 아마도 토탄이 귀해졌기 때문일 것이다. 148) 대수도원은 습지에서 사냥을 하고 물고기를 잡을 권리를 행사하는 등 어업 활동을 사실상 독점했다. 디브(Dive) 강어귀는 야생 조류의 둥지였다. 149) 또한 13세기 말 무렵 대수도원들은 디브 강 지류의 방앗간 7개를 소유했다. 150) 또한 배타적 권리를 행사할 수 있는 숲도 보유했다. 수도사들의 집 정원에는 초목이 무성했고 나무나 관목 울타리로 경계를 친 안쪽 땅에는 작물을 재배하거나 초지로 활용했다. 포도나무는 볕이 잘 드는 언덕 사면에서 자랐다. 151) 정원, 초지, 포도원이라는 예외를 제외하면 대체로 수도원의 경제생활은 기본적으로 자연 상태의 환경을 보전했다. 캉(Caen)의 노르망디 공작(Duke of Normandy)이 만든 법령 때문에 이 정책을 유지하는 데 어려움이 생기자(이 법령은 최소한 부분적으로는 주민들의 불만에 대응해 만들어진 것이다), 수도사들은 왕에게 호소해 박탈당했던 권리 중 일부를 회복했다. 152)

---

146) *Ibid.*, p. 259.

147) *Ibid.*, p. 260.

148) *Ibid.*, p. 261.

149) *Ibid.*, pp. 262~263.

150) *Ibid.*, p. 267. 기술적으로 여기에서 지류(*arm*)로 번역되는 플레(*flet*)라는 단어는 "꽤 풍부한 수량이지만 느린 지류"(*un bras d'eau d'importance quelconque, mais d'écoulement peu rapide*)다(p. 256, note 5).

151) *Ibid.*, pp. 274, 276~277.

152) 세부 내용을 살펴보려면 *ibid.*, pp. 267~270 참고. 1295년 캉(Caen)의 자작인

태고의 경관을 보전하려는 사람들과 삼림을 벌채하려는 사람들 사이의
갈등은 종종 권리에 대한 갈등으로 표출되었다. 이 갈등은 변화에 저항
하려 하거나 변화시키려는 열망의 문제, 또는 과거의 아름다움을 보전하
거나 새로운 아름다움을 창조하는 문제가 아니었다. 이 갈등은 공공의
복리를 둘러싼 것일 가능성이 있었다. 왜냐하면 특정 지역의 삼림을 파
괴해 그 장소에 결부된 과거의 권리를 무효화할 수 있었기 때문이다. 9세
기로 거슬러 올라가는 한 사례를 살펴보자. 텍티스〔Tectis: 테위(Theux)〕
에 있는 왕의 영지에 거주하는 주민들은 그들이 사용권을 가졌던 아스타
네둠〔Astanedum: 스파(Spa) 인근의 스타뉘(Staneux)〕의 숲을 분할하고
삼림을 파괴하려고 했다. 루이(Louis) 황제와 로테르(Lothaire) 황제의
공문서(829)는 그들이 임지(林地)의 사용권을 공동으로 누리므로 삼림
을 파괴할 수 없다고 판결했다. 153)

　타협을 통해 조정이 이루어졌을 수도 있다. 1219년 루앙(Rouen)의 대
주교는 영주와 생-오뱅-르-세르프(Saint-Aubin-Le-Cerf) 사람들의 반대
에 부딪혔다. 그들은 대주교가 알리에르몽(Alihermont) 숲의 일부를 파
괴하고 그곳에 새로운 교구를 세우려는 계획을 세우자 그럴 경우 자신들
의 숲 사용권이 축소될 것이라고 불만을 표명했다. 후일 개간에 동의하
는 대가로 대주교는 숲 안에서 그들이 배타적 사용권을 가지는 영역을 할

　　기욤 뒤 그리펠(Guillaume du Grippeel)은 양식장 파괴, 강의 지류 확장 및
　　개간, 다리 제거, 경계표 유지, 제방 강화 등을 명령했다. 수도사들은 왕에게
　　불만을 표시했다. 왕은 대수도원에 반대되는 것으로 인정된 불법행위에 대해
　　법적 시정조치를 마련하라고 명했다. 세 가지 왕령과 칙령이 관련되었다.
　　Philippe le Bel and Louis Hutin, Feb. 24, Oct. 10, 1314, and Jan. 18,
　　1315(pp. 267~268).
153) Huffel, 1:2, p. 79, footnote 1. 위펠이 참고한 자료는 *Cartulaire of Stavelot-*
　　*Malmedy*다. 이 법은 "우리가 알기로 삼림이용권을 지역공동체가 공동으로 누
　　리는 권리로 설명한 가장 오래된 문서다"(*est le plus ancien, à notre connai-*
　　ssance, qui consacre par écrit la jouissance en commun d'un droit d'usage
　　forestier par un groupement rural).

양했고, 추가로 80리브르를 주며 사용권을 누리기 위해 일반적으로 지불하는 모든 의무를 면제했다.[154]

중세에 있었던 이런 사용권 행사는 경관을 유지하거나 변화시키는 강력한 수단이었다. 이러한 사용권 행사가 인간이 토지를 이용한 결과에 대한 평가와 직접적으로 관련되지는 않았지만 그러한 해석이 자주 이루어졌다는 증거는 있다. 인간은 숲, 야생생물, 초지, 토양에 자신이 영향을 미친다는 것을 알았다. 인간은 바닷물을 막는 둑을 쌓고 모래언덕을 고정시키기 위해 나무를 심고 유용하고 아름다운 정원을 계획하면서 자신이 가진 창조력을 인식했다.

숲 개간과 보전이라는 번갈아 나타났던 주제는 샤를마뉴 대제의 시대에 확실히 인식되었다. 그러나 십중팔구 이 주제는 이보다 훨씬 오래되었을 것이다. 평신도나 성직에 있는 행정관 모두 스스로 의식하면서 목적의식을 가지고 환경의 변화를 이끌었던 것으로 보인다. 샤를마뉴 대제는 《일반 훈계》(Admonitio Generalis)에서 모든 주교에게 다음과 같이 말했다(789). "나아가 우리는 다음과 같은 법령을 포고한다. 주님이 법 안에서 명령하심을 따라〔즉, 출애굽기 20장 8~10절〕그리고 또한 축복받은 기억 속에 존재하는 내 아버지의 명령에 따라 주일에는 노동하면 안 된다. 시골에서 일을 하거나 포도원을 돌보거나 들판에서 쟁기질을 하거나 건초를 베어 긁어모으거나 울타리를 치거나 숲에 있는 그루터기를 뽑거나 나무를 베거나(nec in silvis stirpare vel arbores caeddere) 돌을 다루거나 집을 짓거나 정원에서 일하거나 여흥에 빠지거나 사냥을 다녀서는 안 된다".[155]

---

154) 기본적인 자료원은 Delisle, *Études sur la condition de la classe agricole en Normandie en moyen âge*, pp. 156~157. Huffel, 1:2, pp. 140~141, footnote 2에서 재인용되었는데, 여기서는 추가 사례가 제시된다.

155) Charlemagne, "No. 22: Admonito Generalis 789. m. Marito 23", *Mon. Ger. Hist. Capitularia Regum Francorum*, ed., Boretius, Vol. 1, §81, p.

《장원과 농장 칙령집》〔*Capitulare de Villis* (*Capitulary of Manors and Farms*)〕에는 말과 초지 모두에게 이로운 적절한 종마 방목에 관한 조항이 있다. 각 구역을 관할하는 왕의 관리들에게는 각자의 관할권 안에서 다양한 장인, 즉 어부, 새 잡기, 사냥 및 고기잡이를 위한 그물이나 새를 잡을 올가미를 만들 줄 아는 장인을 확보하라는 훈령이 내려졌다. 이런 모든 활동으로부터 나오는 세입을 셈하라는 조항도 있다. 또한 늑대를 근절하라는 훈령도 있다. 잡은 늑대의 수를 헤아리고 그 털가죽을 바치고 5월에는 새끼를 찾아 독이 든 가루를 이용해 죽이거나 올가미나 투견 및 개를 활용해 사로잡으라는 내용이다. 정원에 적합한 식물과 나무를 선택하라는 훈령도 있다. 156)

샤를마뉴 대제의 법령 중 "그 과업을 수행할 능력이 있는 사람들이 있으면 숲으로 보내 우리 소유물의 개선을 위해 숲을 베도록 하라"는 법령은 의식적인 삼림 파괴의 증거로 자주 언급되었다. 157) 하지만 우리의 주제를 고려할 때 가장 중요한 조항은 《장원과 농장 칙령집》 36조다. "우리의 숲과 삼림을 잘 보호하라. 하지만 개간에 적합한 장소가 있으면 개간하여 경작지에 나무가 늘어나지 않게 하라". 158)

---

61. 뒤이어 면제에 관한 이야기, 여성의 일에 대한 금지사항도 다뤄진다.

156) *Capit. de Villis*, art. 말의 방목(*waraniones*)에 대해서는 13, 늑대에 대해서는 69, 장인에 대해서는 45, 세입에 대해서는 62, 식물에 대해서는 70을 참고하라. 또한 방목(*waranio*), 종마(*admissarius equus*), 말을 돌보는 자(*emissarius equus*)에 대해서는 뒤 캉쥬의 논문을 참고하라.

157) "*Ubicunque inveniunt utiles homines, datur illis silva ad stirpandum, ut nostrum servitium inmelioretur*", 77: "Capitulare Aquisgranense", art. 19, in *Mon. Ger. Hist. Capit. Reg. Franc.* ed., Boretius, Vol. 2, p. 172.

158) *Capit. de Villis*, 36. Meaume, *Juris. Forest.*, p. 8, par. 21은 《장원과 농장 칙령집》을 군주령에만 적용되는 국내 규제로 생각하며 그 중요성이 지나치게 과장되었다고 생각한다. 메옴(Meaume)은 par. 22에서 흥미로운 기록을 남긴다. 즉, 그는 루이 15세 통치기에 노르망디 담당 부서에서 물과 숲에 대한 총책임자로 유명했던 페크(Pecquet)가 9세기 갈리아에 지나치게 우거진 숲 때문에 개간을 옹호하고 새로운 숲을 일구는 일을 금지하는 일이 샤를마뉴 대제의 최우

이 조항은 문명의 중요한 특징을 몇 문장으로 요약한다. 숲은 야생동물의 피난처로 유보된 지역을 주로 의미하는 것 같다. 숲과 경작지, 왕실의 사냥을 위한 사냥감 보전과 방목으로 나오는 소득 사이의 균형을 맞출 것이 요구되는 것이다. 왕실의 장원과 농장을 지키는 관리들은 숲과 유보된 삼림(silvae vel forestes)을 조심스럽게 감시해야 한다. 농업에 적합한 구역은 벌채할 수 있지만 숲으로 남아야 하는 구역에서는 해로운 개간이 허가되어서는 안 된다. 왕실의 사냥감을 보호하라. 사냥감을 쫓을 매를 돌보라. 숲의 사용 권리(말 그대로 우리 소유물(문자적으로는 censa nostra))에 대한 값을 치르라. 만일 왕실의 관리, 궁궐의 행정관, 그들의 하급관리들이 숲에 돼지를 데려가 묶어 두었다면 그들은 우선 요금부터 치러야 한다. 십일조(decima), 즉 왕실 소유의 숲에 들어간 모든 돼지의 1/10을 바쳐야 했다. 이것이 좋은 본보기였다.

아마도 이 유명한 조항에 대한 해석은 아주 많을 것이다. 그리고 이런 해석은 너무나 쉬운 일이다. 이 조항은 최초의 보전조치로 해석되는 동시에 삼림 파괴를 하라는 신호를 보내고 승인 도장을 찍어준 것으로도 해석되었다. 159) 설령 논평가들이 지적한 대로 이 조항의 적용이 제한적이

선 관심사 중 하나가 되었다는 견해를 뒷받침하기 위해 법령을 처음으로 연관시켰다고 파악한다. 페크의 유명세는 1669년의 프랑스 숲 법령에 대한 그의 주석과 논의 때문이다(Les Lois Forestiére, Paris: 1753. NA). 메옹은 그를 가리켜 "뛰어난 산림관리자였으나 신통치 않은 역사학자"(excellent forestier, mais fort mauvais historien)라고 칭했다.

159) 이 조항에 대한 논의는 Maury, Les Forêts de la Gaule, pp. 102~103을 참고하라. 모리(Maury)는 샤를마뉴 대제의 칙령이 오직 왕령에만 적용되었고, 샤를마뉴 대제는 숲이 경작 가능한 영역을 침범하기를 원하지 않았는데, 그것은 돼지 방목권을 누리는 자들이 숲의 확장에 관심이 있었기 때문에 현실적인 위협이었다는 메옹의 견해를 인용한다. 샤를마뉴 대제의 계승자들은 분명 허락 없이 이 새로운 숲을 조성하거나 기존의 숲 지역을 파괴하는 행위 모두를 금지하는 정책을 유지했다. 또한 샤를마뉴 대제의 전임자들에 대해서는 AMA, p. 242를 참고하라.

더라도 여기에서 숲과 농업 및 방목과 농업 사이의 균형을 추구하지 않았던 이유를 숲이 돼지를 방목하는 데 절실히 필요했기 때문이라고 설명할 수 있을까? 야만족들의 법은 분명 돼지 및 다른 가축이 임업 경제에서 맡은 역할이 무엇인지를 보여준다. 이러한 법령과 샤를마뉴 대제의 계승자들이 만든 법령은 증가하는 인구, 숲의 복합적 활용, 작물을 재배할 생산적 토지에 대한 요구가 상호 관련되어 있다는 사실을 잘 보여준다고 할 수 있을 것이다.

이 구절에 대한 해석이 중요한 만큼 이 구절 자체도 중요성을 가진다. 19세기의 일부 독일 역사가들은 카롤링 시대를 위대하고 광범위한 식민화, 그에 따른 환경 변화가 이루어진 시기라고 받아들였음이 분명했다.[160] 그러나 알펜(Halphen)은 카롤링 식민화의 범위와 삼림 파괴에 대한 내용이 과장되었을 뿐 아니라 성 콜룸바누스 및 6~8세기에 활동했던 그의 제자들에 의해 이미 시작되었던 경향의 연속이었을 뿐이라고 하면서 이러한 관점을 논박했다. 그는 다만 카롤링 시대에 이루어진 교회 건축과 정복 활동이 자연의 길들임을 조금 더 진전시켰을 수는 있다고 덧붙인다.

환경 변화에 대한 해석은 10세기 말부터 14세기 사이에 더욱 자주 나타난다. 그러나 나는 해로운 관행에 대한 불만이나 새로운 환경의 정복을 알리는 의기양양한 공고문을 나열하는 것 자체에는 별 관심이 없다. 그보다 중요한 것은 실례를 들어 자연환경을 변화시키는 인간 행위자의 힘에 대한 인식이 산재되어 서로 관련을 맺지 않은 채 시작된다는 것을 보

---

160) 이나마-스터네그(Inama-Sternegg)의 《독일 경제사》(*Deutsche Wirtschaftsgeschichte*), Vol. 1, pp. 275~280와 알폰스 도프쉬(Alfons Dopsch)의 《카롤링 시대 독일의 경제발전》(*Die Wirtschaftsentwicklung der Karolingerzeit vornehmlich in Deutachland*)에 대한 루이 알펜(Louis Halphen)의 논의와 *Études Critiques sur l'Histoire de Charlemagne*, pp. 240~245에 나오는 《장원에 대하여》(*De Villis*), cap. 36, 《칙령집》(*Capitularia*), art 19에 대한 그의 논평을 참고하라.

이는 일이다. 어떤 면에서 볼 때 이 시기는 사실상 일종의 무정부 상태였던 카롤링 시대처럼 식민화와 개간의 시대였다. 스칸디나비아인의 침공과 마자르족이 가했던 압력은 광범위한 내부 혼란을 야기했다. 유럽은 이슬람이라는 한 차원 높은 문명과 야만족에 에워싸였던 것이다.

> 909년 트로슬레(Troslé)의 총회에서 결정된 법령을 통해 우리는 기독교 사회 전체가 몰락할지도 모른다는 전망 앞에서 프랑크 교회 지도자들이 가졌던 절망을 일부 감지한다. 그들은 이렇게 기록했다. "도시에서 사람이 사라지고 수도원이 무너지고 불타버렸으며 시골은 다시 고독 속으로 돌아갔다", "최초의 인간이 법이나 신에 대한 두려움 없이 생활하며 자신들의 욕정에 몸을 내맡겼던 것처럼 이제 모든 인간은 인간의 법과 신성한 법 및 교회의 명령을 경멸하면서 자기 눈에 좋게 보이는 일을 행한다. 강자가 약자를 억압한다. 세계는 가난한 이들에 대한 폭력과 교회의 재물에 대한 약탈로 가득하다", "인간은 바다의 물고기처럼 서로를 잡아먹지 못해 안달이 났다".[161]

그러나 11세기에는 경관 변화에 대한 관찰이 증가하기 시작한다. 내가 보기에 그러한 관찰은 그 시기에 시작되어 오늘날까지 이어졌다. 그러나 중세에는 이 문제가 하나의 단일한 역사를 가진다기보다는 지역별로 서로 다른 수많은 역사를 가진다. 프랑스, 독일 또는 스위스의 소규모 지역의 역사지리학 논문을 읽은 연구자라면 이미 알았을 것이다. 경관의 변화에 대한 관찰은 유명한 《관습법 대전》(Weisthümer)[162]에도 등장하고,

---

161) Dawson, *The Making of Europe*, pp. 225~226. 또한 *AMA*, pp. 244~245 를 참고하라.
162) 《관습법 대전》(*Weisthümer*)은 기록되고 종종 법적 구속력을 가지는 관습이나 전례였다. 또한 Pfeifer, "The Quality of Peasant Living in Central Europe", in *MR*, p. 245를 참고하라. 이러한 관습법 대전의 수는 많다. 아마도 가장 큰 모음집으로 가장 널리 알려진 것은 비엔나 왕립 과학 아카데미(Vienna Royal Academy of Sciences)가 수집한 《오스트리아 관습법 대전》과 1840~1878년

플렝게(Plinguet)의 오를레앙의 숲의 역사나, 같은 주제를 다룬 드 몰드의 계몽적 저술 같은 지역 숲의 역사에도 등장한다. 중세를 다룬 일반적 저술에서는 알프스 계곡의 세부 역사를 볼 수 없다. 시대를 거치면서 이루어진 환경 변화의 본질을 제대로 알 수 있게 하는 것은 바로 지역의 역사를 다룬 이러한 종류의 책들인 것이다.

숲 보전이라는 주제(혹은 더 정확히 말해 농업, 산업, 숲 사이의 균형이라는 주제)는 중세 숲의 역사가 다른 활동의 역사, 특히 농업, 방목, 채굴, 포도 재배 같은 활동의 역사와 떼려야 뗄 수 없는 관계로 얽혀 있다는 사실을 진정 잘 표현한다. 숲 개간이 주는 편익에 대한 카롤링 시대 사람들의 믿음(왕실 소유의 숲은 다른 용도로 사용하기에 적합지 않기 때문에 숲으로 남겨야 한다는 언급은 예외로 한다)은 12~13세기에 대두된 반대의 신념으로 대체되었다. 이에 따라 숲의 보전이 아닌 개간을 선택하려면 이를 정당화해야 할 의무가 주어졌다. 숲을 옹호하는 쪽으로의 입장 전환은 아마도 단순히 집을 짓기 위한 무분별한 낭비나 가장 접근하기 쉬운 장소의 삼림 파괴 등에서 미약하게 시작되었을 것이다.[163]

그랑과 들라투슈에 따르면 12세기가 시작되던 즈음 숲을 보호해야 할 필요성이 시급하다고 인식되었다. 이 필요성은 농촌 인구의 증가, 신흥 도시의 성장, 연료와 건설에 필요한 목재를 원하는 산업의 확립, 불을 내어 숲을 개간하는 현상과 연결된다. 나무는 가구장이, 통장이, 수레바퀴장이의 작업 원료가 된다. 그리고 그 나무로 농업에 사용되는 도구, 울타리, 유리 제조에 필요한 숯을 만든다. 숲을 보전해야 한다는 청원은 이처럼 미묘한 숲의 위상 때문에 생겨났다. 도시를 건설하고 포도나무나 작물을 재배할 공간을 확보하기 위해서는 숲을 베어 내야 했지만 숲이 사라

사이에 그림(J. Grimm)이 수집하고 괴팅엔의 뮌헨 과학 아카데미의 역사적 임무의 일환으로 출판된 7권으로 이루어진 그림의 《관습법 대전》일 것이다.

163) 이런 주제들에 대해서는 Schwappach, p. 154; Heyne, pp. 148~159; *AMA*, p. 433을 참고하라.

지면 경제적 활력도 함께 사라졌다.

나는 이미 중세(와 근대에 이르는 시기)에 숲의 용도가 다양하고 광범위했음을 언급한 바 있다. 이런 점에서 문화적 환경이었던 당대의 숲은 우리 시대의 숲과는 큰 차이를 보인다. 숲, 경작지, 도시, 산업이 이룬 이와 같은 미묘한 균형을 보여준 가장 확실한 증거는 내가 아는 한 에어푸르트(Erfurt) 시에 전해져 내려오는 1289년《관습법 대전》과 1332년《관습법 대전》에 있다. 1332년《관습법 대전》은《비브라-뷔흘라인》(Das Bibra-Büchlein)이라고도 알려져 있다.[164] 1332년《관습법 대전》에는 튀링어발트(Thüringerwald)에서 생산되어 에어푸르트 시로 반입되는 생산품 목록이 기록되어 있다. 잔가지로 만든 빗자루와 잔가지를 한데 모아 만든 청소용 비, 다양한 종류의 용기, 목욕통, 물통, 우물물을 긷는 두레박, 나무 테두리, 나무통 및 우유, 소금 등을 담는 다양한 형태의 나무 계량용기, 외바퀴 손수레, 나무를 꼬아 만든 다양한 종류의 직물, 특히 버드나무 가지로 만들어 포도나무를 말뚝에 묶을 때 사용하던 것, 나무 속껍질로 만든 섬유, 나무껍질로 만든 섬유나 잔가지를 한데 엮어 만들었을 것으로 추정되는 다양한 종류의 깔개 및 지붕을 잇는 것(나무의 인피나 잔가지들로 짰을 듯) 등, 여물통, 건반, 특정 종류의 잎으로 만든 특수한 형태의 풀 혹은 갈대 재질의 허리띠, 나무 잔, 길쭉한 손잡이가 달린 일종의 국자, 홉 덩굴 받침이나 포도나무 말뚝, 반죽통, 나무 밀대, 통나무, 활시위, 석궁, 얇은 나무판, 장대, 창대, 도끼자루, 칼집, 띠, 체에 쓸 나무의 섬유, 써레, 양조장의 한 공정에서 다른 공정으로 맥주를

---

164) 이 논의는 키르코프(Kirchoff)가 편집한《에어푸르트 시의 가장 오래된 관습법 대전》(Die ältesten Weisthümer der Stadt Erfurt)의 #2, 14, pp. 42~47에 있는《비브라-뷔흘라인》(Das Bibra-Büchlein)의 본문에 근거한 것이다. 나는 단어의 의미에 대한 키르코프의 주석과 논의를 따랐다.《비브라-뷔흘라인》에 대해서는 pp. vi~vii; 여기서 홉 덩굴 기둥, 포도나무 기둥을 의미하는 쿠네스(kunes)의 의미는 의심스럽다. pp. 43~44, footnote 36. 슈바파흐(Schwappach)의 논의는 pp. 164~165를 참고하라.

이동시키기 위해 사용했음이 틀림없는 속이 빈 관, 나무 빨대, 돼지 여물통, 나무로 만든 유아용 침대나 마구간, 마차나 물레방아의 바퀴에 쓸 원반을 만들 중앙에 구멍이 뚫린 두꺼운 나무, 그 외에 다른 나무 바퀴, 곡물 저장그릇, 상자, 체, 다양한 나무 그릇, 빵을 오븐에 밀어 넣을 때 사용하는 도구, 안장이 그것이다.

또한 정부 차원에서 직접 숲 조성을 장려한 사례도 있다. 심지어는 농지로 사용하던 땅을 숲으로 용도변경하라는 명령을 내리기까지 했다. 14세기 독일 왕 알베르트 1세와 헨리 7세는 전에 숲에서 농지로 전환되었던 여러 곳을 다시 숲으로 되돌리라고 명령했다. 1304년의 칙령은 안바일러(Annweiler) 인근의 하게나워 숲(Hagenauer Forest)과 프랑켄바이데(Frankenweide)에 적용되었고, 1309년과 1310년에는 뉘른베르크(Nürnberg) 왕실 소유의 숲에 적용되었다. [165] 칙령에 명시된 바에 따르면 숲의 재생 수단은 자연복원, 이웃한 나무에서 자연적으로 퍼지는 씨앗이었다. 또한 자연적인 씨앗 퍼뜨리기가 불가능한 환경적 조건(이를테면 숲 초지)은 가급적 피하라고 명시되었다(인위적으로 나무를 심는 방식의

---

165) 이 논의가 근거한, (나는 활용할 수 없었던) 본문은 J. D. Schoepflin, *Alsatia Diplomatica* Vol. 2, No. 829에 있다. *Spicilegium Tabularum Litterarumque Veterum Frankf*, 1724, p. 500; L. C. von Wölkern, *Historia Diplomatic Norimbergenis*, p. 224, No. 68, dated 1309. *Alsat. Dipl.*, Vol. 2, No. 829(약 1304년)에 나오는 내용은 다음과 같다.

헬리그볼스트의 숲을 황폐화하거나 나무를 완전히 뿌리 뽑거나 감히 경작지로 만들어 작물을 재배하지 못하리라. 그러나 경작되거나 경작이 덜 된 땅에 거하면서 고래로부터 내려오던 나무 벨 권리를 가진 자의 경우 나무 그릇을 만드는 등의 꼭 필요한 경우 신중한 숙고를 거쳐 그만큼의 나무를 벨 수 있다. 나무 베기가 금지되고 거주해서는 안 되는 지역에서는 또한 숲을 가꿔야 한다.

Hist. Dipl. Norimb., p. 224, No. 68의 본문은 특히 흥미롭다. 즉, "지난 50년 사이 화재나 기타 여러 이유로 황폐화된 뒤 레몬나무가 심겨진 페그니츠 강둑 인근 뉘른베르그 왕실 숲 지역을 숲으로 되돌려야 한다"(약 1309년, 1310년에 반복). 슈바파흐의 본문은 pp. 181~182 footnote 4에 나와 있다.

복원은 나중에야 이루어진다). 하게나워 숲의 경우 더 이상의 개간이 이루어지지 않았고 경작지를 숲으로 되돌리는 일이 장려되었다. 뉘른베르크 칙령은 지난 50년간 개간되어 경작지로 전환된 페그니츠(Pegnitz) 강 양안의 땅을 숲으로 복원할 것을 명령했다.

슈바파흐(Schwappach)는 다음과 같은 사실을 파악한다. 독일 숲의 역사에서 삼림 파괴에 대한 최초의 규제는 지역적으로 산개되기는 했지만 12세기에 시작되었으며 점차 많아져 중세가 끝날 무렵에는 숲 보호가 규범으로 자리 잡아서 개간에 대한 허락이 예외적 일이 된다.[166] 어쩌면 개간을 금지하는 법률 이면에는 보전된 숲(금지된 숲: *Bannforst*)을 가급적 보호하고(그 이유는 왕실의 사냥터였기 때문이었을 것이다) 새로운 개간을 방지하며 떡갈나무나 방목지를 보호하려는 열망이 자리 잡았던 것으로 보인다.[167]

과거에 이루어졌던 금지조치가 오로지 사냥만을 염두에 둔 것인지 아니면 숲의 다른 용도까지 염두에 둔 조치였는지는 판단하기 어렵다. 왜냐하면 과거에 사냥이란 단순한 재미 이상의 의미를 지녔기 때문이다. 사냥은 왕실에게도 식량의 주요 공급원이었다. 에너지, 도구, 각종 용품, 동식물 먹이의 원천인 숲과 식량을 생산하는 작물 경작지 사이에 균형을 맞추려 했음이 분명하다.

슈바파흐에 따르면 개간을 금지해서 숲 경제를 장려하려는 경향은 잘츠부르크의 에버하르트 대주교(Archbishop Eberhard of Salzburg)의 허가서(1237)에 처음 나타났다. 에버하르트 대주교는 소금 생산을 위해 개간된 숲을 경작지나 초지로 전환하지 못하도록 해 다시 숲이 조성될 수 있도록 한 인물이다.[168] 하게나워 숲에 대한 경작(*novalia*) 및 파괴 행위

---

166) *Ibid.*, p. 154.
167) *Ibid.*, pp. 154~155.
168) 내가 활용할 수 없었던 이에 관한 원전은 Hansiz, *Germania sacra*, Vol. 2, p. 339: "… 또한 법은 그들과 그들의 대리인이 나무를 잘라 작은 접시나 그릇

를 금지하고 파괴된 땅 대부분을 숲으로 되돌리라고 명령한 1304년 마그누스의 칙령에서 슈바파흐는 금지라는 순전히 부정적 명령이 숲 보호를 위한 긍정적 조치로 전환됨을 알아챈다. 169)

헨리 7세의 칙령은 뉘른베르크의 왕실 숲의 보호와 관련해 루돌프 왕(King Rudolph)의 1289년 칙령을 더 정교하게 재천명했다. "왕국에 있었던 숲의 파괴 및 경작지로의 전환은 왕국과 왕국의 도시에 해를 입혔다". 이 주목할 만한 문서에서 숲이 경작지로 전환되는 것은 재앙으로 간주된다! 이 문서는 농업을 숲의 적으로 간주하고 혹평했던 17세기 이블린의 언명을 떠오르게 한다. 1310년 헨리 7세는 칙령의 대상인 사람들에게 위령의 날(All Souls' Day)에 성물에 대고 맹세할 것을 명했고 마을위원회, 법 집행관, 시장과 가까운 관계를 맺는 사람들, 즉 제국의 판관들이 입회한 가운데 숲을 이전 상태로 회복시키고 매입이나 기타 어떤 방법으로도 외부인이 숲에 대한 사용권을 획득하지 못하게 할 것을 명했다. 170)

1331년 바바리아의 루드비히 왕(King Ludwig of Bavaria)은 뉘른베르크 페그니츠 강 양안의 숲과 왕실 숲에 더 많은 규제를 도입했다. 페그니츠 강 양안에 관계된 모든 관리, 숲 관리자, 벌통 관리자는 1년에 한 번씩 위원회에 출두해 왕국과 왕국의 도시에 도움이 되는 유용한 결정만을 지지했으며 숲에 해가 될 법한 일은 모두 제재했음을 성 삼위일체 앞에서 맹세해야 했다. 숲에서 나무를 가지고 나오는 것의 허가 권한은 숲 관리자에게만 있었다. 관리, 숲 관리자, 그들의 보조원은 예로부터 그런 권리를 누렸던 이들에게만 숲에서 가지고 나온 나무를 파는 것을 허락할 수

을 만들도록 허락했고 숲을 개량하여 농장을 만들고 동물을 먹일 것도 허락했지만 이제는 그곳 농장에 숲을 다시 조성해야 한다"(1237년경, Schwappach, p. 156 note 31에서 재인용).

169) *Ibid.*, p. 156.

170) Mummenhoff, *Altnürnberg*, pp. 55~57. 이 시대의 판관(*Schultheiss*)의 정확한 의미에 대해서는 pp. 13, 20~21을 참고하라.

있었다.

숲을 관장하는 행정관리 중 가장 높은 직위에 있는 관리는 의무적으로 뉘른베르크에 거주해야 했다. 또한 숲과 관련된 권리를 판매하는 행위는 도시와 왕국에 해가 되기 때문에 최고위 관리인 본인을 포함해 그 누구도 그 권리를 판매할 수 없었다. [171] 이런 규제는 숲의 운명과 사람 및 도시를 결부시켜 도시와 도시 주변 숲을 운명 공동체로 만든다. 고대 뉘른베르크의 역사를 연구한 역사가 무멘호프(Ernst Mummenhoff)*는 다음과 같이 말한다. "결국 우리 시대[14세기 중반]의 숲은 도시와 분리 불가능한 존재로 등장한다". [172]

내가 아는 한 중세 주요 도시 주변의 숲을 보전하려는 노력 중에서 이것이 가장 극적이다. 여기에 묘사된 조건을 보면 당시 사람들이 도시와 숲의 복잡한 상호 관계에 대해 이해했음을 알 수 있다. 보다 주목할 만한 내용은 이유야 어찌되었든 성직자들이 숲 보전 활동에 적극적으로 참여했다는 점이다. 1328년 밤베르크 주교(Bishop of Bamberg)는 부임하자마자 주교령의 숲을 신실한 마음으로 보호하며 새로운 개간을 허락하지 않을 것임을 맹세했다. 이 맹세는 1398년 주교의 선택으로 반복되었다. [173] 숲에 대한 관심이 증가한다는 다른 증거는 1482년에서 1700년 사이 독일 전역에서 시행된 151개의 숲 관련 규제 조항에서 찾아볼 수가 있다. [174]

숲과 산업은 또한 중요하고도 미묘한 관계를 형성했다. 14~15세기 중부 유럽에서 무척 중요했던 산업인 유리 제조의 사례를 생각할 수 있다.

---

171) *Ibid.*, p. 58.

172) *Ibid.*, p. 61.

173) Wimmer, *Geschichte des Deutschen Bodens*, p. 133.

174) 또 흥미로운 것은 1158~1350년 사이 시기의 숲에 대해 다룬 안톤(Anton)의 더 오래된 저작(1802), *Geschichte der Teutschen Landwirthschaft von den ä Ltesten Zeiten bis zu Ende des Fünfzehnten Jahrhunderts*, Vol. 3, pp. 429~489이다.

유리를 제조하기 위해서는 제조 단계마다 엄청난 양의 나무가 필요했기 때문에 유리 제작소는 숲에 자리를 잡았다. 부피가 큰 에너지원을 운반하는 비용을 치르기보다는 숲에 제작소를 짓는 것이 나았기 때문이다. 흑림 지대(Black Forest: 슈바르츠발트의 영어명_옮긴이)에서 그랬던 것처럼 유리 제작소가 안정되기 전까지는 이쪽 개간지에서 저쪽 개간지로 이동하는 일이 예삿일이었다. 광산과 마찬가지로 유리 제조 산업에서 숲의 역할은 에너지원이자 산업의 입지로 무척 중요했다. 175)

광산이나 제련소가 있는 곳에서도 비슷한 요구가 이어졌다. 카탈루냐 시골의 대장간에는 숯과 광석이 필요했다. 제련소는 나무가 풍부한 지역 근방에 있어야 했다. 이런 종류의 작업장은 민족 대이동 시기에 이미 자리를 잡아 갔기 때문에 카롤링 시대에는 이런 작업장의 수요 및 그 외에 이런저런 이유로 삼림 파괴가 진행되었다. 176) 숲에서 숲으로 옮겨 다녔던 다른 작업장으로는 제재소가 있었다. 15세기 말엽 제재소는 수로를 중심으로 급속히 늘어났다. 177) 14세기 말엽에서 15세기 초엽 사이에 독일 땅에서 처음 등장한 제재소는 오스트리아와 바바리안 알프스 그리고 흑림 지대에서 우후죽순으로 생겨났다.

소금 광산을 비롯한 이런저런 광산은 보다 먼 지역의 환경을 자신들의 경제망 안으로 점진적으로 끌어들여 이러한 전체적 경향을 두드러지게 했다. 광산에도 엄청난 양의 나무가 필요했다. 당시 광산에는 근대적 폭

---

175) Dirscherl, "Das Ostbayerische Grenzgebirge als Standraum der Glasindu-strie", *Mitt. der Geo. Gesell. in München*, Vol. 31(1938), pp. 103~104. pp. 103~104의 흑림 지대에 대한 논의에 주목하라. pp. 103~108의 슈페자르트(Spessart), 슈타이거발트(Steigerwald), 튀링어발트(Thüringerwald), 실레지안 베르크란트(Silesian Bergland), 피히텔게비르게(Fichtelgebirge), 동프러시아, 서프러시아, 포메라니아(Pomerania)에 대한 논의에 주목하라.

176) Guyan, *Bild und Wesen einer Mittelalterlichen Eisenindustrielandschaft im Kanton Schaffhausen*, p. 64. 또한 pp. 58~60, 65를 참고하라.

177) *AMA*, p. 439, Guyot, *Les forêts lorraines avant 1789*, Nancy, 1886을 인용.

파물이 없었기 때문에 돌을 깨려면 열을 가해 달군 후 물을 부어야 했는데 그 열을 만드는 연료원이 나무였다. 슈바파흐에 따르면 1237년경 하르츠 숲(Harz forest)과 할라인 숲(Hallein forest) 지역은 광산과 소금 광산에 목재를 제공하는 숲으로 지정되었다. 독일 땅에 위치한 광산의 소유주는 나무를 아낌없이 사용했음이 틀림없다. 178)

이런 관점에서 포도 재배 역시 숲에 의존한 산업으로 볼 수 있다. 왜냐하면 말뚝을 만들고 포도를 말뚝에 묶어두기 위한 식물섬유를 생산하려면 숲에 의존할 수밖에 없었기 때문이다. 이때 두 개의 상이한 주제를 구분할 수 있다. 하나는 포도가 숲에서 나무를 취하기 때문에 포도 재배를 숲의 적으로 보는 입장이고, 다른 하나는 숲과 포도 재배를 상호보완적인 것으로 보는 입장이다. 왜냐하면 (광업에서 그랬던 것처럼) 포도 재배에 필요한 자원을 제공하는 숲을 따로 지정했기 때문이다.

이런 사례를 통해 숲을 다룬 문헌이 왜 그렇게 먼 과거로 거슬러 올라가 발견되는지, 그리고 다양한 종류의 환경에서 축적된 바람직하거나 그렇지 못한 환경적 변화에 대한 성찰이 다양한 목적에 이용된 이유를 쉽게 이해할 수 있다.

12. 알프스 계곡

자유와 안전이 보장되었기 때문에 이루어졌던 고지 알프스 계곡에서의 정착은 중세 지리학의 매력적 주제 중 하나다. 정착민 중 일부는 숲 보호

---

178) Schwappach, p. 142. Harz and Hallein from Hansiz, *Germaniae Sacrae*, Vol. 2, p. 330; and T. Wagner, *Corpus Iuris Metallici* (Leipzig 1791), about 1484. 독일인이 광업과 광업기술에 미친 영향에 대해서는 Nef, "Mining and Metallurgy in Medieval Civilisation", *CEHE*, Vol 2, pp. 436~438; 그리고 Gille, "Les Dév. Technolog. en Europe", *JWH*, Vol. 3, pp. 91~92 참고.

에 관심을 가졌는데 이는 근대에 특히 급류 통제와 관련해 프랑스에서 아주 많은 관심을 받았다[15세기 인 계곡의 플라우얼링(*Flaurling in the valley of the Inn*)에 있던 오스트리아《관습법 대전》중 하나에서는 계곡 주변에 사는 마을 주민이나 교회가 해를 입지 않도록 특정 구역에서의 나무 베기를 금지했다]. 179)

19세기 후반에 아르노(François Arnaud)는 바세 알프스(Basse Alps)에 속한 뒤랑스(Durance) 강에서 왼쪽으로 흘러나가는 지류인 위베유 계곡(valley of the Ubaye)을 연구했다. 이 연구는 프랑스 지역 알프스 급류의 소멸에 대한 드몽체(Demontzey)의 유명한 연구에 포함되었다. 위베유 계곡은 13세기 이후로 거의 완벽한 독립을 누렸다. 이 지역은 인접한 봉건 지역으로부터 "자유의 엘도라도처럼"(*comme un eldorado de liberté*) 피난민을 끌어들였다. 인구가 지나치게 밀집되면서 삼림 파괴를 통한 작물 재배는 극한으로 치달았다. 이로 인해 지역 정부는 삼림 파괴 및 초본 제거(*dégazonnement*)의 재앙적 결과를 피하고자 분투했다.

이와 같은 중세의 정착지는 코뮌(*communes* 또는 *mandements* 또는 *consulats*)으로 조직되었는데 현재 프랑스의 코뮌(*communes*)보다 인구가 더 많고 영역도 넓었다. 각 망드망(*mandement*)마다 가족대표로 구성된 의회(*capitulum*)가 있었다. 의회의 공식 법령은 일람표(*capitulations*)로 알려졌다. 의회가 선출하는 집정관이나 평의원은 맹세자(*jurats*)라 불리는 맹세한 감독관의 도움으로 칙령을 엄격히 감독할 의무가 있었다. 180)

(아르노가 재인쇄한) 가장 오래된 칙령, 즉 1414년 8월 29일의 메이론

---

179) Huffel, 1:1, p. 134; *Oesterreichische Weisthümer*, III, p. 26. "재판관 나리, 우리는 이렇게 알려드립니다. 누구나 사제의 배추밭 뒤켠에서부터 앞의 돌담에 미치는 구역에서는 큰 나무의 가지나 작은 나무를 베어서는 아니 됩니다. 그렇게 해서 시냇물이 넘쳐 교회와 그 이웃들이 피해를 입지 말도록 말입니다"(Schwappach, p. 181, footnote 2 재인용).

180) Huffel, 1:1, pp. 134~135.

느(Meyronnes)와 라르쉬(Larch)의 칙령은 목초지와 사유지의 나무 사용에 대해 규정한다.[181] 여기에서 제시되는 사례 조항은 해당 코뮌의 역사를 말해 준다.

- 산의 경계 지역에서 나무를 직접 베거나 베도록 허용하는 것을 금지. 이는 초지를 사유한 소유자에게도 적용된다.
- 성 요한의 날에서 성 누가의 날 사이, 즉 6월 24일에서 10월 18일 사이에 〔라르쉬(Larch) 위쪽의〕 아드레쉬(Adrech)와 생-우르(Saint-Ours) 위쪽의 아드레쉬 드 플랑(Adrech de Plan)에서는 양 및 다른 동물의 방목을 금지.
- 마른 나무 및 생나무 수집 금지.
- 메이론느와 르 라르쉬 공동체에서 외부인의 가축 방목 금지(이 조항은 이동 방목을 금지하려는 것이 분명하다).
- 두 공동체의 주민은 집정관의 허락이 없는 한 6트렌테니어(*trenteniers*: 180마리) 이상의 양을 키우는 것을 금지.
- 큰 가축이건 작은 가축이건 10년이 넘지 않은 초지에서 방목하는 것을 금지.
- 집정관의 허락이 없는 한 주민 1인당 6마리가 넘는 소를 키우는 것을 금지.
- 성 요한의 날 이전에 산지에서 동물에게 풀을 뜯게 하는 행위를 금지. 1436년 1월 9일의 일람표에 기록된 형벌은 더 가혹하다. 다른 사람에게 본보기로 보여주기 위해 칼을 씌우는 벌을 주었다.

---

181) François Arnaud, "Notice historique sur les Torrents de la Vallée de l'Ubaye", in Demontzey, *L'Extinction des Torrents en France par le Reboisement*, pp. 408~425. 이 영역은 최근에 테레즈 스클라페르(Thérèse Sclafert)에 의해 재연구되었다. Thérèse Sclafert, *Cultures en Haute-Provence. Déboisements et Pâturages au Moyen Age. Les Hommes et la Terre*, IV(1959). 특히 Part II, chap. 4, "La Protection des Bois et la Lutte contre l'Érosion", pp. 181~212를 참고하라. 여기에는 아르노가 출판한 것들을 포함해(pp. 184~185) 많은 사례가 제시되어 있다.

이러한 일람표는 삼림 파괴와 급류의 관계에 대해, 과도한 방목 및 방목하지 말아야 할 때와 장소에서 방목하는 행위의 위험성에 대해, 이동 방목을 엄격하게 규제할 필요성에 대해 당시 사람들이 잘 이해했음을 보여준다. 중세의 사람들은 가축화된 동물의 파괴성을 잘 알았다. 하지만 이는 가축화된 동물의 필수 불가결함과 균형을 맞춰야만 할 것이었다. 그 극단의 사례로는 염소가 돼지만큼 중요한 동물로 취급되었다는 점을 들 수 있다. 182) 하지만 염소의 파괴성은 다른 가축화된 동물보다 훨씬 더 심했고, 사람들은 염소를 감시하는 데 최대한 신경을 썼다. 뒤 캉쥬는 염소에게는 바노비움(bannovium: 동물이 공유지에서 풀을 뜯도록 허락되는 시간)의 권리가 없으며183) 염소가 나무나 관목, 산울타리나 포도나무의 새로 난 나뭇가지를 뜯어먹지 않도록 주의 깊게 감시해야 한다는 노르만족의 문헌을 인용했다. "1080년 무렵, 앙쥬의 랑송(Lançon, in Anjou)에서는 숲의 사용권을 지닌 사람조차도 숲으로 양이나 염소를 몰고 들어갈 수 없었다. 184) 미디(Midi)에서도 비슷한 규제가 이루어졌다. 1337년 생-파키에(Saint-Parquier)의 숲에서 연한 잎을 뜯어 먹다 적발된 염소 7마리의 주인은 떡갈나무 한 그루를 베었을 때와 동일한 벌금을 물었다". 185)

관습, 관행, 법으로 숲에서 방목하는 행위를 규제한 역사는 아마 매우 오래되었을 것이지만 내가 아는 범위에서는 그리스·로마 시대에서는 이

---

182) "대체로 〔염소〕는 농경을 위해 이상적인 가축도 아니고 가축 무리들 중 가장 보편적인 동물도 아니다. 그러나 값이 싸고 소박하니 결핵에 강하고 가족에 충실하며, 가볍고, 또한 염소젖이 매우 우수하고 많이 생산되므로 예전엔 지금보다 더 서민들의 구세주와도 같은 동물이 되었다"(*AMA*, p. 505).

183) *Lex. Man.*, "Bannovium: Tempus quo licet pecora pasci per agros communes"에 나옴. Du Cange, article, *Fraiterius*와 *AMA*, p. 505를 참고하라.

184) *AMA*, p. 505에서 번역. 원전은 *Cartulaire de Saint Aubin*, Vol. 1, p. 262다.

185) *AMA*, p. 505. 원전은 "Comptes de la Sénéchaussée de Toulouse", in *Histoire du Languedoc*, Vol. X, c. 783; Saint-Parquier, cant. de Montech (Tarn-et-Garonne).

런 사례가 없다. 당시에는 농업 관련 저술가들이 동물이 경작지를 약탈하는 사례에 대해 관심을 가졌을 뿐 산지의 들판이나 숲에 대한 관심은 보이지 않는다. 그러나 왕실 장원(villas)의 양돈업자가 공동 소유나 사유지인 숲에서 돼지를 방목하지 못하도록 금지한 클로테르 2세(Clotaire II)*의 칙령에서 그러한 인식을 찾아볼 수 있다. 이러한 조치는 물론 도토리 공급량을 늘리기 위한 경제적 조치였을 것이다. 186)

독일 숲의 역사에서는 양과 염소의 방목 금지 사례가 12세기로 거슬러 올라간다. 어느《관습법 대전》은 "무슨 권리로 염소, 양, 돼지가 앞 숲(vorholz)에 들어가는가?" 하고 물은 뒤 "그들에게는 아무런 권리가 없다"고 답한다. "그러나 돼지의 경우에는 떡갈나무 열매가 열릴 때에 한해 허락된다". 187) (1338년경)《드라이아이혀 빌트반》(Dreieicher Wildbann)*** 에는 목동이 지팡이를 던져서 떨어진 곳까지만 양떼를 숲에 몰고 들어갈 수 있다고 명시되었다.《오스트리아 관습법 대전》도 염소에 대해 언급한다. 알프스의 숲 중 멀리 떨어진 장소에서만 방목이 허용되었던 것이다. 188)

---

186) Edict of Chlotharii II, ca. 614 or 615, chap. 21: "돼지는 숲 주인의 허락 없이 교회의 숲이나 사유지의 숲으로 들어가서는 안 된다"(Porcarii fisales in silvas ecclesiarum aut privatorum absque voluntate possessoris in silvas eorum ingresi non praesumant), 23: "그리고 공유지에서 돼지를 먹여 살찌워서는 안 되기 때문이다"(Et quandoquidem pastio non fuerit unde porci debeant saginari cellarinsis in publico non exigatur)(Capitularia, ed., Boretius). 또한 Huffel, 1:1, p. 278, note 1을 참고하라.

187) 저지 색소니(Lower Saxony)를 보라. Grimm, Weisthümer, p. 259, Item 6; Schwappach, p. 169, footnote 47을 참고하라.

188) 1391년경 암트 오프다흐(Amt Obdach)의 오스트리아 관습법은 다음과 같은 내용을 제공한다. "오프다흐 관구 전체의 영민들 중 염소를 방목하는 자는 누구든 벌을 받는다"(Es sol auch kainer unser underthanen in dem ganzen ambt Obedach nit gaisz haben bei der straff)(Oes. W., Vol. VI, 274). 같은 모음집에는 1437년경 알텐탄(Altenthan)에서 알프스 산지에 염소를 방목하는 문제도 언급된다. "염소를 방목하는 자는 예전과 같이, 닭이 우는 소리가 들리지 않고

이런 규제와 이와 비슷한 다른 규제는 살아 있는 것들의 거주지로서 숲의 안위가 중요하다는 것을 중세인들이 올바로 이해했다는 증거다. 숲은 사냥감이 되는 야생동물이 새끼를 낳고 기르는 터전이자 가축들을 방목할 목초지로 보전되어야만 했다. 모리(Maury)에 따르면 살리카 법(*Salic law*)****에서 숲을 보호하는 조항을 만든 진정한 이유는 가축을 보전하기 위한 것이었다. 돼지, 양, 염소를 먹일 초지를 보호하는 과정에서 숲 사용권을 가진 사람들의 무분별한 파괴 행위에 맞서 나무를 보호해 새와 벌이 살아가기에 적합한 환경이 보장될 수 있었다. 189) 숲이 잘려 나갔을 때 어린 나무가 다시 자라도록 많은 주의를 기울였음을 시사하는 기록도 있다.

그러나 이런 관행이 얼마나 널리 퍼져 나갔는지는 단언하기 힘들다. 이를테면 드 몰드는 숲을 개간하고 그 자리에 마을을 건설하는 사안에 관해 드 뗑 경(Lord Bouchard de Meung)과 오를레앙의 생-장-드-제뤼살렘 병원(Hospital de Saint-Jean-de-Jérusalem at Orléans) 지부 사이에 이루어진 (1160년 오를레앙 대주교가 승인한) 합의를 인용한다. 인구 증가에 따라 추가로 개간을 하려면 대주교의 동의가 필요했다. 농민은 개간된 숲

누구에게도 해를 끼치지 않는, 멀리 떨어진 풀밭이나 숲으로 몰고 가야 한다"(*Wer gaisz hat, soll sie wie vor alter an die grasze wäld und hölzer, dasz si den hann nit kräen hören und niemand schäden thun treiben*)(Vol. 1, 30). 양치기에 대한 언급은 그림(Grimm)의 《관습법 대전》, VI, 397, 6에 등장한다. " … 또한 촌락의 양치기는 양과 염소가 자신이 던진 지팡이가 닿는 곳을 벗어나는 숲 속으로 몰고 가서는 아니 된다. 그리고 그 무리 앞에 늘 지켜서 무리가 자기 주변을 떠나지 않게 해야 한다"(서기 1338년경의 《드라이아이허 빌트반》(*Dreieicher Wildbann*)]. 이 내용은 슈바파흐에 의해 부분적으로 인용된다. pp. 169~170.

189) 모리는 살리카 법의 숲 보호 조항이 진정 가축을 보전하려는 의도로 제정되었다고 말한다. 돼지, 양, 염소를 먹이기 위한 초지를 보호하는 가운데 또한 새와 벌이 살아가기에 적합한 환경을 보장했으며 숲 사용권을 가진 사람들에 의한 무분별한 파괴에 맞서 나무를 보호했다(Les Forêts de la Gaule, pp. 90~91).

에서 소를 방목할 권리를 가졌지만 개간이 이루어진 뒤 어린 나무가 다시 자랄 구역에서는 동물을 키울 수 없었다. 190) 드 몰드는 염소를 제외한 모든 동물(capris tamen exceptis)에게 오를레앙의 숲에서 풀을 뜯을 권리가 보장되었던 고대 문헌을 인용한다. 이후에도 염소를 숲에 들이는 일은 허용되지 않았다. 191)

인간은 가축의 육종, 우리에서의 사육, 방목을 통해 환경에 급격한 변화를 가져왔다. 선택한 장소에 동물을 집중시켜 통제함으로써 자연환경에 변화를 가했던 인간의 능력은 탁 트인 지역, 평원, 산지에서 동물을 방목하기 시작했던 아주 오래전 고대로부터 증명되었지만 자신의 힘이 환경에 미칠 수 있는 영향력을 인식한 것은 후대의 일이었을 수도 있다. 동물의 번식과 밀도를 규제하는 일은 막대한 누적 효과를 낳는다. 그러나 이러한 보다 느린 생태적 과정의 효과는 의도적으로 불을 지르거나 나무를 베어 내어 개간했을 때 당장 눈앞에 보이는 효과보다는 덜 분명하게 나타났다.

물론 동물의 습성은 쉽사리 관찰할 수 있었다. 염소는 어린 나무와 나무의 어린 가지, 나아가 나무 둥치 전체에 피해를 입혔는데 이런 현상은 발견하기 어렵지 않았다. 또한 산불은 목동이 실수로 혹은 풀이 더 잘 자라게 하기 위해 의도적으로 일으키는 경우가 많았다. 그러므로 목동, 가축, 산불은 강한 연관관계에 있었다.

많은 나라에서 벌목꾼과 목동의 활동은 산불과 결부되었다. 오를레앙 숲의 역사에서 드 몰드는 15세기 중반 비트리(Vitry)와 쿠르시(Courcy) 관구에서 제시된 흥미로운 공고문을 인용한다. 마른 나무가 있는 숲에서 불을 내면 5수(sous)의 벌금이 부과되었다. 마른 떡갈나무에서 불이 시작되었는지, 아직 푸른 나무에서 시작되었는지에 따라서 벌금이 달라졌다.

---

190) De Maulde, pp. 114~115.
191) *Ibid.*, p. 149, and footnote 6.

만일 불이 시작된 떡갈나무가 마른 쪽에 더 가까울 경우 불을 낸 사람에게는 계절에 상관없이 5수의 벌금이 추가로 부과되었다. 만일 불이 시작된 떡갈나무가 생나무에 더 가깝다면 벌금은 15수 파리시(*parisis*: 프랑스 동전을 주조하기 위한 표준이자 계산 단위_옮긴이)까지 올라갔다.

산불은 관습에 의해 통제되었다. 목초지를 태울 권리를 가진 사람들은 또한 산불 진압의 의무도 있었다. 이들은 빗자루로 연신 두들기거나 맞불을 놓거나 도랑을 파서 불을 껐다. 산불의 위험성에 대한 인식이 있었지만 새로운 비옥한 토양을 만드는 산불의 역할에 대해서도 인지했다. 같은 책에서 드 몰드는 무차별적인 삼림 파괴가 미치는 비극적인 영향에 대해 14세기에 쓰라린 깨달음이 있었음을 보여주는 증거를 인용한다. 삼림이 파괴된 뒤 나무가 베인 자리나 황폐화된 곳(*vague*)에는 양골담초(*genêt*)나 히스가 무성하게 자랐다. 13세기 문헌은 숲과 숲이 있어야 하지만 숲이 없어진 자리, 진정한 숲과 가시나무 덤불을 서로 구분했다.

15세기에 쓰였던 알레즈(*alaise*: 군데군데 덧댄 판자)라는 단어는 숲에서 분리되어 그 자체로 하나의 뚜렷한 구역을 형성하는 숲의 일부를 지칭하는 말로 쓰였다. 이 알레즈는 때때로 황폐화된 땅이 광범위하게 확산되는 과정에서 생겨나기도 했는데, 이는 사람들의 돌봄 부족과 막 자라나는 묘목을 뜯어 먹거나 짓밟아 재생을 방해한 동물 때문이었다. 192)

---

192) *Ibid.*, pp. 87~91. 어린 묘목에 대한 인식은 1543년 특허서신에서 나왔다.

13. 토양

중세인들은 인간이 토양을 개선할 수 있다는 것을 인식했다. 4원소설에 근거한 토양 이론은 본질적으로 경험적인 것이었다. 성 알베르투스와 크레셴치(Pietro Crescenzi, 페트루스 데 크레센티스(Petrus de Crescentis)라고도 한다. 그가 쓴 《농촌의 풍요에 대하여》(Opus Ruralium Commodorum)는 성 알베르투스 저술의 도움을 받은 것이다)의 논의에서 나타났듯 비료의 중요성 또한 알려져 있었다. 이회토(석회암과 진흙이 혼합된 퇴적물_옮긴이)가 토양을 개선하는 주요 수단의 하나였고, 동물의 배설물은 보조 수단이었던 것으로 보인다(근대보다 동물 배설물의 역할이 훨씬 작았다). 동물의 배설물이 부차적 수단이었던 이유는 기르는 동물의 수가 많지 않고 동물이 개활지, 초지, 숲에서 풀을 뜯는 일이 많아 배설물을 모으기 어려웠기 때문이다. 193)

스클라페르(Sclafert)가 알프스 남부의 삼림 파괴에 대한 연구에서 언급한 이론은 보다 흥미롭다. 수확이 일정치 않은 농민의 입장에서는 쓸모없는 식물인 숲의 나무가 경작지 토양의 단물을 모두 빨아먹는 적으로 보였다["땅의 모든 즙을 끌어들여 쓸모없는 식생만 번성한다"(attirait à elle tous les sucs de la terre pour nourrir un végétation inutile)]. 194) 이 이론을 신뢰하는 수도사도 있었지만 그런 이유로 숲을 베어 버리는 것에 반대하는 수도사도 있었다. 성 알베르투스는 베어 내고 남은 나무뿌리를 토양에

---

193) 중세의 비료, 특히 프랑스의 사례에 대한 논의를 보려면 AMA, pp. 261~269를 참고하라. 또한 매우 적기는 하지만 농경제학, 이회토 퇴비 주기, 휴경을 다룬 로마의 저술가들과 헨리의 월터(Walter of Henley, 13세기), 페트루스 데 크레센티스(14세기) 등 여러 농업 관련 저술가들에게서 나타나는 중세와 고전 고대의 농업법의 차이에 대해서는 Bertrand Gille, "Les Développements Technologiques en Europe de 1100 à 1400", JWH, 3(1956), p. 96 참고.

194) Sclafert, "A Propos du Déboisement des Alpes du Sed", Annales de Geographie, Vol. 42(1933), pp. 266~277, 350~360, ref. on p. 274.

그대로 남기는 일에 대해 경고했다(이 책 256쪽 참고). 습지의 배수와 다른 간척 수단들로 더 많은 토지를 확보했던 중세 후반기에는 숲과 경작지 사이의 갈등이 줄어든 것으로 보인다.[195]

14. 사 냥

사냥은 농업과 다양한 관계를 맺었다. (사냥할 수 있는 특권을 지닌 소수는 계절에 상관없이 사냥을 할 수 있었지만) 야생에 대한 보호를 강조하던 분위기가 중세 말에는 야생동물의 약탈에 노출된 작물과 가축의 보호를 강조하는 분위기로 옮아갔다는 증거가 있다.

나아가 신학과의 관계 때문에 중세 시대에 사냥은 민감한 주제였다. 기독교 교회의 공식 입장은 억제가 불가능할 정도로 명백히 널리 퍼진 사냥에의 심취와 반대되는 것이었다. 다른 종교와 마찬가지로 교회는 야생동물에게 연민을 가지고 그들을 불쌍히 여기라고 가르치며, 심지어 친하게 지내라고 권고하기도 한다. 기독교 교의에서 동물을 보호하고 잔인하게 대하지 않는 것은 인간의 의무 중 하나였으며, 휴머니티의 이름으로 실천되었다.[196] 기독교 성인전은 작은 동물과 친교를 나눈 이야기로 가득하고 심지어는 거대한 포식동물과도 친교가 있었던 것으로 기록한다. 후대의 작가들이 자신이 좋아하는 성인의 삶을 기록한 신화와 전설은 성인들이 숲에 은둔하면서 놀랍게도 동물과 교유했다거나, 몽탈랑베르가 전하는 것처럼 흉포한 동물을 재교육했다는 내용을 전한다.[197]

---

195) Anton, *Geschichte der Teutschen Landwirtschaft*, Vol. 3(1802)는 이 주제를 다룬 과거의 문서로부터 나온 흥미로운 세부사항을 많이 제공했다(pp. 185~216). 또한 *AMA*, pp. 260~264를 참고하라.

196) Dom Leclercq, "Chasse", in *Dict., d'Arch. Chrét. et de Liturgie*, Vol. 3, Col. 1087.

이와 같은 기독교 성인전은 실제로 야생동물을 무자비하게 살해하는 것에 대한 일종의 항의였을 것이다. 198) 성 히에로니무스는 성스러운 어부에 대한 사례를 다룬 문헌은 많지만 성스러운 사냥꾼에 대한 사례는 단 하나도 없다고 말한다. 성 암브로시우스는 사냥꾼들에게서는 정의를 찾을 수 없다고 말했다. 교황 니콜라스 I세(Pope Nicholas I)는 사냥은 사악한 자만이 하는 것이라고 선언했다. 11세기에 접어들어 리에주의 대주교 성 위베르(Saint Hubert, Bishop of Liège)가 사냥꾼의 수호성인이 되기 전까지는 이런 정서가 지배적이었다. 199)

중세에는 사냥에 대한 열정이 팽배했기 때문에 성직자의 사냥을 금지하려는 교회의 시도는 헛된 일이었다. 기본적으로 사냥과 관련해 사실상 유일하게 금지되었던 일은 뿔나팔, 괴성, 개를 이용해 사냥감을 몰아대는 것과 매 사냥뿐이었다. 사치스럽고 세속적인 모습을 상징하기 때문이었다. 왕과 공의회는 교회가 사냥에 열중하지 못하도록 통제하려 했다고 전해진다.

506년 악드 공의회(Council of Agde)에서는 성직자가 개나 매를 데리고 사냥하는 일을 금지하기로 결정하였다. 카롤링 시대와 그 후대에도 개나 매, 기타 맹금류나 감시꾼을 활용한 사냥에 대한 금지가 반복적으로 이루어졌다. 200) 사냥에 반대했던 기본적 이유나 평신도나 성직자 모

---

197) 성인숭배로 발전한 수도사에 대한 공감 때문에 몽탈랑베르의 논의는 특히 흥미롭다. Vol. 2, pp. 226~231 참고.

198) 사냥과 몰이에 대한 일반적인 논의는 *AMA*, pp. 547~618, 《사냥감과 사냥》 (*Le gibier et la chasse*)과 슈바파흐 책에서 관련된 장들 참고.

199) Leclercq, "Chasse", *loc. cit.*

200) 슈바파흐의 원전 p. 61로부터 인용. 악드 공의회(Council of Agde, Concilium Agathense, 506) 55조는 다음과 같다. "주교, 사제, 부제는 사냥이나 매일 이용한 사냥이 금지된 것이라 하네"(*Episcopis, presbyteris, diaconibus canes ad venandum aut accipitres habere non liceat*). 독일의 "원시림" (*Urwald*)에 서식하는 동물의 종류에 대해서는 Schwappach's chapter, *Jagdausübung*, pp. 64~70을 참고하라.

두의 사냥을 통제하려 애썼던 이유는 인간이라면 멀리해야 하는 원시적인 본능을 사냥이 체현하기 때문이었다.[201]

사냥을 옹호하는 효용론자들의 주장은 확실히 강력했고 이런 태도는 사냥이 단순한 오락거리 이상이라는 사실을 입증해서 용납되기도 했다. 높은 계급들에게조차 사냥은 식량 공급의 원천이었다. 또한 작물 및 가축에 해를 입히는 동물을 통제하는 수단이기도 했다. 동물은 장갑을 만들 가죽과 모피를 제공하고 수도사가 보는 책의 장정으로 활용되었다. 책의 장정에 사용되는 이유는 수도사의 사냥, 특히 샤무아(chamois: 알프스 산양_옮긴이) 사냥을 정당화하는 데 이용되곤 했다.

사냥은 일시적으로나마 경관에 두드러진 변화를 가져왔다. 관리되는 거대한 숲에는 그곳을 가로지르는 넓은 길들이 만들어졌는데 야생동물의 서식이나 사냥의 편의성 모두에 좋은 것이었다.[202] 이런 정황으로 볼 때 중세 내내 대토지를 소유한 왕실, 귀족, 평민 지주가 삼림 파괴를 꾸준히 반대했다는 사실을 납득할 수 있다. 유럽 숲을 연구하는 각국 역사가들은 숲의 보호에서 사냥이 맡았던 역할을 강조했다.

〔프랑스의 숲 역사가인 위펠은 다음과 같이 말한다〕 사냥감이 식용으로 쓸모 있다는 사실 외에도 사냥은 항상 숲에서 큰 비중을 차지했다. 모두 알듯이 우리의 왕들은 선조들과 마찬가지로 열정적인 사냥꾼들이었다. 세기를 걸쳐 왕가, 공작 또는 제후들의 방대한 숲이 보전된 것은 다른 무엇보다도 왕족들이 사냥을 위해 이 땅을 매우 신경 써서 관리했기 때문이다. 과거 귀족들의 소유지였던 가장 울창하며 매우 가치 있는 이러한 숲을 나라 안에 가질 수 있었던 것은 상당 부분 이와 같은 왕들의 '귀족적 유희' 숭배 덕분인 셈이다.[203]

---

201) 여러 번 시도되었지만 대체로 실패했던 사냥통제에 대해서는 AMA, pp. 554~556의 언급을 참고하라.
202) AMA, p. 569.
203) Huffel, 1:1, p. 6.

15. 환경 변화에 관한 부차적 주제들

지금까지 살펴본 내용이 환경 변화와 관련한 주요 주제라고 할 수 있지 만 그 외에도 종교에 관련되거나 평신도의 기록에 관련된 부차적 주제들 이 있다. 여기에서는 그중 꼭 다뤄야 할 것들을 언급하겠다. 하나는 정원 이다. 그 계획과 목적을 해석하는 데 기독교에서 낙원이라는 주제와 수 도원의 공동묘지 정원을 잊지 말아야 한다. (의학적으로 유용한 식물을 가 꾸는 것처럼 효용을 위한 정원이 아닌) 즐거움을 위한 정원은 에덴동산의 모 방으로 여겨지곤 했다. 정원을 가꾸는 일은 성스러움을 위한 과업 이상 의 것이었다. 이는 창조의 일부를 재현하는 일이기도 한 것이다. 그 경험 은 미적이고 종교적이었다. 204)

근대 들어 이루어진 진정 거대한 경관의 변화 중 하나는 습지, 수렁, 해안, 호수의 배수였다. 그러나 그 이전 시대에도 12세기 이후 포 강 유 역 습지의 간척이나 제국에서 모집한 네덜란드 이민자들이 오늘날의 베 를린 지역을 간척한 일같이 유명한 배수 사례가 있음에도 광대한 습지와 수렁의 배수는 기본적으로 근대, 그것도 대체로 17세기 후반 이후의 현 상인 것으로 보인다. 더 많은 땅과 건강 향상에 대한 바람이 이에 강력한 동기가 되었다. 정체되거나 고인 물과 질병 사이에 어떤 관계가 있다는 사실은 고대 의학에서 경험을 통해 밝힌 것이다. 유럽의 일부 지역에서 는 건강상의 이유가 배수를 야기한 주요 원인이었을 것이다.

과거 프랑스의 지중해 연안 지역인 루시용(Roussillon)에서의 배수 목 적은 고인 물을 제거하여 바주(Bages), 닐(Nyles) 및 기타 지역의 치명 적인 열병을 없애기 위함이었다. 살랑쥬(Salange)의 운하나 엘느(Elne) 교외의 운하 대부분 역시 이런 목적 아래 건설되었다. 지하로의 배수 역

---

204) 하이네(Heyne)의 논의를 참고하라. *Das Deutsche Nahrungswesen*, pp. 62~ 100.

시 같은 목적으로 이루어졌을 것이다. 루시용 백작 기나르(Count of Roussillon Guinard)는 페르피냥(Perpignan) 북동부에 있는 연못의 물을 빼낸 후에 마스뒈의 탕플라흐(Templars of Masdeu)에게 배수용으로 팔았다.[205)

한편 인공 연못을 만드는 경우도 있었다. 프랑스의 동브(Dombes)와 라 브렌느(La Brenne)에는 중세에 임시 연못이 있어서 농업과 어업을 병행함과 동시에 비옥한 흙 입자가 떠내려가는 것을 막았다(동브 지역뿐 아니라 라 브렌느에는 아직도 호수와 습지, 수렁이 있다). 계곡 바닥에 건설된 둑은 인근 언덕의 고갈된 토양이 내려 보내는 물을 가뒀다. 새로이 조성된 연못에는 흙이 충분히 쌓여 비옥해질 때까지 유지되었다. 이후 둑이 뚫리고 물이 흘러 나가면 연못이 있던 자리에 새로이 조성된 토양에서는 경작이 이루어졌다. 하지만 이러한 일시적인 비옥도 향상으로 얻은 이득은 (정체된 물로 인한) 건강상의 위험 때문에 상쇄되었음이 분명하다.[206)

16. 결 론

환경 변화에 관련된 다른 활동도 많았다. 도시·마을·수도원 건설, 늪의 배수, 이따금 이루어지는 해안 간척, 브레몽티에르(Bremontier)와 그 계승자들이 활동하기 훨씬 이전, 1325년에 포르투갈 레이리아(Leiria)의 모래언덕을 고정시키기 위해 이루어진 소나무 식재 등이다.[207) 중세

---

205) Brutails, *Étude sur la Condition des Populations Rurales du Roussillon au Moyen Âge*, pp. 3~4.

206) Comte de Dienne, *Hist. du Desséchement des Lacs et Marais en France avant 1789*, p. 5를 참고하라. 저자는 중세 어느 시기에 이러한 연못이 있었는지 정확한 연대를 알려주지 않는다.

207) Gille, "Les Dév. Technol. en Europe de 1000 à 1400", *JWH*, 3(1956), pp. 96~97. 출처는 제시되지 않았다.

문헌을 읽다 보면 새로운 것을 창조하는 일에 기뻐하는 시적인 감정을 때때로 만날 수 있다. 그러나 이와 같은 증거는 산발적이기 때문에 중세 전체에 대한 증거가 되기에는 턱없이 부족하다. 소수의 인용문이 천 년을 특징지을 수는 없기 때문이다. 그럼에도 그 증거는 그 자체로 흥미롭다.

심지어 교회도 환경 변화가 가져다주는 생활면에서의 향상이 이롭다는 사실을 인식했다. 앞서 언급한 오래된 속담 즉, '사람은 십자가 아래에서 잘 살아간다'는 속담은 영적 의미 이상의 의미를 지녔다. 그 속담은 시골 수도원에서의 활동으로 얻는 경제적 복리라는 의미도 함께 가졌다. 교회에 속한 사람은 스스로를 새로운 환경을 창조하는 영적 지도자로 여겼다. 이러한 태도는 서구 교부들의 활동 초창기에 나타난다. 그러나 고독과 기도를 사랑하고 속세를 염려하는 마음으로부터 탈출하기를 바랐던 풍조는 어느 순간 개간, 건축, 배수 같은 일상의 과업을 포함한 선교적 열망으로 바뀌었다(후대로 갈수록 도덕적 측면이 퇴색되었다).

도출할 수 있는 가장 일반적 결론은 현 시대로부터 끌어낼 수 있는 결론과 동일하다. 오늘날에도 그러하듯 당시에도 많은 해석이 있었다. 그리고 그 해석은 각각 상이한 종교적·경제적·미적 근거를 가졌다. 근대 이전 시대에는 자연에 거리낌 없이 의존했다면 근대에는 그와는 반대로 자연을 통제하면서 느끼는 승리감이 존재하며 이것이 근대를 중세 및 고대와 구분시킨다고 흔히 이야기된다. 이런 식의 대비는 고대와 중세에 이루어진 환경 변화의 범위를 저평가하기 때문인데 그 이유는 광범위한 환경 변화엔 진보된 기술과 정교한 이론과학이 필요하다는 믿음과 이른바 산업혁명과 과거의 산업 및 기술 사이의 너무나 극명한 대비 때문이다.

중세 사상가들이 갈릴레이나 뉴턴에 버금가는 이론과학을 만들지 못한 이유가 궁금할지도 모른다. 그들이 실패한 것은 사실이지만 중세 사상가들에게 임학, 농업, 배수에 대한 경험적 지식이 부족하지도 않았고 대규모로 지속되는 환경 변화를 이끌어 낼 기술이 없었던 것도 아니다. 사실 그들은 인류 역사상 미증유의 극적인 경관 변화를 일구기도 했다. 금욕적 이상은 '새로운 환경의 창조자로서의 인간'이라는 철학이 발전하는 데 원초적 자극이 되었다. 초기 성인들은 의식적으로 세계로부터 물러나 개간을 통해 그들이 지구상에 낙원을 재창조하고 타락 이전 존재했던 모든 존재들에 대한 완벽한 지배권을 되찾는다는 환상을 품었다.

세상으로부터 물러난다는 사고의 매력적인 힘은 수도사뿐 아니라 평신도에게도 미쳤고 경작지로의 전환을 위한 조직적 노력은 기독교 행동주의를 이끌어 냈다. 야생을 길들이는 일은 종교적 경험의 일부로 받아들여졌다. 성 베르나르두스가 맡았던 여러 중요한 역할 중 하나는 경관을 변화시키는 교회의 잠재력을 증대시키는 것이었다. 그의 영향하에서 기독교 수도원들은 멀리 떨어진 곳에서의 금욕 생활을 탈피해 새로운 땅이든 과거의 땅이든 적극적으로 기독교화하는 역할을 맡았다. 이런 사업의 성공은 현실적 지식과 1134년 《총회의 제도들》(Instituta Capituli Generalis)에 표현된 것과 같은 감각에 의존한다. "그가 얻는 것은 농업이나 소를 키우는 노동에서 생산되는 것이다"(victus debet provenire de labore manuum, de cultura terrarum, de nutrimento pecorum). 208)

대벌채의 시대에 평신도와 교회 양자 모두가 가졌던 열망은 경제적 확장과 경작지로의 전환의 일부로 활동과 변화를 불러왔다. 이는 근대적 표현으로 하면 '자연 통제'에 대한 열망이었다. 중세 후기에 나타난 기술에 대한 관심, 사상을 발전시켰든 인간 조건을 낮게 만들었든 상관없이 지식 그 자체에 대한 관심, 개간에 대한 관심, 배수에 대한 관심 등은 자연 통제에 대한 열망을 말해 준다. 209) 인간 역사의 모든 시기에 걸쳐 자연환경의 변형은 사고, 이상, 실용적 필요와 연계된다. 대성당을 건설하

---

208) Muggenthaler, *Kolonisatorische und wirtschaftliche Tätigkeit eines deutschen Zisterzienserklosters im XII. und XIII. Jahrhundert*, p. 103에서 인용.

209) White, *Medieval Technology and Social Change*, p. 79; and Nef, "Mining and Metallurgy in Medieal Civilisation", *CEHE*, Vol. 2, p. 456 참고.

던 시기는 종교적 이상이 체현된 시기이기도 하지만 막대한 채석이 이루어졌음을 시사하기도 한다. 아마 이 시대에는 과거 어느 때보다도 많은 돌을 파냈을 것이다. 1050~1350년의 3세기 동안 프랑스에서는 대성당 8개, 큰 규모의 성당 5백 개, 작은 성당 몇 만 개를 지을 만큼의 돌을 캐냈다. 경작지로의 전환이라는 기독교적 사명, 평신도의 확대 및 식민화는 모두 산불과 개간을 의미했다. 곡식과 포도에는 나름의 현실적·문화적·종교적 역사가 담긴 것이다. 210)

---

210) 1913년 허버트 워크맨(Herbert Workman)은 《수도원적 이상의 진화》(*The Evolution of the Monastic Ideal*)를 출간했다. 이 책에서 그는 동방의 수도원주의가 "영지주의적 극단"과 "나태한 자기중심주의"로 변질되었고 성 베네딕트의 기여는 초기 동방의 주관주의에 내포된 해악을 겨냥한 목적의식적 치유를 더한 것이라는 논지를 발전시켰다. 본질적으로 성 아우구스티누스는 보다 초기에 썼던 수도사에 대한 논문에서 이 일을 완성했다. 워크맨은 다음과 같이 말을 잇는다. 성 베네딕트는 수도원의 이상이 일의 철학과 혼합되었을 때 나타날 중대한 결과를 이해하지 못했다. "베네딕트는 초기 수도사들이 살았던 불모지가 그들에게서 통찰력을 앗아갔다는 사실을 이해하지 못했고 노동의 도입이 결국에는 수도사들을 그가 도망쳤던 세계로 복귀시키거나 반대로 그의 노동이 야생 속에 창조했던 빛과 평화의 중심으로 세계를 끌어들이도록 예정되어 있었음을 이해하지 못했다"(*Evol.of the Monastic Ideal*, p. 157). 워크맨은 서구 문명의 역사상 그들이 처음 마음에 그렸던 수도원의 이상을 파멸로 이끄는 결합이 이런 발전만큼 중요할 수 있다고[심지어는 G. C. 콜튼(G. C. Coulton)처럼 수도원주의를 가차 없고 일관되게 비판한 사람조차 성 베네딕트와 베네딕트 규율을 칭찬했다] 주장했다. 사실 그는 그 본질상 순환적인 수도회 이론의 역사를 구축한다. 첫째 어두운 숲, 불모지, 사막으로 떠나는 최초 설립자의 독거에 대한 강렬한 바람이 존재한다. 만일 그가 명성을 얻으면 그의 존재는 다른 수도사를 끌어들이는 힘으로 작용한다. 이 집단은 평신도를 포함해 더 많은 사람들을 끌어들인다. 그래서 임시변통으로 지었던 오두막에서 시작했던 것은 대수도원으로 변했다. 작은 고립지는 조직된 공동체로 변했고 도끼와 가래가 숲과 늪을 개간했다. 그리고 "근면의 연금술로 인해 모래는 물결치는 황금으로 변했고 숲의 심장에 문화의 중심을 심었다"(*ibid*., pp. 219~220). 금욕과 축적된 부 사이의 갈등 때문에 세속성, 부패, 타락으로 이끄는 수고와 또다른 미적 시작에서 반복되는 과정의 결합은 필연적이었다고 그는 주장했다(*ibid*., pp. 220~224). 워크맨은 감리교 목사였고 매우 독실한 기독교인이었다. 또한 이 판본

성 알베르투스의 삶은 단서를 제공한다. 그는 설계된 지구, 신의 장인됨을 드러내는 책으로서의 자연, 종교적·현실적 목적을 위해 자연을 알 필요성이 있다는 그가 살던 시대 사람들의 생각과 과거의 기독교 사상가들의 믿음을 공유했다. 또한 그는 문화적 존재로서의 환경의 역할에 대해 사고했고 개간, 산불, 가축화, 퇴비 주기의 힘을 이해했다. 그리고 그것은 그 자체로 신학에서 퇴비 주기까지를 잇는 사슬이었다.

(3권에서 계속)

에 붙인 David Knowles, O. S. B. 의 비판적이면서 공감되는 서문을 참고하라. 대성당에 대해서는 Gimpel, *The Cathedral Builders*, p. 5를 참고하라.

> * 신화 속 인물 등 비실존 인물이나 민족은 "용어해설" 인명편이 아닌 기타편에서 다루며,
> 지명편에는 건물명이 포함되어 있다.

* 인 명

가라스(François Garasse, 1585~1631). 반종교개혁 운동의 선봉에 섰던 예수회 소속 신부이다.

가발라의 세베리아누스(Severian of Gabala, ?~?). 4세기에서 5세기 사이에 번성했던 시리아 가발라의 주교이다. 당대에는 그의 주석 때문에 훌륭한 설교가로 알려졌지만 후대에는 크리소스토무스의 추방에서 그가 맡았던 역할로 이름이 알려졌다. 테오도시우스 2세의 치세(408~450년) 때 사망했다고 한다.

가자(Theodorus Gaza 또는 Theodore Gazis, 1400경~1465). 그리스의 인문주의자이며 아리스토텔레스 저작의 번역자다. 15세기 학문의 부흥기에 주도적인 역할을 했던 그리스 학자 중 한 명이다.

가짜 아리스토텔레스(pseudo-Aristole). 자신의 글을 아리스토텔레스의 저작이라고 사칭하는 사람들을 가리키는데, 가짜 아리스토텔레스 중에서 가장 유명한 사람이 2세기 북부 아프리카의 학자인 마다우로스의 아풀레이우스(Apuleius of Madauros)로 그의 대표작은 《세상에 대하여》(De Mundo)이다.

갈레노스(Claudios Galenos, 영문명 Galen, 129~199). 소아시아 페르가몬 지방 태생이다. 고대 로마 시대의 의사이자 해부학자로 고대의 가장 유명한 의사 가운데 한 사람이다. 실험생리학을 확립하고 중세와 르네상스 시대에 걸쳐 유럽의 의학이론과 실제에 절대적 영향을 끼쳤다. 그리스 의학의 성과를 집대성하여 해부학·생리학·병리학에 걸쳐 만든 그의 방대한 의학체계는 이후 천 년이 넘는 동안 유럽 의학을

지배하면서 커다란 영향을 끼쳤다.

갈릴레이(Galilei Galileo, 1564~1642). 이탈리아의 천문학자, 물리학자, 수학자이다. 진자의 등시성 및 관성법칙 발견, 코페르니쿠스의 지동설에 대한 지지 등의 업적을 남겼다. 지동설을 확립하려고 쓴 저서 《프톨레마이오스와 코페르니쿠스의 2대 세계 체계에 관한 대화》는 교황청에 의해 금서로 지정되어 이단행위로 재판을 받았다.

고드윈(William Godwin, 1756~1836). 영국의 목사, 언론인, 정치철학자, 작가이다. 아나키즘 사상의 선구자 가운데 한 사람으로 간주된다. 프랑스 사상가들의 강의를 듣고 무신론을 받아들였으며, 문학에 몰두해 성직을 포기하고 자유주의자들과 정치 생활을 했다. 그는 프랑스혁명에 깊은 인상을 받았으며 이 혁명에 반대했던 에드먼트 버크의 《프랑스혁명에 관한 고찰》에 대한 반론으로 《정치적 정의》를 저술했다.

고마라(Francisco Lopez de Gómara, 1511경~1566경). 에스파냐 세비아에서 활동한 역사가다. 그의 저작이 특히 주목받는 이유는 16세기 초 코르테즈에 의해 수행된 에스파냐의 신대륙 정복에 대한 기술 때문이다. 그는 코르테즈와 동행한 적도 없고 평생 아메리카를 가 본 적이 없음에도 불구하고 코르테즈와 그의 동행자들로부터 직접 자료를 얻어 당시 에스파냐의 신대륙 정복사를 기술했다. 그러나 그와 동시대인들 특히 베르날 디아즈 델 카스틸로(Bernal Diaz del Castillo) 조차도 그의 작품이 오류로 가득 차 있으며 코르테즈의 역할을 정당화하고 과장했다고 비판했다.

괴테(Johann Wolfgang von Goethe, 1749~1832). 독일의 시인, 극작가, 정치가, 과학자이다. 독일 고전주의의 대표자로 세계적인 문학가, 자연 연구가이다. 바이마르 공국의 재상으로도 활약했다. 대표작으로는 《빌헬름 마이스터의 편력 시대》, 《파우스트》 등이 있다.

굿먼(Godfrey Goodman, 1582경~1656). 영국의 신교 성직자이다. 저작인 《인간의 타락》에서 자연의 쇠락론을 주장했다.

그랜트(John Graunt, 1620~1674). 영국 태생으로 최초의 인구학자이다. 페티 경과 함께 근대 인구학의 기본 틀이 된 인구통계 센서스를 개발했다.

그레고리오 1세(Gregory the Great, 540~604). 교회학자이면서 최초의 수도원 출신 교황이다. 성 암브로시우스, 성 아우구스티누스, 성 히에로니무스과 함께 4대 라틴 교회의 아버지로 꼽히며, 중세 초기교회에 가장 많은 영향을 끼쳤다고 평가받는다.

그레고리우스 9세(Gregory IX, 1165경~1241). 오스티아의 주교와 추기경을 거쳐 1227년 교황에 즉위했다. 즉위 후 십자군 파견을 꺼려하는 신성로마제국 황제 프리드리히 2세를 파문하기도 했다. 십자군 원정으로 중동에 세워진 라틴계 국가의 보호에 힘썼으며 카타리파와 바르트파를 타파하는 데도 힘썼다. 종교재판을 일원화하여 교황권 밑에 두고 1234년에는 교령집(敎令集)을 공포했다.

그로스테스트(Robert Grosseteste, 1175경~1253). 영국 서포크 태생으로 별명은 대두(Greathead)이다. 옥스퍼드 대학교와 파리 대학교에서 공부했으며 1235년 링컨의 주교가 되기까지 옥스퍼드 대학교 총장으로 있으면서 신학을 강의했다. 아리스토텔레스의 저서와 성서를 원어로 연구해 라틴어 기독교계에 새 바람을 불어넣었다. 특히 아리스토텔레스의 《물리학》(*Physics*)의 라틴어 번역과 주해는 당시 자연과학 방법을 일신시키는 데 기여했다.

그리내우스(Simmon Grynaeus, 1493~1541). 바젤 대학 신약학 교수다. 대학 동료였던 뮌스터의 친구이기도 했다.

기번(Edward Gibbon, 1737~1794). 영국의 합리주의 역사가이다. 2세기부터 1453년 콘스탄티노플의 멸망까지의 로마 역사를 다룬 《로마제국 쇠망사》(*The History of the Decline and Fall of the Roman Empire*, 6권, 1776~1788)의 저자로 잘 알려져 있다.

기요(Arnold Henry Guyot, 1807~1884). 스위스 태생의 미국의 지리학자이다. 1825년 베를린 대학교 졸업 후 리터에게 지리학을 배우고 1846년에 미국으로 건너갔다. 1854년 이후 30년간 프린스턴 대학교에서 지질학 및 자연지리학 교수를 역임했다. 빙하의 조사 및 기상 관측을 지도하고, 미국 기상대 설립에 힘을 쏟았다. 저서에는 《대지와 인간》(*The Earth and Man*, 1853), 《자연지리학론》(*Treatise on Physical Geography*, 1873) 등이 있다.

네캄(Alexander Neckam, 1157~1217). 영국의 과학자이자 교사이다. 영국 허트포드셔 성 앨번스에서 태생이다. 성 앨번스 수도원 학교에서 교육을 받고 수도원 부설 던스태블 학교의 교장으로 활동했다. 이후 프랑스에서 활동하다가 1186년 영국으로 돌아와서 여러 학교의 교장을 역임했다. 신학 외에도 문법, 박물학에 관심을 가졌고 자연과학자로 알려졌다.

노르망디 꽁셰의 윌리엄(William of Conches in Normandy, 1090경~1154경). 프랑스의 스콜라철학자이다. 노르망디 꽁셰 태생으로 세속적인 고전 작품을 연구하고 경험 과학을 육성함으로써 기독교 인문주의의 범위를 넓히는 데 기여했다. 그의 제자인 샤르트르의 주교였던 솔즈베리의 존은 그를 가리켜 베르나르 이후 최고의 문법학자라고 칭송했다.

놀즈(Richard Knolles, 1550~1610). 영국의 역사가로 주로 투르크를 연구했다.

뉴턴(Isaac Newton, 1642~1727). 영국의 물리학자, 천문학자, 수학자이자 근대 이론과학의 선구자이다. 수학에서의 미적분법 창시, 물리학에서의 뉴턴역학 체계 확립 등은 자연과학의 모범이 되었고 사상 면에서의 역학적 자연관은 후세에 커다란 영향을 끼쳤다.

니사의 성 그레고리우스(St. Gregory of Nyssa, 330경~395경). 성 바실리우스의 동생이다. 성 바실리우스, 나지안주스의 그레고리우스와 함께 카파도키아 3대 교부 중 한 명이다. 본질(本質)과 기질(氣質)과의 신학적 차이를 규정지어 삼위일체론 확립에 공헌해 정통 신앙을 수호한 공적이 크다.

다 빈치(Leonardo da Vinci, 1452~1519). 르네상스 시대 이탈리아를 대표하는 천재적 미술가, 과학자, 기술자, 사상가이다. 15세기 르네상스 미술은 그에 의해 완벽한 완성에 이르렀다고 평가받는다. 조각, 건축, 토목, 수학, 과학, 음악에 이르기까지 다방면에 재능을 보였다.

다리우스 (Darius, ?~?). 페르시아의 왕이다. 이 책에서 언급된 다리우스는 다리우스 1세로 추정된다.

다마스쿠스의 요한네스 (John the Damascene, 676경~749). 시리아의 수도사이자 설교가이다. 법, 신학, 철학, 음악에 많은 기여를 한 박학다식의 전형인 인물이었다. 다마스쿠스 통치자의 행정 최고책임자였고 기독교 신앙을 상세히 설명하는 저술과 지금도 그리스 정교회에서 일상적으로 사용되는 성가를 썼다.

다미아니 (Petrus Damiani, 1007경~1072). 이탈리아의 추기경이자 교회 개혁자로 1043년에 몇 곳의 수도원을 창설하고 교회, 수도원 개혁에 힘썼다. 신학자로서 그의 사상은 특히 《성사론》(聖事論)에 잘 나타나 있다.

다윈 (Charles Robert Darwin, 1809~1882). 영국의 생물학자이다. 남아메리카와 남태평양의 여러 섬과 오스트레일리아 등을 항해 탐사하고 관찰한 기록에서 진화론을 제안했고, 특히 1859년에 진화론에 관한 자료를 정리한 《종의 기원》을 통해 생물 진화론을 주창하여 19세기 이후 인류의 자연 및 정신 문명에 커다란 변화를 가져왔다(송철용 역, 2009, 《종의 기원》, 동서문화사 참고).

다키아의 보이티우스 (Boetius of Dacia, ?~?). 스웨덴의 철학자이다. 스웨덴 린쾨핑 교구에서 사제직을 수행했고 파리에서 철학을 가르쳤다. 파리에서 브라방의 시제루스, 로저 베이컨 등과 알게 된다. 1277년 아베로에스주의 운동의 지도자라는 탕피에의 단죄를 받아 시제루스와 함께 교황 니콜라스 3세에게 호소했다. 교황의 관할구에서 지내다가 다키아의 도미니크 수도회에 합류했다.

단테 (Alighier Dante, 1265~1321). 이탈리아의 시인, 예언자, 신앙인이다. 이탈리아뿐 아니라 전 인류에게 영원불멸의 거작인 〈신곡〉을 남겼다. 중세의 정신을 종합하여 문예부흥의 선구자가 되어 인류 문화가 지향할 목표를 제시했다.

달리온 (Dalion, ?~?). 플리니우스가 인용한 지리학·식물학 저술가이다. 플리니우스는 그를 외국의 저술가로 표현하며 1세기 이전의 인물로 추정한다.

더햄 (William Derham, 1657~1735). 영국의 신학자이자 뉴턴의 제자이다. 대표작은 1713년 《물리신학》으로 신의 존재에 대한 신학적 논증을 담은 이 책은 1세기 후 페일리의 《자연신학》에 많은 영향을 주었다. 박물학에도 관심이 많아 레이(John Ray) 등과 함께 《박물학》이라는 책도 편집해 출간했다. 그는 최초로 소리의 속도를 측정한 사람으로도 알려졌다.

던바 (James Dunbar, 1742~1798). 영국의 철학자이다. 대표 저서로는 《원시 및 농경시대 인류의 역사에 관하여》가 있다.

데모크리토스 (Democritos, 서기전 460경~370경). 고대 그리스 최대의 자연철학자이다.

고대 원자론을 확립하고 충만과 진공을 구별했다. 여기서 충만은 무수한 원자로 이루어지고 이들 원자는 모양, 위치, 크기를 통해 기하학적으로 구별될 뿐이라고 했다. 원자론을 중심으로 한 그의 학설은 유물론의 출발점이며 그 후 에피쿠로스, 루크레티우스에 의해 계승되어 후세 과학 사상에 영향을 끼쳤다.

데이비(Humphry Davy, 1778~1829). 영국의 화학자이다. 콘월 주 펜잔스 태생으로 1795년 볼레이스라는 의사 겸 약제사의 조수가 되면서 철학·수학·화학 등을 독학했는데, 특히 라부아지에의《화학교과서》를 통해 화학에 흥미를 가졌다. 1797년에 "열·빛 그리고 빛의 결합에 관하여"라는 논문을 의사인 베도스에게 보내 과학적 자질을 인정받았다. 1803년 왕립학회 회원이 되어 전기분해에 의해 처음으로 알칼리 및 알칼리 토금속(土金屬)의 분리에 성공했다. 또한 기술에도 깊은 관심을 가졌으며 특히 안전등(安全燈)을 발명하여 탄광에서 가스 폭발사고를 예방할 수 있도록 했다. 1812년 작위가 수여되어 경(卿)의 칭호를 받았으며, 왕립연구소의 교수직을 사임했으나 실험실에서 연구는 계속했다. 1820년 왕립학회 회장이 되었으나 1826년 가을부터 건강이 악화되어 유럽 요양 중 제네바에서 급사했다.

데이비스(William Morris Davis, 1850~1934). 미국의 자연지리학자이다. 지형의 변화 과정을 설명하는 침식윤회설을 확립하여 근대 지형학에 많은 기여를 했다. 그러나 침식윤회설은 지형학에서 정설로 받아들여지지 않는다.

데카르트(René Descartes, 1596~1650). 프랑스의 철학자, 수학자, 물리학자이다. 근대 철학의 아버지로 불리며, 그의 형이상학적 사색은 방법적 회의에서 출발한다. "나는 생각한다, 고로 나는 존재한다"(cogito, ergo sum)라는 근본 원리가《방법서설》에서 확립되어 이 확실성에서 세계에 관한 모든 인식이 유도된다.

도슨(Christopher Dawson, 1889~1970). 영국의 종교철학자이자 문화사가이다. 가톨릭 정신을 기조로 하는 통일적 문화사의 구성을 시도했다. 주요 저서에는《진보와 종교》,《종교와 근대 국가》,《유럽의 형성》(김석희 역, 2011, 한길사) 등이 있다.

도쿠차예프(Vasilii Vasil'evich Dokuchaev, 1846~1903). 러시아의 토양학자이다. '근대 토양학의 원조'로 불린다. 1872년 페테르부르크 대학교를 졸업하고 모교 교수가 되었다. 1870년 니지니노브고로드 현(縣)의 토양, 특히 흑색토양의 생성과 성인(成因)에 관한 조사를 근거로 토양 분류를 한 것이 바로 토양대의 개념이다. 러시아의 토양 조사를 조직적으로 실시했으며, 러시아의 온대지방에 분포하는 석회 함량이 높은 검은 흙을 '체르노젬'이라 명명했다. 주요 저서에는《러시아의 흑색토양》(1883) 등이 있다.

뒤 바르타스(Guillaume de Salluste 또는 Seigneur Du Bartas, 1544~1590). 프랑스의 시인이다. 천지창조에 대한 영향력 있는 종교시를 썼다.

뒤 보(abbé du Bos 또는 Jean-Baptiste Dubos, 1670~1742). 프랑스의 역사가, 미학자, 외교관이다. 예술을 단지 규칙의 형상화로 보는 견해에 반대하고 감정의 역할을 강조했으며, 기후의 영향 등 환경과 예술의 관계를 말하고 예술 상대주의를 한 걸음 진전시켰다.

뒤러(Albrecht Dürer, 1471~1528). 독일의 화가, 판화가, 미술이론가이다. 독일 르네상스 회화의 완성자이기도 하다.

뒤엠(Pierre Duhem, 1861~1916). 프랑스 물리학자이자 과학철학자이다. 중세의 경험적 기준에 대한 부정, 중세 과학 발전에 대한 저술로 유명하다.

듀 알드(Jean-Baptiste Du Halde, 1674~1743). 프랑스 예수교 신부다. 중국에 능통한 역사학자로 중국에 가본 적이 없지만 방대한 자료들을 수집해 중국의 역사, 문화, 사회에 관한 백과사전적 조사를 바탕으로 4권의《중국총사》(The General. History of China, 1736)를 발간했다.

드 브라이(Theodor de Bry, 1528~1598). 독일 프랑크푸르트의 구리 조판공이다. 영국의 버지니아 식민지 총독을 지냈던 존 스미스의 "뉴잉글랜드 지도" 등을 동판으로 찍었다. 이 과정에서 그는 유럽인의 구미에 맞도록 장소의 위치를 바꾸거나 지도의 내용을 삭제하거나 새로운 이름을 붙이기도 했다(설혜심, 2007, 《지도 만드는 사람》, p. 197). 《아메리카》라는 책을 출판하기도 했다.

드 서지(Jacques Philibert Rousselot De Surgy, 1737~1791). 프랑스의 저자이다. 재무성 관리 및 왕립 출판 검열관 등에 종사했으며 그의 저서인《흥미롭고 신기한 것들의 모음집》(Melanges Interessants et Curieux: 10 vols., Paris, 1763~1765)는 아시아와 아메리카의 자연사, 시민사회 및 정치의 역사를 다루며 특히 뒤에 나온 6권은 아메리카에 관해 그 당시 찾아보기 어려운 흥미로운 정보를 담았다.

드 퀸시(Thomas De Quincey, 1785~1859). 영국의 비평가이자 수필가이다. 대표작으로는 《어느 아편 중독자의 고백》이 있다.

드 파웁(Cornelieus de Pauw, 1739~1799). 네덜란드의 철학자, 지리학자, 외교관이다. 암스테르담 태생이지만 생애의 대부분을 클레브(Kleve)에서 지냈다. 성직자로 일했지만 계몽사상에도 친숙했다. 또한 그는 아메리카 대륙을 방문한 적이 없었지만 아메리카에 대해서는 대가로 인정받았다. 당시 널리 알려졌던 '중국이 고대 이집트의 식민지였다'는 사고를 거부하면서 고대인들의 기원에 관해 저술했다. 그는 볼테르와 같은 당대의 철학자들과 교류했으며《백과사전》에 기고를 청탁받기도 했다.

드 포(Cornelius de Pauw, Cornelius Franciscus de Pauw, 1739~1799). 독일의 철학자, 지리학자, 외교관이다.

드로이젠(Johann Gustav Droysen, 1808~1884). 독일의 역사가, 정치가이다. 포메라니아 트레프토프 태생으로 그리스와 헬레니즘 역사를 연구했다. 특히 헬레니즘의 문화적 가치를 강조하고 알렉산드로스 이후의 시대에 헬레니즘이라는 명칭을 붙였다. 철저한 소(小)독일주의자로서 프로이센 중심의 입장을 고집했다. 베를린 대학교에서 공부하고 헤겔의 영향을 많이 받았다. 1833년 베를린 대학교 강사를 거쳐 킬 대

학교, 예나 대학교, 베를린 대학교 등 각지의 대학교수로 있었다. 저서에《알렉산
드로스 대왕사》(*Geschichte Alexanders des Grossen*, 1833), 《헬레니즘사》(*Geschichte
des Hellenismus*, 2권, 1836~1843), 《프로이센 정치사》(*Geschichte der preussischen
Politik*, 전 14권, 1855~1886) 등이 있다.

디엔느 영주(Comte de Dienne). 17세기 습지를 대대적으로 매립하는 사업의 정치적·법
적 역사를 추적해 공유 토지를 난개발하면서 공유 공간을 대대적으로 변화시켜 발생
하는 사회, 경제, 생태적 균형의 문제를 비판했다.

디오도로스(Sikelos Diodoros, 서기전 90경~30경). 시칠리아 아기리움에서 활동한 그리스
의 역사가이다. 《세계사》(*Bibliotheca historica*)를 썼다. 3부 40권의 이 책은 서기전
21년까지의 사건을 다룬다. 1부는 그리스 종족과 비(非) 그리스 종족의 신화시대부
터 트로이 멸망까지, 2부는 알렉산드로스의 죽음까지, 3부는 카이사르의 갈리아 전
쟁 초기까지를 다룬다.

디오클레티아누스(Diocletianus, 245~316). 로마의 황제(재위: 284~308)로 오리엔트식
전제군주정을 수립했다. 각각 두 명의 정식 황제 및 부황제가 분할 통치하는 4분
통치제를 시작해 제국에 통일과 질서를 가져왔다. 군제, 세제, 화폐 제도의 개혁을
단행했으며 페르시아에서 궁정 예절을 도입했고 많은 신전을 세웠다.

디카이아르코스(Dikaiarchos 또는 Dicaearchus). 고대 그리스의 페리파토스파 철학자이다.
시칠리아 섬 메시나 태생으로 아리스토텔레스의 제자로 활동하면서 문학사·음악사
·정치학·지리학 등 특수 영역을 연구했다. 영혼은 육체와 관계없이 그것 스스로
존재하는 것이 아니고 물질적 소재의 조화로운 혼합의 성과이며 육체와 결합해 그
부분에 편재하며 사멸한다고 말했다. 그리스 문명사를 기술한《그리스의 생활》
(*Bios Hellados*)이 대표작이다.

라 메트리(Julien Offroy de La Mettrie, 1709~1751). 프랑스의 의학자이자 철학자이다.
프랑스 계몽기의 유물론자로 '혼이 육체의 소산'이라 하고 뇌를 '생각하는 근육'으로
정의했다. 저서에《인간기계론》,《영혼의 박물지》가 있다.

라 보드리(La Borderie, 1827~1901). 프랑스 역사학자이다. 법학 공부 후 프랑스 국립고
문서학교(École des Chartes)에 입학했다. 1852년 우수한 성적으로 졸업한 후 1853
년부터 1859년까지 낭트의 고문서과에서 일했다. 일 에 빌랜느(Ille-et-Vilaine) 고
고학 및 역사학회 창립멤버이자 1863년부터 1890년까지 회장을 역임했다. 브르타
뉴 지방 고대사에 관한 수많은 연구와 업적으로 브르타뉴 역사학자로 유명하다.

라마르크(Chevalier de Lamarck Jean-Baptiste-Pierre Antoine de Monet, 1744~1829).
프랑스의 박물학자이자 진화론자이다. 생명이 맨 처음 무기물에서 가장 단순한 형
태의 유기물로 변화되어 형성된다는 자연발생설을 주장했으며 진화에서 환경의 영
향을 중시하고 습성의 영향에 의한 용불용설을 제창했다.

라부아지에(Antoine-Laurent de Lavoisier, 1743~1794). 프랑스 근대 화학의 아버지로 불

린다. 그는 귀족 출신으로 화학뿐만 아니라 생물학, 금융 및 경제학사에서 저명하다. 낡은 화학술어를 버리고 새로운 《화학 명명법》을 만들어 출판함으로써 현재 사용되는 화학술어의 기초를 다졌다. 프랑스혁명이 일어나자 징세 청부인으로 고발되어 단두대에서 처형당했다.

라스 카사스(Bartolomé de las Casas, 1484~1566). 에스파냐의 성직자이자 역사가이다. 아메리카에 파견된 도미니크 수도회의 선교사로 인디언에 대한 전도와 보호 사업을 벌였다. 저서에 《인디언 통사》가 있다. 라스 카사스에 대한 국내문헌은 《라스카 사스의 혀를 빌려 고백하다》(박설호, 2008, 울력)가 있다.

라시스(Rhasis, 825경~925). 아랍의 의사, 학자, 연금술사이다. 본명은 Abu Bekr Muhammend Ben Zakeriyah er-Rasi이다. 널리 알려진 Al-Rhasis(man of Ray)란 이름은 그의 고향인 레이(Ray)에서 나온 것이다.

라우렌티우스(Andreas Laurentius, 1470경~1552). 스웨덴의 성직자이자 학자이다.

라이엘(Charles Lyell, 1797~1875). 영국의 지질학자이다. 《지질학원론》에서 '현재는 과거를 여는 열쇠'라는 견해를 바탕으로 지질 현상을 계통적으로 설명하여 근대 지질학을 확립했고 후에 다윈의 진화론에 큰 영향을 주었다. 특히 지질학을 통해 지구의 역사를 밝힘으로써 성경에서 말한 6천 년보다 실제 역사가 더 오래되었음을 증명함으로써 구약성서에 대한 과학적 신뢰가 무너지는 계기를 제공했다.

라이프니츠(Gottfried Wilhelm von Leibniz, 1646~1716). 독일의 철학자, 수학자, 자연과학자, 법학자, 신학자, 언어학자, 역사가이다. 수학에서는 미·적분법의 창시, 미·적분 기호의 창안 등 해석학 발달에 많은 공헌을 했다. 역학(力學)에서는 '활력'의 개념을 도입했으며, 위상(位相) 해석의 창시도 두드러진 업적의 하나이다.

라인하르트(Karl Ludwig Reinhardt, 1886~1958). 독일의 고문헌학자이다. 프랑크푸르트 대학교 교수를 지냈다. 당대의 대표적 그리스 문헌학자로 《파르메니데스와 그리스 철학의 역사》(Parmenides und die Geschichte der griechischen Philosophie, 1916), 《포시도니오스》(Poseidonios, 1921), 《플라톤의 신화》(Platons Mythen, 1927), 《소포클레스》(Sophokles, 1933), 《극작가이자 신학자인 아이스킬로스》(Aischylos als Regisseur und Theologe, 1948)가 있다.

라첼(Friedrich Ratzel, 1844~1903). 독일의 지리학자이다. 지리학과 민족지학의 현대적 발전에 이바지했다. 그는 생활공간(lebensraum)라는 개념을 창안했는데 이것은 인간과 인간의 생활공간을 관련시키는 것이다. 그는 국가가 그 합리적 능력에 따라 영토를 확장시키거나 축소시키려는 경향을 지적했으나 독일 나치정부는 이 개념을 오용했다. 동물학을 공부했고 1869년에는 다윈의 저서에 대한 주석서를 출판했다. 그 뒤 종의 이주에 관한 이론들에 정통했다. 〈쾰른 차이퉁〉(Kölnische Zeitung)의 해외특파원으로 북아메리카와 중앙아메리카를 널리 여행하며 강한 인상을 받았는데 이것이 그의 사상적 기초가 되었다. 뮌헨 기술대학교와 라이프치히 대학교에서 학생들을 가르치며 여생을 보냈다. 주요 관심사는 인간의 이주·문화의 차용, 인간과 인간을 둘러싼 물리적 환경의 여러 요소 간의 관계였다. 주요 저서로《인류의 역사》,《인류지리학》,《지구와 생명: 비교지리학》,《정치지리학》등이 있다.

라피타우 신부 (Father Lafitau, 1670~1740). 프랑스인 예수회 선교사이다.

락탄티우스 (Lucius Caecilius Firmianus Lactantius, 240경~320경). 기독교 변증가이다. 북아프리카 누미디아 지방 태생으로 니코메디아에서 수사학을 배우고 300년경 기독교로 개종했다. 기독교 박해가 시작되자 신학 저술에 전념했다. '밀라노 칙령'으로 기독교가 공인될 무렵 콘스탄티누스 1세의 초빙을 받고 트리어로 가서 궁정 신학자가 되어 황제의 종교정책 수행을 돕고 대제의 맏아들 크리스푸스를 지도했다. 주요 저서로《신학체계》,《신의 진노에 대하여》등이 있다.

랄리 경 (Sir Walter Raleigh, 1552?~1618), 영국의 작가, 시인, 군인, 조정대신, 탐험가이다. 특히 엘리자베스 1세의 궁정에서 탁월했던 인물로 1585년 작위를 받고 아메리카를 탐험했다. 버지니아의 영국 식민화 작업에 참여했으며 엘도라도 지역의 조사 과정에서 발생한 문제로 인해 처형을 당했다.

러브조이 (Arthur Oncken Lovejoy, 1873~1962). 미국의 철학자이다. 독일 베를린 태생으로 캘리포니아 대학교와 하버드 대학교에서 공부 후에 존스홉킨스대학 교수가 되었다. 산타야나, 드레이크 등과 함께 신실재론을 비판하는《비판 실재론 논집》(Essays in Critical Realism, 1920)을 간행했고, 《고대의 상고주의와 관련 사고들》(Primitivism and Related Ideas in Antiquity, 1935), 《존재의 대사슬》(Great Chain of Being: a Study of the History of an Idea, 1936), 《이원론에의 반항》(Revolt against Dualism: an Inquiry Concerning the Existence of Ideas, 1960) 등의 저술을 집필했다.

러쉬 (Benjamin Rush, 1745~1813). 미국을 건국한 인물 가운데 한 사람이다. 그는 펜실베이니아 주에서 살았으며, 내과의, 작가, 교육자, 인본주의자였다. 그리고 펜실베이니아의 디킨슨 대학 (Dickinson College)을 설립했다. 미국 독립선언 서명자 가운데 한 사람으로 제헌의회에 참석했다. 생애 후반에 그는 펜실베이니아 대학교에서 의학이론 및 임상실무 교수가 되었다. 미국 정부의 발전에 많은 영향을 미쳤음에도 불구하고 그에 대해서는 많이 알려져 있지 않다. 그는 노예제도와 처벌에 대해 반대했으며 1812년에 초기 공화당의 두 거물 제퍼슨과 애덤스를 화해시키는 데 기여한 인물로도 잘 알려져 있다.

러스킨 (John Ruskin, 1819~1900). 영국의 비평가이자 사회사상가이다. 런던 태생으로 1843년 낭만파 풍경화가인 터너를 변호하기 위하여 쓴《근대 화가론》(Modern Painters, 5권, 1843~1860)의 1권을 익명으로 내어 예술미의 순수 감상을 주장하고 "예술의 기초는 민족 및 개인의 성실성과 도의에 있다"는 자신의 미술 원리를 구축했다. 이와 함께《건축의 일곱 등》(The Seven Lamps of Architecture, 1849), 《베니스의 돌》(The Stones of Venice, 1851~1853), 《참깨와 백합》(Sesame and Lilies, 1865)

등의 대표작을 냈다. 1860년 이후에는 경제와 사회 문제로 관심을 돌려 사회사상가
로 전향해 전통파 경제학을 공격하고 인도주의적 경제학을 주장했다. 《최후의 사람
에게》(Unto This Last: Four Essays on the First Principles of Political Economy, 1860),
《무네라 풀베리스》(Munera Pulveris: Essays on Political Economy, 1862~1863)를
발표하여 사회 개혁의 필요성을 역설했다.

레날(Guillaume Thomas François Raynal, 1713~1796). 프랑스의 자유사상가, 역사가이
다. 예수회의 수도사였으나 자유사상가로 의심을 받고 추방되었다. 페테르부르크,
베를린을 거쳐 스위스에 정착한 후 디드로와 협력하여 1770년에 《두 인도제도에서
이루어진 유럽인의 정착과 무역의 철학적·정치적 역사》를 저술했다. 왕정 및 가톨
릭교회의 제도정치를 비판했고 식민주의와 중상주의도 비판했다.

레벤후크(Anton van Leeuwenhoek, 1632~1723). 네덜란드의 교역상인, 과학자, 박물학
자이다. 최초로 단안렌즈 현미경을 제작해 곤충을 관찰함으로써 '미생물학의 아버
지'로 불린다. 그는 기존의 현미경을 손수 개량·제작하여 우리가 미생물이라고 부
르는 유기체를 최초로 관찰했으며 근육 조직과 박테리아, 정자를 최초로 관찰하고
기록했다.

레오 더 아프리칸(Leo the African, 1494~1550경). 무슬림 지배하 에스파냐의 그라나다에
서 태어난 무슬림으로 원래 이름은 Al Hassan Ibn Muhammad Al Wazzan Al
Fasi이다. 외교관인 삼촌을 따라 서부 아프리카를 여행했으며 이후 이집트, 콘스탄
티노플, 아라비아 등을 여행했다. 나중에 해적들에게 잡혀 노예로 팔려다니다 교황
레오 10세에게까지 오게 되었는데 그의 학식에 깊은 인상을 받은 교황에 의해 해방
되고 차후 기독교로 개종했다. 그의 기독교식 이름은 Jean Leon, Giovanni Leone
de Medicis, Leo The African, Leo Africanus 등으로 다양하게 알려져 있다. 그
가 쓴 아프리카에 대한 책은 유럽인에게 널리 읽혔으며 아랍과 유럽을 아우른 지식
은 아랍 문명과 유럽 르네상스 문명의 교류에 공헌했다.

레우키포스(Leucippos, 서기전 440년경). 고대 그리스의 철학자이다. 제논에게 배웠으며
원자론을 창시했다. 그의 원자론은 제자 데모크리토스에 의하여 체계화되었다.

레이(John Ray, 1627~1705). 영국 박물학의 아버지로 불린다. 식물학, 동물학, 물리신
학에 관한 중요한 저서들을 출판했다. 보일이 태어나고 프랜시스 베이컨이 죽은 해
에 태어났다. 그는 고대 그리스 사고의 잔존물이었던 실제 세계에서 시작하지 않고
논리적 논의만 주장하던 이전 철학 대신에 실험과 논리를 결합시킨 베이컨의 개념으
로 대치된 시대에 자신이 태어난 것을 감사했다고 했다. 베이컨은 현대의 보편과학
을 창조하는 첫 단계가 자연의 내용물을 기록하고 분류하는 작업이라고 지적했는
데, 이를 화학에서 시작한 사람이 보일이고 생물학에서 시작한 사람이 레이다. 그
러나 그는 진화론의 반대자로서 기독교에 입각한 자연신학의 신봉자이기도 했다.

레흐바터(Jan Adriaeszoon Leeghwater, 1575~1650). 네덜란드의 풍차 제작자이자 수리

공학자이다. 암스테르담 북쪽 43개의 풍차를 이용하여 7천 2백 헥타르의 간척지를 만들었다. 이것이 뱀스터 폴더(Beemster polder)이다.

렘니우스(Simon Lemnius, 1511경~1550). 네덜란드의 인문주의자이자 신(新)라틴문학가이다.

로디오스(Apollonius Rhodius, 서기전 295경~215경). 고대 그리스의 서사시인이다. 이집트의 알렉산드리아에서 태어나 그곳의 도서관장을 지냈다고 전해지는데, 후에 로도스로 은퇴했기 때문에 로디오스로 불린다. 호메로스 이래의 대영웅 서사시 《아르고 원정대》(4권)의 작자로 유명하다. 그러나 다른 작품은 대부분 남아 있지 않다.

로레인(John Lorain, 1753~1823). 미국의 농부, 상인, 농업학자이다. 어릴 때 북아메리카 메릴랜드로 이주한 후 농업에 종사했다. 두 가지 유형의 옥수수를 혼합하여 잡종을 만든 첫 번째 사람으로, 실험을 통한 잡종 배양방식은 그의 사망 이후 널리 보급되었다.

로버트(Robert of Ketton, 1110경~1160경). 중세 신학자, 천문학자, 아랍학자이다. 존엄자 피터의 명을 받고 《코란》을 라틴어로 번역했다. 번역은 1143년에 끝났고 책 제목은 《거짓 예언자 무함마드의 법》(Lex Mahumet pseudoprophete)이다.

로버트슨(William Robertson, 1721~1793). 스코틀랜드의 역사가이다. 흄, 에드워드 기번과 더불어 18세기 가장 훌륭한 영국의 역사가 중의 하나다.

로샹보(comte de Rochambeau, 1725~1807). 프랑스의 관료, 군인으로 미국 혁명에 참여했던 프랑스의 원수다. 어릴 때는 성직자 교육을 받았으나 나중에는 기병대에 입대해 오스트리아 왕위계승 전쟁에 참가해 대령으로 진급했으며 1776년에는 빌프랑슈앙루시용 시장이 되었다. 1780년 5천 명의 프랑스군을 지휘하는 해군 장군으로 임명되어 조지 워싱턴 휘하 미국 식민지 정착자들과 합류해 미국 혁명전쟁에서 영국군과 싸웠고, 특히 1781년 버지니아의 요크타운 전투에 참가해 영국군을 물리치도록 도움으로써 미국 독립혁명을 지원했다.

로셀리누스(Roscelinus, Roscelin of Compiêgne, 1050~1125경). 중세 프랑스의 스콜라철학자이다. 《보편자 논쟁》에서 유명론을 대표하여 보편이란 실재성이 없는 명칭에 불과한 것이라고 주장했다. 따라서 기독교의 삼위일체론은 삼신론이 된다고 하여 1092년 수아송 종교회의에서 철회를 요구받았다. 그의 설은 아벨라르의 편지를 통해 전하는 정도다.

로스(W. D. Ross 1877~1971). 영국의 철학자, 윤리학자. 저서로 《아리스토텔레스》(Aristotle, 1923), 《윤리학의 토대》(Foundations of Ethics, 1939), 《플라톤의 이데아론》(Plato's Theory of Ideas, 1951) 등이 있다.

로스토프제프(Mikhail Ivanovich Rostovtsev, 영명은 Rostovtzeff, 1870~1952). 러시아의 역사가이다. 러시아 키예프 태생으로 상트페테르부르크 대학교에서 수학한 후 동 대학교수가 되었으나, 러시아혁명 후 1918년 영국으로 망명했다가 곧 미국으로 건너가 1920년 위스콘신 대학교 교수, 1925년 예일 대학교 교수가 되었다. 고대 그리스, 이란, 로마사에서 20세기 최고의 권위자 중 한 사람으로 손꼽힌다. 저서 중 《로마제국 사회경제사》(*Social and Economic History of the Roman Empire*, 1926) 와 《헬레니즘 세계의 사회경제사》(*A Social and Economic History of the Hellenistic World*, 3권, 1941) 가 대표적이다.

로저 베이컨(Roger Bacon, 1214~1294). 영국 근대 철학의 선구자인 프랜시스 베이컨과 거의 차이가 없는 사상을 이미 가졌다. 그는 프란체스코 교단의 수도신부였다. 수학과 자연과학을 연구했고 자신의 재산을 들여가면서 물리학 실험에 열중했었다. 그는 모든 선입관념을 배제해야 한다면서 희랍어를 몰라 라틴어 번역만을 읽었고 수학이나 물리학을 모르는 아퀴나스는 진정한 학자가 못된다고 비판했다. 인문학을 위해서는 원어를 알아야 하며, 자연과학을 위해서는 물리학, 천문학을 연구해야 한다고 주장하면서 모든 인식에서 과학적 방법이 선행되어야 한다고 강조했다. 그의 근대적 주장은 교회의 비난과 반박을 받다가 클레멘스 4세 교황이 서거한 후에 10년간 수도원에 수감되고 말았다. 그의 과학적 성격과 근대적 사고는 그 당시에는 용납될 수가 없었던 것이다(이 책 2부 6장 8절 참고).

루크레티우스(Carus Titus Lucretius, 서기전 94경~55경). 로마의 시인, 유물론 철학자이다. 생애에 대해 전하는 바가 많지만 불확실하다. 남아 있는 유일한 저작《만물의 본성에 대하여》(*De Rerum Natura*) 는 운문으로 쓰인 6권의 철학시로 철학자 에피쿠로스의 평온한 생활의 찬미와 원자론적 합리주의의 선전에 바친 책이다. 진실로 실재하는 것은 무수히 많고 작아서 나눌 수 없는 물체(원자)와 공허한 무한공간뿐이며, 세계의 모든 것은 원자의 운동현상이라고 하는 고대원자론의 원칙에 의해서 천계, 기상계, 지상의 온갖 자연현상으로부터 인간 사회의 제도와 관습에 이르는 모든 것을 자연적·합리적으로 설명하고, 특히 불안과 공포의 원천인 영혼과 신들에 대한 종교적·정치적 편견을 비판하고 싸웠다.

루터(Martin Luther, 1483~1546). 독일의 종교개혁자이자 신학자이다. 로마 교황청의 면죄부 판매에 대해 "95개조 반박문"을 발표하며 교황에 맞섰는데 이는 종교개혁의 발단이 되었다. 신약성서를 독일어로 번역하여 독일어 통일에 공헌했으며 새로운 교회 형성에 힘써 루터파 교회를 만들었다.

룰(Ramon Lull, 1234경~1315경). 프란체스코 수도회에 속하는 스콜라 학자다. 에스파냐의 마요르카 섬 출신으로 그가 저술했다는 연금술서는 그의 사후에 출판되었는데 분명히 후계자들(룰 학파)이 쓴 위서일 것으로 판단된다. 사실 룰 자신은 자신의 작품 속에서 연금술에 대한 불신을 분명하게 밝힌다. 그는 연금술의 원리나 재료, 조작 등을 알파벳으로 기호화했으며 이러한 문자를 다시 조합시켜 여러 가지 순서를 나타냈다.

룸피우스(Georg Eberhard Rumphius, ?~1702). 독일 태생의 식물학자. 인도네시아의 네

덜란드 동인도회사에서 일했으며, 인도네시아 암본 섬의 식물에 관해 쓴 《암보이나의 식물》(*Herbarium Amboinense*, 1741)로 잘 알려져 있다.

르 로이 (Louis Le Roy, 1510~1577). 프랑스의 작가이다. 유럽 각국에서 교육을 받았으며 1572년에는 콜라쥬 드 프랑스에서 그리스어 교수가 되었다.

르클뤼 (Élisée Reclus, 1830~1905). 프랑스의 아나키스트 지리학자이다. 《새로운 세계 지리》(*La Nouvelle Géographie Universelle*), 《대지와 인간》(*La terre et les Hommes*) 등의 방대한 저술을 남겼다.

리비우스 (Livy, 라틴어명 Titus Livius, 서기전 59~서기 17). 로마의 역사가이다.

리비히 (Justus von Liebig, 1803~1873). 독일의 화학자이다. 농화학과 생화학에 주요한 기여자이며 유기화학을 조직화하는 데 기여했다. 식물 생장에 꼭 필요한 요소인 질소를 발견하여 비료 산업의 아버지로 알려졌다. 유기체의 성장은 필수 영양분 중에서 가장 최소의 요인에 제한된다는 최소의 법칙을 발견했다.

리빙스턴 (David Livingston, 1813~1873). 영국의 탐험가, 선교사, 의사이다. 유럽인으로는 처음으로 1852년에서 1856년에 걸쳐 아프리카 대륙의 내부를 횡단했다. 노예 해방을 위해 애쓰기도 했으며, 잠비아에는 그의 이름을 딴 도시가 있다. 아프리카 내륙을 탐험 중 세계 3대 폭포의 하나인 빅토리아 폭포를 확인한 최초의 유럽인이다. 탐험의 목적은 선교와 교역 루트의 확보였으며, 빅토리아 폭포에 있는 그의 동상에 새겨진 '선교, 교역, 문명'(*Christianity, Commerce, Civilization*)이라는 문구가 그의 아프리카 탐험 목표를 잘 설명한다. 이후 후원금 마련을 위해 펴낸 그의 여행기는 그를 일약 명사로 만들었으며 이후의 탐험은 영국 정부의 지원을 받았다. 1858년부터 1864년까지 잠베지 강의 내륙을 장기간 탐험했고, 1866년에는 나일 강의 수원지를 찾기 위해 더 내륙을 탐험했다. 이후 아프리카에 줄곧 머물면서 탐험과 와병을 반복한 끝에 1873년 잠비아에서 사망했다.

리치오리 (Giovanni Battista Riccioli, 1598~1671). 이탈리아의 천문학자이다. 프톨레마이오스적 천문 체계를 따라서 1651년 달 표면의 지도가 포함된 《새로운 알마게스트》 (*New Almagest*)를 출판했다.

리카도 (David Ricardo 1772~1823). 영국의 경제학자, 사업가, 하원의원이다. 19세기 고전경제학의 발전에 크게 기여했다. 특히 그의 저서 《정치경제학과 조세의 원리》 (*Principles of Political Economy and Taxation*, 1817)를 통해 사회적 생산물이 어떻게 사회의 3계급, 즉 지주, 노동자, 자본가 사이에 분배되는가를 분석했다. 그에 의하면 실업이 없는 상태에서 이윤은 임금에 반비례하며, 임금은 생계비용에 따라 변하고, 지대는 인구 증가와 한계경작 비용의 증가에 따라 상승한다. 그 외에도 비교우위론에 근거한 무역론과 통화 및 과세 문제 등을 연구했다.

리케 (Pierre-Paul Riquet de Bonrepos, 1604~1680). 프랑스의 기술자이다. 미디 운하 건설을 감독한 것으로 알려졌다.

리쿠르구스(Lycurgus, 서기전 700경~630). 스파르타의 전설적 입법가이다.

리키 부부(Leakeys). 고고인류학자인 루이스 S. B. 리키(Louis, S. B. Leakey, 1903~1972)와 메리 더글러스 리키(Mary Douglas Leakey) 부부를 가리킨다. 탄자니아의 올두바이 유적에서 진잔트로푸스와 호모하빌리스 화석을 발견했다.

리터(Carl Ritter, 1779~1859). 독일의 지리학자이다. 훔볼트와 함께 근대 지리학의 토대를 세웠다. 지리학자라기보다 역사학자였던 그는 지리학적 해석으로 역사를 기술했다. 사후에는 그의 사상에 반대하는 견해가 등장했는데 그의 주장이 지리학의 위상을 역사학에 부수적인 것으로 만들었다는 비판에서 출발했다. 하지만 이후로도 거의 20년간 리터의 사상은 독일 지리학 연구에 매우 깊은 영향을 미쳤다. 리터가 최초로 집필한 지리학 저서는 유럽에 관한 것으로 1804년과 1807년에 발행되었다. 그의 대작 《자연 및 인간의 역사와 관련한 지리학》(Die Erdkunde im Verhältniss zur Natur und zur Geschichte des Menschen)은 세계적인 조사 연구를 계획한 것이었지만 완성은 보지 못했다. 1817년 아프리카에 관한 내용으로 1판이 출간되었는데, 이것이 인정받음으로써 그는 베를린 대학교 교수로 임명되었다. 1832년부터 생을 마칠 때까지 계속해서 신판을 발행했는데 이는 주로 아시아에 관한 내용들이었다. 작업은 비록 완성되지는 못했지만 총 19권, 2만 쪽에 달하는 대작이었다.

리트레(Paul-Emile Littré, 1801~1881). 프랑스의 언어학자·실증철학자이다. 콩트와 친구 사이였다. 1877년에 4권짜리 프랑스어 사전을 저술했다.

린네(Carl Von Linne, 1707~1778). 스웨덴의 식물학자, 동물학자, 의사이다. 근대 분류학의 창시자이며 생물학의 근대적 명명법인 이명법(二名法)을 확립했다. 또한 근대 생태학의 아버지로 알려져 있다. 1735년에는 《자연의 체계》를 출판하여 동물계, 식물계, 광물계의 구분을 제시했고 1737년에는 《비판적 식물학》을 통해 새로운 명명법을 제안했다. 1751년에는 《식물학 철학》을 출간하여 식물의 명명과 분류에 크게 기여했다. 그는 종의 개념을 확립하여 식물학 연구의 기본 단위로 삼았다. 프랑스의 철학자 장 자크 루소는 그에게 '당대 가장 위대한 인간'이라는 찬사를 보내기도 했다.

릴의 알랭(Alan of Lille, 1128경~1202). 프랑스 신학자이자 시인이다. 릴 태생으로 알려져 있다. 그의 생애에 대해 알려진 것은 거의 없으나 생전에 그는 '만물박사'(doctor universalis)로 불리며 심원하고 박학한 지식으로 명성을 얻었다. 라틴 문학에서 그를 독보적 위치에 올려놓은 책 두 권은 인류의 악에 대한 독창적 풍자문인 《자연의 불만》(De Planctu Naturae)과 루피누스(Rufinus)를 반대하는 문서를 작성한 클라우디아누스(Claudian)가 사용했던 문장 형식을 떠올리게 하는 '우의로서의 도덕'을 논한 《안티클라우디아누스》(Anticlaudianus)로 이 책은 운문으로 지어졌으며 순수 라틴어를 사용했다.

마고(Mago the Carthaginian, ?~?). 카르타고의 마고라고도 불리는데 페니키아의 농업

지침서 저자이다. 페니키아어 저술은 소실되었지만 그리스어와 라틴어로 번역된 저술의 일부가 남아 있다.

마그누스(Albertus Magnus, 1206경~1280). 성 알베르투스, 알버트 대제와 동일 인물이다(성 알베르투스 항목을 참고).

마시(George Perkins Marsh, 1801~1882). 미국의 외교관이자 최초의 환경주의자이다. 미국 버몬트 주 태생으로 20개 국어에 능통한 외교관으로 활약하면서 전 세계를 여행했다. 1864년 고전 《인간과 자연》(Man and Nature)을 썼다. 이 책은 18세기 말 뷔퐁의 역작 이후 인간의 활동에 의해 변화되는 지구에 관한 가장 자세하고 체계적인 연구다.

마이모니데스(Maimonides 또는 Moses ben Maimum, 1135~1204). 유대교 철학자, 신학자, 의학자, 천문학자이다. 아랍명은 AbūχImran Mūsā ibn Maymūn Ibn ubayd Allāhdlek이다. 이슬람 철학자인 이븐 루슈드(영어로 아베로에스)와 함께 칭송되는 유럽 중세 최대 학자다. 저서로 《방황하는 자들을 위한 안내서》(Dalālat al-Hā'irīn)가 유명하다. 그의 사상은 성 알베르투스와 아퀴나스, 그리고 에크하르트, 니콜라스 쿠자누스 등에 영향을 끼쳤다(이 책 2부 5장 10절 참고).

마자랭(Jules Mazarin, 1602~1661). 이탈리아 출신의 성직자이자 프랑스 정치가이다. 리슐리외 추기경을 계승하여 1642년부터 사망할 때까지 총리의 자리에 있었다.

마제이(Filippo Mazzei, 1730~1816). 이탈리아 토스카나에서 태어나 부유한 가정에서 좋은 교육을 받았다. 유럽의 대부분을 여행한 후 런던에 정착하여 마티니(Martini & Co.) 회사를 설립하고 포도주, 치즈, 올리브유, 여타 과일을 런던에 소개했다. 이 당시 그는 프랭클린과 애덤스 등을 만났으며 사업을 확장시키기 위해 버지니아로 이주할 것을 권유받았다. 그곳에서 제퍼슨을 만나 버지니아 정치에 참여했고, 미국 독립선언문을 작성하는 데 기여하기도 했다. 그는 다시 유럽으로 돌아와 이탈리아의 피사에서 생을 마감했다.

마키아벨리(Niccolò Machiavelli, 1469~1527). 이탈리아의 역사학자, 정치이론가이다. 《군주론》은 그의 대표작으로 '마키아벨리즘'이란 용어를 생기게 했다. 책의 내용은 군주의 자세를 논하는 형태로 정치를 도덕으로부터 구별된 고유의 영역임을 주장했고, 더 나아가 프랑스, 에스파냐 등 강대국과 대항하여 강력한 군주 밑에서 이탈리아가 통일되어야 한다고 호소했다. 이 저서는 근대 정치사상의 기원이 되었다.

말(Emile Mâle, 1862~1954). 프랑스 예술사가이다. 중세, 특히 프랑스의 종교예술과 동유럽 도상학의 영향에 대한 연구를 창시했다. 그는 아카데미 프랑세즈의 회원이었고 로마 프랑스 학회의 회장을 역임했다. 세 번에 걸쳐 개정된 그의 박사 논문(1899년)은 1910년 제3개정판이 《고딕 이미지, 13세기 프랑스의 종교예술》(The Gothic Image, Religious Art in France of the Thirteenth Century)이라는 제목으로 영문 번역되었는데 현재도 프랑스의 고딕 예술을 이해하는 데 매우 유용한 입문서로 활용된다.

말브랑슈(Nicolas Malebranche, 1638경~1715). 프랑스의 합리주의 철학자이다. 데카르트 학파로서 성 아우구스티누스의 신학사상과 데카르트 철학을 종합하여 세계의 작동에서 신의 능동적 역할을 입증하려 했다. 기회원인론(occasionalism)으로 잘 알려져 있으며 저서에《진리의 탐구》등이 있다.

맘스베리의 윌리엄(William of Malmesbury, 1080 또는 1095~1143경). 12세기에 활동한 영국 역사가이다.

맬서스(Thomas Robert Malthus, 1766~1834). 영국의 경제학자. 영국 고전파 경제학자의 한 사람으로 이론적·정책적 면에서 리카도 등과 대립했다. 케임브리지 대학교 졸업 후 영국국교회의 목사보를 거쳐 목사가 되었다. 이 시기에 주요 저서인《인구론》(An Essay on the Principle of Population, 1798)을 집필했다. 1805년 동인도 대학교 경제학 및 근대사 교수를 지냈다. 이론적으로는 차액지대론과 유효수요의 원리를 전개하고 과소소비설의 입장에서 공황 발생 가능성을 주장하여 일반적 과잉 생산에 따른 공황의 발생을 부정하는 리카도, 세이, 밀 등과 대립했다. 정책적으로는 지주의 이익 보호를 위해 곡물법의 존속 및 곡물 보호무역 정책을 주장하여 산업자본가의 이익을 옹호하는 자유무역 정책과 대립했다. 주요 저서에《정치경제학 원리》(Principles of Political Economy, 1820),《경제학의 제정의》(Definitions in Political Economy, 1827) 등이 있다.

메이(Thomas May, 1595~1650). 영국의 시인이자 역사가이다.

멘다냐(Álvaro de Mendaña de Neira, 1542~1595). 에스파냐의 항해가이다. 남방의 땅을 찾기 위해 1567년과 1595년 태평양을 항해한 업적으로 유명하다.

멜라(Pomponius Mela, ?~?). 1세기경 로마제국의 지리학자이다. 라틴어로《지지》(地誌·De Chorographia) 3권을 저술했다. 유럽 남동부, 카스피 해, 페르시아 만, 서쪽 근동, 적도 이북의 아프리카 등 당시 알려졌던 거의 모든 세계에 관한 지명, 지세, 기후, 풍습을 기술했다. 그는 우주의 중심인 지구를 북한대, 북온대, 열대, 남온대, 남한대 등 총 5지대로 나누었다.

멜랑히톤(Philipp Melanchton, 1497~1560). 독일의 교수이자 신학자이다. 루터의 친구이자 동료로서 루터의 종교개혁에서 주도적 활동을 했다.

모스카티(Sabatino Moscati, 1922~1997). 이탈리아의 고고학자이자 언어학자이다. 근동의 셈 문명을 주로 다루었다.《고대 셈 문명》(Storia e civiltà dei Semiti, 1949, 영어판 1957),《고대 오리엔트의 얼굴: 고전 시대 이전 근동문명의 파노라마》(Face of the Ancient Orient: a panorama of Near Eastern civilizations in pre-classical times, 1960) 등 많은 저술을 남겼다.

모스코스(Moschos). 고대 그리스의 목가시인이다. 서기전 2세기경 사람으로 시칠리아 섬의 시라쿠사 출신이다. 동향의 선배 시인인 테오크리토스의 시를 모범으로 삼았다고 한다. 작품으로는 제우스가 소로 변신하여 미녀 에우로파를 등에 태우고 바다를 건너는 신화에서 딴 〈에우로파〉(Europē), 여신 아프로디테가 아들 에로스를 찾아 헤매는 〈달아나는 에로스〉 등이 있다. 교묘한 기교와 화려한 표현이 뛰어나 헬레니즘 시대의 시가 지닌 특색을 잘 표현하여 후세의 시인들이 이를 모방했다.

모어(Henry More, 1614~1687). 영국의 철학자이다. 플라톤, 플로티노스 등의 영향을 받아 기독교를 기조로 한 플라톤주의를 주장했다. 홉스의 유물론에 반대하고 영혼의 불멸과 유기적 자연관을 주장했다.

모에리스 왕(King Moeris). 이집트 제12왕조의 아메넴헤트 3세(Amenemhet III, 재위 서기전 1860~1814)를 그리스인이 부르던 이름이다.

모페르튀이(Pierre-Louis Moreau de Maupertuis, 1698~1759). 프랑스의 수학자, 철학자이다.

몬보도 경(Lord Monboddo, James Burnett, 1714~1799). 스코틀랜드의 법률가이자 선구적 인류학자이다. 언어와 사회의 기원을 탐구했으며 다윈의 진화론 원리 가운데 몇 가지를 예견하기도 했다. 주요 저서인 《언어의 기원과 발전에 관하여》는 원시인의 풍속과 관습에 관해 전하는 진기한 이야기를 방대한 체계로 엮어 다룬 것이며, 인간을 오랑우탄과 관련시켜 사회형성 단계까지 인간이 발전한 과정을 추적한다.

몽탈랑베르(Comte de Montalembert, 1810~1870). 19세기 프랑스의 정치가·가톨릭사가이다. 자유론자로서 교회를 국가의 감독으로부터 해방시키려는 교회 자유화에 노력했다. 람네·라코르데르 등과 간행물 〈미래〉를 창간했다. 로마에 가서 교황의 지지를 얻으려 했으나 실패했고 그레고리우스 16세가 회칙인 "미라리보스"로 자유주의를 배척하자 이에 승복했다. 1848~1857년간 프랑스 국민의회 및 입법원 의원을 지냈으며 가톨릭 원리를 옹호했다. 1851년 아카데미프랑세즈 회원이 되었다. 그의 사서는 낭만파의 영향을 받아 미문(美文)이나 사학(史學) 방법론적 관점에서는 결점이 많다는 평을 듣는다. 저서로 《헝가리의 성 엘리자베트전(傳)》(1836), 《서유럽의 수도사(修道士)》(5권, 1860~1867) 등이 있다.

몽테뉴(Michel Eyquem de Montaigne, 1533~1592). 프랑스의 사상가이다. 회의론을 바탕으로 종교적 교회, 이성적 학문의 절대시함을 물리치고 인간으로서 현명하게 살 것을 권장했다. 프랑스에 도덕주의적 전통을 구축하고 17세기 이후 프랑스, 유럽 문학에 큰 영향을 주었다. 대표작으로는 《수상록》이 있다.

몽테스키외(Charles-Louis de Secondat, Baron de La Brède et de Montesquieu, 1689~1755). 프랑스의 계몽사상가이다. 계몽사상의 대표자 중 한 사람으로 1728년부터 유럽 각국을 여행했고 영국에 3년간 체류할 때 각국의 정치·경제에 관해 관찰하고 기록한 것을 바탕으로 《로마인의 성쇠원인론》(Considérations sur les causes de la grandeur des Romains et de leur décadence, 1734) 등을 저술했다. 또 10여 년이 걸린 대저 《법의 정신》(De l'esprit des lois, 1748)을 완성했다. 삼권분립론으로 유명하다.

무멘호프 (Ernst Mummenhoff, 1848~1931). 뉘른베르크 시의 자료실장을 지냈고 뉘른베르크 시의 역사 및 건축물에 대한 많은 논문을 작성했다. 그가 작성한 수많은 기록은 《뉘른베르크 시의 역사에 대한 기록 모음집》(Mitteilungen des Vereins für Geschichte der Stadt Nürnberg)으로 출판되었다. 1928년에 그는 뉘른베르크 시의 명예시민이 되었으며 그의 고향인 노르드발트에는 그의 이름을 딴 거리가 있다.

무함마드 (Mohammed, 570경~632). 이슬람교의 창시자이다. 국내에서는 중세 라틴어 혹은 프랑스식 표현인 마호메트(Mahomet)로 널리 알려져 있다.

뮌스터 (Sebastian Münster, 1488~1552). 독일의 수도사, 사제이다. 또한 바젤 대학교에서 히브리어와 신학을 강의한 교수이며 문필가이자 출판인이기도 했다. 발견 시대 한복판에 살았던 그는 연대기, 지도, 지리서 등에 커다란 업적을 남겼다. 그의 대표작 《세계지》(Cosmographia, 1544)는 세계 전체를 묘사한 최초의 독일 백과사전적인 성격을 띠며 16세기에 많은 나라에서 번역·출판되면서 큰 인기를 끌었다. 특히 이 책은 소(小)홀바인 등이 참여해서 만든 대량의 목판화를 곁들여 16세기 유럽의 지리를 이해하는 데 가장 중요한 업적 가운데 하나로 남았다(설혜심, 2008, 《지도 만드는 사람》, 도서출판 길). 우리나라에서는 《집안에 앉아서 세계를 발견한 남자》라는 제목으로 뮌스터의 《세계지》에 대한 해설서가 번역되어 있다.

미란돌라 (Giovanni Pico della Mirandola, 1463~1494). 이탈리아의 인문주의자이자 철학자이다. 신플라톤주의와 중세 신학의 조화를 꾀했으며 르네상스의 새로운 인간관과 세계관을 제시했다. 저서로 《인간의 존엄에 대하여》가 있다.

미트리다테스 6세 (Mithridates VI, 서기전 132경~63). 소아시아 북아나톨리아 지방 폰투스의 왕이다. 로마가 가장 두려워했던 왕으로 알려져 있다.

밀 (John Stuart Mill, 1806~1873). 영국의 경제학자, 철학자이다. 하원의원으로 당선되기도 했으며 리카도 등과 더불어 19세기 고전경제학의 발달에 지대한 공헌을 했다. 스코틀랜드의 사회경제학자인 제임스 밀의 아들로 1836~1856년 사이 영국 동인도 회사의 심사관으로 인도 정부 간의 교섭 업무에 종사했지만 〈런던 리뷰〉(The London Review) 등의 편집을 맡았고 많은 저작을 저술했다. 특히 1848년 《정치경제학의 원리》(Principles of Political Economy)를 출간하면서 그의 사상이 독창성을 띠기 시작했는데 여기서 농민 소유권 제도의 확립을 주장했다. 그 이후 1859년 《자유론》(On Liberty), 1863년 《공리주의》(Utilitarianism) 등을 출판했다.

밀턴 (John Milton, 1608~1674). 영국의 시인이다. 종교개혁 정신의 부흥, 정치적 자유, 공화제를 지지하다가 탄압을 받았으며 대작 《실낙원》, 《복낙원》 등을 썼다.

바로 (Marcus Terentius Varro, 서기전 116~27). 고대 로마의 학자, 저술가이다. 로마인에게 가장 학식이 높은 학자로 추앙받았다. 서기전 47년 카이사르 집권 때 로마 최초의 공공도서관장으로 임명되었다. 그의 저서는 시를 삽입한 도덕적 수필집 150권을 비롯하여 라틴어, 문학사, 수사학, 역사, 지리, 법률, 종교, 음악, 수학, 건축,

농업, 의학 등 모든 분야에서 5백여 권에 이르렀다는데 현존하는 것은 《라틴어론》 (De lingua Latina)의 일부와 농사, 축산, 양봉에 관한 실용적 지식이 실린 3부작 《농사론》(De re rustica) 뿐이다.

바빌론의 디오게네스 (Diogenes of Babylon, 서기전 150년경). 스토아 철학자이다. 바빌론 에서 태어나 아테네에서 크리시포스로부터 수학했고, 제논의 스토아학파를 이어받 았고 파나이티오스를 제자로 두었다.

바스의 아델라르 (Adelard of Bath, 1116경~1142경). 12세기 영국의 학자이다. 아랍의 점 성학, 천문학, 철학, 수학 관련 과학 저술을 라틴어로 번역한 것으로 잘 알려졌다. 이 책 중에는 오직 아랍어로만 번역된 고대 그리스 문헌도 포함되어 비로소 유럽에 알려지게 되었다.

바울 3세 (Paul III, 1468~1549). 종교개혁 시기의 교황이다. 신교에 대한 반종교개혁 운 동과 가톨릭 내의 교회 개혁 등을 추진했으며, 미켈란젤로에게 〈최후의 심판〉을 그 리게 한 것으로 유명하다. 또한 그는 유럽의 정복자들과 식민통치자들 탓에 아메리 카 원주민들이 인간이 아니라 동물이라는 통속적인 이미지가 유포되자 《지극히 높 으신 하느님》이라는 교서를 보내 원주민을 영혼과 이성을 가진 존재라고 명기했으 며 평화로운 방법으로 기독교로 개종되어야 함을 강조했다.

바클레이 (John Barclay, 1582~1621). 스코틀랜드의 풍자 시인이다.

바트람 부자 (John Bartram, 1699~1777; William Bartram, 1739~1823). 존 바트람 (John Bartram)은 미국 초기의 식물학자, 원예학자, 탐험가이다. 그는 펜실베이니아의 농 가 출신으로 정식 교육을 거의 받지 못했음에도 불구하고 라틴어와 그리스어를 배웠 고 미국철학회의 정회원이었으며, 프랭클린과 여타 저명한 식민지 정착자들의 친구 였다. 그는 얼마 되지 않은 땅을 물려받은 뒤 땅을 사기 시작하여 102에이커에 달하 는 토지를 경작하는 농부가 되었다. 그의 정원은 아메리카에서 가장 크고 훌륭했으 며 후에는 미국에서 최초의 식물원을 건립하였고 이는 그의 아들 윌리엄 바트람 (William Bartram)에게로 이어졌다. 또한 존 바트람은 애팔레치아 산맥에서 플로리 다 남부까지를 여행했으며, 1791년 출판된 여행기는 아메리카의 고전적 여행기가 되었다. 자연을 과학적 관찰과 더불어 개인적 경험을 통해 묘사한 것이 특징이다.

발라 (Lorenzo Valla, 1407~1457). 이탈리아의 인문학자이다. 스콜라철학의 논리를 비판 하고 에피쿠로스의 쾌락론을 부흥하게 했다. 저서로 《쾌락론》 등이 있다.

발렌티니아 아우구스투스 (Valentinian Augustus, 321~375). 로마제국의 황제. 즉위 후 라 인 강 상류의 게르만족들과 싸워 북쪽 변경의 방어선을 구축했다. 또, 색슨족의 브 리타니아 침입이나 아프리카 무어 족 봉기는 테오도시우스를 기용하여 격퇴했다. 정통파 기독교도였지만, 종교문제에 관해서는 관용·불간섭정책을 택했다.

배젓 (Walter Bagehot, 1826~1877). 영국의 경제·정치학자, 문예비평가, 은행·금융론 자이다. 1860년 〈이코노미스트〉의 편집 겸 지배인이었다.

뱅크스 경(Sir Joseph Banks, 1743~1820). 영국의 박물학자, 식물학자이다. 쿡의 첫 번째 항해에 참여했으며, 유칼립투스, 아카시아, 미모사 등을 유럽에 처음 소개했다. 그는 쿡의 항해에서 돌아온 이후 명성이 널리 알려졌으며 '오스트레일리아의 아버지'로 불리기도 한다. 뉴사우스웨일즈 지방에 식민주의적 정착을 강력히 주장했으며, 20년 후 그의 정착 계획이 현실화되었을 때 실제로 영국 정부의 정책에 끊임없이 조언을 했다.

버넷(Thomas Burnet, 1635경~1717). 영국의 신학자이자 천지창조(cosmogony, 우주개벽설)의 작가이다. 그의 문학적 명성은 1681년에 라틴어, 1684년에 영어로 출판된 《지구에 관한 신성한 이론》(《지구신성론》이라고도 번역됨) 때문으로, 이 저작은 지표면에 관한 아무런 과학적 지식이 없는 상태에서 서술된 단순한 사색적 천지창조론이었지만 설득력 있게 쓰였다.

버턴(Robert Burton, 1577~1640). 영국의 학자이자 성공회 신부이다. 《우울의 해부》라는 저서로 유명하다.

버틀러(Josheph Butler, 1692~1752). 영국의 신학자, 철학자, 도덕사상가이다. 옥스퍼드 대학교를 졸업한 뒤 성직자가 되어 1750년 더햄의 주교가 되었다. 《인간 본성에 대한 15강》, 《자연종교와 계시종교의 비교》가 대표 저작이다. 특히 《인간 본성에 대한 15강》은 홉스의 쾌락주의에 대한 비판으로 윤리학과 변증법에 큰 공헌을 한 책으로 알려졌다.

베가(Lope de Vega, 1562~1635). 에스파냐의 극작가, 시인, 소설가이다. 새로운 극작법의 작품으로 에스파냐 황금기의 국민연극을 만들었고 서정시인으로도 탁월했다.

베게티우스(Publius Flavius Vegetius Renatus, ?~?). 4세기에 활동한 로마제국 시대의 저자로 그가 남긴 두 권의 저서인 《군사학 개론》(Epitoma rei Militaris), Digesta Artis Mulomedicinae는 서양에서 가장 큰 영향력을 가진 군사 논문으로 평가되며 중세 이후 유럽의 전술에 커다란 영향을 미쳤다.

베드로(Peter the Venerable, 1092경~1156). 베네딕트 수도회의 클루니 수도원 원장이다. 이슬람에 관련된 자료와 저술을 수집하고 그리스도의 신성, 현재의 이교 사상, 기적 같은 기독교 교의에 관련된 보편적인 신학적 문제들을 다룬 편지를 많이 쓴 것으로 유명하다. 그의 저술은 12세기 가장 중요한 문헌들 중 하나다.

베르길리우스(Maro Publius Vergilius 영문명 Virgil, 서기전 70~19). 고대 로마의 시인이다. 이탈리아 북부 만투바 근교의 농가에서 태어나 크레모나와 밀라노에서 초등교육을 받고 다시 로마에서 공부했다. 서기전 30년 제2작인 《농경시》(Georgica)를 발표했는데, 완성하는 데 7년이 걸린 이 작품으로 인해 명성이 더욱 높아졌다. 그 후 11년에 걸쳐 장편 서사시 《아이네이스》(Aeneis)를 썼는데, 이 작품으로 인해 그의 이름은 후세에까지 전해졌다. 그가 현대에 이르기까지 여러 가지 형태로 서양문학에 미친 영향은 매우 크다. 단테가 〈신곡〉에서 그를 안내자로 삼은 것은 유명한 이야기이다(그의 작품 전반에 대한 개관은 고경주, 2001, "베르길리우스의 황금시대관", 〈서양고전학연구〉, 제17권을 보라).

베르티우스(Petrus Bertius, 1565~1629). 플랑드르 출신의 수학자, 역사학자, 신학자이다. 또한 프톨레마이오스의 《지리학》과 각종 아틀라스의 편집 때문에 지도학자로도 이름을 날렸다.

베사리온(John Bessarion, 본명 Basil Bessarion, 1403~1472). 비잔틴의 인문주의자이자 신학자이다. 후에 로마의 추기경이 되었는데 15세기 문예부흥에 큰 기여를 했다.

베스푸치(Amerigo Vespucci, 1454~1512). 신대륙 초기 탐험자로 아메리카라는 지명은 그의 이름 아메리고에서 유래한다. 피렌체 태생으로 1503년 알베리쿠스 베스푸시우스(베스푸치의 라틴명)의 이름으로 발행된 소책자 《신세계》, 1505년경 발간된 《4회의 항해에서 새로 발견된 육지에 관한 아메리고 베스푸치의 서한》 등에 근거하여 1507년 독일의 지리학자인 발트제뮐러가 1507년 그의 저서 《세계지 입문》에서 '신대륙'임을 발견한 아메리고의 이름을 기념하여 그곳을 아메리카라고 부르기를 제창했고 이것이 뒤에 널리 승인되었다.

벤틀리(Richard Bentley, 1662~1742). 영국의 성직자이자 고전학자이다. 찰스 보일과 그의 논쟁은 조나단 스위프트의 《책들의 전쟁》에서도 풍자된 적이 있다("용어해설" 서명편의 《책들의 전쟁》 항목을 참고하라).

벨저(Bartholomeus Welser, 1488~1561). 독일 아우구스부르크에서 대상인의 아들로 태어나 형과 함께 벨저 앤 컴퍼니(Welser and Company)라는 회사를 설립해 막대한 부를 축적했다. 벨저 형제는 카를 5세에게 거금을 대출해주고 제국의 많은 특권을 누렸다. 특히 베네수엘라에 대한 지배권을 부여받아 수출입을 독점했을 뿐 아니라 식민화를 추진했다. 그러나 후에 베네수엘라에 대한 지배권은 다시 에스파냐왕국에 귀속되었다.

보넷(Charles Bonnet, 1720~1793). 스위스의 박물학자, 철학자이다. 모든 자연물은 원소로부터 인간에 이르는 상향계단으로 배열된다는 '자연의 계단설'을 주창했다. 주요 저서에는 《곤충학 논문》, 《유기체에 관한 고찰》 등이 있다. 또한 '찰스 보넷 신드롬'(Charles Bonnet Syndrome)으로 유명한데, 이는 시각장애를 가진 사람이 실제로 존재하지 않는 것을 보는 현상을 가리킨다. 백내장으로 시각장애를 가진 그의 할아버지의 경험을 토대로 이를 최초로 기술한 것이다.

보댕(Jean Bodin, 1530~1596). 프랑스의 법학자이자 사상가이다. 앙제 태생으로 1576년 《국가론》(Les Six livres de la République, 6권, 1576)을 펴내 정치학 이론을 체계화했다. 인간의 생존권과 생활 체계를 신앙 문제에서 분리하고 정치에서의 덕과 신학에서의 덕을 구별해 종교로부터의 국가의 독립을 주장했다. 종교전쟁에 대해서는 진리의 이름 아래 동포끼리 피를 흘리는 무익함을 지적하고 신교도에게도 신앙의 자유를 인정하고 유화정책을 취해야 한다고 주장했다. 몽테뉴와 견줄 만한 종교전쟁 시대의 문필가로 평가된다.

보베의 뱅상(Vincent of Beauvais, 1190~1264경). 도미니크 수도회의 수도사이자 전집 작가이다. 당대의 지식을 망라한 《대(大) 거울》(The Great Mirror)을 저술했다. "자연의 거울"(Mirror of Nature), "교의의 거울"(Mirror of Doctrine), "역사의 거울"(Mirror of History)로 구성되어 있었고 14세기에 아퀴나스 등에 의해 "도덕의 거울"(Mirror of Moral)이 추가되어 현재에 이른다.

보시우스(Isaac Vossius, 1618~1689). 네덜란드 라이덴 태생으로 후에 암스테르담으로 이주했으며 일찍 재능을 보이면서 고전 문헌학을 연구했다. 1649년에는 스톡홀름에 정착하여 크리스티나 여왕의 그리스어 교사가 되었고, 1670년에는 영국으로 이주해 죽을 때까지 머물렀다. 그는 고전 문학, 지리학, 성경 연대기 등에 관하여 많은 저서들을 남겼으며 서지 수집가로서 세계 최고의 사설 도서관을 만들 정도였다.

보이티우스(Anicius Manlius Severinus Boetius, 470경~524). 가톨릭 순교 성인이다. 뛰어난 학식을 인정받아 테오도리쿠스 대제의 집정관을 거쳐 최고 행정사법관이 되었다. 전 집정관 알비누스(Albinus)를 옹호하다가 반역 혐의를 받아 파비아 감옥에 갇혀 순교했다. 저서로 《신학논고집》, 감옥에서 저술한 《철학의 위안》(Consolation of Philosophy)이 있다. 《철학의 위안》은 산문과 시를 번갈아 사용하여 아름다운 문체가 돋보이는 대화 형식의 철학서로 5권으로 구성된다. 또한 이 저작에 포함되었다는 '빈 공간 학설'이 유명하다.

보일(Robert Boyle, 1627~1691). 영국의 화학자, 물리학자이다. 보일의 법칙을 발견하고 원소의 정의를 명확히 밝혔으며 화학을 실용화학에서 학문으로까지 발전시켰다.

보테로(Giovanni Botero, 1544~1617). 이탈리아의 사상가, 성직자, 시인, 외교관이다. 대표 저작은 《국가의 이성》(Della ragione di Stato, 1589)이다. 이 책에서 그는 마키아벨리의 《군주론》에서 나타난 비도덕적 정치철학에 반대론을 펼쳤다(이 책 3부 도입부 5절 참고).

볼니(Constantine François Chasseboeuf Volney, 1757~1820). 프랑스 계몽 시대의 역사가 및 철학자이다. 1795년에서 1798년까지 미국을 여행하고 《미국의 토양과 기후에 관한 견해》(Tableau du climat et du sol des Etats-Unis d'Amérique, 1803, 영어본 1804)를 저술했다.

볼링브로크(Henry St John, 1st Viscount Bolingbroke, Baron Saint John of Lydiard Tregoze and Battersea, 1678~1751). 영국의 정치가, 철학자이다. 자유와 공화주의의 대변자였으며 미국혁명에는 직접적으로, 프랑스혁명에는 볼테르를 통해 영향을 미쳤다.

볼테르(Voltaire, 1694~1778). 본명은 프랑수아 마리 아루에(François Marie Arouet)로 볼테르는 필명이다. 18세기 프랑스의 작가, 계몽사상가이다. 비극작품으로 17세기 고전주의의 계승자로 인정되고, 오늘날 《자디그》, 《캉디드》 등의 철학소설, 역사

작품이 높이 평가된다. 그리고 백과사전 운동을 지원했다.

볼프(Christian Wolff, 1679~754). 독일의 철학자, 법학자이다. 1699년 예나 대학교에서 수학하고 1717년에 할레 대학교 정교수가 되었다. 볼프는 라이프니츠와 칸트의 가교 역할을 한 대표적 철학자로 알려져 있다. 라이프니츠 철학을 독일어로 강의하는 등 학문 연구의 언어로서 독일어를 형성한 공로를 인정받으며, 그의 학문은 미국 독립선언에 큰 영향을 미쳤다. 대표 저작으로는 《인간오성의 여러 힘에 대한 이성적 사고》(1712), 《이성철학 또는 논리학》(1728), 《자연법·국제법제요》(1750) 등이 있다.

봉플랑(Aime Jacques Alexandre Bonpland, 1773~1858). 프랑스의 탐험가, 식물학자이다. 훔볼트와 동행하여 라틴아메리카를 여행했다.

뵈어만(Karl Woermann, 1844~1933). 전직 독일 드레스덴 박물관장, 서양 고대미술사가이다. 《회화의 역사》(*Geschichte der Malerei*, 1879)의 고대 부분을 집필했다. 미술사에 대한 논문으로는 "미술사에서 배울 것"(*Was uns die Kunstgeschichte lehrt*, 1894)이 있다.

뷔싱(Anton Friedrich Büsching, 1724~1793). 독일의 지리학자이다. 그의 저작 《지구의 묘사》(*His Erdbeschreibung*)는 과학적 성격을 지닌 최초의 지리적 저술이었으나 유럽만을 다룬다.

뷔퐁(Georges Louis Leclerc de Buffon, 1707~1788). 프랑스의 박물학자, 수학자, 생물학자이다. 프랑스 몽바르 태생으로 영국에 1년간 유학하여 수학, 물리학, 박물학을 공부하면서 뉴턴의 영향을 받아 그의 저서를 프랑스에 소개하고 인과론적 자연 인식의 발전에 힘썼다. 1739년 파리 왕립식물원의 원장이 되어 동식물에 관한 많은 자료를 토대로 1749년부터 《박물지》(*Histoire naturelle generale et particuliere*, 44권, 한 권은 사후 간행)를 출판했다. 그리고 《자연의 시대》(*Les époques de la nature*, 1778)를 출간했다. 그의 견해는 라마르크와 다윈에게 결정적 영향을 미쳤다.

브라운 경(Sir Thomas Brown, 1605경~1682). 영국의 작가이자 의사이다. 의학, 종교, 과학 등에 대해 다양한 저술을 남긴 그의 저작은 베이컨주의 과학혁명에 영향을 받아 자연 세계에 대한 깊은 호기심을 담았다. 옥스퍼드 대학교를 졸업하고 유럽에서 머물면서 의학박사 학위를 받은 후 영국으로 다시 돌아와 노르위치에 정착한 직후 그의 첫 저작이자 가장 유명한 《의사의 종교》(*Religio Medici*, 1635)를 썼다.

브레멘의 아담(Adam of Bremen, 1050?~1081?). 중세 독일의 가장 중요한 연대기 저자 중 한 사람이다. 저서로는 《함부르크-브레멘 대주교의 역사》이 있다.

브뤼겔(Pieter Bruegel the Elder, 1525~1569). 네덜란드의 화가이다. 16세기 가장 위대한 플랑드르 화가 가운데 한 사람이다. 대지와 그 속에서 소박하고 우직하게 살아가는 농민을 휴머니즘과 예리한 사회 비판의 눈으로 관찰하면서 묘사했다. 작품으로는 〈사육제와 사순절 사이의 다툼〉, 〈아이들의 유희〉, 〈바벨탑〉 등과 사계절의 농촌을 묘사한 3점의 작품인 〈영아 학살〉, 〈농민의 춤〉, 〈농가의 혼례〉 등이 있다.

블라쉬(Paul Vidal de la Blache, 1845~1918). 프랑스의 지리학자이다. 근대 지리학의 발전에 심대한 영향을 끼친 그는 파리에서 역사와 지리학을 공부했고 소르본 대학에서 지리학 교수가 되었다. 그의 생애에서의 주된 연구 주제는 사람의 활동과 자연환경 간의 상호연관성이었는데 이로 인해 그는 프랑스 인문지리학을 정립한 지리학자가 되었다. 그는 인간의 역할을 수동적으로 보지 않고 어느 정도의 한계 내에서 자신의 목적에 따라 환경을 변화시킬 수 있는 존재로 본 대표적 가능론자이기도 한데 특히 생활양식(genre de vie)의 개념으로 유명하다.

블란카누스(Josephus Blancanus, 1566~1624). 이탈리아 예수회 천문학자이자 수학자이다. 달 표면을 그리기도 했는데, 오늘날 달의 분화구 명칭 중에서 블란카누스란 명칭은 바로 이 사람의 이름을 딴 것이다. 이 이름은 라틴어식 이름이고, 이탈리아어 이름은 Giuseppe Biancani이다.

블로크(Marc Bloch, 1886~1944). 중세 프랑스를 연구했던 프랑스 역사가이자 아날학파의 창시자다.

비드(Bede, Saint Bede the Venerable, 672경~735). 영국의 수도사, 저술가, 학자. 《영국 교회의 역사》(Historia ecclesiastica gentis Anglorum)로 유명하며 이 책으로 인해 영국사의 아버지로 불린다.

비오 2세(Pius II, 1405~1464). 본명은 피콜로미니(Aeneas Sylvius Piccolomini). 스위스의 역사학자 야콥 부르크하르트는 《이탈리아 르네상스의 문화》에서 비오 2세를 "이탈리아 풍경의 장엄함을 즐겼을 뿐만 아니라 세부적으로 이르기까지 열광적으로 기술한 최초의 사람"으로 규정한다. 그는 교황국 로마와 남쪽 토스카나(그의 고향) 지방을 아주 잘 알았는데, 교황이 되고 나서 좋은 계절이면 소풍과 시골에 머무는 것으로 여가를 보냈다. 그리고 종종 추기경 회의와 외교관 알현을 오래된 커다란 밤나무나 올리브나무 아래 아니면 초원이나 솟아나는 샘물 옆에서 열었다. 1462년 여름 흑사병과 더위가 저지대에서 기승을 부릴 동안 그는 아미아타(Amiata) 산에 피신해 풍경 탐닉의 절정에 도달했다. 이러한 행위는 본질적으로 현대적인 즐거움으로 고대의 영향은 아니었다(야콥 부르크하르트 저, 안인희 역, 2003, 《이탈리아 르네상스의 문화》, 푸른숲, 364~367쪽 참고).

비온(Bion). 서기전 2세기 말의 사람이다. 소아시아 태생으로 생애 대부분을 시칠리아에서 살았으며 이곳에서 독살당했다고도 한다. 현존하는 얼마 안 되는 작품 중에서 〈아도니스 애가〉(Epitaphios Adonidos)가 가장 유명한데 이는 아도니스 축제 때 읊기 위한 것으로 추측되는 우아한 작품이다. 모스코스와 더불어 테오크리토스에 버금가는 대표적인 목가시인이다. 테오크리토스를 모방한 〈목가〉 중 완전한 것과 단편적인 것을 합쳐 17편이 남아 있다.

비올레-르-둑(Eugène Emmanuel Violett-le-Duc, 1814~1879). 프랑스의 건축가이자 군

사공학자이다. 축성술 역사에 대해 광범위한 저술을 했으며 프랑스 고딕건축 양식에 대한 관심을 부활시킨 주역이다. 그는 1940년대에 이루어진 노트르담 대성당 복원을 감독했지만 중세의 도시였던 카르카손 시(cité of Carcassonne)를 재건하려는 과도한 열정 때문에 큰 비난을 받기도 했다.

비탈리스(Orderic Vital, 1075~1143). 프랑스의 역사가, 수도사이다.

비트루비우스(Vitruvius). 서기전 1세기의 로마의 건축가 · 건축이론가이다. 이탈리아 베로나 태생으로 카이사르와 아우구스투스 황제 시대에 활약했다. 저서로《건축》10권을 썼다. 그의 이론은 건축가로서의 경험과 동시에 고대 그리스, 특히 헬레니즘의 문헌에 근거한 것이 많다. 이 책은 르네상스의 고전 연구에 따라 1415년경에 재발견되었으며 1484년에 로마에서 초판이 간행되었다. 그 후로 유럽 건축가에게 커다란 영향을 주었으며, 오늘날에도 고대건축 연구에 귀중한 자료다(비트루비우스 저, 오덕성 역,《건축십서》, 기문당, 1985 참고).

사세타(Stefano di Giovanni Sassetta, 1392경~1450경). 이탈리아의 화가이다. 14세기 시에나파의 전통을 지키면서 15세기 초 북방에서 스며든 새로운 '국제 고딕 양식'과 피렌체파의 자연주의 영향을 함께 받아들였다. 자연주의적 형체감에 보석과 같은 투명한 광채감과 섬세한 환상성을 가미해 르네상스 양식을 진전시킨 시에나파의 제1인자적 화가다.

샤르트르의 베르나르(Bernard de Chartres, ?~1130경). 중세 프랑스의 스콜라철학자이다. 샤르트르학파에 속하는 최초의 유명한 플라톤주의 철학자로 이 고장 학교의 총장이었다. 그러나 그 학설은 제자인 '솔즈베리의 존' 저작을 매개로 알려졌을 뿐이다. 베르나르는 고전학자 또는 문법학자로서 고전을 높이 평가하고 우리가 옛 사람보다 더 멀리 볼 수 있는 것은 고전 위에 서 있기 때문이라고 가르쳤다.

생 피에르(Jacques-Henri Bernardin de Saint-Pierre, 1737~1814). 프랑스의 저술가이자 식물학자이다. 1787년 소설 〈폴과 비르지니〉로 가장 잘 알려졌으며, 1795년에 아카데미 프랑세스의 전신인 인스티튜트 드 프랑스(Institut de France)의 교수로 선출되었다.

샤롱(Pierre Charron, 1541~1603). 프랑스의 사상가, 신학자이다. 고대 스토아 철학과 몽테뉴의 영향을 받았는데,《세 가지 진리》,《지혜에 대하여》등의 저서를 남겼다.

샤르댕(Jean Chardin, 1643~1713). 프랑스의 보석업자이자 여행가이다. 장 밥티스트 샤르댕(Jean-Baptiste Chardin) 또는 존 샤르댕 경(Sir. John Chardin)으로도 불린다. 그가 쓴 10권짜리 여행기인《샤르댕 경의 여행일지》는 유럽인이 페르시아와 근동 지역을 학술적으로 다룬 초기 저작 중 하나로 알려졌다.

샤를 2세(Charles, 823~877). 프랑스어로는 샤를(Charles), 영어로는 찰스(Charles), 독일어로는 카를(Karl), 별칭은 대머리왕 샤를(Charles the Bold)이다. 프랑스 서프랑크왕국의 왕(샤를 2세, 843~877 재위), 신성로마제국 황제(875~877 재위)를 지냈다. 864년까지 그의 정치적 위치는 그에게 충성하는 봉신이 거의 없어 불안정했다. 영토는 스칸디나비아인의 침략으로 시달렸으며 그들은 뇌물을 받고서야 돌아가곤 했다. 그러나 864년 피핀의 아들을 포로로 잡은 뒤 아키텐을 장악하는 데 성공했으며, 870년 독일인 루트비히와 메르센 조약을 맺어 서부의 로렌 지방을 차지했다. 875년 로타르의 아들인 황제 루트비히 2세가 죽자, 그는 이탈리아로 가 12월 25일 교황 요한네스 8세로부터 황제관을 받았다. 독일인 루트비히의 아들 카를만이 그를 향해 진격하고 주요 봉신들이 그에게 반란을 일으키는 가운데 죽었다. 그는 찬란한 카롤링 왕조의 르네상스를 다시 꽃피웠으며 교회와의 밀접한 협력관계로 자신의 지위와 권위를 높였다.

샤를로망(Carloman, 706?~754). 프랑크왕국 샤를 마르텔의 장자이다. 샤를 마르텔이 죽자 동생 피핀과 함께 나라를 물려받았다. 747년 수도원적 생활을 하기 위해 왕위를 떠난다.

샤를마뉴 대제(emperor Charlemagne, 742~814). 카롤링 왕조의 제2대 프랑크 국왕(재위: 768~814)이다. 카를 대제 또는 카롤루스 대제라고도 한다. 부왕인 피핀이 죽은 뒤 동생 카를만과 왕국을 공동 통치했으나 771년에 동생이 죽어 단일 통치자가 되었다. 몇 차례의 원정으로 영토 정복의 업적을 이루고 서유럽의 정치적 통일을 달성했다. 중앙집권적 지배를 가능하게 하면서 지방 봉건제도를 활용했고 로마 교황권과 결탁하여 서유럽의 종교적 통일을 이룩하고 카롤링 르네상스를 이룩했다.

샤스텔뤼(Marquis de Chastellux, 1734~1788). 프랑스의 군인, 여행가이다. 그는 1780~1782년 아메리카에서 로샹보와 그의 프랑스군에 속했던 3명의 주요 장군 가운데 한 사람이었다. 그는 초기 아메리카를 오랫동안 여행한 후 탁월한 여행기를 남겼다.

샤토브리앙(vicomte de Chateaubriand, 1768~1848). 프랑스의 작가이자 외교관이다. 프랑스 낭만주의의 초기 작가로서 당대의 젊은이들에게 깊은 영향을 미쳤으며 미국과 인디언 원주민을 이국적으로 묘사했다.

성 로쿠스(St. Roch, 1295~1327). 프랑스 몽펠리에 지방장관의 아들로 태어났다. 로마로 순례여행을 떠나 흑사병에 걸린 이들을 돌보는 데 헌신했으며 많은 기적을 행사했다고 알려졌다. 몽펠리에로 돌아온 뒤 첩자로 의심받아 투옥되어 감옥에서 사망했다.

성 마르크(St. Mark, ?~?). 예수의 12제자 중 하나이자 신약성서 두 번째 책인 마르코의 복음서 저자. 초대 교회의 선교 활동에 크게 공헌했다.

성 마르티누스(St. Martin, 316~397). 프랑스의 수호성인, 군인의 주보성인이다. 판노니아(헝가리)에서 태어났으며 그의 부모는 이교도였다. 세례 후 군인 생활을 그만두고 프랑스 리구제에 수도원을 세우고는 힐라리오 성인의 지도를 받으며 수도 생활을 했다. 후에 투르의 주교가 되어 착한 목자로서 모범이 되었으며 여러 수도원을 세우고 성직자들을 교육하며 가난한 이들에게 복음을 전파했다.

성 바실리우스(Basilius, 영문명 St. Basil, 330경~379). 그리스의 기독교 종교가이자 교회 박사이다. 아테네에서 최고의 교육을 받아 비기독교적 교양을 지닌 수사학 교사가 되었으나 5년 뒤 기독교에 끌려 각지의 수도원을 찾아다니며 수도에 힘썼다. 그 후 카에사레아의 주교가 되어 교회 정치에 말려들었으나 교회 통합에 주력하고 아리우스 논쟁의 종결을 위해 진력하는 한편 빈민 구제에도 힘썼다. 또 동방교회의 수도원 규칙을 제정해 '수도 생활의 아버지'로도 불렸다. 저서에는 《성령론》, 아리우스파의 《에우노미스 반박론》, 나지안지스의 그레고리우스와 오리게네스의 저작을 발췌·편집한 《필로칼리아》 외에 《젊은이에게 주는 설교》, 《여섯 날》 등이 있다.

성 베네딕트(St. Benedict, 480경~550경). 이탈리아 누르시아 태생이다. 서양에서는 처음으로 몬테카시노에서 수도원을 시작하여 베네딕트 수도회를 세우고 수도회 제도의 기초를 굳혔다.

성 베르나르두스(Bernard of Clairvaux, 1090~1153). 프랑스 귀족 가문의 7남매 중 3남 태생이다. 아버지는 제1회 십자군전쟁에서 전사했으며 어머니는 독실한 신자였다. 23세 때 30명의 귀족들과 함께 시토 수도원 원장으로 일했으며, 2차 십자군 유세로 활동 했다. 2년 후 12명의 동지들과 클레르보 수도원 원장으로 평생을 보내며 겸손과 사랑을 가장 큰 명제로 삼았다. 허약한 신체와 극단적인 금식 생활로 바로 서서 다닐 수 없을 정도였다. 그는 보수적 입장에서 아벨라르의 자유사상을 배격했으며 고난당한 그리스도를 사모했다.

성 보나벤투라(St. Bonaventura, 1221~1274). 이탈리아의 가톨릭 신학자다. 프란체스코 수도회에 들어가 파리 대학교에서 공부하고 아퀴나스와 함께 교수 자격을 얻어 모교에서 신학교수로 재직했다. 1257년 프란체스코 수도회 회장이 되어 수도회 조직 정비와 강화 등에 힘쓰다가 1273년 추기경과 알바노의 주교가 되었다. 새로 도입된 아리스토텔레스 등의 철학을 이해하는 입장을 취했으나 성 아우구스티누스의 전통을 따라 신비적 사색을 존중했다. 《신께 이르는 정신의 여행》(Itinerarium mentis in Deum, 1472)에는 철학에서 시작하여 신학, 신비사상으로 나아가는 그의 사상적 특징이 잘 나타나 있다(이 책 2부 5장 14절 참고).

성 보니파시오(St. Boniface, 673경~754). 독일의 사도이자 원장으로 선출된 영광도 포기하고 자신의 일생을 독일 민족의 회개를 위하여 바친 영국 베네딕트 수도회의 수도사다. 로마 지향성, 선교 활동 등에 대한 앵글로색슨 수도회의 이상을 흡수하고 717년 수도원장으로 선출되었으나 이를 사양하고 719년 선교 사목에 대한 그레고리오 2세의 인가를 로마에서 직접 받았다. 그 뒤 유럽 대륙 게르만족에 대한 선교를 시작하여 689년 피핀 2세에 의해 정복되어 프랑크 왕국령이 된 프리시아 선교, 721년 헤세 선교를 성공적으로 수행했다. 744년 그는 가장 유명한 수도회를 풀다에 설립했는데 이곳은 독일 종교 및 정신적 활동의 중심지가 되었다. 754년 프리시아 선교 여행에서 53명의 일행과 함께 이교도에 의해 학살되었으며 이후 풀다는 순례의 중심지로 부각되었다.

성 브로카르두스(St. Brocardus, 영문명 St. Brocard, ?~1231경). 프랑스 태생의 기독교 성직자로 카르멜(Carmel) 산에 있는 프랑크인 은둔자들의 지도자였다.

성 세쿠아누스(St. Sequanus, 580경 활동). 세느(Seine)라고도 불린다. 은자로 생활하다 가 수도사가 된 그는 세그레스트에 수도원을 세우고 대수도원장이 된다. 이 수도원 은 그의 이름을 기려 성 세느로 개명되었다.

성 스투르미우스(St. Sturm, 705~779). 성 보니파시오의 제자이다. 또한 베네딕트 수도 회와 풀다 수도원의 첫 번째 대수도원장으로 알려졌다.

성 아르마길루스(St. Armel, 5세기 말경~570경). 플로에르멜(Ploermel)의 성인이다. 웨일 스 지방 사람으로서 가렌트멜 수도원장의 지도를 받았는데, 그가 부제품을 받을 때 "누구든지 제 십자가를 지지 않으면 내 제자가 될 수 없다"는 말씀을 하늘에서 들었 다고 한다. 이 때문에 그는 그 누구보다도 모범적이었고 자발적이었기 때문에 자기 스승과 동료들과 함께 아르모리카로 선교여행을 했다. 그 후 그는 모르비아의 플로 에르멜 수도원을 세웠고, 여기서 선종한 용감한 복음 전도자였다.

성 아우구스티누스(St. Augustinus, 354~430). 초대 기독교 교회가 낳은 위대한 철학자, 사상가, 성인(聖人)이다. 388년 사제의 직책을 맡았고, 395년에는 히포의 주교가 되어 그곳에서 바쁜 직무를 수행하는 한편 많은 저작을 발표했다. 《삼위일체론》, 《신국론》등이 널리 알려졌다(이 책의 2부 5장 5절을 참고하라).

성 안토니우스(St. Anthony, ?~?, 1195~1231경 활동). 신앙심 깊은 부모의 영향을 받으 며 자랐고, 리스본 주교좌성당 부속학교에서 교육을 받다가 아우구스티누스 참사수 도회에 입회했고 1219년에 사제로 서품되었다. 1220년에 안토니우스라는 수도명을 받고 곧바로 아프리카 선교사를 지원했지만 병을 얻어 선교지에서 되돌아온 뒤 설교 가로서의 능력을 발휘한다. 1231년 병을 얻어 클라라 수녀회에서 운명했다. 그에 대한 수많은 기적 이야기와 설교 능력은 가톨릭교회의 전설 중 하나가 되었으며, 그를 능가할 만한 설교가가 나오기는 힘들 정도라고 높이 평가받았다. 당시 사람들 은 안토니우스를 일컬어 '이단자를 부수는 망치', '살아 있는 계약의 궤'라고 불렀으 며 기적을 행하는 사람으로 알았다. 또한 가난한 이들의 수호성인이고 잃어버린 물 건을 찾을 때 안토니우스 성인에게 기도하면 곧바로 찾는다는 전설이 있었다.

성 알베르투스(St. Albertus, 1206경~1280). 알베르투스 마그누스(Albertus Magnus) 또 는 알버트 대제(St. Albert the Great)라고도 불린다. 자연과학도의 수호성인이라는 칭호가 있다. 독일 스바비아의 라우인겐 가족성(城)에서 태어나, 파두아의 대학교 에서 수학했으며, 1274년의 리용 공의회에서 크게 활약했는데 특히 로마와 그리스 교회의 일치에 공헌했다. 또한 1277년에 파리의 스테파노 탕피에 주교와 그 대학교 의 신학자들에게 대항하여 아퀴나스와 그의 입장을 옹호한 사건도 유명하다. 그의 저서에는 성서와 신학 일반은 물론 설교, 논리학, 형이상학, 윤리학, 물리학까지 두루 섭렵한 논문이 많으며, 그의 관심은 천문학, 화학, 생물학, 인간과 동물의 생리학, 지리학, 지질학, 식물학에까지 확대되었다.

성 암브로시우스(Ambrosius, 영문명 St. Ambrose, 340~397). 초대 가톨릭교회의 교부이자 교회학자다. 370년 북이탈리아의 리구리아 주 밀라노의 집정관으로 재직 시 밀라노 성당의 주교 후계자 논쟁을 수습하여 아리우스파와 가톨릭 양쪽의 신망을 얻어 374년 세례도 받지 않은 상태에서 주교가 되었다. 이후 니케아 정통파의 입장에 서서 교회의 권위와 자유를 수호하는 데 큰 공을 남겼다. 뛰어난 설교가로서 반아리우스파의 여러 저술 외에도 《성직에 관하여》(De officiis ministrorum), 《6일간의 천지 창조론》(Hexemeron) 등이 유명하다. 오리게네스와 알렉산드리아의 필론이 행했던 성서의 우의적 해석을 도입한 것 외에 로마의 히폴리스, 이레나이우스, 안디옥의 이그나티우스 등을 연구하여 동방 신학을 서유럽에 이식했고, 마리아의 무원죄(無原罪)를 주장하여 중세 마리아 숭배의 시조가 되었다. 또 《암브로시우스 성가》로 불리는 찬미가집을 만들어 '찬미가의 아버지'로 불리기도 한다.

성 유페미아(St. Euphemia, ?~307). 칼케돈의 순교자이다. 이교도의 의식을 거부했다는 이유로 고문당한 뒤 곰에게 죽임을 당했다고 한다. 5세기에 그녀를 기리는 교회가 지어졌다.

성 코렌티누스(St. Corentin, ?~490경). 프랑스 북서부 브르타뉴 지방의 초대 주교이다. 본래 은수사였지만 주민들이 그의 성덕을 흠모하여 투르로 모셔서 주교 축성식을 거행했다고 한다. 성 코렌티누스 성당에는 '거룩한 우물'이 있는데 그는 여기에 이상한 고기를 길렀다고 한다. 이 우물과 고기를 이용하여 수많은 기적을 베풀어 주민들에게 안위를 제공했다고 한다.

성 콜룸바누스(St. Columbanus, 543~615). 아일랜드 출신의 로마 가톨릭 수도원장이다. 509년부터 유럽 대륙을 순례하며 포교 활동을 했다. 아일랜드 부족의 지도자로 라틴어에 능통했고 그리스어도 알았다. 기독교 확산에 대한 열정을 품고 브리타니아에 상륙해 포교 활동을 했으며 유럽 각지에 40여 개의 수도원을 세우는 등 켈트 수도원의 확산에 결정적 역할을 했다. 특히 동프랑크왕국 및 부르군드 지방에서 좋은 결과를 낳았지만 전례 문제로 주교들과 갈등을 빚어 추방된 뒤 이칼리아로 가 보비오 수도원을 설립하고 그곳에서 세상을 떠났다.

성 파코미우스(St. Pachomius, 292경~348). 이집트 룩소르의 테베에서 292년경 이교도 부모 밑에서 태어났다. 자신이 닮고 싶었던 이집트의 성 안토니우스 근처에서 은둔자 생활을 시작했다. 당시 기독교의 금욕주의는 고독과 은둔을 추구했는데 그는 남녀 수도사들이 모여 살면서 모든 소유를 공유하는 공동체를 창설했다. 파코미우스의 규율은 오늘날 동방정교회에서 활용되며 서방의 베네딕트 수도회와 비견된다.

성 폴 아우렐리안(St. Paul Aurelian, ?~6세기). 웨일스의 주교이다. 성 일티드(St. Illtyd) 밑에서 수학했고 은자가 되도록 허락받았다. 선행으로 명성이 높아져 추종자들이 모이자 브르타뉴의 왕은 그에게 설교를 청한다. 그의 의사와 상관없이 주교가 되었으나 몇 년 뒤 은퇴한다. 기적을 행하는 능력으로 이름이 높았다.

성 프란체스코 (St. Francesco, 영문명 St. Francis 1182~1226). 이탈리아 아시시 (Asisi)의 부유한 포목상의 아들로 태어난 그는 스폴레토에서 그리스도의 환시를 보고 "내 교회를 고치라"는 말씀을 들었으며, 또한 나병 환자와의 극적인 입맞춤을 통하여 지난날의 생활을 청산했다. 그 후 그는 산 다미아노에서 복음의 글자 그대로 살기로 결심했으며, 부친의 유산을 포기하고 오로지 신의 사람으로서 보속 생활에만 전념했다. 프란체스코회가 첫 발을 내딛게 했으며, 1212년에는 성녀 클라라를 도와 '가난한 부인회', 일명 '클라라회'를 세웠다. 《태양의 찬가》(Canticum Fratris Solis), 《평화의 기도》(Prayer before the Crucifix) 등을 후세에 남겼다. 1226년 선종 후 2년 뒤에 시성된 그는 흔히 '제2의 그리스도'라는 칭호를 들을 정도로 큰 영향을 미쳤다.

성 히에로니무스 (St. Jerome, Eusebius Hieronymus, 345경~419경). 성 암브로시우스, 그레고리우스, 성 아우구스티누스와 함께 라틴 4대 교부로 일컬어진다. 히브리어 원본 성경을 연구한 성서학자로도 유명하다. 가장 큰 업적은 성서의 그리스어 역본인 70인 역 성서를 토대로 시편 등의 라틴어 역본(불가타성서)을 개정한 일이다. 그리스어로 된 성서를 중심으로 번역하되 히브리어와 아람어 성서를 대조, 확인한 것으로도 전해진다. 신약성서는 그리스어로 쓰였으나 구약성서는 본래에는 히브리어와 아람어로 쓰였다.

성왕 루이 (St. Louis of France, 1214~1270). 루이 9세의 별칭이다. 정의에 입각한 평화, 덕과 정치의 일치를 추구한 왕으로 프랑스 집권적 왕정을 완성했다. 잉글랜드와의 싸움을 종결시켰고 여러 국왕과 제후 사이의 평화 수립에 노력했다. 십자군 원정 도중에 사망했으나 이 시기 프랑스는 서유럽의 중심이 되었다.

세네카 (Lucius Annaeus Seneca, 서기전 55경~서기 39경). 로마 시대의 정치인, 사상가, 극작가, 스토아 철학자이다. 또한 네로 황제의 스승으로도 유명하다. 주요 작품으로 《노여움에 대하여》(De Ira), 《자연학 문제점》(Naturales quaestiones), 《도덕서한》(Epistolae Morales), 《은혜에 대하여》〔De Beneficiis (On Benefits)〕, 그리고 비극 9편 등이 있다.

세르비우스 (Servius the Grammarian). 4세기 로마에서 활동한 라틴 문법학자, 주석자, 교사이다. 베르길리우스의 작품에 대한 귀중한 해설서를 쓰기도 했다.

세비야의 이시도루스 (Isidorus of Seville, 560경~636). 에스파냐의 성직자. 600년경 세비야의 대주교가 된 후 서고트족을 아리우스주의 (arianism)로부터 개종시키고 에스파냐에 가톨릭교회를 재건하는 데 전력했다. 20권으로 구성된 백과사전 《어원학》을 저술했으며 역사서로 《고트족, 반달족, 스베니아족의 통치사》(Historia de Regibus Gothorum, Vandalorum, et Suevorum)도 유명하다.

세이버트 (Adam Seybert, 1773~1825). 미국의 하원의원이다. 펜실베이니아 대학교 의학

과정을 수료 후 유럽에서 화학 및 광물학을 연구했다. 미국철학회 회원이었으며 여러 차례에 걸쳐 펜실베이니아 하원의원으로 선출되었다.

셰익스피어(William Shakespeare, 1564~1616). 영국이 낳은 세계 최고의 시인 겸 극작가이다. 대표작으로는 〈로미오와 줄리엣〉, 〈베니스의 상인〉, 〈맥베스〉, 〈햄릿〉 등이 있다.

셀라(William Young Sellar, 1825~1890). 스코틀랜드의 고전학자이다. 1863년 에든버러 대학교 인문학 교수로 부임한 뒤 그곳에서 생을 마쳤다. 뛰어난 근대 고전학자 중 한 명이었고 로마 문헌의 글귀보다는 정신을 재생산하려는 노력을 기울여 주목할 만한 성공을 거뒀다.

소조메노스(Salamanes Hermeios Sozomenos, 영문명 Sozomen, 400경~450경). 콘스탄티노플에서 활동한 기독교도 법률가이다. 그가 쓴 교회사는 고전적 문체, 수도원주의에 대한 선호, 서유럽 자료들의 방대한 사용 등으로 유명하며 동시대 인물로서 그보다 나이가 위인 소크라테스 스콜라스티쿠스의 교회사와 견줄 만하다. 당시 세력을 떨치던 비잔틴제국의 황제 테오도시우스 2세(408~450 재위) 때 교회사 저술 작업에 헌신해 324~439년의 시기를 다룬 9권의 책을 편집했다. 그러나 현존하는 본문은 425년에서 끝났는데 마지막 부분이 테오도시우스 2세의 탄압으로 삭제되었는지, 아니면 그냥 분실되었는지 의문이 남았다. 그는 성직자들뿐 아니라 교양 있는 평신도들을 위해서도 소크라테스 스콜라스티쿠스의 책을 뛰어난 문체로 개정하려 했던 것으로 보인다. 비록 그가 소크라테스 스콜라스티쿠스보다 평론 방법 및 신학 이해에서 열등했지만 그때까지 유례없던 독특한 자료를 삽입해 연대기를 가치 있게 만들었다. 이 연대기는 소크라테스 스콜라스티쿠스의 본문에 대한 교정본이며, 이 본문으로 초기 기독교에 대한 정보를 중세 교회에 제공한 셈이다.

소크라테스(Socrates, 서기전 470경~399). 고대 그리스의 철학자이다. 서구 문화의 철학적 기초를 마련한 고대 그리스의 위대한 세 인물(소크라테스, 플라톤, 아리스토텔레스) 가운데 한 명이다. 그는 자연에 관한 생각에 머물렀던 당시 철학의 초점을 인간 생활의 성격과 행위 분석으로 옮겼고 "너 자신을 알라"라는 질문으로 유명한 인간 본질에 대한 탐구에 집중했다. 젊은이들을 타락시키고 도시가 숭배하는 신들을 무시하고 새로운 종교를 끌어들였다는 이유로 기소되어 사형을 선고받은 후 독배를 마시고 죽었다. 저술을 남기지 않았지만 그의 인격과 이론은 주로 플라톤의 대화편과 크세노폰의 《소크라테스의 추억》에 근거한 것이다.

소크라테스 스콜라스티쿠스(Socrates Sholasticus, 380경~?). 비잔틴의 교회사가(史家)이다. 주해가 있는 그의 연대기 《교회사》(*Historia Ecclesiastica*)는 4~5세기 교부 시기의 교회사 연구에 중요한 기록 자료이자 개요다. 이후에 나온 그의 작품집의 발췌문은 초기 기독교에 관한 주요 지식을 중세 라틴 교회에 제공했다. 법률고문이었던 그는 평신도로서는 최초로 교회사를 저술한 사람으로 알려져 있다.

소포클레스(Sophocles, 서기전 496~406). 고대 그리스의 3대 비극 작가의 한 사람이다. 아테네 교외의 콜로노스 태생으로 정치가로서도 탁월한 식견을 지녔으며, 델로스 동맹 재무장관에 임명되어 페리클레스와 더불어 10인의 지휘관직에 선출되었다. 28세 때 비극 경연대회에 응모하여 스승인 아이스킬로스를 꺾고 첫 우승한 이후 123편의 작품을 씀으로써 18회(일설에는 24회)나 우승했다. 〈아이아스〉(Aias), 〈안티고네〉(Antigone), 〈오이디푸스왕〉(Oidipous Tyrannos), 〈엘렉트라〉(Elektra) 등의 작품이 있다(소포클레스 저, 천병희 역, 2008, 《소포클레스 비극 전집》, 숲 참고).

손다이크(Lynn Thorndike, 1882~1965). 중세 과학사와 중세 화학사를 연구한 미국의 역사학자이다. 초기 기독교부터 근대 초기 유럽까지를 다루는 마술과 과학에 대한 책인 《마술과 실험 과학의 역사》(A History of Magic and Experimental Science, 8권, 1923~1958)와 《15세기 과학과 사상》(Science and Thought in the Fifteenth Century, 1929), 《중세 유럽의 역사》(The History of Medieval Europe, 1917)를 저술했다.

솔론(Solon, 서기전 640경~560경). 고대 그리스 아테네의 정치가, 시인이다. 그리스 7현인 중 한 사람으로 알려져 있다. 살라미스 섬의 영유를 둘러싼 서기전 596년 메가라인과의 전투에서 명성을 얻어 서기전 594년 집정관 겸 조정자로 선정되어 정권을 위임받았다. 그는 배타적 귀족정치를 금권정치로 대체하고 인도적 법을 도입했다. 특히 당시 빈부의 극심한 차이로 인한 사회불안을 개선하기 위하여 부채의 조정 포기와 채무노예의 해방과 금지를 포함한 이른바 '솔론의 개혁'이라 일컫는 여러 개혁을 단행했다.

솔루스트(Sallust, 라틴어명 Gaius Sallustius Crispus, 서기전 86~34). 평민계급 출신의 로마의 역사가이다.

솔리누스(Gaius Julius Solinus, 250년경). 고대 로마의 박물학자이다. 《세계의 지리와 기적에 관하여》라는 현실과 허구가 뒤섞인 지리서를 썼다. 그의 진정한 공헌 가운데 하나는 오래전부터 '마레 노스트룸'(우리의 바다)이라고 불린 로마 주위의 바다를 '지중해'(地中海), 즉 지구의 중심에 있는 바다라는 이름으로 바꿔 부른 것이다. 그의 저작에 크게 영향을 받은 사람 중 하나가 성 아우구스티누스라고 한다.

솔즈베리의 존(John of Salisbury, 라틴어명 Johannes Saresbarius 1115~1180). 중세 영국의 철학자, 신학자, 정치가이다. 또한 당대 최고의 라틴어 저술가이기도 했다. 스승인 베르나르가 "우리가 옛사람보다 더 멀리 볼 수 있는 것은 고전 위에 서 있기 때문"이라는 설명을 자신의 저술에서 소개했다.

쉬렐(Alexandre Surell, 1813~1887). 19세기 프랑스의 토목공학자이다.

쉴리(Maximilien de Béthune, Duke of Sully, 1560~1641). 프랑스의 군인이자 정치가이다. 프랑스 종교 전쟁을 종식시킨 앙리 4세의 오른팔이었던 그는 오랜 전쟁으로 파산 상태였던 프랑스의 재정을 크게 개선시켰고 사회를 발전시켰다. 재무, 농업, 토지 관리에서 그의 능력은 타의 추종을 불허했고, 도로망, 삼림, 운하 건설과 캐나다

퀘벡 주 개발 등이 그의 손에서 이루어졌다. 특히 삼림 파괴를 금지했으며 습지에 배수시설을 만들고 운하 건설계획 등을 세웠다.

스넬 (Willebrord Snellius, 1580경~1626). 네덜란드의 천문학자, 수학자이다. 스넬의 법칙으로 알려진 '굴절의 법칙'으로 유명하다. 1613년에 그의 아버지에 이어 라이덴 대학교 교수로 임용되었고 1615년에 삼각법을 이용해 지구의 둘레를 측정했으며, 1617년에 《네덜란드의 에라토스테네스》(*Eratosthenes Batavus*) 라는 책을 펴냈다. 이후 1921년에 굴절의 법칙을 확립했다.

스멜리 (William Smellie, 1740~1795). 인쇄장인, 박물학자이다. 스코틀랜드인으로 《브리태니커 백과사전》 초판(1768~1771) 의 편집인이었으며 뷔퐁의 《박물지》(*Natural History*) 를 영어로 번역했고, 《박물지 철학》(*The Philosophy of Natural History*) 2권을 집필했다.

스미스 (Grafton Elliot Smith, 1871~1937). 영국의 해부학자이다. 선사시대에 대한 초전파주의적 관점을 적극 지지한 인물로 유명하다.

스밤메르담 (Jan Swammerdam, 1637~1680). 네덜란드의 생물학자, 박물학자이다. 곤충을 해부하여 곤충의 생애 단계를 입증했다. 1668년에는 적혈구를 최초로 관찰하고 그 결과를 기술했다. 해부 작업에 현미경을 최초로 이용했으며, 그의 탁월한 방법은 후대의 학자들에게 널리 이용되었다.

스봉 (Ramon Sebon, ?~1432). 에스파냐 바르셀로나 태생의 신학자이다. 라틴어 이름은 시비우드(Sibiude) 혹은 레이문두스 드 사분데(Raymundus de Sabunde) 이다. 1430년부터 죽을 때까지 프랑스 툴루즈 대학교에서 신학, 철학, 의학을 가르쳤다. 신학과 철학에 관해 몇 저작을 집필했으나 현재 남은 것은 에스파냐어로 집필되고 후에 몽테뉴에 의해 프랑스어로 번역된 《자연신학》(*Theologia Naturalis*) 이 유일하다.

스즈키 (Daisetz Teitaro Suzuki, 鈴木 大拙, 1870~1966). 일본의 학자이다. 선종 불교에 대한 저술로 선종에 대한 서구의 관심을 널리 확산시켰다. 또한 다수의 중국, 산스크리트 문헌의 번역가로도 유명하다.

스칼리제르 (Joseph Justus Scaliger, 1540~1609). 프랑스 태생의 네덜란드 고전학자이다.

스컬리 (Vincent Joseph Scully, Jr. 1920~). 미국 예일 대학교 건축학과의 건축사 명예교수이다. 건축사에 대해 몇 권의 저서가 있다.

스코투스 (Duns Scotus, 1266~1308). 중세의 철학자로 프란체스코회의 전통적인 아우구스티누스주의를 대표하여 토마스학파와 대립했다. 그의 사상은 프란체스코회를 중심으로 한 사상가들에게 전해져 스코투스학파로 이어졌다. 스코투스학파는 사물의 전체성을 직관으로 파악하며, 사유, 즉 이성에 대한 의지의 우위를 주장한다. 또 모든 것은 신의 자유이며 한없는 사랑의 발로로써 신이 바라는 것은 모두가 선이라고 설명한다.

스탠리 경 (Sir Henry Morton Stanley, 1841경~1904). 미국의 언론인이자 탐험가이다. 아

프리카 탐험 중 한동안 소식이 끊겼었던 데이비드 리빙스턴을 찾아 나선 이로 잘 알려져 있다.

스트라본(Strabon, 영문명 Strabo 서기전 64경~서기 23경). 고대 그리스의 지리학자이자 역사학자이다. 소아시아 아마시아(폰투스)의 명문가 출신으로 알렉산드리아에서 수사학, 지리학, 철학을 아리스토데모스 등에게 배웠고, 철학은 아리스토텔레스학파를 떠나 스토아학파의 입장을 취했다. 로마, 이집트, 그리스, 소아시아, 이탈리아 등의 지역을 여행하고 만년은 고향에서 보냈다. 저서인 《역사적 약술》(Historika Hypomnēmata, 전 47권)은 현존하지 않지만 서기전 20년 이후 로마에 장기간 체재하면서 저술한 《지리학》(Geōgraphiā, 17권)은 대부분 남아 있다. 이 책은 단순한 지리서가 아니라 유럽, 아시아, 아프리카의 전설 및 정치적 사건, 중심 도시, 주요인물 등 역사적 서술도 있어 중요한 사료로 평가받는다.

스트라부스(Strabus, 808경~849). 베네딕트 수도회 대수도원장, 신학자, 시인이다. 발라프리트 스트라본(Walafrid Strabo)으로도 알려져 있다. 그의 라틴어 저서는 독일 카롤링 왕조 시대의 대표적인 작품으로 알려져 있다. 지금은 주로 시(詩)가 주목을 받지만 당시 사람들은 그의 시보다는 신학 사상과 저술을 높이 평가했다.

스트라톤(Straton of Lampsacus, ?~서기전 270경). 그리스의 철학자이다. 테오프라스토스의 뒤를 이어 아리스토텔레스의 학설을 바탕으로 삼는 페리파토스학파의 지도자가 되었으며, 모든 실체에는 빈 공간이 포함되어 있다는 '빈 공간 학설'로 유명하다.

스트루테반트(Simon Sturtivant, 또는 Simon Sturtevant, 1570~?). 영국의 성직자이자 공학자이다. 《이솝 우화의 어원학》과 《금속학》 등의 저서를 남겼다. 나무 대신 석탄을 이용한 철 제련법을 발명했다.

스펜서(Herbert Spenser, 1820~1903). 영국의 철학자이자 다윈의 생물진화론을 인간 사회에 적용시킨 사회진화론의 창시자이다. 대표작인 《종합철학체계》는 36년간에 걸쳐 쓴 대작으로 성운의 생성에서부터 인간 사회의 도덕원리 전개에 이르기까지 모든 것을 진화의 원리에 따라 조직적으로 서술했다. 이 저술에서 그는 광범한 지식체계로서의 철학을 구상했으며, 철학적으로는 불가지론의 입장에 서면서도 철학과 과학과 종교를 융합하려고 했다. 종교와 과학의 이와 같은 조정은 과학자로 하여금 종교에 의한 구속을 벗어나게 했다는 데 의의가 있다.

스펭글러(Oswald Arnold Gottfried Spengler, 1880~1936). 독일의 역사가, 문화철학자이다. 1880년 하르츠 지방 블랑켄부르크 태생으로 뮌헨, 베를린, 할레의 각 대학교에서 수학과 자연과학을 전공함과 동시에 철학, 역사, 예술에도 힘을 쏟았다. 《서구의 몰락》(Der Untergang des Abendlandes, 제1권 1918, 제2권 1922)을 저술했으며, 《인간과 기술》(Der Mensch und die Technik, 1931) 등의 저서가 있다.

스프랫(Thomas Sprat, 1635~1713). 영국의 신학자, 시인이다. 왕립학회의 창설에 기여했으며 1667년에 《런던의 왕립학회 역사》(A History of the Royal Society of London)

를 저술했다. 이 책에서 그는 왕립학회의 과학적 목적과 '명료함과 간결함'이라는 현대적 표준에 입각한 과학적 글쓰기의 기본 틀을 밝혔다.

스피노자(Baruch de Spinoza, 1632~1677). 네덜란드의 철학자이다. 데카르트 철학에서 결정적 영향을 받았다. '모든 것이 신이다'라는 범신론 사상을 역설하면서도 유물론자·무신론자였다. 그의 신이란 기독교적인 인격의 신이 아닌 자연이었기 때문이다. 대표작으로는 《에티카》가 있다.

시드(Cedd, 620경~664). 영국 노섬브리아 태생이다. 린디스파른(Lindisfarne)에서 베네딕트회 수도자가 되었으며, 653년에 3명의 다른 사제들과 함께 중앙 앵글족(Angle)들에게 복음을 선포하도록 파견되었다. 이스트 앵글족의 왕 시리버트가 개종했을 때 에식스(Essex)의 선교를 그만두었고 654년에 에식스 주교로 축성되었다. 그는 브라드웰, 틸베리(Tilbury), 라스팅햄(Lastingham)에 수도원을 세우고 수많은 성당들을 지었으며, 664년에는 휘트비 시노드(Synod of Whitby)에 참석하여 로마의 전례를 인정했다. 그는 664년 10월 26일에 잉글랜드 요크셔(Yorkshire)의 라스팅햄에서 서거했다. 그에 대해 알려진 것은 대부분 성 비드의 《영국 교회의 역사》에서 비롯한 것이다.

시든햄(Thomas Sydenham, 1624~1689). 영국의 의사이다. 의회주의자로 투쟁했으며 영국 의학사에서 위대한 인물로 인정되어 '잉글랜드의 히포크라테스'로 불린다.

시라쿠사의 히에론(Hieron of Syracuse ?~?). 시라쿠사의 참주이다. 히에론 2세를 지칭하며 아르키메데스에게 은이 섞인 왕관을 조사하게 한 일화가 잘 알려져 있다.

시비우드(Ramon Sibiude). 스봉(Ramon Sebon)의 라틴어 이름. "용어해설" 인명편 '스봉' 항목을 참고하라.

시제루스(Siger of Brabant, 1240경~1280). 브라방의 시제루스로 불리는 13세기의 철학자이다. 아베로에스주의의 창시자이자 주요 옹호자였다. 로마 가톨릭교회의 보수적 구성원들은 그를 급진적인 사람으로 보았지만 당대에 활동했던 아퀴나스처럼 신앙과 이성에 대한 서양의 태도를 틀 짓는 데 중요한 역할을 했다는 평가를 받는다.

시쿨루스(Diodorus Siculus, 서기전 1세기). 카이사르와 아우구스투스 시대에 시칠리아 아기리움에서 활동한 그리스의 역사가이다. 저서로는 《세계사》(*Bibliotheca historica*)가 있다. 그의 기록에 따르면 서기전 60~57년에 이집트를 여행하고 로마에서 몇 년을 보냈다고 한다. 서기전 21년까지의 사건을 다루는 40권짜리 그의 역사책은 당시 연대기적 사료가 남지 않은 상황에서 매우 가치가 높은 것으로 평가된다.

실베스터(Joshua Sylvester, 1563~1618). 영국의 시인이다.

실베스트리(Bernard Silvestre, 1085경~1178경). 중세 플라톤주의 철학자이자 시인이다.

아가타르키데스(Agatharchides of Cnidos). 서기전 2세기에 활동했던 그리스의 역사가이자 지리학자이다. 지리학자 스트라본은 그를 소요학파로 간주했다. 홍해 주변의 이집트 남부 지방을 기술한 《에리트레아 해에 관하여》(*Peri ten Erythras Thalasses*(*On* *the Erythraean Sea*)]가 유명하다. 무엇보다 이 책은 프톨레마이오스 왕조 시대의 금 채굴 기술에 대해 자세히 서술했다.

아그리콜라(Georgius Agricola, 1494~1555). 독일 르네상스 시대의 의사다. 또한 광산학 의 아버지로 일컬어지는 사람으로서 광물을 형태적으로 분류한 최초의 인물이다. 독일식 이름은 게오르크 바우어(George Bauer)였으나 라틴어, 그리스어 교사가 되 면서 이름을 라틴어로 바꾸었다. 이탈리아에서 의학, 철학을 공부한 후 독일 요아 힘스타르의 시의(市醫)가 되었는데, 광산 도시였던 이곳에서 금속을 의학에 이용하 려던 동기에서 출발한 광산학에 대한 관심이 그를 광산학의 아버지로 만들었다. 지 질학, 광물학, 금속학에 관한 지식을 집대성한 《금속론》(*De re Metallica*, 12권)을 펴내 광산학의 기초를 닦았다.

아낙사고라스(Anaxagoras, 서기전 500경~428). 고대 그리스의 철학자이다. 이오니아 클 라조메네 태생으로 아테네에서 활약했으며, 처음으로 아테네에 철학을 이식하여 엘 레아학파의 출현에 의한 이오니아 자연철학의 위기를 구하려 했다. 생성과 소멸을 부정하고 만물은 처음부터 있으며 그 혼합과 분리가 있을 뿐이라 주장했다. 이러한 만물의 씨앗(*spermata*)에는 만물 속에 만물이 포함되어 있고, 다만 지성(*nous*)만이 순수하고 가장 정미(精微)한 것이며, 태고의 씨앗은 혼돈인 채 있었는데 이 지성의 작용으로 회전운동이 일어나고 확대되어 여러 가지로 갈라져 나온다 했다. 또한 지 성은 만물에 질서를 주어 모두에 대하여 모든 지식을 가진다는 등 이른바 이원론의 입장을 취했다.

아낙시만드로스(Anaximandros, 서기전 610~546). 고대 그리스 밀레토스 학파의 철학자이 다. 고대 그리스 소아시아의 밀레토스 태생으로 탈레스의 제자이다. 또한 산문으로 자연에 대해 언급한 최초의 사람이다. 그는 "만물의 근원이란 양적으로나 질적으로 무한한 것(즉, 아페이론)이며 이 신적으로 불멸하는 아페이론으로부터 먼저 따뜻한 것, 차가운 것 등 서로 성질이 대립되는 것으로 갈라진다. 그리고 이 대립하는 것의 경쟁에서 땅, 물, 불, 바람이 생기고 다시 별과 생물이 생기지만 이것이 법도를 지 키고 따라서 결국 경쟁의 죄를 보상하고 나서 다시 아페이론으로 돌아간다"고 풀이 했다. 또한 천구의 중심에는 지주가 없고 정지한 원통형의 지구 주위를 해, 달, 별 이 돈다고 생각했다. 이 밖에도 다방면에 걸친 과학의 지식을 가졌다.

아니아네의 성 베네딕트(St. Benedict of Aniane, 747~821). 단신왕 피핀(Pippin the Short)의 궁정에서 교육받고 샤를마뉴의 궁정에서 봉사했다. 궁정을 떠난 뒤 수도 사가 되었다. 780년 무렵 랑그도크(Languedoc) 아니아네에 동방의 금욕주의에 기 초한 수도원을 설립했지만 그의 의도대로 성장하지는 못했다. 그래서 799년 같은 장소에 베네딕트 규율에 근거한 또 다른 수도원을 설립했다. 그곳에서의 성공으로 막대한 영향력을 가졌으며, 817년 아헨에서 열린 대수도원장회의에서 그는 《규칙 서》(*Codex regulaum*)를 제정했고 곧이어 《규칙의 협정》(*Concordia regularum*)을 제정했다. 하지만 그의 죽음과 함께 쓰이지 않았다.

아르노비우스(Arnobius of Sicca, ?~327경). 로마제국 디오클레티아누스 황제 치하의 로마 수사학자다. 성 히에로니무스에 의하면 아프리카의 로마 식민지인 시카 베네리아에서 활약한 변론가로, 처음에는 기독교를 심하게 반대했으나 기독교로 개종한 다음에는 그 변호에 노력했다. 저술로는 《이교도를 논박함》(Adversus nationes, 7권) 이 있다.

아르케실라오스(Arcesilaus 또는 Arcesilas, 서기전 316경~241경). 그리스의 철학자이다. 신아카데미파의 창시자이자 플라톤의 아카데미아의 후기 지도자였다.

아르키타스(Archytas, 서기전 430~365). 그리스의 정치가, 기술자이다. 또한 피타고라스 학파의 수학자였다.

아른트(Johann Arndt, 1555~1621). 독일의 신학자이다. 루터교 신비주의자였던 그는 16세기 말엽과 17세기 초엽의 합리주의적 교리신학에 반동하여 기독교의 본질을 새롭게 이해하고자 하여 '참 기독교'의 개념을 창안했다.

아리스토텔레스(Aristotle, 서기전 384~322). 고대 그리스의 철학자이다. 플라톤의 제자로 플라톤이 초감각적인 이데아의 세계를 존중한 것에 반해 인간에게 가까운, 감각으로 느낄 수 있는 자연물을 존중하고 이를 지배하는 원인의 인식을 구하는 현실주의적 입장을 취했다.

아리스토파네스(Aristophanes, 서기전 445경~385경). 고대 그리스의 최대 희극 시인이다. 아테네 태생으로 페리클레스(서기전 495경~429) 치하 최성기에 태어났다. 작품의 대부분을 펠로폰네소스 전쟁(서기전 431~404) 와중에 썼으며, 서기전 427년의 최초의 작품 《연회의 사람들》(Banqueters) 이래, 시종 신식 철학, 소피스트, 신식 교육, 전쟁과 데마고그(선동 정치가) 의 반대자로서 시사 문제를 풍자했다. 작품으로는 44편이 알려져 있으나, 완전한 형태로 전해지는 것은 그 가운데 11편, 그 밖에 많은 단편이 있다(아리스토파네스 저, 천병희 역, 2004, 《아리스토파네스 희극》, 단국대 출판부 참고).

아리스티포스(Aristippos, 서기전 435경~366). 고대 철학자이다. 북아프리카 리비아 키레네 태생으로 소크라테스의 제자였고, 쾌락주의와 이기주의를 내세운 키레네학파의 창시자이다. 인생의 목적은 개인 각각의 쾌락이라고 여겼다. 그의 저작은 현재 남아 있는 것이 없다.

아멘호텝 2세(Amenhotep II, 재위 서기전 1427~1400). 이집트 제 18왕국 투트모세 3세의 아들이다. 이집트의 대외적 팽창이 절정에 이르렀을 때 왕위에 있으면서 뛰어난 신체적 능력과 군사적 수완으로 아버지의 정복사업을 계속했다.

아버스노트(John Arbuthnot, 1667~1735). 영국의 의사이며 작가이다. 앤 여왕의 주치의였으며 1712년에 《존 불 이야기》(The History of John Bull) 을 출간했다. '존 불'이 전형적인 영국인을 뜻하게 된 것은 그의 저작에서 비롯된 것이다.

아베로에스(Ibn Rushd, 영문명 Averroes, 1126~1198). 아랍어 이름은 이븐 루슈드이다. 중세 이슬람의 철학자로 신학과 법학을 공부했으며 후에는 철학과 의학에서 두각을 나타냈다. 아리스토텔레스의 여러 저작에 주석을 붙이는 일에 종사했으며 그의 주석은 새로운 철학적 기반을 부여하고 13세기 이후 라틴 세계에 아베로에스파라는 학파를 탄생시켰다. 야수프 1세가 서거하고 그의 아들인 아부 유수프만수르가 즉위하자 이븐 루슈드의 철학설이 이슬람 정통 신앙에 위배된다는 혐의를 받아 코르도바 근처 엘푸사나에 감금되는 등 박해를 받았다. 풀려난 뒤 모로코로 옮겨가 그곳에서 죽었다. 방대한 아리스토텔레스 주석 외에도 14가지 저작을 남겼으며 그 중에서 가장 유명한 것이 《파괴의 파괴》(Tahāfut at-tahāfut) 다. 이는 정통 신학파인 가잘리의 철학자를 공격한 책인 《철학의 파괴》에 반론을 제기한 것으로서 그리스 합리사상의 최후의 빛을 번득이게 했다. 또 의학서로 잘 알려진 《의학개론》이 있으며, 천문학 책으로는 프톨레마이오스의 《알마게스트》(Almagest) 요약이 있다.

아벨라르(Abelard, 1079~1142). 12세기의 프랑스 스콜라철학자이자 신학자이다. A. 기욤으로부터 당시 변증법이라고 일컬어지던 논리학과 수사학을 공부했으며, 변증술을 신학에 적용하여 '삼위일체설'을 제창했다. 그의 철학은 실념론(實念論)과 유명론(唯名論)의 중간설인 개념론(槪念論)에 서서 정신이 개체에 관하여 자기 안에서 만드는 관념상이 바로 보편이라 생각했다.

아비센나(Avicenna, 980~1037). 페르시아의 철학자, 의사이다. 18세에 모든 학문에 통달했으며, 20대에는 아리스토텔레스의 《형이상학》을 40회나 정독했다. 의사로서 이름이 알려졌기 때문에 궁정에서 일했다. 중세 라틴 세계에서도 권위 있는 의학자로 통했으며 철학에서도 동방 아랍의 최고봉으로 아퀴나스에게 영향을 끼쳤다. 그는 아리스토텔레스에 플라톤을 가미한 철학으로 이슬람 신앙을 해석했는데, "개적(個的) 영혼은 영원히 멸하지 않는다"는 주장이 그 일례라고 볼 수 있다. 저서인 《치유의 서》(Kitāb ash-shifā) 는 철학 백과사전과 같은 것으로서 윤리학과 정치학을 제외한 전 영역을 포함했으며, 논리학에서의 제1지향과 제2지향의 해석이 보편논쟁에 커다란 영향을 미쳤고 심리학에서 영혼의 기능을 분류한 것이 스콜라철학에 있어 표준이 되기도 했다. 그 밖의 저서로 《의학정전》이 전해진다.

아에티오스(Aetios). 100년경 그리스의 철학자이다.

아우구스투스(Augustus, 서기전 63~서기 14). 본명은 가이우스 옥타비아누스이다. 장군으로서의 역량은 빈약했으나 아그리파를 비롯하여 여러 부장의 조력과 전 이탈리아, 그리고 전체 속주로부터 충성의 맹세를 받아내 신중하게 일을 처리함으로써 1백 년에 걸친 공화정 말기의 내란을 진정시켰다. 질서 회복 후에는 비상대권을 원로원과 민중에게 돌려주었고, 서기전 27년에는 아우구스투스(존엄자)라는 칭호를 원로원으로부터 받았으며 공화정의 명목을 유지하면서 실질적인 제정을 시작했다. 특히 내정의 충실을 기함으로써 41년간의 통치 기간 중에 로마의 평화 시대가 시작되었으며 베르길리우스, 호라티우스, 리비우스 등이 활약하는 라틴 문학의 황금시대를 탄생시켰다.

아우소니우스(Decimus Magnus Ausonius, 310경~395경). 로마 제정 말기의 시인이다. 갈리아 부르디갈라(현재 프랑스 보르도) 태생으로 라틴 문학 쇠퇴기에 활약한 4세기의 대표적인 지식인이었다. 부르디갈라에서 수사학을 강의하고 또한 시문으로 명성을 얻었다. 발렌티아누스 1세의 아들(후에 그라티아누스)의 가정교사로 임용되었으며, 그라티아누스가 즉위하자 중용되어 학계와 정계에서 활약하여 집정관까지 되었다. 오늘날 라인 강의 지류인 모젤 강을 다루는 〈모젤라 강〉(Mosella)이라는 시는 걸작으로 작품이 매우 아름답다.

아이길(Eigil, Abbot of Fulda, 750~822). 818년 풀다 수도원의 제4대 수도원장을 지냈다. 삼촌이었던 성 스투르미우스(St. Strum)의 제자로 삼촌의 전기를 저술하고 라바누스 마우루스(Rabanus Maurus)를 수도원학교 교장으로 초빙했다. 그가 수도원장으로 있는 동안 수도원적 생활이 꽃피어 당대 정신문화의 중심으로 자리 잡았다.

아이스킬로스(Aeschylos, 서기전 525경~456). 고대 그리스의 비극시인이다. 에우포리온의 아들로 모두 90여 편의 비극을 쓴 것으로 전해지나 현재 남은 것은 많은 제목과 부분적인 것 이외에는 7개의 비극인 《아가멤논》(Agamemnon), 《제주를 바치는 여인들》(Choephoroi), 《자비로운 여신들》(Eumenides), 《페르시아인들》(Persai), 《테바이를 공격한 일곱 장수》(Hepta epi Thebas), 《탄원하는 여인들》(Hiketides), 《결박된 프로메테우스》(Prometheus desmotes) 뿐이다(아이스킬로스 저, 천병희 역, 2008, 《아이스킬로스 비극 전집》, 숲 참고).

아코스타(José de Acosta, 1539~1600). 에스파냐의 예수회 선교사이다. 선교를 위해 남미 각국을 방문했으며 저서에 《신대륙 자연문화사》 등이 있다.

아퀴나스(Thomas Aquinas, 1225경~1274). 이탈리아의 신학자이다. 이탈리아 로마와 나폴리 중간에 있는 로카세카 태생으로 중세 유럽의 스콜라철학을 대표하는 인물이다. 1252년 파리 대학교 신학부의 조수로 연구를 심화시키는 한편, 성서 및 《명제집》 주해에 종사했고 1257년 신학교수가 되었다. 《신학대전》(Summa Theologiae, 1266~1273), 《이단 논박 대전》(Summa Contra Gentiles, 1259~1264) 등과 같은 방대한 저작을 남겼다. 그의 사상을 바탕으로 하는 철학과 신학 체계를 토마스주의라고 한다.

아크나톤(Akhnaton, 또는 Akhenaten, 재위 서기전 1353경~1336경). 고대 이집트 제18왕조의 10대 왕으로 소년왕 투탕카멘의 아버지이다. 아몬을 주신으로 하는 다신교 숭배를 유일신 아톤 숭배로 바꾸는 역사상 최초의 종교개혁을 실시했지만 사후에 실패했다.

아타나시우스(Athanasius, 293경~375). 4세기경에 활동한 신학자로 성자인 그리스도가 성부 하느님과 유사한 본질을 지닌 피조물이지 동일한 본질을 지닌 피조물이 아니라고 주장한 아리우스주의에 대항해 크리스트교 정통신앙을 옹호했다.

아테나고라스 (Athenagoras, 133경~190). 2세기 후반 활동한 기독교 변증가이다. 플라톤주의자였다가 기독교로 개종한 것으로 여겨지지만 확실한 것은 아니다.

아테나이오스 (Athenaeus, ?~?). 서기 200년경의 그리스 저술가이다. 이집트의 나우크라티스 태생으로 저서인 《연회석의 지자》(데이프노소피스타이)는 고대 그리스와 관련된 많은 화제를 둘러싼 식탁에서의 잡담집으로 모두 15권이나 현재는 12권만이 전한다.

아폴로니아의 디오게네스 (Diogenes of Apollonia). 서기전 5세기 중반 고대 그리스의 자연철학자이다. 옛 이오니아 자연학을 계승해 자연의 모든 변화는 공기의 밀도와 온도에 달려 있다고 주장했다.

아피온 (Apion, ?~?). 알렉산드리아인으로 당시 알렉산드리아에 유대교 공동체가 발달하자 유대인을 비난하는 "유대인에 대항함"이라는 글을 작성했다. 이에 맞서 요세푸스는 "아피온 반박"을 발표한다.

알 이드리시 (ash-Sharīf al-Idrīsī, 1100~1165). 이슬람의 지리학자이다. 모로코 세우타 태생으로 당시 이슬람 학술의 중심지였던 에스파냐의 코르도바에서 공부하고 에스파냐 각지와 아프리카 북쪽 연안, 소아시아, 영국 해안 등을 여행했다. 후에 시칠리아로 가서 시칠리아의 노르만인 왕 로제르 2세(재위: 1130~1154)를 섬기면서 이슬람 지리학의 성과와 각지의 기독교도에게 얻은 지식을 토대로 동양과 스칸디나비아 반도까지 포함된 세계지도를 만들고 이에 상세한 주석을 단 《로제르의 책》을 펴냈다. 이밖에 식물학·약물학 등에 관한 저술도 있어 사라센 과학을 유럽에 전파했다.

알렉산드로스 (Alexandros the Great, 영문명 Alexander, 서기전 356~323). 마케도니아의 왕(재위: 서기전 336~323)이다. 필립포스 2세와 올림피아스의 아들로서 알렉산더 대왕, 알렉산드로스 3세라고도 한다. 그리스·페르시아·인도에 이르는 대제국을 건설한 대왕으로 서기전 323년 바빌론에 돌아와 아라비아 원정을 준비하던 중 33세의 젊은 나이로 갑자기 죽었다.

알렉산드리아의 클레멘스 (Titus Flavius Clemens, 영문명 Clement of Alexandria, 150경~215). 2세기 말에서 3세기 초까지 활동하며 알렉산드리아 신학의 정초를 놓은 인물이다. 그 뒤를 오리게네스가 이어 알렉산드리아 신학의 골격을 세운다.

알바레즈 (Francisco Alvarez, 1465경~1541경). 포르투갈의 선교사이자 탐험가이다. 아비시니아 왕국에 파견된 포르투갈 대사의 비서로 6년간 아프리카에 머물렀다.

알베르티 (Leon Battista Alberti, 1404~1472). 근세 건축 양식의 창시자로서 단테, 다 빈치와 마찬가지로 르네상스 시대 다재다능한 예술가 중 한 사람으로 꼽힌다. 파도바와 볼로냐의 대학교에서 공부했고, 피렌체에 머물며 메디치 가에 출입하면서 많은 예술가들과 사귀었다. 1432년 이후는 로마에 정주하여 교황청의 문서관이 되었다. 그는 성직에 종사했음에도 불구하고 미술, 문예, 철학에 더 많은 저작을 남겼는데 그중 가장 저명한 것은 1450년에 저술한 《건축십서》이다. 그는 이 저서 속에서 고대 건축의 연구와 예술가로서의 감각을 종합한 새 시대의 건축을 논하고 근세 건축 양식의 전형을 보여주었다. 1436년 저술한 《회화론》은 비례에 의한 원근법적 구성의 기본 개념을 밝힌 최초의 저작으로 알려졌다.

알크마이온 (Alkmaion, ?~?). 서기전 500년경의 그리스 의학자이다. 남이탈리아의 그리스 식민지 크로토네 태생으로 피타고라스의 제자였다. 처음으로 동물 해부를 실시하여 시신경을 발견했으며, 질병이란 체내의 4원소인 온(溫)·한(寒)·건(乾)·습(濕)의 부조화가 원인이고, 이들 4원소가 평형을 유지할 때 건강을 유지할 수 있다고 주장했다. 《자연에 관하여》라는 최초의 의학서를 저술했으나 현재는 그 단편만이 전해진다.

알하젠 (Alhazen, 965경~1039). 아라비아의 수학자, 물리학자이다. 광학이론에 공헌한 것으로 유명하며 1270년 라틴어로 번역된 《알하젠의 광학서 7권》(Opticae Thesaurus Alhazeni Libri vii)가 유명하다.

암스트롱 (Arthur Hilary Armstrong, 1907~1997). 영국의 고전학자, 저술가이다. 영국 후브 태생으로 케임브리지 대학교에서 수학했다. 그 후 영국과 캐나다의 여러 대학에서 강의를 했다. 플로티노스의 철학 저술에 대한 최고의 권위자로 인정받는다. 저서로는 《플로티노스》(Plotinus, 1953, 영역 1966), 《플로티노스 및 기독교 연구》(Plotinian and Christian Studies) 등 다수가 있다.

앙키세스 (Anchises, ?~?). 트로이의 마지막 왕 프리아모스(Priamos)와 육촌 형제 사이다.

애덤스 (John Adams, 1797~1801). 미국의 정치가이다. 인지조례 제정에 따른 반영(反英) 운동의 지도자로서 대륙회의의 대표로 미국 독립선언서 기초위원이자 미국의 제2대 대통령을 지냈다.

어셔 대주교 (Archbishop Ussher, James Ussher, 1581~1656). 영국 성공회의 성직자다. 천지창조가 서기전 4004년 10월 23일 일어났다 보고 이로부터 지구의 나이를 추정했다.

에라토스테네스 (Eratosthenes, 서기전 273경~192경). 그리스의 수학자이자 천문학자이자 지리학자이다. 키레네 태생으로 서기전 244년경에 아테네에서 이집트로 옮겨 서기전 235년에 알렉산드리아의 왕실 부속학술연구소의 도서관원이 되었다. 같은 자오선 위에 있다고 생각되었던 시에네(현재의 아스완)와 메로에 사이의 거리를 측정해 해시계로 지구 둘레를 처음으로 계산했다. 저서인 《지리학》(Geographica, 3권)에는 지리학사, 수리지리학 및 각국 지지와 지도 작성의 자료가 포함되어 있다. 지리상의 위치를 위도·경도로 표시한 것은 그가 처음인 것으로 알려져 있다.

에리우게나 (Johannes Scotus Eriugena, 영문명 John the Scot, 815경~817). 신플라톤주의자이다. 또한 그리스주의자인 동시에 펠라기우스파요 범신론자로 보기도 한다.

에우리피데스 (Euripides, 서기전 484경~406경). 고대 그리스의 3대 비극시인 중 한 사람

이다. 아테네 태생으로 서기전 455년 극작가로 데뷔해 그 작품 총수는 92편이라고
전하며 오늘날 전하는 작품은 19편이다(에우리피데스 저, 천병희 역, 1999, 《에우리
피데스 희극》, 단국대 출판부).

에우에르게테스 1세(Euergetes I). "프톨레마이오스 3세"를 참고하라.

에우에르게테스 2세(Euergetes II, Ptolemaios Ⅷ, 서기전 182경~116). 이집트 프톨레마이
오스 왕조의 왕이다. 뚱뚱한 몸 덕분에 피스콘(Physcon)이라는 별칭으로 불렸다.

에피쿠로스(Epicurus, 서기전 342경~271경). 고대 그리스의 철학자이다. 에피쿠로스학파
의 창시자이다. 그리스 사모스 섬 태생으로 아테네에서 '에피쿠로스 학원'이라 불린
학원을 열어 함께 공부하고 우정에 넘치는 공동생활을 영위하면서 문란하지 않은 생
활(아타락시아) 실현에 노력했다. 그의 철학의 기초를 이루는 원자론에 의하면, 참
된 실재는 원자(아토마)와 공허(캐논)의 두 개이다. 원자 상호 간에 충돌이 일어나
이 세계가 생성된다고 한다. 《자연에 대하여》등 3백여 권에 이르는 저서가 있었으
나 현재는 극히 일부만이 전한다.

엘리아데(Mircea Eliade, 1907~1986). 루마니아 출신의 미국 종교학자, 문학가이다. 인
도의 철학자인 다스굽타 문하에서 인도 철학을 연구하여 《요가: 불멸성과 자유》를
썼다. 이후, 파리 소르본 대학교 객원교수와 시카고 대학교 교수로 있으면서 《우주
와 역사》등의 저술을 통해 구미 종교학계에 큰 영향을 끼쳤다.

엘리엇(Jared Eliot, 1685~1763). 식민지 시대 미국의 목사, 내과의, 농경학자이다. 그
는 과학적 연구와 집필을 통해 상당한 명성을 얻었다. 코네티컷 지역의 광물 특성을
연구하여 1762년에 《발명에 관한 논평, 또는 최상은 아니더라도 흑해의 토양으로부
터 좋은 철을 만드는 기술》(Essay on the Invention, or Art of Making Very Good, If
not the Best Iron, from Black Sea Soil)을 출간하여, 왕립학회의 인정을 받았다. 또한
코네티컷의 농작물 재배에 관해 연구했으며 특별한 실험을 위해 자신의 소유지를 이
용해 농경학 분야에서 주요한 과학적 업적을 남겼다.

엘베시우스(Claude Adrien Helvétius, 1715~1771). 프랑스의 철학자이다. 백과사전파의
한 사람으로 인간의 정신 활동은 신체적 감성에 따른다고 보았으며 교회의 권위,
절대왕정에 반대하였다. 저서로는 《정신에 관하여》가 있다.

엠페도클레스(Empedocles, 서기전 490경~430경). 고대 그리스의 철학자이다. 시칠리아
섬 태생으로 다재다능한 기인으로 알려졌다. 두 편의 시 〈정화〉(Purifications)와
〈자연에 대하여〉(On Nature)를 저술했는데, 전자에서는 영혼의 윤회, 후자에서는
우주의 구조를 논했다. 후자에 의하면 만물의 근본은 불·물·흙·공기로 구성되
며, 이 불생, 불멸, 불변의 4원소가 사랑과 투쟁의 힘에 의해 결합·분리되고 만물
이 생멸한다는 것이다. 세계는 사랑이 지배하는 시기, 투쟁의 힘이 증대하는 시기,
투쟁이 지배하는 시기, 사랑의 힘이 증대하는 시기의 4기가 끊임없이 반복된다고
주장했다. 자신을 신격화하기 위해 에트나 화산 분화구에 투신했다는 유명한 전설

이 있다.

영(Arthur Young, 1741~1820). 영국의 농학자이다. 자신은 농장 경영에 실패했으나 각지를 여행하며 여행기를 집필하는 한편 농업 개량을 추진하여 1793년에는 농업국장이 되었으며 잉글랜드 각 주의 농업 사정에 관한 조사 보고서 작성의 중심 인물이 되었다. 그의 농업개량론은 윤작농법을 채택하여 생산성을 높였던 노퍽 주의 농법에 기초한 것으로 이 농법 보급을 위해 노력했다. 인클로저와 이것에 바탕을 둔 대농(大農) 경영의 열성적인 주창자였다.

오네쿠르(Villard de Honnecourt, ?~?). 13세기 프랑스에 살았고 프랑스 북부 피카르디(오늘날의 아미앵)의 순회 건축 청부업자였다. 그가 유명해진 것은 1230년대 무렵에 그린 약 250개의 그림이 담긴 33장의 그림책《건축도집》(*Livre de Portraiture*)이 오늘날에 전해졌기 때문이다. 이 책은 일종의 교본으로 조각과 건축 계획에 적합한 종교적 인물이나 세속적 인물, 양각과 세부 묘사, 교회 관련 사물과 기계장치 등을 담았으며 막대한 주석이 함께 달려 있다. 동물이나 인간의 형상과 같은 다른 주제들도 등장한다.

오로시우스(Orosius, 385경~420). 414~417년에 활동한 초기 기독교 정통신앙의 옹호자, 신학자이다. 기독교도로서 세계사를 최초로 쓴 인물이다. 414년경 히포에 가서 성 아우구스티누스를 만났고, 그곳에서 초기 저서인《아우구스티누스에게 프리스킬리아누스주의자들과 오리게네스주의자들의 오류에 관해서 일깨워준 사람》(*Commonitorium ad Augustinum de Errore Priscillianistarum et Origenistarum*)을 썼다. 415년 성 아우구스티누스에 의해 팔레스타인으로 파송을 받아 그곳에서 직접 펠라기우스주의와 대결했다. 그해 7월 예루살렘의 주교 요한네스가 소집한 교회 회의에서 펠라기우스를 이단으로 고소한 것이 성공을 거두지 못하자《펠라기우스주의 반박서》(*Liber Apologeticus Contra Pelagianos*)를 썼다. 416년 초에 성 아우구스티누스에게 돌아와 그의 부탁을 받고 역사의 관점에서 기독교를 옹호한《이교도대항사 7권》(*Historiarum Adversus Paganos Libri VII*)을 썼다. 여기서 그는 기독교가 등장하기 전에 인류에게 닥친 재난을 논하면서 로마제국이 기독교로 개종했기 때문에 재난을 당한다는 주장을 반박했다.

오를레앙(Gaston d'Orléans, 1608~1660). 프랑스의 왕족. 앙리 4세(1589~1610 재위)의 셋째 아들로 1611년까지는 루이 13세의 살아남은 유일한 형제였다. 형인 국왕 루이 13세(1610~1643 재위)와 조카 루이 14세(1643~1715 재위)의 통치 동안 내각 정부를 무너뜨리기 위해 여러 차례의 음모와 반란을 지지했으나 모두 실패했다.

오리게네스(Origen, 185경~254경). 알렉산드리아 학파의 대표적 신학자이다. 성서, 체계적 신학, 그리스도의 변증적 저술 등에 관한 저서를 많이 남겼다. 기독교 최초의 체계적 사색가로서 이후의 신학사상 발전에 공헌했다. 데키우스 황제의 박해를 받아 254년경 티루스에서 순교한 것으로 알려져 있다. 저서가 매우 많아 성 히에로니무스는 2천 권에 이른다고 한다. 성서와 관련된 것, 체계적 신학에 관한 것, 기독교를 변증하는 저술로 구분할 수 있다(이 책의 2부 5장 2절을 참고하라).

오버베리 경(Sir Thomas Overbury, 1581~1613). 영국의 시인이자 수필가이다. 영국 역사에서 가장 선정적 범죄의 희생자이기도 하다. 그는 옥스퍼드 대학교 동문인 카(Robert Carr)의 절친이자 비서였다. 그러나 카가 에식스(Essex) 백작과 이혼한 프랜시스 하워드(Frances Howard)와 결혼하려 하자 극렬히 반대하면서 크게 싸웠다. 오버베리의 적대감은 하워드 가문이 영국 왕 제임스 1세로 하여금 그를 감옥에 가두도록 압력을 넣을 만큼 대단했다. 결국 감옥에 갇힌 그는 서서히 중독되어 죽었다. 카와 프랜시스 하워드는 살인죄로 유죄를 선고받았으나 왕의 명령으로 사면되었다.

오베르뉴의 윌리엄(William of Auvergne, 1190경~1249). 파리에서 수학 후 인문학부, 신학부 교수로 활동했다. 파리 대학교의 스콜라주의 철학자였던 그는 파리의 주교가 되어 1228년부터 1249년까지 재직했다. 또한 체계적인 아리스토텔레스주의자였던 그는 13세기에 특히 성 아우구스티누스의 기독교 사상과 아리스토텔레스의 사상을 융화시킨 최초의 신학자다.

오비디우스(Ovid, 서기전 43~17경). 로마의 시인으로 중세 유럽에 많은 영향을 미쳤다. 대표작은 《변신 이야기》이다.

오컴의 윌리엄(William of Ockham, 1300경~1349). 영국의 스콜라철학자이다. 이단이라는 혐의를 받았고 몇 가지 명제는 유죄 선고를 받았다. 교황 요하네스 22세와도 알력이 있었다. 그의 입장은 유명론(唯名論)이며 중세의 사변신학 붕괴기에 근세 경험론적 사상의 시작이었다. 그에 따르면 인식의 원천은 개체에 관한 직관표상으로, 개체만이 실재일 뿐 보편자는 실재가 아닐뿐더러 개체에 내재하는 실재물도 아니다. 보편자는 정신의 구성물이며 정신 속에서의 개념으로써 또는 말로만 존재하고, 정신 속에서의 보편자 존재는 정신에 의하여 사고되는 것으로의 존재다. 보편자가 다수의 개별자에 관하여 술어가 되는 것은 보편자가 다수의 기호로써 이들을 대표하는 것에 따른 것이라 주장했고 이는 근세의 영국 경험론자들이 이어받는다.

와델(Helen Waddell, 1889~1965). 중세 라틴어 풍자시의 음유시인의 세계를 1927년 저서인 《방랑하는 학자들》(The Wandering Scholars)을 통해 독자들에게 드러낸 것으로 가장 잘 알려졌다. 또한 그들의 시를 번역해 1929년에 《중세 라틴 서정시》(Medieval Latin Lyrics)라는 책을 출판했다. 1933년 작 《피터 아벨라르》(Peter Aberard)는 중세 세계에 초점을 맞춘 것이며 당대에 상당한 인기를 누렸다.

요르다네스(Jordanes, ?~?). 6세기에 활동한 역사가이다. 그의 저서는 게르만 부족에 대한 귀중한 자료로 잘 알려져 있다. 그는 비록 학자는 아니었지만 라틴어로 역사를 저술하는 데 전념하여 551년 최초의 저서인 《게타이족의 기원과 관습》(De origine Actibusque Getarum, 오늘날에는 《게티카》(Getica)로 알려짐)을 완성했다. 제목으로 봐서 요르다네스는 고트족을 그와는 완전히 다른 종족인 게타이족으로 잘못 안 것 같다. 이 책은 6세기의 작가 마그누스 아우렐리우스 카시오도루스가 쓴 12권의 고트족 역사서를 한 권으로 요약한 것이다. 그는 그리스와 로마의 책에서 일부를 인용했다고 적었지만 그 처음과 끝부분은 전적으로 자신의 글이라고 밝혔다. 비록 원형이 남아 있지는 않지만《게티카》는 스칸디나비아 거주 고트족 기원에 관한 전설과, 4세기 동(東)고트족 왕 에르마나리크의 우크라이나제국 시기에 있었던 고트족의 이주와 전쟁에 관한 연구를 담았다. 이 책은 훈족에 관해 귀중한 가치를 지닌 자료다.

요세푸스 (Josephus, 37경~100경). 유대 역사가이다. 75년부터 79년 사이에 쓴《유대전쟁사》(Bellum Judaicum, 7권)는 서기전 2세기 중반 이후의 유대 역사를 기술하고 66 ~70년의 유대 반란을 자세히 기록했다. 93년에 완성된《유대고대사》(Antiquitates Judaicae, 20권)는 유대 역사를 창조 이후부터 반란 전까지 기술한 책으로 성서의 이야기들을 각색해 실었고 유대교의 율법, 제도의 합리성을 강조했다.

우드워드 (John Woodward, 1665~1728). 영국의 박물학자이자 지질학자이다.

우르바누스 4세 (Urban IV, ?~1264). 제 182대 교황이다. 프리드리히 2세의 서자인 만프레드와 황제를 지지하는 기벨린당에 맞서 교황권 강화를 위해 노력했다. 시칠리아 왕 문제를 둘러싼 암살 음모를 피해 페루자로 피신했다. 그 후에도 시칠리아와의 갈등을 해소하지 못하고 1264년 10월 2일에 세상을 떠났다. 1264년에 교황은 죽기 얼마 전에 칙서를 발표하여 '성체성혈대축일'을 준수할 것을 교회에 명령했다. 이는 잘 지켜지지 않다가 교황 클레멘스 5세 (Clemens V) 이후에 정착되었다.

울러스턴 (William Wollaston, 1659~1724). 영국의 철학자이다.

워튼 (William Wotton, 1666~1727). 영국의 학자이다. 고대인과 근대인 간의 우월성 논쟁에서 대표적 근대인 옹호자다("용어해설" 서명편의《책들의 전쟁》을 참고하라).

월리스 (Robert Wallace, 1697~1771). 스코틀랜드 계몽 시대의 흥미로운 인물이다. 에든버러 대학교에서 문학, 철학, 수학 등을 공부했으며 고대사에 관한 방대한 연구를 통해 인구의 역사를 밝히고자 했다.

웨스트 (James West, 1703~1772). 영국의 정치가로 1768~1772년 왕립학회 회장을 역임했다. 1726년 왕립학회 회원이 되었고 1741년에는 국회의원으로 선출되었으며 1736년에서 1768년까지 왕립학회 재무담당자였으며, 1772년 죽을 때까지 회장을 맡았다.

웹스터 (Noah Webster, 1758~1843). 미국의 변호사, 고등학교 교사, 출판가였으며, 웹스터 사전을 처음 만들었다. 그는 1783년《미국어 철자교본》을 출판한 이래 오늘날 '웹스터 사전'이라고 불리는《아메리칸 영어사전》(An American Dictionary of the English Language)을 출판했으며, 그 외에 여러 신문과 잡지를 출판했다.

윌리엄슨 (Hugh Williamson, 1735~1819). 미국의 정치가이다. 미국 제헌의회에서 북캐롤라이나의 대표였다. 그는 미국 여러 곳에 살면서 국가주의적 사고를 가졌고 식물학자이며 상인으로서 재능을 키웠다. 그는 미국 혁명 동안 물리학자이며 자연과학자로서의 재능을 발휘하여 전쟁 승리에 많은 기여를 했다. 그는 자신의 경험에서 강력한 중앙정부만이 새로운 국가의 정치적·경제적·지적 미래를 보장하고 번영시킬 수 있다고 확신했다.

윌킨스(John Wilkins, 1614~1672). 영국의 성직자이며 옥스퍼드 대학교과 케임브리지 대학교 총장을 동시에 겸임한 유일한 사람이기도 하다. 영국 학술원(Royal Society)의 초대 회장이었으며 1668년부터 죽을 때까지 체스터의 주교로 일했다.

유스티누스(Marcus Justinus, ?~?). 로마제국 시대에 살았던 라틴권 역사가이다. 개인사에 대해 알려진 바는 거의 없는데, 폼페이우스 트로구스가 아우구스투스 시대에 쓴 두꺼운 책으로부터 중요하고 흥미로운 구절을 모아서 모음집을 편찬했으며 그 책 서문에서 자신을 그 모음집의 작가로 소개한 것이 전부이다.

은자 바울(hermit Paul, 230경~342). 이집트 테베 태생인 그는 15세에 양친을 잃고 데치우스 황제의 기독교 박해를 피해 이리저리 숨어 다니던 중 자신을 고발하려는 매제의 음모를 알고 사막으로 피신했다. 그는 여기서 은수자로 살기로 결심하고 자신에게 알맞은 은수 생활을 고안했다. 43세까지 바위 옆에 있는 한 그루의 무화과나무 열매만을 먹으며 살았고 그 후에는 엘리야 선지자와 같이 신비하게도 매일 까마귀 한 마리가 물어다주는 반 조각의 빵으로 일생을 보냈다. 기록에 의하면 그가 죽기 바로 직전 90세가량의 고령인 성 안토니우스가 그를 방문했고 그가 운명했을 때 장사를 지냈다고 한다. 또한 그의 전기를 작성한 성 예로니모에 따르면 은자 바울이 하늘로 올라간 것은 343년으로 그의 나이 113세였으며 광야에서 은수 생활을 한 지 90년에 이른 때였다.

이레나이우스(Irenaeus, 2~3세기경). 서머나의 감독이자 속사도 중의 한 사람인 폴리갑에게서 배웠다. 젊은 시절 리옹(Lyons)으로 이주해서 그곳 최초로 장로가 되었고 177년에 순교한 자신의 선임자가 가진 감독직을 계승했다. 3순교자 저스틴(Justin the Martyr)의 영향을 받은 그는 초기 동방 신학과 테르툴리아누스로부터 시작된 서방 라틴 신학의 중개 역할을 했다. 저스틴이 변증가였던 반면 이레나이우스는 이단을 반박하고 사도적 기독교를 설명했다. 그의 저서로는 영지주의(gnosticism)를 반박한 《영지라는 그릇된 지식에 대한 반박과 성토》(Refutation and Overthrow of Knowledge Falsely So-called)로 일반적으로 《이단 논박》(Against Heresie)으로 알려져 있다.

이블린(John Evelyn, 1620~1706). 영국의 문인, 식물학자이다. 영국의 부유한 지주 집안에서 태어나 옥스퍼드 베일리얼 칼리지에서 공부했다. 그는 1643년 외국에 나가서 프랑스, 로마, 베네치아 등을 유람하고 1652년에 귀국하여 장인의 대농장을 물려받았다. 왕당파에 관한 소책자뿐만 아니라 예술과 임학 및 종교적 주제에 관하여 30여 권의 책을 썼다. 그가 평생 동안 쓴 《일기》(Diary)는 17세기 당시 영국의 사회, 문화, 종교, 정치를 알 수 있는 귀중한 정보로 평가된다. 왕립학회의 발기인 역할을 했으며 후에 총무, 회장직을 맡기도 했다.

이소크라테스 (Isocrates, 서기전 436~338). 고대 그리스의 변론가이다. 웅변학원을 창설하고 수사학을 가르쳐 많은 웅변가를 길렀으며 그리스의 통일과 페르시아 원정을 주장했다.

이아수스의 케릴로스 (Choerilus of Iassus, ?~?). 서기전 4세기 카리아의 이아수스에서 살았던 음유시인이다. 알렉산드로스의 원정대와 같이했다.

인디코플레우스테스 (Cosmas Indicopleustes, ?~?). 그리스 수도사이다. 이름의 뜻은 '인도로 항해했던 자'다. 유스티니아누스 황제의 치세에 인도로 몇 번 항해했던 6세기의 여행가다. 6세기 초 홍해와 인도양에서 상인으로 활동한 개인적 경험에 근거한 《기독교의 지리》(Christian Topography) 를 썼다.

잉글랜드의 바르톨로메우스 (Bartholomaeus Anglicus, 영문명 Bartholomew of England, 13세기) 13세기 파리의 스콜라주의 철학자로 프란체스코 수도회 소속 수도사였다. 1240년 백과사전의 선구자격인 《사물의 속성에 대하여》(On the Properties of Things) 를 저술했다.

잔키우스 (Jerome Zanchius, 1616~1690). 이탈리아의 종교개혁가, 교육자이다.

제논 (Zenon, 서기전 335경~263경). 고대 그리스의 철학자이다. 키프로스섬 키티온 태생으로 스토아학파의 창시자이다. 30세경에 아테네로 가서 각 학파의 여러 스승에게 배운 뒤에 독자적 학파를 열어 아고라에 있는 '채색주랑'(彩色柱廊)이라는 공회당에서 철학을 강의했다. 이 때문에 스토아학파(주랑의 사람들이라는 의미)라는 이름이 생겼다. 그의 철학은 절욕과 견인을 가르치는 것이었으며, 사람이 자기 힘으로 살면서 다른 누구에게도 어떤 일에도 빼앗기지 않는 행복을 얻는 힘을 부여하는 것이었으며 '자연과 일치된 삶'이 그 목표였다.

제퍼슨 (Thomas Jefferson, 1743~1826). 미국의 정치가로 미국 독립선언문을 기초했으며, 제3대 미국 대통령을 역임했다. 1767년에는 변호사가 되었으며 1776년 독립선언문 기초위원으로 선발되어 능력을 인정받아 거의 모든 작업을 맡아 미국의 독립과 민주주의의 이상을 반영하고자 했다. 1779년 버지니아 주지사를 지낸 후 은퇴했지만 1782년 복귀하여 1784~1789년 동안 프랑스 공사를 지냈고, 1796년 선거에서 부통령, 1800년 대통령으로 선출되었다.

조지 (Henry George, 1839~1897). 미국의 경제학자이자 토지제도 개혁론자이다. 필라델피아에서 태생하여 선원으로 각지를 여행한 후 1857년 캘리포니아에서 인쇄공 및 출판업에 종사했다. 경제 발전에 따른 지대의 증가와 빈부격차의 확대에 관심을 가지고, 1879년 《진보와 빈곤》(Progress and Poverty) 을 서술했다. 이 책에서 그는 지대를 국가가 모두 조세로 징수하고, 노동과 자본에 대한 그 밖의 모든 조세를 철폐해야 한다는 토지 단일과세를 주장했다. 또한 1882년부터 2년간 영국을 방문하여 당시 영국의 사회주의 운동, 특히 페이비언협회 설립에 영향을 미쳤다.

존스턴(John Jonston, 1603~1675). 폴란드의 학자이자 의사이다.

쥐스밀히(Johann Peter Süssmilch, 1707~1767). 독일의 통계학자이다. 《신의 질서》라는 저서에서 사회 현상에 일정한 통계적 법칙이 존재함을 실증하고자 해 최초로 '정치 산술'(政治算術)을 체계적으로 논술한 학자로 평가된다. 특히 그는 인구 문제가 정치학의 가장 중요한 대상이라 생각된 18세기 학문을 집대성하고자 했다.

질송(Étienne Gilson, 1884~1978). 프랑스의 철학자이자 철학사가이다. 소르본 대학에서 데카르트에 대한 연구로 박사학위를 받았다. 이후 중세 사상, 특히 토마스 아퀴나스의 철학과 신학을 연구했다. 질송의 학술적 기여는 20세기 초까지 팽배했던 중세에 대한 통념, 즉 중세 시대의 사상은 철학이 아닌 신학이었다는 통념에 대응하여 중세 기독교 철학이 역사적으로 실제했음을 증명하려 했다는 점이다.

짐펠(Jean Gimpel, 1918~1996). 문화사가이자 중세 기술사가이다. 중세의 과학 문화에 대한 책을 여러 권 저술했으며 그중에서 《성당 건축가들》(The Cathedral Builders)과 《중세의 기계: 중세의 산업혁명》(The Mediaeval Machine: The Industrial Revolution of the Middle Ages)이 유명하다.

집사 바울(Paul the Deacon, 라틴어명 Paulus Diaconus, 720경~799). 베네딕트 수도회의 수도사이자 롬바르드족 역사가이다. 롬바르드의 귀족 가문 태생으로 훌륭한 교육을 받았으며 롬바르드 왕의 궁정에서 집사로 봉사했다. 샤를마뉴 대제의 정복 뒤에는 뛰어난 문필 재능을 인정받아 카롤링 르네상스를 주도했다. 저서로는 《롬바르드족의 역사》가 있다.

체임버스(Robert Chambers, 1802~1871). 스코틀랜드 출신의 저술가이자 출판인이다. 형인 윌리엄과 함께 당시에 영향력 있었던 《체임버스 백과사전》(Chambers's Encyclopaedia)을 출간했으며 《창조, 자연사의 흔적》(Vestiges of the Natural History of Creation)을 익명으로 출간했다.

초서(Geoffrey Chaucer, 1342~1400). 중세의 영국 시인이다. 영국 최고의 시인이자 근대 영시의 창시자로 '영시의 아버지'라 불린다. 〈트로일루스와 크리세이드〉, 〈선녀전설〉을 거쳐 중세 이야기 문학의 집대성이라고도 할 대작 〈캔터베리 이야기〉(1393~1400)로 중세 유럽 문학의 기념비를 창조했다.

카르네아데스(Carneades, 서기전 214경~129). 그리스의 회의학파 철학자이다. 스토아주의를 연구하고 그 철학을 논박해 진위의 기준이 존재하지 않기 때문에 여하한 인식도 불가능하다 주장했다. 한편으로는 개연적 지식을 인정하고 그 3단계를 논한 후 그에 바탕을 둔 도덕학을 전개했다.

카르다누스(Hieroymus Cardanus, 1501~1576). 르네상스 시대의 철학자이자 수학자이자 의학자이다. 제로니모 카르다노(Geronimo Cardano)라고도 불린다.

카를 5세(Charles V, 1500~1558). 신성로마제국의 황제, 에스파냐 왕 카를로스 1세, 오스트리아의 대공이다. 그가 계승한 에스파냐와 신성로마제국은 유럽 대륙 안에서 동서로는 에스파냐에서 오스트리아, 남북으로는 네덜란드에서 나폴리 왕국까지 걸쳐 있었고, 해외로는 에스파냐령 아메리카에 이르렀다.

카시오도루스(Cassiodorus, 490경~585경). 남이탈리아의 명문가 출신으로 라벤나가 수도였던 동고트의 왕 테오도리쿠스를 섬겨 514년 콘술, 533년 친위대 장관이 되었으며, 550년 이후 수도원을 세우고 저술에 전념했다. 수도사들에게도 그리스 고전의 필사와 라틴어역을 시켜 중세 수도원 연구 생활의 기틀을 이뤘다. 저서로 《연대기》, 《잡록》(雜錄), 《고트사(史)》가 있으며, 그 외에 일종의 백과사전 등이 있다.

카울리(Abraham Cowley, 1618~1667). 17세기를 대표하는 영국의 시인이다.

카이사르(Gaius Julius Caesar, 서기전 100~44). 로마 공화정 말기의 정치가이자 장군이다. 영어로는 시저라고 부른다. 폼페이우스, 크라수스와 함께 3두 동맹을 맺고 집정관이 되어 민중의 큰 인기를 얻었으며 지방장관으로 갈리아 전쟁을 수행했다. 1인 지배자가 되어 각종 사회 정책, 역서의 개정 등의 개혁사업을 추진했으나 브루투스 등에게 암살되었다.

카토(Marcus Porcius Cato, 서기전 234~149). 고대 로마의 정치가이자 장군이며 문인. 로마 최고의 역사서 《기원론》(Origines)과 농업 경영의 실제를 해설한 《농업서》(De Agricultura)를 남겼다(카토의 《농업서》에 대해서는 차전환, 1987, "서기전 2세기 전반 로마의 농장경영: 카토의 농업서를 중심으로", 〈역사학보〉, 116호를 참고하라).

카펠라누스(Andrew Capellanus, ?~?). 카펠라누스는 '성직자'라는 의미를 가진다. 12세기에 활동했으며 《사랑에 대하여》(Liber de Amore)의 작가다. 생애에 대해 알려진 것은 거의 없다.

칸트(Immanuel Kant, 1724~1804). 독일의 철학자. 서유럽 근세 철학의 전통을 집대성하고 전통적 형이상학을 비판하며 비판철학을 탄생시켰다. 저서에 《순수이성 비판》, 《실천이성 비판》, 《판단력 비판》 등이 있다.

칼릭세노스(Callixenus, ?~?). 헬레니즘 시대 로도스 섬에 살았던 저술가이다.

칼키디우스(Chalcidius, 4세기 사람). 321년경 그리스어로 된 플라톤의 《티마이오스》 첫 부분을 라틴어로 번역하고 광범위한 주석을 달았다. 그 외에 알려진 것은 없다.

캄(Peter Kalm, 1715~1779). 스웨덴의 식물학자이다. 스웨덴 웁살라와 아보에서 교육을 받은 이후 러시아를 두루 여행했으며 정부 지원으로 북아메리카 식물학 및 자연사 연구를 했다. 1748년에는 미국 필라델피아에 도착하여 3년 동안 펜실베이니아, 뉴욕, 캐나다 등을 여행했으며, 그 이후 아보에 돌아와서 박물학 교수가 되었다. 후에 스톡홀름과학원의 회원으로 선임되었으며, 여러 과학적 저술들 가운데 주요 저서로 북아메리카의 토양과 자연을 설명한 《북아메리카 여행》이 있다.

캄브렌시스(Giraldus Cambrensis, 1146경~1223경). 영국 웨일스 지방의 성직자, 역사가이다. 귀족 출신으로 브레크녹의 부주교(1175~1204), 헨리 2세 때에는 궁정사제(1184~1189) 등을 역임했다. 웨일스의 성 데이비드 시(市) 주교로 지명되었으나,

캔터베리에 대립하는 독립 교회가 나타나는 것을 두려워한 영국 교회의 완강한 반대로 실현되지 않았다. 주요 저서로는 1188년 작 《아일랜드의 지형》(*Topographia Hiberniae*), 1189년 작 《아일랜드 정복》(*Expugnatio Hibernica*) 등이 있다.

캉탱프레의 토마스 (Thomas de Cantimpré, 1201~1272). 중세 로마 가톨릭의 저술가, 설교가, 신학자이다.

캔터베리의 안셀름 (Anselm of Canterbury, 1033~1109). "이해를 추구하는 신앙"(*fides quaerens intellectum*)으로 대표되는 '스콜라철학의 아버지'라 불린다. 그는 계시와 이성이 조화를 이룰 수 있음을 강조하며 아리스토텔레스파의 변증법에서 이용하는 이성주의를 신학에 성공적으로 도입시킨 첫 번째 인물로 꼽힌다.

캠퍼 (Engelbert Kaempfer, 1652~1716). 독일의 여행가, 박물학자이다. 1690년부터 1692년까지 2년 동안 일본에서 연구 활동을 했으며 이후에 독일로 돌아와 《일본사》를 저술했다. 원고는 사후 1727년 영국에서 간행되었다.

커드워스 (Ralph Cudworth, 1617~1688). 영국의 철학자로 케임브리지 플라톤주의자의 리더였다.

케리 (Henry C. Carey, 1793~1879). 미국의 경제학자이자 사회학자이다. 영국의 고전적 정치경제학에 대한 비판적이었으며 자유방임적 경제 정책을 반대하고 무역장벽을 주창했으며 흔히 미국 경제학파의 창시자로 불린다. 《임금률에 관한 에세이》(*Essay on the Rate of Wages*, 1835), 《정치경제학 원리》(*Principles of Political Economy*, 1837~1840), 《사회과학 원리》(*Principles of Social Science*, 1858~1860), 《법의 조화》(*The Unity of Law*, 1872) 등을 저술했다.

케일 (John Keill, 1671~1721). 영국 스코틀랜드의 수학자로 뉴턴 철학을 설파했다.

케임즈 경 (Lord Kames). 홈(Herny Home)을 참조하라.

케플러 (Johannes Kepler, 1571~1630). 독일의 천문학자. 《신 천문학》에서 행성의 운동에 관한 제1법칙인 '타원궤도의 법칙'과 제2법칙인 '면적속도 일정의 법칙'을 발표하여 코페르니쿠스의 지동설을 수정·발전시켰다. 그 뒤 《우주의 조화》에서 행성운동의 제3법칙을 발표했다.

켈수스 (Aulus Cornelius Celsus, 서기전 30경~서기 45경). 로마 시대의 의학저술가이다. 《백과사전》을 저술했는데, 그중에 《의학에 관하여》(*De Medicina*)만이 남아 있다. 히포크라테스 의서와 병칭되며 특히 거의 망실된 알렉산드리아 의서의 모습을 전한 것으로 귀중하다. 중세에는 무시당했으나 르네상스 이후 재평가되어 1478년에 피렌체 판이 간행되었다.

코페르니쿠스 (Nicolaus Copernicus, 1473~1543). 폴란드의 천문학자. 지동설을 착안하고 확신한 시기는 명확하지 않으나 그의 저서 《천체의 회전에 관하여》(전 4권)는 1525~1530년 사이에 집필된 것으로 추측된다. 그러나 그가 생각한 태양계의 모습은 현재 우리가 생각하는 태양계와는 다르다.

콘스탄티누스 대제(Constantine, 280경~337). 로마의 황제. "밀라노 칙령"을 공포하여 기독교를 공인하고 니케아 종교회의를 열어 정통 교리를 정했다. 수도를 비잔티움으로 옮겨 콘스탄티노플이라 개명했다.

콜루멜라(Lucius Junius Moderatus Columella, 4~70경). 로마 시대의 저술가. 농사와 소박한 삶에 대한 흥미를 불러일으키기 위해 농업과 그에 관련된 주제에 대한 저술을 많이 남겼다. 《농사론》(De Re Rustica, 12권)은 고대 농업을 이해하는 중요한 전거가 되었다. 1~2권은 일반 농경, 3~5권은 과수, 6~7권은 목축, 8권은 가금과 양어, 9권은 양봉, 10권은 정원 만들기에 관한 것이며 마지막 2권은 농사의 감독이나 경영, 양조법 등에 관한 내용이다(차전환, 1994, "로마제정 초기 이탈리아의 농장 경영: 콜루멜라의 농업서를 중심으로", 〈충남사학〉, 제6호를 참고하라).

콜베르(Jean-Baptiste Colbet, 1619~1683). 프랑스의 정치가이다. 중상주의 정책을 추진하여 프랑스의 국부를 증대시키는 데 기여했다.

콩도르세(Marquis de Condorcet, 1743~1794). 프랑스의 수학자, 철학자, 정치가이다.

쿠르티우스(Ernst Robert Curtius, 1886~1956). 독일의 문예평론가이다. 로망스어 문학의 권위자로서 마르부르크 대학교, 하이델베르크 대학교 교수를 거쳐 1929년부터 본 대학교의 교수가 되었으며 《새로운 프랑스의 문학 개척자》 등의 논문으로 프랑스 정신에 대한 이해의 깊이를 보였다. 1930년부터는 주로 중세 문학을 연구했다. 《유럽 문학과 라틴적 중세》(Europäische Literatur und lateinisches Mittelalter, 1948)에서는 고대부터 중세를 거쳐 근대에 이르는 유럽의 문학적 전통을 추적했다.

쿠르티우스(Quintus Curtus Rufus, 50년경). 로마제국의 클라우디우스 황제 시기에 활동한 역사가이다. 대표작은 라틴어로 쓰인 10권짜리 알렉산드로스의 전기문인데 8권만이 불완전한 상태로 남아 있다.

쿡(James Cook, 1728~1779). 영국의 탐험가, 항해가이다. 요크셔의 빈농에서 태어나 1755년에 수병으로 해군에 입대했으나 이윽고 1768년에 태평양 탐험대 대장으로 임명되었다. 그는 오스트레일리아의 동부 해안을 최초로 탐사한 유럽인이 되었으며, 하와이 섬을 최초로 발견하고 캐나다 뉴펀들랜드 지방의 복잡한 해안선을 최초로 지도화하기도 했다. 그는 많은 지역을 탐험하고 명명〔대보초(the Great Barrier Reef) 등〕했을 뿐만 아니라 지도상에 표기하고 기록하는 데 큰 공헌을 했다. 2차 태평양 항해(1772~1775) 때는 미지의 남쪽 대륙〔테라 아우스트랄리스 인코그니타(Terra Australis Incognita)〕을 확인하기 위해 뉴질랜드를 한 바퀴 돌아 가상 대륙의 일부가 아님을 입증했다. 1779년 하와이에서 원주민이 던진 창에 맞아 죽었다.

퀴몽(Franz-Valery-Marie Cumont, 1868~1947). 벨기에 태생의 역사가, 고고학자, 서지학자이다. 로마제국에 대해 동방의 신비주의 종교〔특히 미스라이즘(Mithraism)〕가 미친 영향에 대한 연구로 유명하다. 《미스라 신비주의와 관련한 문서와 유적들》(Texts and Illustrated Monuments Relating to the Mysteries of Mithra, 1894~1900)이

라는 저서로 국제적 명성을 얻었다. 이후에 《로마 이교 속의 동방종교》(*Les Religions Orientales dans le Paganisme Romain*, 1906), 《그리스와 로마의 점성술과 종교》(*Astrology and Religion among the Greeks and Romans*) 등의 저서를 출간했다.

크레브쾨르(St. Jean De Crevecoeur, 1735~1813). 프랑스 태생으로 미국에 이주해 살면서 식민지 정착민들이 유럽인이 아닌 미국인으로서 사고하면서 정체성을 갖도록 도왔다. "미국이란 도대체 누구인가?"라는 질문으로 시작하는 저서인 《미국 농부의 편지》(*Letters from an American Farmer*, 1782)는 미국이 평화, 부, 자부심 등의 기회를 제공한다는 인상적 개념을 유럽인에게 전했다. 그는 미국인이나 농부는 아니었지만 식민지 이주민들의 근면성, 인내심, 점진적 번영 등을 12편의 편지에서 사려 깊고 열정적으로 칭찬했다. 이 편지는 미국을 억압적 사회관습과 편견이 없는 농업의 천국으로 묘사했으며, 이러한 관점은 이후 토머스 제퍼슨과 랠프 월도 에머슨을 비롯한 수많은 작가들에게 영감을 주었다.

크롬비(Alistair Cameron Crombie, 1915~1996). 오스트레일리아의 과학사가이다.

크뢰버(Alfred Louis Kroeber, 1876~1960). 미국의 문화 인류학자이다. 초유기체론을 제창했으며 중남미 고고학을 개척하고 언어학 분야에도 많은 업적을 남겼다. 특히 문화지리학자인 사우어(C. O. Sauer)에게 많은 영향을 주었다.

크리소스토무스(St. John Chrysostom, 347~407). '황금의 입을 가진' 성자로 불린다. 정치가와 법률가로서 명성을 쌓던 중 23세에 세례를 받고 세상의 지위를 과감히 버린 후 27세부터 산에 들어가 독거하며 수도를 하다가 39세에 수도원에 들어가 사제 교육을 받았다. 그곳에서의 교육과 설교는 당시 기독교 사회에서 뛰어난 설교가로 이름을 내게 한 좋은 계기가 되었다. 교회 주변과 길거리에 즐비한 거지들을 외면한 채 호화스런 공중목욕탕, 화려한 궁궐과 교회 안에서 부와 화려한 옷, 좋은 음식을 즐기는 관행에 젖은 당시의 부도덕을 질타했다. 이로 인해 콘스탄티노플에서 추방되고 말았지만 폰투스에서 죽을 때까지 계속해 콘스탄티노플 교회에 편지를 썼다.

크리시포스(Chrysippus of Soli 또는 Chrysippos, 서기전 280경~207경). 칼리키아(Chilicia)의 솔리(Soli) 태생의 스토아학파 철학자이다. 스토아학파의 수뇌였던 클레안테스의 저자였으며 이후 그 자리를 이었다. 스토아학파 제2의 창건자로 추앙받았는데 그리스-로마 시대 수 세기 동안 스토아학파가 가장 영향력 있는 철학 운동으로 자리잡는 데 큰 기여를 했다.

크세노크라테스(Xenocrates, 서기전 396경~314경). 고대 그리스의 철학자이다. 플라톤 학설과 피타고라스 학설을 조화시키고자 했고 이데아와 수를 동일한 것으로 취급했으며 철학을 논리학·자연학·윤리학으로 구분했다.

크세노폰(Xenophon, 서기전 430경~355경). 그리스의 군인이자 역사가이다. 소크라테스의 제자로 그의 작품은 일찍부터 아티케 산문의 모범으로 존중되었기 때문에 그의 전 작품이 남아 있다. 《소크라테스의 추억》(*Memorabilia*), 《오이코노미코스》(*Oe-*

conomicus), 《키루스의 교육》(Cyropaedia), 《아나바시스》(Anabasis) 등이 있다.

크세르크세스 1세(Xerxes, 서기전 519경~465) 페르시아제국 제4대 왕으로, 이집트·바빌로니아의 반란을 진압했고 운하와 선교를 만드는 등 그리스 원정을 준비했으나 실패했다.

크테시아스(Ctesias). 서기전 5세기경 그리스의 의사이자 역사가이다.

클레멘스(Clement, third Bishop of Rome, ?~110). 제4대 로마 교황이다. 성인으로 축일은 11월 23일, 별칭은 로마의 클레멘스로 가장 오래된 사도적 교부다. 베드로 사도로부터 직접 안수를 받았다고 한다. 베드로와 리노, 아나클레토에 이어 로마교회의 주교, 즉 교황이 되었으며, 도미티아누스 황제에 의해 불경죄로 문책되어 순교했다. 로마의 콜로세움 옆에는 성 클레멘스에게 봉헌된 성당이 있다. 클레멘스가 95년경에 쓴 전체 65장의 《클레멘스의 서신》(Epistle of Clemens)은 신약성서 다음으로 오래된 초대 교회의 문헌이자 최초의 교부문헌으로 인정받는다.

클로테르 2세(Clotaire II, 584~629). 메로빙 왕조 네우스크리아의 왕. 613년부터는 프랑크 왕국을 단독으로 통치했다. 614년 10월 파리 종교회의에서 성직자와의 관계를 규정한 광범위한 칙령을 발표하여 많은 인기를 누렸으며 오랜 소요 상태에서 야기된 문제들을 해결하기 위해 노력했다.

클리안테스(Cleanthes, 서기전 312~232). 고대 그리스 스토아 철학의 선구자이다.

키케로(Marcus Tullius Cicero, 서기전 106~43). 고대 로마의 문인, 철학자, 변론가, 정치가. 라티움의 아르피눔 태생으로 집정관이 되어 카틸리나의 음모를 타도하여 '국부'의 칭호를 받기도 했다. 그러나 카이사르와 반목하여 정계에서 쫓겨나 문필에 종사했으나 카이사르 암살 후 안토니우스를 탄핵했기 때문에 원한을 산 안토니우스의 부하에게 암살되었다. 수사학의 대가이자 고전 라틴 산문의 창조자인 동시에 완성자라고 불린다. 현존하는 작품으로는 《카틸리나 탄핵》(In Catilinam) 외 58편의 연설과 《국가론》(De Republica), 《법에 관하여》(De Legibus), 《투스쿨라나룸 담론》(Tusculanae Quaestiones), 《신들의 본성에 관하여》(De Natura Deorum), 《의무론》(De Officiis) 등의 철학서와 글들이 있다.

키프리안(Saint Cyprian, 200~258). 라틴어 이름은 타스키우스 카이킬리우스 키프리아누스(Thascius Caecilius Cyprianus)이다. 카르타고의 주교를 지냈으며 초기 기독교학자로서 중요한 인물이다.

타운센드(Charles Townshend, 1675~1738). 영국 휘그당의 정치가이며 외교 정책을 이끄는 국무장관을 역임하기도 했다. 또한 농작물을 윤작할 때 순무를 심는 방법을 개발해 '순무 타운센드'라는 별명을 얻기도 했다.

타키투스(Publius Cornelius Tacitus, 56경~126경). 로마의 역사가, 웅변가, 정치가이다. 뛰어난 변론술로 공화정을 찬미하고 간결한 문체로 로마제국 초기의 역사를 서술했다. 저서로 《게르마니아》, 《역사》, 《연대기》 등이 있다.

타티아누스(Tatian, ?~185경). 순교자 저스틴에게서 수학했다. 당시는 기독교와 그리스 철학이 경쟁하던 시기였으며 저스틴처럼 타티아누스도 로마에 기독교 학교를 개설한다. 로마에 얼마나 머물렀는지는 알려져 있지 않다. 저스틴의 순교 이후 행적이 불분명하나 아시리아에서 사망한 것으로 추정된다.

탄(William Woodthorpe Tarn, 1869~1957). 영국의 역사가이다. 헬레니즘 시대의 연구 업적으로 유명하다. 《헬레니즘 문명》(Hellenistic Civilization, 1927), 《알렉산더 대왕》(Alexander the Great I, II, 1948) 외 다수의 저술이 있다.

탈레스(Thales, 서기전 624경~546경). 그리스 최초의 철학자이다. 7현인의 제1인자이며 밀레토스학파의 시조이기도 하다. 만물의 근원을 추구한 철학의 창시자이며 그 근원을 물이라고 했다. 아마도 물이 고체・액체・기체 상태를 나타낸다는 것에서 추정한 듯하다(물활론).

탕피에(Étienne Tempier, ?~1279). 오를레앙에서 태어나 파리에서 공부했다. 1268년부터 사망할 때까지 파리의 주교로 봉사했다(이 책 2부 16장을 참조하라).

터너(Frederick Jackson Turner, 1861~1932). 20세기 초 활동했던 가장 영향력 있는 미국 역사가 중 하나이다. 《미국사에서 프런티어가 가지는 중요성》(The Significance of the Frontier in American History)으로 알려졌다. 미국의 정신과 성공은 서부로의 확장과 직결된다는 '프런티어(미개척지) 가설'을 펼쳤다. 독특하고 억센 미국인의 정체성은 정착 문명과 황무지의 야만성이 접합되면서 생겼으며 이는 새로운 종류의 시민을 탄생시켰다. 야생을 길들일 힘을 가진 시민과 야생에 의존하는 시민은 힘과 개인성을 의미한다.

테가트(Frederick John Teggart, 1870~1946). 미국의 비교역사학자, 서지학자, 사회학자이다. 북아일랜드 벨파스트 태생으로 1925년부터 캘리포니아 버클리대학에서 교수로 재직했다. 역사학과 사회학의 상호 교류에서 선구적 역할을 했다. 근대 초기 사회 변화를 분석했으며 고대와 근대 사회에 대한 이론적 분석을 옹호했다. 《역사의 과정》(The Processes of History, 1918), 《역사론》(Theory of History, 1925), 《로마와 중국: 역사적 사건들의 상호 관련에 대한 연구》(Rome and China: A Study of Correlations in Historical Events, 1939) 등의 저서가 있다.

테르툴리아누스(Quintus Septimius Florens Tertullianus, 160경~220경). 카르타고 태생으로 수사학과 법률을 공부해 로마에서 활동했다. 197년경 기독교로 개종하여 그 이후의 생을 기독교 신앙을 위한 변증가로서 광범위한 저작 활동에 몰두했다. 라틴어로 저술하는 최초의 중요한 기독교인으로 오리게네스와 함께 2, 3세기의 가장 뛰어난 기독교 저술가로 이름을 알린 라틴 교부이다.

테오도레투스(Theodoret, 393경~457). 시리아의 신학자・주교이다. 역사비평적 방법으로 성서와 신학을 해석한 안디옥 학파의 대표자다. 그의 저작은 5세기 기독론 논쟁을 중재했으며 기독교의 신학 어휘 발전에 기여했다. 처음에는 수사였다가 423년경 안디옥 부근 키루스의 주교가 된 뒤 그 지역 사람들을 거의 개종시켰으며 교리 문제를 가지고 기독교 분파와 논쟁을 벌였다. 그 과정에서 기독교 신앙에 대한 해설서와 변증서들을 여러 권 썼으며 그 가운데 하나인 《이교의 악들에 대한 치유책》(*Therapeutik*)은 작은 고전이 되었다.

테오도리쿠스 (Theodoricus, 영문명 Theodoric, 456경~526). 이탈리아의 동고트왕(재위: 471~526)이다. 8세 때 콘스탄티노플에 인질로 보내져 비잔틴 궁정에서 자라는 동안 고전 문화와 게르만 정신의 결합을 배웠다. 469년 귀국하여 부왕 테오데미르와 협력하여 동로마제국으로부터 저(低) 모에시아 지방을 빼앗았다. 484년에는 동로마황제 제논에 의해서 집정관으로 임명되어 이탈리아를 침공한 오도아케르를 베로나에서 처부수었다(489년). 493년까지 전(全) 이탈리아를 지배했고 라벤나를 수도로 했다. 그 후 다시 서로마제국의 영지에 정착하는 모든 게르만인을 지배하기 위하여 영역을 확대했다. 산업·문화를 보호하고 카시오도루스, 보이티우스 등 뛰어난 로마인을 요직에 등용해 선정을 베풀었으나 아리우스파의 신앙을 지지했기 때문에 로마인의 인심을 얻지는 못했다. 로마에 대해서는 친 로마 정책, 게르만 여러 부족의 왕에 대해서는 결혼 정책을 썼다. 그의 존재는 중세 영웅전에 자주 나타나며 《니벨룽겐의 노래》에서는 '베른의 디트리히'로 알려져 있다.

테오크리토스 (Theokritos). 서기전 3세기 전반의 그리스의 대표적 목가시인이다. 시칠리아 섬 태생으로 에게 해의 코스 섬과 알렉산드리아에서 시재를 연마했으며 후에 시칠리아로 돌아왔다. 약 30편의 시가 전하는데 주로 서사시의 운율을 사용한 여러 가지 내용의 시이며 시칠리아 전원에서의 목동을 노래한 시가 대표작으로 꼽힌다. 그의 시는 친근감이 있고 서정성이 넘치며 로마의 시인 베르길리우스를 비롯하여 밀턴과 셸리 등 후세 시인에게 커다란 영향을 끼쳤다. 〈목가〉(*Idyll*) 외에도 달에게 실연을 호소하는 여인의 독백으로 된 〈여 마법사〉(*Pharmakeutria*)와 아도니스 축제에 가는 두 여인을 그린 〈아도니스 축제의 여인〉(*Adoniazousai*) 등도 유명하다.

테오프라스토스 (Theophrastos 서기전 327경~288경). 그리스의 철학자이자 과학자이다. 레스보스 섬의 에레소스 태생으로 플라톤과 아리스토텔레스에게서 배웠으며, 아리스토텔레스가 개설한 리케이온 학원의 후계자가 되었다. 식물학의 창시자로 식물의 관찰은 대부분 리케이온의 정원에서 이루어졌는데, 그 지식은 그리스와 소아시아의 식물상에만 한정되지 않았다. 그 이유는 알렉산드로스의 부하들이 리케이온으로 내륙 아시아의 많은 식물을 가져왔기 때문이다.

템플 경 (Sir William Temple, 1628~1699). 영국의 정치가이자 수필가이다. 고대인과 근대인의 우월성 논쟁에서 대표적인 고대인 옹호자이다("용어해설" 서명편의 《책들의 전쟁》을 참고하라).

토인비 (Arnold J Toynbee, 1889~1975). 영국의 역사가이다. 필생의 역작인 《역사의 연구》에서 독자적 문명사관을 제시했다. 유기체적 문명의 주기적 생멸이 '역사'이며 또한 문명의 추진력이 고차 문명의 저차 문명에 대한 '도전'과 '대응'의 상호작용에 있다고 주장했다. 환경결정론에 대해서는 비판적 입장을 취했다.

토크빌(Alexis De Tocqueville, 1805~1859). 프랑스의 정치가이며 역사가이다. 1805년 파리의 귀족 가문에서 태생하여 보수적인 왕당파 가정에서 자랐음에도 불구하고 귀족 시대의 종결과 새로운 사회의 도래를 주장했다. 특히 1831년 미국을 여행한 후 《미국의 민주주의》(2권, 1835~1840)를 내놓아 세상을 놀라게 했다. 그는 이 책에서 근대 세계의 추세인 민주주의를 논했으며, 그가 제시한 근대 사회의 방향과 평등 개념은 당시 프랑스 사회에서 열렬한 환호를 받았다. 그 후 여러 차례 영국을 오가며 존 스튜어트 밀 등 자유주의자와 교류했고, 1848년 2월 혁명 직후 제헌의회 의원으로 선출되고 1849년부터 외무장관을 지냈으나 1851년 루이 나폴레옹의 쿠데타에 반대해 정계에서 은퇴했다. 마지막 대작으로 1856년 《앙시앵 레짐과 프랑스혁명》을 남긴 후 1859년 폐결핵으로 타계했다.

톰슨(James Westfall Thompson, 1869~1941). 미국 역사가이다. 중세 유럽과 근대 초기 유럽사, 특히 신성로마제국과 프랑스 역사를 전공했다. 중세 독일의 사회경제사 연구서인 《봉건 독일》(Feudal Germany)은 프레데릭 잭슨 터너의 그 유명한 프런티어 가설의 요소를 차용해 이를 중세 게르만 정착자들이 중부 유럽의 슬라브 민족을 식민화한 사건에 적용했다.

투른포르(Joseph Pitton de Tournefort, 1656~1708). 프랑스의 식물학자 · 내과의이다. 일찍부터 식물학에 관심을 가졌지만 아버지의 강요로 신학을 공부했다. 아버지 사후에는 생계를 위해 내과의를 하면서 식물학 연구를 계속했다. 1688년 파리 식물원 교수로 임명되어 평생 그 자리에 있었다. 피레네, 소아시아, 그리스의 과학 탐험에서 식물을 많이 수집했고 《식물학의 요소들》(Eléments de Botanique, 1694)로 널리 명성을 얻었다. 그는 식물계통학의 선구자로 그가 창안한 식물 분류 체계는 당시에 이루어졌던 중요한 진보들을 대표했고 그 일부는 현재까지도 사용된다.

투서(Thomas Tusser, 1524경~1580). 영국의 시인이자 농부이다.

투키디데스(Thukydides, 서기전 460경~400경). 그리스의 역사가이다. 아테네 태생으로 부유한 집안에서 태어나 펠로폰네소스 전쟁에서 활약했고 서기전 424년에는 장군이 되었다. 30년 가까운 펠로폰네소스 전쟁의 역사를 다룬 《펠로폰네소스 전쟁사》(History of the Peloponnesian War, 8권)를 저술했는데 엄밀한 사료 비판, 인간 심리에 대한 깊은 통찰 등으로 고전 · 고대의 역사 기술 중 뛰어난 역사서로 일컬어진다.

툴(Jethro Tull, 1674~1741). 산업혁명과 농업혁명 이전 시기 영국의 농학자이다. 17세에 옥스퍼드의 세인트 존 칼리지를 다녔지만 학위를 받았는지 여부는 불확실하다. 그 후에는 폐질환 치료를 위해 유럽을 여행하면서 농업에 관한 지식을 얻었고 초기 계몽주의 시대 농업에 대한 과학적 접근을 시도한 저명인사 가운데 한 사람이 되었다. 특히 그는 씨앗을 뿌릴 때 구멍을 내어 파종하는 방법을 고안하여 보급한 것으로 알려져 있다.

튀르고(Anne Robert Jacques Turgot, 1727~1781). 프랑스의 정치가, 경제학자이다. 파리에서 태어나 파리 대학교 신학부에서 수학했으며 22세에 수도원장이 되었으나 볼테르의 책을 읽고 신앙생활에 회의를 가지고 관리 사회에 뛰어들었다. 1774년 루이 16세의 재정총감이 되어 곡물 통제의 철폐, 부역과 국내 관세의 폐지, 특권 계급의 면세 폐지 등을 추진했으나 봉건귀족과 고등법원의 저항으로 끝을 맺지 못했다. 중농주의자인 케네와 가까이 지냈다.

트라페준티우스(Georgios Trapezuntius, 영문명 George of Trebizond, 1396~1486). 비잔틴 인문주의자, 그리스어 학자, 아리스토텔레스 사상의 논객이다. 그리스어 고전을 라틴어로 번역함으로써 이탈리아 인문주의와 문예부흥에 이바지했다.

트레멜리우스(Gnaeus Tremellius Scrofa, ?~?). 로마 아우구스투스 시대의 농학자이자 저술가이다. 저작이 남아 있진 않지만 콜루멜라의 《농사론》과 바로의 저작에 인용되면서 등장한다.

트로구스(Pompeius Trogus). 서기전 1세기의 로마 역사가이다.

티레의 윌리엄(William of Tyre, 1130경~1185). 티레의 대주교이자 연대기 작가이다. 12세기 중반에 활동했으며 십자군과 중세사에 깊이 몰두했다.

티마이오스(Timaeus 서기전 345경~250경). 고대 그리스의 역사가이다.

티베리우스(Tiberius Caesar Augustus, 서기전 42~서기 37). 본명은 티베리우스 클라우디우스 네로이다. 로마제국의 초대 황제 아우구스투스의 뒤를 이은 두 번째 황제(재위: 14~37)다.

티불루스(Albius Tibullus, 서기전 48경~19). 로마 고전기의 서정시인이다. 기사계급 출신으로 문인 보호자 메살라의 문학 서클에 소속되어 호라티우스와 친교가 있었다. 작품은 《티불루스 전집》(Corpus Tibullianum, 4권)으로 편집되었는데 제1권은 거의가 델리아라는 여성에 대한 사랑과 실연의 노래이며, 제2권의 절반은 창녀인 네메시스의 불행한 사랑을 노래했다.

틸버리의 제르바스(Gervase of Tilbury, 1150경~1228경). 13세기의 교회법 변호사, 정치가, 저술가이다.

파나이티오스(Panaitios, 영문명 Panaetius, 서기전 180경~109경). 그리스의 스토아 철학자. 로도스 섬 태생으로 '셀레우키아의 디오게네스'의 제자였다. 로마로 나가서 라엘리우스 및 소(小) 스키피오와 교유하여 로마에서 스토아 철학의 기초를 닦았으며, 후에 안티파트로스를 계승하여 스토아학파의 태두가 되었다. 포시도니오스를 제자로 두었다. 스토아 철학 본래의 유물론적 일원론에 플라톤주의를 가미하여 관념론적·이원론적 색채를 띠었으며, 또한 본래의 엄격주의 윤리설을 완화하여 절충적인 중기 스토아 철학을 확립했다. 그의 글은 키케로의 저서 일부에 남아 있다.

파라셀수스(Philippus Aureolus Paracelsus, 1493~1541). 스위스의 화학자, 외과의이다.

1526년 바젤에서 시의(侍醫) 겸 대학 교수가 되었으나 의학 혁신을 위한 성급한 개혁 시도가 반감을 사서 1528년에 추방당하여 잘츠부르크에서 병사했다. 연금술을 연구하면서 화학을 익혔고 의학 속에 화학적 개념을 도입하는 데 힘써 의화학의 원조가 되었다. 물질계의 근본을 유황·수은·소금의 3원소라고 했고, 점성술의 영향을 받아 독자적 원리에 입각한 의료법을 제창했으며, 산화철·수은·안티몬·납·구리·비소 등의 금속 화합물을 처음으로 의약품으로 사용했다.

파르메니데스(Parmenides, 서기전 515경~445경). 고대 그리스의 철학자이다. 엘레아학파의 시조로 이성만이 진리이며 이에 반해 다수(多數), 생성, 소멸, 변화를 믿게 하는 감각은 모두 오류의 근원이라 주장했다.

파브르(Jean Antoine Fabre, 1749~1834). 프랑스의 하천학자이다. 하천, 급류의 기원과 조건을 체계적으로 서술했으며 이것들의 코스를 어떻게 변경할 수 있으며 어떻게 손상되지 않게 보호할 수 있는가에 관해 고찰했다. 또한 산지 경사면의 삼림 제거에 반대했으며, 산지 사면의 농지를 어떻게 경작할 수 있는가에 대해 조언을 하기도 했다.

파이리스의 군터(Gunter of Pairis, 1150경~1220경). 독일 시토 수도회 수사이자 라틴어 작가이다.

파테르쿨루스(Velleius Paterculus, 서기전 20경~30경). 로마의 군인이자 역사가이다. 재무관과 법무관 등을 지냈으며 그가 쓴《로마사》는 로마 제정 초기의 귀중한 사료로 평가된다.

팔라디우스(Palladius, ?~?). 갈라티아의 수사, 주교, 연대기 작가이다. 콘스탄티노플의 총대주교인 크리소스토무스의 제자이기도 하다. 저서인《수도원 새벽기도 이야기》(Lausiac History)는 초기 이집트와 중동의 기독교 수도원 제도를 기록한 것으로 기독교 금욕주의에 대한 귀중하고 유일한 자료다.

팔라스(Peter Simon Pallas, 1741~1811). 러시아에서 활동한 독일의 동물 및 식물학자이다. 베를린 태생으로 자연사에 관심을 가지고 할레 대학교와 괴팅겐 대학교를 다녔으며 19세에 라이덴 대학교에서 박사 과정을 통과했다. 그 후 의학 및 내과 지식을 쌓았고 동물 계통의 체계를 고안했다. 1767년에는 러시아 캐서린 2세의 초청으로 1768년과 1774년 사이에 상트페테르부르크의 왕립 과학아카데미 교수로 임명되어 연구 활동을 하면서 여러 지역을 여행했다. 이 여행을 통해 얻은 지질학, 광물학, 원주민들과 그들의 종교, 새로운 동식물에 관한 지식을 엮어 출판했다.

팔리시(Bernard Palissy, 1510경~1590). 프랑스의 위그노파 도예공, 작가, 과학자이다.

팔코너(William Falconer, 1744~1824). 영국의 의사이자 작가이다. 또한 왕립학회 회원이었다.

퍼거슨(Adam Ferguson, 1723~1816). 영국의 철학자이자 사회학자이다. 사회를 역사적으로 연구하여 처음으로 소유 관계의 차별에 의한 여러 계급의 발생을 논했는데,

저서로는 《시민사회사론》이 있다.

퍼처스 (Samuel Purchas, 1575경~1626). 영국의 여행작가이다. 여행과 항해와 관련된 방
대한 문헌을 남긴 리처드 해클루트(Richard Hakluyt)의 절친한 동료이기도 하다.
1613년 《순례》(Pilgrimes) 시리즈를 출판했으며, 이 시리즈의 마지막은 해클루트의
유고집으로 미완성 상태의 해클루트의 《주요 항해》(Principal Navigations)를 완성하
여 출판했다. 그의 책들은 분별없고 부주의하고 심지어 신뢰하기 어렵지만 많은 가
치를 담는다. 그 이유는 탐험사에 영향을 끼친 중요한 질문들에 대한 유일한 정보원
이기 때문이다. 또한 그의 책은 영국의 낭만주의 시인 콜리지(Samuel Tylor
Coleridge)의 시 〈쿠빌라이 칸〉(Kubla Khan)에 영감을 준 것으로도 유명하다.

페로 (Charles Perrault, 1628~1703). 프랑스의 시인, 평론가, 동화작가이다. 전설을 문
학적으로 집성한 동화집을 펴냈는데 작품으로는 평론인 《고대인과 근대인의 비교》
가 있으며, 〈잠자는 숲 속의 공주〉, 〈신데렐라〉, 〈장화 신은 고양이〉를 비롯한 11
편의 동화가 실린 《페로 동화집》이 있다.

페르무이덴 (Cornelius Vermuyden, 1590~1677). 네덜란드의 공학자이다. 네덜란드의 개
간 기술을 영국에 전했다.

페리 (William James Perry, 1887~1949). 영국 런던 대학에서 문화인류학을 선도한 학자
이다. 그에 따르면 거석문화는 이집트에서 전 세계로 전파된 것이다. 그는 초전파
주의를 확신했으며 스미스(Grafton Elliot Smith)와 공동작업을 했다.

페일리 (William Paley, 1743~1805). 영국의 신학자이다. 케임브리지 대학 교수를 지냈으
며 1802년 《자연신학》을 출판하여 지적설계론을 제시했다. 그에 의하면 시계는 매
우 복잡하고 정교한 기계라서 우연히 만들어진 것이 아니라 어떤 지성적 존재가 만
들었다고 생각할 수밖에 없다. 자연 생명체는 시계보다 더 복잡하고 정교하기 때문
에 더욱 우연히 만들어졌다고 볼 수 없다고 주장한 것이다.

페트라르카 (Francesco Petrarca, 1304~1374). 이탈리아의 시인, 인문주의자이다. 또한
최초의 근대인이라 불리기도 한다. 교황청에 있으면서 연애시를 쓰기 시작하는 한
편 장서를 탐독하여 교양을 쌓았고 이후 계관시인이 되었다. 스위스의 역사학자인
야콥 부르크하르트에 의하면 처음으로 자연을 풍경으로 감상하기 시작한 사람이페
트라르카였다고 한다.

페티 경 (Sir William Petty, 1623~1687). 영국의 통계학자, 의사, 정치경제학자이다. 존
그랜트와 인구통계에 대한 공동연구를 했다.

펠릭스 (Minucius Felix, ?~?). 2세기경에 활동한 라틴 교부로 《옥타비아누스》의 저자이
다. 개인사에 대해 알려진 바는 없다.

포르스터 부자 (the Forsters). 아버지인 요한 라인홀트 포르스터(Johann Reinhold Forster,
1729경~1798)은 독일의 박물학자이며 제임스 쿡의 두 번째 태평양 항해에 같이 참
여한 식물학자로 잘 알려져 있다. 아들 게오르크 포르스터(Georg Forster 1754~

1794) 도 항해에 동승했는데, 훔볼트에게 많은 영향을 미쳤다(권정화, 《지리사상사 강의노트》, 36~37쪽 참고).

포르피리오스 (Porphyrios, 233~304). 시리아 출신의 신플라톤주의 철학자이다. 플로티노스의 제자로 스승의 작품집 《엔네아데스》(*Enneades*)를 편집했다.

포세이디포스 (Poseidippos, 영문명 Posidippos, 서기전 289년경 활동). 고대 그리스의 희극 작가이다. 마케도니아 출신으로 일생에 관해 알려진 것은 거의 없다.

포시도니오스 (Poseidonios, 영문명 Posidonius, 서기전 135경~51경). 그리스의 스토아 철학자, 정치가, 지리학자, 역사가이다. 시리아의 아파메이아(Apameia) 태생으로 알려져 있다. 그리스의 스토아 철학자인 파나이티오스의 제자였으며, 철학, 물리학, 지리학, 지질학, 수학, 역사학 등 다방면에 걸쳐 스토아학파 내에서 가장 학식 있는 사람으로 알려졌다. 로마의 키케로를 제자로 두었다.

포프 (Alexander Pope, 1688~1744). 영국의 시인, 비평가이다. 18세기 전반부의 가장 위대한 영국 시인으로 꼽힌다. 풍자적 시구뿐만 아니라 〈일리아드〉, 〈오딧세이〉 등 호메로스 시의 번역자로도 유명하다. 대표작은 풍자시인 〈우인열전〉(愚人列傳)이며 영어권에서 셰익스피어와 테니슨(Tennyson) 다음으로 많이 인용되는 작가이다. 또한 철학시 〈인간론〉은 뛰어난 표현력 때문에 역작으로 평가받는다.

폴리비오스 (Polybios, Polybius, 서기전 200경~118경). 그리스의 정치가, 역사가이다. 로마가 세계적인 강대국으로 등장하는 과정의 역사를 기술한 40권짜리 저서 《역사》 (*Historiae*)로 유명하다.

퐁트넬 (Bernard Le Bovier de Fontenelle, 1657~1757). 18세기 계몽사상가이자 프랑스의 문학가이다. 시, 오페라, 비극 등 문학 작품에 관여했으며 나중에는 과학 사상의 보급자, 선전자로 성공을 거두었다.

프라이징의 오토 (Otto of Freising, 1114경~1158). 독일의 주교이자 연대기 저자. 저서로는 《연대기》 혹은 《두 도시의 역사》와 《프리드리히 황제의 행적》이 있다(이 책 2부 6장 7절을 참고하라).

프락사고라스 (Praxagoras, 340경~?). 고대 그리스 의학에서 영향력을 가졌던 인물이다. 그리스의 코스 섬 태생이다.

프랜시스 베이컨 (Francis Bacon, 1561~1626). 르네상스 후 근대 철학, 특히 영국 고전경험론의 창시자이다. 인간의 정신능력 구분에 따라 학문을 역사, 시학, 철학으로 구분했다. 다시 철학을 신학과 자연철학으로 나누었는데, 그의 최대 관심과 공헌은 자연철학 분야에 있었고 과학방법론, 귀납법 등의 논리 제창에 있었다.

프랭클린 (Benjamin Franklin, 1706~1790). 미국의 과학자, 외교관, 정치가이다. 18세기 미국인 가운데 조지 워싱턴과 더불어 가장 저명한 인물이다. 그는 약간의 재산을 모은 후 1757년 정치에 입문한 후 30여 년 동안 미국의 정치를 이끌었다. 미국 독립선언서 작성에 참여했으며 독립전쟁 때 프랑스의 지원을 얻기도 했고 미국 헌법의 틀을 만들었다. 그는 일상생활의 편리와 안전에도 많은 기여를 했는데, 난로, 피뢰침, 복초점 안경 등을 발명했으며 소방대, 도서관, 보험회사, 학교, 병원 등 다양한 공공 서비스 시설들을 보급하는 데도 이바지했다.

프림의 카에사리우스(Caesarius of Prüm). 트리어 근교 베네딕트 수도회의 대수도원장이다. 훗날 본 근교 하이스터바흐에 있는 시토 수도회의 수도사가 된다. 1212년 대수도원장으로 선출되어 13세기 초 유럽에서 가장 부유한 수도원 중 하나였고 독일, 프랑스, 네덜란드에 흩어진 대장원을 가졌던 프림 수도원으로 들어간다.

프리드리히 1세(Friedrich I, 1122경~1190). 슈타우펜 왕조의 신성로마제국 황제(재위: 1152~1190)이다. 6차에 걸친 대규모 이탈리아 원정을 감행했으나 레냐노 전투에 패하여 화의를 맺었다. 유력한 제후인 작센 공(公)인 하인리히 사자 공을 추방하고 봉토를 몰수하여 제국 제후의 시대를 열었다. 붉은 턱수염 때문에 '붉은 수염'이라 불렸다.

프리드리히 2세(Frederick II, 1194~1250). 호엔슈타우펜 왕조(Hohenstaufen dynasty)의 왕으로 1212년부터 로마의 왕을 자처했고 1215년부터 로마의 왕이 되었다. 이런 식으로 그는 독일의 왕, 이탈리아의 왕, 버건디의 왕이 되었다. 1220년 로마 교황이 그를 신성로마제국 황제로 임명했으며 1198년 시칠리아의 왕으로 시작한 프리드리히 2세는 죽을 때까지 그 칭호를 유지했다. 그의 다른 칭호로는 결혼 때문에 생긴 '키프로스의 왕'이라는 칭호와 십자군과의 관계 때문에 생긴 '예루살렘의 왕'이 있다. 당대에 그는 호기심 많은 자로 알려졌고 9개 언어로 말하고 7개 국어로 된 글을 읽었다고 한다. 그리고 과학과 예술의 후원자를 자청해 시대를 앞서간 통치자였다.

프톨레마이오스(Klaudios Ptolemaeos, 영문은 Ptolemy, 85경~165경). 그리스의 천문학자이자 지리학자이다. 127~145년경 이집트의 알렉산드리아에서 천체를 관측하면서 대기에 의한 빛의 굴절작용을 발견했으며 달의 운동이 비등속 운동임을 발견했다. 천문학 지식을 모은 저서 《천문학 집대성》(Megalē Syntaxis tēs Astoronomias)은 아랍어 번역본인 《알마게스트》로 더 유명한데, 코페르니쿠스 이전 시대의 최고의 천문학서로 인정된다. 이 저서에서 서기전 2세기 중엽 그리스의 천문학자 히파르코스의 학설을 이어받아 천동설에 의한 천체의 운동을 수학적으로 기술했다. 그 밖에 점성술책인 《테트라비블로스》(Tetrabiblos)가 아랍 세계에서 인기를 얻었고 지리학의 명저 《지리학》(Geographike Hyphegesis)도 지리학계에서 오랫동안 아낌을 받았다. 그 밖에도 광학과 음악에 관한 여러 저서가 있다.

프톨레마이오스 필라델푸스(Ptolemy Philadelphus). "프톨레마이오스 2세"를 참고하라.

프톨레마이오스 2세(Ptolemy II, Ptolemy Philadelphus, 서기전 308~246). 이집트 프톨레마이오스 왕조의 두 번째 왕(서기전 285~246 재위)이다. 프톨레마이오스 필라델푸스라고도 불린다.

프톨레마이오스 3세(Ptolemy III, Euergetes I, 서기전 280~221). 프톨레마이오스 2세의

아들로 프톨레마이오스 왕조 전성기의 왕(재위: 서기전 246~221)이다. 에우에르게테스 1세라고도 불리는데 에우에르케테스는 '은인'을 의미하는 애칭이다. 키레네를 재병합하고 제3차 시리아 전쟁(서기전 246~241)에서는 시리아, 소아시아, 메소포타미아의 여러 도시를 손에 넣어 영토가 가장 넓었다. 그 후 20여 년 간 대체로 평온한 시기를 보냈으며, 예술을 보호하고 알렉산드리아 대도서관에 다량의 서적을 보충했다.

플라톤(Platon, 서기전 429경~347경). 고대 그리스의 철학자, 형이상학의 수립자이다. 영원불변의 개념인 이데아를 통해 존재의 근원을 밝히고자 했다.

플로루스(Florus). 로마의 역사가이다. 트리야누스 황제와 하드리아누스 황제 시대의 인물이다.

플로티노스(Plotinos, 영문명 Plotinus, 205~269경). 유럽 고대 말기를 대표하는 그리스의 철학자, 신비사상가이다. 알렉산드리아 근처 태생. 암모니오스 사카스(Ammonios Sakkas)를 스승으로 사사했고, 40세에 로마로 가서 많은 친구와 제자를 모아 학교를 개설하여 존경을 받았다. 후세 사람들은 그를 신플라톤주의의 아버지라 불렀다. 그의 저술은 9편씩으로 나뉜 6군의 논고이기 때문에 《엔네아데스》(*Enneades*: 9편)라고도 불린다. 그의 형이상학은 수 세기에 걸쳐 여러 신비주의적 종교들에 영향을 미쳤다(플로티노스 저, 조규홍 역, 2008, 《영혼 정신 하나: 플로티노스의 중심 개념》에 《엔네아데스》 중 5편이 번역되어 실려 있다).

플루타르코스(Plutarchos, 영문명 Plutarch, 46경~120경). 고대 로마의 그리스인 철학자이자 저술가이다. 그리스의 카이로네이아 태생이며 일찍이 아테네로 가서 아카데메이아에서 플라톤 철학을 공부하고 다시 자연과학과 변론술을 배웠다. 그 후 이집트의 알렉산드리아를 방문, 로마에서 황제를 비롯한 많은 명사와 깊은 친교를 맺어 아카이아 주(그리스 본토) 지사에 임명되었으며 로마 시민권을 얻었다. 만년에는 델포이의 최고 신관으로 있었다. 그는 '최후의 그리스인'으로서 고전 그리스 세계에 통달한 일류 문화인이었다. 플라톤 철학을 신봉하고 박학다식한 것으로 유명하며 저술이 무려 250종에 달했던 것으로 추정된다. 현존하는 작품은 《전기》(*Parallel Lives*), 《영웅전》(플루타르코스 영웅전), 《윤리론집》(*Moralia*) 등이다.

플뤼시(Noël-Antonie Pluche, 1688~1761). 프랑스의 성직자로 abbé de Pluche라고도 알려져 있다. 당시에 매우 인기 있었던 박물학 책인 《자연의 스펙터클》(*Spectacle de la nature*)의 저자이다.

플리니우스(Gaius Plinius Secundus, 23~79). 고대 로마의 정치가, 군인, 학자이다. 노붐코문 태생으로 조카이자 양자인 소(小)플리니우스와 구분 짓기 위하여 대(大)플리니우스라 불린다. 속주 총독 등을 역임한 후 나폴리 만의 해군 제독으로 재임 중 79년 베수비오 화산 대폭발 때 현지에서 죽었다. 그의 저서인 《박물지》(*Historia Naturalis*)는 37권으로 이루어졌는데, 이는 티투스 황제에게 바친 대백과사전으로 1

백 명의 정선된 저술가를 동원하여 예술, 과학, 문명에 관한 2만 항목을 수록한 당시 정보의 보고이다. 그는 진정한 영광은 기록으로 남길 만한 일을 하고 읽을 만한 가치가 있는 책을 저술하는 데 있다고 믿었다.

피소(Gaius Calpurnius Piso, ?~?). 서기 1세기 로마 시대의 원로원 의원이다. 서기 65년 네로 황제에 대항했던 '피소의 음모'로 유명하다.

피어링흐(Andries Vierlingh, 1507경~1579). 네덜란드 해안 공학의 창설자이다.

피치노(Marsilio Ficino, 1433~1499). 르네상스 초기 이탈리아의 인문주의 철학자이다. 또한 점성학, 신플라톤주의의 부활자이며 플라톤 저작을 라틴어로 번역한 업적으로도 유명하다.

핀존(Martin Alonso Pinzon, 1441~1493). 에스파냐의 항해가이다. 콜럼버스의 첫 항해를 동행했다.

필로티모스(Philotimos, 서기전 300~260). 그리스의 학자이다. 프락사고라스의 제자로 아라비아 세계에서 그는 Fulutimus, Fulatis, Falatis 등으로 불렸으며, 몇몇 아라비아 출처들에서 식재료에 대한 권위자로 인용되었다.

필론(Philon ho Alexandria, 서기전 20~서기 40). 헬레니즘 시대 유대인 철학자이다. 이집트의 알렉산드리아 태생으로 신플라톤주의자라고 할 수 있다. 성경 속 모든 문자의 배후에는 어떤 신비한 뜻이 들어 있다고 주장했다. 이는 "겉으로 드러난 현상의 배후에 있는 것이 실체"라는 이원론적인 플라톤의 관념론적 영향이다. 그의 저작은 현존하지 않지만 대부분은 중세 교부의 저작 속에 남아 있다.

필리포스 왕(Philip, ?~?). 알렉산드로스의 아버지인 필리포스 2세(재위: 서기전 359~336)이다.

필립 오귀스트(Philippe Auguste, 1165~1223). 프랑스 카페 왕조의 왕이다. 가장 성공적인 프랑스 군주 중 하나였다.

하드리아누스(Publius Aelius Hadrianus, 76~138). 로마제국 황제(재위: 117~138)로 5현제의 한 사람이다. 브리타니아에 하드리아누스 성벽을 쌓고 게르마니아의 방벽을 강화하는 등 방위를 강화하고 국력의 충실에 힘썼다. 제국 제반 제도의 기초를 닦았으며 로마법의 학문 연구를 촉진시키고 문예·회화·산술을 애호했다. 속주 통치조직, 제국의 행정·관료·군사 제도의 정비에 힘써 제국 제도의 기초를 닦았다.

하딩(Abbot Stephen Harding, ?~1134). 시토 수도회의 3대 대수도원장이다. 클레르보의 베르나르두스가 1112년 입회하면서 수도원의 새로운 부흥기를 이끌었다.

하르팔로스(Harpalos ?~?). 서기전 4세기 마케도니아의 귀족이다. 알렉산드로스의 소년 시절 친구였다. 마케도니아의 재정장관을 맡다가 공금 횡령으로 처벌받을 것이 두려워 보물과 용병을 데리고 그리스로 도망쳤으며 아테네에서 체포되어 후에 크레타에서 살해당했다.

하이켈하임(Fritz Heichelheim, 1901~1968). 독일의 역사학자이다. 고대 경제사가 전공으로 독일의 기센 대학교와 캐나다 토론토 대학교 교수를 역임했다. 그의 로마사 책이 번역(김덕수 역, 1999, 《로마사》, 현대지성사) 되었다.

하임(Roger Heim, 1900~1979). 프랑스의 식물학자이다. 식물병리학 및 균류학의 발전에 기여했으며 식물학, 화학, 교육학, 임학, 원예학, 인문학, 의학, 동물학 등에 걸쳐 많은 논문과 평론을 발표했다. 1951~1965년에는 프랑스 국립자연사박물관 관장을 역임했다.

한(Eduard Hahn, 1856~1928). 독일의 민족지학자, 경제사학자, 경제지리학자이다. 농경, 가축화의 기원과 역사에 대한 연구로 유명하다. 사우어로 대표되는 지리학 내 버클리학파의 연구 토대를 열었다[Fritz L. Kramer, 1967, "Eduard Hahn and the End of the 'Three Stages of Man'", *Geographical Review*, 57(1)을 참고하라].

할리카르낫소스의 디오니시오스(Dionysius of Halicarnassus, 서기전 60경~7경). 카이사르가 통치하던 시대에 활동한 그리스의 역사가이자 웅변가이다.

해스킨스(Charles Haskins, 1870~1937). 중세사가이자 우드로 윌슨(Woodrow Wilson) 미국 대통령의 자문관을 지냈다. 미국인 최초의 중세사가였던 것으로 여겨진다.

핼리(Edmund Halley, 1656~1742). 영국의 유명한 수학자이자 천문학자이다. 뉴턴과도 학문적 교류를 했으며 핼리혜성의 발견자로 유명하다.

헉슬리(Thomas Huxley, 1825~1895). 영국의 동물학자이다. 다윈의 진화론을 즉시 인정했고, 특히 1860년 6월 옥스퍼드에서 열린 영국 학술협회 총회에서 진화론 반대자인 윌버포스와 논쟁을 벌인 끝에 반대론의 잘못을 설파함으로써 진화론의 보급에 커다란 영향을 끼쳤다. 또 다윈이 분명히 밝히지 않았던 인간의 기원에 대해서도 진화론을 적용해 인간을 닮은 네안데르탈인의 화석 연구를 기초로 인간이 진화의 과정에서 생긴 것임을 주장했는데 《자연에서의 인간의 자리에 관한 증거》(*Evidence as to Man's Place in Nature*, 1863)에 그 주장을 발표했다.

헤라클레이토스(Heraclitus, Herakleitos, 서기전 540경~480경). 그리스의 철학자이다. '만물은 유전한다'고 말해, 우주에는 서로 상반하는 것의 다툼이 있고 만물은 이와 같은 다툼에서 생겨나는 것임을 밝혔다.

헤로도토스(Herodotos, 서기전 484경~425경). 소아시아의 할리카르나소스 태생이다. 서기전 445년경에는 아테네에서 살았고 페리클레스, 소포클레스 등과 친교를 맺었다. 그 뒤 아테네가 서기전 444년(또는 서기전 443년)에 건설한 남이탈리아의 식민지 무리오이로 가서 그곳 시민이 되었으며 거기에서 여생을 마친 것 같다. 대여행을 했다는 것은 저서 《역사》(*The Histories*, 9권)에서 알 수 있지만 언제 있었던 일인지는 알 수 없다. 그의 여행 범위는 북으로 스키타이, 동으로는 유프라테스를 내려가서 바빌론, 남으로는 이집트의 엘레판티네, 서로는 이탈리아 그리고 아프리카의 키레네까지였다. 《역사》는 동서의 분쟁이라는 관점에서 중요한 페르시아 전쟁의 역사를 쓴 것이다. 그는 과거의 사실을 시가가 아닌 실증적 학문의 대상으로 삼은 최초의 그리스인으로 《역사》는 그리스 산문 사상 최초의 걸작으로 평가된다. 키케로는 그를 '역사의 아버지'라고 불렀다.

헤르더 (Johann Gottfried von Herder, 1744~1803). 독일의 철학가, 문학가이다. 동프로이센 모른겐 태생으로 브루노, 스피노자, 라이프니츠 등에게 영향을 받았으며 같은 시대의 하만, 야코비 등과 함께 직관주의적·신비주의적 신앙을 앞세우는 입장에서 칸트의 계몽주의적 이성주의 철학에 반대했다. 역사를 '여러 가지 힘의 경합에서 조화에 이르는 진보의 과정'이라 보는 《인류역사철학고》(*Ideen zur Philosophie der Geschichte der Menschheit*, 1784~1791)의 역사철학은 레싱을 계승하여 나중에는 헤겔의 역사철학 구성에 이어지며, 또한 《언어의 기원에 대한 논고》(*Abhandlung über den Ursprung der Sprache*, 1772)는 나중에 훔볼트의 언어철학에 영향을 주었다.

헤시오도스 (Hesiodos, ?~?). 서기전 8세기 말경 고대 그리스의 서사시인이다. 오락성이 짙고 화려한 이오니아파의 호메로스와 대조적으로 종교적·교훈적·실용적 특징의 보이오티아파 서사시를 대표하며 농사와 노동의 신성함을 서술한 《노동과 나날》 (*Erga kai Hemerai*)과 천지창조, 신들의 탄생을 소박한 세계관으로 서술한 《신통기》(神統記, *Theogonia*)가 남아 있다(천병희 역, 2004, 《신통기》, 한길사; 김원익 역, 2003, 《신통기》, 민음사 판에 모두 실려 있다).

헤이크월 (George Hakewill, 1578~1649). 영국의 성직자, 학자이다. 《변명, 세계를 경영하는 신의 권능과 섭리의 증언》이라는 책을 통해 자연의 쇠락론을 비판하고 자연의 항상성을 주장했다(이 책 3부 8장 4절에서 헤이크월의 자연관을 상세히 다룬다).

헤일 경 (Sir Matthew Hale, 1609~1676). 영국의 법관, 법학자이다. 청교도혁명 중에 불편부당한 판결을 내린 것으로 유명했으며 의회의 법률 개혁 제안과 찰스 2세의 왕정복고 추진에서도 주요한 역할을 하여 영미법 역사에서 가장 위대한 학자의 한 사람으로 인정된다. 또한 과학적이면서 종교적인 문제에 관한 광범위한 저술을 남겼는데 대표작으로는 《인류의 시원적 기원》이 있다.

헤일스의 알렉산더 (Alexander of Hales, 1180~1245). 영국 프란체스코파의 신학자이다. 아리스토텔레스의 전체 신학 사상을 보급했으며 성경을 유일한 최종적 진리라고 했다. 그의 《신학대전》(*Summa Universae Theologiae*)은 롬바드의 선언서에 대한 주석으로 많이 읽혔다.

헤카타이오스 (Hecataieus, 서기전 550경~475경). 그리스의 역사가이다. 이집트와 서남아시아 등을 여행하고 《세계안내기》 및 세계지도를 저술·제작했다. 헤로도토스가 그의 저작을 언급했다.

헨 (Victor Hehn, 1813~1890). 독일의 문화사가이다.

헨리 3세 (Henry III, 1207~1272). 잉글랜드의 왕(재위: 1216~1272)이다. 존의 큰아들이자 후계자로 어린 나이에 왕위에 올랐다. 24년간(1234~1258) 효율적으로 정부를 통제했으나 관례를 무시해 결국 귀족들의 강요로 1258년 주요 개혁안인 옥스퍼드 조례에 동의해야 했다.

헬비히(Wolfgang Helbig, 1839~1915). 독일의 고고학자이다. 1865년에서 1887년까지 로마에 있는 독일고고학연구소의 부소장을 지냈으며, 헬레니즘과 폼페이 벽화와의 관계를 탐구했다.

호라티우스(Horatius Flaccus, Quintus, 영문명 Horace, 서기전 65~8). 아우구스투스 시대에 가장 유명한 시인이다. 남이탈리아 베누시아에서 해방 노예의 아들로 태어났으며 서정시집, 풍자시집, 송가집, 서간시집, 《시론》(Ars Poetica) 등이 남아 있다.

호메로스(Homeros, 영문명 Homer, 서기전 800경~750). 고대 그리스의 시인. 유럽 문학 사상 가장 오래되고 걸작으로 평가받는 서사시 〈일리아드〉와 〈오디세이〉의 작자로 전해진다. 태생지나 활동에 대해서는 연대가 일치하지 않으나 두 작품의 성립연대는 서기전 800~750년경이 정설이다. 〈일리아드〉는 15,693행, 〈오디세이〉는 12,110행의 장편 서사시이며 각각 24권이다. 두 서사시는 고대 그리스의 국민적 서사시로, 그 후의 문학, 교육, 사상에 큰 영향을 끼쳤을 뿐 아니라 로마 제국과 그후 서사시의 규범이 되었다.

호이겐스(Christiaan Huygens, 1629~1695). 네덜란드의 수학자, 천문학자, 물리학자이다. 라이덴 대학교에서 법률을 공부했으나 이후 과학으로 바꾸었다. '호이겐스의 법칙'으로 잘 알려져 있는데 이는 파동이 퍼져 나갈 때 한 점으로부터 퍼져 나간다는 이론으로 물에 돌멩이를 던지면 한 점에서 원이 되어 퍼져 나가는 현상을 의미한다.

호이카스(Reijer Hooykaas, 1906~1994). 네덜란드 유트레히트 대학교 과학사 교수였다. 화학을 공부하고 1930년부터 1946년까지 화학 교육을 했다. 1933년 "역사-철학적 발전에서 개념 요소"라는 제하의 논문이 유트레히트 대학교에서 통과되었다. 1934년 베를린 자유 대학교에서 자신의 관심사를 분명히 하는 "역사적 관점에서 본 과학과 종교"라는 강의를 진행했다. 기독교인 과학자와 물리학자 협회에서 수년간 적극적인 활동을 하기도 했다.

홀(Joseph Hall, 1574~1656). 영국의 주교이며 풍자작가이다.

홀바흐(Paul-Henri Thiry, baron d'Holbach, 1723~1789). 독일의 철학자이다. 독일 태생이나 주로 프랑스에서 활동했으며 그 당시 가장 잘 알려진 무신론자중 하나였다. 몽테스키외, 볼테르, 디드로 등과 함께 18세기 프랑스 계몽주의를 대표한다고 할 수 있다.

홈(Henry Home, 1696~1782). 케임즈 경(Lord Kames)이라고도 불리는 스코틀랜드 출신의 철학자이다. 《인간의 역사에 대한 개관》(Sketches on the History of Man)에서 역사를 4단계[수렵채집 단계, 목축 단계, 농업 단계, (상업)도시 단계]로 구분했다.

화이트(Lynn White Junior, 1907~1987). 하버드 대학교에서 박사 학위를 받고 프린스턴 대학교와 스탠퍼드 대학교 역사학 교수, 캘리포니아 대학교 명예교수를 역임했다. 오랫동안 중세 르네상스 연구소 소장으로 근무했고 미국역사학회 회장, 과학사학회 회장, 중세아카데미 회장, 기술사학회 회장 등을 역임했다. 저서로는《중세의 기술과 사회 변화》등이 있다.

화이트헤드(Alfred North Whitehead, 1861~1947). 영국의 철학자, 수학자이다. 기호논리학을 확립한 사람 중 하나로 유기체론에 바탕을 둔 독창적 형이상학을 수립했다.

훌시우스(Levinus Hulsius, 1550~1606). 독일의 출판업자이다. 매우 다양한 영역의 지식들을 책으로 출판했는데 이탈리아-독일어 사전과 프랑스-독일어 사전도 출판했다.

훔볼트(Alexander von Humboldt, 1769~1859). 독일의 자연과학자이자 지리학자이다. 베를린 태생으로 지리학, 지질학, 천문학, 생물학, 광물학, 화학, 해양학 등 자연과학 분야에서 광범위한 재능을 발휘했다. 1799년부터는 라틴아메리카 탐험 조사를 하고 1804년 프랑스로 돌아왔다. 조사 동안 베네수엘라의 오리노코 강 상류와 아마존 강 상류를 조사하고, 에콰도르의 키토 부근의 화산과 안데스 산맥을 조사하면서 페루에 이르렀다. 1829년에는 제정 러시아 정부의 후원을 얻어 우랄, 알타이, 중앙아시아를 여행했으며 그 기록은 중앙아시아에 대한 최초의 정확한 자연지리 자료가 되었다. 1830~1848년 동안에는 외교관으로 일했고 그동안 19세기 전반의 과학을 상세하고도 보편적으로 묘사한 대표적 저서《코스모스》(Kosmos, 5권, 1845~1862)를 집필했다. 또한 페루 앞바다를 북상하는 훔볼트 해류 외에, 산, 강, 만, 대학교 등에 자신의 이름을 남겼고, 널리 세계를 여행한 성과를 많은 저서로 간행해 자연지리학의 시조로 일컬어진다.

휘스턴(William Whiston, 1667~1752). 영국의 신학자, 역사가, 수학자이다.

휴 2세(Hugh II of Cyprus, 1252경~1267). 태어난 지 두 달 만에 헨리 1세로부터 키프로스 왕위를 물려받았고 5세부터 예루살렘 왕국의 섭정을 지냈다. 1261년 왕위를 공동으로 물려받은 어머니 플라상(Plaisance)이 죽자 키프로스의 섭정 자리는 휴 2세의 사촌인 25세 뤼지냥의 휴에게 돌아갔다. 휴 2세는 1267년 14세의 나이에 사망했고 왕위는 휴 3세가 되는 뤼지냥의 휴가 물려받았다. 아퀴나스가 휴 2세에게《왕권에 대하여》라는 저술을 헌정했다고 알려졌지만 이 저작이 1271~1273년 사이에 쓰였다고 강력하게 주장하는 크리스토프 플뤼엘러(Christoph Flüeler)의 견해에 따르면 이 저작은 휴 2세의 계승자인 휴 3세에게 헌정되었을 것으로 보인다.

흄(David Hume, 1711~1776). 영국의 철학자이다. 그의 인식론은 로크에게서 비롯된 '내재적 인식 비판'의 입장과 아이작 뉴턴 자연학의 실험·관찰의 방법을 응용했다. 홉스의 계약설을 비판하고 공리주의를 지향하였다.

히포크라테스(Hippocrates, 서기전 460경~377경). 그리스의 의학자이다. '의사의 아버지'로도 불린다. 인체의 생리나 병리를 체액론에 근거해 사고했고 '병을 낫게 하는 것은 자연이다'는 설을 치료 원칙의 기초로 삼았다. 그의 학설과 그의 가르침을 받은 사람들의 소견을 모은《히포크라테스 전집》에는 의사의 윤리에 대해서도 중요한 설이 언급되어 있다.

히폰 (Hippon, ?~서기전 450년경). 세계는 물이나 습기로 구성되었다는 탈레스의 신념을 부활시킨 철학자이다.

힉스 (Lewis Ezra Hicks, 1839~1922). 신학자. 《설계론 비판: 자연신학의 논증방법에 관한 역사적이고 자유로운 검토》(*A Critique of Design-Arguments: a Historical Review and Free Examination of the Methods of Reasoning in Natural Theology*, 1883)를 저술했다.

힐가드 (Eugene Woldemar Hilgard, 1833~1916). 미국의 지질학자 겸 토양학자이다. 1853년 하이델베르크 대학교에서 박사학위를 받았으며 1863년 미국으로 건너갔다. 캘리포니아 대학교 농업 분야 교수(1875~1904)와 버클리대학 농업실험실 소장을 역임했다. 1892년에는 지형, 지하수의 영향, 암석 풍화, 알칼리화 작용, 식물 반응, 관개와 배수 등에 관한 기념비적 저서인 《토양과 기후와 관련한 알칼리 토양》이란 책을 저술했다.

** 지명

가스코뉴 (Gascogne). 프랑스 남서부의 대서양 연안에서 랑그도크 사이에 있는 지방이다.

갈리아 (Galia). 고대 켈트인의 땅으로 골(Gaul)이라고도 한다. 지금의 북이탈리아·프랑스·벨기에 등을 포함한다.

갈릴리 (Galilee). 서아시아 팔레스타인의 북부 지방으로 갈릴레아라고도 한다. 중심지는 나사렛이다. 성서에 나오는 지방으로 현재 이스라엘의 행정구로 북부 지방에 해당하며 지중해 해안에서 갈릴리 호(湖)까지가 포함된다.

감람 산 (Mount of Olives). 예루살렘 동부 구릉에 있는 높이 8백 m의 산이다. 4개의 봉우리로 이루어진 이 산의 서쪽 기슭 근처에는 그리스도의 수난이 시작되는 겟세마네 동산이 있다. 이 산기슭에서 예루살렘 입성을 앞둔 그리스도가 군중의 환영을 받았다는 기록이 있고, 사도행전 1장에는 이곳에서 그리스도가 승천했다는 기록이 있다. 현재 이곳에는 겟세마네의 바실리카를 비롯하여 많은 성당이 있으며, 산 정상에 오르면 예루살렘 시가지, 요르단 계곡, 사해의 북쪽 끝, 길르앗·모압의 산들을 바라볼 수 있다.

네메아 (Nemea). 그리스 펠로폰네소스 반도 북동부에 있었던 도시이다.

네미 호수 (Lake Nemi). 이탈리아 중부 라치오 주에 있는 화구호(火口湖)이다.

노트르담 대성당 (Notre Dame). 프랑스 파리 센 강 시테 섬에 있는 성당으로 프랑스 초기 고딕 성당의 대표작이다. 1163년 공사가 시작되어 13세기 중엽에 일단 완성되었으나 그 후에도 부대공사가 계속되어 18세기 초엽 측면 제실(祭室)의 증설로 오늘날의 모습을 갖추었다. 그러나 18세기 프랑스혁명 때 심하게 파손되어 19세기에 대대적인 보수공사를 했다.

누비아(Nubia). 현재 아프리카 북동부 지역을 부르던 고대 지명이다. 대략 나일 강에서부터 동쪽으로는 홍해 해변, 남쪽으로는 하르툼(현재 수단의 수도), 서쪽으로는 리비아 사막에 걸쳐 있었다.

다겐햄(Dagenham). 영국 런던 동부의 교외 지역이다.

돈 강(Don river). 동부 유럽의 러시아를 흐르는 강으로 고대 그리스에서는 타나이스 강이라고 불렸다.

두라초(Durazzo). 알바니아의 아드리아 해 연안에 위치한 도시이다. 역사가 매우 길고 경제적으로도 매우 중요한 도시였다. 알바니아어로 이 도시의 이름은 두러스(Durrës)인데 이탈리아어 이름인 두라초로 널리 알려졌다.

드네프르 강(Dnieper river). 벨로루시와 우크라이나를 흐르는 강이다. 발다이 구릉에서 시작하여 키예프를 지나 흑해로 들어간다. 유럽에서 세 번째로 긴 강으로 길이는 2천 2백 ㎞에 달한다.

라드론 섬(Ladrones). 라드론은 '도둑'을 뜻하며 오늘날의 괌이다. 마젤란이 이 섬에 도착했을 당시 원주민들이 배에서 물건을 가져가는 것을 보고 이름을 붙였다고 한다.

라인 강(Rhine river). 중부 유럽 최대의 강이다. 알프스 산지에서 발원해 유럽에서 공업이 가장 발달한 지역을 관류하여 북해로 흐른다. 본류는 스위스, 리히텐슈타인, 오스트리아, 독일, 프랑스, 네덜란드 등을 거치며 운하에 의해 지중해, 흑해, 발트해 등과 연결된다. 그중 독일을 흐르는 부분이 가장 길어 독일의 상징이라고 한다.

라플란드(Lapland). 스칸디나비아 반도 북부 지역으로, 대부분이 북극권에 속하는 라프족의 거주 지역이다. 노르웨이, 스웨덴, 핀란드, 러시아 4개국 영토에 걸쳐 있다.

랭스 대성당(Cathedral of Reims). 프랑스의 랭스에 있는 고딕식 성당. 1210년에 화재로 불타 1211년부터 13세기 말에 걸쳐 재건되었다. 프랑스 중세기 예술의 정수로 일컬어진다.

레반트(Levantine). 소아시아와 고대 시리아의 지중해 연안 지방이다.

레옹(Léon). 중세 전성기 브르타뉴 지방 서쪽에 위치했던 도시이다.

로도스(Rhodus, Rodos). 그리스 에게 해 남동쪽 해상의 섬으로 서기전 407년 로도스 도시국가가 건설되어 지중해 무역의 중심지로 번영했다.

로첼라(Roccella). 이탈리아 칼라브리아 주에 위치한 도시.

롬니 습지(Romney Marsh). 잉글랜드 남동부 지역의 인구가 희박한 습지 지역이다.

리용(Lyons). 파리에 이은 프랑스 제2의 도시로 이탈리아로 가는 관문도시다.

리카오니아(Lycaonia). 고대 소아시아 중남부 지방의 옛 이름이다.

마가리타(Margarita). 베네수엘라 북동부 누에바에스파르타 주에 딸린 섬이다.

마데이라 제도(Madeira). 모로코 서쪽 640㎞ 지점의 대서양상에 있으며 15세기 포르투갈 의 항해에서 엔리케 왕자가 처음 발견했다.

마르티니크(Martinique). 서인도 제도 동부 앤틸리스 제도에 있는 화산섬이다.

마테호른(Matterhorn). 스위스와 이탈리아 사이 알프스 산맥에 있는 산으로 빙하의 침식 작용에 의해 매우 뾰족한 봉우리를 가진 빙하 지형이다.

메갈로폴리스(Megalopolis). 고대 그리스의 에파메이논다스가 아르카디아 남부에 건설한 대(大)폴리스이다.

메로에(Meroë). 수단의 수도 하르툼 북쪽 나일 강 동편에 위치했던 고대 도시이다.

멤피스(Memphis). 이집트 카이로 남쪽 나일 강 유역 고대 이집트의 수도이다.

모에리스 호(Lake Moeris). 카이로 남서쪽에 있는 저지대 알파이움에 위치한 호수이다.

모젤 계곡(Modelle valleys). 프랑스, 독일에 걸쳐 흐르는 라인 강의 지류로 길이는 약 544㎞이며, 프랑스 북동부 보주 산맥의 보주, 오랑 두 현의 경계 부근에서 발원하 여 북류하면서 에피날을 거쳐 로렌 평원으로 흐른다.

미디 운하(Canal de Midi). 랑그도크 운하라고도 하며 프랑스 남서부에 있다. 1666~ 1681년 동안 리케의 감독하에 건설된 운하인데 지중해 연안의 아그드 근처에서 시 작하여 툴루즈에 이르고, 그 다음부터는 가론 강과 이에 병행하는 운하와 연결되어 대서양으로 흐른다. 이로 인해 대서양 연안 및 지중해 연안과 직접 이어지는 툴루즈 가 상업적으로 발전했으나, 19세기에 미디 철도가 개통한 후부터는 교통량이 감소 하고 국지적으로 이용되는 데 불과하다. 예술과 자연의 조화를 기술적으로 완성했 다는 평가를 받으며 세계문화유산으로 등록되었다.

미시아(Mysia). 소아시아 북서 아나톨리아에 있던 지방이다.

밀레토스(Miletos). 아나톨리아의 서해안에 있던 이오니아의 고대 도시로 당시 그리스 동 쪽에서는 가장 큰 도시였다.

바버리(Barbary). 북아프리카의 지중해 연안 지방에 있는 리비아, 튀니지, 알제리, 모로 코를 통틀어 이르는 말이다.

바빌론(Babylon). 이라크 바그다드에서 남쪽으로 80㎞ 떨어진 메소포타미아의 고대 도시 이다.

바젤(Basel). 독일, 프랑스와 접경한 국경도시로 스위스 바젤수타트 주의 주도(州都)이 다. 뮌스터가 거주하던 1500년대에는 독일 영토였다.

박트리아(Bactria). 힌두쿠시 산맥과 아무다리아 강 사이에 고대 그리스인이 세운 국가(서 기전 246~138)로 중국에서는 '대하'(大夏)라고 불렀다. 그리스계 왕국으로 오랫동 안 동방에서 헬레니즘의 기수였다.

발루치스탄(Baluchistan). 현재 파키스탄 서부에 있는 주 지역이다. 광대한 산악의 고원 지대를 차지하며 서쪽으로는 이란, 북서쪽으로는 아프가니스탄과 접한다.

발리스(Wallis, 프랑스명 Valais). 스위스 남부에 있는 주로 주도는 시옹이다. 남쪽으로 이탈리아, 서쪽으로 프랑스와 접한다.

뱀스터(Bemster 또는 Beemster). 17세기 전반에 간척이 이루어진 네덜란드에서 가장 오래된 해안 개간지이다. 고대와 르네상스식 계획 원리에 따라 펼쳐진 촌락, 제방, 운하, 도로, 들판의 경관을 잘 보전했다. 이곳의 창조적이고 상상력 풍부한 경관은 유럽뿐 아니라 다른 지역의 간척사업에도 큰 영향을 주었으며 1999년 유네스코 세계문화유산으로 지정되었다.

베냉(Benin). 서부 아프리카 대서양 연안의 작은 국가. 1960년 프랑스로부터 독립했으며 정식 국호는 베냉인민공화국이다.

베스트팔리아(Westphalia). 지금의 독일 빌레펠트, 보훔, 도르트문트, 겔젠키르헨, 뮌스터, 오스나브뤽, 노르트라인-베스트팔렌, 니더작센을 중심으로 하는 영역이다.

보스(La Beauce). 프랑스 파리 남서쪽에 위치한 곡창지대로 중심 도시는 샤르트르이다.

보스포루스 해협(Bosporus Strait). 터키 서부, 마르마라 해와 흑해를 연결하는 해협이다. 아시아 대륙과 유럽 대륙과의 경계를 이루고 고대부터 흑해와 지중해를 연결하는 중요한 수로였다.

보이오티아(Boeotia). 그리스 중남부에 있는 주다. 남쪽은 코린트 만, 북동쪽은 에보이아 만에 면하고 남동쪽은 아티키 주, 북서쪽은 프티오티스 주, 서쪽은 포키스 주와 각각 접한다.

부르사(Brusa). 터키의 4대 도시 중의 하나이다.

부르쥬 대성당(Bourges). 프랑스의 부르쥬에 위치한 고딕 양식의 대성당이다. 유네스코 지정 세계문화유산으로 12~13세기에 건립된 고딕 예술의 최대 걸작 중 하나이며 건축의 비례 균형미와 디자인 단일성 등으로 격찬을 받는다.

부케팔라(Bucephala, 영문명 Bucephalia). 알렉산드로스의 인도 원정 때 건설한 도시이다. 현재 파키스탄 북동부 카슈미르 지방이다.

브라반트(Brabant). 지금의 벨기에 플레미시 브라반트, 월룬 브라반트, 안트워프, 브뤼셀 및 네덜란드 북브라반트 지방이다.

브렌타 강(Brenta river). 아드리아 해로 흘러들어가는 이탈리아의 강이다.

비테르보(Viterbo). 이탈리아 중부 라치오 주에 있는 도시이다. 9~15세기에 건축된 많은 아름다운 궁궐과 건물들이 남아 있으며, 샘이 특히 많다.

사모트라체(Samothrace). 에게 해 북쪽에 있는 그리스의 섬이다.

샤르트르 대성당(Chartres). 프랑스의 파리에 위치한 대성당으로, 1145년에 건설이 시작되어 1194년 화재 이후 26년 동안 재건축되었다. 빼어난 조형미로 프랑스 고딕 양식의 정점이라 불리며 유네스코 지정 세계문화유산 중 하나이다.

샤트-알-아랍(Shatt al-Arab). 현재 이란과 이라크의 국경을 이루는 강(수로)을 일컫는 명칭이다.

샹파뉴(Champagne). 프랑스 남부의 랭스 근처의 포도주 산지이다.

서스케하나(Susquehannah). 미국 동부에서 가장 긴 강으로 애팔래치아 산맥을 흐르는데 수심이 깊지 않고 물이 비교적 깨끗하다. 두 개의 큰 지류가 합쳐져 뉴욕, 메릴랜드, 펜실베이니아 3개 주를 거쳐 흐른다.

세인트 후안 데 울루아 항(the port of Saint John de Ullua in New Spain). 현 멕시코 베라크루즈 항의 옛 지명이다.

소시에테 제도(Society Islands). 남태평양 중앙에 있는 프랑스령 폴리네시아에 속한 제도이다. 총 1,590㎢에 걸쳐 흩어진 이 제도 가운데 가장 크고 잘 알려진 섬은 타히티 섬이다.

수비아코(Subiaco). 이탈리아 중부 라치오 주에 있는 도시이다. 로마에서 동쪽으로 떨어진 아니에네 강변에 위치한다.

수스(Sousse). 튀니지의 수스 주의 주도로 '수사'라고도 한다.

스미르나(Smyrna). 이오니아의 고대 도시로 현재의 터키 이즈미르이다.

스트롬볼리(Stromboli). 이탈리아 지중해 중부 티레니아 해 리파리 제도 북쪽 끝에 있는 화산섬이다.

시돈(Sidon). 레바논 자누브 주의 주도로 아랍어로는 사이다(Sayda)라고 한다. 고대 페니키아 시대에는 상업 도시국가로 무역항으로 크게 번영했다.

시엘(Sierre). 스위스 남서부 발리스 주의 한 도시로 독일어로는 지더스(Siders)라 한다.

시옹(Sion). 스위스 남서부 발리스 주의 주도로 론 강 연안에 있다. 켈트족과 로마인의 정착지가 그 기원이며 6세기 말에 주교 소재지가 되었다. 이곳의 주교들은 1798년까지 발리스를 다스렸다. 주민의 대부분은 프랑스어를 사용한다.

아나톨리아(Anatolia). 터키의 소아시아 반도 내륙의 분지상 고원 지대이다. 현재는 아나톨리아 고원으로 일컬어지며 과거에는 소아시아 전 지역을 부르던 이름이었다.

아니에네 강(Aniene river). 이탈리아 중부를 흐르는 강으로 로마 남동쪽에서 발원하여 티볼리를 거쳐 협곡을 지나 캄파냐노 디 로마 평원을 굽이쳐 흐른 뒤 로마 북쪽에서 테베레 강에 합류한다.

아디제 강(Adige river). 이탈리아 북동부를 흐르는 강이다.

아르노 강(Arno river). 이탈리아 투스카니 지방의 강으로 이탈리아 중부에서 테베레 강 다음으로 중요한 강이다. 피렌체를 가로지르는 강이기도 하다.

아르덴(Ardennes). 프랑스 북동부 지방으로 벨기에와 접해 있다.

아르카디아(Arcadia). 그리스 남부 펠로폰네소스 반도 중앙에 있는 주이다. 목가적이고 고립적인 특징 때문에 그리스-로마 시대의 전원시와 르네상스 시대의 문학에서 낙원으로 묘사되었다.

아마시아(Amasya). 터키 아마시아 주의 주도이다. 삼순 남서쪽 예실 강 연안에 있는 농산물 집산지이다. 고대 폰투스 왕국의 수도였으며 그리스의 지리학자 스트라본이 태어난 곳이다.

아미아타 산 (Amiata). 이탈리아 토스카나 지방의 산으로 교황 비오 2세가 1462년 흑사병과 더위가 기승을 부릴 동안 이 산에 피신해 풍경 탐닉의 절정에 도달했다고 한다.

아비시니아 (Abyssinia). 에티오피아의 옛 이름이다. 지금은 국명이 아닌 지리적 명칭으로 쓰인다.

아시시 (Assisi). 이탈리아 움브리아 주에 있는 도시이다. 토피노 강 유역과 키아시오 강 유역에 솟은 아펜니노 산맥의 수바시오 산 중턱에 있어 움브리아 평야의 아름다운 경치를 바라볼 수 있다. 성 프란체스코 및 성녀 클라라가 탄생한 주요 가톨릭 순례지의 하나다.

아키타니아 (Aquitania). 로마 시대 갈리아(현재의 프랑스)의 남서부 지방이다.

아토스 산 (Mt. Athos). 그리스 북부에 위치한 산으로 1054년 이후로 그리스정교의 정신적 성지가 되었다. '신성한 산'이라고도 불리는 이 산은 그리스정교회 수도원들이 자리 잡고 있으며, 반(半) 자치공화국이다. 전통적으로 여성과 암컷 동물은 들어올 수 없다. 유네스코 세계문화유산이기도 하다.

아티케 (Attike, Attica). 아테네를 중심으로 하는 그리스 중동부 지역을 일컫는다. 서기전 2000년경 이래로 그리스인이 정착했다. 현재의 아티키주(Attiki)이다.

아폴로니아 (Apollonia). 고대 그리스의 도시로 현재 알바니아의 남동쪽에 위치한 도시인 피에르를 이른다.

아풀리아 (Apulia). 이탈리아 남동부 아드리아 해와 타란토 만 사이에 있는 주로 현재는 풀리아로 불린다.

아피아 가도 (Appian Way). 로마에서 카푸아를 지나 현재의 브란디 시에 이르는 고대 로마의 길이다.

아헨 (Aachen). 독일 노르트라인 베스트팔렌 주에 있는 광공업 도시이다. 프랑스어로는 엑스라샤펠이다. 아르덴 고원의 북쪽 사면에 위치하고 아름다운 숲으로 둘러싸인데다가 고온(73.4도)의 온천이 솟아 예로부터 휴양지로 이용되었다. 로마 시대부터 쾰른에서 아헨을 거쳐 브뤼셀, 파리를 잇는 교통의 요지로 발달했다.

안티오크 (Antiok). 고대 시리아의 수도로 현재의 안타키아이다.

알렉산드레타 (Alexandretta). 현재 공식 지명은 이스켄데룬(Iskenderun 또는 Iskenderon)으로 터키 남부 이스켄데룬 만에 위치한 항구도시다. 알렉산드로스의 승리를 기념하여 건설된 도시라서 알렉산드레타라는 이름을 가졌다. 수에즈 운하가 개통되기 전에는 시리아, 이란, 인도 방면으로 통하는 내륙 통상의 중계지로서 교통의 요지였다.

알-미나 (Al-Mina). 시리아 북부 지중해 해안에 있었던 고대 도시로 서기전 800년 이전에 건립된 그리스 무역 식민지이다.

에보이아 (Evvoia). 그리스에서 크레타 다음으로 큰 에게 해의 섬이다.

에트나 화산(Mount Aetna). 이탈리아 시칠리아 섬 동부에 있는 산으로, 지중해 화산대의 대표적인 활화산이며 유럽의 화산 중 가장 높다.

에페소스(Ephesos). 소아시아 서해안에 있던 이오니아의 고대 도시. 현재는 터키의 에페스이다.

여리고(Jericho). 요르단 강 서안에 있는 도시로 현지인들은 '아리하'라고 한다. 예루살렘 북동쪽 36㎞, 요르단 강과 사해가 합류하는 북서쪽 15㎞ 지점에 있으며 지중해 해면보다 250m나 낮다. 각종 과실수(특히 종려나무)가 우거진 오아시스로, 예로부터 방향(芳香)의 성읍, 또는 종려나무성이라 했다. 본래 요르단 영토인 여리고는 1967년 6일 전쟁 때 이스라엘군이 점령한 후 줄곧 이스라엘이 관장한다.

예루살렘(Jerusalem). 이스라엘의 정치적 수도. 아라비아인은 이 도시를 쿠드스(신성한 도시)라고 부른다. 동부는 요르단령이며 서쪽은 1948년부터 이스라엘령이 되었고, 1950년에는 그 수도가 되었다. 1967년 6월 중동전쟁 이후 유대교도·기독교도·이슬람교도가 저마다 성지로 받드는 동부 지역도 이스라엘의 점령지다.

오리노코 강(Orinoco river). 남아메리카 3대 강의 하나로 베네수엘라 국토를 관통하여 대서양으로 흐른다.

올두바이 협곡(Olduvai Gorge). 동아프리카의 탄자니아에 있는 유적군인 올두바이 유적으로 세계에서 가장 오래된 구석기 유적이다.

요르단 강(Jordan river). 서아시아의 요르단 지구대(地溝帶), 팔레스타인의 동쪽 가장자리를 남으로 흐르는 하천으로 길이는 360㎞이다. 안티레바논 산맥의 남단 부근, 레바논·시리아 영내에서 발원한 몇몇 하천이 이스라엘 영내에서 합류하여 요르단 강이 된다. 그 후 요르단 지구대를 남류하여 일단 갈릴리 호에 들어간 다음 다시 남쪽으로 흘러 요르단령에서 고르 저지를 곡류 후 해면 아래 394m의 사해로 들어간다.

우루크(Uruk). 이라크 남부 우르에서 북서쪽으로 약 60㎞에 위치했던 수메르의 고대 도시이다.

이수스(Issus). 아나톨리아 남동부 실리시아에 위치한 강으로 서기전 330년 알렉산더 대왕이 여기서 다리우스 왕을 대패시킨 이수스 전투가 벌어졌다.

이스마로스(Ismarus). 에게 해안에 있던 키코네스족의 성으로 〈오디세이〉에 등장한다.

이오니아(Ionia). 소아시아 서쪽 지중해 연안 및 에게 해에 면한 지방의 옛 이름이다. 현재는 터키의 일부로 서기전 10세기에 고대 그리스의 한 종족인 이오니아 인이 이주하여 12개의 식민지를 건설하고 약 4백 년간 번영한 곳이며 밀레투스를 중심으로 발전한 이오니아학파는 고대 그리스 문화 형성에 크게 이바지했다.

일 드 프랑스(île-de-France). 프랑스 중북부 파리분지 중앙부에 위치한 지역으로 '프랑스의 섬'이라는 뜻이다. 넓은 숲으로 둘러싸인 평원으로 중심 도시는 파리다.

일리리아(Illyria). 지금의 발칸 반도 서부 지역이다.

잔지바르(Zanzibar). '검은 해안'을 뜻하며 현재 아프리카 탄자니아 잔지바르 주의 주도로 고대에 아랍인이 건설한 도시이다. 아라비아 반도와 아프리카 동쪽 연안의 전통적 중계무역으로 오래전부터 번성한 기항지이다.

조이데르 해(Zuider Zee). 네덜란드 북쪽 해안의 얕은 만으로 현재는 둑으로 바다와 차단되어 있다.

질란트(Zealand 또는 Zeeland). 네덜란드 남서부에 위치한 주로 섬이 많다.

체키앙 지방(Chekiang). 중국의 저장성(浙江省)을 가리킨다.

침보라소 산(Chimnorazo). 에콰도르 중부의 안데스 산맥에 위치한 높이 6,268m의 산으로 훔볼트가 오른 에콰도르에서 가장 높은 산이다. 1802년 당시에는 세계 최고봉으로 알려졌던 이 산을 훔볼트가 등반 장비 없이 5,878m까지 올랐으며, 그 결과 태평양 해수면에서 안데스 산맥의 정점에 이르는 자연현상의 총체를 "열대지역의 자연도"라는 한 장의 지도에 담았다.

카디스(Cadiz). 에스파냐 이베리아 반도 남쪽에 위치한 도시이다.

카르마니아(Carmania). 이란 남동부 케르만 주에 해당되는 지방을 일컫던 지명이다.

카르타헤나(Carthagena). 현재 남아메리카 콜롬비아 북부 볼리바르 주의 주도이다.

카스티야(Castile). 에스파냐 중부의 역사적 지역명이다. 지역명의 유래에는 성(*castillo*, 城)의 지방이라는 뜻이 담겨 있으며, 중세 카스티야 왕국에 속하는 지역의 중심부를 가리킨다.

카에사리아(Caesarea). 율리우스 카이사르를 기리기 위해 명명된 도시 이름으로 여러 곳이 있다. 성 바실리우스가 태어난 곳은 카파도키아 지방의 카에사리아다. 카에사리아 이전의 이름은 마자카이며 현재는 터키의 대도시로 카이세리라고 불린다.

카프카스(Caucasus). 러시아 남부, 카스피 해와 흑해 사이에 있는 지역이다. 영어로는 코카서스, 코카시아라고도 한다. 동쪽으로 카스피 해, 서쪽으로는 흑해와 아조프 해를 경계로 한다.

칼데아(Chaldea). 바빌로니아 남부를 가리키는 고대 지명으로 구약성서에서는 흔히 바빌로니아와 동의어로 사용한다. 칼데아인은 서기전 1000년 전반에 바빌로니아 남부에서 활약한 셈 족의 한 종족으로 스스로 바빌로니아 문화의 후계자를 자처하고 남하하는 아시리아의 세력에 완강히 대항했다.

코린토스(Corinth). 그리스 본토와 펠로폰네소스 반도를 잇는 코린트 지협에 있었던 고대 폴리스 및 현대 도시이다.

코스(Cos). 터키 남서부 해안 부근에 있는 그리스령 섬으로, 고대 그리스 시대에는 문예활동의 중심지였으며 '의학의 아버지'인 히포크라테스의 태생지이다.

코임브라(Coimbre). 포르투갈 중부 코임브라 주의 주도로 포르투갈어로는 'Coimbra'라고 쓴다. 한때 포르투갈 왕국의 수도였으며 학문과 예술의 중심지이다.

코파이스 호수(Lake Copais). 19세기까지 보이오티아 중부 지방에 있던 고대 그리스 시대의 호수이다.

콘월(Cornwall). 영국 잉글랜드 남서부 지역이다.

퀴리날리스 지구(Quirinal Quarters). '로마의 일곱 언덕' 중 하나가 있는 곳이다.

키도니아(Cydonia). 그리스 크레타 섬 북서부 카니아 주의 주도인 카니아(Khania)의 고대 이름이다.

키테라(Cythera). 그리스 키티라 섬의 고대 지명이다. 사랑의 여신 아프로디테의 섬으로 여겨진 곳이다.

타부르누스(Taburnus). 이탈리아 베네벤토의 서부 삼니움에 있는 아펜니노 산맥의 일군을 이루는 산이다.

타타르 지역(Tartary, 또는 Great Tartary). 우랄 산맥 서쪽, 볼가 강과 그 지류인 카마 강 유역을 말한다.

타호 강(Tagus river). 이베리아 반도에서 가장 큰 강으로 전체 길이가 1,007㎞에 달한다. 그 가운데 에스파냐령 안에서는 785㎞, 유역면적 81,600㎢. 에스파냐의 중동부 쿠엥카 산맥에서 발원하여 서쪽으로 흘러 포르투갈·에스파냐 국경을 따라 흐르다가 리스본에서 대서양으로 흘러든다.

테라 오스트랄리스(Terra Australis). 라틴어로 '남쪽의 땅'이라는 뜻이다. 고대 그리스인은 지구는 완벽한 구형이며 완벽한 균형을 위해 북방의 대륙만큼 남방에도 거대한 땅이 있을 거라고 믿었다. 이는 고대 그리스의 지리학자 프톨레마이오스가 남긴 세계지도에 미지의 남방의 땅이라고 표기된 데서 유래하였으며 실제로 오세아니아 대륙이 발견되면서 오늘날 오스트레일리아라는 국명의 기원이 되었다.

테베(Thebes). 그리스 중부 지역에 있던 고대 그리스 시대의 옛 도시이다.

테베레 강(Tiber river). 이탈리아 중부 아펜니노 산맥의 푸마이올로 산록에서 발원하여 토스카나·움브리아 지방으로 흐르다가 로마 시내를 관통하여 티레니아 해로 흘러드는 강이다.

테살리아(Thessaly). 그리스 중북부 지방으로 예로부터 밀의 주산지였다.

투니시아(Tunisia). 북아프리카의 지중해안에 위치한 곳으로 고대에는 페니키아의 도시 카르타고였으며 로마제국 때는 식량기지로 중요한 역할을 담당했다.

트라체(Thrace). 불가리아, 그리스 북동부, 터키 동부 지역에 걸친 지역이다.

트리니타 데이 몬티(Trinità di Monte). 로마에 있는 교회로 1585년에 완성되었다. 에스파냐 광장과 에스파냐 계단이 서로 연결되어 있다.

티레(Tyre). 레바논 베이루트 남쪽 수르에 있는 도시 유적이다. 고대 페니키아에서 가장 큰 항구도시로 이집트 등 여러 지역과 교역하던 페니키아 문화의 중심지였다.

티볼리(Tivoli). 로마 북동쪽으로 30㎞ 정도 떨어진 도시이다. 빼어난 경관으로 인해 로마제국 시대에 여름 휴양지로 각광받아 부유한 로마인이 별장과 소규모 신전을 지었는데, 대표적 유적으로 로마의 황제 하드리아누스의 별장이 있다. 중세에는 교황 비오 2세가 이곳에 성을 건립하기도 했다.

티에라 델 푸에고(Tierra del Fuego). 에스파냐어로 '불의 땅'이라는 뜻으로 남아메리카 대륙 남쪽 끝에 위치한 지역이다.

티에라 칼리엔테(Tierra Caliente). 에스파냐어로 '뜨거운 땅' 또는 '무더운 땅'을 의미한다. 멕시코 및 코스타리카 국경 지대와 카리브 해 및 북태평양 연안 해발 750m 이하의 낮은 평야지대를 일컫는데 평균 기온은 약 25도, 낮 기온이 30~33도로 매우 높고, 밤에도 21도 이하로 떨어지지 않는다. 반면 중앙 고지대 대부분인 해발 750~1,600m 지역은 티에라 템플라다(Tierra Templada: 온화한 땅)로 분류된다.

파이윰(Faiyûm). 이집트 카이로에서 나일 강을 따라 남쪽으로 1백 ㎞가량 떨어져 있는 도시이다.

펠로폰네소스(Peloponnesus). 그리스 남쪽의 반도로 스파르타 등의 도시국가가 있었다.

포 강(Po river). 이탈리아 북부를 흐르는 강이다.

폰티네 습지(Pontine Marshes). 이탈리아 중부 라티움 지역에 위치한 습지로 넓이는 775㎢에 달한다. 비옥한 토양임에도 불구하고 수천 년 동안 습지가 많은 황무지로 방치되었다가 1930년대 무솔리니 시대에 대규모 간척 사업이 시행되었다.

푸아투(Poitou). 프랑스 서부의 방데, 되 세브르, 비엔 주를 포함하는 역사적·문화적 지역이다.

풀다(Fulda). 독일 헤센 주 북동부에 있는 도시이다.

프로폰티스(Propontis). 현재의 마르마라 해로, 북동쪽은 보스포루스 해협과 흑해로 통하고 남서쪽은 다르다넬스 해협과 에게 해로 통한다.

프로프타시아(Prophthasia). 현재 아프가니스탄 서부 지방에 위치한 작은 도시로 알렉산드로스가 원정 중에 붙인 이름으로 '예언자의 도시'라는 뜻이다. 현재 이름은 파라(Farah)이다.

프리지아(Frisia). 네덜란드에서 독일, 덴마크로 이어지는 북해 남서쪽 연안 지역이다.

프리지아(Phrygia). 소아시아의 중부에서 서부에 걸쳐 있던 지역이다. 서기전 1500년경 유럽에서 인도 유럽어족 계통인 프리지아인이 침입하여 원주민을 정복하고 프리지아 왕국을 형성한 곳이기도 하다.

플랑드르(Flanders). 벨기에, 네덜란드 남부, 프랑스 북부에 걸친 중세 시대 국가이다.

플로렌티아(Florentia). 이탈리아 피렌체 지방을 부르는 로마 시대 지명으로 서기전 1세기에 카이사르가 로마군의 병영이 있던 아르노 강변에 꽃이 만발해 '꽃피는 곳'이란 뜻의 이름을 붙였다고 한다.

필리피(Philippi). 그리스 북동부 해안에 있던 고대 도시로 빌립보라고도 한다. 서기전 4세기에 필리포스가 건설했으며 로마와 아시아를 잇는 커다란 도로가 지나는 상업·문화의 요지였다. 신약성서의 "필립비인에게 보낸 편지"는 바울로가 이 도시의 기독교도에게 보낸 편지다. 바울로 시대에는 이곳이 지방 최대의 도시였으며, 기독교가 유럽에 전파된 최초의 땅이었다.

하르츠 산지(Harz). 독일 중부 산지에 걸쳐 있는 헤르시니아 습곡 산지. 베저 강과 엘베 강 사이에 있으며 불규칙한 계단 모양의 고원이다. 이 고원에는 둥글게 마모된 봉우리들이 솟아 있고 대체로 협곡을 이룬다.

할렘머메어(Haarlemmermeer). 네덜란드 북부 홀란드에 위치한 도시이다. 할렘 호수를 메워 만들어진 간척지로 유명한데 풍차가 아닌 증기기관을 이용하여 만들어졌다.

할리카르나소스(Halicarnassus). 소아시아의 남서부 카리아에 있었던 고대 그리스의 도시. 현재 터키의 보드룸이다. 역사가 헤로도토스의 태생지로 유명하다.

헬리오폴리스(Heliopolis). 이집트 북부 나일 강 삼각주에 있었던 고대 도시로 태양신 '라' 신앙의 중심지이다.

홀란트(Holland). 네덜란드 서부의 두 주(북부 홀란드, 남부 홀란드)를 가리키기도 하고, 네덜란드 전체를 가리키기도 한다. '화란'(和蘭)이란 말은 홀란트를 음역한 것이며 이 책에서는 네덜란드의 한 지역인 홀란드를 의미한다.

후루(Hurru). 고대 이집트 시대에 가나안(현재 팔레스타인 지역)을 부르던 지명이다.

히더 스페인(Hither Spain). 에스파냐의 북서부 해안과 에브로 계곡에 위치한 지역이다.

히스파니올라(Hispaniola). 서인도 제도 중부 대(大) 앤틸리스 제도에 있는 섬으로, 아이티와 도미니카 두 나라로 이루어져 있다.

*** 서 명

건축십서(*De Architectura*). 서기전 1세기 로마의 건축가·건축이론가인 비트루비우스의 저작이다. 총 10권으로 르네상스의 고전 연구 열풍 속에서 1415년경에 재발견되었으며 1484년에 로마에서 초판이 간행되었다. 유럽 건축가에게 커다란 영향을 주었으며 오늘날에도 고대 건축 연구에 귀중한 자료다(오덕성 역, 1985, 《건축십서》, 기문당 참조).

고대와 현대의 인류 수에 관한 논문(*A Dissertation on the Numbers of Mankind, in Ancient and Modern Times*). 월리스(Robert Wallace)가 고대사에 관한 방대한 연구를 통해 추정한 인구 역사에 관한 문헌으로 1751년 완성되었다. 그는 세계 인구 성장에 관한 기하학적 비율에 기초한 가설 모형을 제시하고 당시 세계 인구는 잠재력 보다 훨씬 적다고 주장했다. 데이비드 흄은 이 저서에 관한 논평을 했으며, 몽테스키외는 이 책의 프랑스 번역을 감수했다. 그의 인구 성장 모형은 맬서스의 인구론에 직접적인 영향을 미쳤다.

고백록 (Confessions). 성 아우구스티누스가 40세 때 저술한 자서전으로 신앙 없이 방탕했던 시기 마니교에 빠졌다가 기독교 신앙을 갖기까지의 참회 생활을 중심 내용으로 엮었다. 자서전이지만 신학 체계가 매우 탁월한 작품으로 자신에 대한 기록 10권과 성서에 대한 해석 3권 등 총 13권이다. 일부에서는 후반의 3권을 그의 생활 기록이 아니라는 이유로 제외하는 경우도 있지만 이 나머지 부분도 본론에서 벗어났다기보다는 오히려 신을 보다 완전히 인식하고 더욱 사랑하고자 한 아우구스티누스의 모습을 나타낸다 (김광채 역, 2004, 《성 어거스틴의 고백록》, 기독교문서선교회 참조).

고타연감 (Almanach de Gotha). 유럽의 왕가・귀족의 족보 등을 기재한 연감이다.

농경시 (Georgics). 로마 시대의 시인 베르길리우스가 서기전 29년에 출간한 시집이다. 주제는 농촌 생활과 농사이며 교훈적인 시로 분류된다. 2,188편의 6보격 시로 구성되며 총 4권이다. 1・2권은 농업, 3권은 가축 기르기, 4권은 양봉 (養蜂) 을 다룬다.

뉴 아틀란티스 (New Atlantis). 프랜시스 베이컨의 17세기 초 소설이다. 기독교에 기반을 둔 과학적 이상사회에 관한 책으로 토마스 모어의 《유토피아》, 캄파넬라의 《태양의 도시》와 함께 근대 유럽의 유토피아 이야기를 대표하는 저작 중 하나다 (김종갑 역 2002, 《새로운 아틀란티스》, 에코리브르 참조).

달 궤도에 나타나는 표면에 관하여 (De Facie Quae in Orbe Lunae Apparet). 플루타르코스의 《윤리론집》(Moralia) 에 실려 있는 대화편이다.

드라이아이혀 빌트반 (Dreieicher Wildbann). 중세 마인가우 지방의 왕실 권리목록집이다. 제목의 '빌트반'은 왕실만이 가진 특별한 사냥할 권리를 뜻한다.

목가집 (Eclogae). 로마 시대의 시인 베르길리우스의 시집. 목가적 풍경에 관한 10편의 짧은 시들로 구성되었다. 대부분의 시는 양치기와 염소 목동 간의 대화와 노래 경연의 형태이다.

박물지 (Naturalis Historia). 로마 시대 플리니우스가 77년에 완성한 37권짜리 백과사전이다. 1권 (목차와 서문), 2권 (우주), 3~6권 (지리학과 민족지), 7권 (인류학, 생리학, 심리학), 8~11권 (동물학), 12~27권 (식물학: 농업, 정원, 약초), 28~32권 (약용동물학), 33~37권 (광물학) 으로 구성된다.

법률 (Nomoi). 플라톤의 마지막 저술로 가장 길고 어려운 책에 속한다. 추상적 이상을 제시하는 《국가》(Politeia) 와는 대조적으로 실용적 지침과 실제 세계에서 정치질서의 구축과 유지에 대한 내용을 제공하는 것으로 보인다 (박종현 역, 2009, 《플라톤의 법률》, 서광사 참조).

법의 정신 (L'esprit Des Lois). 몽테스키외의 대표작이다. 법을 선천적・보편적 원리에서 생각하는 것이 아니라 저마다의 나라에서 실시되는 법의 형태・체제의 경험적인 사회학적 비교 고찰에 기초를 두었다. 당시 영국의 제도를 본받아 권력은 입법권・집행권・재판권으로 분리되어야 한다는 것 (3권 분립) 과 이것들이 서로 균형을 유지해야 한다는 것을 주장했다. 그의 이론은 귀족주의적 이해관계의 측면에서 법을 포착했다고는 하지만 그 본질적 의미는 그의 입장을 초월하여 후세에 커다란 영향을 끼쳤다. 지리학적으로는 그 당시 성행했던 환경결정론의 영향을 받아 각국의 법 형태와 체제가 기후의 영향을 많이 받는다는 것을 비교한다는 점에서 연구의 가치를 가진다(이명성 역, 2006, 《법의 정신》, 홍신문화사 참조).

베네딕트보이엔 필사본(*Manuscript of Benedictbeuern*). 13세기 세속적 시집의 필사본이다. 노래들(특히 《카르미나 부라나》라고 한다)과 6편의 종교극이 실려 있다. 이 필사본의 내용은 10~13세기 서유럽에서 환락을 찬양하는 노래와 시를 지어 유명했던 학생 방랑시인들이 쓴 것으로 보인다. 1803년 바이에른 지방 베네딕트보이엔에 있는 베네딕트 수도원에서 발견되었다. 필사본의 두 부분은 같은 시기에 쓰인 것이지만 서로 다르다. 라틴어로(몇 편은 독일어) 쓰인 이 노래는 압운을 맞춘 서정시인데, 그 주제와 문체가 다양하여 술 마실 때 부르는 노래, 진지하거나 음탕한 사랑의 노래, 종교적인 시, 전원 서정시, 교회와 정부에 관한 풍자시 등이 있다. 카를 오르프는 그중 몇 편에 곡을 붙여 칸타타인 〈카르미나 부라나〉(*Carmina Burana*)를 만들었다. 희곡들도 라틴어로 쓰였는데 그중에는 현재 유일하게 남은 두 편의 중세 수난극의 완본이 있다. 그 두 편이란 부활절 극의 서막인 〈간단한 수난극〉(*Ludus breviter de Passione*)과, 막달라 마리아의 삶과 나사로의 부활을 그린 희곡을 확대한 것으로 추측되는 조금 더 긴 것이다. 다른 희곡들로는 부활절 극, 총괄적인 성탄극, 예수가 제자들 앞에 나타난 처음 두 사건을 그린 〈순례자〉(*Peregrinus*), 전에는 성탄극의 일부로 간주되었던 〈이집트 왕의 희곡〉(*Ludus de Rege Aegypti*)이 있다.

브리지워터 논집(*Bridgewater Treaties*). 자연신학의 후원자였던 제8대 브리지워터 백작인 에거튼이 내놓은 상금을 걸고 자연신학 관점에서 신의 지적 능력에 의한 설계론을 입증하고자 한 8편의 글을 통칭한다.

서구의 몰락(*Der Untergang des Abendlandes*). 독일의 역사가 스펭글러의 1918년 저작이다. 그는 문명을 하나의 유기체로 인식해 발생·성장·노쇠·사멸의 과정을 밟는다고 주장했다. 따라서 여러 문명의 발전 과정에는 유사점이 있다 보고 정치·경제·종교·예술·과학 등 모든 사상(事象)으로 문명을 비교함으로써 어떤 사회가 문명사에서 어떠한 단계에 이르는지를 알 수 있다고 했다. 이것이 바로 문명의 흥망에 관한 학문인 문화형태학이며 이를 근거로 서양 문명의 몰락을 예언했다. 이러한 문명사관은 제1차 세계대전과 러시아혁명 등 혼미한 시대 위기의식의 소산이었고, 그의 문화 고찰법은 토인비 등에게 큰 영향을 주었다. 영문본 *Decline of the West*는 1922년 출간되었다.

소크라테스 회상(*Memorabilia*). 인류의 온갖 문제(가령 선악, 미추, 정치가의 자격, 친구의 의미, 출세 방법 등)에 대하여 소크라테스가 어떤 교묘한 방법으로 물음을 전개했는가를 크세노폰이 회상과 전문(傳聞)을 통해 서술한 책으로 크세노폰이 소크라테스에 대해 쓴 책 중 가장 길고 유명하다. 내용상 이 책은 크게 두 부분으로 나뉘는데 앞부분은 정치적·종교적 공격에 대해 소크라테스를 직접적으로 변호하며, 뒷부분은 소크라테스에 대한 짧은 에피소드를 담았다(최혁순 역, 1998, 《소크라테스 회상》, 범우사 참고).

시간의 책(*Book of Hours*). 현존하는 중세 삽화 문헌의 가장 일반적인 형식이다. 기도문, 시편 등의 문헌을 적절한 삽화와 함께 모은 책으로 가톨릭 예배와 기도의 참고서다.

식물의 역사(*Historia Plantarum*). '식물학의 아버지'라고 불리는 테오프라스토스가 서기전 3~2세기 알렉산드로스 시대 원정을 통해 늘어난 많은 식물학 정보를 모아 저술한 책이다. 5백여 종의 식물에 이름을 붙이고 분류했으며 지역에 따라 수목 이용이 어떻게 달라지는 가에 대해서도 기술했다. 중세 시대에 이르기까지 서구 세계에서 식물학 사전 역할을 했다. 영문 서명은 *Enquiry into Plants*로 알려져 있다.

신들의 본성에 관하여(*De Natura Deorum*). 로마 시대의 철학자 키케로가 서기전 45년에 쓴 저작이다. 에피쿠로스주의자, 플라톤주의자, 스토아주의자의 견해를 대비시킨 대화집이다.

아르고 원정대(*The Argonautica*). 그리스 시대 아폴로니우스 로디우스의 대영웅 서사시이다. 당시에는 호평을 받지 못했던 것 같으나 후대에 이르러 오래 애독되었고, 베르길리우스에게 많은 영향을 줌으로써 라틴 문학 최대의 서사시인 《아이네이스》를 쓰게 했다고 한다. 왕권 반환의 조건으로 요구된 거의 성공이 불가능한 시련에 왕자 이아손과 친구인 영웅들이 도전하고 그 사이사이에 사랑과 에피소드를 곁들인 모험담이다. 그의 다른 작품은 대부분 남아 있는 것이 없다(김원익 역, 《아르고호의 모험》, 바다출판사, 2005 참고).

아스클레피오스(*Asclepius*) 《헤르메티카》를 구성하는 문서 중의 하나이다.

아이네이스(*Aeneis*, 영문명 *Aeneid*). 베르길리우스가 쓴 서사시이다. '아이네아스의 노래'라는 뜻으로, 아이네아스라는 한 인간의 운명을 배경으로 하여 트로이 전쟁 이후부터 로마 건국까지의 이야기를 담았다(천병희 역, 2004, 《아이네이스》, 숲 참고).

안티고네(*Antigone*). 소포클레스가 쓴 비극 중 하나로 오이디푸스 왕의 딸 안티고네와 테베의 왕 크레온(안티고네의 삼촌) 사이의 갈등이 주요 줄거리다(천병희 역, 2008, 《소포클레스 비극 전집》, 숲 참고).

에스드라(*Esdras*). 전거를 믿을 수 없다 하여 성서에 수록되지 않은 30여 편의 문헌들을 말한다. 구약외전과 신약외전으로 나뉘는데, 외전(外典) 또는 위경(僞經)이라고도 한다.

오이코노미코스(*Oeconomicus*). 그리스의 역사가 크세노폰의 서기전 400~300년경 저작이다. 책의 구성은 가정(*oikos*)의 관리와 농사에 대한 소크라테스와의 대화 형식이다. 경제학에 관한 가장 초기의 저작 중 하나로 손꼽히며 고대 그리스에서 결혼을 비롯한 남녀의 도덕적·육체적·정신적 관계 그리고 가정 및 공공경제의 기능, 농촌과 도시의 생활, 그리스의 노예제, 대중 종교, 교육의 역할 등의 주제에서 가장 중요한 정보원으로 여겨진다(오유석 역, 2005, 《크세노폰의 향연·경연론》, 작은이야기 참고).

옥타비우스(*Octavius*). 펠릭스가 키케로를 모방하고 세네카의 영향을 일부 받아 저술한 책이다. 초기 교회의 저술 중 가장 뛰어난 작품으로 인정받는다.

우울의 해부(*Anatomy of Melancholy*). 영국의 학자이자 작가이며 성공회 신부인 버턴이 쓴 책이다. 문체상으로 걸작인 동시에 진기한 정보의 보고이며 당시 철학과 심리학 이론의 귀중한 색인으로 꼽힌다. 그의 글은 상상력이 풍부하고 달변이며 고전문구의 인용과 라틴어 인용구로 가득 차 있어 박식함이 드러난다. 우리나라에서는 격언·명언집에서 그의 문구를 쉽게 찾아볼 수 있다.

인간 정신의 진보에 관한 역사적 개요(*Sketch for a Historical Picture of the Progress of the Human Mind*, 프랑스명 *Esquisse D'un Tableau Historique des Progrès de L'esprit Humain*, 1793) 계몽주의자인 콩도르세의 책으로 인간 정신의 진보와 공교육의 중요성을 강조한다. 즉, 인간 정신의 진보는 교육과 정치적 수단에 의해 가능하며, 따라서 모든 사람들은 평등하게 교육을 받아야 한다고 주장하는 것이다.

인간과 자연(*Man and Nature*). 마시의 저작으로 18세기 말 뷔퐁의 역작 이후 '인간의 활동에 의해 변화되는 지구'에 관한 가장 자세하고 체계적인 연구다. 그 당시 지배적이었던 환경결정론적 사고와는 반대로 인간 활동이 자연 세계에 심대한 영향을 미쳤다고 주장한다. 특히 인간이 자연을 변형시키는 데 가장 중요한 행위자이며 기술로 무장하고 경제 성장에 매달릴 경우 특히 문제가 심각하다는 급진적 주장을 시도했다. 시간이 흐르고 강도가 증가하면 환경의 파괴는 문명을 소멸시키고, 나아가 인간의 멸종을 가져올 수 있다고 경고한다. 이 책에서 그는 다양한 지리적 범위에 걸친 역사적 사례를 동원하여 동식물, 산림, 물(강과 호수) 등의 문제를 다루는데, 특히 산림의 파괴를 중요하게 생각했다. 무엇보다도 그에게서 환경주의의 단초를 발견할 수 있는 것은 인간이 그러한 행위에 대해 책임을 가진다는 점을 파악한 것이다. 이러한 생각은 후에 기포드 핀쇼, 루즈벨트 등에게 영향을 미치면서 19세기 후반 미국의 진보적 보전주의 운동의 시초가 된다. 루이스 멈포드는 이 책을 '환경보호운동의 선구적 업적'이라고 지적했다. 산업화라는 문제가 마시의 분석틀에 간접적으로만 개입되었지만 그가 묘사하는 생태계 파괴 뒤에서 산업화가 중요한 힘으로 작용함은 명약관화하다. 그러므로 20세기 이전에 쓰인 지구 생태계의 파괴에 대한 선구적인 연구인 이 책이 산업자본주의 시대를 비판했던 칼 마르크스의 《자본론》보다 단지 3년 앞서 출판되었다는 사실은 결코 우연이라고 말할 수 없다. 두 저작은 다 산업혁명에 의해 생성된 힘에 대항하여 쓰인 것들이었다. 마르크스의 사상이 자본주의에 항거하는 노동자 계급의 투쟁을 고취했다면, 마시의 사상은 인간의 자연에 대한 착취에 한계를 설정하려는 투쟁을 시작케 했던 것이다. 이에 관해서는 Worster, ed., 1988, *Ends of the Earth*, pp. 8~14를 보라(홍금수 역, 2008, 《인간과 자연》, 한길사 참고).

자연신학: 신성의 존재와 속성에 대한 증거들(*Natural Theology: or Evidences of the Existence and Attributes of the Deity*). 영국의 신학자 윌리엄 페일리가 1802년에 발간한 책이다. 이 책은 자연 세계의 미와 질서를 입증함으로써 신의 존재를 증명하고자 한다. 시계에 빗대어 생물학, 해부학, 천문학의 사례를 모아 현명하고 자애로운 신에서만 나올 수 있는 설계의 복잡성과 독창성을 보이려 한다. 즉, 어떤 이가 어느 시골의 불모지를 걷다가 시계를 하나 발견하고 그 시계의 여러 부분(스프링, 톱니바퀴, 바늘 등)이 충족하는 기능에서 얻어지는 유일한 논리적 결론은 '그 구조를 이해하고 그 용도를 설계한' 제작자가 있다는 것이라고 주장하는 식이다.

자연의 신기원(*Époques de la Nature*). 뷔퐁의 《박물지》 50권 가운데 1778년 출판된 5권으로 가장 유명한 부분이다. 뷔퐁은 처음으로 지질학사를 시기별로 재구성했다. 멸종된 종에 대한 그의 개념은 고생물학 발전의 터전을 마련했고 행성이 태양과 혜성의 충돌로 생겼다는 학설을 처음으로 제시했다.

자연종교에 관한 대화(*Dialogues Concerning Natural Religion*). 흄의 저작으로 그의 조카에 의해 사후에 출간되었다. 가상의 세 인물인 클리안테스, 필론, 데미아가 신의 존재에 대해, 특히 설계론에 대해 논의하는 구조이다.

장미 이야기(*Roman de la Rose*). 중세 후기 프랑스의 시로 사랑의 기술에 대해 설명하는 내용이다. 여기서 장미는 숙녀의 이름인 동시에 사랑의 상징이다. 알레고리 형식으로 쓰여 중세에 대단히 영향력이 컸으며 사랑의 묘사에 일종의 패러다임을 제시했다. 첫 4,058줄은 1230년경 드 로리스(Guillaume de Lorris)가 썼고, 1275년경 드 묑(de Meun)이 나머지 17,724줄을 쓴 것으로 알려졌다. 프랑스에서 3세기에 걸쳐 널리 읽혔고, 영국의 시인 초서가 앞부분을 영어로 번역했는데, 초서에게 많은 영향을 미쳤다(김명복 역, 1995, 《장미와의 사랑 이야기》, 솔 출판사 참고).

정치적 정의(*Political Justice*). 프랑스혁명 직후 고드윈(Godwin)이 저술한 책으로 전체 제목은 《정치적 정의와 그것이 일반 미덕과 행복에 미치는 영향에 관한 고찰》(*An Enquiry Concerning Political Justice and its Influence on General Virtue and Happiness*)이다. 고드윈은 권력이란 자연에 역행되는 것이며 사회악은 인간이 이성에 따라 자유롭게 행동하지 않기 때문에 발생한다고 주장하는 한편 사유재산의 부정(否定)과 생산물의 평등 분배에 입각한 사회 정의의 실현을 주장해 무정부주의의 선구자이자 급진주의의 대표가 되었다.

정치학(*Politika*). 아리스토텔레스의 정치철학 저작이다. 총 8권으로 니코마코스 윤리학이 끝나는 지점에서 시작된다. 제목인 '정치학'은 '폴리스에 관한 일들'을 의미한다. 국가의 기원과 이상국가론, 시민과 정체, 혁명, 가정 등에 대해 논의한다(천병희 역, 2009, 《정치학》, 도서출판 숲 참고).

종교의 유사성(*Analogy of Religion*). 원제는 《자연종교와 계시종교의 유사성》(*Analogy of*

Religion, Natural and Revealed, 1736)이다. 조셉 버틀러의 대표작으로 기독교 변증법에 대한 대표적인 저작이다.

지구에 관한 새로운 조사(*New Survey of the Globe: Or an Accurate Mensuration of All the Empires, Kingdoms, States, Principal, Provinces, Counties and Islands in the World*) 토마스 템플만(Thomas Templeman)이 1729년경 출판한 책으로 부제목으로 첨부된 것처럼 세계의 모든 제국, 왕국, 국가, 성, 지방, 섬 등에 관해 정확한 측정을 기록한 책이다.

지구에 관한 신성한 이론(*Sacred Theory of the Earth*). 버넷이 라틴어로 1681년, 영어로 1684년에 출판한 책이다. 지표면에 관한 아무런 과학적 지식이 없는 상태에서 서술된 단순한 사색적 천지창조론이었지만 설득력 있게 쓰였다. 이 책에서 그는 지구가 노아의 홍수 이전까지 내부가 대부분 물로 채워진 완전한 공동(空洞)의 구체였지만 노아의 홍수로 산과 바다가 모습을 드러냈다고 보았다. 그는 지구상의 물의 양을 조심스럽게 (그러나 부정확하게) 측정할 정도로 가능한 과학적으로 주장하고자 했다. 뉴턴은 지질적 과정에 대한 버넷의 신학적 접근에 대한 찬양자였다.

지리학(*Geographia*). 로마 시대의 지리학자 스트라본이 20년경 집필한 17권짜리 저술로 지리학의 백과사전이라 불린다. 유럽 각지와 동방세계를 상세하게 설명한다. 이 책은 자연환경론을 지리학 연구의 한 입장으로 확립시킨 점에서 귀중한 업적으로 평가받는다.

참된 기독교(*Four Books of True Christianity*). 독일의 루터교신학자였던 요한 아른트에 의해 1605년에서 1610년에 걸쳐 쓰인 책이다. '참된 기독교'란 기독교의 본질을 정통 교회의 교리에서가 아닌 영적인 체험에서 찾으려는 것으로 당시 교회 개혁운동의 주제가 되었다.

책들의 전쟁(*Battle of the Books*). 영국의 조나단 스위프트의 1704년 소설. 그는 당시 휘그당의 저명한 외교관이자 대표적인 고전 학문 옹호자였던 윌리엄 템플 경의 비서였다. 그런데 템플이 1690년 "고전 및 근대 학문에 관하여"라는 논문을 통해 근대 학문과 예술 및 과학의 우수성을 주장하는 자들에 반대하고 역사의 순환이론을 주장하면서 어떠한 형태의 진보와 발전도 인정하지는 않는다는 견해를 피력했다. 또한 현존하는 고전 저술에 대한 완벽하고 명료한 지식이야말로 모든 지식의 열쇠가 된다고 주장하면서 고전 학문이 근대 학문보다 절대적으로 훨씬 우월하다고 강변했다. 그러자 대표적인 근대 학문 옹호자이며 비평가였던 윌리엄 워튼과 리차드 벤틀리가 이에 반박하고 나섰으며, 여기에 스위프트와 당시 옥스퍼드 대학교 학생이었던 찰스 보일 등이 개입하면서 논쟁이 더욱 치열하게 전개되었다. 스위프트는 이 논쟁 과정에서 워튼과 벤틀리가 보여주었던 템플에 대한 비신사적인 공격에 특히 분개했다. 《책들의 전쟁》은 바로 이와 같은 상황에서 스위프트가 자신이 모시던 템플을 옹호하고 워튼과 벤틀리를 공격하기 위하여 쓴 풍자인데, 작품 속에서 템플은 용맹한 고전군 장수로 등장하며, 워튼과 벤틀리는 근대군 장수로 등장해서 비참한 최후를 맞는다(류경희 역, 2003, 《책들의 전쟁》, 미래사 참고).

철학의 위안(*Consolation of Philosophy*). 가톨릭 순교 성인 보이티우스(Boetius)의 525년경 저작이다. 인식과 실재에 관한 플라톤의 견해를 담았으며 섭리, 신의 예지, 우연, 운명, 인간의 행복 등을 생생하게 논의한다.

캉디드(*Candide*). 프랑스 계몽사상가 볼테르의 철학소설이자 동명소설의 주인공 이름이다. 1759년 간행되었으며 원제목은 《캉디드 또는 낙관주의》이다. 독일의 한 귀족의 성에 사는 캉디드는 예정조화설의 신봉자인 가정교사 팡글로스 박사로부터 이 세상은 조화롭고 완전한 상태, 즉 늘 최선의 상태에 있도록 신이 만들었다는 낙관주의 교육을 받는다. 팡글로스 박사에 따르면 악조차 세상의 조화를 위해 필수적인 것이다. 그러나 캉디드는 매혹적인 성주의 딸에게 품은 연정이 화가 되어 성에서 쫓겨난 이후 세상 속에서 온갖 고초를 겪는다. 이윽고 엘도라도에서 밭을 일구는 노인을 보면서 최선의 세상 혹은 낙관론적 견해와 결별하고 스스로 실천을 통해 부조리한 세상을 헤쳐 나가야 함을 깨닫는다는 내용이다.

코란(*Koran*). 이슬람교의 창시자 무함마드가 619년경 유일신 알라의 계시를 받은 뒤부터 632년 죽을 때까지의 계시·설교를 집대성한 것이다.

코스모스(*Kosmos*). 독일의 지리학자이자 박물학인 훔볼트의 대표 저작이다. 일생에 걸쳐 수집한 자료를 모아 19세기 전반의 과학과 세계를 상세하고도 보편적으로 묘사한 5권의 책으로 1845년에서 1862년에 걸쳐 출간되었다. 자연의 복잡성 속에서 질서와 통일성이라는 개념을 정형화하려 시도한 데 의의가 있다.

크리티아스(*Critias*). 플라톤의 저서로 아틀란티스에 대해 최초로 언급한 것으로 유명하다(이정호 역, 2007, 《크리티아스》, 이제이북스 참고).

태양찬가(*Hymm to the Sun*). 이집트 제18왕조의 10대 왕(재위: 서기전 1379~1362)인 아크나톤이 태양신 아텐을 찬양하기 위해 지었다고 알려진 것으로 《아톤 찬가》라고도 불린다. 태양을 인류의 창조자, 세상의 은인으로 칭송하며 창조주를 찬양하는 시편 104편과 내용상 유사한 것으로 알려졌다.

티마이오스(*Timaios*). 플라톤의 자연학에 대한 대화편이다. 원래 이 대화편은 《크리티아스》, 《헤르모크라테스》(*Hermocrates*)를 포함하는 3부작의 첫 부분으로 계획되었으나 실제로 완성한 저작은 《티마이오스》뿐이다. 주제는 물리학, 생물학, 천체학 등과 관련된 것이다. 플라톤에게 선의 이데아는 창조의 원리이다. 이 원리를 의인화한 것이 《티마이오스》에서 우주의 창조자로 등장하는 데미우르고스이다. 과학적 사실과 정신적 가치가 조화할 수 있는 가능성을 담은 이 책은 수 세기 동안 서구의 우주관을 형성했다(김영균 외 역, 2000, 《티마이오스》, 서광사 참고).

파이돈(*Phaidon*). 플라톤의 중기 대화편이다. 아테네의 감옥에서 죽음에 직면하여 소일하던 소크라테스의 나날을 파이돈이 에케크라테스에게 이야기하는 형식을 취한 것으로 일반적으로 영혼불사의 증명을 주제로 삼았다(박종현 역, 2003, 《에우티프론, 소크라테스의 변론, 크리톤, 파이돈: 플라톤의 네 대화 편》, 서광사 참고).

페르시아인의 편지(*Lettres Persanes*). 몽테스키외가 1721년 쓴 서간체 풍자소설이다. 페르시아인 귀족 우스벡이 그의 친구, 처첩, 관리인과 주고받은 161통의 편지로 구성되었으며, 소설의 형식을 빌려 18세기 프랑스의 사회상을 통렬히 풍자한다(이수지 역, 2002, 《페르시아인의 편지》, 다른세상 참고).

프린키피아(*Principia*). 아이작 뉴턴의 1687년 저서이다. 책 제목은 라틴어 프린키품(*Principium*)의 복수형이며 원제는 《자연철학의 수학적 원리》(*Philosophiae Naturalis Principia Mathematica*)이다. 뉴턴의 역학 및 우주론에 관한 연구를 집대성한 책으로 이른바 만유인력의 원리를 처음으로 세상에 널리 알린 것으로 유명하다. 라틴어로 쓰였으며 총 3편으로 구성된다. 1, 2편에서는 운동에 관한 일반적 명제를 논술했는데 특히 2편에서는 매질 속에서의 물체의 운동을 다룬다. 3편에서는 2편에서 증명된 명제로 천체의 운동, 특히 행성의 운동을 논한다. 또한 코페르니쿠스의 지동설 문제, 케플러의 행성의 타원궤도 문제를 해결했다.

헤르메티카(*Herrmetica*). 서기전 3세기~서기 3세기 동안 이집트에서 쓰인 철학·종교적 그리스어 문서이다. 여러 저자의 가르침을 기록하고 편집한 것인데 이집트 지혜의 신 토트(그리스에서는 헤르메스 트리스메기스토스)의 가르침으로 설명된다. 그 가르침의 핵심은 플라톤, 피타고라스적 철학사상이며, 점성술을 비롯한 각종 신비과학, 신학, 철학적 내용을 담았다(오성근 역, 2005, 《헤르메티카》, 김영사 참고).

형이상학 서설(*Discours de Metaphysique*). 라이프니츠가 물질, 운동, 육체의 저항, 우주 속에서 신의 역할과 관련된 철학을 전개한 책이며, 37개의 장으로 구성된다. 이 책의 사상적 기반은 절대적으로 완전한 존재로서의 신이며, 신이 세계를 완전한 형태로 창조했다는 것이다.

70인 역 성경(*Septuagint*). 구약성서를 뜻하며, 72명의 학자가 이 번역 사업에 종사했다는 전설에 따라 붙여진 이름이다. 본래는 헤브라이어 원전의 '율법' 부분을 가리키는데, 초대 그리스도 교회에서는 여기에 '예언서', '제서'(諸書)의 번역까지 포함시켜 약호로 'LXX'라 불렀다. 이집트의 알렉산드리아에서 번역되었으며 성서 연구에는 물론 언어학상으로도 중요한 자료인데 특히 신약성서의 문체와 사상을 연구하는 데 귀중한 자료이다.

**** 기 타

갈리아-로마인(Gallo-Roman). 서기전 50년 무렵부터 서기 5세기까지 갈리아가 로마의 지배 아래 있던 시대의 원주민을 이른다.

계시종교(*revealed religion*). "자연종교" 항목을 참고하라.

고등비평(高等批評, *higher criticism*). 성서 각 책의 자료, 연대, 저자 및 역사적·사상적 배경 등을 학문적으로 연구하는 방법이다. 상층비평(上層批評)이라고도 하며, 저급비평에 대립되는 말이다. 저급비평이 성서 원문에 관한 연구인 데 반해 그 저작연대와 저자 그리고 역사적·사상적 배경 등 성서에 관한 문학적·역사적 비평과 연구를 주안으로 하므로 문학비평 또는 역사비평이라고도 한다. 이 용어는 1783년 아이히호른이 처음으로 사용했는데, 이 방법은 18~19세기에 베르하우젠, 파울 등을 중심으로 성행했다.

고왕국 시대(*Old Kindom*). 고대 이집트 문명 최초의 번영기인 제3왕조(서기전 2686년경)에서 제6왕조(서기전 2181년경)에 이르는 시기. 피라미드가 건설된 시기였기 때문에 '피라미드 시대', 혹은 제3왕조 때 수도를 멤피스로 옮겼기 때문에 '멤피스 시대'라고도 한다.

교부 시대(*patristic period*). 교부란 사도들에 이어 크리스트교를 전파하며 신학의 기본 틀을 형성한 교회의 지도자를 일컫는다. 이들이 활동했던 시대를 교부 시대라고 하는데, 2세기에서 8세기까지의 시대를 이르며 시기별로 구분하거나 지역별로 구분한다. 시기별로 구분할 경우 ① 사도 시대부터 325년 니케아 공의회까지의 초기 교부 시대, ② 니케아 공의회로부터 451년 칼케돈 공의회까지의 전성기, ③ 서방은 세비야의 이시도루스(626년), 동방은 다마스쿠스의 요한네스(749년)에 이르는 말기로 구분된다. 지역별 구분은 2세기 이후 라틴어 문화권이 형성됨에 따라 지역과 문화를 기준으로 구분한다. 그리스어로 집필한 교부를 중심으로 동방교부라고 칭하는데 이들은 다시 그리스교부와 동방교부로 세분화된다. 라틴어 영역권에서 활동한 교부는 라틴 교부라 칭하며 라틴 교부는 다시 로마교부와 아프리카교부로 나누어진다. 일반적으로는 지역별 구분이 자주 사용된다.

굴절의 법칙(*law of refraction*). 네덜란드의 스넬이 1621년에 확립했다. 그의 이름을 따서 스넬의 법칙이라고도 한다. 한 매질에서 다른 매질로 입사한 빛의 일부는 매질의 경계면에서 반사의 법칙에 따라 반사하고 나머지 부분은 굴절하여 진행한다는 의미이다. 입사각을 θi, 굴절각을 θt 라고 하면 $\sin\theta i / \sin\theta t = n$(일정)이라는 관계가 성립한다.

권곡(圈谷, *cirques*). 빙하 침식에 의해 생긴 반원형의 오목한 지형을 말한다.

낭트 칙령(*Edict of Nantes*). 앙리 4세가 1598년 브르타뉴의 낭트에서 공포한 칙령으로, 프랑스 신교도인 위그노에게 광범위한 종교의 자유를 부여하는 내용이다. 이 칙령

을 통해 위그노에게는 파리를 제외한 지역에서 공공예배를 볼 수 있는 신앙의 자유
가 보장되었고 완전한 시민권이 허용되었다. 그러나 이 칙령은 교황 클레멘스 8세,
프랑스의 로마가톨릭 성직자, 고등법원 등의 커다란 불만을 샀고 1629년에 일부 조
항이 무효화되었다. 1685년 루이 14세는 이 칙령을 완전히 철폐하고 프랑스 신교도
의 모든 종교적·시민적 자유를 박탈했다.

노르만의 시칠리아 정복 (1060~1091). 시칠리아는 6세기에는 비잔틴제국의 침입을 받아 이
후 3백여 년간 비잔틴 문화의 영향을 받았다. 9세기부터는 아랍인의 지배를 받다가
11세기 노르만족이 기독교의 재정복이라는 명분으로 시칠리아를 점령한 사건을 말
한다.

놈 (nome). 고대 이집트의 하위 행정구역으로 그리스어에서 유래했다. 요즘에는 프톨레
마이오스 시대에 쓰이던 이집트 용어 세파트 (sepat) 가 더 많이 쓰인다.

능산적 자연 (能産的 自然, natura naturans), 자연을 역동적이고 합목적적인 것으로 본 아
리스토텔레스에서 유래한 관점이다. 현대 생물학에서 목적론적 의미를 가진 진화론
은 능산적 자연관을 그 토대로 한다. 소산적 자연 (所産的 自然, natura naturata) 은
자연을 조물주가 이데아, 즉 수학적 조화의 원리에 따라 만든 완성품이라고 본 플라
톤에 의해 처음 제시되었다. 근대 이후의 기계론적 자연관이나 기계적 결정론은 이
러한 전통을 이어받은 것이다. 중세 스콜라철학에서 능산적 자연은 창조자로서의
신, 소산적 자연관은 창조되는 자로서의 자연을 의미했지만 스피노자는 이 두 개념
을 창조주와 피조물의 관계로 이해하지 않고 더 밀접하게 연관시켜서 범신론적 의미
를 부여한다. 능산적 자연은 자기 자신 안에 있고 자기 자신에 의해 생각되는 실체,
즉 신을 의미하고 소산적 자연은 신적 본성의 필연성에 의해 생기는 실체의 여러
변화 상태, 즉 양태를 의미한다 (서양근대철학회, 2001, 《서양근대철학》, 창작과 비평
참고).

다이아나 (Diana). 로마신화의 달의 여신. 처녀성과 수렵의 수호신이기도 하다. 그리스
신화에서는 아르테미스에 해당한다.

데미우르고스 (Creator-Demiurgos). 플라톤 《티마이오스》 편에 나오는 세계를 만드는 거
인의 이름으로 제작자 (창조신) 라는 뜻이다.

두발가인 (Tubal-cain). 성서상 인물로 창세기 4장 22절에 나오는 야금술의 시조이다.

라케다이모니아인 (Lacedaemonians). 라코니아 지방에 거주하는 종족으로 그 지방의 대표
적 도시국가인 스파르타인과 동의어로 사용된다.

라프족 (Lapps). 스칸디나비아 반도 북부에서 핀란드 북부에까지 거주하는 민족. 스스로
사미 (Sami) 라고 칭한다.

레비아단 (Leviathan). 구약성서와 우가릿 문서, 후대 유대문학에서 언급되며 바다를 혼돈
에 빠뜨리는 신화적인 바다 뱀 또는 용을 일컫는다. 레비아단이란 '휘감다, 꼬다'라
는 의미의 아랍어 라와 (iwy) 와 같은 히브리어 '라와'에서 유래했다. 텔 아스마르 (Tel

Asmar)에서 발굴된 메소포타미아의 원통형 도장에 그려진 7개의 머리를 가진 용, 라스 샤므나(Ras Shamra)에서 발견된 가나안 본문들(우가릿 문서)에 쓰인 바알 (Baal)에 의해 죽임을 당한 7개의 머리를 가진 바다괴물 로탄(Lotan)의 이야기가 레비아단을 표현한다. 홉스의 저서 《리바이어던》의 제목이 여기서 유래했다.

로고스 교의(*logos doctrine*). 로고스는 의미, 이성, 원리 등의 다양한 의미를 가지는 그리스어로 로고스 교의는 고대 철학에서 시작해 중세 기독교 사상에서 중요한 위치를 차지한다. 고대 철학에서 로고스는 만물이 비롯한 기초가 되는, 나누어지지 않는 물질이자 만물을 생성하는 원리이다.

로물루스(Romulus). 서기전 753년 로마 건국의 전설적인 시조이다.

롬바르드족(Langobards). 568~774년에 이탈리아 반도의 한 왕국을 다스렸던 게르만족의 일파이다.

리베르(Liber). 로마 신화에 나오는 번식과 성장을 주관하는 전원의 신이다.

리비아(Libya). 이집트 왕 에파포스의 딸로 인간으로서 포세이돈과 정을 통해 여러 아들을 낳았다고 전해진다.

리스본 대참사(Lisbon disaster). 1755년 11월 1일 아침 세 차례에 걸쳐 포르투갈, 에스파냐 및 아프리카 북서부 일대를 강타한 대지진으로 포르투갈의 리스본이 가장 큰 타격을 받았다. 9시 40분경 처음에 일어난 지진이 가장 컸다. 그날이 바로 만성절(*All Saints' Day*)이어서 시민의 대부분이 교회에 모여 있다가 약 23만 5천 명 중 3~7만 명이 사망했다. 첫 지진으로 대부분의 건물이 무너졌고, 두 번째 지진으로 많은 시민이 피난하던 항구의 새 부두가 바다 속에 가라앉아 재해가 더욱 커졌다. 최고 파고가 15m에 이르는 큰 해일이 일어났으며, 이 해일은 대서양을 횡단하여 10시간이 지난 후에 서인도 제도에 도달했다. 지진을 감지한 지역은 영국 본토, 아일랜드 남동부, 덴마크 남부, 오스트리아 서부 등이었고 그 면적은 육상에서만도 128만 km^2에 이르렀다. 여진은 본진 후 6개월 동안 약 250회나 있었다.

마그나 카르타(*Magna Carta*). '대헌장'이라고도 한다. 1215년 잉글랜드의 존 왕이 내란의 위협에 직면하여 반포한 인권 헌장으로, 1216, 1217, 1225년에 개정되었다.

마니교(*Manichaean*). 이원론을 주장하는 대표적 종교로 사산조 페르시아 시대에 생겨났다. 이를 주창한 예언자 마니(Mani)의 이름을 따 마니교라고 불렀다.

마르스(Mars). 로마 신화의 군신으로 그리스 신화의 아레스에 해당한다.

맘루크 왕조(Mameluke). 중세 이집트의 노예 군인 출신이 세운 왕조이다.

망치 관리인(*Garde-Marteau*). 삼림의 관리자로서 왕실 소유의 삼림 내에서 분할하고 판매할 나무를 표시할 때 망치를 사용한 데서 유래한 명칭이다.

머큐리(Mercury). 로마 신화에서 죽은 자, 웅변가, 장인, 상인, 도둑의 수호신이다. 그리스 신화에서는 헤르메스에 해당한다.

목적인(*final cause*). "4원인설"을 참고하라.

몬테카시노 수도원(monastry of Monte Cassino). 529년경 누르시아의 베네딕트가 로마 남동쪽 몬테카시노에 세운 수도원. 베네딕트회의 모체로서 유럽 수도원의 전형인데, 개인주의적이고 금욕적인 동방의 수도원에 비해 중용과 공동생활을 채택하여 539년에 수도계율(修道戒律), 즉 회칙을 초안한 것이 나중에 서유럽 수도원 제도의 모범이 되었다.

미네르바(Minerva). 로마 신화에서 지혜, 전쟁의 여신이다. 그리스 신화에서는 아테나에 해당한다.

바실리우스 수도회칙(Basilian rule). 성 바실리우스가 정한 수도회칙이다. 단순하지만 엄격했고 제자들에게 공동생활을 요구했다. 성 바실리우스는 사막 은둔 수도자들의 극단적 금욕을 조심스레 피했다. 회칙은 55조목의 "대계율"(Regulae Fusius Tractatae)과 313조목의 "소계율"(Regulae Brevius Tractatae)로 이루어지며 신에 대한 완전한 봉사에 이르는 수단으로 금욕적 훈련을 권장한다. 또한 전례에 따라 여러 시간 기도를 하고, 지적 활동과 육체노동을 통해 순종하는 공동체 생활을 하도록 규정한다.

바이킹(Viking). 스칸디나비아 지역에 살던 노르만족을 칭한다. 스칸디나비아어에서 하구, 협곡을 의미하는 'vik'에서 유래했다는 설과 성채도시, 시장을 뜻하는 게르만어 'wik' 또는 전투를 뜻하는 'vig'에서 유래했다는 설이 있다. 789년 영국에 대한 공격을 시작으로 약 2백 년간 영국과 프랑스, 러시아를 침공, 약탈하고 정착한다.

바쿠스(Bacchus). 로마 신화에서 술의 신으로 그리스 신화의 디오니소스에 해당한다.

발도파(Waldenses). 12세기 말 프랑스의 발데스가 시작한 기독교의 순복음적 신앙노선 일파이다. 발데스 복음주의 또는 왈도파 등으로도 불린다. 재산가였던 발데스는 신을 위해 자신을 바치기로 결심하고, 1176년 재산을 모두 빈민들에게 나누어준 뒤 그리스도의 사도나 아시시의 성 프란체스코처럼 청빈한 생활을 하면서 설교에 전념했다. 설교에 감동한 많은 사람들은 두 명씩 조를 짜 '리옹의 빈자'라 이름 짓고 각지를 돌아다니며 복음을 전했다. 로마교회가 설교를 금지했음에도 설교 활동이 계속되자 교황 루키우스 3세는 1184년 칙서를 발표해 발도파를 이단으로 단죄했으나 그들은 로마교회와 결별하고 독자 조직을 만들었다.

백합 낙인(fleur-de-lis). 옛날에 죄인의 어깨에 찍은 백합 모양의 낙인으로 이 책에서는 나무에 새겨진 표식을 의미한다.

범형론(exemplarism). 창조주가 인간 및 만물의 범형이며 인간은 신의 모습을 닮은 것이라고 주장하는 중세 학설이다.

베네딕트 규율(Benedictine Rule). 성 베네딕트가 몬테카시노 수도원을 위해 작성한 수도원 개혁안 및 수도회 회칙이다. 수도원의 제도, 이상적인 수도 생활, 기도, 징계, 수도원장의 선출 방법 등이 규정되는데 이 회칙은 가톨릭교회 전체에 큰 영향을 미쳤다. 이 규율을 따르는 수도회들을 통칭해 베네딕트 수도회라 일컫는다. 청빈, 동정, 복종을 맹세하고 수행과 노동에 종사한다.

베헤못(*Behemoth*). 구약성서에 나오는 힘이 센 초식동물이다. 히브리어로는 '짐승'이라는 뜻인데 여러 성경에서 고유명사처럼 사용되었다. 12세기까지 나일 강 하류, 요셉이 살던 시대 이후까지 수리아의 오론테스 강에 살았던 것으로 알려져 있는데 어떤 격류에도 놀라지 않는 동물이다. 물속에 살지만 음식을 찾기 위해 강 밖으로 나와 비탈을 기어오르기도 한다.

벨가이족(*Belgae*). 갈리아 북부 센 강, 마른 강 북쪽에 살던 주민. 카이사르가 《갈리아 전기》에서 처음 쓴 용어이다. 문화적으로 남북으로 구별되며, 남쪽에서는 영국으로의 이주가 있었다. 갈리아 중에서도 가장 사납고 용맹스러웠다고 전해진다.

보편논쟁(*great dispute over universals*). 보편이 실재하는가, 그렇지 않는가를 문제를 다툰 중세 말기의 논쟁. 보편이 실재한다는 실재론과 보편은 이름뿐이라는 유명론이 대립했다.

볼란드파(*Bollandist*). 벨기에 예수회에 소속된 소규모 집단이다. 성인들의 전기와 전설을 그들의 축일에 따라 배열한 방대한 모음집인 《성인열전》을 편집, 출간했다.

부르고스령(*Laws of Burgos*). 1512년 10월 27일 에스파냐 부르고스에서 공표된 법령으로 에스파냐의 보통법이 적용되지 않는 아메리카 식민지에서 발생하는 법적 문제를 해결하기 위하여 제정되었다. 법의 주요 내용은 식민지에 거주하는 에스파냐인에게 아메리카 원주민에 대한 학대 행위를 금지시키고 가톨릭으로의 개종을 장려하기 위한 것이었다.

부르군트족(*Burgundians*). 민족 이동기 동게르만의 여러 부족 중 하나이다. 413년 라인 강 중류 지역에 부르군트 왕국(413~436)을 건설했다가 훈 족에게 멸망하고, 443년 론(Rhône), 손(Saône) 지방에 왕국을 재건(443~534)했으나 프랑크왕국에 의해 멸망했다.

부바스티스 의식(*cult of Boubastis*). 고대 이집트 삼각주 지대의 부바스티스 지역에서 시작된 고양이의 신 바스테트를 숭배하는 축제를 일컫는다. 후에 이집트 전 지역에 걸쳐 행해지는 가장 성대한 축제가 되었는데, 헤로도토스에 따르면 바카날리아(바쿠스 축제)와 같은 광란의 연회가 동시에 개최되었다고 한다.

빙퇴석(氷堆石, *moraines*). 빙하에 의해 운반 퇴적된 지형을 말한다.

사라센(*Saracen*). 라틴어로는 '사라세니'(*Saraceni*), 즉 시리아 초원의 유목민을 가리키며 아랍어로는 '동쪽에 사는 사람들'이란 뜻의 '사라킨'이라는 단어에서 기원했다고 한다. 7세기 이슬람교가 성립한 뒤부터는 이슬람교도를 통칭하는 말이 되었고 십자군을 통하여 전 유럽에서 부르는 호칭이 된다.

사모예드족(*Samoyed*). 시베리아 북서부에 거주하는 원주민 집단이다. 우랄 어족에 속하며 여름에는 북쪽 툰드라 지대, 겨울에는 남쪽 삼림 지대로 이동하며 살아간다.

살리카 법(*Salic law*). 프랑크왕국을 구성했던 프랑크족의 하위 부족인 살리족의 법으로 서게르만인의 부족법 중 가장 오래된 법이다. 6세기 프랑크왕국의 클로비스 1세가 다스리던 시대에 편찬한 전통법의 중요한 부분이다.

서고트족(Visigoths). 게르만족 중에서 가장 중요한 부족 중 하나로 4세기에 동고트족에서 분리되었고 로마 영토를 거듭 침범했으며 갈리아와 에스파냐에 걸친 거대한 왕국을 세웠다.

세계지(*cosmography*). 하늘과 땅을 포함한 세계의 특징에 대해 기술한 책으로 천지학, 우주지로도 번역된다. 세계와 그 안에 있는 모든 것에 대해 기술한 책을 통칭한다.

세소스트리스(Sesostris). 고대 이집트의 전설적인 왕이다. 북쪽으로는 시리아와 터키를 통과해 콜키스, 서쪽으로는 러시아 남부, 남쪽으로는 로마니아, 동쪽으로는 불가리아와 그리스 동부까지 영토를 확장했다고 헤로도토스는 전한다.

셀레우코스 왕조(the Seleucids, 서기전 312~60). 알렉산드로스 사후 헬레니즘 지역을 물려받은 왕조이다.

소산적 자연(所産的 自然, *natura naturata*). "능산적 자연" 항목을 참조하라.

소요학파(peripatetic school). 아리스토텔레스학파를 지칭한다. 아리스토텔레스가 학원 안의 나무 사이를 산책하며 제자들을 가르쳤다는 데서 붙은 이름이다.

스키타이인(Scythian). 서기전 6~3세기경 남부 러시아의 초원지대에서 활약한 최초의 기마 유목민족이다. 서기전 11세기경 볼가 강 중류 지역에서 서서히 침투한 민족과 원주민과의 혼혈에 의해 형성된 민족으로 추정되며 유라시아 초원 지대에서는 키메르인과 함께 서기전 90년경 가장 일찍 유목민화되었다. 민첩하고 강력한 기마민족인 이들은 서기전 7세기에 소아시아·시리아 방면을 침범하고 서기전 6세기에는 키메르인을 카프카스의 쿠반 강 유역으로 쫓아내고 근거지를 아조프 해 북부로 옮겼으며 카르파티아 산맥을 넘어서 도나우 강 중류지대까지 세력을 확대했다.

시로코(*sirocco*). 지중해 연안에 부는 국지풍을 뜻한다. 이 바람의 영향을 받을 때에는 기온이 상승하여 무덥다.

시토 수도회(*Cistercians*). '베르나르회'라고도 한다. 프랑스의 디종 근처 시토의 수도원에서 이름이 연유되었다. 1098년 베네딕트회 몰렘 수도원 원장 로베르투스(Robertus)가 수도회의 엄격하지 않은 회칙 적용에 불만을 품고 베네딕트 회칙의 엄수에 뜻을 같이하는 수사 20명과 함께 원시 수도회 제도의 복귀를 목표로 창설한 혁신적 수도회다. 1112년에 클레르보의 베르나르두스(Bernardus)가 형제 4명을 비롯해 친구와 친척 31명을 이끌고 시토 수도회에 가입함으로써 수도회의 융성을 가져왔다. 베르나르두스는 1115년에 클레르보의 창설 대수도원장으로 임명되었으며, 그때부터 시토회는 급격하게 발전했고 1120년에는 여성들을 위한 최초의 시토 수녀회가 창설되었다.

실체 변화(*transubstantiation*). 성찬에서의 빵과 포도주가 그리스도의 몸과 피로 변함을 의미한다.

실피움(*Silphium*). 리비아가 원산지인 회귀식물로 로마인에게 사랑받다 멸종되었다. 서구에서 하트 문양과 연관된다.

심리적 동일성 (*psychic unity*). 인간이 공통적으로 지니는 성향을 말하는데 심리적 동일성과 생물학적 동일성으로 나뉠 수 있다. 심리적 동일성은 인간은 문화적 표현상의 차이는 있을지라도 공통된 심리적 특성과 사고방식을 가진다는 것이다. 생물학적 동일성은 인간은 인종, 성별 및 연령별 차이 등에도 불구하고 공통된 생물학적 특성을 가진다는 것이다. 이러한 동일성 개념은 서로 다른 지역에서 공통된 문화가 발견되었을 때 이를 전파에 의한 것으로 설명하는 전파론과는 달리 인류가 공통된 특성을 가지기 때문에 서로 떨어진 지역에서도 비슷한 문화적 발전 단계를 거친다는 문화진화론의 논리적 근거가 된다.

아누비스 (Anubis). 고대 이집트 신화에 나오는 신이다. 피라미드의 여러 문서에는 태양신 라 (Ra) 의 넷째 아들로 기록되어 있으나 후대에 와서는 오시리스 (Osiris) 와 네프티스 (Nephthys: 이집트 9주신 중 하나인 세트의 아내) 의 아들로 나타난다. 저승으로 향하는 문을 열어 죽은 자를 오시리스의 법정으로 인도하며 죽은 자의 심장을 저울에 달아 살아생전 행위를 판정하는 역할을 맡았다. 외양은 검은 표범 또는 개의 머리에 피부가 검은 남자 또는 자칼의 머리를 한 남자의 모습 등으로 표현된다.

아르팡 (*arpents*). 길이 및 넓이의 단위로 국제 표준단위는 아니다. 가장 널리 쓰이는 것은 북아메리카의 프랑스인이 사용하는 것으로 180프랑스피트에 해당하며, 국제 표준단위로 환산하면 약 58.47m에 해당한다.

아리아족 (the Aryan). 선사시대에 이란과 인도 북부 지역에 살던 민족. 이들의 언어인 아리아어에서 인도-유럽어가 비롯되었다. '아리아'는 '고귀한'이라는 뜻의 산스크리트어에서 유래했으며 19세기까지 '인도-유럽'이라는 말과 동의어로 쓰였다. 19세기에는 인도-유럽어를 사용하는 민족이 셈족이나 황인종, 흑인종에 비해 도덕적으로 우월하며 인류 진보에 결정적으로 기여한 인종으로 알려져, 나치의 유대인·집시 등 '비아리아족' 제거 정책으로 오용되었다.

아몬 (Amun, Amon). '숨겨진 자'라는 의미로 하늘의 신이자 태양의 신이다. 이집트 만신전의 우두머리신으로 여겨진다. 원래는 테베의 지방신으로 테베의 정치적 위상이 높아지면서 아몬 숭배 역시 널리 퍼졌다. 신왕국에 이르러서는 헬리오폴리스의 태양신 '라'와 한 몸이 되어 아몬-라가 되었으며 신들의 왕이자 파라오의 수호신으로 여겨진다.

아스클레피오스 (Aesclepios). 그리스-로마 신화에서 의술의 신이다.

아이네이아스 (Aeneas). 그리스-로마 신화에 나오는 영웅으로 트로이 왕족인 앙키세스와 여신 아프로디테의 아들이다.

아이톨리아인 (Aetolians). 그리스 중서부 아이톨리아 지방에 살던 종족으로 서기전 4세기 중엽 아이톨리아 동맹을 결성하여 힘을 보강해 마케도니아와 대립했다.

아크로폴리스 (Acropolis). 그리스 도시국가의 중심지에 있는 언덕으로 신전이 세워지는 곳이다.

아툼(Atum). 태초에 있었던 바다 눈(Nun)에서 태어난 이집트의 창조신이다.

아틀란티스(Atlantis). 대서양에 있었다는 전설상의 대륙으로 플라톤이 《크리티아스》와 《티마이오스》에서 아틀란티스 전설에 관해 설명한다. 서기전 9500년 아틀란티스는 헤라클레스의 기둥(지브롤터 해협)의 바깥쪽 대해(大海) 가운데 펼쳐져 있었다. 풍부한 산물과 주변의 여러 나라에서 들어오는 무역품이나 전리품은 대륙을 크게 번영하게 했으나 어느 날 심한 지진과 화산 활동으로 하루 밤낮 사이에 바다 속으로 가라앉고 말았다. 아틀란티스의 전설은 중세 후기 이후의 대서양 탐험, 나아가서는 아메리카 대륙 발견의 원동력이 되기도 했다.

아폴론(Apollo). 그리스 신화의 광명, 의술, 예언, 가축의 신이다. 올림포스 12신 중 하나로 제우스와 레토의 아들이며 여신 아르테미스와는 쌍둥이 자매다.

아프리카 전쟁(*African War*, 서기전 48~47). 이집트의 클레오파트라 7세와 프톨레마이오스 13세 간의 왕위계승 전쟁에 카이사르가 참여하면서 발발한 전쟁으로 알렉산드리아 전쟁이라고도 한다.

알로브로게스족(Allobroges). 서기전 1세기경 현재의 론 강 유역을 지배했던 호전적 성향으로 잘 알려진 갈리아 부족이다. 그리스 역사가인 폴리비오스에 의해 최초로 기록되었다.

알비파(Albigenses). 이단의 추종세력을 일컫는 말로 카타리파(Cathari)라고도 한다. 발칸 반도, 북이탈리아, 남프랑스 등지를 거쳐 12세기 중엽 프랑스 툴루즈 지방의 알비에 전파되면서 세력을 크게 떨쳤다. 마니교적 이원론에 바탕을 둔 교리로 기독교의 신은 영적인 것만을 창조했으며, 반신(反神)인 악마는 신에게 반기를 든 인간을 물질 속에 가두었으므로 인간은 물질적인 것으로부터 해방되어야 구원을 받을 수 있다고 가르쳤다. 금욕적 계율을 지켰으며 대중 앞에서의 성서 낭독과 통과의례 등을 중시했다. 특히 통과의례를 통하여 일반 신자는 완전한 자, 즉 '카타리'가 되었다. 교회에서는 이들의 이단에 맞서 이단 심문제도를 만들었으며, 또한 이들의 융성은 탁발수도회의 발달을 가져오기도 했다.

야곱의 사다리(*Jacob's ladder*). 창세기 28장 10~12절에 나오는 이야기로, 형의 장자권을 훔친 야곱은 형의 보복을 피해 집을 떠난다. 하란을 향해 가는 길에 야곱은 하늘에 닿는 층계로 천사들이 오르락내리락하는 꿈을 꾸는데, 즉 야곱의 사다리란 하늘에 이르는 길을 의미한다.

야만인(*babarians*). 야만인 개념은 문화의 발전 가능성을 상정하지 않은 채, 즉 시간이 아무리 흘러도 야만 상태에 머무르는 사람들을 가리키는 것으로 인종차별의 근거가 되기도 한다. 문화진화론이란 측면에서 볼 때 원시인은 문화의 발전 단계상 초기 단계에 해당되는 사람들로서 시간이 흐르면 문명단계로 발전할 수 있는 존재이며, 유럽인 역시 이 원시인 단계에서 발전한 것으로 본다.

얀센파(Jansenist). 네덜란드의 신학자 얀센이 주장한 교리를 받아들인 세력으로 이 교리
　　는 성 아우구스티누스의 은총, 자유의지, 예정구원설에 대한 엄격한 견해를 발표하
　　여 주로 프랑스에서 큰 논쟁을 일으켰다. 1713년 로마 교황에 의해 이단 선고를 받
　　고 소멸하였다.

에덴문서(Eden literature). 에덴동산의 위치를 찾아내고 묘사하려는 저술들을 통칭한다.

에우티데모스(Euthydemos). 크세노폰의 저서에 소크라테스와 함께 등장하는 인물이다.

에피메테우스(Epimetheus). 그리스 신화에서 등장하는 프로메테우스의 동생이자 판도라
　　의 남편이다.

엔키(Enki). 수메르 신화에 등장하는 에리두 시의 물의 신으로 안, 엔릴, 닌후르사그가
　　함께 만들었다.

영지주의(靈知主義, gnosticism). 고대에 존재했던 혼합주의 종교운동 중 하나다. 정통파
　　기독교가 믿음을 통해 구원이 가능하다 주장한다면, 영지주의에서는 앎(gnosis)을
　　통해 구원이 가능하다 주장한다는 데 본질적 차이가 있다.

예정조화(豫定調和, preestablished harmony). 독일의 철학자 라이프니츠의 중심 사상인 형
　　이상학적 개념이다. 그는 모든 존재의 기본으로서의 실체를 '모나드'(monade)라고
　　명명했다. 이 모나드는 우주 속에 무수히 존재하지만 저마다 독립적이고 상호 간에
　　아무런 인과관계도 없다. 그럼에도 불구하고 이와 같은 모나드로 이루어진 우주에
　　질서가 있는 것은 신이 미리 모든 모나드의 본성이 서로 조화할 수 있도록 창조했기
　　때문이다. 이것이 예정조화라는 사상이다.

왕립학회(Royal Society). 영국 런던에 있는 왕립 자연과학학회이다. 1660년에 창립되어
　　찰스 2세의 윤허로 왕립학회의 형태를 갖춘 것으로 자연과 기술에 대한 유용한 지식
　　의 보급과 이에 기초한 합리적 철학 체계의 건설을 목적으로 하여 영국 과학의 중심
　　기관으로 성장했다.

우의(allegory). '다른 이야기'라는 뜻인 그리스어 알레고리아(allegoria)에서 유래했다. 추
　　상적 개념을 직접 표현하지 않고 다른 구체적 대상을 이용하여 표현하는 문학 형식
　　이다. 주로 의인화하는 경우가 많다. 중세의 도덕우의극(道德寓意劇)이나《장미
　　이야기》, 스펜서의《페어리퀸》, 존 번연의《천로역정》등이 대표적이다. 지나치게
　　유형적이며 교훈적이라는 이유로 현대 작가들은 사용을 꺼리지만 정치나 종교를 문
　　제로 할 때에는 유효한 형식이며 현대 문학에서도 넓은 의미에서 '우의적'이라고 할
　　수 있는 작품도 많다.

우주화(cosmicized). 미르치아 엘리아데의 주요 개념이다. 미지의 장소, 이질적 장소, 점
　　령되지 않은 장소를 인간이 점령함으로써 우주 창조를 의례적으로 반복하여 그 장소
　　를 상징적으로 우주로 변화시키는 일을 말한다. 하나의 영역은 그것을 새롭게 창조
　　하고 정화함으로써 비로소 인간의 것이 된다. 어떤 장소에 정착하여 그곳을 조직하
　　고 거기에서 산다는 것은 하나의 실존적 선택, 즉 그것을 '창조함으로써' 받아들이는

우주의 선택을 전제하는 행위다. 그러므로 그것은 성스러운 신들의 작업에 참여하는 것이다.

유명론(*nominalism*). 보편은 이름뿐이고 실재하지 않는다는 이론이다. 중세를 관통하는 흐름인 실재론〔보편은 실재하며(성 아우구스티누스), 보편은 개체 안에 실재한다(아퀴나스)〕과 충돌하며 11~12세기에 벌어진 보편논쟁의 한 축을 이룬다.

유피테르(Jupiter). 로마 신화 최고의 신으로 그리스 신화의 제우스에 해당된다. 이 책 원문에는 영어식 표기인 조브(Jove)로 표기되었다.

이로쿼이족(Iroquois). 북아메리카 동부 삼림 지대에 거주하는 아메리카 인디언이다.

이스라엘의 10지파(ten tribes of Israel). 아브라함의 아들 이삭이 낳은 둘째 아들 야곱이 낳은 열두 아들이 이스라엘 민족의 12부족을 이루어 부족연합체로 존재하다가 사울 왕, 다윗 왕, 솔로몬 왕이 다스린 왕국 시대가 마감되면서 유다(남왕국) 2지파와 이스라엘(북왕국) 10지파 이렇게 두 나라로 갈라진다. 북왕국은 서기전 722년 아시리아에 의해, 남왕국은 서기전 586년 바벨론에 의해 멸망한다.

이신론(理神論, *deism*). 18세기 계몽주의 시대의 대표적인 기독교 사상이다. 성서를 비판적으로 연구하고 계시를 부정하거나 그 역할을 현저히 후퇴시켜 기독교의 신앙 내용을 오로지 이성적 진리에 한정시킨 합리주의 신학의 종교관이다. 1696년 영국에서 톨런드와 틴들이 주장했고, 이어 프랑스에 이입되어 볼테르와 디드로, 루소 등이 제창하여 유럽 각지에 퍼졌다.

이중진리 교의(*doctrine of the double truth*). 중세 말기 스콜라철학에서 신앙과 지식의 관계에 대한 이중적 사고의 하나이다. 자연적/초자연적 진리 또는 이성적/계시적 진리의 두 가지 진리가 모순 없이 독립적으로 병존한다고 생각했다.

일원론(*monism*). 여기서의 일원론은 하나의 근본적 물질이 운동 및 변화하여 생긴다고 주장했던 서기전 6세기경 이오니아학파의 일원론을 말한다. 파르메니데스의 엘레아학파는 많은 것의 존재와 운동 변화의 존재를 부정하고 감각을 미망이라 규정함으로써 일원론을 부정했다.

자연신학(*natural theology*). 자연은 신의 계시를 드러내는 증거이므로 계시가 반이성적인 것이 아닌 신학의 지적 전통에 포함될 수 있다는 여러 신학 사상 중 하나이다. 즉, 자연(계시)을 신학 연구의 중요한 재료로 보는 견해이다. 자연은 계시로써 종교적 경험이 된다. 이에 비해 물리신학은 물리학에 기초한 신학의 형태로 자연의 가공자로서의 신이라는 개념을 내세운다. 자연은 계시가 아니라 물질 혹은 물리 그 자체이며 물질로서의 자연을 만든 존재가 신이라는 주장을 내세우기 때문에 일종의 신 존재 증명으로 생각되기도 한다. 근세에는 과학에 대한 기독교의 탄압에 대항하는 수단으로 이용되기도 했다.

자연종교(*natural religion*). 계몽주의 시대에 있었던 합리주의적 종교로 인간의 자연적 이성이나 통찰에 바탕을 두었다. 이는 계시종교(*revealed religion*)에 대립되는 것으로 계시가 아닌 자연 또는 이성에 의한 진리를 중시한다. 흄이나 디드로는 모든 계시종교를 이단이라고 반박하면서 인간 정신으로부터 자연발생적으로 우러나오는 자연종교를 주장하며 무신론으로 기울었다. 반면 계시종교는 신이 인간에게 무엇인가를 직접 드러낸다는 데서 유래한 말로 계시는 곧 '신의 말씀'이다.

쟈댕 데 플란테(Jardin des Plantes). 파리국립자연사박물관의 전신으로 루이 13세 치하의 1626년에 설치된 약초원이 그 기원이다. 1793년에 국민의회의 포고에 의하여 설립되었다. 동물원·식물·비교 해부·곤충·지학관 등으로 된 박물관이며, 동식물 및 지학에 관하여 주요 소장품이 있다. 뷔퐁, 라마르크, 퀴비에, 아유이 등의 식물학·동물학·지학의 많은 선구자가 이 박물관에서 배출되어 자연사학 연구의 중심적 역할을 했다.

쟈댕 뒤 로이(Jardin du Roy). 프랑스의 식물원으로 '왕의 정원'이라는 의미이다. 이후에는 '라 사반느'(La Savane)로 개칭되었다. 최초의 개설 목적은 식민지 등에서 새로 가져온 식물에 대한 과학적 실험을 수행하는 것이었다.

조형적 자연(plastic nature). 자연 자체가 전개하는 형성 활동을 신이 이룩한 세계 창조의 모방으로 간주하는 사상이다.

찰흔(擦痕, striations). 빙하가 암석 위를 이동하면서 파낸 홈 자국이다.

체액설(theory of humors). 히포크라테스는 인간의 체액을 혈액·점액·담즙·흑담즙으로 나누었는데, 이 네 가지 체액은 인체 내에서 균등하게 존재하지 않고 어느 하나에 치우쳐 불완전한 기질을 가지며 주도적인 체액에 따라 사람의 기질이 결정된다고 보았다. 이에 따라 사람의 기질을 다혈질, 점액질, 흑담즙질, 담즙질로 나눴다. 다혈질은 활발하고 쾌활하며 사교적이나 쉽게 화를 낸다. 담즙질은 모험적이며 지도자형이나 교만하고 참을성이 없다. 흑담즙질은 분석적이고 사려 깊으나 비관적이다. 점액질은 자기 통제적이고 복종적이며 소심하고 무관심하다.

충만의 원리(principle of plentitude). 우주가 존재의 종류에서 최대한의 다양성을 보이면서 빈틈없이 가득 차 있다는 원리로, 미국의 사상가인 러브조이(Lovejoy)가 초기 그리스 시대부터 18세기까지의 역사를 서술한 《존재의 대사슬: 사상사 연구》에서 명명한 원리이다.

충분 이유의 법칙(the law of sufficient reason). '충분 이유의 원리'라고도 하는데 발생하는 어떤 것이든지 명확한 이유를 가진다는 원리로 라이프니츠가 주장했다. 이는 설명되지 않는 어떤 사건을 야기하는 '외부'를 인정하지 않는 폐쇄적 시스템으로 세계를 간주하는 관점이다.

치품천사(熾品天使, Seraph). 천사의 9계급 중 1계급의 천사다.

카르투지오 수도회(Carthusians). 1084년 쾰른의 성 브루노가 프랑스 그르노블 북쪽 샤르트뢰즈 계곡에 세운 수도회이다. 11, 12세기의 수도원 개혁운동에서 중요한 역할을 했으며 고독한 은수자 생활과 수도원의 공동생활을 병행했다. 이들은 기도, 연구,

식사, 취침을 모두 각자의 방에서 하며 밤 기도·아침 미사·저녁 기도 때만 교회에 모인다. 일요일과 대축일에는 함께 모여 식사를 하면서 대화의 시간을 가지며 1주일에 한 번씩 먼 거리를 함께 산책한다. 그들은 거친 모직셔츠를 입고 고기를 전혀 먹지 않으며 금요일과 다른 축일에는 빵과 물만 먹는다. 평신도 형제들의 생활도 엄격했고 공동체를 이루어 생활했다. 수도원 본부는 그랑 샤르트뢰즈라고 불렸는데 평신도 형제들은 이곳의 이름을 딴 리큐르(술)를 증류하여 얻은 이익금을 이웃 종교단체와 자선기관에 나누어주었다. 프랑스와 이탈리아에 몇 개의 수녀원을 가진 카르투지오 수녀회의 수녀들도 속세와 접촉을 끊은 채 엄격한 수도와 명상 생활을 했다. 카르투지오 수도회는 천천히 퍼졌으나 1521년에는 유럽의 모든 가톨릭 국가에 195개 정도의 수도원이 생겨났다. 수도회 수사들 중에서 독거 생활을 하는 이들은 많지 않았는데, 그들에게 중요한 것은 공동체 신앙생활이다.

카페 왕조(Capetian). 중세 프랑스의 왕조로 보통은 직계 카페 왕조(987~1328, 14대)를 가리키나, 광의로는 그 후의 방계, 즉 발루아 왕조(1328~1498, 7대)·발루아 오를레앙 왕조(1498~1515, 1대)·발루아 앙굴렘 왕조(1515~1589, 5대)·부르봉 왕조(1589~1793, 1814~1830, 7대) 등도 포함한다. 직계 카페 왕조는 초대 위그 카페에서 비롯되어 처음에는 봉건사회 속에서 취약한 왕권을 갖는 데 불과했으나 12세기 전반 루이 6세 무렵부터 활발해져서 동세기 말부터 13세기에 걸쳐 필리프 2세, 루이 9세 시대에 집권화하기 시작해 국내로부터 영국의 왕실 세력을 크게 후퇴시키고 국내의 왕령화를 적극적으로 촉진했다. 13세기 말부터 14세기 초 필리프 4세 때에는 권력도 증대되어 행정기구의 정비와 함께 사실상의 국가 통일이 처음으로 실현되었다.

케레스(Ceres). 그리스 신화의 데메테르에 해당하는 로마의 신으로 풍작의 여신이다.

케크롭스(Kekrops). 그리스 신화 속 아티케의 최초 왕으로, 상반신은 인간이며 하반신은 뱀 또는 용의 모습이다.

코이네어(κοινή, koine). 고대 그리스어는 많은 방언으로 나누어져 있었으나 그중에서도 아테네는 훌륭한 문학을 가져 서기전 5세기에는 아테네의 아티케 방언에 의한 고전시대가 출현했다. 서기전 4세기에 이르러 그리스인의 국가의식이 커지고 공통어를 필요로 할 때 우수한 문화를 가진 아티케의 방언을 중심으로 하고 산문에 우수한 이오니아 방언을 추가하고, 여러 방언에 공통적인 요소를 추출해 덧붙여 만든 공통어가 바로 코이네어이다. 서기전 3세기 이후에는 동부 지중해 일대에서 사용했고, 더 나아가 로마제국의 광대한 지역에서 라틴어와 함께 고대 사회의 공통어가 되었다. 신약성서의 언어이며 현대 그리스어의 근원이다.

콜키스(Colchis). 그리스 신화에 등장하는 황금 양털의 나라. 흑해 동쪽 연안의 지역으로 현재 그루지야공화국 일대이다.

큐빗(*cubit*). 고대 이집트·바빌로니아에서 사용된 길이 단위로 팔꿈치에서 중지 끝까지의 길이를 기준으로 하며 약 17~21인치에 해당한다.

킴브리족(Cimbri). 게르만족의 일파이다. 유틀란트 반도 북부에서 남하하여 서기전 2세기 말부터 테우토니족과 함께 갈리아에 침입했다. 서기전 113년 노리쿰 지방에서 로마군을 격파한 후, 론 강 유역에 들어가 서기전 105년 아라우시오에서 로마군을 격퇴시키고 에스파냐에 들어갔다. 그 후 이탈리아에 침입했으나 서기전 101년 북이탈리아의 베르켈라이 전투에서 로마의 장군인 마리우스에게 격멸당했다. 소수는 갈리아 북부에 정주했다.

테세우스(Theseus). 그리스 신화에 나오는 아티케의 영웅이다. 크레타 섬의 미궁에서 괴수 미노타우로스를 물리치고 아마존을 정복하여 아테네를 융성하게 했다고 한다.

토마스주의(*Thomism*). 아퀴나스 사상에 토대를 둔 신학의 사상 체계, 이를 계승한 사상가들을 통칭하는 표현이다. 프란체스코학파나 예수회와 대립한다.

툴리우스(Servius Tullius, ?~?). 서기전 578~534년경에 활동한 전설적인 로마 7왕 중 제6대 왕.

트리엔트 종교회의(*Council of Trent*). 루터의 종교 개혁운동으로 로마 가톨릭교회가 오스트리아의 트리엔트(현재는 이탈리아의 트렌트)에서 소집한 종교회의로 1545년부터 1563년에 걸쳐 이루어졌다.

팔라스(Pallas). ① 가이아가 낳은 거인 중 하나이다. 그중 가장 힘이 세다고 하나 아테나에 의해 죽임을 당한다. 팔라스의 가죽으로 방패를 만들고 그의 날개를 신발에 매달은 아테나는 팔라스의 뒤를 이었다고 하여 팔라스 아테나로도 불린다. ② 12티탄 중 하나인 크리오스를 아버지로 하며 저승에 흐르는 강의 신 스틱스와 결혼하여 승리의 여신 니케, 경쟁심을 뜻하는 젤로스, 폭력을 뜻하는 비아, 권력을 뜻하는 크라토스를 낳은 신이다.

펠로폰네소스 전쟁(*Peloponnesian War*). 서기전 431년부터 서기전 404년까지 아테네를 중심으로 하는 델로스 동맹과 스파르타를 중심으로 하는 펠로폰네소스 동맹이 벌인 싸움으로 스파르타가 승리했다.

푸거 가(*Fugger*). 16세기에 번영한 독일 아우구스부르크의 거상 집안이다.

프레몽트레 수도회(Premonstrants). 훗날 마그데부르크의 대주교가 되는 성 노르베르토가 1120년 리옹 근교 프레몽트레에 설립했던 수도회이다.

프로메테우스(Prometheus). 그리스 신화에 나오는 티탄족 이아페토스의 아들이다. 제우스가 감춘 불을 훔쳐 인간에게 줌으로써 인간에게 맨 처음 문명을 가르친 이로 알려져 있다.

프리아푸스(Priapus). 고대 그리스 신화의 신. 아프로디테와 디오니소스의 아들로 번식력과 자연 생성력의 신으로 숭상되었다.

프타(Ptah). 이집트의 신이다. 우주의 창조신, 가축의 신으로도 불리며 그리스 신화의 불과 대장장이의 신인 헤파이스토스와 동일시된다.

프톨레마이오스 왕조(Ptolemaios Dynasty). 헬레니즘 시대에 이집트를 지배한 마케도니아인 왕조(서기전 305~30). 프톨레마이오스 1세에 의하여 창건되고 왕가는 마케도니아 귀족의 혈통을 이어받았다. 프톨레마이오스 1세에 의하여 발전의 기틀이 잡힌 왕조는 프톨레마이오스 2, 3세 시대에 확대 발전하여 번영을 구가했고 수도 알렉산드리아는 헬레니즘 문화의 중심이 되었다. 그러나 그 뒤 내분, 내란, 외정의 실패 등에 따라 점차 쇠퇴했으며 특히 서기전 2세기 초 로마와 접촉하고부터 차차 로마 동방 진출의 제물이 되어 결국 서기전 30년 클레오파트라 7세와 프톨레마이오스 15세(클레오파트라와 카이사르의 아들로 카이사리온이라고도 한다)의 죽음으로 멸망했다.

헤르메스 트리스메기스투스(Hermes Trismegistus). 이집트의 지혜의 신 토트(Thoth)를 자신들의 신 헤르메스와 동일시했던 그리스인이 토트의 위대한 지혜를 찬미하기 위해 토트에게 부여한 그리스식 이름이다. 트리스메기스투스는 '세 배나 위대한'이라는 뜻이다.

헤파이스토스(Hephaistos). 그리스 신화에서 불, 대장장이 일, 수공예를 관장하는 신을 뜻한다.

헬베티아인(Helvetii). 켈트족 일파이며 스위스의 원주민이다.

호엔슈타우펜 왕조(Hohenstaufen). 독일의 귀족 가문 중 하나로 1138년부터 1254년까지 독일의 왕, 황제 및 슈바벤 공작을 배출한 가문이다. 1194년부터는 시칠리아 왕도 배출했다. 가문의 이름은 그들이 소유한 성의 이름인 슈타우펜에서 유래했다. 슈바벤 가문이라 부르기도 한다.

호텐토트인(Hottentot). 아프리카 나미비아 남부의 유목민족. 작은 키가 특징이다.

황진지대(*dust bowl*). 1930년대(특히 1935년에서 1938년 동안) 미국에서 모래폭풍이 심하게 발생했던 미시시피 강 서부(오클라호마 주, 아칸소 주, 미주리 주, 텍사스 주 등)의 건조한 평원 지대를 일컫는다. 집약적 경작으로 인해 토양 침식이 악화되는 와중에 대공황 시기 및 자연재해와 결합되면서 이 지역에서 살던 80만 명에 달하는 사람들이 캘리포니아 쪽으로 이주하지 않을 수 없었으며 환경 변화 문제에 대한 인식을 높이는 계기가 되었다.

흑인의 벗 협회(Société des Amis des Noirs). 1788년 파리에서 설립되었으며 노예무역이나 노예제를 비판하고 이들의 해방을 주장했다. 프랑스에서는 프랑스혁명 때에도 노예제 폐지가 실현되지 않았으나, 1804년 노예와 혼혈인(물라토)에 의한 반란에 성공하여 아이티공화국의 독립이 선포되어 사실상 노예무역의 의미가 없어졌고, 1814년에 체결된 영국과의 협정에도 1819년 이후의 노예무역 폐지가 명문화되었다. 그 후 1836년 7월에 노예의 해방이 실현되었다.

A. M.(*Anno Mundi*). 영문으로는 in the year of the world의 약자로 세계가 창조된 날을 기준으로 정해진 달력이다. 헤브루의 달력에서는 서기전 3760년에 세계가 창조되었다 보고 이를 기준으로 년도를 계산했다. 이 달력은 초기 기독교 연대학자들에

의해 사용되었다. 그러나 어셔 대주교(James Ussher, 1654)의 경우는 지구가 창조된 날을 서기전 5509년이라고 말하기도 했다.

100년 전쟁(*Hundred Years' War*). 중세 말기에 영국과 프랑스가 벌인 전쟁으로 프랑스를 전장으로 하여 여러 차례 휴전과 전쟁을 되풀이하면서 1337년부터 1453년까지 116년 동안 단속적으로 지속되었다.

2차적 원인(*secondary cause*). 기독교신학에서는 하느님을 만물의 창조자, 즉 제일 원인으로 보았다. 하지만 하느님은 세상만사에 직접적으로 작용하기보다는 규칙 또는 중간적 원인을 통해 작용한다. 이 중간적 원인이 이차적 원인이며 이를 연구하는 것이 자연학의 과제로 여겨졌다(에른스트 캇시러 저, 최명관 역, 1988, 《국가의 신화》, 서광사 참고).

3궁(三宮, *triplicity*). 점성술에 나오는 12궁 중 서로 120도씩 떨어진 3궁을 말한다.

4원소설(*theory of 4 elements*) 모든 물질이 불, 공기, 물, 흙이라는 4가지 기본 원소들로 이루어졌다는 주장이다. 탈레스를 비롯한 고대 그리스 철학자들은 물질을 이루는 기본 물질을 찾아 그것으로 물질의 본질을 설명하려고 했다. 서기전 400년경 엠페도클레스가 처음으로 모든 물질은 불, 공기, 물, 흙이라는 4가지 기본 원소들의 합성물이며, 사물은 이 기본 원소의 비율에 따라 형태를 바꿀 뿐 어떤 사물도 새로 탄생하거나 소멸하지 않는다고 생각했다. 이후 4원소설은 플라톤과 아리스토텔레스에게로 계승되었으며, 데모크리토스의 원자론에도 영향을 주었다.

4원인설(*four causes*). 아리스토텔레스는 세계가 질료와 형상으로 구성된다고 생각했으며 질료와 형상으로 이루어진 실체의 운동 원인을 네 가지로 설명한다. 이것이 아리스토텔레스의 네 가지 원인으로 ① 실체로서 사물로 하여금 사물이게끔 하는 것(형상인), ② 사물의 질료이며 기본이 되는 것(질료인), ③ 사물의 운동이 시작되는 처음(동인), ④ 일의 생성이나 운동이 목표로 하는 종국적 의미(목적인)가 그것이다.

클래런스 글래컨(Clarence James Glacken, 1909~1989)

미국의 문화지리학자로 캘리포니아 버클리대학 지리학과에서 20여 년간 교수로 재직했다. 존스홉킨스대학에서 논문 "거주가능한 세계에 대한 사고"로 박사학위를 받은 이래 서구사상에 나타나는 자연과 문화의 관계를 평생의 연구주제로 삼았다. 그 대표작이 《로도스 섬 해변의 흔적: 고대에서 18세기 말까지 서구사상에 나타난 자연과 문화》(1967)이다. 이 책은 당시로서는 드물었던 지리학, 신학, 철학, 과학, 예술 등을 포괄하는 광범위한 융합적 접근을 시도함으로써 지리학뿐만 아니라 학계 전체의 고전으로 꼽힌다. 그는 1945년부터 1946년 동안에는 미군정 보건복지국 부사관으로 근무하면서 우리나라와도 특별한 인연을 맺었는데 이때 우리나라의 삼림황폐화 문제를 연구하기도 했다.

심승희

서울대 사범대학 지리교육과에서 학사·석사·박사 과정을 졸업했다. 현재 청주교대 사회과교육과 교수이다. 저서로는 《현대 문화지리의 이해》(공저, 2013), 《서울스토리》(공저, 2013), 《서울 시간을 기억하는 공간》(2004) 등이 있고, 역서로는 《지리사상사》(공역, 2015), 《장소》(2012), 《장소와 장소상실》(공역, 2005), 《공간과 장소》(공역, 1995) 등이 있다.

진종헌

서울대 지리학과와 동 대학원 석사 과정을 졸업했다. 이후 미국 UCLA 지리학과에서 문화경관 연구로 박사학위를 받았다. 현재 공주대 지리학과 교수이다. 저서로는 《현대 문화지리의 이해》(공저, 2013), 《현대 공간이론의 사상가들》(공저, 2013), *High Places*: *Cultural Geographies of Mountains, Ice, and Sciences*(공저, 2009), 《도시해석》(공저, 2006) 등이 있고, 역서로는 《문화정치 문화전쟁》(공역, 2011), 《현대문화지리학: 주요개념의 비판적 이해》(공역, 2011) 등이다.

최 병 두

서울대 지리학과와 동 대학원 석사 과정을 졸업하고, 영국 리즈 대에서 박사
학위를 받았다. 현재 대구대 지리교육과 교수로 있으며 존스홉킨스대와 옥스
퍼드대 객원교수를 지냈다. 최근 저서로는《국토와 도시》(2016),《창조경제
와 창조도시》(2016),《자본의 도시》(2012),《비판적 생태학과 환경정의》
(2010) 등이 있으며, 역서로는《공간적 사유》(2013) 등이 있다.

추 선 영

서울신학대 기독교교육과를 졸업했다, 역서로는《여름 전쟁》(2013),《지속
가능한 개발에서 지속 가능한 번영으로》(공역, 2012),《생태계의 파괴자 자
본주의》(2007),《자연과 타협하기》(공역, 2007),《환경정의》(공역, 2007),
《녹색사상사》(공역, 2004) 등이 있다.

허 남 혁

서울대 경제학과 학사 · 환경계획학과 석사 과정을 졸업하고 대구대 지리교육
과 박사 과정을 수료하였다. 대구대, 경북대, 단국대, 공주대에서 강의를 하
였고 현재 (재) 지역재단 먹거리정책 · 교육센터 센터장으로 있다. 현대 농업
과 먹거리 문제에 대한 성찰과 대안 모색에 관심이 있다. 저서로는《내가 먹
는 것이 바로 나: 사람, 자연, 사회를 살리는 먹거리 이야기》(2008),《한국
사회문제》(공저, 2011) 가 있고, 역서로는《농업생명공학의 정치경제》(2007),
《자연과 타협하기》(공역, 2007),《환경정의》(공역, 2007) 등이 있다.